LE JEUNE STALINE

SIMON SEBAG MONTEFIORE

LE JEUNE STALINE

Traduit de l'anglais
par Jean-François Sené

Ouvrage traduit avec le concours
du Centre national du livre

LE GRAND LIVRE DU MOIS

Titre original anglais :
YOUNG STALIN
Première publication : Weidenfeld & Nicolson, Londres, 2007

ISBN 978-2-286-04377-3

À Sasha, mon fils bien-aimé

LA FAMILLE DE STALINE

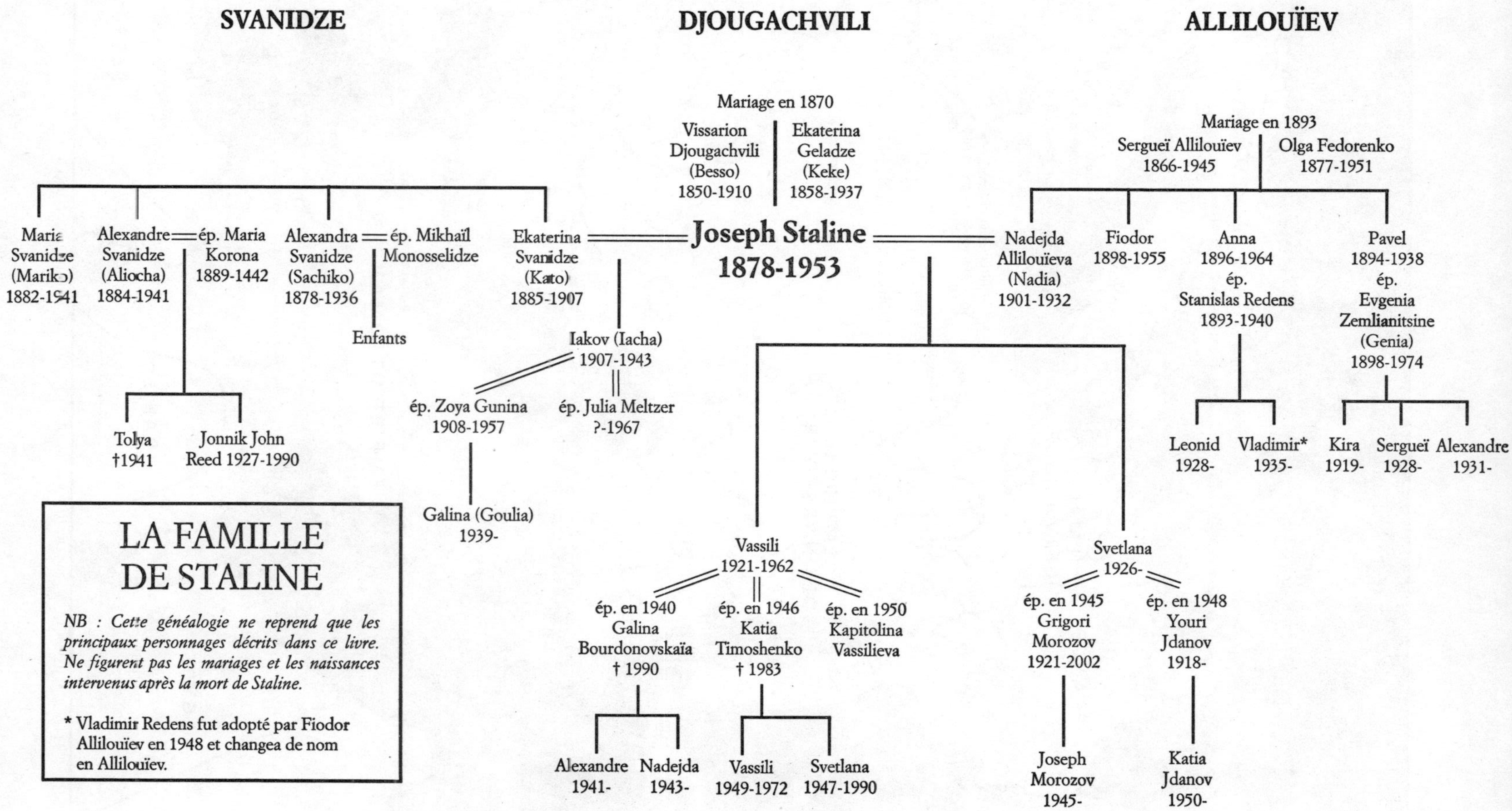

NB : Cette généalogie ne reprend que les principaux personnages décrits dans ce livre. Ne figurent pas les mariages et les naissances intervenus après la mort de Staline.

* Vladimir Redens fut adopté par Fiodor Allilouïev en 1948 et changea de nom en Allilouïev.

MER DU NORD
Londres
NORVÈGE
(indépendante en 1905)
SUÈDE
GRAND-DUCHÉ DE FINLANDE
Stockholm
Tammerfors
Helsingfors
FRANCE
EMPIRE GERMANIQUE
Berlin
Potsdam
MER BALTIQUE
Riga
Saint-Pétersbourg
(renommée Petrograd en 1914)
Varsovie
Vilnius
Vologda
Vienne
Cracovie
Minsk
ITALIE
EMPIRE DES HABSBOURG
Lemberg
Moscou
Kiev
Kursk
Kharkov
Odessa
EMP
MER MÉDITERRANÉE
MER NOIRE
Yalta
Sochi
Nalchik
Vladikavkaz
Batoumi
Gori
Tiflis
EMPIRE OTTOMAN
MER CASPIENNE
Bakou
ÉGYPTE
ARABIE
Téhéran
PERSE

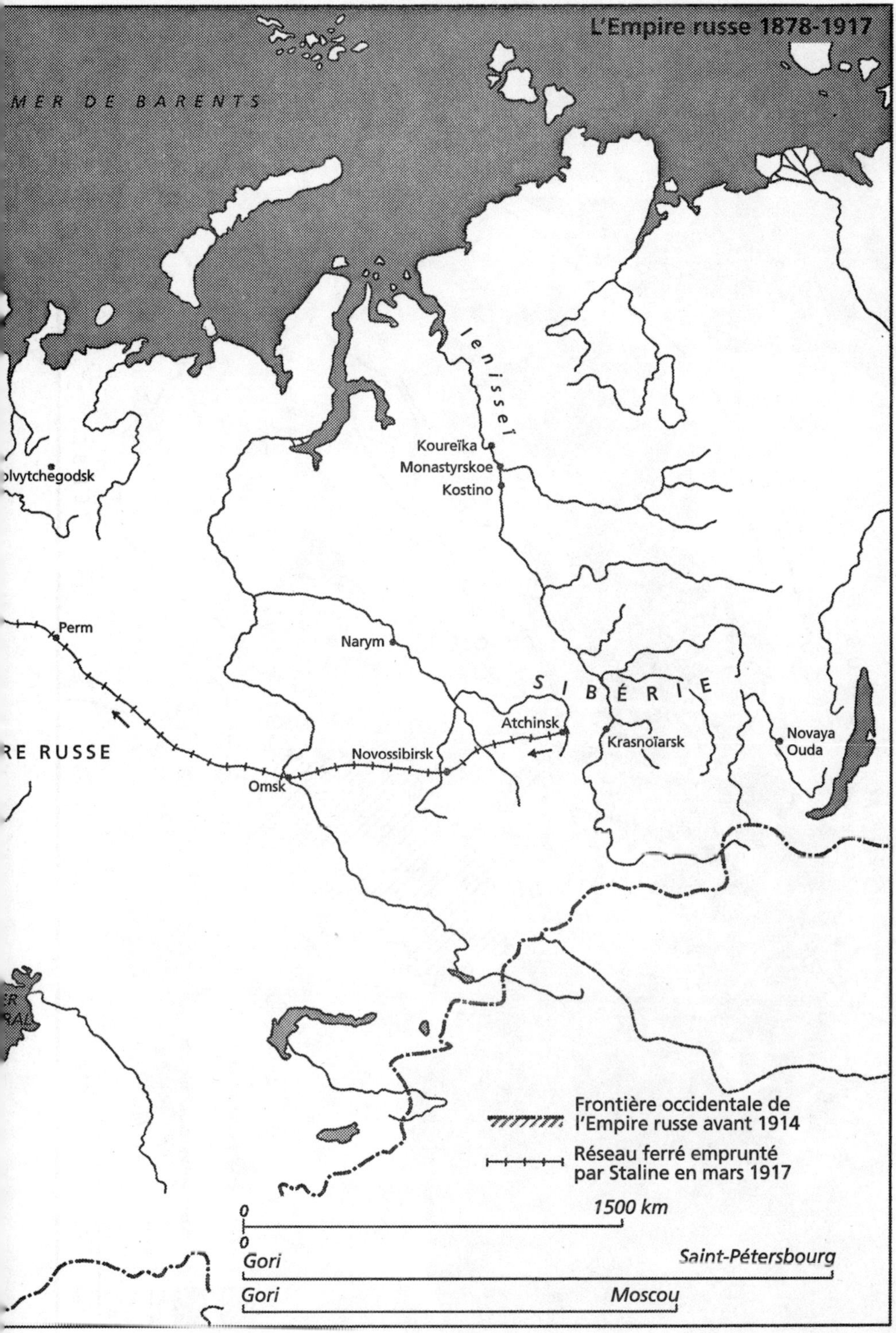
L'Empire russe 1878-1917
MER DE BARENTS
Ienisseï
Koureïka
Monastyrskoe
Kostino
olvytchegodsk
Perm
Narym
SIBÉRIE
Atchinsk
Krasnoïarsk
Novaya Ouda
RE RUSSE
Novossibirsk
Omsk
Frontière occidentale de l'Empire russe avant 1914
Réseau ferré emprunté par Staline en mars 1917
0
1500 km
0
Gori
Saint-Pétersbourg
Gori
Moscou

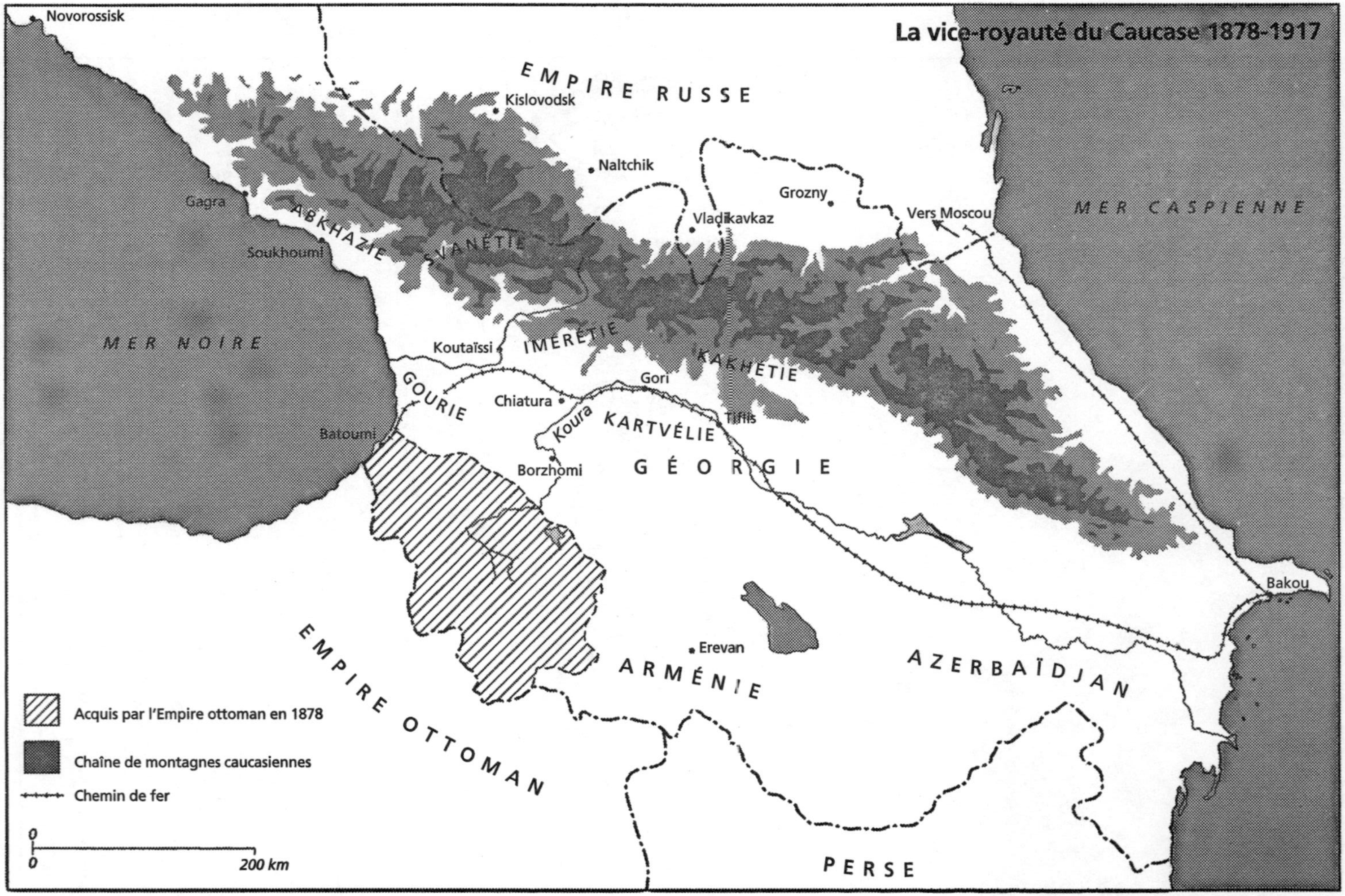
La vice-royauté du Caucase 1878-1917
Novorossisk
EMPIRE RUSSE
Kislovodsk
Naltchik
Grozny
Vladikavkaz
Vers Moscou
MER CASPIENNE
Gagra
ABKHAZIE
SVANÉTIE
Soukhoumi
MER NOIRE
Koutaïssi
IMÉRÉTIE
KAKHÉTIE
GOURIE
Chiatura
Gori
Tiflis
Koura
KARTVÉLIE
Batoumi
Borzhomi
GÉORGIE
Bakou
Erevan
ARMÉNIE
AZERBAÏDJAN
EMPIRE OTTOMAN
PERSE
Acquis par l'Empire ottoman en 1878
Chaîne de montagnes caucasiennes
Chemin de fer
0
0
200 km

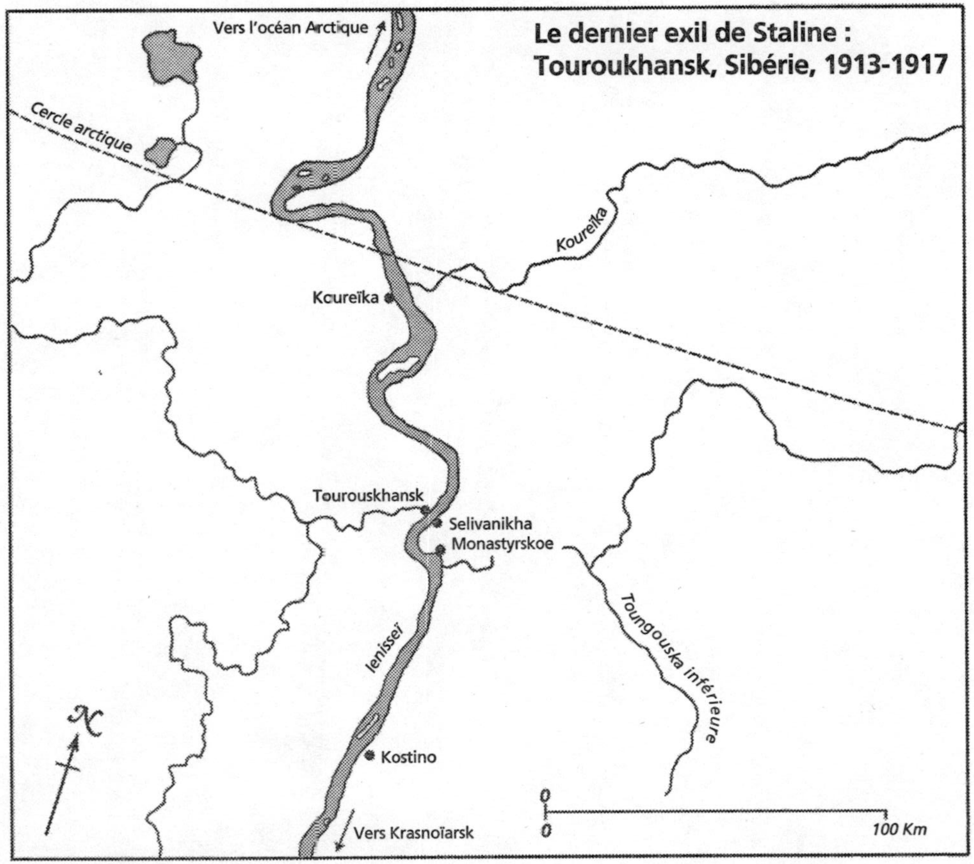
Le dernier exil de Staline :
Touroukhansk, Sibérie, 1913-1917
Vers l'océan Arctique
Cercle arctique
Koureïka
Koureïka
Tourouskhansk
Selivanikha
Monastyrskoe
Toungouska inférieure
Ienisseï
Kostino
Vers Krasnoïarsk
0
0
100 Km

INTRODUCTION

« Tous les jeunes sont pareils, déclara Staline un jour, alors pourquoi écrire [...] sur le jeune Staline ? » Il avait tort cependant, car jamais il ne fut comme les autres ; il connut une jeunesse mouvementée, aventureuse, exceptionnelle. Et lorsque, dans son grand âge, il réfléchit aux mystères de ses premières années, il semble qu'il eût changé d'avis : « Il n'est aucun secret, confia-t-il d'un air songeur, qui ne soit révélé un jour à tous. » En tant qu'historien s'intéressant à la vie de Staline dans la clandestinité jusqu'à son entrée en scène comme l'un des principaux hommes de main de Lénine dans le nouveau gouvernement soviétique, je peux dire qu'il avait raison sur ce point : aujourd'hui bien des secrets peuvent être dévoilés.

Si peu d'ouvrages ont été consacrés à la jeunesse de Staline (alors que beaucoup l'ont été à celle de Hitler), c'est qu'il semblait que l'on ne disposât que de très maigres matériaux. En fait, ce n'est pas le cas. Une foule de documents nouveaux et hauts en couleur qui donnent corps à son enfance et à sa carrière de révolutionnaire, gangster, poète, séminariste, époux et amant prolifique, abandonnant femmes et enfants illégitimes dans son sillage, demeuraient enfouis dans les archives récemment ouvertes au public, en particulier celles de la Géorgie trop souvent négligée.

Il se peut que les premières années de la vie de Staline aient été ténébreuses, mais elles furent tout aussi extraordinaires et bien plus agitées que celles de Lénine ou deTrotski – et elles l'armèrent (et le marquèrent de blessures profondes) pour les triomphes, les tragédies et les tueries du pouvoir suprême.

Les succès et les crimes de Staline au cours de l'époque prérévolutionnaire furent bien plus considérables que nous ne le savions. Pour la première fois, nous pouvons fonder sur des documents son rôle dans les hold-up, le racket dit de protection, les extorsions, incendies criminels, actes de piraterie et meurtres, ce gangstérisme politique qui impressionna Lénine et donna à Staline les compétences mêmes qui s'avérèrent si précieuses dans la jungle politique de l'Union soviétique. Mais il nous est également possible de montrer qu'il fut plus qu'un parrain de la pègre : il fut aussi un stratège politique, un praticien et un maître de l'infiltration des services de sécurité tsaristes. Contrairement à Zinoviev, Kamenev ou Boukharine, dont la réputation de grands politiciens se fonde ironiquement sur leur élimination pendant la Terreur, il ne craignit pas les risques physiques. Mais il impressionna également Lénine comme politicien indépendant et réfléchi, et comme rédacteur et journaliste vigoureux qui jamais n'eut peur d'affronter et de contredire son aîné. La réussite de Staline fut, en partie au moins, due à un mélange inhabituel d'éducation classique (grâce au séminaire) et de violence des rues : Staline, rare amalgame, était un « intellectuel » doublé d'un tueur. On ne s'étonnera donc pas si, en 1917, Lénine vit en lui le lieutenant idéal de sa révolution violente et assiégée de toutes parts.

Ce livre est le fruit de presque dix années de recherches sur Staline dans vingt-trois villes et neuf pays, principalement dans les archives récemment ouvertes de Moscou, Tbilissi et Batoumi, mais aussi à Saint-Pétersbourg, Bakou et Vologda, en Sibérie, à Berlin, Stockholm, Londres et Paris, Tampere, Helsinki, Cracovie, Vienne, et à Stanford, en Californie.

Cette jeunesse de Staline doit être lue pour elle-même. C'est une étude de la vie de Staline avant l'exercice du pouvoir et jusqu'à son arrivée au gouvernement en octobre 1917, alors que mon dernier ouvrage, *Staline : la cour du Tsar rouge*, couvre les années de pouvoir jusqu'à sa mort en mars 1953. Ces deux livres sont des histoires intimes de l'homme et du politicien, mais aussi de son milieu. J'espère qu'ils constitueront ensemble une introduction au plus insaisissable et au plus fascinant des titans du XXe siècle, à la formation et au début de l'âge mûr du politicien ultime. Bien des questions se posent. Quelle absence d'empathie dans son éducation a permis à Staline de tuer aussi facilement, mais aussi quelles qualités l'ont si bien armé pour la vie politique ? Le fils de cordonnier de 1878, le séminariste idéaliste de 1898, le brigand de 1907 et le chasseur sibérien oublié de 1914 étaient-ils destinés à devenir le massacreur marxiste et fanatique des années 1930 ou le conquérant de Berlin en 1945 ?

Mes deux livres ne sont pas censés former un récit historique exhaustif couvrant tous les aspects politiques, idéologiques, économiques, militaires, internationaux et personnels de la vie de Staline ; cela a déjà été superbement fait, à des époques différentes, par deux chercheurs, Robert Conquest, le maître fondateur de l'histoire du stalinisme, avec son *Stalin : Breaker of Nations* (1991)[1], et, plus récemment, Robert Service avec son *Stalin : A Biography* (2004), et je ne pense pas pouvoir améliorer leurs travaux de vaste portée qui m'ont grandement aidé dans ma tâche.

Je ne chercherai nullement à justifier le fait que mes deux livres sont étroitement centrés sur les vies intimes et secrètes, politiques et personnelles de Staline, et sur le petit cercle qui devait finalement fonder et diriger l'Union soviétique jusqu'en 1960. L'idéologie doit être notre pierre angulaire comme elle le fut pour les bolcheviks – mais les archives nouvelles montrent que les personnalités et le patronage d'une minuscule oligarchie furent l'essence de la politique sous Lénine et sous Staline comme ils l'avaient été sous les Romanov – et comme ils le sont aujourd'hui encore dans la « démocratie dirigée » de la Russie.

À bien des égards, la jeunesse prolongée de Staline a toujours été un mystère. Jusqu'en 1917, il entretint une mystique de l'obscurité, mais il se spécialisa également dans le « travail ténébreux » de la révolution clandestine, par nature secret, violent et indispensable – quoique peu honorable.

Une fois au pouvoir, la campagne de Staline pour succéder à Lénine imposait qu'il se prévalût d'une carrière héroïque légitime que son expérience dans ce qu'il nommait « le sale boulot » de la politique l'avait empêché d'avoir ; mais une telle chose ne pouvait être dite parce que cela avait un caractère trop mafieux pour un grand homme d'État paternaliste, ou trop géorgien pour un dirigeant russe. La solution qu'il trouva fut un culte de la personnalité maladroit et global qui inventa, déforma ou occulta la vérité. Par une ironie des choses, cette auto-promotion fut si grotesque qu'elle projeta des étincelles parfois bien inoffensives, mais qui se transformèrent en un gigantesque brasier antistalinien de théories du complot. Il était facile pour ses opposants politiques et, plus tard, pour nous les historiens, de croire que tout était imaginaire et qu'il

1. Robert CONQUEST, *Staline*, trad. de Michèle Garène, Paris, O. Jacob, 1993. *N.d.T.*

n'avait pas fait grand-chose – en particulier parce que peu de recherches avaient été menées dans le Caucase où s'était déroulée une grande partie de sa carrière initiale. Un anti-culte, aussi faux que le culte lui-même, se développa autour de ces théories du complot.

Il subsiste une rumeur des plus étonnantes : Staline fut-il un agent double au service de la police secrète du tsar, l'Okhrana ? Les hommes les plus infâmes de la police secrète du dictateur, Nikolaï Ejov et Lavrenti Beria, recherchèrent discrètement des preuves d'un tel crime pour les utiliser contre Staline au cas où il se retournerait contre eux, ce qu'il fit en effet. Il est significatif qu'aucun d'eux, malgré les pouvoirs absolus d'investigation du NKVD sur lesquels ils s'appuyaient, ne trouva le moindre indice.

Cependant il est un mystère encore plus grand : tous les historiens ont cité l'affirmation de Trotski selon laquelle Staline était un provincial « médiocre » et celle de Soukhanov pour qui, en 1917, il n'était qu'un « flou gris ». La plupart des historiens suivirent la ligne de Trotski affirmant que Staline était d'une grisaille si médiocre qu'il échoua en 1905 et en 1917, devenant, selon le mot de Robert Slusser, « l'homme qui manqua la Révolution[1] ».

Cependant, si cela est vrai, comment se fait-il que ce « médiocre » se soit emparé du pouvoir, qu'il ait surpassé en malice des politiciens aussi doués que Lénine, Boukharine et Trotski lui-même, qu'il ait coordonné son programme d'industrialisation, la guerre sanglante contre la paysannerie et les horreurs de la Grande Terreur ? Comment cet individu « flou » est-il devenu l'homme d'État de stature internationale, meurtrier mais hyperefficace, qui contribua à créer et à industrialiser l'URSS, se joua de Churchill et de Roosevelt, organisa la résistance de Stalingrad, et vainquit Hitler ? Ce serait suggérer que l'individu « médiocre » d'avant 1917 et le colosse du XXe siècle ne sauraient être une seule et même personne. Alors comment est-il passé de l'un à l'autre ?

En fait, il s'agit bien du même homme : il est clair, d'après les témoins hostiles ou amicaux, que Staline fut toujours un être exceptionnel, et cela dès sa prime jeunesse. Nous nous sommes trop longtemps fiés au portrait méconnaissable et biaisé dressé par Trotski. La vérité est tout autre : la vision de Trotski nous en dit plus sur sa propre vanité, son snobisme et son manque de compétences politiques que sur le jeune Staline. Le premier objet de cet

1. Robert M. SLUSSER, *Stalin in October : The Man Who Missed the Revolution*, Baltimore, 1987. *N.d.T.*

ouvrage est donc de faire un récit exact de l'ascension de Staline en évitant autant que possible de tomber dans le culte stalinien ou dans l'industrie de la théorie antistalinienne du complot.

Il existe une tradition des biographies consacrées aux années de jeunesse des grands hommes d'État. Winston Churchill lui-même évoqua sa propre jeunesse et de nombreux ouvrages ont décrit le début de sa carrière. La même chose est vraie pour d'autres géants historiques, par exemple pour les présidents Theodore Roosevelt et Franklin Delano Roosevelt. La jeunesse de Hitler est devenue une véritable industrie, bien qu'aucun ouvrage n'approche de l'extraordinaire travail de Ian Kershaw, *Hitler. 1889-1936 : hubris*[1].

Sur Staline, parmi des milliers de livres, on ne compte que deux ouvrages sérieux en Occident sur les années antérieures à 1917 : l'excellente étude politique et psychologique de Robert C. Tucker, *Stalin as Revolutionary* (1974)[2], écrite bien avant l'ouverture des archives, et un travail réalisé pendant la guerre froide sur la théorie du complot antistalinien par Edward Ellis Smith (1967) qui soutient que Staline fut un agent tsariste. Il y en a eu davantage en Russie, essentiellement à caractère journalistique et sensationnaliste. Cependant l'ouvrage de référence demeure le magistral et inépuisable *Kto Stoia Za Spinoi Stalina ?* (« Qui était derrière Staline ? ») d'Alexandre Ostrovski. Mon propre travail doit beaucoup à ces trois livres.

Pour une large part, le caractère insaisissable de l'expérience soviétique – la haine de la paysannerie par exemple, le goût du secret et la paranoïa, les sanglantes chasses aux sorcières de la Grande Terreur, la prééminence du Parti sur la famille et sur la vie elle-même, la méfiance des propres services d'espionnage de l'URSS qui conduisit au succès de l'attaque surprise de Hitler en 1941 – fut le résultat de la vie dans la clandestinité, de la *konspiratsia* de l'Okhrana et des révolutionnaires, et aussi des valeurs et du style caucasiens de Staline. Mais pas seulement de Staline.

Dès 1917, Staline connaissait nombre des personnages qui formeraient l'élite soviétique et sa cour dans les années de pouvoir absolu. La violence et le caractère clanique des Caucasiens, comme Staline, Ordjonikidze et Chaoumian, jouèrent un rôle particulier dans la formation de l'URSS, au moins aussi grand sinon plus que

1. Ian KERSHAW, *Hitler. 1889-1936 : hubris*, trad. de P.-E. Dauzat, Flammarion, Paris, 1999. *N.d.T.*

2. Robert C. TUCKER, *Staline révolutionnaire*, trad. d'Éric Diacon, Fayard, Paris, 1975. *N.d.T.*

celui des Lettons, des Polonais, des Juifs, et peut-être même des Russes. Ces Caucasiens furent l'essence des « Hommes de Comité » qui constituèrent le cœur du Parti bolchevique et qui étaient tout disposés à soutenir Staline contre les intellectuels, les Juifs, les émigrés – et surtout contre le brillant et hautain Trotski. Ces gens prirent goût à la brutalité de la Guerre civile (et à la liquidation de la paysannerie ainsi qu'à la Terreur) parce que, tout comme Staline, en fait avec lui, ils avaient grandi dans les mêmes rues, participé aux mêmes guerres entre bandes, rivalités de clans et massacres ethniques, et embrassé la même culture de la violence. Mon approche évite pour l'essentiel la démarche psycho-historique qui a obscurci et simplifié à l'excès notre compréhension de Staline et de Hitler. Comme j'espère le montrer dans ce livre, Staline fut bien autre chose que le produit d'une enfance miséreuse, tout comme l'URSS fut le produit de bien autre chose que de l'idéologie marxiste.

Cependant, la formation du caractère du Staline est particulièrement importante parce que la nature de son régime fut profondément personnelle. En outre, Lénine et Staline créèrent le système soviétique idiosyncrasique à l'image de leur petit cercle impitoyable de conspirateurs d'avant la Révolution. En fait, la tragédie du léninisme-stalinisme n'est, pour une large part, intelligible que si l'on comprend que les bolcheviks continuèrent à se comporter au Kremlin, au sein du gouvernement du plus grand empire mondial, de la même façon clandestine que lorsqu'ils appartenaient à une obscure petite cabale réunie dans l'arrière-salle d'une taverne de Tiflis.

Il semble que la Russie actuelle – par habitude de l'autocratie et de l'empire et soumission à ces entités, et par manque d'institutions civiques fortes, en particulier depuis l'éclatement de sa société sous la Terreur bolchevique – soit condamnée à être pendant quelque temps encore dirigée par des cliques autoproclamées. Sur un plan plus général, le monde trouble du terrorisme est encore plus pertinent aujourd'hui que jamais : les organisations terroristes, que ce soient celles des bolcheviks au début du XXe siècle ou des djihadistes au seuil du XXIe, ont beaucoup en commun.

En 1917, Staline connaissait Lénine depuis douze ans et beaucoup d'autres gens depuis plus de vingt. Ceci n'est donc pas simplement une biographie, c'est la chronique d'un milieu, une préhistoire de l'URSS elle-même, une étude de la larve souterraine et de la chrysalide silencieuse avant qu'elle ne donne naissance à l'insecte aux ailes d'acier.

LISTE DES PROTAGONISTES

La famille

Vissarion Djougachvili, « Besso », cordonnier, père de Staline ;
Ekaterina Gueladze Djougachvili, « Keke », mère de Staline ;
Iossif Vissarionovitch Djougachvili, « Sosso », « Koba », « Joseph Staline ».

À Gori

Iakov Egnatachvili, « Koba », champion de lutte, marchand, possible père de Staline ;
Ivan Egnatachvili, « Vasso », fils de Iakov, courtisan de Staline, « le Lapin » ;
Alexandre Egnatachvili, « Sacha », fils de Iakov, ami de toujours de Staline ;
Damian Davrichewy, officier de police et possible père de Staline ;
Iossif Davrichewy, fils de Damian, ami d'enfance de Staline, pilleur de banques politique et, plus tard, pilote, espion et mémorialiste en France ;
Iossif Iremachvili, ami d'enfance à Gori et au séminaire de Tiflis, mémorialiste menchevik ;
Père Christophe Tcharkviani, prêtre, protecteur et possible père de Staline ;
Kote Tcharkviani, fils du précédent ;
Peter Kapanadze, « Peta », prêtre et ami de toujours de Staline à Gori et au séminaire de Tiflis ;
Georgui Elisabedachvili, ami de Staline, bolchevik ;
Dato Gassitachvili, apprenti cordonnier de « Besso ».

Les maîtres d'école

Simon Gogtchilidze, professeur de musique et protecteur de Staline à l'école paroissiale de Gori ;
Prince David Abachidze, père Dimitri, dit « Tache noire », prêtre pédant et persécuteur haï de Staline au séminaire de Tiflis.

Maîtresses et compagnes de Staline

Natalia Kirtava, « Natacha », logeuse et petite amie à Batoumi ;
Alvassi Talakvadze, protégée et petite amie à Bakou ;
Lioudmila Stal, militante bolchevique, petite amie à Bakou et à Saint-Pétersbourg ;
Stefania Petrovskaïa, femme de la noblesse d'Odessa, exilée, maîtresse puis fiancée à Solvitchegodsk et à Bakou ;
Pelageïa Onoufrieva, « Polia », dite la « Pin-up », écolière, maîtresse à Vologda ;
Serafima Khorochenina, maîtresse et compagne à Solvytchegodsk ;
Maria Kouzakova, logeuse et maîtresse à Solvytchegodsk, mère de Konstantin ;
Tatiana Slavatinskaïa, « Tania », bolchevique mariée, maîtresse ;
Valentina Lobova, combinarde bolchevique et maîtresse probable ;
Lidia Perepryguina, orpheline âgée de treize ans séduite au Touroukhansk qui lui fit deux enfants et à qui il fut fiancé.

Camarades, ennemis et rivaux – Tiflis et Bakou

Lado Ketskhoveli, fils d'un prêtre de Gori, mentor bolchevique et héros de Staline ;
Prince Alexandre Tsouloukidze, « Sacha », riche aristocrate, mentor bolchevique et héros de Staline ;
Mikha Tskhakaïa, fondateur des sociaux-démocrates géorgiens, bolchevik dès l'origine et protecteur de Staline ;
Philippe Makharadze, bolchevik et allié un temps de Staline ;
Boudou Mdivani, « la Barrique », comédien, terroriste bolchevique, allié de Staline ;
Abel Enoukidze, bolchevik dès l'origine, ami des Allilouïev, des Svanidze et de Staline ;
Silibistro Jibladze, « Silva », ex-séminariste, agitateur menchevik ;

Lev Rosenfeld, « Kamenev », fils d'un ingénieur aisé de Tiflis, bolchevik modéré ;
Mikhaïl Kalinine, « Micha », paysan, maître d'hôtel, bolchevik dès l'origine à Tiflis ;
Souren Spandarian, fils d'un rédacteur de presse arménien aisé, bolchevik, amateur de femmes, meilleur ami de Staline ;
Stepane Chaoumian, bolchevik arménien aisé, allié et rival de Staline ;
Grigori Ordjonikidze, « Sergo », noble désargenté, infirmier, gros bras bolchevique, longtemps allié de Staline ;
Sergo Kavtaradze, jeune homme de main de Staline en Géorgie occidentale, à Bakou et à Saint-Pétersbourg.

Épouses et parents par alliance

Alexandre Svanidze, « Aliocha », séminariste, bolchevik dès l'origine, ami de Staline et plus tard son beau-frère ;
Alexandra Svanidze, « Sachiko », sœur du précédent et amie de Staline ;
Mikhaïl Monosselidze, époux de Sachiko et allié bolchevique de Staline ;
Maria Svanidze, « Mariko », sœur de Sachiko et d'Aliocha ;
Ekaterina Svanidze Djougachvili, « Kato », cadette de la famille, première épouse de Staline et mère de Iakov ;
Iakov Djougachvili, « Iacha », dit aussi « Fiston », fils de Staline ;
Sergueï Allilouïev, directeur des chemins de fer et de l'électricité, bolchevik de la première heure, allié de Staline à Tiflis, à Bakou et à Saint-Pétersbourg ;
Olga Allilouïeva, épouse de Sergueï, amie de Staline, maîtresse possible, plus tard sa belle-mère ;
Pavel Allilouïev, fils des précédents ;
Anna Allilouïeva, fille des précédents ;
Fiodor Allilouïev, « Fedya », fils des précédents ;
Nadejda Allilouïeva, « Nadia », fille de Sergueï et d'Olga, deuxième épouse de Staline.

Gangsters, cerveaux et combinards

Kamo, Simon Ter Petrossian, « Senko », ami de Staline, protégé et ensuite pilleur de banques et tueur à gages ;

Kote Tsintsadze, tueur à gages de Staline et brigand en Géorgie occidentale, plus tard chef de pilleurs de banques ;
Leonid Krassine, maître de Staline en fabrication de bombes, blanchiment d'argent, hold-up et contacts avec les élites, plus tard se brouilla avec Lénine ;
Maxime Meier Wallach, « Litvinov », bolchevik, trafiquant d'armes et blanchisseur d'argent ;
Andreï Vychinski, fils d'un pharmacien aisé d'Odessa, élevé à Bakou, homme de main de Staline et plus tard menchevik.

Le titan du marxisme

Georgui Plekhanov, père de la social-démocratie russe.

Les bolcheviks

Vladimir Ilitch Oulianov, « Lénine », ou « Ilitch » pour ses intimes, dirigeant social-démocrate russe et fondateur du Parti bolchevique ;
Nadejda Kroupskaïa, épouse et assistante de Lénine ;
Grigori Apfelbaum, « Zinoviev », fils d'un laitier juif, acolyte de Lénine à Cracovie puis allié de Kamenev ;
Roman Malinovski, voleur, violeur et espion à la solde de l'Okhrana, dirigeant bolchevique à la douma impériale ;
Iakov Sverdlov, dirigeant bolchevique juif et compagnon de chambre de Staline dans ses exils ;
Lev Bronstein, « Trotski », dirigeant, orateur et écrivain, marxiste indépendant, président menchevique du Soviet de Saint-Pétersbourg en 1904, rejoint les bolcheviks en 1917 ;
Félix Dzerjinski, noble polonais, révolutionnaire vétéran, bolchevik en 1917 ;
Elena Stassova, « Camarade Absolue » ou « Camarade Zelma », militante bolchevique d'origine noble ;
Kliment Vorochilov, tourneur à Lougansk, ami bolchevique de Staline, compagnon de chambre à Stockholm ;
Viatcheslav Mikhaïlovitch Skriabine, « Molotov », jeune bolchevik et fondateur avec Staline de la *Pravda*.

Les mencheviks

Iouli Tsederbaum, « Martov », ami, puis adversaire acharné de Lénine, fondateur des mencheviks ;
Noé Jordania, fondateur de la social-démocratie géorgienne et chef des mencheviks géorgiens ;
Nikolaï Tchkheïdze, « Karlo », menchevik modéré à Batoumi et plus tard à Saint-Pétersbourg ;
Isidore Ramichvili, adversaire menchevique de Staline ;
Saïd Devdariani, ami séminariste puis adversaire politique et menchevik ;
Noé Ramichvili, adversaire menchevique acharné de Staline ;
Minadora Ordjonikidze Torochelidze, amie menchevique de Staline et épouse de l'allié bolchevique Malakia Torochelidze ;
David Saguirachvili, menchevik et mémorialiste géorgien ;
Grigori Ouratadze, menchevik et mémorialiste géorgien ;
Rajden Arsenidze, menchevik et mémorialiste géorgien ;
Khariton Chavichvili, mémorialiste menchevik.

AVERTISSEMENT

Staline

Staline ne commença à employer son célèbre nom qu'en 1912 ; celui-ci ne deviendrait son patronyme qu'après octobre 1917. Son nom véritable était Iossif Vissarionovitch Djougachvili. Sa mère, ses amis et ses camarades l'appelaient « Sosso » et cela même après 1917. Il publia des poèmes sous le nom de « Sosselo ». Il se désigna de plus en plus fréquemment sous le nom de « Koba », mais il employa un grand nombre de pseudonymes au cours de sa vie secrète.

Pour des raisons de clarté, nous employons « Staline » et « Sosso » tout au long de ce livre.

Noms et translittérations

J'ai suivi les mêmes principes que pour mes autres ouvrages sur la Russie. Lorsque c'était possible, je me suis efforcé d'employer les versions translittérées les plus faciles et les plus connues des noms géorgiens et russes. Cela entraîne, bien évidemment, de nombreuses incohérences – ainsi j'appelle le dirigeant menchevik géorgien Noé Jordania et non Zhordania et j'emploie Jibladze au lieu de Djiblaze, et cependant je me sens obligé d'écrire le véritable nom de Staline, Djougachvili, sous la forme sous laquelle il est le mieux connu. J'ai utilisé l'orthographe française de Davrichewy et Chavichvili (au lieu de Davrichachvili et Shavishvili) parce que leurs Mémoires ont été publiés sous ces noms. Je prie les nombreux linguistes que cela épouvantera de bien vouloir m'en excuser.

Dates

Les dates sont données selon l'ancien calendrier julien, employé en Russie, qui compte treize jours de retard par rapport au nouveau calendrier grégorien en usage en Occident. Lorsque je décris des événements ayant eu lieu en Occident, j'indique les deux dates. Le gouvernement soviétique passa au calendrier nouveau style à minuit le 31 janvier 1918, le lendemain devenant donc le 14 février.

Système monétaire

Selon les taux au début du XXe siècle, dix roubles valaient une livre sterling. Pour convertir les sommes en monnaie actuelle, le plus simple est de les multiplier par cinq pour obtenir des livres et par dix pour obtenir des dollars. Quelques exemples : comme ouvrier aux raffineries Rothschild de Batoumi, le jeune Staline percevait un rouble soixante-dix par jour, soit six cent vingts roubles par an (soit six mille dollars ou trois mille livres aujourd'hui). Le tsar Nicolas II s'accordait une liste civile annuelle de deux cent cinquante mille roubles alors que le garde du corps du tsarévitch Alexis touchait un salaire de cent vingt roubles par an (mille deux cents dollars ou six cents livres). Cependant, ces chiffres n'ont aucun sens : ils ne donnent qu'une faible idée du pouvoir d'achat réel et des valeurs. Ainsi, Nicolas II était probablement l'homme le plus riche du monde, à n'en pas douter de Russie. Cependant sa fortune personnelle, joyaux, palais, objets d'art et richesses naturelles, était évaluée en 1917 à quatorze millions de roubles, ce qui, converti en monnaie actuelle, ne représenterait que cent quarante millions de dollars ou soixante-dix millions de livres, des chiffres ridiculement bas.

Titres de civilité

Il n'existe pas toujours d'équivalents des titres et des rangs tsaristes, mais je me suis efforcé d'employer des équivalents aussi proches que possible. Pour les autocrates russes, j'emploie indifféremment les termes « tsar » ou « empereur. » Le tsar Pierre le Grand se couronna « empereur » en 1721. Le titre de dirigeant du Caucase connut diverses variantes. Le grand-duc Michel Nikolaïevitch, fils et frère d'empereurs, était vice-roi. Son successeur, le prince Grigori Golitsyne, en fonction à l'époque où Staline était au séminaire, avait le titre inférieur de gouverneur général. Son successeur, le comte Illarion Vorontsov-Dachkov serait à son tour vice-roi de 1905 à 1916.

Distances/Poids

10 verstes = 10,670 km
1 poud = 16,38 kg

Prologue

L'ATTAQUE DE LA BANQUE

À 10 h 30, en cette chaude matinée du mercredi 13 juin 1907, sur la grand-place exotique et animée de Tiflis, un capitaine de cavalerie, fringant et moustachu, en bottes et culotte de cheval, brandissait un long sabre circassien et faisait des numéros de voltige sur sa monture, tout en plaisantant avec deux jolies et élégantes Géorgiennes qui faisaient tournoyer leurs ombrelles aux couleurs criardes et caressaient les pistolets Mauser cachés dans les plis de leur robe.

Des jeunes gens à l'air canaille, en blouse paysanne éclatante et ample pantalon de marine, attendaient au coin des rues, dissimulant les revolvers et les grenades qu'ils transportaient discrètement. À la taverne Tilipoutchouri, sur la place, une bande de gangsters lourdement armés avait investi le bar et invitait joyeusement les passants à se joindre à elle pour prendre un verre. Tous ces gens attendaient d'accomplir le premier exploit de Iossif Djougachvili, alors âgé de vingt-neuf ans et plus tard connu sous le nom de Staline, qui retiendrait l'attention mondiale.

Peu nombreuses étaient les personnes en dehors du groupe à connaître ce jour-là le plan de ce « gros coup » à caractère criminel et terroriste, auquel Staline avait travaillé pendant des mois. Un des rares à en avoir été informés dans ses grandes lignes était Vladimir Lénine, le chef du Parti bolchevique[1], qui vivait caché,

1. En 1903, le Parti ouvrier social-démocrate de Russie s'était scindé en deux factions, les bolcheviks avec Lénine et les mencheviks sous la direction de Martov, qui se combattirent au sein même du Parti jusqu'en 1912, année où elles se séparèrent officiellement pour ne plus jamais se réunir. Lénine organisa et dirigea une cabale de trois hommes connue sous le nom de Centre bolchevique pour lever des fonds au moyen de hold-up et de rackets organisés.

loin au nord, dans une villa de Kuokola en Finlande. Quelques jours plus tôt, à Berlin et ensuite à Londres, Lénine avait rencontré Staline en secret pour ordonner ce braquage, bien que le parti social-démocrate eût formellement interdit toutes les « expropriations », terme employé par euphémisme pour désigner les attaques de banques. Mais les opérations, les casses et les assassinats de Staline, toujours exécutés avec un soin méticuleux pour les détails et le secret, avaient fait de lui « le principal financier du Centre bolchevique ».

Les événements qui allaient se produire feraient la une des journaux partout dans le monde, ébranleraient littéralement Tiflis jusque dans ses fondations et accentueraient encore les tensions entre les sociaux-démocrates déjà divisés en factions rivales : ce jour, tournant décisif dans son existence, assurerait et manquerait ruiner la carrière de Staline.

Sur la place Erevan, les vingt brigands qui formaient le noyau du gang connu sous le nom de « l'Équipe » prirent leurs postes tandis que leurs guetteurs observaient la perspective Golovinski, la grande rue élégante de Tiflis, par-delà la splendeur blanche de style italianisant du palais du vice-roi. Ils attendaient le fracas d'une malle-poste escortée de cosaques au galop. Le capitaine au sabre circassien caracolait sur sa monture, puis il descendit se promener le long du boulevard.

À chaque coin de rue, un cosaque ou un policier montait la garde ; les autorités étaient fin prêtes. Depuis janvier, elles s'attendaient à quelque chose. Les informateurs et les agents de l'Okhrana, la police secrète du tsar, et les gendarmes, sa police politique en uniforme, avaient communiqué d'épais rapports sur ce que les groupes de révolutionnaires et de criminels fomentaient. Dans les ténèbres de la clandestinité, le monde du crime et celui du terrorisme s'étaient confondus, et il était difficile de distinguer le vrai du faux. Depuis de longs mois, on « parlait » d'un « gros coup », comme les experts du renseignement le diraient aujourd'hui.

En cette belle matinée brumeuse, les couleurs orientales de Tiflis (aujourd'hui Tbilissi, capitale de la république de Géorgie) semblaient appartenir à un autre monde que Saint-Pétersbourg, la capitale du tsar située à mille six cents kilomètres de là. Les rues anciennes, sans eau courante ni électricité, serpentaient le long des pentes de Mtatsminda, la Montagne sacrée, et devenaient d'une raideur extraordinaire entre les maisons de guingois au charme pittoresque, ployant sous de lourds balcons et couvertes de vignes centenaires. Tiflis était un gros bourg où tout le monde se connaissait.

Immédiatement derrière le quartier général militaire, dans la respectable rue Freilinskaïa, à quelques pas de la place, vivaient l'épouse de Staline, Kato Svanidze, une jeune et jolie couturière géorgienne, et leur nouveau-né, Iakov. Leur union était le fruit d'un vrai mariage d'amour ; malgré son caractère sombre, Staline était sincèrement attaché à Kato qui admirait et partageait sa ferveur révolutionnaire. Alors qu'elle prenait le soleil avec le bébé sur son balcon, son mari était sur le point de lui donner, ainsi qu'à Tiflis, une terrible émotion.

Cette ville au caractère intime était la capitale du Caucase, vice-royauté montagnarde et farouche du tsar entre la mer Noire et la mer Caspienne, chaudron bouillonnant de peuples fiers et féroces. La perspective Golovinski avait une élégance toute parisienne ; théâtres néoclassiques, opéra de style mauresque, grands hôtels, et palais de princes géorgiens ou de magnats arméniens du pétrole bordaient l'avenue, mais, lorsque l'on dépassait le quartier général militaire, la place Erevan ouvrait sur un univers asiatique mélangé.

Colporteurs en costumes exotiques et étals offraient les spécialités géorgiennes, *lobio*, haricots épicés, et *khatchapouri*, gâteaux chauds au fromage. Porteurs d'eau, marchands des rues, vide-goussets et portefaix approvisionnaient ou volaient les bazars perses ou arméniens dont les allées évoquaient davantage un souk du Levant qu'un marché d'Europe occidentale. Des caravanes de chameaux et d'ânes, chargés de soieries et d'épices de Perse et du Turkestan, de fruits et d'outres gorgées de vin des campagnes luxuriantes de Géorgie, franchissaient les portes du caravansérail. Ses jeunes garçons et ses petits coursiers servaient une foule d'hôtes et de dîneurs, portaient les sacs, déchargeaient les chameaux, tout en observant la place. Nous savons aujourd'hui, grâce aux archives de Géorgie récemment ouvertes, que Staline, à l'image du Fagin d'*Oliver Twist*, célèbre directeur d'une école pour pickpockets, employait les jeunes garçons du caravansérail comme une espèce de service révolutionnaire de courrier et de collecte de renseignements. Pendant ce temps, dans une des arrière-salles voûtées du caravansérail, les chefs de gang encourageaient leurs tueurs et répétaient une dernière fois le plan d'action. Ce matin-là, Staline lui-même était présent.

Les deux jolies adolescentes aux ombrelles tournoyantes et aux pistolets chargés, Patsia Goldava et Anneta Soulakvelidze, « cheveux bruns, sveltes, et yeux noirs à l'éclat juvénile », traversèrent avec naturel la place pour se poster devant le quartier général militaire où elles commencèrent à flirter avec les officiers russes, les gendarmes en bel uniforme bleu et les cosaques aux jambes arquées.

Tiflis était alors – tout comme aujourd'hui – une ville tranquille de promeneurs et de badauds, qui s'arrêtaient fréquemment pour boire un verre de vin dans l'une des nombreuses tavernes en plein air ; si les Géorgiens rappellent un autre peuple d'Europe par leur exubérance et leur susceptibilité, c'est bien les Italiens. En *tchokha*, ce long manteau traditionnel barré sur la poitrine de cartouchières, Géorgiens et autres Caucasiens parcouraient les rues avec une assurance ostentatoire en chantant à tue-tête. Les Géorgiennes en foulard noir et les épouses des officiers russes vêtues à l'occidentale se promenaient dans les jardins Pouchkine, achetaient glaces et sorbets, au milieu de Perses, d'Arméniens, de Tchétchènes, d'Abkhazes ou de montagnards juifs dans un carnaval de chapeaux et de costumes divers.

Des bandes de gamins des rues – les *kintos* – examinaient furtivement la foule dans l'espoir de commettre quelque larcin. De jeunes séminaristes en long surplis blanc sortaient, escortés de leurs maîtres barbus en soutane, du séminaire aux colonnes blanches de l'autre côté de l'avenue, où Staline, neuf ans plus tôt, avait manqué devenir pope. Ce kaléidoscope férocement caucasien, sans rien de slave ni de russe, où se mêlaient l'Orient et l'Occident, était le monde où Staline avait grandi.

Après avoir vérifié l'heure, Anneta et Patsia se séparèrent pour prendre position de part et d'autre de la place. Dans la rue du Palais, la clientèle douteuse de l'infâme taverne Tilipoutchouri – princes, entremetteurs, informateurs et pickpockets – buvait du vin géorgien et du cognac arménien non loin des splendeurs ploutocratiques du palais du prince Soumbatov.

À cet instant, David Saguirachvili, un autre révolutionnaire qui connaissait Staline et certains des gangsters, rendit visite à un ami qui possédait une échoppe au-dessus de la taverne et fut invité à entrer par Batchoua Koupriachvili, le brigand hilare qui se trouvait à l'entrée et qui lui « offrit immédiatement un siège et un verre de vin rouge selon la coutume géorgienne ». David but le vin et il s'apprêtait à partir quand le tueur lui suggéra « avec une politesse exquise » de rester à l'intérieur et de « goûter d'autres amuse-gueules et du vin ». David comprit qu'« ils laissaient les gens entrer dans le restaurant mais les empêchaient d'en ressortir. Des individus en armes se tenaient à la porte ».

Remarquant le convoi qui galopait dans le boulevard, Patsia Goldava, la mince brunette, courut vers l'angle des jardins Pouchkine et agita un journal en direction de Stepko Intskirveli qui attendait près de l'entrée.

« C'est parti », marmonna-t-il.

Stepko hocha la tête à l'intention d'Anneta Soulakvelidze qui se tenait de l'autre côté de la rue devant la taverne, et elle fit un signe pour appeler les hommes installés au bar. Les terroristes à l'entrée répétèrent son appel. « À un signal donné », Saguirachvili vit les brigands reposer leurs verres, armer leurs pistolets et sortir pour se disperser sur la place – des jeunes hommes minces, phtisiques, vêtus d'amples pantalons, et qui n'avaient guère mangé depuis des semaines. Certains étaient des gangsters, d'autres des *desperados*, et d'autres enfin, chose typique en Géorgie, des princes désargentés qui avaient quitté leurs manoirs délabrés, sans toit ni murs, au fond des provinces. Si leurs actes étaient criminels, ils se moquaient bien de l'argent : ils étaient tout dévoués à Lénine, au Parti et à Staline, l'homme qui tirait les ficelles à Tiflis.

« Le rôle de chacun d'entre nous avait été soigneusement préparé », raconterait plus tard une troisième fille de la bande, Alexandra Darakhvelidze, tout juste âgée de dix-neuf ans, une amie d'Anneta qui avait déjà participé à plusieurs attaques à main armée.

Les bandits prirent chacun pour cible l'un des policiers de la place – les *gorodovoi* connus dans les rues sous le surnom de Pharaons. Deux tireurs se chargèrent des cosaques en faction devant l'hôtel de ville ; le reste de la troupe se dirigea vers l'angle de la rue Velyaminov et vers le bazar arménien non loin de la Banque d'État. Alexandra Darakhvelidze, dans ses Mémoires inédits, se rappelait avoir gardé l'un des angles de rue avec deux hommes armés.

À cet instant, Batchoua Koupriachvili, qui faisait semblant de lire nonchalamment un journal, remarqua au loin le nuage de poussière soulevé par les sabots des chevaux. Ils arrivaient ! Batchoua roula son journal et se tint immobile...

Le capitaine de cavalerie qui se promenait sur la place invita alors les passants à s'éloigner, mais personne ne prêta attention à ses avertissements jusqu'au moment où il remonta en selle. Il n'était en rien officier, mais il incarnait l'idéal du *beau sabreur**[1], du hors-la-loi, mi-chevalier, mi-brigand. Kamo, tel était son nom, alors âgé de vingt-cinq ans, était le chef de « l'Équipe » et, ainsi que le dirait Staline, « un as du déguisement » qui pouvait se faire passer aussi bien pour un prince richissime que pour une simple blanchisseuse

1. Les termes en italique suivis d'un astérisque sont en français dans le texte original. *N.d.T.*

de la campagne. Il agit avec rapidité, son œil gauche à demi aveugle biglant en tous sens : une de ses propres bombes lui avait explosé au visage quelques semaines plus tôt et il se remettait à peine de ses blessures.

Kamo « était complètement subjugué » par Staline qui l'avait converti au marxisme. Ils avaient grandi ensemble dans la ville tumultueuse de Gori, à soixante-dix kilomètres de là. Pilleur de banques d'une audace ingénieuse, Houdini de l'évasion, c'était cependant un nigaud crédule et un dangereux psychopathe à moitié fou. D'une sérénité inquiétante et intense, le visage étrange et « sans éclat », le regard vide, il était toujours prêt à tuer pour son maître et implorait souvent Staline : « Laisse-moi le tuer pour toi ! » Il ne reculait devant aucune action macabre ou follement intrépide ; plus tard, il plongerait la main dans la poitrine d'un homme pour lui arracher le cœur.

Toute sa vie, le magnétisme distant de Staline attirerait des psychopathes amoraux et sans entraves et lui gagnerait leur dévotion. Kamo, son homme de main depuis l'enfance, et ces gangsters de Tiflis inauguraient une longue lignée. « Ces jeunes hommes suivaient Staline de façon désintéressée [...] L'admiration qu'ils lui vouaient lui permit de leur imposer une discipline de fer. » Kamo rendait souvent visite à Staline et c'était à son domicile qu'il avait, un peu plus tôt, emprunté le sabre du père de Kato, expliquant qu'il allait « jouer à l'officier cosaque ». Lénine lui-même, cet avocat raffiné qui avait été élevé comme un noble, était fasciné par cette tête brûlée de Kamo qu'il appelait son « bandit caucasien ». Kamo, racontera Staline dans sa vieillesse, « était une personne vraiment étonnante ».

Le « capitaine » Kamo fit tourner sa monture en direction de la perspective et, avec panache, passa au trot devant le convoi qui s'avançait vers lui. Lorsque la fusillade éclata, il déclara, en fanfaronnant, que toute l'affaire « serait terminée en trois minutes ».

Les cosaques entrèrent au galop sur la place Erevan, deux en tête du convoi, deux à l'arrière et un sur le côté. Au milieu de la poussière, les bandits repérèrent la malle-poste où se tenaient deux hommes en redingote – Kourdioumov, le caissier de la Banque d'État, et Golovnia, le comptable – ainsi que deux soldats le fusil armé. La seconde voiture était remplie de policiers et de soldats. Dans un tonnerre de sabots, il ne fallut que quelques secondes aux voitures et aux cavaliers pour s'engager sur la place et s'approcher de la rue Sololaki où se dressait la nouvelle Banque d'État dont les statues de lions et de dieux au-dessus de l'entrée symbolisaient la prospérité naissante du capitalisme russe[1].

Batchoua Koupriachvili abaissa son journal pour donner le signal, puis le jeta et empoigna ses armes. Les gangsters sortirent ce qu'ils appelaient leurs « pommes » – de puissantes grenades qui, dissimulées dans un gros sofa, avaient été discrètement introduites à Tiflis par Anneta et Alexandra.

Les tireurs et les jeunes femmes s'avancèrent, armèrent quatre grenades et les lancèrent sous les voitures où elles explosèrent dans un bruit assourdissant ; la puissance infernale de la charge éventra les chevaux et déchiqueta les hommes, éclaboussant les pavés d'entrailles et de sang. Les brigands sortirent leurs pistolets Mauser et Browning et ouvrirent le feu sur les cosaques et sur les policiers autour de la place qui, pris complètement par surprise, tombèrent blessés ou coururent se mettre à couvert. Plus de dix bombes explosèrent. Des témoins crurent qu'il en pleuvait de partout, même des toits ; on raconterait plus tard que Staline lui-même avait lancé le premier engin du toit de la demeure du prince Soumbatov.

Les voitures de la Banque s'immobilisèrent. Des passants hurlaient et s'efforçaient de trouver un abri. Certains crurent qu'il s'agissait d'un tremblement de terre : la Montagne sacrée s'effondrait-elle sur la ville ? « Personne ne pouvait dire si les terribles déflagrations étaient des grondements de canons ou des explosions de bombes », rapporta le journal géorgien *Isari* (« la flèche »). « Ce fracas provoqua une panique générale [...] presque partout dans la ville, les gens se mirent à courir. Des voitures et des charrettes fuyaient au galop... » Des cheminées s'étaient écroulées des maisons et toutes les vitres avaient éclaté jusqu'au palais du vice-roi.

Non loin de là, Kato Svanidze, sur son balcon, s'occupait du fils de Staline en compagnie de sa famille « lorsque soudain nous entendîmes le bruit des bombes », raconterait Sachiko, sa sœur. « Complètement affolés, nous nous précipitâmes à l'intérieur de la maison. »

1. Dans ce bourg, les distances sont modestes. Le séminaire, la demeure familiale de Staline, le palais du vice-roi et la banque sont tous à environ deux minutes de marche du lieu de l'attaque. La plupart des bâtiments de la place Erevan (plus tard place Beria, puis Lénine et aujourd'hui de la Liberté) qui sont cités ici existent encore : la taverne Tilipoutchouri (à présent sans hôtes princiers ni brigands), le séminaire (transformé en musée), l'hôtel de ville, le quartier général du commandement caucasien, la Banque d'État et le palais du vice-roi (où la mère de Staline vécut si longtemps) sont restés inchangés. Le Caravansérail, les jardins Pouchkine, l'entrepôt de chaussures Adelkhanov (où Staline avait travaillé) et les bazars ont disparu.

Sur la place, dans le chaos et les nuages de fumée jaunâtre, parmi les carcasses des chevaux et les corps mutilés, quelque chose d'imprévu se passait. Un des chevaux attelés à la malle-poste reprit connaissance dans un sursaut et, alors que les gangsters se précipitaient pour s'emparer des sacs d'argent à l'arrière de la voiture, il se releva au milieu du carnage et dévala la colline vers le Bazar des soldats, emportant avec lui l'argent que Staline avait promis à Lénine pour la Révolution.

Très longtemps, on soupçonna le rôle joué par Staline ce jour-là sans pouvoir le prouver. Mais aujourd'hui, l'ouverture des archives à Moscou et à Tbilissi montre comment il avait conçu l'opération et préparé ses hommes à l'intérieur de la banque pendant de longs mois. Les Mémoires inédits de Sachiko Svanidze, sa belle-sœur, conservés dans les archives géorgiennes attestent que Staline avait franchement reconnu avoir dirigé l'opération[1]. Un siècle après le coup de main, il est enfin possible de révéler la vérité.

Staline adorait le « sale boulot de la politique », l'atmosphère de conspiration de la Révolution. Une fois devenu dictateur de la Russie soviétique, il faisait allusion de manière énigmatique, voire nostalgique, à ces parties de « cosaques et de bandits » – *kazaki i razboyniki*, version russe du « jeu du gendarme et des voleurs » –, mais jamais il ne donna de détails susceptibles de saper sa légitimité d'homme d'État.

En 1907, Staline était un individu de petite taille, mince, nerveux, mystérieux, aux nombreux noms d'emprunt, vêtu habituellement d'une chemise de satin rouge, d'un manteau gris et d'un feutre noir, son signe distinctif. Parfois il préférait la *tchokha* traditionnelle et il aimait arborer une cape blanche caucasienne jetée avec ostentation sur l'épaule. Toujours en mouvement, toujours pressé, il revêtait les nombreux costumes de la société tsariste comme autant de déguisements et échappa souvent aux traques en s'affublant de vêtements féminins.

1. Staline n'aurait nullement apprécié la franchise des Svanidze. Ils furent sa famille la plus proche pendant trente ans. Sachiko, sa belle-sœur, qui laissa ces Mémoires en 1934, mourut d'un cancer deux ans plus tard – à moins qu'elle n'ait partagé le sort réservé à sa sœur Mariko, à son frère Aliocha et à l'épouse de celui-ci. Les Mémoires de Sachiko Svanidze sont utilisés ici pour la première fois. Certains des pilleurs de banques, Kamo, Batchoua Koupriachvili et Alexandra Darakhvelidze par exemple, ont également laissé des Mémoires inédits, quoique incomplets, qui sont également utilisés ici pour la première fois.

Séduisant aux yeux des femmes, il chantait souvent des mélodies géorgiennes ou déclamait des poèmes ; charismatique, doué d'humour, c'était cependant un être profondément mélancolique, un étrange Géorgien à la froideur nordique. Ses yeux « brûlants » prenaient des teintes de miel lorsqu'il se montrait amical et viraient au jaune lorsqu'il s'emportait. Il n'avait pas encore fait le choix de la moustache et de la coupe *en brosse** de l'âge mûr ; parfois il se laissait pousser la barbe et les cheveux qui conservaient encore les nuances auburn de sa jeunesse mais commençaient à foncer. Le visage marqué de taches de rousseur et grêlé par la variole, il marchait d'un pas vif mais bancal, et tenait le bras gauche raide à la suite d'une série d'accidents et de maladies infantiles.

Infatigable dans l'action, il bouillonnait d'idées et d'ingéniosité. Animé d'une soif de connaissances et d'un instinct pour l'enseignement, il étudiait fébrilement romans et ouvrages d'histoire, mais son amour des lettres ne résistait jamais à son besoin de commander et de dominer, d'écraser l'adversaire et de redresser les torts. Patient, calme et modeste, il pouvait également se montrer vaniteux, arriviste et susceptible avec de soudains accès de brutalité.

Baigné dans la culture de l'honneur et de la loyauté de la Géorgie, Staline était l'exemple même du réaliste résolu, du cynique ironique, du tueur impitoyable ; c'était lui qui avait créé l'Équipe bolchevique d'attaques de banques et d'assassinats qu'il contrôlait de loin comme un parrain de la Mafia. Il cultivait une rudesse de paysan mal dégrossi, ce qui lui aliénait des camarades, mais dissimulait utilement ses dons subtils aux yeux de rivaux snobs.

Bien que son union avec Kato fût heureuse, il avait choisi une vie de vagabondage sans sentimentalité, ce qui l'affranchissait, croyait-il, de la morale, des responsabilités conventionnelles, et de l'amour même. Cependant, s'il écrivit sur la mégalomanie des autres, il n'avait aucune conscience de son propre instinct de puissance. Il aimait entretenir le mystère. Lorsqu'il rendait visite à des amis et qu'on demandait qui était là, il répondait avec une solennité feinte : « L'Homme en gris. »

La clandestinité fut pour ce révolutionnaire professionnel, l'un des premiers de son espèce, un milieu naturel où il se déplaçait avec une grâce féline et fuyante, lourde de menace. Extrémiste et conspirateur-né, l'Homme en gris était un vrai croyant, « un marxiste fanatique depuis sa jeunesse ». Les rites violents du monde secret de Staline marqué par l'idée de complot propre au Caucase s'épanouiraient plus tard pour devenir la culture de pouvoir idiosyncratique de l'Union soviétique elle-même.

« Staline avait inauguré l'ère du hold-up », écrivit un de ses cerveaux et compagnons dans les attaques de banques, son ami d'enfance, Iossif Davrichewy. Staline, avons-nous longtemps cru, organisait les opérations sans jamais s'impliquer directement. Ce fut peut-être vrai en ce jour de 1907, mais nous savons aujourd'hui qu'il se trouva lui-même, armé le plus souvent de son Mauser, engagé plus directement dans d'autres braquages.

Il eut toujours l'œil pour les butins spectaculaires et savait que les meilleures attaques de banques sont en général des « actions internes ». En cette occasion, il disposait de deux hommes « à l'intérieur ». Dans un premier temps, il avait patiemment préparé un employé de banque ; puis il était tombé sur un camarade d'école qui travaillait au service du courrier bancaire. Pendant de longs mois il le fréquenta jusqu'au jour où l'individu lui apprit qu'une énorme somme d'argent, peut-être même un million de roubles, était attendue à Tiflis le 13 juin 1907.

Cet homme clef « de l'intérieur » révéla plus tard qu'il avait collaboré à monter ce casse colossal simplement parce qu'il admirait les poèmes romantiques de Staline. Il n'y avait qu'en Géorgie que Staline le poète pouvait venir en aide à Staline le gangster.

Le cheval emballé et le fourgon chargé du butin traversèrent la place. Certains des brigands furent pris de panique, mais trois hommes armés réagirent avec une rapidité étonnante. Batchoua Koupriachvili garda son sang-froid et se précipita vers l'animal. Il était trop proche pour ne courir aucun risque, mais il lança néanmoins une autre « pomme » sous le ventre du cheval, qui lui brisa les pattes et lui arracha les entrailles. Sous le souffle de l'explosion, Batchoua fut projeté en l'air et retomba inconscient sur les pavés.

La voiture s'arrêta en brinquebalant. Batchoua était hors d'action mais Datiko Tchibriachvili sauta dans la voiture et empoigna les sacs d'argent. Au milieu de la fumée, il se dirigea en titubant avec sa charge vers la rue Velyaminov ; la confusion la plus grande régnait dans le gang et Datiko ne pouvait courir très loin sous le poids du butin ; il lui fallait le confier à quelqu'un, mais à qui ?

La fumée, en se dispersant, dévoila le carnage digne d'un petit champ de bataille. Des cris et des détonations retentissaient encore tandis que le sang coulait sur les pavés jonchés de débris humains. Les cosaques et les soldats commencèrent à montrer leur nez et à reprendre leurs armes. Des renforts étaient en chemin depuis l'autre bout de la ville. « Tous les camarades, écrivit Batchoua Koupriachvili, furent à la hauteur – sauf trois qui manquèrent de nerfs et s'enfuirent. » Cependant Datiko se retrouva pendant un moment presque seul. Il hésita, perdu. La réussite du plan ne tenait plus qu'à un fil.

Staline lança-t-il vraiment la première bombe du toit de la résidence du prince Soumbatov ? Une autre source, P. A. Pavlenko, un des écrivains chéris du dictateur, affirma que Staline avait attaqué la voiture lui-même et été blessé par un éclat de bombe. Cela semble peu probable. Staline habituellement « se tenait à l'écart » de toute autre personne, en toutes circonstances, pour des raisons de sécurité et parce qu'il se considéra toujours comme un être exceptionnel.

Dans les années 1920, selon des sources géorgiennes, Kamo affirmerait, dans un moment d'ébriété, que Staline n'avait pris aucune part active au vol mais avait regardé le spectacle, propos que confirma une autre personne, source douteuse proche de la police, qui écrivit que Staline « observa l'impitoyable bain de sang, en fumant une cigarette, depuis la cour d'une demeure » sur la perspective Golovinski. Cette « demeure » était peut-être bien celle du prince Soumbatov. Les débits de lait, tavernes, boutiques et échoppes de cordonniers, de coiffeurs et de merciers de l'avenue grouillaient d'informateurs de l'Okhrana. Il est fort probable que Staline, maître de l'action clandestine, expert en apparitions et disparitions étonnantes, ait été loin de la scène bien avant le début de la fusillade. En fait, la source la mieux informée le situe à cette heure de la matinée dans la gare de chemin de fer.

De là, il pouvait rester facilement en contact avec son réseau de portefaix et de gamins de la place Erevan. Si ces habiles passe-partout lui apportaient de mauvaises nouvelles, il n'aurait qu'à sauter dans un train et disparaître.

Alors que le casse était sur le point d'échouer, le « capitaine » Kamo surgit comme une trombe sur la place dans sa propre calèche, les rênes d'une main et le Mauser de l'autre, faisant feu comme un cow-boy dans un western. Furieux à l'idée que l'opération ait pu échouer et jurant à tue-tête « comme un vrai capitaine », il fit tourner sa voiture encore et encore pour reprendre possession de la place. Il fonça au galop jusqu'à Datiko, se pencha et, avec l'aide de l'une des jeunes femmes, hissa les sacs d'argent dans la voiture. Il fit tourner précipitamment la calèche, regagna le boulevard et passa devant le palais du vice-roi qui bourdonnait comme une ruche alors que les soldats se rassemblaient, que les cosaques montaient en selle et que des ordres étaient lancés pour appeler des renforts.

Kamo remarqua un fourgon de la police qui venait au trot en sens inverse avec, à l'intérieur, A. G. Balabanski, le chef adjoint de la police. « L'argent est en sécurité. Filez vers la place », hurla-t-il. Sur ces mots, Balabanski se précipita. Le lendemain, comprenant enfin son erreur, il se suicidait.

Kamo se dirigea directement vers la rue Vtoraya Gontcharnaya et la cour d'un atelier de charpentier derrière la maison d'une vieille dame, Barbara Botchoridze, « Babe ». Staline avait passé là de nombreuses nuits au cours des années précédentes avec le fils de Babe, Mikha. Et c'était là que le vol avait été préparé. L'adresse était bien connue de la police locale, mais les gangsters avaient suborné un officier de gendarmerie au moins, le capitaine Zoubov, qui fut plus tard inculpé pour corruption et pour avoir également aidé à cacher le butin. Kamo, épuisé, déposa l'argent, retira son uniforme et se versa un seau d'eau sur sa tête ruisselante de sueur.

L'onde de choc du « gros coup » de Staline balaya le monde. À Londres, le *Daily Mirror* annonça : « PLUIE DE BOMBES. Des révolutionnaires sèment le carnage au milieu d'une foule de gens. Environ dix bombes ont été jetées aujourd'hui, l'une après l'autre, sur la place du centre-ville envahie de gens. Ces bombes ont explosé avec une puissance terrifiante, faisant de nombreux tués… » *The Times* titra simplement : « LE SCANDALE DES BOMBES DE TIFLIS » ; à Paris, *Le Temps* se montra plus laconique : « CATASTROPHE ! »

Tiflis était au comble de l'émoi. Le comte Vorontsov-Dachkov, homme généralement avenant, qui occupait les fonctions de vice-roi du Caucase, fulminait contre « l'insolence des terroristes ». L'*Isari* annonça : « l'administration et l'armée sont mobilisées. Des policiers et des patrouilles ont lancé des recherches dans la ville. On a procédé à de nombreuses arrestations… » À Saint-Pétersbourg, le scandale était immense ; on donna l'ordre aux forces de sécurité de retrouver l'argent et les voleurs ; les recherches furent confiées à un inspecteur spécial et à son équipe. On dressa des barrages sur les routes, on boucla la place Erevan, tandis que les cosaques et les gendarmes raflaient les suspects habituels. On interrogea informateurs et agents doubles qui donnèrent toutes sortes de versions de l'affaire, mais aucun ne désigna les véritables coupables.

Il était resté vingt mille roubles dans la voiture. Un cocher survivant, qui avait cru son jour de chance arrivé, en avait empoché neuf mille cinq cents autres, mais il fut arrêté un peu tard ; il ignorait tout du gang de Staline et de Kamo. Une radoteuse, qui prétendait avoir été impliquée dans l'attaque, se livra à la police, mais il se révéla qu'elle était folle.

Personne ne savait combien de voleurs avaient participé au coup ; des témoins pensaient qu'au moins cinquante gangsters avaient jeté des bombes du haut des toits, peut-être même de la Montagne sacrée. Personne n'avait vu Kamo s'emparer du butin. L'Okhrana entendit des récits de toute la Russie qui déclaraient que le vol avait été organisé par l'État lui-même, des socialistes polonais, des anarchistes de Rostov, des Dachnaks arméniens ou des socialistes-révolutionnaires.

Aucun des gangsters ne fut capturé. Koupriachvili lui-même reprit conscience juste à temps pour pouvoir s'éclipser en claudiquant. Dans le chaos général, les brigands se dispersèrent dans toutes les directions et se perdirent dans la foule ; l'un d'eux, Elisso Lominadze, qui avait couvert un angle de rue avec Alexandra, se glissa au milieu d'une réunion de professeurs, déroba un uniforme d'enseignant, puis retourna nonchalamment sur la place pour admirer son œuvre. « Tout le monde survécut à ce coup », précisa Alexandra Darakhvelidze, ultime membre encore vivant de ce gang au sort funeste, lorsqu'elle dicta ses souvenirs en 1959.

Cinquante blessés gisaient sur la place à côté des corps affreusement déchiquetés de trois cosaques, des employés de la banque et de quelques passants innocents. Les journaux censurés sous-estimèrent les pertes, mais les archives de l'Okhrana révèlent qu'il y eut une quarantaine de tués. Des ambulances de fortune furent installées dans les boutiques avoisinantes pour soigner les blessés. Vingt-quatre personnes gravement atteintes furent hospitalisées. Une heure plus tard, des passants virent le manège funèbre d'une voiture macabre qui transportait les morts et leurs membres arrachés par la perspective Golovinski comme les déchets d'un abattoir.

La Banque d'État elle-même ne savait pas si elle avait perdu deux cent cinquante mille ou trois cent quarante et un mille roubles, mais il s'agissait certainement d'une somme impressionnante, l'équivalent d'environ un million sept cent mille livres (trois millions quatre cent mille dollars) en monnaie actuelle, quoique son pouvoir d'achat eût été bien plus élevé.

Botchoridze et son épouse Maro, une autre des femmes impliquées dans l'attaque, cachèrent l'argent dans un simple matelas. La svelte Patsia Goldava, toujours armée de son Mauser, appela ensuite des porteurs, peut-être certains des gamins de Staline, et surveilla le transfert du magot jusqu'à une nouvelle cache sur l'autre rive de la Koura. Le matelas fut alors placé sur le lit du directeur de l'Observatoire météorologique de Tiflis où Staline avait vécu et travaillé après avoir quitté le séminaire. Cela avait été le dernier emploi de Staline avant qu'il n'entrât dans la clandestinité, en fait son dernier véritable travail avant d'appartenir au gouvernement soviétique de Lénine en octobre 1917. Plus tard, le directeur de ce centre météorologique admit qu'il avait toujours ignoré avoir dormi sur un tel trésor.

Staline lui-même, selon de nombreuses sources, aida à entreposer l'argent à l'Observatoire. Si cela ressemble à un mythe, il demeure que c'est chose possible ; on a appris que Staline avait souvent transporté des fonds volés à travers les montagnes, à cheval et armé d'un fusil, ses fontes pleines d'argent provenant de hold-up et d'actes de piraterie.

Chose étonnante, ce soir-là, Staline se jugea suffisamment en sécurité pour rentrer chez lui retrouver Kato et se vanter auprès des siens de son exploit et de l'œuvre de ses gars. Certes il était en droit de pavoiser : l'argent était en sécurité dans le matelas du météorologue et parviendrait bientôt à Lénine. Personne ne soupçonnait Staline ni même Kamo. Le butin serait transporté clandestinement à l'étranger, une partie blanchie même par le Crédit Lyonnais. Pendant des mois la police d'une douzaine de nations rechercherait, en vain, l'argent et les gangsters.

Au cours des jours suivants, Staline, dont nul ne soupçonnait les liens avec le vol, se sentit, dit-on, suffisamment tranquille pour aller boire nonchalamment dans les tavernes au bord du fleuve, mais cela ne dura pas. Il annonça soudain à son épouse qu'il leur fallait immédiatement partir et commencer une nouvelle vie à Bakou, la ville du boom pétrolier de l'autre côté du Caucase.

« Seul le diable sait, put-on lire dans *Novoye Vremya* (« Les Temps nouveaux » de Tiflis), comment ce vol d'une audace sans pareille a été commis. » Staline avait réalisé le crime parfait.

En fait le casse était loin d'être sans défaut. Le calice allait s'avérer bien amer. Staline ne devait plus jamais par la suite vivre à Tiflis, ni même en Géorgie. Le sort de Kamo serait d'une étrangeté folle. La recherche de l'argent – dont une partie, apprendrait-on, était en billets marqués – serait très embrouillée, mais même ces péripéties étonnantes ne concluent en rien l'affaire pour Staline. La réussite de l'opération fut presque un désastre pour lui. Le retentissement mondial du vol devint une arme redoutable contre Lénine, et contre Staline lui-même.

Les gangsters se déchirèrent pour le butin. Lénine et ses compagnons se battirent comme des rats dans une cage. Les adversaires de Staline consacrèrent les trois années suivantes à lancer trois enquêtes distinctes du Parti dans l'espoir de l'abattre. Déclaré *persona non grata* en Géorgie, stigmatisé à cause de ce mépris insolent des règles du Parti et de cet épouvantable bain de sang, il fut chassé du Parti par le comité de Tiflis. C'était là une flétrissure qui aurait pu ruiner à jamais ses prétentions à la succession de Lénine et saper son ambition de devenir un homme d'État russe, un des caciques suprêmes du marxisme. La chose était si sensible que, en 1918 encore, Staline lança une extraordinaire affaire en diffamation pour occulter définitivement cette histoire[1]. Sa carrière de parrain de la pègre, de pilleur de banques audacieux, de tueur, de pirate et d'incendiaire, bien que murmurée en Russie et très appréciée par les critiques à l'étranger, demeura cachée jusqu'au XXIe siècle.

En un sens différent, le gros coup de Tiflis fit Staline. Il avait démontré qu'il n'était pas seulement un politicien doué, mais aussi un homme d'action impitoyable aux yeux du seul protecteur qui comptait réellement. Lénine décida qu'il était « exactement le type d'homme dont [il avait] besoin ».

Staline disparut de Tiflis deux jours plus tard avec son épouse et le bébé, mais ce ne serait pas son dernier braquage. Des mondes nouveaux étaient à conquérir – Bakou, la plus grande ville pétrolière du monde, Saint-Pétersbourg, la capitale, et la vaste Russie elle-même. En fait, le petit Géorgien élevé à la dure dans les rues violentes d'une ville turbulente, capitale des attaques de banques

1. Dans les années 1920, alors qu'il n'était pas encore dictateur, Staline fit des pieds et des mains pour cacher son rôle dans les expropriations. En 1923-1924, Kote Tsintsadze, son chef des gangsters, alors dans l'opposition à Staline, publia ses Mémoires dans un petit journal géorgien. Ils furent de nouveau publiés en 1927, mais ensuite les pages impliquant Staline dans des assassinats et des vols furent retirées, processus qui se poursuivit dans les années 1930 sous Beria. Aujourd'hui encore, ces pages demeurent très difficiles à trouver.

de l'Empire, faisait ses premiers pas sur la scène russe. Jamais plus il ne devait regarder en arrière.

Cependant, il était à la veille d'une tragédie personnelle qui contribuerait à transformer cet égotiste meurtrier en ce politicien suprême pour qui aucun prix, aucun défi, ni aucune perte humaine ne serait assez grand pour réaliser ses ambitions personnelles et ses rêves utopiques.

PREMIÈRE PARTIE

AUBE

Le bouton de rose avait éclos
Tendu comme pour toucher la violette
Le lis s'éveillait
Et courbait la tête sous la brise

Haut dans les nuages l'alouette
Chantait un hymne gazouillant
Tandis que le gai rossignol
D'une voix douce disait :

Épanouis-toi, ô terre aimable,
Réjouis-toi pays des anciens Ivériens
Et toi, ô Géorgien, par l'étude
Apporte la joie à ta mère patrie.

Sosselo (Joseph Staline)

1

SOSSO, OU LE MIRACLE DE KEKE

Le 17 mai 1872, à l'église Ouspenski, dans la petite ville de Gori, un beau cordonnier, le type même du Géorgien chevaleresque, Vissarion Djougachvili, « Besso », vingt-deux ans, épousait Ekaterina Gueladze, « Keke », dix-sept ans, une séduisante jeune fille aux taches de rousseur et à la chevelure auburn.

Une marieuse s'était rendue chez Keke pour lui parler de la demande de Besso, le cordonnier ; artisan respecté dans le petit atelier de Baramov, c'était un beau parti. « Besso, raconte Keke dans des Mémoires récemment découverts[1], était un jeune homme très populaire auprès de mes amies et elles rêvaient toutes de l'épouser. Elles étaient presque dévorées de jalousie. Besso était un jeune homme séduisant, un vrai *karatchogheli* [chevalier géorgien], aux belles moustaches, très bien vêtu – et avec ce raffinement particulier du citadin. » Keke ne doutait pas davantage qu'elle ne fût elle-même un beau parti : « Parmi mes amies, je devins la belle jeune fille désirable. » En fait, « mince,

1. Ces Mémoires ont sommeillé soixante-dix ans dans les archives du Parti communiste géorgien. Ils ne furent jamais utilisés dans le culte stalinien. Il semble que Staline ne les ait pas lus, ni qu'il en ait connu l'existence car, pour autant qu'on le sache, ils ne furent pas envoyés aux archives de Staline à Moscou. Par ailleurs, Staline ne voulait pas que les opinions de sa mère fussent publiées. Quand Keke fut interviewée par la presse politique en 1935 dans un style *Paris-Match*, Staline furieux rappela à l'ordre le Politburo : « Je vous demande d'interdire à cette racaille philistine qui a infiltré la presse de publier toute autre "interview" de ma mère et toute autre publicité grossière. Je vous demande de m'épargner le sensationnalisme importun de ces gredins ! » Keke, femme volontaire et que le pouvoir de son fils n'impressionnait pas, a dû confier ces souvenirs, discrètement et au mépris de la volonté de celui-ci, les 23-27 août 1935 peu avant sa mort.

de grands yeux, les cheveux châtains », elle était, disait-on, « très jolie ».

La cérémonie eut lieu, selon la tradition, immédiatement après le coucher du soleil ; la vie sociale en Géorgie, écrit un historien, « était aussi ritualisée que les comportements dans l'Angleterre victorienne ». L'union fut célébrée avec les festivités exubérantes propres à la ville de Gori. « Ce fut, se rappellerait Keke, extraordinairement brillant. » Les invités mâles, de vrais *karatchogheli*, « joyeux, audacieux et généreux », avaient revêtu leurs splendides *tchokhas* noires « aux épaules larges et à la taille étroite ». Le premier garçon d'honneur de Besso était Iakov Egnatachvili, « Koba », solide lutteur, riche négociant et héros local qui, ainsi que le dit Keke, « chercha toujours à nous aider à fonder notre famille ».

Le jeune marié et ses amis se rassemblèrent chez lui pour boire quelques santés puis, en cortège, ils allèrent prendre Keke et sa famille. Le couple décoré de guirlandes de fleurs se rendit alors à la cérémonie dans une calèche aux couleurs vives, clochettes tintantes et rubans au vent. À l'église, le chœur se rassembla dans la galerie ; les hommes et les femmes se tenaient séparés dans la nef où brûlaient des dizaines de cierges. Les chantres entonnèrent des mélodies géorgiennes harmonieuses et exaltantes accompagnés par une *zourna*, instrument à vent traditionnel qui rappelle la flûte berbère.

L'épousée entra suivie de ses demoiselles d'honneur qui prirent grand soin de ne pas marcher sur sa traîne, signe de fort mauvais augure. Le père Khakhanov, un Arménien, présida l'office, le père Kasradze enregistra l'union et le père Christophe Tcharkviani, un ami de la famille, chanta si bien que Iakov Egnatachvili « le gratifia généreusement de dix roubles », somme fort appréciable. Ensuite les amis de Besso conduisirent par les rues la procession traditionnelle de chants et de danses, au son du *doudouki*, une longue flûte, jusqu'à la *soupra*, le banquet géorgien qu'animait un *tamada*, un maître de cérémonies conteur de plaisanteries et homme plein de sagesse.

Le service, tout comme les chants, s'était déroulé uniquement en géorgien, et non en russe, car la Géorgie n'avait été annexée que récemment à l'empire des Romanov. Dirigé pendant mille ans par la dynastie des Bagratides, le royaume de Sakartvelo (Géorgie pour les Occidentaux, Grouzia pour les Russes) avait été un bastion chrétien indépendant, défendu avec une vaillance toute chevaleresque contre les empires islamiques mongol, timouride, ottoman et perse. Il avait connu son apogée au XIIe siècle sous l'empire de la reine Tamar qu'immortalisa l'épopée nationale de Roustaveli, *Le Chevalier à la peau de panthère.* Au cours des siècles, le royaume éclata en principautés querelleuses. En 1801 et en 1810, les tsars Paul et Alexandre Ier ajoutèrent des principautés à leur empire. Les Russes n'achevèrent la conquête militaire du Caucase qu'en 1859 avec la reddition de l'imam Chamil et de ses guerriers tchétchènes, au terme d'une guerre de trente ans. L'Adjarie, la dernière portion du territoire géorgien, fut annexée en 1878. Même les Géorgiens les plus aristocratiques, qui servaient à la cour du tsar à Saint-Pétersbourg ou à celle du vice-roi à Tiflis, rêvaient d'indépendance. Cela explique la fierté que Keke avait ressentie à suivre les traditions géorgiennes du mariage et des festivités viriles.

Besso, se rappelait Keke, « *semblait* être un bon père de famille [...]. Il croyait en Dieu et ne manquait jamais d'aller à l'église ». Les parents des deux époux, asservis à des princes locaux, avaient été affranchis dans les années 1860 par Alexandre II, le Tsar libérateur. Zaza, le grand-père de Besso, était un Ossète[1] du village de Geri, au nord de Gori ; tout comme son arrière-petit-fils Staline, Zaza devint un rebelle géorgien ; en 1804, il participa au soulèvement du prince Elizbar Eristavi contre la Russie. Ensuite, on l'installa avec d'autres « Ossètes baptisés » à Didi-Lilo, un village à quinze kilomètres de Tiflis, comme serf du prince Badour Matchabeli. Vano, son fils, soignait les vignobles du prince et eut deux enfants, Gueorgui, qui serait tué par des bandits, et Besso qui trouva un emploi à Tiflis dans la manufacture de chaussures de G. G. Adelkhanov, avant d'être recruté par Iossif Baramov, un Arménien qui confection-

1. Les Ossètes était un peuple de montagnards à demi païens qui vivaient sur les frontières septentrionales de la Géorgie ; certains s'assimilèrent, mais la plupart demeurèrent fièrement à part ; en 1991-1993, les Ossètes du Sud combattirent les Géorgiens et obtinrent leur autonomie. Lorsque le père de Staline mourant fut admis à l'hôpital, on l'enregistra comme Ossète. Les ennemis de Staline, de Trotski à Mandelstam dans son célèbre poème, aimaient à le qualifier d'« Ossète » parce que les Géorgiens considéraient les Ossètes comme des rustres et des barbares qui, au début du XIXe siècle, étaient encore non chrétiens. Le nom de Djougachvili semble bien avoir une racine ossète : il signifie « fils de Djouga » en géorgien. La mère de Staline dit que Besso lui avait expliqué que le nom dérivait de la racine géorgienne *djogi* ou « troupeau » parce qu'ils avaient été gardiens de troupeaux et chassés de Geri par des maraudeurs ossètes. Cela n'avait plus aucune pertinence à la naissance de Staline, car les Djougachvili étaient complètement assimilés aux Géorgiens. Staline lui-même écrivit : « Que faire des Ossètes [...] qu'ils s'assimilent aux Géorgiens ? »

nait des bottes pour la garnison russe de Gori. Ce fut là que le jeune Besso remarqua la « fascinante jeune fille joliment vêtue, à la chevelure châtain et aux beaux yeux ».

Keke était également une nouvelle venue à Gori ; elle était la fille de Glakho Gueladze, un paysan asservi d'un notable local, qui fut un temps potier avant de devenir le jardinier d'un riche Arménien, Zakhar Gambarov, qui possédait de superbes jardins à Gambareuli aux environs de Gori. Son père étant décédé jeune, Keke fut élevée par sa famille maternelle. Elle n'avait pas oublié l'excitation de leur installation à Gori la turbulente : « Quel plaisant voyage ce fut ! Gori était toute pavoisée, des foules de gens enflaient comme la mer. Nous fûmes éblouis par une parade militaire. La musique retentissait. Des popes... des *sazandari* (groupes de quatre instruments à percussion et à vent) et de mélodieux *doudki* jouaient, et tout le monde chantait. »

Son jeune époux était un homme mince, au teint mat, aux sourcils et à la moustache noirs, toujours vêtu d'un manteau circassien noir, serré à la taille, d'une casquette à visière et d'amples pantalons enfoncés dans de hautes bottes. « Imprévisible, étrange et morose », mais aussi « intelligent et fier », Besso parlait quatre langues (géorgien, russe, turc et arménien) et pouvait réciter des passages du *Chevalier à la peau de panthère.*

Les Djougachvili prospérèrent. Beaucoup de maisons à Gori étaient si misérables qu'elles étaient construites de terre et creusées à même le sol. Mais pour l'épouse de l'actif cordonnier, il n'y avait aucune crainte de connaître pareil dénuement : « Le bonheur de notre famille, déclara Keke, était sans limites. »

Besso « quitta Baramov pour ouvrir son propre atelier » avec le soutien d'amis, en particulier de son protecteur, Egnatachvili, qui lui acheta les « machines-outils. » Bientôt Keke fut enceinte. « Beaucoup de couples mariés enviaient notre bonheur. » En fait, son mariage avec Besso suscitait encore des jalousies autour d'elle : « Les méchantes langues ne se turent pas après le mariage. » Il est intéressant de remarquer l'importance que Keke attache à ces commérages ; il est possible qu'une autre jeune fille eût espéré épouser Besso. Que Keke l'eût ou non enlevé à une autre prétendante, les « méchantes langues », qui citeraient plus tard Egnatachvili, le garçon d'honneur, Tcharkviani, le prêtre, Damian Davrichewy, le chef de la police de Gori, et une foule de célébrités et d'aristocrates, commencèrent très tôt à cancaner sur le mariage.

Un peu plus de neuf mois plus tard, le 14 février 1875, « notre bonheur fut couronné par la naissance de notre fils. Iakov Egnatachvili nous aida vraiment beaucoup ». Iakov fut le parrain du nouveau-né et « Besso organisa un baptême grandiose. Il était presque fou de bonheur ». Mais, deux mois plus tard, le petit garçon, prénommé Mikhaïl, mourut. « Notre joie se transforma en chagrin. De douleur, Besso commença à boire. » Keke tomba de nouveau enceinte. Un deuxième fils, Gueorgui, naquit le 24 décembre 1876. Une fois encore Egnatachvili en fut le parrain et une fois encore le malheur frappa. Le bébé mourut de la rougeole le 19 juin 1877.

« Notre bonheur était brisé. » Besso, fou de chagrin, accusait « l'icône de Geri », le sanctuaire de son village natal. Le couple avait imploré cette icône pour la survie de leur enfant. Melania, la mère de Keke, commença à consulter des diseuses de bonne aventure. Besso, lui, continuait à boire. On fit apporter l'icône de saint Georges dans la maison. On se rendit au mont Gorijvari, qui domine la ville, pour prier dans l'église proche de la forteresse médiévale. Keke fut enceinte pour la troisième fois et jura que, si l'enfant survivait, elle se rendrait en pèlerinage à Geri et remercierait Dieu pour le miracle de saint Georges. Le 6 décembre 1878, elle donna naissance à un troisième garçon[1].

« Nous avons hâté le baptême afin qu'il ne mourût pas non baptisé. » Keke s'occupa de l'enfant dans la sombre petite maison de deux pièces chichement meublée d'un samovar, d'un lit, d'un divan, d'une table et d'une lampe à pétrole. Une petite malle renfermait presque tous les biens de la famille. Un escalier en spirale descendait à la cave à l'odeur fauve avec trois niches, une pour les outils de Besso, une autre pour le matériel de couture de Keke et la dernière pour le feu. Ce fut là que Keke plaça le berceau du bébé. La famille se nourrissait selon le régime géorgien de base, haricots aux noix ou *lobio*, aubergines ou *badridjani*, et pain épais

1. Staline, plus tard, réinventerait une grande partie de sa vie, dont sa date de naissance fixée officiellement au 21 décembre 1879, soit plus d'un an après la date réelle. Il conservera la date du 6 décembre 1878 jusqu'à une interview en 1920 pour un quotidien suédois. En 1925, il ordonna à son secrétaire, Tovstoukha, d'officialiser la date de 1879. Il y a à cela plusieurs explications, dont son désir de se présenter en personnage historique. Il est surtout probable qu'il changea de date pour échapper à la conscription. Quant à la maison où il était né, c'est la masure qui se dresse aujourd'hui isolée sur le boulevard Staline de Gori, entourée du temple grec construit dans les années 1930 par Lavrenti Beria, le vice-roi caucasien de Staline devenu ensuite chef de la police secrète. Elle se trouve à côté du musée Staline, pareil à une cathédrale. Les Djougachvili ne vécurent pas longtemps dans cette demeure.

ou *lavachi*. En de rares occasions, elle s'offrait des brochettes d'agneau, ou *mtsvadi*.

Le 17 décembre, l'enfant, qui deviendrait Staline, fut baptisé Iossif puis surnommé ensuite « Sosso ». Sosso était « chétif, fragile et maigre », dit sa mère. « Dès qu'il y avait un microbe, il était sûr de l'attraper. » Le deuxième et le troisième orteil de son pied gauche étaient palmés.

Besso décida de ne pas demander au bienfaiteur de la famille, Egnatachvili, d'en être le parrain : « La main de Iakov ne porte pas chance », précisa-t-il. Cependant, même si le marchand n'assista pas aux formalités religieuses, Staline et sa mère l'appelleraient toujours « parrain Iakov ».

La mère de Keke rappela à Besso qu'ils avaient juré de faire un pèlerinage à l'église de Geri si l'enfant vivait. « Laissons-lui le temps de survivre, répondit Besso, et je me traînerai à genoux jusqu'à Geri avec l'enfant sur les épaules ! » Mais il repoussa ce geste jusqu'au jour où l'enfant prit un nouveau coup de froid, ce qui précipita Besso dans les prières ; ils se rendirent à Geri, « souffrant mille maux en chemin », offrirent un mouton et commandèrent un service d'action de grâces. Mais les prêtres de Geri procédaient à ce moment à un exorcisme et tenaient une petite fille suspendue au-dessus d'un précipice pour chasser les mauvais esprits. Le bébé de Keke « fut horrifié et hurla » – et la famille revint à Gori où le petit Sosso « fut pris de tremblements et délira même dans son sommeil » – mais il survécut et devint le trésor adoré de sa mère.

« Keke n'avait pas assez de lait » ; son fils partagea donc aussi le sein des épouses de Tsikhatatrichvili (son parrain officiel) et d'Egnatachvili. « Au début, le bébé n'aimait pas le lait de ma mère, raconta Alexandre Tsikhatatrichvili, mais petit à petit il l'apprécia à condition qu'il se couvrît les yeux pour ne pas voir ma mère. » Ce partage fit des enfants Egnatachvili des « quasi-frères de lait de Sosso », dirait Galina Djougachvili, la petite-fille de Staline.

Sosso commença très tôt à parler. Il aimait les fleurs et la musique, en particulier lorsque les frères de Keke, Guio et Sandala, jouaient de la flûte *doudouki*. Les Géorgiens aiment le chant, et Staline ne perdit jamais son goût pour les mélodies géorgiennes obsédantes[1]. Plus tard, il se souviendrait avoir entendu « les Géorgiens chanter en se rendant au marché ».

1. Staline dictateur devint un bon jardinier, cultivant citronniers et plants de tomates, mais surtout roses et mimosa. Ses chants géorgiens préférés étaient « Envole-toi, noire hirondelle » et « Souliko ».

Le petit commerce de Besso était florissant – il embaucha des apprentis et eut jusqu'à dix employés. Un de ces apprentis, Dato Gassitachvili, qui aimait Sosso et aida à l'élever, se souvenait de la prospérité de Besso : « Il vivait mieux que n'importe qui d'autre dans notre métier. Leur maison ne manquait jamais de beurre. » Plus tard, des rumeurs circuleraient sur cette prospérité, chose embarrassante pour un héros du prolétariat. « Je ne suis pas fils d'ouvrier, reconnaîtrait Staline. Mon père possédait un atelier de cordonnier, il employait des apprentis, c'était un exploiteur. Nous ne vivions pas mal. » Ce fut à cette époque heureuse que Keke se lia d'amitié avec Maria et Archak Ter Petrossian, riche Arménien fournisseur aux armées, dont le fils Simon deviendrait Kamo, le tristement célèbre pilleur de banques.

Keke adorait son enfant : « Dans mon grand âge, je vois encore ses premiers pas, une vision qui brûle comme un cierge. » Sa mère et elle lui apprirent à marcher en exploitant son amour des fleurs ; Keke tendait une camomille à bout de bras et Sosso courait pour la prendre. Lorsqu'elle amena Sosso à un mariage, il remarqua une fleur dans le voile de la mariée et s'en saisit. Keke le rabroua, mais son parrain Egnatachvili affectueusement « embrassa l'enfant, le caressa, et dit : "Si dès maintenant tu veux enlever la mariée, Dieu sait ce que tu feras quand tu seras plus grand" ».

La survie de Sosso semblait miraculeuse à la mère reconnaissante. « Comme nous étions heureux et comme nous riions ! » se souviendrait-elle. Cette vénération dut instiller en lui le sentiment d'être exceptionnel ; le mot freudien selon lequel la dévotion maternelle le fit se sentir conquérant est certainement juste. « Sosselo », ainsi qu'elle le nommait avec amour, devint un être d'une extrême sensibilité, mais il témoigna très tôt également d'une assurance magistrale.

Cependant, à l'apogée de la réussite de Besso, une ombre apparut : ses clients le payaient en partie en vin, si abondant en Géorgie que beaucoup d'ouvriers étaient ainsi rémunérés « en nature » plutôt qu'en argent. En outre, il faisait quelques affaires dans un coin de la taverne, ou *doukhan*[1], d'un ami, ce qui l'incitait à boire beaucoup trop. Il se lia avec un compagnon de bois-

1. Ces tavernes géorgiennes « n'offrent que des chambres sales et sans mobilier, du pain (et du fromage), du thé, du vin, et au mieux des œufs et de la volaille », explique le guide de voyage Baedeker. « Ceux qui veulent de la viande doivent acheter un mouton entier (quatre à cinq roubles) ou un cochon de lait (deux à trois roubles). »

son, un exilé politique russe du nom de Poka, peut-être un *narodnik* populiste ou un extrémiste lié au mouvement terroriste La Volonté du Peuple qui chercha plusieurs fois à l'époque à assassiner Alexandre II. Ainsi Staline grandit au côté d'un révolutionnaire russe. « Mon fils se lia avec lui, raconterait Keke, et Poka lui acheta un canari. » Mais le Russe était un ivrogne invétéré qui vivait en guenilles. Un hiver, on le retrouva mort dans la neige.

Besso découvrit qu'il « ne pouvait arrêter de boire ». « Un bon père de famille était détruit », dirait Keke. La boisson commença à ruiner son affaire : « Ses mains se mirent à trembler et il fut incapable de coudre les chaussures. L'affaire ne tint que grâce à ses apprentis. »

N'ayant rien retenu de la mort de Poka, Besso se fit un nouveau compagnon de libations en la personne du prêtre Tcharkviani. La Géorgie provinciale fourmillait de popes, et ces hommes de Dieu jouissaient de tous les plaisirs de ce bas monde. Une fois le service religieux achevé, ils passaient une grande partie de leur temps à boire dans les tavernes de Gori jusqu'à tomber ivres morts. Dans son grand âge, Staline se souviendrait que, « dès que le père Tcharkviani terminait son service religieux, il passait chez nous et les deux hommes se précipitaient à la *doukhan* ». Ils revenaient complètement gris, en s'épaulant et s'agrippant l'un l'autre, et « en chantant faux ».

« Tu es un brave type, Besso, même pour un cordonnier », disait le prêtre d'une voix traînante.

« Toi, tu es prêtre, mais quel prêtre, je t'aime ! » sifflait Besso. Les deux ivrognes s'étreignaient. Keke supplia le père Tcharkviani de ne pas emmener Besso boire ; avec l'aide de sa mère, elle implora Besso d'arrêter. Egnatachvili se joignit à elles, mais cela n'arrangea rien – probablement à cause des rumeurs qui circulaient déjà dans la ville.

Peut-être était-ce l'œuvre de ces mêmes « méchantes langues » que Keke avait mentionnées lors du mariage. Iossif Davrichewy, le fils du chef de la police de Gori, affirme dans ses Mémoires que « l'on jasa sur la naissance dans le voisinage – que le père véritable de l'enfant était Koba Egnatachvili [...] ou mon propre père, Damian Davrichewy ». Cela ne pouvait guère aider Besso, que Davrichewy qualifie de « nabot d'une jalousie maniaque » et qui sombrait déjà dans l'alcoolisme.

Au cours de l'année 1883, Besso devint « susceptible et très négligent », se laissant embarquer dans des rixes d'ivrognes, ce qui lui valut le surnom de Besso le Dingue.

Les procès en paternité se multiplient en proportion du pouvoir et de la célébrité de l'enfant. Une fois que Staline fut dictateur d'Union soviétique, à la galerie de ses pères supposés s'ajouta le célèbre explorateur de l'Asie centrale, Nikolaï Prjevalski, qui ressemblait à Staline adulte et qui passa par Gori, et même le futur empereur Alexandre III, qui avait visité Tiflis et aurait séjourné dans un palais où Keke travaillait comme domestique. Mais l'explorateur était homosexuel et était loin de la Géorgie lorsque Staline fut conçu ; quant à Keke, elle ne se trouvait pas à Tiflis lors de la visite du tsarévitch.

Ces absurdités écartées, qui était le véritable père de Staline ? Egnatachvili fut à n'en pas douter le protecteur de la famille, le réconfort de l'épouse et le soutien du fils. Il était marié, avait des enfants, vivait dans l'aisance, possédait plusieurs tavernes florissantes et était un négociant en vin prospère dans un pays qui baignait quasiment dans ce breuvage. En outre, cet athlète vigoureux aux moustaches cirées était un champion de lutte dans une ville qui vouait un culte aux pugilistes. Keke elle-même avait écrit, nous l'avons vu, qu'il « chercha toujours à nous aider à fonder notre famille », expression malheureuse mais peut-être révélatrice. Il semble peu probable qu'elle l'ait prise au sens littéral – à moins qu'elle n'ait voulu nous suggérer quelque chose.

Davrichewy, le chef de la police, qui aidait Keke lorsqu'elle se plaignait des beuveries agitées de son mari, était un autre père potentiel. « Pour autant que je le sache, Sosso était le fils naturel de Davrichewy », témoigna un ami de Davrichewy, Jourouli, le maire de la ville. « Tout le monde à Gori était au courant de sa liaison avec la jolie mère de Sosso. »

Staline lui-même dit en une occasion que son père était en fait prêtre, ce qui nous amène au troisième candidat, le père Tcharkviani. Egnatachvili, Davrichewy et Tcharkviani étaient tous mariés, mais il faut dire que, dans la culture machiste de Géorgie, il semblait presque naturel que les hommes eussent des maîtresses. Les prêtres de Gori, eux, étaient des débauchés notoires. Les trois hommes étaient des figures locales éminentes qui, à n'en pas douter, auraient adoré porter secours à une jeune et jolie épouse en difficulté.

Quant à Keke elle-même, il est toujours difficile d'associer la pieuse vieille dame des années 1930, à la coiffe noire semblable à celle d'une religieuse, et la jeune femme exubérante des années

1880. Sa piété ne fait pas de doute, mais l'observance de la religion n'a jamais exclu les péchés de chair. Elle tira certainement fierté d'être une « belle jeune fille désirable » et il existe des signes qu'elle était bien plus mondaine qu'elle ne paraissait. Dans sa vieillesse, Keke encouragea, paraît-il, Nina Beria, l'épouse de Lavrenti, le vice-roi caucasien de Staline, à prendre des amants, et elle parlait très crûment des choses du sexe : « Quand j'étais jeune, je faisais le ménage chez les autres et lorsque je rencontrais un beau garçon, je ne manquais pas l'occasion. » Les Beria sont des témoins très hostiles, mais on trouve une note assez polissonne dans les Mémoires mêmes de Keke. Un jour, dans leur jardin, raconte-t-elle, sa mère attira Sosso avec une fleur, ce sur quoi Keke dénuda joyeusement ses seins et les montra au bambin qui, ignorant la fleur, se jeta sur sa poitrine. Mais Poka, l'exilé russe encore ivre, les épiait et éclata de rire, aussi reboutonna-t-elle sa robe.

Staline, dans son style elliptique et mensonger, encourageait toutes ces histoires. Bavardant, à la fin de sa vie, avec Mgueladze, un protégé géorgien, il lui donna « l'impression d'être le fils illégitime d'Egnatachvili », et parut nier être celui de Besso. Lors d'une réception en 1934, il déclara plus précisément : « Mon père était un pope. » En l'absence de son véritable géniteur, les trois candidats à la paternité contribuèrent à l'élever : il vécut avec les Tcharkviani, fut le protégé des Davrichewy et passa la moitié de son temps chez les Egnatachvili, il dut donc ressentir certainement quelque affection filiale pour eux. Une autre raison vient étayer la rumeur concernant le prêtre : à l'école paroissiale, on n'acceptait que les enfants du clergé et sa mère raconte que l'on avait fait passer Sosso pour le fils d'un prêtre.

Staline demeura très ambigu sur Besso le Dingue ; il le méprisait, mais il ressentait également de la fierté et de la sympathie pour lui. Ils connurent ensemble quelques moments heureux. Besso racontait à son fils des histoires de brigands héroïques de Géorgie qui « luttaient contre les riches et volaient les princes pour secourir les paysans ». Lors de dîners fort arrosés, Staline ne manquait pas de se glorifier devant Khrouchtchev et d'autres potentats d'avoir hérité la résistance à l'alcool de son père ; celui-ci, alors que l'enfant était encore au berceau, trempait ses doigts dans le vin pour les lui faire téter, et Staline insista pour faire la même chose avec ses enfants à la fureur de sa femme, Nadia. Plus tard, il écrivit des lignes touchantes sur un cordonnier anonyme et son petit atelier ruinés par le terrible capitalisme. « Ses rêves eurent les ailes rognées », précisa-t-il. Il se vanta un jour que son

« père pouvait faire deux paires de chaussures en une seule journée », et même, une fois dictateur, il aimait à se qualifier de cordonnier. Il adopta plus tard comme nom d'emprunt « Bessochvili », fils de Besso, et ses amis les plus proches à Gori l'appelaient « Besso ».

Si l'on met en balance toutes ces histoires, il est fort probable que Staline ait été le fils de Besso. Une femme mariée se devait d'être toujours digne de respect, mais on ne saurait se scandaliser si la jeune et jolie Keke, quasi veuve, devint la maîtresse d'Egnatachvili lorsque son ménage se désintégra. Dans les Mémoires de Keke, Egnatachvili apparaît aussi souvent que son mari et sous un jour bien plus aimable. Elle affirme qu'il était si gentil et si secourable que cela lui causait un certain « embarras ». Des membres de la famille Egnatachvili prétendent qu'il existait un lien « génétique » avec Staline. Cependant c'est le petit-fils d'Egnatachvili, Gouram Ratichvili, qui exprime cela le mieux : « Nous ignorons tout simplement s'il était le père de Staline, mais ce que nous savons, c'est que le marchand devint le père de substitution du garçonnet. »

Les rumeurs sur sa bâtardise, comme celles sur ses origines ossètes, n'étaient qu'une autre façon d'abaisser le tyran profondément haï en Géorgie, province qu'il envahit et opprima dans les années 1920. On prétend souvent que les grands hommes d'origines modestes sont les fils d'autres personnes, mais il arrive cependant qu'ils soient bien les enfants de leurs propres pères.

« Lorsqu'il était jeune », témoigna David Papitachvili, un ami d'école, Staline « ressemblait beaucoup à son père ». Avec l'âge, selon Alexandre Tsikhatatrichvili, un autre témoin, « cette ressemblance s'accentua et, lorsque Staline se laissa pousser la moustache, [les deux hommes] étaient vraiment identiques ».

Lorsque Sosso eut cinq ans, Besso le Dingue n'était plus qu'un alcoolique rongé par la paranoïa et porté à la violence. « Jour après jour, dit Keke, les choses empirèrent. »

2

BESSO LE DINGUE

Terrifié par son ivrogne de père, Sosso souffrit horriblement. « Mon Sosso était un enfant très sensible, raconte Keke. Dès qu'il entendait la voix de [Besso] chantant *balaam-balaam* dans la rue, il se précipitait vers moi et me demandait s'il pouvait aller attendre chez les voisins que son père fût endormi. »

Besso le Dingue dépensait à présent tellement en boisson qu'il dut même vendre sa ceinture et, expliqua Staline plus tard, « il faut vraiment qu'un Géorgien soit dans une très mauvaise passe pour vendre sa propre ceinture ». Plus Keke méprisait son mari et plus elle choyait son fils : « Je l'enveloppais toujours chaudement dans son écharpe de laine. Lui, de son côté, m'aimait également beaucoup. Quand il voyait son père ivre, ses yeux s'emplissaient de larmes, ses lèvres viraient au bleu, il me faisait un câlin et m'implorait de le cacher. »

Besso se montrait violent avec son épouse comme avec Sosso. Il n'est pas de plus grande fierté pour un Géorgien que d'être père d'un garçon, mais il se peut que l'enfant en fût venu à incarner la pire des humiliations pour un époux si les mauvaises langues disaient juste. Une fois, Besso jeta si violemment son fils au sol que celui-ci urina du sang pendant plusieurs jours. « Les raclées imméritées rendirent le petit garçon aussi dur et inflexible que son père lui-même », analysa son camarade d'école Iossif Iremachvili, qui publia également des Mémoires. Selon le jeune Davrichewy, Keke « l'entourait d'amour maternel et le défendait contre toute autre personne », alors que son père le traitait « comme un chien et le rossait pour un rien ».

Quand Sosso se cachait, Besso fouillait la maison en hurlant : « Où est le petit bâtard de Keke ? Caché sous le lit ? » Mais Keke lui tenait tête. Un jour l'enfant surgit chez les Davrichewy, le visage en sang et criant : « Au secours ! Venez vite ! Il est en train de tuer maman ! » Le policier courut chez les Djougachvili et trouva Besso qui tentait d'étrangler son épouse.

Tout cela pesa lourd sur l'enfant de quatre ans. Sa mère n'oublia pas comment Sosso se révoltait avec obstination contre son père. C'est au sein du foyer qu'il apprit pour la première fois la violence ; un jour, il lança même un poignard à la tête de Besso pour défendre Keke. En grandissant, il devint pugnace, agressif, et si difficile à contrôler que sa mère elle-même dut user de discipline physique pour régenter son turbulent petit chéri.

« Le poing qui avait soumis le père fut appliqué à l'éducation du fils », dit une femme juive qui connaissait la famille. Keke « avait l'habitude de le battre », dira Svetlana, la fille de Staline. Lorsque Staline rendit une dernière fois visite à sa mère dans les années 1930, il lui demanda pourquoi elle l'avait tant frappé. « Cela ne t'a fait aucun mal », répondit-elle. La chose reste discutable. Les psychiatres jugent que la violence traumatise toujours les enfants ; ce qui est sûr, c'est qu'elle n'induit ni amour ni compassion. Beaucoup d'enfants maltraités par des pères alcooliques répètent ce comportement et deviennent eux-mêmes bourreaux d'enfants ou époux brutaux, mais rares sont ceux qui deviennent des tyrans meurtriers[1]. En outre, ce fut loin d'être la seule culture de la violence qui contribua à former Staline.

Il croyait lui-même en la fonction rédemptrice et en l'usage pratique de la violence. Lorsque les cosaques du tsar frappèrent de leurs fouets, ou *nagaika*, des manifestants, il écrivit : « Ces coups de fouet nous rendent un fier service. » Plus tard, il verrait dans la violence la faux sacrée de l'histoire et un instrument utile de pouvoir, et il encouragerait ses hommes de main à « cogner les

1. Quelle que soit la valeur de ce parallèle, Adolf Hitler fut lui aussi battu par son ivrogne de père, Alois. Staline ne devint ni bourreau d'enfants ni mari brutal, quoiqu'il fût un époux et un père destructeurs. Et il fut, en partie au moins, responsable de la mort prématurée de ses deux épouses. Il abandonna ses enfants illégitimes, ignora l'existence de son fils Iakov pendant presque quinze ans et ensuite le maltraita. Parmi les enfants de son deuxième mariage, il favorisa exagérément puis écrasa son fils Vassily. Il lui arriva de le gifler, mais ensuite le fils du dictateur se comporta en petit tyran gâté et indocile. Vassily devint un alcoolique invétéré, tare héritée peut-être de Besso. Staline fut affectueux avec sa fille Svetlana jusqu'à ce qu'elle acquière son indépendance ; en une occasion, il la gifla lorsqu'elle était adolescente, mais uniquement lorsqu'elle entretint une liaison avec un coureur de jupons marié et âgé d'une quarantaine d'années. Sur son deuxième mariage et le sort de ses enfants, voir *Staline : la cour du Tsar rouge*.

gens au visage pour mieux se renseigner sur eux ». Cependant, il reconnut qu'il « avait beaucoup pleuré » au cours de sa « terrible enfance ».

La famille perdit la maison où Staline était né et se mit à vagabonder. Elle connut au cours des dix années suivantes au moins neuf foyers différents, des chambres de location déprimantes, ce qui ne permettait guère d'assurer une éducation stable. Keke et l'enfant allèrent vivre chez l'un des frères de la jeune femme, mais Besso promit de s'amender et la reprit avec lui. Comme il « ne pouvait s'arrêter de boire », elle s'installa chez le pope, le père Tcharkviani.

Keke remarqua le changement qui s'opérait chez le petit Sosso : « Il devint très renfermé, restant souvent assis seul et ne sortant plus pour jouer avec les autres enfants. Il annonça qu'il voulait apprendre à lire. Moi je voulais l'envoyer à l'école, mais Besso s'y opposait. » Il voulait que Staline apprît à faire des chaussures. En 1884, il commença à lui enseigner le métier, mais Sosso tomba gravement malade.

La variole faisait rage à Gori cette année-là. Keke raconta qu'on entendait « pleurer dans tous les foyers ». Son soutien le plus cher, Egnatachvili, perdit « trois de ses merveilleux enfants en un jour. Le pauvre homme en devint presque fou de chagrin ». Deux fils et une fille survécurent. La mort d'enfants fut une autre chose qu'elle partagea avec « parrain Iakov ». Elle soigna Sosso qui était aussi tombé malade. Le troisième jour, il fut pris de fièvre et de délire. Le petit Staline avait hérité de sa mère ses taches de rousseur et sa chevelure auburn qui fonça lorsqu'il grandit ; dorénavant il fut marqué à vie au visage et aux mains de cicatrices de la variole. Un de ses surnoms – et des noms de code que lui donna l'Okhrana – serait *Tchopoura*, le Vérolé. Il survécut. Sa mère était au comble de la joie, mais sa vie bascula de nouveau : Besso la quitta.

« Occupe-toi de l'enfant », lui dit-il sans proposer de subvenir aux besoins de la famille. Besso, dirait Staline, exigea de Keke qu'elle fît des lessives et lui envoyât à lui l'argent. « Combien de nuits ai-je passées en larmes ! » se souviendrait-elle. « Je n'osais pas pleurer en présence de l'enfant car cela le bouleversait tant. » Staline « avait l'habitude de m'étreindre, observant avec crainte mon visage, et de dire “Maman, ne pleure pas ou je pleurerai aussi”. Je me maîtrisais donc, je riais et l'embrassais. Alors il redemandait un livre. »

Seule, avec un enfant et sans aucun soutien, Keke fut alors bien décidée à envoyer Sosso à l'école, le premier membre des deux familles à étudier jamais. Dans ses rêves, écrivit-elle, « j'avais toujours voulu qu'il fût évêque parce que, lorsqu'il en venait un à Tiflis, je ne pouvais, d'admiration, détacher les yeux de lui ». Lorsque Besso réapparut, titubant, dans sa vie, il bannit tout projet de ce type : « Que Sosso soit instruit, plutôt mourir ! » Ils recommencèrent à se battre et « seul le bruit des pleurs de l'enfant [les] séparait ».

L'alcoolisme de Besso le rendit sans aucun doute pathologiquement jaloux – mais les rumeurs d'infidélité et les ruses d'une épouse qui bafouait ses droits divins de mâle géorgien et retournait la ville entière contre lui ont dû contribuer à le détruire. Les malheurs de Keke étaient certes bien connus : Egnatachvili, le père Tcharkviani et le chef de la police, Davrichewy, faisaient leur possible pour lui venir en aide. Et même Dato, le gentil apprenti de Besso, rappela à Staline pendant la Seconde Guerre mondiale comment il l'avait câliné et protégé lorsqu'il était enfant. Un jour, dans la rue, un Russe traita le malingre Sosso de « sauterelle ». Dato frappa l'homme et fut arrêté, mais le juge éclata de rire et le protecteur de la famille, Egnatachvili, « offrit un festin pour ce Russe ».

La vie de Keke allait à vau-l'eau. L'atelier était en faillite et Dato lui-même partit pour ouvrir sa propre échoppe de cordonnier[1]. « Lorsque j'eus dix ans », raconta Staline en 1938, « mon père perdit tout et devint prolétaire. Il jurait tout le temps contre sa malchance », mais, plaisanta le dictateur, « il devint prolétaire et sa ruine fut donc un atout pour moi. Mais à dix ans, je n'étais pas heureux qu'il eût tout perdu ! »

Davrichewy employa Keke pour des tâches ménagères. Elle se fit blanchisseuse des Egnatachvili ; elle était toujours chez eux où Sosso prenait souvent son dîner. Il est clair, d'après les Mémoires de Keke, qu'Egnatachvili aimait Sosso tout comme l'aimait Mariam, son épouse, qui lui donnait des paniers de victuailles. S'il n'y avait pas eu de liaison plus tôt entre Keke et Egnatachvili, ce fut certainement le cas à cette époque. « La famille survécut grâce à son aide, dit Keke. Il nous secourut toujours et il avait sa propre famille [...], et pour dire la vérité, je me sentais mal à l'aise. »

1. Cinquante plus tard, en 1940, Dato était encore cordonnier lorsque Staline demanda à l'un des Egnatachvili de l'inviter à Moscou pour une réunion. Voir l'épilogue.

Le pope soutint également son projet de faire instruire Sosso et elle demanda aux Tcharkviani de permettre à leurs fils adolescents de lui enseigner le russe avec leurs enfants plus jeunes. Elle pressentait que Sosso était doué. Les adolescents donnaient des leçons à leur sœur cadette qui était incapable de répondre à leurs questions, alors que le petit Sosso, lui, y arrivait. Sur ses vieux jours, Staline se vanta d'avoir appris à lire et à écrire plus vite que les enfants plus âgés que lui, et déclara qu'il avait fini par enseigner aux adolescents eux-mêmes. « Tout cela devait être tenu secret », dit Kote, un des fils de Tcharkviani, « car le comportement d'Oncle Besso empirait chaque jour et se faisait menaçant : "Ne gâchez pas mon fils, sinon !" Il traînait Sosso par l'oreille jusqu'à l'atelier », mais dès qu'il ressortait, « Sosso nous rejoignait, nous nous enfermions à clef et nous mettions à étudier ». Les Davrichewy le laissèrent eux aussi partager les leçons de leur fils.

Le charme de Keke et l'horreur inspirée par Besso étaient tels que tout le monde voulait secourir la jeune femme. À présent il lui fallait trouver un moyen de faire entrer Sosso dans l'excellente école paroissiale de Gori afin qu'il devînt évêque. Elle fit plusieurs tentatives. Comme l'établissement n'acceptait que les enfants de prêtres, le père Tcharkviani résolut le problème en disant que Besso était diacre, mais cet état ne figure sur aucun document. On peut alors se demander si Tcharkviani ne souffla pas aux autorités scolaires que lui-même, ou quelque autre prêtre ayant fauté, était le père naturel de l'enfant. Fut-ce cette manigance qui incita ensuite Staline à prétendre que son père était pope ?

Sosso passa l'examen d'entrée – prières, lecture, arithmétique et russe – si brillamment qu'il fut accepté directement en deuxième année. « Mon bonheur était infini », dit Keke, mais Besso, qui ne pouvait plus travailler, « était furieux ».

Besso le Dingue brisa les vitres de la taverne d'Egnatachvili. Et lorsque son épouse se plaignit à Davrichewy, il agressa le policier dans la rue, le frappant d'un coup d'alêne de cordonnier. Par une ironie des choses, le maire Jourouli présenta ce geste comme la preuve que le policier était bien le père de Sosso. Mais Davrichewy n'arrêta pas Besso ; selon son fils, sa blessure était légère et il était lié d'une certaine façon à la « très jolie » Keke ; et toujours il « porta un intérêt particulier à Sosso ». Il ordonna simplement à Besso de quitter la ville et celui-ci trouva un emploi à la manufacture de chaussures d'Adelkhanov à Tiflis, là même où il avait fait ses débuts. Parfois son fils lui manquait ; il envoyait alors de l'argent à Keke et exprimait le désir d'une réconciliation. Keke accepta à plusieurs reprises, mais les choses tournèrent toujours mal.

Le père de Staline avait perdu toute dignité humaine, *a fortiori* celle d'un vrai *karatchogheli*. Dans la société géorgienne où le sens de l'honneur et de la honte importait tant, c'était là une espèce de mort. « C'était un demi-homme à présent », dit Keke, et cela le fit basculer complètement. Pour le moment il était parti, mais il ne restait jamais bien loin.

Keke trouva un véritable emploi dans l'atelier des sœurs Koulijanav qui venaient d'ouvrir une boutique de couture pour femmes à Gori. Elle travailla là pendant dix-sept ans. Comme elle gagnait désormais sa vie, raconte-t-elle : « [Je dus] veiller à ce que le cœur de mon enfant ne se desséchât pas de chagrin – je lui donnais tout le nécessaire. »

Elle l'éleva pour en faire le type même du chevalier géorgien, idéal qu'il adopta en le transposant en chevalier de la classe ouvrière. « Un homme fort, écrivit-il à Keke alors âgée, doit toujours être vaillant. » Il croyait ressembler à sa mère davantage qu'à Besso. Staline « l'aimait », dit sa fille Svetlana, « et il aimait parler d'elle bien qu'elle l'eût impitoyablement battu. Tout l'amour de père se portait sur moi et il m'a dit que c'était parce que je ressemblais à sa mère ». Et cependant il commençait à s'éloigner de Keke.

Staline « n'aimait pas sa mère », déclara le fils de Beria ; d'autres personnes, des Géorgiens pour la plupart, jurent qu'il la traitait de « putain ». Mais il s'agit là souvent d'histoires colportées par ses adversaires pour le déshumaniser. Des psychiatres ont suggéré qu'il était perturbé par la dualité vierge-putain de Keke, ce qui pourrait l'avoir rendu plus tard méfiant à l'égard des femmes trop portées sur le sexe.

Était-il choqué par la sensualité de Keke ? Désapprouvait-il ses protecteurs masculins ? Il ne fait aucun doute qu'il se montra pudibond plus tard, mais beaucoup de gens le deviennent en vieillissant. Ce que nous pouvons tenir pour certain, c'est qu'il avait été élevé au sein d'une culture rigoriste, hypocrite et machiste – et cependant, jeune révolutionnaire, ses mœurs sexuelles furent très souples, presque libérées.

Sosso n'était « dévoué qu'à une seule personne, sa mère », selon Iremachvili qui les connut bien tous les deux, et qui est un témoin hostile. Mais la raison la plus vraisemblable du fossé qui se creusa entre eux était sa franchise de ton, son ironie – elle « n'hésitait jamais à exprimer son opinion sur toute chose », rapporte le fils de Beria – et son penchant dominateur à régenter la vie de Sosso. Son amour – comme le serait le sien pour ses propres enfants et ses amis – était étouffant et strict. La mère et le fils étaient assez semblables, et la source du problème est là.

Cependant, à sa façon, il appréciait cet amour intense. Au cours de la Seconde Guerre mondiale, il évoqua plaisamment la façon dont elle l'avait couvé, et confia au maréchal Joukov qu'elle « ne l'avait jamais quitté des yeux jusqu'à l'âge de six ans ».

À la fin de 1888, alors âgé de dix ans, Sosso entra triomphalement à l'école paroissiale de Gori [1], un joli bâtiment en brique de deux étages près de la nouvelle gare. Malgré sa pauvreté, Keke tint à ce que Sosso ne fît pas mauvaise figure au milieu des fils aisés des popes. Il serait, au contraire, le garçon le mieux vêtu de l'école qui comptait cent cinquante élèves.

Ainsi il se fit que beaucoup d'élèves n'avaient pas oublié, des décennies plus tard, le premier jour de Sosso à l'école. « Je vis parmi les écoliers un inconnu qui portait un long *arkhaloukhi* [manteau géorgien très classique] qui lui descendait jusqu'aux chevilles, des bottes montantes neuves, une large ceinture de cuir serrée et une casquette noire avec une visière laquée qui brillait au soleil », se rappelait Vano Ketskhoveli, qui deviendrait bientôt un ami. « Ce garçon très petit, assez mince, portait des pantalons étroits et des bottes, une chemise plissée et un foulard », ainsi qu'un « sac d'écolier en chintz rouge ». Vano était époustouflé : « Personne n'était habillé comme cela dans la classe entière, ni même dans l'école. Les écoliers firent cercle autour de lui », fascinés. Le garçon le plus miséreux était le mieux vêtu, tel un petit Lord Fauntleroy de Gori. Qui avait bien pu payer ces beaux atours ? Popes, taverniers et officiers de police avaient certainement joué leur rôle.

Sous cette belle apparence, les souffrances avaient endurci Staline. « Nous l'évitions par peur, dit Iremachvili, mais il nous intriguait » car il y avait en lui quelque chose de particulièrement « peu puéril » et d'« excessivement passionné ». C'était un enfant étrange ; lorsqu'il était heureux, « il exprimait sa satisfaction de la

1. Cette école existe toujours à Gori et a été restaurée en 2006 ; jusqu'à la dénonciation de Staline par Khrouchtchev en 1956, elle portait l'inscription : « Ici, dans l'ancienne école paroissiale, le grand Staline a étudié du 1er septembre 1888 à juillet 1894. »

manière la plus bizarre. Il claquait des doigts, hurlait très fort et sautait alentour à cloche-pied ![1] ». Qu'ils eussent été rédigés au moment du culte de la personnalité sous la dictature ou par opposition maligne à Staline, tous les Mémoires sur son enfance s'accordent à reconnaître que Staline, même à l'âge de dix ans, exerçait un magnétisme singulier.

Vers cette époque, peut-être au tout début de sa scolarité, il frôla de nouveau la mort. « Je l'avais envoyé en bonne santé à l'école le matin, dit Keke, et on me le rapporta inconscient à la maison l'après-midi. » Il avait été heurté dans la rue par une calèche. Les garçons aimaient à se lancer des défis pour prouver leur courage et à s'accrocher aux véhicules au galop. Peut-être est-ce ainsi que Staline fut blessé. Une fois encore la pauvre mère fut « folle de peur », mais les médecins le soignèrent gratuitement – ou Egnatachvili paya discrètement leurs honoraires. Keke, racontera son fils plus tard, appela même un guérisseur qui faisait aussi fonction de barbier.

En plus du pied palmé, des marques de variole et des rumeurs de bâtardise, cet accident lui donna une autre raison d'être vigilant et renforça son sentiment d'être différent malgré son infériorité. Son bras en resta à jamais estropié, lui interdisant d'être véritablement l'idéal du guerrier géorgien ; il déclara plus tard que cela l'avait empêché d'être un bon danseur, mais pas de se battre[2]. Par ailleurs, cela lui épargna la conscription et une mort probable dans les tranchées de la Première Guerre mondiale. Cependant Keke se faisait du souci pour les conséquences possibles pour sa carrière religieuse :

1. C'est un des souvenirs de Peter Kapanadze, ami proche de Staline avec qui il conserva des relations cordiales. Les Mémoires très élogieux de Kapanadze furent publiés dans les années 1930, mais c'est là un des détails qui furent retirés de la version officielle – il figure dans l'original déposé aux archives.

2. On a attribué cette blessure au bras gauche à un accident de luge, une malformation de naissance, une infection infantile, une blessure au cours d'un combat de lutte, une bagarre à propos d'une femme à Tchiatoura, un accident avec un véhicule et une raclée de son père, toutes explications (à l'exception de la malformation natale) suggérées par Staline lui-même. Cette confusion tient probablement au fait qu'il y eut deux accidents : le premier, moins sérieux, au début de sa scolarité (selon Keke) ou à l'âge de six ans (selon des rapports médicaux plus tardifs) qui endommagea probablement son bras, handicap qui apparut plus visiblement avec l'âge. Puis, peu de temps après, il y eut un accident bien plus grave dans lequel il fut sérieusement blessé et qui imposa un traitement à Tiflis ; ce dernier le toucha aux jambes. Dans ses Mémoires, Keke, âgée de quatre-vingts ans, semble mélanger les deux événements.

« Quand tu seras prêtre, mon petit, lui demanda-t-elle, comment tiendras-tu le calice ?

— Ne t'inquiète pas, maman, répliqua Sosso. Avant que je ne sois prêtre, mon bras sera guéri et alors je pourrai soulever l'église entière ! »

Jouer à « tu n'es pas cap… » n'était pas le seul danger des rues de Gori qui échappaient à tout contrôle des autorités tsaristes. Aussi, même s'il devint rapidement le plus brillant élève de son école, le jeune Staline mena une existence de Dr Jekyll et Mr Hyde – enfant de chœur et bagarreur, mi-chouchou à sa maman trop bien habillé et mi-gamin des rues.

« Il n'était pratiquement pas un jour », raconte le fils du père Tcharkviani, Kote, que « quelqu'un ne l'ait rossé, le renvoyant en pleurs à la maison – ou qu'il n'ait lui-même rossé quelqu'un. » Telle était la ville de Gori.

3

BAGARREURS, LUTTEURS ET ENFANTS DE CHŒUR

Le jeune Staline passait à présent son temps libre loin de sa mère, dans les rues de Gori, espace autonome, violent, dominé par la boisson, la prière et les rixes.

Sosso avait toutes les raisons de fuir une maison sombre et miséreuse. « Jour après jour, Keke était à sa machine à coudre toute branlante. » Il n'y avait rien que « deux lits en bois, quelques tabourets, une lampe et une simple table couverte de livres de classe », dit un visiteur assidu, le maître de chant de Staline, Simon Gogtchilidze. La minuscule pièce était « toujours propre et rangée », mais le lit de Staline était fait de planches ; « lorsqu'il grandit, sa mère ajouta une planche au lit pour le rallonger ». Mais à présent Sosso défiait sa mère. « Si vous saviez comme il est hautain et fier ! » grommelait-elle.

C'était un parfait Goreli, car l'habitant de Gori était bien connu dans toute la Géorgie pour n'être qu'un *matrabazi*, un coquin vantard et violent. Gori était une des dernières villes à pratiquer « la coutume pittoresque et sauvage » des rixes ouvertes à tous avec leurs règles propres, mais où tous les coups étaient permis. Boisson, prière et bagarre se mêlaient étroitement, les popes éméchés jouant le rôle d'arbitres. Les estaminets de Gori étaient des lieux incontrôlés de débauche et de violence.

Les administrateurs russes et géorgiens avaient bien essayé d'interdire ce sport douteux qui, à l'origine, avait été un entraînement militaire quand le pays, au Moyen Âge, ne connaissait que la guerre. Malgré la présence d'une caserne russe, le chef de la police, ou *pristav*, Davrichewy et ses quelques policiers étaient incapables de répondre à la tâche : personne ne pouvait étancher cette passion irrépressible de l'illégalité. Comment s'étonner que, pendant ces pugilats, les chevaux ne se cabrent et que les fiacres ne renversent les gamins dans les rues ? Les historiens qui s'intéressent à la psychologie attribuent pour une large part l'évolution de Staline à son père alcoolique, mais cette culture de bagarres de rue fut tout aussi formatrice.

Gori, écrivit Maxime Gorki lors d'une visite, « a une sauvagerie pittoresque et originale qui lui est propre. Le ciel lourd, les eaux bruyantes et tumultueuses de la Koura, les montagnes proches et leur cité de cavernes, et plus loin le Caucase et ses neiges éternelles ».

La forteresse jaune couronnée de tourelles de Gori fut probablement construite au XIIe siècle par la reine Tamar. Lorsque son empire éclata, la ville devint la capitale de l'une des principautés de Géorgie[1]. C'était une halte sur le chemin de l'Asie centrale. Des caravanes de chameaux la traversaient encore pour se rendre à Tiflis, mais l'ouverture en 1871 du chemin de fer de la mer Noire transforma cette fière cité en un bourg perdu et chaotique aux relations prestigieuses, mais aux traditions particulièrement tapageuses. Elle ne comptait qu'une seule rue digne de ce nom (baptisée alors rue du Tsar et aujourd'hui rue Staline) et qu'une seule place ; ses ruelles tortueuses, à demi inondées par les égouts à ciel ouvert, bruissaient des jeux des enfants et du pas lent des bœufs. La population s'élevait à sept mille habitants, pour la moitié des Géorgiens comme les Djougachvili, pour l'autre moitié des Arméniens comme la famille de Kamo ; ces derniers fournissaient les entrepreneurs. Il n'y avait que dix-huit Juifs. La chose la plus importante était la division de Gori en deux grands quartiers qui constituaient en fait les équipes dans les grandes bagarres de la ville : le Quartier russe et le Quartier de la Forteresse.

1. Elle se trouva donc entourée des domaines de potentats quasi royaux comme les princes de Bagration-Moukhranski et de grands comme le prince Amilakhvari. La noblesse géorgienne était considérable – six pour cent de la population – mais pauvre et donc bien moins isolée qu'en Russie même. Le grand-duc Michel Nikolaïevitch, frère d'Alexandre II, et vice-roi du Caucase, fit construire son palais gothique de Likani non loin de là, à Borjomi où les Romanov passèrent l'été jusqu'à la Révolution. Lorsque Staline arriva au pouvoir, il ne montra guère d'intérêt pour un retour à Gori, mais passa les premières vacances qui suivirent la Guerre civile au palais de Likani avec sa jeune épouse enceinte, Nadia Allilouïeva. Il est significatif également que, lorsque sa santé se dégrada, il eût passé ses dernières vacances géorgiennes en 1951 à Likani. C'était et cela demeure un beau sanctuaire, mais il dut également symboliser la réussite d'un enfant du pays. Aujourd'hui, c'est la résidence d'été du président géorgien.

Bagarres, tournois de lutte et guerre de bandes entre écoliers, telles étaient les trois traditions pugilistiques de Gori. Lors des grandes fêtes, à Noël ou à la veille du Carême, les deux quartiers organisaient une parade conduite par les « rois du carnaval », des travestis ou des acteurs montés sur des chameaux ou des ânes au milieu de joueurs de flûte et de chanteurs costumés. Au carnaval de Keenoba, en mémoire de la victoire de la Géorgie sur la Perse en 1634, un acteur jouait le rôle du tsar géorgien et un autre celui du shah de Perse qui se retrouvait bientôt bombardé de fruits et aspergé d'eau.

Les mâles de chaque famille, dès l'enfance, paradaient également, buvant et chantant jusqu'à la tombée de la nuit, moment où commençait vraiment la fête. Le « combat de boxe libre » – ou *krivi* – était un « duel de masse avec règles » : les bambins de trois ans luttaient avec leurs égaux, puis les enfants, les adolescents et enfin les hommes se lançaient dans « une incroyable bagarre », et alors la ville échappait à tout contrôle, situation qui durait jusqu'au lendemain – même à l'école où les classes se battaient entre elles. Et souvent les boutiques étaient livrées au pillage.

Le sport favori était la lutte entre champions, combat qui rappelait un peu l'histoire biblique de Goliath. C'était là un grand niveleur social. Les tournois – ou *tschidooba* – se déroulaient au son d'un orchestre de *zournas* sur des rings érigés pour l'occasion. Les princes fortunés, comme le prince et propriétaire terrien Amilakhvari, les négociants, et même les villages, soutenaient leurs propres champions, qui jouissaient d'une telle estime qu'ils avaient droit à leur propre titre honorifique, *palavani*. Le parrain de Staline, Egnatachvili, était lui-même champion comme ses deux frères. Désormais âgé et riche, Palavani Egnatachvili soutenait ses propres lutteurs. Même dans ses vieux jours, Staline se glorifiait encore des triomphes pugilistiques de son parrain : « Ces Egnatachvili étaient des lutteurs si renommés que tout Kartli les connaissait, mais le premier et le plus fort d'entre eux était Iakov.

« Le prince Amilakhvari avait comme garde du corps un géant tchétchène. Lorsqu'il défia les champions de Gori, il les battit tous. Les Goreli allèrent donc voir Iakov Egnatachvili qui leur dit : "Qu'il affronte mon frère Kika ; s'il le bat, qu'il affronte mon frère Simon ; s'il le bat, je l'affronterai." Mais Kika écrasa le Goliath tchétchène.

« Un jour des bandits, coiffés de bonnets en peau de mouton et armés de poignards, entrèrent en fanfaronnant dans la ville au cours d'une fête religieuse. » Ils burent à la taverne d'Egnatachvili, mais refusèrent de payer. « Nous, les enfants », racontera Staline, avons regardé la scène avec stupeur alors que Kika Egnatachvili « frappait l'un d'eux et l'envoyait à terre, s'emparait du poignard de l'autre et le frappait avec l'extrémité contondante. Le troisième régla sa note ».

Les enfants de l'école paroissiale se mêlaient aux affrontements à poings nus presque quotidiens dans la rue de la Cathédrale. Il était absolument interdit aux écoliers, sous peine d'être mis au cachot ou d'être renvoyés, de participer à ces mêlées sauvages, « mais Sosso y prenait part malgré tout ». En outre, son professeur de mathématiques et de géographie, Ilouridze, aimait regarder ses élèves dans les combats de rue, et leur criait : « Vas-y ! Vas-y ! Joli coup ! » remarquant à peine s'il avait été lui-même frappé ou éclaboussé de sang.

« Le petit Staline boxait et luttait avec un certain succès », s'accorde à reconnaître Davrichewy[1]. Son maître de chant l'observait organiser des combats de lutte, mais un jour il se blessa au bras gauche, déjà fragile. « Cela commença en combat de lutte mais tourna au véritable pugilat, raconte le professeur, et ils se filèrent une terrible raclée. » Le bras de Sosso enfla douloureusement et rendit le respect des règles plus difficile.

Un jour Staline se battit avec son ami Iremachvili dans la cour de l'école ; la rencontre fut déclarée nulle, mais alors qu'Iremachvili tournait les talons, Staline le prit par surprise et le jeta dans l'herbe. Lorsqu'il affrontait avec intrépidité des combattants plus forts que lui, Sosso était battu comme plâtre, et Keke devait venir à son secours et se précipitait chez le chef de la police en hurlant : « Mon Dieu, ils ont tué mon fils. » Mais Staline demeurait le petit bagarreur le plus impeccablement vêtu de sa promotion. « Parfois même sa mère lui mettait un grand col blanc qu'il retirait et enfonçait dans sa poche, dès qu'elle avait tourné le dos. »

Les garçons consacraient leur véritable énergie aux combats entre bandes : « Les gamins de notre ville natale étaient organisés en bandes selon les rues ou le quartier où ils vivaient. Ces bandes étaient continuellement en guerre », quoiqu'elles fussent aussi des

1. Dans son grand âge, Staline se flattait encore d'être un lutteur viril. Lorsqu'il rencontra le maréchal Tito après la Seconde Guerre mondiale, il ressentit devant le beau Yougoslave un sentiment de vieillesse et d'usure ; il souleva soudain Tito du sol et s'écria fièrement : « J'ai encore de la force en moi. » Les Yougoslaves furent atterrés et épouvantés, mais ce fut là sa dernière démonstration de lutte géorgienne.

lieux de mixité sociale et culturelle. « Les enfants de Gori étaient élevés ensemble dans la rue sans distinction de religion, de nationalité ou de fortune. » Un petit chenapan comme Staline jouait dans les rues avec le fils du prince Amilakhvari, célèbre général, qui essaya de lui apprendre à nager. Armés de couteaux, d'arcs et de flèches, ou de lance-pierres, les enfants menaient une existence libre et heureuse, bien que sauvage : ils nageaient dans le fleuve, chantaient leurs mélodies favorites, pillaient les pommiers des vergers du prince Amilakhvari, et vagabondaient dans la campagne en quête de petits méfaits. Ainsi, un jour, Staline mit le feu aux vergers du prince.

« Sosso était très indiscipliné, racontera Georgui Elisabedachvili – qui était son cadet –, et toujours par les rues. Il adorait son lance-pierres et son arc rudimentaire. Un jour un paysan rentrait son troupeau à la ferme quand Sosso surgit soudain et toucha d'une pierre une vache à la tête. L'animal s'affola et le troupeau s'emballa, tandis que l'homme poursuivait Sosso qui disparut », déjà insaisissable[1]. « Il me glissait entre les doigts comme une anguille, écrivit un autre camarade d'école, et il était vain de chercher à l'attraper. » En une autre occasion, Sosso terrorisa un boutiquier insolent en faisant sauter quelques cartouches qui détruisirent son commerce. « Sa mère dut entendre bien des imprécations adressées à son fils. »

Sosso aimait conduire sa bande le long des pentes escarpées du mont Gorijvari sur lequel se dressait « le château aux hautes murailles jaunes ». Là, ils chantaient, se bagarraient, discutaient de religion et admiraient le paysage : « Il aimait la beauté de la nature. » À une dizaine de kilomètres de là, il y avait Ouplis-Tsikhe, la « cité des cavernes », une ascension si périlleuse que la première fois Staline ne parvint pas à en atteindre le sommet. Il s'entraîna sans relâche, raconte Iremachvili, jusqu'à réussir enfin.

Il était impitoyable avec les autres enfants, mais se montrait protecteur pour ses vassaux. Lorsqu'il apprit à nager (ce qu'il ne fera jamais bien à cause de son bras), il poussa un garçonnet qui débutait comme lui dans les eaux rapides de la Koura. L'enfant se plaignit qu'il avait manqué se noyer. « Oui, mais quand tu t'es trouvé en danger, il a bien fallu que tu apprennes à nager », répli-

1. Contées par Georgui Elisabedachvili et par son cousin Sandro, ces histoires du petit gredin qui s'en prend au gagne-pain d'un travailleur industrieux ou se bat dans les rues se trouvent dans les archives, mais elles n'ont, bien entendu, jamais figuré dans les biographies de Staline et demeurent inédites.

qua Sosso. Cependant, lorsque ses copains furent attaqués par une autre bande de gamins, Sosso « les bombarda de pierres jusqu'à ce qu'ils se replient ». Alors qu'un camarade se faisait sérieusement rosser, Sosso apparut et cria : « Eh, pourquoi restes-tu là comme un baudet ? Utilise donc tes poings ! » Il mit en fuite son agresseur.

Staline ne cessait de défier des garçons « plus âgés et plus forts que lui », dit le jeune Iossif Davrichewy. Déjà il se montrait très susceptible. Il était trop malhabile pour maîtriser l'art du *lekouri*, danse traditionnelle géorgienne, aussi s'empressa-t-il d'éliminer, en lui amochant une jambe, le garçon qui dansait le mieux.

Il manifesta très tôt la volonté de puissance qui le caractérisa jusqu'à son dernier jour. « Sosso appartenait à sa bande locale, mais il passait souvent dans la bande adverse car il refusait d'obéir à son propre chef » qui grommelait qu'il « sapait [son] autorité et essayait de [le] détrôner ». Iremachvili pensait que « tous ceux qui, par l'âge ou par la force, dominaient les autres lui rappelaient son père ; il en vint à éprouver un désir de revanche contre quiconque occupait une position supérieure à la sienne ». Dès qu'il échappait au contrôle de sa mère, il fallait que Staline, même enfant, fût le chef.

En un sens, les cycles de violence et de dépression de son père, la vénération passionnée de sa mère, sa propre intelligence naturelle et sa hauteur lui donnèrent une telle conviction d'avoir toujours raison et qu'on lui devait obéissance que son assurance contagieuse lui conquit des disciples. L'un d'eux était le fils d'un des amis arméniens de sa mère, Simon Ter Petrossian, « Senko », plus tard surnommé Kamo. Le père, qui avait fait fortune comme fournisseur de l'armée pendant les conquêtes d'Alexandre II des khanats de Khiva et de Boukhara, demanda un jour à sa fille avec colère : « Que diable trouvions-nous chez ce propre-à-rien et ce sans-le-sou de Staline ? N'y a-t-il donc pas de gens convenables à Gori ? » Il faut croire qu'il y en avait peu.

Sosso « pouvait être un bon ami tant que l'on s'inclinait devant sa volonté dictatoriale », déclara Iremachvili. Lorsqu'un garçon rapporta que Kote Tcharkviani avait mangé du pain azyme réservé à l'eucharistie, Staline, en une scène puérile préfigurant ses futures purges, « le maudit, le traita d'informateur, d'espion, le rendant haïssable aux yeux des autres garçons, et ensuite il le roua même de coups. Sosso était un ami dévoué ».

Staline témoignait d'un enthousiasme lyrique pour les montagnes et le ciel, mais rarement de compassion pour les gens. Le fils de l'officier de police se souvenait qu'à cette époque il était

« l'image même de sa mère ». Il était d'un calme et d'une prudence infinis, mais « lorsque la colère l'emportait, il devenait brutal, jurait et poussait les choses à l'extrême ». Ayant moins à perdre que les autres, des attaches affectives plus rares, Staline devint très naturellement un extrémiste.

Les bagarres de rue étaient légitimes, non pas simplement parce que les parents y participaient lors des mêlées annuelles et pariaient sur les combats de lutte, mais parce que les garçons jouaient aux brigands héroïques de Géorgie qui combattaient les Russes dans les montagnes proches. Or, tous ces jeunes se trouvaient désormais persécutés par l'Empire russe dans le cadre même de l'école.

Alexandre III, homme obtus, orchestrait alors une réaction conservatrice contre la politique libérale jugée trop molle de son père assassiné, qui unirait la plupart des Géorgiens contre son Empire. Il décréta que les Géorgiens devraient apprendre le russe[1], ce qui explique les leçons que Staline suivit avec les Tcharkviani.

Lorsqu'il entra à l'école en septembre 1890, Staline partagea la haine de ces nouvelles règles russes. Les élèves, incapables de s'exprimer correctement en russe, n'avaient pas même le droit de parler géorgien entre eux. « Nos bouches s'étaient trouvées cadenassées dans cette prison pour enfants, dit Iremachvili. Nous aimions notre pays natal et notre langue maternelle [...]. On considérait que nous appartenions, nous autres Géorgiens, à une culture inférieure dans laquelle la bénédiction de la civilisation russe devait s'imprimer à force de coups. » Parler géorgien en classe était sévèrement puni : « [On] devait se mettre au coin ou tenir un long morceau de bois pendant toute une matinée, ou on nous enfermait dans un cachot complètement obscur, sans eau ni nourriture, jusqu'à très tard le soir. »

Les maîtres russes[2] étaient des brutes pédantes vêtues d'uniformes, tuniques à boutons dorés et casquettes à visière, qui mépri-

1. Ce décret imbécile non seulement poussa Staline à s'engager sur la voie de la rébellion, mais permit que sa maîtrise de la langue russe, malgré l'accent géorgien prononcé qu'il ne perdit jamais, fût d'un niveau suffisant pour qu'il pût diriger de manière convaincante l'Empire russe.

2. Boutyrski, inspecteur de l'enseignement, était le stéréotype même de cela, un nabot rondouillard aux moustaches rousses et d'une sévérité impitoyable. Dès qu'il entendait parler géorgien, il hurlait : « Ne parlez pas cette langue ! »

saient la langue géorgienne. Cependant un professeur était apprécié : Simon Gogtchilidze, le maître de chant, un dandy aimable toujours à la dernière mode, guêtres, col ample et fleur à la boutonnière. Les écolières en étaient amoureuses et écrivaient même des chansons à son sujet. Son enfant de chœur préféré était Staline qu'il s'efforça d'aider de mille façons : « En deux ans, il apprit la musique et commença à assister le maître de chœur. Il y avait beaucoup de solos et c'était toujours Sosso qui les chantait. » Sosso n'avait pas simplement une « belle et douce voix perchée », écrivit le romantique professeur, mais « son interprétation [était] grandiose ». On demandait souvent Staline pour les mariages : « Les gens venaient simplement pour le voir chanter et disaient : “Allons voir comment le petit Djougachvili étonne tout le monde par sa voix.” » Lorsque Staline, « en surplis, apparaissait au pupitre pour le solo et chantait de sa merveilleuse voix d'alto, tout le monde était ravi ! ».

Au cours de ces premières années de scolarité, Staline se montra si dévot qu'il ne manqua guère une messe. « Il ne pratiquait pas seulement les rites, mais nous rappelait toujours leur signification », racontera A. Tchelidze, un de ses camarades d'école. Un autre, Souliachvili, se souvenait de Staline et de deux autres garçons à l'église, « en surplis, agenouillés, visages levés, chantant les vêpres d'une voix angélique tandis que les autres garçons se prosternaient, emplis d'une extase qui n'est pas de ce monde ». C'était lui qui « lisait le mieux les Psaumes » à l'église. Les autres n'avaient le droit de lire qu'après que Sosso lui-même les avait instruits. L'école reconnaissante lui offrit le *Livre des Psaumes* de David avec cette dédicace : « À Iossif Djougachvili [...] pour l'excellence de ses progrès et de sa conduite, et pour l'excellence de la récitation et du chant du Psautier. »

Sosso peignait bien également et avait du goût pour le théâtre, ce qui lui resta. Il apparut dans un vaudeville satirique qui tournait Shakespeare en dérision : « Son expression fit éclater de rire le public ! » Il avait déjà commencé à écrire des vers : « Plutôt que des lettres, il envoyait des poèmes à ses amis[1]. »

1. Politicien, Staline fut un acteur consommé. Les potentats, qui le connurent bien quand il fut au pouvoir, avaient le sentiment qu'il jouait souvent la comédie : Khrouchtchev le qualifiait d'« homme aux grimaces » ; Kaganovitch remarqua qu'il existait quatre ou cinq Staline différents ; Mikoïan et Molotov eurent à diverses reprises l'impression qu'il ne faisait que jouer un rôle. Quant au dessin, le seul vestige qu'il en resta fut son habitude d'esquisser des loups au cours des réunions un peu longues.

C'était aussi l'élève le plus remarquable en cours. « C'était un garçon très intelligent, déclara son maître de chant. Personne ne se souvient qu'il ait jamais obtenu de notes inférieures à 5 [20 sur 20]. » Sosso « consacrait son temps libre à lire ». Il « transportait souvent des volumes serrés sous la ceinture de son pantalon » et il aimait aider dans leur travail les enfants moins vifs. « Il ne manquait jamais la classe ni n'arrivait en retard, et il voulait toujours être le premier en tout », dit son camarade d'école Petre Adamchvili à qui il conseilla : « Améliore-toi. Ne flemmarde pas ou tu échoueras dans la vie. »

Même les maîtres qui méprisaient la Géorgie étaient impressionnés par son savoir. Boutyrski, l'inspecteur de l'école, prit l'habitude de s'excuser de ne pouvoir rester à certaines mondanités en précisant qu'il devait rentrer chez lui pour étudier : « Si je ne suis pas prêt [pour le cours de demain], il y a un élève, Djougachvili, qui est sûr de me piéger[1] ! » Staline était un tel petit saint que, lorsqu'il était responsable de la classe, il notait le nom de quiconque était en retard ou essayait de tricher. Les autres garçons le surnommèrent même « le Gendarme ».

Cependant le petit chouchou n'était en rien obséquieux. Lorsque l'école partit en excursion dans les environs et que l'un des garçons porta sur son dos Boutyrski pour traverser un ruisseau, Staline ricana : « Qu'es-tu donc, un bourricot ? Je ne permettrai jamais à Dieu lui-même de me grimper sur le dos, et encore moins à quelque inspecteur scolaire. » Lorsque Gogtchilidze, pourtant fort apprécié, essaya de le convaincre de chanter un air qu'il n'aimait pas, Staline ne vint pas le jour dit.

Lavrov, le maître le plus détesté, profondément hostile à tout ce qui était géorgien, nomma Staline comme « assistant », décision qu'il devait rapidement regretter. Lorsqu'il tenta d'obliger son « assistant » à l'informer de qui parlait géorgien, celui-ci réagit. Soutenu par quelques solides garçons de dix-huit ans, il attira le maître dans une salle de classe vide et menaça de le tuer. À partir de ce jour, Lavrov se montra beaucoup plus conciliant.

1. Toute sa vie, Staline exigea de ses subordonnés qu'ils fussent aussi bien préparés qu'il l'était : son adjoint dans les années 1930, Lazare Kaganovitch, a raconté qu'il se préparait comme un écolier pour les réunions avec Staline. On trouve, dans les archives, une note manuscrite de Staline à son camarade Sergo Ordjonikidze datant des années 1930 alors qu'ils étaient les deux plus puissants dirigeants soviétiques : « Sergo, demain réunion sur la réforme bancaire. Es-tu prêt ? Tu dois l'être. » Pendant la Seconde Guerre mondiale, il broyait quiconque n'était pas parfaitement prêt.

À la fin de la quatrième année, Staline décida que sa chorale devait poser pour une photo. Le maître de chant l'entendit « répartir les tâches : un garçon collecterait l'argent, un autre engagerait le photographe, et lorsque nous nous sommes rassemblés, [Staline] arriva avec un bouquet de fleurs, ordonna aux garçons d'en mettre une à leur boutonnière et les disposa pour la photographie ».

Cependant, un nuage menaçait toujours Staline ; un jour Besso le Dingue arriva ivre et le retira de l'école, en exigeant qu'il devînt cordonnier. Keke en appela à ses protecteurs : « J'ai mobilisé le monde entier, mes frères, parrain Egnatachvili, le professeur » et Besso « m'a rendu mon fils ». Mais Besso ne cessait de « faire irruption dans l'école complètement ivre pour s'emparer de force de Sosso ». Il fallut donc introduire discrètement Sosso dans l'école, littéralement sous le manteau des frères de Keke, tandis que « tout le monde aidait à cacher l'enfant, affirmant même à Besso furieux que Sosso ne se trouvait pas en classe ».

Staline l'écolier, tout comme le politicien qu'il deviendrait, était un fatras de contradictions : « Sosso Djougachvili, résume Iremachvili, était le meilleur mais aussi le plus terrible des élèves. » Son enfance était déjà une victoire remportée sur l'infortune, mais alors qu'il brillait dans ses études, il dut de nouveau affronter une série de coups terribles qui manquèrent le détruire.

4

UNE PENDAISON À GORI

Le 6 janvier 1890, les choristes, conduits par Gogtchilidze, leur maître de chant, quittaient l'église après la bénédiction de l'Épiphanie pour se rendre à la garnison russe de Gori. « Personne ne remarqua un fiacre en folie », raconterait Gogtchilidze, qui fonçait au galop dans la foule. Staline, alors âgé de douze ans, traversait la route quand le véhicule « fondit sur lui, qu'un brancard le frappa à la joue, le fit tomber, et [que les roues lui passèrent] sur les jambes. La foule s'assembla autour de lui, releva l'enfant qui avait perdu connaissance, et nous l'avons transporté ». Le cocher fut arrêté et condamné à un mois de prison, mais la pauvre Keke dut une fois encore ramener son fils ensanglanté à la maison. Quand il revint à lui, il vit sa mère au désespoir : « Ne t'inquiète pas, maman, je vais bien, dit-il bravement. Je ne vais pas mourir. »

Ses blessures étaient si graves que Sosso fut conduit à l'hôpital de Tiflis, la capitale, et il manqua l'école pendant de longs mois. Il avait été sérieusement atteint aux jambes. Des années plus tard, au séminaire, il se plaindrait encore de « douleurs » et, une fois rétabli, il adopta une démarche pesante et bancale qui lui valut un nouveau surnom. De *Tchopoura*, le Vérolé, il devint *Geza*, le Trottineur. Plus que jamais, il dut désirer affirmer sa force, mais aussi apprécier l'assurance d'être capable de surmonter de telles adversités.

L'accident fit sortir Besso de l'ombre plus déterminé que jamais ; le cordonnier rendit probablement visite à son fils à Tiflis. Keke avait dû l'informer que l'enfant était souffrant. Mais Besso ne pouvait résister à l'envie de s'imposer de nouveau à sa famille méfiante. Dès que Sosso fut rétabli, son père le kidnappa et le fit embaucher comme apprenti cordonnier à la manufacture de chaussures d'Adelkhanov où lui-même travaillait.

« Tu veux que mon fils soit évêque ? Moi mort, il fera des études ! hurla-t-il à sa femme. Je suis cordonnier et c'est ce que sera mon fils. »

Avec les quatre-vingts employés d'Adelkhanov, Besso et son fils peinèrent alors de longues heures pour un salaire de misère dans une cave à demi inondée éclairée par des lampes à pétrole et envahie par l'odeur presque fécale du cuir que l'on tannait. Cette puanteur faisait même vomir les hommes d'âge mûr. Le grand nombre d'enfants qui travaillaient dans la sinistre manufacture de souliers préoccupait les autorités tsaristes elles-mêmes. Sosso vivait avec son père dans une chambre du quartier ouvrier d'Avlabar, et il devait traverser le pont et longer la forteresse-prison Metekhi pour aller au travail ; sa tâche consistait à transporter les chaussures terminées jusqu'à l'entrepôt-boutique au bazar proche de la place Erevan. Excepté son bref séjour dans l'atelier paternel à Gori, ce serait là sa seule expérience de la vie ouvrière au cours d'une vie consacrée au prolétariat. Si Besso avait réussi, il n'y aurait pas eu de Staline, car il serait resté ignare. Staline dut sa réussite politique à ce mélange inhabituel de brutalité de la rue et d'éducation classique.

« Toute l'école regrettait Sosso, se rappelait le maître de chant, et personne plus que Keke. » Une fois encore, elle se lança dans l'action et mobilisa tous ses alliés. Cette formidable et jolie femme arriva à Tiflis soutenue par les maîtres de l'école, le père Tcharkviani et Egnatachvili, qui s'efforcèrent tous de l'emporter sur Besso. L'affaire vint même aux oreilles de l'exarque de l'Église orthodoxe géorgienne qui offrit de trouver à Sosso une place de choriste à Tiflis, mais Keke ne voulut pas en démordre. Besso enrageait. On consulta le garçonnet ; il voulait étudier à l'école paroissiale de Gori. Les prêtres le rendirent à Keke. Besso jura de ne plus donner un kopeck à sa famille, la chassant définitivement de sa vie.

« Le temps passa, dit Keke. On n'entendit plus la voix de Besso. Personne ne me dit s'il était mort ou vivant. J'étais même heureuse de remettre, sans lui, la famille sur un bon pied. » Pourtant Besso ressurgirait encore dans la vie de Staline avant de disparaître à jamais.

Staline retourna à l'école où il excella encore et fut « le meilleur élève », selon le mot empreint de fierté de sa mère. Sans l'aide de son mari, Keke ne pouvait payer les frais de scolarité. Elle travailla toujours plus dur et démarcha de nouveaux employeurs ; elle commença à faire des ménages et des lessives chez l'honorable président du Conseil de l'école, Vassili Beliaev, pour dix roubles de gages mensuels. Egnatachvili et Davrichewy payaient davantage. L'école elle-même, sollicitée sans doute par Beliaev, les protecteurs de Keke et le dévoué maître de chant, reprit non seulement Sosso mais lui accorda une bourse de trois roubles et trente kopecks.

Il se pourrait que le traumatisme de l'accident, l'enlèvement et la dure vie en usine eussent épuisé Sosso. Peu après sa libération des griffes de Besso, le garçonnet attrapa une pneumonie et tomba sérieusement malade ; sa mère « manqua le perdre, mais Sosso échappa une fois encore à la mort », rapporta son maître de chant. Cette fois l'école doubla sa bourse et la porta à sept roubles. Même lorsqu'il était fiévreux et souffrant, rapporta sa mère avec orgueil, il délirait et disait : « Mère, laisse-moi aller à l'école, sinon le maître Ilouridze me donnera de mauvaises notes. »

Pendant plus d'un an, les crises s'étaient succédé. À présent Staline célébrait son retour à l'école en reprenant ses études avec un enthousiasme accru. Cependant, il devenait toujours plus rebelle. « Il était puni presque chaque jour », dit Iremachvili qui chantait avec lui dans le trio de la chorale. Sosso organisa une manifestation contre Boutyrski, l'inspecteur détesté, qui tourna presque à l'émeute : « Ce fut la première rébellion lancée par Sosso. »

Sa mère dut emménager dans de misérables pièces, rue Sobornaïa, dans une « petite maison, vieille et sale », au toit qui laissait passer la pluie et le vent. « La chambre, se souvenait Iremachvili, était plongée dans une pénombre éternelle. Cela sentait le renfermé ; l'air chargé d'une odeur de pluie, de vêtements mouillés et de cuisine ne pouvait s'en échapper », mais Staline lui y parvenait fort bien. Il avait encore plus de raisons de rester avec sa bande dans les rues ou en haut du mont Gorijvari.

Tout en demeurant le meilleur enfant de chœur de l'école paroissiale, Staline commença à s'intéresser au sort des pauvres et à douter de sa foi. Il se lia d'amitié avec trois fils de prêtres, Lado et Vano Ketskhoveli – qui allaient jouer un rôle essentiel dans sa vie – et Mikhaïl Davitachvili[1], qui, comme Staline, était affligé

1. Le maître de chant ne fut pas le seul professeur à aider Staline. Zakharie, cousin aîné de Davitachvili et professeur de littérature russe, fut un autre maître qui l'influença et, bien des années plus tard, Keke écrivit : « Je me rappelle comment vous avez distingué mon fils Sosso et il m'a souvent dit que c'était vous qui l'aviez aidé à aimer les études, et que c'était grâce à vous qu'il avait si bien appris le russe. »

d'une claudication. Lado, l'aîné des frères Ketskhoveli, entra bientôt au séminaire de Tiflis et raconta comment il avait dirigé une manifestation et une grève, ce qui avait entraîné son renvoi. Ces nouveaux amis et les livres qu'ils lisaient ne manquèrent pas d'inspirer Staline, qui continuait cependant à voir dans la prêtrise sa vocation à secourir les pauvres. Mais à présent il aspirait pour la première fois à faire de la politique. Sous l'influence charismatique de Lado, il déclara vouloir être administrateur local pour améliorer les conditions de vie des gens.

Il ne cessait de parler de livres. Lorsqu'il en convoitait un, il n'hésitait pas à le voler à un autre écolier et à l'emporter rapidement chez lui. Vers l'âge de treize ans, Lado l'amena dans une petite librairie de Gori où il paya une souscription de cinq kopecks et emprunta un ouvrage qui devait probablement être *De l'origine des espèces* de Darwin. Staline, oubliant le sommeil, passa la nuit à lire jusqu'à ce que sa mère le surprît. « C'est l'heure de se coucher, dit-elle. Allez, dors, c'est déjà l'aube. – J'ai tant aimé ce livre, maman, que je n'ai pas pu m'arrêter… » Mais plus il lisait et plus sa piété vacillait.

Un jour, Sosso et quelques amis, dont Gricha Glourjidze, étendus sur l'herbe en ville, discutaient de l'injustice d'un monde composé de pauvres et de riches, lorsqu'il les étonna tous en déclarant soudain : « Dieu n'est pas injuste, il n'existe tout simplement pas. On nous a trompés. Si Dieu existait, il aurait fait un monde plus juste. – Sosso, comment peux-tu dire de telles choses ? s'exclama Gricha. – Je te prêterai un livre et tu verras. » Et il donna à Glourjidze un exemplaire de Darwin.

Les rêves de justice de Sosso se confondaient avec les histoires de bandits héroïques et la résurgence du nationalisme géorgien. Il révérait les poèmes du prince Raphaël Eristavi, un nationaliste géorgien, et apprit par cœur son chef-d'œuvre, « La Mère patrie de Khevsour ». « Ce merveilleux poème », déclarerait-il encore avec enthousiasme dans son grand âge. L'écolier composait à présent ses propres poèmes romantiques. Tous les garçons traînaient autour de la demeure de Staline pour discuter avec fougue de ces idées et de ces ouvrages mis à l'index.

Vers cette époque, Staline était tombé amoureux, autre épisode de sa vie qui fut expurgé des Mémoires officiels et demeura inédit. Sa mère et lui avaient loué des chambres chez le père Tcharkviani et Sosso s'était pris de passion pour la fille du pope. « En troisième année, il s'éprit de la fille Tcharkviani, raconta Georgui Elisabedachvili. Il me parlait de cette émotion et se moquait de lui-même pour s'être laissé ainsi emporter par les sentiments. » Quand la jeune fille apprenait le russe, « je passais souvent et m'intéressais à ces leçons », se souviendrait Staline cinquante ans plus tard. « Une fois, lorsque l'élève se trouva en difficulté, je l'ai aidée. » Nous ignorons si elle lui rendit son amour, mais ils avaient toujours été proches dans l'enfance, ainsi que l'observa Kote, le frère de la jeune fille. « Il commença à jouer à la poupée avec ma sœur. Il la faisait pleurer, mais au bout d'un instant, ils se réconciliaient et restaient assis côte à côte avec leurs livres, comme de vrais amis. »

Un événement, le « plus remarquable que Gori connût à la fin du XIXe siècle », devait faire une forte impression sur Staline. Le 13 février 1892, les maîtres de l'école paroissiale ordonnèrent à leurs élèves d'assister à une sinistre *mise en scène** qui, espéraient-ils, « susciterait crainte et respect chez les garçons » : une pendaison.

Trois potences furent dressées un dimanche ensoleillé d'hiver sur la rive de la Koura, au pied de la forteresse. De nombreux Goreli vinrent et les uniformes des écoliers se détachaient au milieu de la foule. Mais les garçons allaient être « profondément bouleversés par l'exécution ».

Les condamnés avaient volé une vache et, au cours de la traque qui avait suivi, ils avaient tué un policier. Mais les écoliers apprirent que les criminels n'étaient que trois « paysans qui étaient si opprimés par les propriétaires terriens qu'ils s'étaient enfuis dans la forêt », pitoyables Robin des Bois qui n'attaquaient que les hobereaux des environs et aidaient d'autres paysans. Staline et Peter Kapanadze se demandèrent s'il était juste de tuer ces brigands alors que les prêtres leur enseignaient le commandement biblique « Tu ne tueras point ». Les deux écoliers furent particulièrement atterrés de voir un prêtre debout près des potences avec une grande croix.

Les garçons étaient fascinés. « Sosso Djougachvili, quatre autres écoliers et moi-même grimpâmes dans un arbre pour observer de là le terrifiant spectacle », se souviendra l'un d'eux, Grigori Razmadze. (Davrichewy, le chef de la police, avait interdit à son propre fils d'être présent.) Il y avait un autre spectateur avec qui Staline se lierait plus tard d'amitié et qu'il patronnerait, Maxime Gorki, alors journaliste, qui deviendrait l'écrivain le plus célèbre d'URSS.

Les Goreli éprouvaient de la compassion pour ces braves brigands caucasiens – l'un d'eux était imérétien, les deux autres ossètes. Ces exécutions étaient une démonstration de force des Russes ; le jeune Davrichewy qualifia les condamnés de « saints martyrs ». La foule se fit menaçante ; deux rangées de soldats russes encerclèrent la place. Les tambours se mirent à battre. « Les autorités en uniforme circulaient autour des potences », écrivit Gorki dans son article. « Leurs visages sévères et maussades avaient une expression étrange et hostile. » Elles avaient de bonnes raisons d'être nerveuses.

Les bandits, chaînes aux pieds, furent conduits jusqu'à l'échafaud. L'un d'eux, qui avait été gracié, fut mis à l'écart. Le prêtre proposa sa bénédiction aux deux condamnés, mais l'un refusa. Les deux hommes demandèrent une cigarette et un peu d'eau. Sandro Khouboulouri resta silencieux mais le « chef de la bande », Tato Jiochvili, sourit et plaisanta vaillamment devant la foule admirative. Il se pencha sur la rambarde de l'échafaud et, observa Gorki, « bavarda avec des gens qui étaient venus le voir mourir ». La foule lança des pierres au bourreau, cagoulé et tout vêtu de rouge. Celui-ci plaça les condamnés sur des tabourets et serra les nœuds coulants autour de leur cou. L'heure était venue.

Le bourreau repoussa d'un coup de pied les tabourets. Et, comme si souvent sous la répression tsariste, l'affaire fut un gâchis : la corde de Sandro rompit. La foule retenait son souffle. L'exécuteur des hautes œuvres replaça l'homme sur le tabouret, une corde neuve au cou, et le pendit une seconde fois. Tato lui aussi mit un certain temps à mourir.

Les habitants de la ville et les écoliers s'éloignèrent rapidement. Staline et ses camarades discutèrent du sort qui attendait les âmes des exécutés : iraient-elles en enfer ? Staline balaya leurs doutes : « Non, dit-il. Ils ont été exécutés et il serait injuste de les châtier de nouveau. » Les garçons jugèrent que cela était sensé. On cite souvent cette pendaison comme un événement qui stimula la nature meurtrière de Staline, mais tout ce que nous savons, c'est que les garçons éprouvèrent de la sympathie pour ces hors-la-loi géorgiens et du mépris pour leurs oppresseurs russes. En tout état de cause, ce spectacle contribua à faire de Staline un rebelle, mais non un meurtrier.

Le moment était venu de s'éloigner de Gori : Staline était sur le point d'obtenir son diplôme de l'école paroissiale. Keke restait souvent assise à son chevet au petit matin et admirait son brillant enfant qui sommeillait encore : « Mon Sosso avait grandi », dit-elle, mais ils passaient encore beaucoup de temps ensemble. « Nous n'avions guère été séparés. Il était toujours à mes côtés. » Même lorsqu'il avait été souffrant, « il se tenait assis près de moi à lire. Son seul autre divertissement était de se promener le long du fleuve ou sur les pentes du mont Gorijvari. »

Cependant, elle comprenait à présent que, pour accomplir ses rêves, il lui fallait le laisser partir, même s'il « ne pouvait survivre sans [elle] ni [elle] sans lui, mais sa soif d'apprendre l'obligeait à [la] quitter ». Il devait conserver cette soif tout au long de sa vie[1]. Naturellement, après l'école paroissiale, il devait aller dans le meilleur établissement religieux d'enseignement au sud de l'Empire, le séminaire de Tiflis. En juillet 1893, à l'âge de quinze ans, il passa ses examens haut la main. Tous ses professeurs, en particulier Simon Gogtchilidze, le recommandèrent au séminaire, mais une difficulté surgit.

Un jour, Sosso rentra à la maison, les yeux pleins de larmes. « Que se passe-t-il, mon fils ? » demanda Keke. Sosso expliqua que la grève et la fermeture du séminaire de Tiflis, en partie orchestrées par son ami extrémiste, Lado Ketskhoveli, risquaient de lui faire « perdre une année, car les seuls entrants cet été-là seraient des fils de popes ».

« Je rassurai mon fils, dit Keke, et ensuite je m'habillai. » Mettant probablement sa plus belle coiffe, elle se rendit chez les maîtres et les protecteurs de Sosso qui promirent leur aide. Le professeur de chant proposa de s'occuper lui-même de Sosso et de l'inscrire dans une école de formation des maîtres, mais, pour Keke, il fallait que ce fût la meilleure institution et que ce fût pour la prêtrise, à savoir le séminaire.

Keke partit donc avec son fils en train pour Tiflis, à soixante-quinze kilomètres de là. Sosso était excité, pourtant, au cours du voyage, il éclata en sanglots. « Maman, dit-il en larmes, et si, lorsque nous arriverons en ville, mon père me trouve et me force à devenir cordonnier ? Moi, je veux étudier. Je me tuerais plutôt que d'être cordonnier. » « Je l'embrassai et je séchai ses larmes, rapporta Keke. Personne ne t'empêchera d'étudier, lui dit-elle pour le rassurer, personne ne t'arrachera à moi. »

Tiflis et « l'animation battante de la grande cité » impressionnèrent Sosso. Les deux Djougachvili étaient « terrifiés à l'idée de

1. Dictateur septuagénaire et conquérant de Berlin, Staline continuait à étudier. « Regardez-moi, dit-il vers 1950, je suis vieux et j'étudie encore. » Les livres de sa bibliothèque sont tous soigneusement annotés et accompagnés de commentaires en marge. Ce fut cette ferveur autodidacte et diligente, soigneusement cachée sous des manières frustes de paysan brutal, que ses adversaires, comme Trotski, ignorèrent à leurs dépens.

voir apparaître Besso », dit Keke. « Mais nous ne le rencontrâmes pas. »

L'indomptable Keke loua une chambre et se mit en quête de son unique parent dans la capitale, qui avait de solides relations et se trouvait être le locataire d'un prêtre aux connaissances plus importantes encore et dont l'épouse était une femme pleine de ressources.

« Aidez, je vous prie, cette femme », dit le parent à l'épouse du prêtre, « et ce sera une œuvre aussi bonne que de construire une église[1] ». Cette femme en appela à d'autres prêtres qui s'adressèrent au séminaire et obtinrent que Staline passât l'examen d'entrée. C'était là tout ce que sa mère désirait car elle « savait qu'il [lui] ferait honneur ». Et ce fut ce qu'il fit, mais les frais d'internat d'un séminariste qui n'était pas fils de religieux s'élevaient à cent quarante roubles par an, somme que Keke n'avait aucun espoir de réunir seule. Davrichewy, certainement sur les instances de Keke, persuada une aristocrate très connue, la princesse Baratov, d'apporter également son obole. Keke s'agita dans les coulisses et Sosso demanda une bourse qui lui fut accordée comme demi-pensionnaire, ce qui signifiait qu'il devait encore acquitter la somme considérable de quarante roubles par an et acheter la tenue et le surplis de rigueur. Keke ne trouva rien à redire ; elle retourna à Gori, « mère la plus heureuse au monde », et se mit à la couture pour trouver l'argent nécessaire. Egnatachvili et Davrichewy participèrent également aux frais.

« Un mois plus tard, dit Keke, je vis Sosso en tenue de séminariste et je pleurai mille larmes de bonheur. Je souffris beaucoup également. » Inscrit vers le 15 août 1894, Sosso entra donc au pensionnat du séminaire et dans le monde plus vaste de la capitale du Caucase.

Le garçonnet boiteux, marqué par la variole, aux orteils palmés, battu, humilié et abandonné par son père, adoré, mais aussi battu par sa mère, hanté par la bâtardise, survivant aux accidents et à la maladie, avait vaincu le sort.

On ne saurait exagérer l'importance de ce moment dans sa vie. Sans le séminaire, sans la détermination de sa mère, Sosso n'aurait pas eu cette éducation classique, quoique étouffante, qui

1. Cette remarque ne manque pas de sel lorsqu'on sait le nombre d'églises anciennes que Staline détruirait par la suite et celui des prêtres qu'il ferait exécuter.

armerait le modeste fils de cordonnier pour en faire le successeur de Lénine.

« Il m'écrivit qu'il me tirerait bientôt de la pauvreté », se rappelait sa mère, dans la première lettre d'une correspondance distante mais respectueuse qui durerait toute une vie. « Quand il m'envoyait des lettres, je les pressais contre mon cœur, dormais avec et les embrassais. »

« Tout le monde à l'école me félicita, précisa-t-elle, seul Simon Gogtchilidze semblait mélancolique : "L'école paraît quelque peu déserte, dit-il. Qui chantera dans le chœur à présent[1] ?" »

1. Jamais Staline n'oublia son professeur de chant. Lorsqu'il écrivit à Keke de ses exils ou de la clandestinité, il présentait souvent ses amitiés à Simon Gogtchilidze. Keke montrait le message à Simon, mais cachait de la main le reste de la correspondance : « Vous pouvez lire ce qui vous concerne, disait-elle, mais il est inutile que vous lisiez le reste et sachiez où se trouve mon fils à présent. »

5

LE POÈTE ET LA PRÊTRISE

Le garçon de seize ans, habitué à la liberté de Gori, aux bagarres de rue et aux escapades sur le mont Gorijvari, se retrouvait enfermé quasiment vingt-quatre heures par jour dans une institution qui ressemblait davantage aux écoles privées britanniques ou aux pensionnats français du XIXe siècle qu'à une faculté de théologie ; les dortoirs, les petites brutes, la sodomie, les professeurs cruels et confits en dévotion, les heures de détention en cellule, tout en faisait une version caucasienne du *Petit Chose* de Daudet.

Staline arriva avec un groupe de Gori qui comptait dans ses rangs Iossif Iremachvili et Peter Kapanadze. Ces petits provinciaux, rares à être aussi pauvres que Sosso, se retrouvèrent au milieu des « fils arrogants de parents aisés[1]. « Nous nous sentions comme des élus », écrivit Iremachvili, car le séminaire était, « dans son cadre historique au sein d'une civilisation en apparence parfaite, la source de la vie intellectuelle géorgienne ».

Sosso et les six cents autres candidats à la prêtrise vivaient dans un séminaire néoclassique de quatre étages aux nobles colonnes blanches. Au dernier étage, Sosso partageait un dortoir de vingt ou trente lits. Les autres niveaux comportaient une chapelle, des salles de cours et un réfectoire. Au cours d'une journée rigoureu-

1. Les séminaristes étaient pour l'essentiel fils de la petite noblesse, de l'aristocratie désargentée ou de prêtres ; ils n'étaient pas des plus riches, mais bien plus à l'aise que Staline. Le fils de Davrichewy, le chef de la police de Gori, et d'autres garçons plus aisés encore, comme Kamenev, le futur camarade de Staline, allèrent au lycée de Tiflis. Les fils du riche Egnatachvili, Vano et Sacha, furent envoyés dans un lycée de Moscou. Sous le stalinisme, le séminaire portait cette inscription : « Le Grand Staline – chef du PCbUS et du prolétariat mondial – vécut et étudia dans cet ex-séminaire de théologie du 1er septembre 1894 au 29 mai 1899, et dirigea des cercles illégaux d'ouvriers à Tbilissi. »

sement scandée par le son des cloches, Sosso se réveillait chaque matin à 7 heures, enfilait son surplis, puis se rendait à la chapelle pour les prières suivies du thé et des cours. L'élève de corvée lisait une autre prière. Les cours s'achevaient à 2 heures de l'après-midi. À 3 heures, il déjeunait, puis il avait une heure et demie de liberté avant l'appel de 5 heures, après quoi il lui était interdit de ressortir. Après les vêpres, le souper était à 8 heures, suivi d'autres cours, puis d'autres prières, avant l'extinction des feux à 10 heures. Les services religieux de fin de semaine étaient interminables, « trois ou quatre heures au même endroit, en se balançant d'un pied sur l'autre, sous le regard pénétrant et infatigable des moines ». Mais les jeunes garçons avaient l'autorisation de sortir l'après-midi, de 3 à 5 heures.

Les séminaires de l'Empire étaient « notoirement connus pour la sauvagerie de leurs mœurs, leur pédagogie moyenâgeuse et leur loi d'airain », commenta Trotski. « Tous les vices condamnés par les Saintes Écritures s'épanouissaient dans ces foyers de la piété. » Celui-ci, surnommé le Sac de pierre, était pire que la plupart des autres. « Infiniment triste, rapporta un élève. D'un ennui assommant – nous nous sentions en prison. »

À l'arrivée de Staline, ses vingt-trois professeurs étaient dirigés par une sinistre trinité : le recteur, l'archimandrite Serafim, son adjoint, l'inspecteur Germogen, et, le plus détesté de tous, le père Dmitri, le seul Géorgien des trois, qui était né prince David Abachidze. Bientôt promu inspecteur, cet Abachidze était un pédant grassouillet au teint basané – « esclave humble et soumis du Seigneur, serviteur du tsar », selon ses propres paroles.

Les moines étaient déterminés à extirper la moindre trace de culture géorgienne de leurs élèves fiers de leurs origines. La littérature géorgienne était formellement interdite, au même titre d'ailleurs que tous les écrivains russes depuis Pouchkine, y compris Tolstoï, Dostoïevski et Tourgueniev. Deux inspecteurs étaient chargés à plein-temps d'une « surveillance constante et impitoyable ». Les sanctions et les mauvaises notes étaient systématiquement relevées dans le journal de l'école. Un renvoi rapide, le « billet de loup », devenait un brevet d'honneur.

Le père Abachidze dirigeait un cercle de mouchards chez les élèves et passa l'essentiel de la scolarité de Staline à fureter sur la pointe des pieds dans le séminaire ou à organiser des descentes mélodramatiques dans les dortoirs afin de surprendre les jeunes gens à lire des ouvrages interdits, les insultant ou leur tenant des propos orduriers. Staline, habile à forger des surnoms, qualifia bientôt ce prêtre grotesque de « Tache noire ». Terrifiant tout d'abord, cet homme était en fin de compte comique comme seuls les pédagogues rigoristes les plus fous peuvent l'être.

Staline avait tout appris des célèbres révoltes au séminaire de son mentor, Lado. Quelques années plus tôt, en 1885, un élève avait rossé le recteur pour avoir dit que « le géorgien était une langue de chiens » ; l'année suivante, le recteur avait été assassiné avec un *khanjali*, une épée géorgienne – sort que même le plus brutal des directeurs de *public school* en Angleterre avait réussi à éviter.

Le séminaire devait se glorifier, titre singulier, de fournir à la Révolution russe certains de ses plus impitoyables extrémistes. « Aucune école laïque, écrivit un autre séminariste, Philippe Makharadze, camarade de Staline, ne produisit autant d'athées que le séminaire de Tiflis. » Le Sac de pierre devint un pensionnat pour révolutionnaires.

Dans les premiers temps, Staline se montra « calme, attentif, modeste et timide », se rappelait un camarade d'école, alors qu'un autre remarqua que le chef de bande jadis fanfaron devenait « pensif et renfermé, le goût des jeux et les plaisirs de l'enfance s'étant évanouis ». L'adolescent maussade prit la mesure des choses et afficha une attitude affectée de poète romantique, mais il étudia aussi avec sérieux et passa son premier niveau avec une note « excellente » qui le classait huitième sur l'année entière. En 1894-1895, il obtint cinq sur cinq en langue et en chant géorgiens et des notes comme quatre, cinq, quatre et cinq dans l'étude des Saintes Écritures. C'était un étudiant modèle qui obtint un « excellent cinq » en conduite.

En tant que boursier dans une situation « pitoyable », Sosso était constamment obligé de solliciter « à genoux » du recteur une aide supplémentaire pour les frais de scolarité[1]. Il gagna un peu d'argent de poche (cinq roubles, il s'en souviendrait plus tard) en chantant dans le chœur ; il fut « le premier ténor de l'aile

1. « À l'Archimandrite Serafim, Très Révérend Recteur du Séminaire orthodoxe de Tiflis de la part de Iossif Djougachvili, étudiant de deuxième année : Votre Révérence connaît tout de la situation pitoyable de ma mère qui s'occupe de moi. Mon père ne subvient pas à mes besoins depuis trois ans. C'est là sa façon de me punir de poursuivre des études contre son gré… C'est pour cette raison que je m'adresse à Votre Révérence pour la deuxième fois. Je l'implore à genoux de m'aider et de m'accepter aux frais de la communauté publique. Iossif Djougachvili, 25 août 1895. »

droite du chœur », c'est-à-dire premier choriste, et se produisit souvent à l'opéra.

Keke l'accompagna à Tiflis et resta quelques semaines pour l'aider à s'installer. Elle prit un emploi au séminaire, cousant ou servant au réfectoire, situation certainement embarrassante pour Staline, autre raison peut-être de ses réticences initiales. Sa mission accomplie, elle retourna à Gori. À compter de ce jour, dans ses exils et jusqu'à la mort de sa mère quarante ans plus tard, Staline lui écrivit avec une régularité consciencieuse (surtout lorsqu'il avait besoin d'argent ou de vêtements), mais avec un détachement croissant. Sosso ne reviendrait jamais vraiment chez cette mère dont il avait hérité l'énergie remarquable et l'esprit caustique, mais qu'il avait bien du mal à supporter.

Besso, qui rôdait à Tiflis, découvrit, on ne sait comment, que Sosso était un moyen possible d'obtenir de l'argent pour boire ; il alla voir le recteur du séminaire et exigea de reprendre son fils : « Faites-le partir car j'ai besoin de quelqu'un pour s'occuper de moi ! » Staline resta « insensible » ; il était tout disposé à soulager « la misère de Besso et de gens comme lui », mais l'homme lui-même lui répugnait.

« Un jour, se souviendrait-il, les veilleurs de nuit vinrent me dire que mon père attendait dehors. » Le jeune garçon descendit précipitamment et le vit qui se tenait là : « Il ne me demanda pas même de nouvelles, mais dit vivement : "Mon petit monsieur, tu as complètement oublié ton père, n'est-ce pas ? Je pars travailler dans une autre ville. – Et comment aurais-je de l'argent pour t'aider ? répliqua Staline. – La ferme ! s'écria Besso. Donne-moi au moins trois roubles et ne sois pas aussi pingre que ta mère ! – Ne hurle pas ! rétorqua Sosso. Ici, c'est mon pensionnat et si tu ne t'en vas pas immédiatement, j'appelle les veilleurs qui te feront déguerpir." » La « menace fit son effet, raconta Staline. Et père s'en alla furtivement par les rues en grommelant quelque chose. »

Pendant les vacances, Sosso retourna à Gori voir Keke qui l'adorait toujours autant. Et même s'il « commençait à se laisser pousser la barbe, il se blottissait contre moi comme un enfant de cinq ans ». Cependant il passa l'essentiel de son temps avec son ami Mikha Davitachvili, garçon aisé et malheureusement estropié, dans son village de Tsromi. Lorsqu'il rentra pour le trimestre suivant, Staline réussit plus brillamment encore, obtint de nouveau l'appréciation « excellent », et se classa cinquième de l'année. Il commença alors à travailler à ses poèmes.

À la fin du trimestre, Sosso porta ses textes au célèbre journal *Iveria* (« Géorgie ») où il fut reçu par le prince Ilia Tchavtchavadze, le plus grand poète du pays, un nationaliste romantique qui croyait en une Géorgie agraire dirigée par une aristocratie éclairée.

Le prince fut suffisamment impressionné pour montrer l'ouvrage de l'adolescent à ses éditeurs. Il aimait les vers de Staline et choisit de publier cinq poèmes, beau succès pour un auteur en herbe. Tchavtchavadze le surnomma « le jeune homme aux yeux brûlants ». Ainsi, avant de se faire connaître comme révolutionnaire, Staline fut admiré en Géorgie comme poète.

6

« LE JEUNE HOMME AUX YEUX BRÛLANTS »

La Géorgie se considérait comme un royaume opprimé peuplé de chevaliers et de poètes. Les textes de Staline, publiés dans *Iveria* sous son pseudonyme « Sosselo », furent largement lus et devinrent des classiques mineurs de la littérature géorgienne, repris dans des anthologies des meilleurs poèmes du pays avant même que quiconque entendît parler de « Staline ». *Deda Ena*, une anthologie de poèmes géorgiens pour les enfants, constamment rééditée entre 1912 et les années 1960, comprenait son premier texte, *Aube*, dans son édition de 1916. Il demeura dans les éditions suivantes, parfois même attribué à Staline, jusqu'à l'époque de Brejnev.

Les dons de chanteur de Staline, à présent jeune ténor, étaient, dit-on, assez remarquables pour qu'il devînt professionnel. En tant que poète, il témoignait d'un certain talent dans un autre domaine qui aurait pu constituer une alternative à la politique et au meurtre. « On pourrait même trouver des raisons non strictement politiques de regretter que Staline fût passé de la poésie à la révolution », pense le professeur Donald Rayfield qui a traduit ses poèmes en anglais. Si leurs images romantiques manquent d'originalité, leur beauté réside dans la délicatesse et la pureté du rythme et de la langue.

La scansion et les rimes de son poème *Aube* fonctionnent parfaitement, mais ce fut son alliance sensible et précoce d'images d'origines persane, byzantine et géorgienne qui lui valut des louanges. « On ne s'étonnera pas, commente Rayfield, que le doyen des lettres et de la politique géorgiennes, Ilia Tchavtchavadze, ait désiré publier ce poème et au moins quatre autres. »

Le texte suivant de Sosselo, une ode extravagante *À la lune*, révèle davantage le poète. Un paria violent et tragiquement mélancolique, dans un univers de glaciers et de divine providence, se sent attiré par le clair de lune sacré. Dans son troisième poème, Staline explore « le contraste entre la violence chez l'homme et dans la nature, et la douceur des oiseaux, de la musique et des chanteurs ».

Le quatrième poème est le plus révélateur. Staline imagine un prophète que son pays n'honore pas, un poète errant que son propre peuple va empoisonner. À dix-sept ans, il envisage déjà un monde « paranoïaque » où « les grands prophètes ne peuvent espérer que la conspiration et le meurtre ». Si l'un des poèmes de Staline « renfermait un *avis au lecteur**, écrit Rayfield, c'est bien celui-ci ».

Dédié au prince Raphaël Eristavi, poète chéri de Géorgie[1], le cinquième poème de Staline fut, avec *Aube*, son texte le plus admiré. Ce furent ces vers qui incitèrent l'employé de la Banque d'État à informer Staline, lui permettant d'organiser l'attaque de la place Erevan ; ils furent d'ailleurs jugés assez bons pour figurer dans le recueil de poésie publié pour le jubilé du prince Eristavi en 1899. Le sage héroïque qui en est la figure centrale exige à la fois la lyre et la faucille.

Un dernier poème, *Le Vieux Ninika*, qui parut dans l'hebdomadaire socialiste *Kvali* (« La Charrue »), décrit avec affection un héros vieillissant qui « rêve ou parle du passé aux enfants de ses enfants », vision peut-être idéalisée d'un Géorgien pareil à Staline lui-même à la fin de sa vie, assis sur sa véranda de la mer Noire et racontant ses aventures à un jeune auditoire.

1. Staline était immergé dans la poésie géorgienne ; il aimait Eristavi ; Tchavtchavadze était « un grand écrivain qui joua un rôle immense dans le mouvement de libération de la Géorgie » et Akaki Tsereteli l'enthousiasmait. « Ma génération apprenait les poèmes de Tsereteli par cœur et avec joie [...] ; beau, émouvant et musical, il est surnommé à juste titre le rossignol de Géorgie. » Mais, rétrospectivement, Staline évalua également ses poètes sur le plan politique, et déclara que Tsereteli écrivait « de beaux poèmes, mais idéologiquement primitifs et provinciaux ». Staline n'était pas le seul poète qui deviendrait bolchevique ; à la même époque, dans son école à Odessa, le jeune Léon Bronstein, futur Trotski, composait lui aussi des vers. Trotski surpassa Staline comme écrivain, mais non comme poète. Si l'un des collègues de Staline avait dédié un quelconque poème à un prince, ce geste aurait été utilisé contre lui pendant la Terreur. En 1949, pour l'anniversaire officiel des soixante-dix ans de Staline, Beria, le potentat du Politburo, commanda en secret aux meilleurs traducteurs de poésie, dont Boris Pasternak et Arseni Tarkovski, une édition russe des poèmes de Staline. On leur cacha l'identité de l'auteur des textes, mais un des poètes pensa que « cet ouvrage était digne du Prix Staline », quoique certains peut-être eussent deviné qui était le jeune versificateur. À mi-parcours, ces traducteurs reçurent l'ordre strict, manifestement de Staline lui-même, de mettre fin au projet.

Les premiers poèmes de Staline expliquent l'intérêt obsessionnel et destructeur qu'il porterait, une fois dictateur, à la littérature, et son respect, non dénué de jalousie, pour des poètes brillants comme Ossip Mandelstam et Boris Pasternak. Les propos et l'influence de cet « habitant de la crevasse du Kremlin », de ce « massacreur de paysans », aux « doigts épais et gras comme des vers », sur la littérature furent, ainsi que Mandelstam l'écrivit dans son célèbre poème contre Staline, « des mots d'un quintal précis comme des fers »[1]. Mais, par une ironie des choses, sous la brute fanfaronne notoirement connue pour son philistinisme hautain se cachait un homme de lettres à l'éducation classique, un homme de goût et de culture. Staline ne cessa jamais de s'intéresser à la poésie. Mandelstam voyait juste lorsqu'il déclara : « En Russie, on apprécie vraiment la poésie, ici on tue pour elle. »

L'ancien poète romantique méprisa et détruisit le modernisme, mais il promut et imposa sa version biaisée du romantisme, le réalisme socialiste. Il connaissait Nekrassov et Pouchkine par cœur, lisait des traductions de Goethe et de Shakespeare et pouvait réciter des poèmes de Walt Whitman. Il parlait sans se lasser des poètes géorgiens de son enfance et il contribua même à une édition en russe du *Chevalier à la peau de panthère* de Roustaveli dont il traduisit quelques strophes avec élégance, demandant modestement : « Cela conviendra-t-il ? »

Staline respectait le talent artistique, préférant en général tuer des politicards du Parti que de brillants poètes. Ainsi, lors de l'arrestation de Mandelstam, ordonna-t-il : « À isoler, mais à préserver. » Et il préserverait la plupart de ses génies, comme Chostakovitch, Boulgakov, Eisenstein, leur téléphonant parfois pour les encourager, d'autres fois les dénonçant et les ruinant. Lorsqu'il appela Pasternak, dans un de ses coups de tonnerre téléphoniques qui semblaient émaner de l'Olympe, il demanda à propos de Mandelstam : « C'est un génie, n'est-ce pas ? » La tragédie de Mandelstam fut scellée non seulement par sa décision suicidaire de se moquer du dictateur dans un poème – le support même des rêves du dictateur dans sa jeunesse –, mais aussi par l'incapacité de Pasternak d'affirmer que son collègue était bien un génie. Mandelstam ne fut pas condamné à mort ; cependant il ne fut pas épargné et mourut sur le chemin non utopique de l'enfer du goulag.

1. Ossip MANDELSTAM, *Tristia et autres poèmes*, trad. de François Kérel, Gallimard, Paris, 1982, p. 171. *N.d.T.*

Mais Staline protégea Pasternak : « Qu'on laisse cet hôte des nuages en paix. »

Le poète et séminariste de dix-sept ans ne reconnut jamais publiquement ses poèmes, mais il confierait plus tard à un ami : « J'ai perdu tout intérêt pour l'écriture de poèmes car cela requiert toute votre attention, une sacrée patience. Et à cette époque j'étais du vif-argent », ce vif-argent de la révolution et de la conspiration qui animait alors la jeunesse de Tiflis et s'insinuait au séminaire.

Lorsqu'il se tenait sur les marches blanches du Sac de pierre, Sosso pouvait contempler les bazars perses et arméniens animés mais dangereux autour de la place Erevan, « un réseau de venelles et d'allées étroites, aux ateliers d'orfèvres et d'armuriers ; aux étals de pâtissiers et de boulangers avec leurs miches de pain plates cuites dans de grands fours de terre [...] ; aux cordonniers exposant leurs savates colorées [...] et aux boutiques de marchands de vin où l'on conserve ce breuvage dans des outres de peau de mouton et de buffle, le côté poilu à l'intérieur[1] ». La perspective Golovinski avait un air presque parisien, mais le reste de la ville ressemblait davantage à « Lima ou à Bombay ». Voici ce que précise le guide de voyage Baedeker :

> *Les rues sont en général si pentues et si étroites que deux véhicules ne peuvent s'y croiser ; les maisons, pour la plupart décorées de balcons, sont perchées les unes au-dessus des autres sur le versant de la montagne comme les degrés d'un escalier. Du lever au coucher du soleil, les rues sont envahies d'une foule mélangée d'hommes et de bêtes [...], maraîchers géorgiens avec leurs larges plateaux de bois sur la tête, Perses en long caftan et haut bonnet de fourrure noire, la chevelure et les ongles souvent teints en rouge ; saïds et mollahs tartares en vêtements flottants et turban blanc ; représentants des tribus montagnardes en pittoresques tcherkeska et bonnet de fourrure à longs poils [...], femmes mahométanes voilées [...] et che-*

1. « Une visite rapide, en particulier s'il y a des dames dans le groupe, suggère le Baedeker, se fera plutôt en calèche. [...] La sécurité publique est quelque peu hasardeuse ; il est bon d'éviter de voyager seul ou de montrer beaucoup d'argent (sur l'autorisation de porter un revolver, voir plus haut). Il est conseillé de garder l'œil sur ses biens car les indigènes ne répugnent pas à voler des babioles même sans intérêt. » Le guide ajoute que même une lettre d'introduction du vice-roi ou auprès de princes locaux est de peu d'utilité pour « surmonter les difficultés qui se présentent ; celles-ci ne peuvent être résolues efficacement que par une attitude résolue », et probablement le revolver mentionné plus tôt.

vaux chargés d'outres emplies d'eau et escortés de leurs gardiens aux vêtements gais.

Ville de sources sulfurées chaudes (et de célèbres bains publics), Tiflis était bâtie directement sur les pentes de la Montagne sacrée et sur les rives de la Koura, en dessous de l'église au clocher rond et des sombres tours de la forteresse prison de Metekhi qu'Iremachvili appelait « la Bastille de Tiflis ». Tout en haut de ruelles pavées, sur la Montagne sacrée, se dressait l'église de marbre blanc (où repose aujourd'hui Keke au milieu de poètes et de princes), simple et étincelante.

C'était une cité de cent soixante mille habitants, trente pour cent d'Arméniens, vingt-six pour cent de Géorgiens, et pour le reste un mélange de Juifs, de Perses et de Tartares. Il y avait six journaux arméniens, cinq russes et quatre géorgiens. Les ouvriers de Tiflis travaillaient principalement au dépôt des chemins de fer et dans de petits ateliers ; les riches et les puissants étaient composés de magnats arméniens, de princes géorgiens, de bureaucrates et de généraux russes qui se retrouvaient à la cour du vice-roi. Les porteurs d'eau venaient de Racha à l'ouest, les maçons étaient grecs, les tailleurs juifs, les gardiens des bains publics perses. C'était « une confusion de gens et de bêtes, coiffures en peau de mouton et têtes rasées, fez et casquettes à visière [...], chevaux et mules, chameaux et chiens [...]. Et tout était cris, chocs, rires, jurons, bousculades, chants [...] dans l'air brûlant. »

Cette cité impériale cosmopolite de théâtres, d'hôtels, de caravansérails, de bazars, de bordels, vibrait déjà du nationalisme géorgien et du marxisme international qui s'infiltraient dangereusement dans le cloître du séminaire.

Sosso et un autre jeune séminariste, Saïd Devdariani, furent transférés de leur dortoir dans une chambre plus petite « à cause de [leur] santé médiocre ». Devdariani, plus âgé, appartenait à un cercle secret où se réunissaient les garçons pour lire des ouvrages socialistes interdits. « Je lui suggérai de se joindre à nous, dit Devdariani, il fut ravi et accepta. » Là, Staline retrouva Iremachvili et Davitachvili, ses amis de Gori.

Au début, les livres n'étaient pas vraiment des brûlots de la conspiration marxiste mais le genre de textes inoffensifs qu'interdisait le séminaire. Les garçons participaient à un club d'ouvrages mis à l'index, « la Bibliothèque bon marché », et commencèrent à récupérer d'autres livres d'une librairie tenue par un ancien *narodnik*. « Rappelle-toi la petite librairie » et son propriétaire, écrivit plus tard Iremachvili au grand Staline. « Comment nous réfléchissions et parlions là à voix basse à propos de grandes questions sans réponse ! » Staline découvrit les romans de Victor Hugo, en particulier *Quatre-vingt-treize* dont le héros, Cimourdain, prêtre et révolutionnaire, deviendrait un de ses prototypes[1]. Mais Hugo était strictement interdit par les religieux.

La nuit, Tache noire patrouillait dans les couloirs, vérifiant sans cesse si les lumières étaient éteintes, si les garçons n'étaient pas occupés à lire ou à se livrer à d'autres vices plaisants. Dès qu'il s'éloignait, ils rallumaient les bougies et se remettaient à lire. Sosso, bien entendu, « exagérait et dormait à peine ; les yeux larmoyants, il paraissait malade. Lorsqu'il commença à tousser, plusieurs nuits de suite », Iremachvili « lui retira le livre des mains et souffla la chandelle ».

Le père Germogen surprit Staline avec *Quatre-vingt-treize* et ordonna qu'il « fût châtié par un séjour prolongé dans la cellule de détention ». Puis un autre prêtre fouineur le trouva de nouveau à lire du Victor Hugo : « Il s'avère que Djougachvili souscrit à la Librairie bon marché et y lit des ouvrages. Aujourd'hui, j'ai confisqué *Les Travailleurs de la mer* de V. Hugo. Je lui ai déjà donné un avertissement au sujet du livre *Quatre-vingt-treize* de V. Hugo. Signé : Inspecteur adjoint, V. Mourakhovski. »

Le jeune Staline était encore plus sensible aux écrivains russes qui agitaient alors la jeunesse radicale : les poèmes de Nikolaï Nekrassov et le roman de Tchernychevski, *Que faire ?*[2]. Son héros, Rakhmetov, devint pour Staline le modèle du révolutionnaire ascétique et inflexible. Tout comme Rakhmetov, Staline en vint à se considérer comme « un homme spécial ».

Bientôt Staline fut surpris à lire « dans l'escalier de l'école » un autre livre interdit et condamné « sur ordre du Recteur à un séjour prolongé dans la cellule de châtiment et à une sévère réprimande ». Il « adorait Zola », son livre préféré étant *Germinal*. Il

1. Hugo décrit ainsi ce personnage : « Personne ne l'avait vu pleurer. Vertu inaccessible et glaciale. Il était l'effrayant homme juste./ Pas de milieu pour un prêtre dans la révolution. [...] il fallait qu'il fût infâme ou qu'il fût sublime. Cimourdain était sublime ; mais sublime dans l'isolement, dans l'escarpement, dans la lividité inhospitalière ; sublime dans un entourage de précipices. Les hautes montagnes ont cette virginité sinistre. » Victor HUGO, *Quatre-vingt-treize*, Paris, Classiques Garnier, 1963, p. 140.

2. Nikolaï Gavilovitch TCHERNYCHEVSKI, *Que faire ?*, Paris, Édition des Syrthes, 2000. *N.d.T.*

lut des traductions de Schiller, Maupassant, Balzac et *Vanity Fair*, de William Makepeace Thackeray, Platon dans le texte, des ouvrages d'histoire de la Russie et de la France – et il distribuait ces livres aux autres élèves. Il adorait Gogol, Saltykov-Chtchedrine et Tchekhov dont il apprit les œuvres qu'il « pouvait réciter par cœur ». Il admirait Tolstoï « mais son christianisme l'ennuyait », et plus tard il gribouilla des « ah-ah-ah ! » en marge des réflexions de l'auteur sur la rédemption et le salut. Il annota largement un exemplaire des *Possédés*, le chef-d'œuvre de Dostoïevski qui traite de complot révolutionnaire et de trahison. Ces ouvrages entraient en fraude au séminaire, dissimulés sous les surplis des séminaristes. Staline plaisanta plus tard et dit qu'il avait dû « exproprier », c'est-à-dire voler, certains de ces livres pour le bien de la Révolution.

Hugo ne fut pas le seul écrivain à transformer la vie de Staline ; un autre romancier allait le faire changer de nom. Il lut *Le Patricide*, roman interdit d'Alexandre Kazbegui qui met en scène un héroïque bandit caucasien du nom de « Koba ». « Ce qui nous impressionna, Sosso et moi, écrit Iremachvili, ce furent les ouvrages de la littérature géorgienne qui exaltaient le combat des Géorgiens pour la liberté. » Dans ce roman, Koba combat les Russes, sacrifiant tout pour son épouse et son pays, avant d'assouvir une terrible vengeance contre ses ennemis.

« Koba devint le dieu de Sosso et donna un sens à sa vie, dit Iremachvili. Il souhaitait devenir Koba. Il s'appelait lui-même “Koba” et voulait que nous l'appelions ainsi. Son visage s'illuminait d'orgueil et de plaisir quand nous le faisions. » Ce nom représentait beaucoup de choses pour Staline : la revanche des peuples montagnards du Caucase, le caractère impitoyable du bandit, l'obsession de la loyauté et de la trahison, et le sacrifice de soi et de la famille pour une cause. C'était là un nom qu'il aimait déjà : le prénom d'Egnatachvili, son « père de substitution », était Koba, diminutif de Iakov. Ainsi Koba devint un *nom de révolution** et un surnom appréciés. Mais ses intimes continuèrent à l'appeler Sosso.

Alors que des journaux publiaient déjà ses poèmes, à dix-sept ans, à l'automne de 1896, Staline commença à perdre tout intérêt pour les études religieuses et même pour la poésie. Cette année-là, il descendit de la cinquième à la seizième place.

À voix basse après l'extinction des feux, tout en guettant l'apparition redoutée de Tache noire, les garçons débattaient avec passion des grandes questions de l'existence. À la toute fin de sa vie, le dictateur rirait encore de ces discussions. « Je suis devenu athée la première année », disait-il, ce qui déclenchait des disputes avec d'autres garçons comme son ami Simon Natrochvili, resté très pieux. Mais, après réflexion, Natrochvili « vint me voir et reconnut son erreur ». Staline était ravi jusqu'au moment où Simon poursuivit : « Si Dieu existe, alors l'Enfer existe aussi. Et il y a toujours un grand feu infernal. Pour alimenter ces brasiers de l'Enfer, qui peut fournir suffisamment de bûches ? Celles-ci devraient être sans fin et comment pourrait-il y avoir des bûches sans fin ? » Staline dit : « J'éclatai de rire ! Je croyais que Simon en était arrivé à ses conclusions par un raisonnement philosophique, mais en fait il était devenu athée de crainte que l'Enfer ne manquât de bûches ! »

Sosso passait dorénavant de la simple sympathie pour la pensée révolutionnaire à la franche rébellion. À cette époque, son oncle Sandala, le frère de Keke, fut tué par la police. Staline ne fit jamais allusion à cet événement, mais il dut jouer un rôle dans son existence.

Pareil à « du vif-argent », Staline passa des romanciers français à Marx lui-même ; les garçons payèrent cinq kopecks pour emprunter *Das Kapital* pendant quinze jours. Staline essaya d'apprendre l'allemand pour pouvoir lire Marx et Engels dans le texte, et aussi l'anglais ; il possédait ainsi un exemplaire de *The Fight of the English Workers for Liberty* (« Le Combat des ouvriers anglais pour la liberté »). Ce fut là le début d'efforts qui durèrent toute sa vie pour apprendre des langues étrangères[1], en particulier l'anglais et l'allemand.

Bientôt Staline et Iremachvili se faufilèrent la nuit hors du séminaire pour participer à leurs premières réunions avec de vrais cheminots dans de petites masures construites sur la Montagne sacrée. Cette première étincelle de conspiration allumerait un brasier qui ne devait jamais s'éteindre.

1. Ces jeunes marxistes recopiaient à la main les textes de leur maître à penser pour les faire circuler. Quand son ami de Gori, Kote Khakhanachvili, rentra chez lui avec des œuvres de Marx, Staline les lui emprunta et refusa de les lui rendre : « Pourquoi en as-tu besoin ? Elles passent entre de nombreuses mains et les gens s'en instruisent. » Il déroba également un livre de cours d'allemand. Cependant il n'eut jamais aucune aisance dans cette langue ni en anglais ; au début des années 1930 encore, il demanda à Nadia, son épouse, de lui envoyer un manuel d'anglais pour travailler pendant les vacances.

Staline se lassait des discussions dignes et didactiques du club de Devdariani au séminaire ; il voulait pousser le cercle vers des modes d'action plus agressifs. Comme Devdariani résistait, il lança une campagne contre lui et commença à créer son propre groupe.

Les deux jeunes gens restèrent cependant suffisamment proches pour que Staline passât les vacances de Noël 1896 dans le village de son ami. Toujours maître dans l'art du « dosage » et bientôt habile profiteur en matière d'hospitalité, il se peut qu'il eût retardé l'heure de la rupture définitive pour être sûr d'avoir un refuge où passer les congés. En chemin, les deux garçons rendirent visite à Keke qui vivait dans une « petite hutte » où Devdariani remarqua des légions de punaises sur les lits.

« C'est de ma faute, fiston, si nous mangeons sans vin, dit Keke au moment du souper. – Et de la mienne aussi, répliqua Staline. – J'espère que les punaises ne t'ont pas empêché de dormir ? demanda-t-elle à Devdariani. – Je n'ai rien remarqué de ce genre, mentit Devdariani avec tact. – Oh, il les a bien senties, dit Staline à sa pauvre mère. Il n'a pas cessé d'agiter les jambes toute la nuit. » Keke ne manqua pas d'observer comment Sosso « [l']évitait et s'efforçait de parler le moins possible ».

À son retour au séminaire en 1897, Staline rompit avec Devdariani. « En général les querelles importantes et pas toujours inoffensives [...] étaient déclenchées par Koba », dit Iremachvili qui demeura du côté de Devdariani. « Koba jugeait naturel d'être le chef et ne tolérait aucune critique. Deux partis se formèrent, un pour Koba, l'autre contre. » C'était là un schéma qui se répéterait toute sa vie. Il se trouva un mentor plus dur lorsqu'il reprit contact avec Lado Ketskhoveli de Gori qui avait été renvoyé des séminaires de Tiflis et de Kiev, arrêté puis relâché. Jamais Sosso n'éprouva plus de respect pour quelqu'un que pour Lado.

Lado présenta son jeune ami à Silibistro Jibladze, « Silva », le légendaire séminariste aux yeux noirs enflammés qui avait tabassé le recteur. Jibladze et Noé Jordania, un noble élégant, avaient fondé avec quelques autres un groupe socialiste géorgien, le Troisième Groupe *(Messame Dassi)* en 1892. Ces marxistes se réunissaient à présent à Tiflis où ils avaient pris les rênes du journal *Kvali* et commencé à répandre les idées révolutionnaires chez les travailleurs. Jibladze amena l'adolescent à l'appartement de Vano Stouroua qui se rappellerait de la venue d'un « jeune inconnu ».

Désireux de collaborer, Staline rendit visite au puissant chef du groupe, Noé Jordania, de retour d'exil, dans les bureaux de *Kvali* qui avait publié son dernier poème. Jordania, homme grand, « au visage gracieux et beau, à la barbe noire [...] au maintien et aux habitudes aristocratiques », suggéra avec condescendance à Staline d'étudier davantage. « Je vais y penser », répliqua sèchement le jeune homme. Il venait de se trouver un ennemi à combattre. Il écrivit une lettre qui critiquait Jordania et le journal. Ils refusèrent de la publier et Staline insulta l'équipe éditoriale qui « restait assise là pendant des journées entières sans exprimer une opinion valable ! ».

Lado lui aussi avait dû être déçu par les manières distinguées de Jordania et ce fut certainement lui qui introduisit Staline dans les cercles d'ouvriers essentiellement russes qui commençaient à se multiplier au milieu des nombreux petits ateliers de Tiflis. Ils se retrouvaient en secret au cimetière allemand, dans une maisonnette près d'un moulin et non loin de l'Arsenal. Staline suggéra de louer une salle sur la Montagne sacrée « où nous nous réunissions deux fois par semaine après le dîner et avant l'appel. Elle coûtait cinq roubles que nous prenions sur l'argent de poche que nous envoyaient nos parents ». Staline commença à tenir un journal manuscrit en géorgien sur leurs discussions, que ses disciples se passaient ensuite de main en main au séminaire.

Déjà il franchissait la ligne et passait de l'étudiant rebelle au révolutionnaire qui, pour la première fois, commençait à intéresser la police secrète. Lorsqu'un autre militant marxiste, Sergueï Allilouïev, ouvrier qualifié des chemins de fer et futur beau-père de Staline, fut arrêté, Lavrov, le capitaine de gendarmerie qui l'interrogeait, lui demanda : « Tu ne connaîtrais pas des séminaristes géorgiens ? »

Le poète romantique devenait le « fanatique convaincu » animé de cette « foi quasi mystique » à laquelle il consacra sa vie et dont il ne démordit pas. Mais en quoi croyait-il vraiment ?

Écoutons-le s'expliquer. Pour lui, le marxisme signifiait que « le prolétariat révolutionnaire seul est destiné par l'Histoire à libérer l'humanité et à apporter au monde le bonheur », mais l'humanité devrait endurer des « épreuves, des souffrances et des changements » importants avant de réaliser « le socialisme scientifiquement démontré ». Au cœur de ce progrès providentiel il y avait « la lutte des classes : le marxisme est les masses dont la libération est le catalyseur de la liberté de l'individu ».

Cette croyance était, dit Staline, « non seulement une théorie du socialisme : c'est [aussi] toute une vision du monde, un système philosophique », comme une religion démontrée scientifiquement, dont les jeunes révolutionnaires faisaient partie. « J'avais l'impression, expliqua Trotski, de me joindre à une chaîne comme un petit maillon. » Trotski, comme Staline, croyait que « ce qui dure s'obtient par le combat ». Le sang, la mort, le conflit étaient essentiels : « Beaucoup de tempêtes, beaucoup de torrents de sang », pour reprendre les mots mêmes de Staline, marqueraient « le combat pour mettre fin à l'oppression ».

Il n'existait donc alors qu'une différence majeure entre Staline et Trotski : le premier était géorgien. Jamais il ne perdit la fierté que lui inspirait la Géorgie en tant que nation et que culture. Les petites nations du Caucase eurent toutes du mal à embrasser le véritable marxisme internationaliste parce que leur propre oppression les faisait rêver d'indépendance. Le jeune Staline croyait en un mélange de marxisme et de nationalisme géorgien, presque contraire à l'esprit internationaliste du marxisme pur.

En ce mois d'août 1898, Sosso s'affilia à la branche locale du Parti ouvrier social-démocrate de Russie (le POSDR) qui deviendrait, après bien des scissions, les bolcheviks.

7

LA BATAILLE DES DORTOIRS
SOSSO CONTRE TACHE NOIRE

Au début de 1897, Staline est en guerre contre Tache noire. Le journal de l'école relève qu'il fut pris treize fois à lire des ouvrages interdits et qu'il reçut neuf avertissements.

Soudain l'inquisiteur Abachidze, raconte Iremachvili, commença à faire des raids dans leurs boîtes à provisions et même dans leurs panières de linge sale. Abachidze, *alias* Tache noire, n'eut plus qu'une obsession, surprendre Staline en train de lire des livres interdits. À l'heure des prières, les garçons avaient leur bible ouverte sur leur pupitre et lisaient sur leurs genoux Marx ou Plekhanov, le sage du marxisme russe. Dans la cour se dressait un gigantesque tas de bois de chauffage où Staline et Iremachvili cachaient les ouvrages interdits et où ils s'asseyaient pour les lire. Abachidze n'attendait que cela pour bondir et les attraper, mais ils s'arrangeaient pour laisser tomber leurs livres entre les bûches : « On nous enfermait immédiatement dans la cellule de détention, et nous restions assis là jusque tard dans la soirée, mais la faim nous rendait furieux et nous cognions contre la porte jusqu'à ce que le moine nous apportât quelque chose à manger. »

Quand les vacances arrivèrent, Staline alla séjourner chez Georgui Elisabedachvili, un ami plus jeune, le fils du pope du village (tout plutôt que de rester avec sa mère). Le prêtre embaucha Staline comme précepteur pour préparer Gueorgui aux examens d'entrée au séminaire. S'il avait conservé un fort instinct pédagogique, il s'intéressa davantage à convertir le garçon au marxisme. Après être arrivés en charrette, perchés sur un tas de livres interdits, les deux garçons firent mille sottises dans la campagne environnante, se moquant des paysans que Staline « imitait à la perfection ». Alors qu'ils visitaient une vieille église, Staline encouragea son élève à décrocher une ancienne icône, à la briser et à uriner dessus.

« Tu n'as pas peur de Dieu ? lui demanda-t-il. Tant mieux pour toi ! »

Son jeune élève échoua à ses examens et le père Elisabedachvili furieux en imputa la responsabilité au précepteur. Mais le garçon entra au séminaire à sa deuxième tentative – et devint plus tard un des bolcheviks de Staline.

De retour au séminaire, les ennuis de Staline reprirent de plus belle ; dans le journal de l'école, les prêtres notèrent qu'il se montrait grossier, « n'avait pas salué » un professeur et « avait été enfermé en cellule pendant cinq heures ». Il se laissa pousser les cheveux de façon outrancière et refusa de les couper lorsque Tache noire le défia. Il riait et bavardait pendant les prières, quittait les vêpres avant la fin, arrivait en retard pour l'Ave Maria, et s'enfuyait de la messe. Il dut certainement passer beaucoup de temps en cellule. En décembre 1898, il eut vingt ans, âge bien trop avancé pour un pensionnat où tous avaient au minimum un an de moins (il payait là le temps perdu à se rétablir de ses accidents). On ne s'étonnera pas qu'il eût ressenti quelque frustration.

Sosso n'était plus fait pour le séminaire. Lorsqu'ils se rencontraient, les jeunes séminaristes étaient censés s'embrasser trois fois, comme des frères, mais à présent, empêtré dans des luttes de faction avec Devdariani et dévoué au marxisme, il se méfiait de ces sornettes chevaleresques. « De telles accolades ne sont qu'une mascarade. Je ne suis pas un pharisien », déclara-t-il, en refusant ce rituel. Cette obsession des traîtres masqués ne devait jamais le quitter.

Il y eut des fouilles frénétiques pour trouver *La Vie de Jésus* de Renan, livre cher aux athées, que Staline était fier de posséder. Sa table de chevet fut à plusieurs reprises fouillée par le prince-moine-inquisiteur, qui ne trouva rien. L'un des garçons avait habilement dissimulé l'ouvrage sous l'oreiller du recteur lui-même. Staline se rappelait que tous les élèves avaient été convoqués pour un appel et qu'à leur retour leurs boîtes à provisions avaient été razziées.

Sosso se désintéressait de ses études. Au début de sa cinquième année, il se classa vingtième sur vingt-trois, n'obtenant plus que des trois là où il avait eu des cinq. Il écrivit au recteur Serafim pour imputer ses mauvais résultats à la maladie, mais il dut néanmoins repasser certains de ses examens.

Entre-temps, Tache noire « épiait [les trublions] avec encore plus d'attention » et on encouragea les autres garçons à les dénoncer. Mais Staline se montrait toujours plus audacieux et provocateur. Lorsque ses alliés et lui commencèrent à lire les poèmes burlesques de son cahier, les mouchards signalèrent la chose à Abachidze qui vint écouter en catimini. Il surgit dans la salle et s'empara du cahier. Staline tenta de le récupérer. Le prêtre et le jeune homme se bagarrèrent, mais Tache noire eut le dessus et traîna Staline jusqu'à ses appartements où il « força ces âmes souillées à asperger leurs écrits subversifs » de paraffine. Ensuite il les brûla.

Finalement, Abachidze renforça sa surveillance : « À 21 heures, l'inspecteur a remarqué dans le réfectoire un groupe d'élèves autour de Djougachvili qui leur lisait quelque chose. À son approche, Djougachvili a tenté de cacher les notes et seulement après quelque insistance il a révélé qu'il lisait des livres non autorisés. Signé : D. Abachidze. »

La mère de Staline avait entendu « les conversations malignes selon lesquelles il était devenu un rebelle ». Elle se mit sur son trente et un et prit le train pour Tiflis afin de régler les choses, mais pour la première fois : « Il s'emporta contre moi. Il cria que cela ne me regardait pas. Je dis : "Mon fils, tu es mon unique enfant, ne me tue pas – comment serais-tu capable de vaincre l'empereur Nicolas II ? Laisse cela à ceux qui ont des frères et des sœurs". » Sosso se calma, la serra contre lui et lui dit qu'il n'était pas un rebelle. « Ce fut son premier mensonge », se rappelait Keke tristement.

Keke n'était peut-être pas seule à s'inquiéter. Staline en effet continuait à voir son bon à rien de père, probablement sans que sa mère le sût[1]. Accompagné d'une cousine de sa mère, Anna Geladze, Staline rendait visite à Besso qui aimait lui offrir des bottes cousues avec soin. « Je dois dire, ajoute Anna, que Sosso aimait porter des bottes depuis l'enfance. » Les bottes de cavalerie chères au dictateur n'étaient pas simplement les accessoires d'une pose martiale, elles étaient un hommage implicite au père et aux superbes bottes de cuir qu'il confectionnait de ses propres mains.

Il se pourrait que la maturité ait atténué les craintes que lui inspirait Besso et que le marxisme ait adouci son intransigeance. Besso, qui travaillait à présent humblement dans une boutique de retouches de vêtements, en était venu « à aimer doublement son enfant dont il parlait tout le temps », dit Kote Tcharkviani. « Sosso

1. La plupart des historiens répètent que Staline ne vit guère Besso après 1890, mais une lecture de diverses sources dans les archives ainsi que les Mémoires de Candide Tcharkviani montrent qu'il revit son père bien plus tard.

et moi, nous lui rendions visite. Il n'élevait pas la voix contre son fils », mais il marmonna : « J'apprends qu'il se révolte à présent contre Nicolas II. Comme s'il allait jamais le renverser ! »

La guerre entre Tache noire et Staline faisait rage. Le journal du séminaire rapporte que Staline se déclarait athée, qu'il quittait les séances de prière, bavardait en cours, arrivait en retard à l'heure du souper et refusait d'ôter son chapeau devant les moines. Il eut onze avertissements de plus.

Leurs confrontations devinrent de plus en plus burlesques car les garçons avaient perdu tout respect pour leur inquisiteur. Quelques camarades de Sosso bavardaient dans les jardins Pouchkine quand un garçon vint en courant annoncer que le père Abachidze fouillait une fois encore la boîte à provisions de Staline. Ils se précipitèrent au séminaire à temps pour voir l'inspecteur forcer la malle de Staline et y découvrir des livres interdits. Abachidze s'en empara et remonta triomphalement les marches avec son butin lorsqu'un membre du groupe, Vasso Kelbakiani, chargea et bouscula le moine, lui faisant presque lâcher prise. Mais Tache noire résista vaillamment. Les garçons lui sautèrent dessus et lui arrachèrent les livres des mains. Staline lui-même se précipita, prit les livres et s'enfuit. Il lui fut interdit de se rendre en ville et Kelbakiani fut renvoyé du séminaire. Et cependant, comble de l'ironie, les résultats de Sosso semblaient s'améliorer ; il obtint des quatre avec la mention « très bien » dans la plupart des matières et un cinq en logique. Il appréciait toujours les cours d'histoire. En fait il aimait tant son professeur, Nikolaï Makhatadze, le seul au séminaire qu'il admirait, qu'il prendrait plus tard la peine de lui sauver la vie[1].

Entre-temps, Tache noire avait perdu toute autorité sur Staline, mais il était incapable de mettre un frein à sa traque obsessionnelle de ce trublion. Le point de rupture était proche. Un jour le moine s'approcha en tapinois et le surprit à lire un autre ouvrage interdit. Il bondit alors, s'empara du livre que Staline reprit simplement au

1. En septembre 1931, son vieux professeur d'histoire, qui végétait dans les cachots de la forteresse prison Metekhi à Tiflis, réussit à lancer un appel à son ancien élève à présent dictateur de l'URSS. Staline écrivit en ces termes à Beria, son vice-roi du Caucase : « Nikolaï Dmitrievitch Makhatadze, âgé de soixante-treize ans, se trouve à la prison Metekhi [...]. Je le connais depuis le séminaire et je ne pense pas qu'il présente un danger pour le pouvoir soviétique. Je te demande de libérer ce vieil homme et de me faire connaître le résultat. »

grand étonnement des autres garçons. Et il poursuivit sa lecture. Abachidze était scandalisé : « Ne sais-tu pas qui je suis ? » hurla-t-il.

Staline se frotta les yeux et dit : « Je vois la Tache noire et rien d'autre. » Cette fois, il était allé trop loin.

Tache noire devait rêver que quelqu'un le débarrassât de cet apprenti prêtre turbulent. La fin du trimestre était presque arrivée. Staline obtint une dernière réprimande le 7 avril pour n'avoir pas salué un professeur et les cours prirent fin deux jours plus tard. Staline ne revint jamais. En mai 1899, le journal de l'école nota simplement : « Renvoyé [...] pour absence aux examens. » Comme toujours avec Staline, les choses n'étaient pas aussi simples.

« Je fus renvoyé pour propagande marxiste », se vanta mensongèrement Staline plus tard, mais il se pourrait que Tache noire ait recherché quelque chose de plus scabreux qu'un simple chahut à la chapelle ou même des réunions marxistes en ville.

Les garçons qui disposaient de plus d'argent de poche que Staline avaient l'habitude de louer des pièces sur la Montagne sacrée, censément pour y tenir les réunions de leur cercle libéral de lecture, mais étant adolescents et géorgiens toujours prêts à se glorifier de leurs succès amoureux, il est probable qu'il y ait eu là aussi des soirées très arrosées et des filles. Les prêtres, et en particulier l'inspecteur Tache noire, patrouillaient également en ville, tout comme le font les directeurs des écoles privées anglaises, pour surprendre les garçons égarés dans les théâtres, les tavernes ou les bordels.

Lorsqu'il n'étudiait pas, Staline pouvait lui aussi boire ou flirter. Il se peut qu'il se fût trouvé en situation très difficile pendant les vacances à Gori. Fut-ce à cause de son amour pour la fille de Tcharkviani ? Il ne l'oublia jamais et parlait encore d'elle dans sa vieillesse. Des années plus tard, il évoqua également une autre fille de Gori, Lisa Akopova. En 1926, il fit des recherches pour savoir ce qu'elle était devenue, ce qui laisse supposer qu'ils étaient proches. Cela encouragea la jeune femme à lui envoyer une lettre : « Je jure que l'attention que vous nous témoignez en demandant de nos nouvelles me rend très heureuse [...]. Je fus toujours votre amie inséparable dans les bons comme dans les mauvais moments [...]. Si vous n'avez pas oublié [...], vous étiez courtisé par votre jolie voisine Lisa. » C'étaient là des propos osés pour les années 1920 mais pas aussi osés que ceux d'une autre lettre que Staline reçut en 1938.

Une femme écrivit à Staline au sujet de sa nièce, Praskovia Mikhaïlovskaïa – Pacha de son petit nom – qui aurait été conçue par Staline lui-même en 1899. « Si vous vous souvenez de votre jeunesse, vous ne pouvez avoir oublié. Vous vous souvenez certainement d'une petite fille aux yeux sombres nommée Pacha. » La lettre affirme que la mère de Staline s'était intéressée à l'enfant qui lui ressemblait. La mère de Pacha lui avait dit que son père « se consacrait à sauver la nation et avait été exilé ». Pacha devint une « beauté géorgienne grande, svelte, aux yeux sombres » ; elle travaillait comme dactylographe et se maria, mais sa mère et son époux moururent, la laissant sans ressources. Elle disparut dans le Moscou des années 1930.

Il se peut que cette lettre soit une de ces correspondances démentes que suscitent les hommes politiques – sauf que Staline, qui ne garda guère d'archives personnelles, la conserva soigneusement. La référence à Keke sonne juste car elle n'aurait certainement pas manqué d'aider son Sosso chéri dans une situation qui ne devait pas être rare chez les jeunes Casanova de Géorgie. En outre, seul quelqu'un soucieux de dire la vérité – ou un fou ayant des désirs suicidaires – aurait osé écrire une telle lettre à Staline à l'apogée de la Grande Terreur. Si Staline n'avait pas un passé parsemé de maîtresses et d'enfants abandonnés, on écarterait ce détail. Mais il semble que Staline se fût par la suite rarement trouvé sans petite amie, et il n'eut guère de scrupules à laisser tomber fiancées, épouses et enfants. Nous ne saurons jamais la vérité, mais du point de vue du caractère et de la chronologie, la chose est plausible.

Si le père Abachidze découvrit un tel événement ou si Keke craignait que le séminaire n'apprît cet incident, le rôle de la mère de Staline dans son départ de l'institution pourrait s'expliquer. Sosso passa les Pâques de 1899 chez lui à Gori, prétendant qu'il souffrait d'une pneumonie chronique. Peut-être était-il vraiment malade ? « Je l'ai sorti de l'école, déclara Keke. Lui ne voulait pas partir. » Mais elle dut être terriblement déçue.

Sosso exagéra certainement l'éclat de son renvoi : il n'avait pas été exclu parce qu'il était révolutionnaire et il conserva des relations courtoises avec le séminaire par la suite. Certaines biographies affirment qu'il fut renvoyé pour absence aux examens, mais cela eût été excusable en cas de maladie. En fait, l'Église se mit en quatre pour le satisfaire, lui épargnant de rembourser ses cinq années de bourse d'études (quatre cent quatre-vingts roubles) ; elle lui proposa même de repasser les examens et lui offrit un poste de professeur.

La vérité est que le père Abachidze avait trouvé un moyen simple de se débarrasser de son persécuteur. « Je n'ai pas passé mes diplômes, expliqua Staline à des gendarmes qui l'interrogeaient en 1910, parce que, en 1899, de façon tout à fait inattendue, on me demanda vingt-cinq roubles pour poursuivre mes études… Je fus renvoyé pour défaut de paiement. » Tache noire avait habilement augmenté les frais de scolarité. Staline n'essaya même pas de payer. Il partit tout simplement. Un ami de Staline, Abel Enoukidze, autre séminariste rencontré à cette époque, formule cela très bien : « Il s'enfuit du séminaire. » Mais non sans déclencher une controverse.

Sosso expliqua à Davrichewy, son ami de Gori, qu'il avait été renvoyé après une dénonciation qu'il qualifia de « coup » terrible. Ensuite, vingt autres séminaristes furent exclus pour activités révolutionnaires. Les ennemis de Staline déclarèrent par la suite qu'il avait trahi ses camarades marxistes auprès du recteur. On raconta que, plus tard en prison, il reconnut ce fait en le justifiant, car, dit-il, il faisait d'eux des révolutionnaires, et en effet ils constituèrent le noyau de ses partisans. Staline était capable d'une trahison aussi sophistiquée, mais la question se pose de savoir s'il aurait été accepté dans les réseaux marxistes clandestins si une telle chose avait été connue. Même Trotski juge cette histoire absurde. Il est plus probable que ce fut là sa réponse ironique à une accusation, mais cela jouerait un rôle dans le soupçon qu'il fût devenu ensuite un espion de l'Okhrana. En tout cas, beaucoup de séminaristes furent renvoyés cette année-là.

Sosso, le bibliophile autodidacte, « expropria » les livres qu'il avait empruntés à la bibliothèque du séminaire. On tenta de lui réclamer dix-huit roubles, puis quinze encore à l'automne de 1900, mais à cette date il était entré dans la clandestinité et hors d'atteinte du séminaire. L'Église ne toucha jamais son dû et Tache noire ne récupéra jamais ses livres[1].

Staline ne devint pas prêtre, mais le séminaire lui donna une éducation classique et le marqua profondément. Tache noire avait fait de lui, de manière perverse, un marxiste athée et lui avait précisément enseigné les tactiques répressives – « surveillance, espionnage, intru-

1. Georges Gurdjieff, le spiritualiste et auteur de *Rencontres avec des hommes remarquables*, charlatan pour certains, mage et hiérophante pour d'autres, affirmait avoir été au séminaire avec Staline qui, dit-il, séjourna chez sa famille à Tiflis. Mais Gurdjieff, d'origine arménienne, était un esprit fantasque ; né en 1866, il était de douze ans l'aîné de Staline et il n'existe aucune preuve qu'il eût été au séminaire. Par ailleurs, Staline était pensionnaire. Gurdjieff affirme également qu'un « prince Nijeradze » fut son compagnon ; « Nijeradze » fut un des noms d'emprunt de Staline à Bakou. Mais rien ne prouve la véracité de ces allégations. Pendant son règne, Staline persécuta les spiritualistes, en particulier les adeptes de Gurdjieff, qui finirent souvent exécutés.

sion dans la vie intérieure, viol des sentiments », selon les mots mêmes de Staline – qu'il reproduirait dans sa police d'État soviétique.

Toute sa vie Staline demeura fasciné par les prêtres et, lorsqu'il rencontrait d'autres séminaristes ou des fils de pope, il les interrogeait souvent avec soin. « Les prêtres vous enseignent à comprendre les gens », disait-il. En outre, il employa toujours le langage du catéchisme religieux. Son bolchevisme singeait la religion chrétienne avec ses cultes, ses saints et ses icônes. « La classe ouvrière, écrivit-il de manière blasphématoire lorsqu'il devint dirigeant suprême en 1929, m'a donné naissance et m'a élevé à son image. »

Une autre ironie du séjour passé au séminaire fut son effet sur les étrangers comme Franklin Delano Roosevelt dont le secrétaire nota comment le président – après avoir été charmé par l'homme lors de la conférence de Téhéran en 1943 – était « intrigué que Staline eût été destiné à la prêtrise ».

Cependant l'ancien Dieu conserva une place dans sa conscience athée. Lors de l'une de leurs réunions au cours de la Seconde Guerre mondiale, il pardonna l'antibolchevisme de Winston Churchill en disant : « Tout cela est du passé et le passé appartient à Dieu. » À Averell Harriman, l'envoyé des États-Unis, il fit la remarque suivante : « Seul Dieu peut pardonner. » Des amis comme Kapanadze devinrent prêtres, mais Staline resta en contact avec eux et se montra généreux. Ses dignitaires et lui-même entonnaient des hymnes religieux au cours de leurs dîners bolcheviques fort arrosés. Il mélangeait orthodoxie et marxisme en plaisantant à demi : « Seuls les saints son infaillibles. Le Seigneur Dieu peut être accusé d'avoir créé les pauvres. » Mais au pouvoir, ses actes parlent mieux que lui : ainsi il interdit impitoyablement l'Église et élimina ou déporta les prêtres – jusqu'en 1943, lorsqu'il rétablit le Patriarcat orthodoxe, geste simplement destiné, en ce temps de guerre, à exploiter le vieux patriotisme russe[1].

1. Le 4 septembre 1943, le patriarche russe exilé Sergueï et deux métropolites furent convoqués à un étrange entretien nocturne au Kremlin au cours duquel Staline annonça qu'il avait décidé de rétablir le Patriarcat, les églises et les séminaires. Sergueï pensait qu'il était peut-être encore trop tôt pour les séminaires. Staline répliqua : « Les séminaires, c'est bien. » Mais ajouta avec cynisme : « Pourquoi n'avez-vous pas de cadres ? Où ont-ils donc disparu ? » Au lieu de répondre que ses « cadres » avaient été systématiquement liquidés par Staline, Sergueï plaisanta avec tact : « Une des raisons est que lorsque nous formons quelqu'un à la prêtrise, il devient maréchal de l'Union soviétique. » Puis Staline évoqua des souvenirs du séminaire jusqu'à 3 heures du matin. « Vos Excellences, conclut-il en souhaitant bonne nuit aux prêtres, c'est tout ce que je peux faire pour vous à présent. »

Peut-être révéla-t-il sa véritable vision de Dieu lorsqu'il envoya à son protégé Alexeï Kossyguine (futur chef du gouvernement sous Brejnev) quelques poissons en cadeau après la Seconde Guerre mondiale, avec ces mots : « Camarade Kossyguine, Voici pour toi quelques dons de Dieu ! J'exécute Sa volonté ! J. Staline. » D'une certaine manière, en tant que maître suprême de la science de l'Histoire, le séminariste de Tiflis se considérait vraiment comme l'exécuteur de la volonté de Dieu.

« Supposez-vous, s'interrogea Roosevelt à plusieurs reprises, que cela ait fait quelque différence en lui ? Cela n'explique-t-il pas en partie cette qualité de compréhension dans sa nature que nous ressentons tous ? » Peut-être fut-ce la « prêtrise » qui enseigna à Staline « la manière dont un gentleman chrétien doit se comporter ».

Ce gentleman très peu chrétien s'était fort éloigné du christianisme. À présent même les socialistes modérés d'origine noble comme Jordania l'irritaient ainsi que Lado. « Ils mènent des activités culturelles et éducatives chez les ouvriers sans les former à devenir révolutionnaires », se plaignait Sosso. Il dénonça Jordania à ses amis, expliquant qu'il avait découvert les œuvres d'un brillant radical nommé « Touline », un des pseudonymes de Vladimir Oulianov qui deviendrait Lénine.

« S'il n'y avait pas eu Lénine, dira Staline dans sa vieillesse, je serais resté enfant de chœur et séminariste. » À présent il parlait de ce radical qui se trouvait au loin. « Je dois le rencontrer à tout prix ! » déclara-t-il alors qu'il était sur le point de s'engager à vivre complètement comme révolutionnaire marxiste. Mais il avait des problèmes plus immédiats. Keke « s'emporta tant contre lui » pour avoir quitté le séminaire que Sosso dut se cacher quelques jours aux environs de Gori, dans les jardins Gambareuli où ses amis lui apportèrent de quoi manger. Il revint à Tiflis mais bientôt se disputa avec ses camarades de chambrée qui soutenaient Jordania. Il déménagea. Il avait combattu ses amis séminaristes, puis ses camarades de chambrée ; à présent il affronterait les radicaux plus âgés de Tiflis. Partout où allait ce garçon arrogant et grossier, les choses tournaient mal.

8
LE MÉTÉOROLOGUE. SOIRÉES ET PRINCES

Sosso avait besoin d'un emploi et d'un foyer. Il devint donc météorologue. Si étrange que cela puisse paraître, la vie de météorologue à l'Observatoire de Tiflis était une couverture fort pratique pour un jeune révolutionnaire. Son ami de Gori, Vano Ketskhoveli, frère cadet de Lado, y travaillait déjà lorsque Staline, en octobre 1899, s'installa et partagea sa petite chambre au pied de la tour[1]. Comme « observateur à l'essai », il n'était de service que trois fois par semaine de 6 h 30 à 22 heures, et devait vérifier la température et les baromètres toutes les heures pour un salaire mensuel de vingt roubles. Lorsqu'il était de nuit, il travaillait de 20 h 30 à 8 h 30 le lendemain matin, mais il avait alors la journée libre pour ses activités révolutionnaires. À la fin de 1899, Lado, avec l'aide enthousiaste de Sosso, commença à préparer une action de grève, une des premières grandes mobilisations radicales d'ouvriers en Géorgie.

Le 1er de l'an 1900, Lado réussit à paralyser la ville lorsque les conducteurs de la compagnie belge de tramways cessèrent le travail. La police secrète surveillait déjà Lado et ses météorologues révolutionnaires. Dans les semaines qui suivirent, elle débarqua à l'Observatoire, arrêta Staline et l'amena à la forteresse Metheki. Officiellement, cette arrestation, la première d'une longue série,

1. L'Observatoire existe toujours, bien qu'il soit aussi mal équipé que les autres institutions de Géorgie. La chambre de Staline a été conservée avec quelques-uns de ses biens supposés et la vieille plaque portant l'inscription suivante : « Le Grand Staline – chef du PCbUS et du prolétariat mondial – a vécu et travaillé ici, à l'Observatoire météorologique de Tiflis, du 28 décembre 1899 au 21 mars 1901, tout en dirigeant des cercles illégaux d'ouvriers sociaux-démocrates. »

était due au fait que Besso n'avait pas payé ses impôts locaux à Didi-Lilo, son village natal – quoique cela ait pu être un avertissement déguisé des gendarmes.

Staline n'avait pas d'argent, mais ses amis plus aisés (conduits par Davitachvili) se regroupèrent pour régler la somme. Cet incident ne renforça certainement pas son affection pour son père, mais cependant Besso lui rendit plusieurs fois visite à l'Observatoire.

Lorsque Keke apprit que son époux s'en était une fois encore pris à son fils, elle se rendit à Tiflis pour apporter son secours. Elle insista pour séjourner dans la chambre de Sosso.

Lorsque Staline fut relâché, et que l'importune Keke fut rentrée chez elle, il retourna encourager les ouvriers à la grève partout dans la ville : les ateliers des chemins de fer étaient au cœur de l'agitation. Il passa beaucoup de temps aux alentours du dépôt ferroviaire, « un long bâtiment de pierre aux grandes baies treillissées, plein du rugissement assourdissant des cliquetis et des chocs, du souffle et du halètement des locomotives ». Au départ, le Parti lui assigna deux groupes clandestins de cheminots – les fameux « cercles ». « J'étais un bleu, un parfait débutant. »

Staline vivait ce rôle et s'y conformait, arborant ce que Trotski appela « le signe généralement reconnu du révolutionnaire, surtout en province » : barbe, cheveux longs presque à la hippy, blouse russe de satin noir et foulard rouge. Et il se complaisait dans cette tenue négligée : « On ne le voyait jamais porter autre chose, dit Iremachvili, que cette blouse sale et ces souliers crottés. »

Sosso haranguait et animait avec énergie ses cercles. « Pourquoi sommes-nous pauvres ? » demandait-il lors de ces petites réunions d'ouvriers. « Pourquoi n'avons-nous aucun droit politique ? Comment transformer notre existence ? » Sa réponse était le marxisme et le Parti ouvrier social-démocrate russe.

Les travailleurs écoutaient respectueusement ce jeune prédicateur – et ce n'est pas une coïncidence si de nombreux révolutionnaires étaient d'anciens séminaristes et les ouvriers souvent d'anciens paysans fort pieux. Plus tard certains surnommèrent Sosso le Prêtre. « C'est un combat sacré », expliqua Mikhaïl Kalinine, l'agitateur de Tiflis. Trotski, qui faisait de l'agitation dans une autre ville, se rappelait que beaucoup d'ouvriers trouvaient que le mouvement ressemblait aux « premiers chrétiens » et qu'il fallait leur enseigner qu'ils devaient être athées.

Si le mot « comité » présente aujourd'hui un caractère rebutant, à cette époque « les termes “comité” et “parti” [...] charmaient les oreilles juvéniles comme une mélodie envoûtante », écrivit Trotski. « C'était le temps des dix-huit/trente ans. Quiconque participait savait que la prison et l'exil l'attendaient – tenir le plus longtemps possible était une affaire d'honneur. »

Sosso, qui croyait également au caractère sacré de la cause, marqua bientôt ses premiers points.

Le 1er mai 1900, Sosso organisa dans la discrétion, avec son sens méticuleux de la sécurité, un rassemblement de masse qui ferait date. Ce jour du 1er Mai – *Maievka* – fut en quelque sorte la Nativité du socialisme. La police secrète tenta d'arrêter Lado qui s'enfuit à Bakou, la cité pétrolière de la mer Caspienne. Staline s'empressa de prendre sa place.

La veille au soir, des instructions et des mots de passe furent donnés. La nuit venue, cinq cents ouvriers et militants se rendirent dans les collines en dehors de Tiflis où des meneurs de grève qui agitaient des lanternes leur donnèrent de nouveaux mots de passe et itinéraires. Au point de rassemblement, ils entonnèrent la Marseillaise. Staline et d'autres orateurs grimpèrent alors sur des rochers ; là, Sosso fit son premier grand discours, encourageant avec vigueur les actions de grève alors que Jordania et le *Messame Dassi* s'y opposaient.

Sosso et ses extrémistes l'emportèrent. Les dépôts de chemins de fer débrayèrent, tout comme la manufacture de chaussures d'Adelkhanov où Besso travaillait encore.

« Pourquoi viens-tu ici ? demanda-t-il à son fils dont la présence l'irritait. – Pour parler à ces gars, répliqua Sosso. – Pourquoi n'apprends-tu donc pas un métier ? » Ce fut leur dernier contact à ce que l'on sait ; Besso ne parvint pas à s'accrocher à son emploi et devint un de ces malheureux vagabonds emportés par le flot de l'alcoolisme, de la misère et du désespoir.

Pour la première fois, la police secrète signala dans ses rapports Sosso Djougachvili comme l'un des meneurs – ainsi que Victor Kournatovski, bien plus âgé et qui connaissait Lénine en personne, et Silva Jibladze, le légendaire séminariste qui avait cogné le recteur. Staline venait de se faire un nom.

La police secrète faisait des rondes, mais la vie à Tiflis restait celle d'une petite ville endormie et charmante, aux nuits douces et aux cafés accueillants. Les révolutionnaires menaient quasiment une vie de jeunes étudiants. « Leurs soirées n'étaient que discussions bruyantes, lectures et longues conversations entrecoupées de morceaux de guitare et de chants », se rappelait Anna Alliloujeva, la fille de Sergueï, l'électricien qualifié et l'agitateur marxiste qui œuvrait avec Staline au dépôt des chemins de fer. Tiflis était une ville où les nouvelles circulaient rapidement d'une maison couverte de vigne à une autre par « le télégraphe des balcons ».

Staline ne faisait que débuter, mais déjà il classait ses camarades en héros, disciples et ennemis. Tout d'abord il se trouva un nouveau mentor, le prince Alexandre Tsouloukidze, « Sacha », un « jeune homme grand et beau », aux superbes costumes occidentaux et ami de Lado, son autre héros. Tous deux étaient issus de classes sociales supérieures à la sienne : Lado était fils de prêtre, et le père du Prince rouge était un des aristocrates les plus riches de Géorgie ; la famille de sa mère, la princesse Olimpiada Chervachidze, avait régné sur l'Abkhazie[1]. Bien plus tard, Staline loua les « talents étonnants et exceptionnels » de Lado et du prince Sacha, et cela sans aucune jalousie car les deux hommes étaient morts depuis longtemps. Staline n'avait en fait qu'un seul héros, lui-même. Au cours d'une vie caractérisée par un égotisme rebelle et indépendant, seuls Lado, le prince Sacha et Lénine se rapprochèrent de son idéal. Il se disait tout simplement leur « disciple ».

Staline disposait déjà de sa petite cour chez les extrémistes renvoyés du séminaire ; en 1901, quarante autres séminaristes furent exclus, dont le profanateur d'icônes et ancien élève de Staline, Elisabedachvili, et son ami Alexandre Svanidze, « Aliocha », qui loua un appartement dans la rue Sololaki, un peu au-dessus de la place Erevan. Là Staline donna des cours, et prépara une liste de lecture de

1. En Russie, les classes moyennes et marchandes, qui n'avaient aucun accès au pouvoir politique, sympathisèrent souvent avec les révolutionnaires, mais en Géorgie elles pouvaient également compter sur le patriotisme local – et sur un réseau de clans familiaux qui touchait à la noblesse la plus élevée. Les Chervachidze réussirent à devenir de puissants courtisans à Saint-Pétersbourg alors que, dans leurs domaines d'Abkhazie, ils entretenaient des liens avec les révolutionnaires. Le prince Gueorgui Chervachidze fut chancelier à la cour de l'impératrice douairière Maria Fiodorovna, veuve d'Alexandre III et mère de Nicolas II. Après la Révolution et jusqu'aux années 1930, ceux qui restèrent en URSS furent protégés par le dirigeant bolchevique local et courtisan de Staline, Nestor Lakoba.

trois cents ouvrages pour son cercle. « Il ne lisait pas les livres, dit Elisabedachvili, il les dévorait. » Homme jovial, ayant des relations dans la noblesse et trois jolies sœurs, Aliocha Svanidze deviendrait le beau-frère de Staline et son intime jusqu'à la Grande Terreur. Mais Staline ne rencontra pas immédiatement les jeunes filles.

L'autre élève, qui venait d'arriver de Gori, était Simon Ter Petrossian, dix-neuf ans et à moitié psychotique (que l'on connaîtrait bientôt sous le nom de « Kamo »), qui avait aussi passé son enfance à se bagarrer dans les rues, « à chaparder des fruits et à [se] livrer à [son] activité favorite, la boxe ». Il traînait autour de l'appartement de Svanidze « afin d'apprendre quelque chose », mais voulait être officier dans l'armée. Son tyran de père l'admonestait parce qu'il passait son temps avec Staline, « ce bon à rien sans le sou ». Mais « lorsque mon père fit faillite en 1901 », dit Ter Petrossian, il perdit toute autorité sur [moi]. « Staline fut mon précepteur. Il m'enseigna la littérature et me donna des livres… J'ai beaucoup aimé *Germinal* de Zola ! » Staline « l'attirait comme un aimant ».

Cependant Staline n'était pas le plus patient des professeurs. Lorsque Ter Petrossian se trouva aux prises avec le russe et le marxisme, Staline demanda à un autre de ses acolytes, Vardoïan, de lui faire cours. « Sosso, étendu, lisait un livre alors que j'enseignais à Kamo la grammaire russe, raconta Vardoïan, mais Kamo avait des capacités mentales limitées et s'entêtait à dire *kamo* au lieu de *komou* (à qui). » Staline « perdit son calme et bondit, puis éclata de rire : "*Komou* pas *kamo* ! Essaie de t'en souvenir, *bitcho* (mon garçon) !" Par la suite, Sosso, qui adorait donner des surnoms à ses courtisans, baptisa Ter Petrossian "Kamo", nom qui lui resta toute la vie », dit Vardoïan. Si Kamo avait du mal avec la langue, il était fou de marxisme – et « ensorcelé » par Staline. « Pour l'heure, lis simplement davantage ! » lui commanda Staline. « Tu pourrais réussir à devenir officier, mais ce serait mieux si tu y renonçais pour t'engager dans autre chose. » Ainsi Staline, comme Frankestein, fit de Kamo son homme de main et son tueur.

« Sosso fut dès le départ un conspirateur philosophe. Nous apprîmes de lui l'art du complot, dit Vardoïan. J'étais subjugué par sa manière de parler et de rire, ses manières. Je me pris à l'imiter malgré moi et mes amis m'appelèrent alors "le gramophone de Sosso". »

Cependant jamais Sosso ne fut un de ces Géorgiens ouverts et insouciants. Même à cette époque, « c'était un homme très insolite et mystérieux », explique David Saguirachvili, un jeune socialiste qui le rencontra alors et le remarqua « qui marchait dans les rues de Tiflis, mince, marqué de variole et vêtu sans recherche, chargé d'une grosse pile de livres ».

Staline assista à une soirée débridée donnée par Aliocha Svanidze. Les fêtards burent des cocktails de jus de melon et de cognac et s'enivrèrent magistralement. Et pendant ce temps Sosso, étendu sur un sofa de la véranda, lisait et prenait des notes en silence. Ils se lancèrent à sa recherche : « Où est-il ? – Sosso est en train de lire, répondit Aliocha Svanidze. – Et que lis-tu ? demandèrent ses amis d'un ton moqueur. – Les *Mémoires* de Napoléon, répliqua Sosso. C'est étonnant les erreurs qu'il a commises. Je les relève ! » Les nobliaux éméchés se moquèrent de ce fils de cordonnier autodidacte qu'ils surnommaient à présent le *Kounkoula*, « le Titubant », à cause de sa démarche maladroite et pressée. Mais les révolutionnaires sérieux, comme Staline, Lado et le prince Sacha, ne perdaient pas de temps en cocktails.

La Géorgie était un bouillonnement d'idées révolutionnaires. Ces jeunes idéalistes passionnés « rentraient tard le soir avec des amis », raconte Anna Allilouïeva. « Ils s'assoient à la table, quelqu'un ouvre un livre et commence à lire à haute voix. » Et il était une chose qu'ils lisaient tous, le nouveau journal de Lénine, *Iskra* (« L'Étincelle »), qui propageait la vision d'un parti dirigé par une toute petite élite militante.

Cette nouvelle espèce de révolutionnaire électrisait les jeunes exaltés comme Staline qui n'aspirait plus à être le simple amateur distingué qui enflamme de vastes groupes de travailleurs, mais le chef brutal et professionnel d'une secte impitoyable et sans scrupule. Toujours à son aise dans les vigoureuses campagnes contre les adversaires de l'intérieur comme de l'extérieur, Sosso, qui n'avait encore que vingt-deux ans, était décidé à briser Jordania et Jibladze, et à soumettre le Parti de Tiflis à sa propre volonté. « Il s'exprimait avec cruauté », rapporte Rajden Arsenidze, autre marxiste modéré qui reconnaissait que « Staline rayonnait d'énergie et [que] ses propos étaient empreints d'une puissance et d'une détermination agressives. Fréquemment sarcastiques, ses saillies cruelles étaient souvent cinglantes comme un coup de fouet ». Quand ses auditeurs « scandalisés » protestaient, « il s'excusait et expliquait que c'était le langage du prolétariat [qui] parle sans mâcher ses mots, mais dit toujours la vérité ».

La police secrète et les ouvriers considéraient cet ancien séminariste comme un « intellectuel », mais pour les modérés déroutés c'était « un jeune camarade brouillon » qui lançait une « agitation hostile et dérangeante contre la direction de l'organisation sociale-démocrate à Tiflis ». Ils se moquaient ouvertement de Sosso jugé « ignorant et grossier », selon Davrichewy. Jibladze grommelait : « Nous lui avons donné des cercles pour s'agiter contre l'État et, au lieu de cela, il s'agite contre nous. »

Staline, ses mentors et partisans se retrouvaient toujours « sur les berges de la Koura, assis sous les acacias odorants, à boire du vin bon marché que leur servait le responsable de la tonnelle ». Mais le succès des grèves montées par Staline avait retenu l'attention de la police qui décida d'écraser le mouvement avant qu'il n'organisât son émeute du 1er mai 1901. Les gendarmes, analysant les renseignements qu'ils avaient sur le « dirigeant » révolutionnaire, relevèrent immédiatement son talent pour les complots : « Un intellectuel qui dirige un groupe de cheminots. Des observations extérieures ont révélé qu'il se montre très prudent et qu'il ne cesse de regarder derrière lui lorsqu'il se déplace. » Staline serait toujours difficile à capturer.

Dans la nuit du 21 au 22 mars 1901, l'Okhrana fondit sur Kournatovski et Makharadze, deux des dirigeants révolutionnaires[1]. La police secrète encercla l'Observatoire afin de prendre Staline à sa descente du tramway. Par la vitre du tram, il remarqua la nonchalance étudiée des policiers en civil postés autour du bâtiment et aussi reconnaissables que des GI dans un film américain. Il resta dans le tram et revint plus tard reconnaître les lieux, mais il lui était dorénavant impossible de vivre là plus longtemps.

Cette descente transforma sa destinée : elle mit fin à toute aspiration à une vie normale. Il avait caressé l'idée de devenir professeur et de gagner un peu plus d'argent en donnant des cours particuliers à dix kopecks l'heure (quoiqu'il cherchât en général à convertir ses élèves au marxisme). Tout cela était à présent bien fini. À compter de ce moment, il vécut au crochet des autres, comptant sur des amis, sur des sympathisants ou sur le Parti pour subventionner sa mission révolutionnaire et philanthropique. Il

1. Le plus important révolutionnaire russe en Géorgie à cette époque était Victor Kournatovski, homme grand, voûté et légèrement chauve, qui avait partagé l'exil de Lénine en Sibérie et même rencontré Plekhanov à Zurich. Beaucoup des révolutionnaires les plus actifs n'étaient pas caucasiens mais russes. Au dépôt de chemin de fer, Sergueï Alliloulïev était assisté de l'affable Mikhaïl Kalinine à la barbe rousse, autre cheminot d'origine paysanne que Sosso devait bientôt rencontrer ; Kalinine serait pendant longtemps son chef de l'État. Les autres dirigeants étaient géorgiens – Jordania, Jibladze, Mikha Tskhakaïa et Philippe Makharadze, tous fondateurs du Troisième Groupe en 1892.

entra immédiatement dans ce que Trotski appellerait « ce jeu très sérieux du complot révolutionnaire » – le monde clandestin et trouble du terrorisme avec ses coutumes propres, son étiquette pointilleuse et ses règles brutales.

Tout en s'enfonçant dans ce monde secret, Sosso complétait ses plans pour une manifestation violente le 1er mai.

Le prince Golitsyne, gouverneur général, fit entrer cosaques, dragons, fantassins et artillerie dans Tiflis pour une démonstration de force. Les troupes bivouaquèrent sur les places de la ville. Le matin du dimanche 22 avril 1901, quelque trois mille travailleurs et révolutionnaires se rassemblèrent à l'extérieur du Bazar des soldats. Les cosaques voyaient les choses d'un autre œil, mais Sosso était prêt. Sergueï Alliloulïev remarqua que les manifestants étaient « vêtus de gros manteaux et de bonnets caucasiens en peau de mouton qui n'étaient pas de saison ». Lorsqu'il en demanda la raison, un camarade répondit : « Ce sont les ordres de Sosso. – Et pourquoi ? – Nous serons les premiers à prendre les coups de fouet des cosaques. »

En effet, les cosaques s'étaient massés dans toutes les cours le long de la perspective Golovinski. À midi, « le canon de la garnison tonna » ; les manifestants, en chantant la Marseillaise et la Varshavyanka (« la Varsovienne »), commencèrent à remonter le boulevard vers la place Erevan où les séminaristes devaient se joindre à eux. Les cosaques les chargèrent en brandissant leurs sabres et leurs lourds fouets qui pouvaient tuer un homme. Les Pharaons – les hommes de la police – avancèrent sabre au clair. Une bataille de quarante-cinq minutes d'« affrontements désespérés » éclata sur le boulevard alors que les cosaques chargeaient tout groupe de plus de trois personnes. Les drapeaux rouges, arborant l'inscription « À bas la tyrannie », passaient de main en main. Quatorze ouvriers furent sérieusement blessés et cinquante arrêtés. La loi martiale fut instaurée à Tiflis.

Ce fut là le premier grand succès de Staline. Tandis que Jordania était arrêté et emprisonné pour un an, que son journal, *Kvali*, était interdit, Staline se réfugia à Gori pour quelques jours. On comprendra que Jordania ait méprisé cette tête brûlée, mais le jeune homme n'en était qu'à ses débuts. Ses alliés et lui souhaitaient intensifier rapidement « la lutte ouverte », même si cela devait faire couler des « torrents de sang ».

Ces jeunes extrémistes discutèrent de l'assassinat du capitaine Lavrov, le chef adjoint des gendarmes à Tiflis, mais c'était dans les dépôts des chemins de fer, là où le directeur Vedenev opposait une résistance énergique aux grèves de Staline, que l'action réelle se passait.

Staline rencontra alors un autre compagnon en matière de crimes, Stepane Chaoumian, fils cultivé et riche d'un homme d'affaires arménien. Chaoumian, qui avait ses entrées dans la ploutocratie caucasienne, était le précepteur des enfants de Mantachev, le magnat du pétrole le plus fortuné de la ville, et il épousa bientôt la fille d'un cadre supérieur de l'industrie pétrolière.

« Homme grand, bien bâti, très beau, au teint pâle et aux yeux bleu clair », Chaoumian contribua à régler le problème que posait Vedenev ; le patron des chemins de fer était assis à son bureau lorsqu'un coup de pistolet, tiré par sa fenêtre, l'atteignit en plein cœur.

Personne ne fut appréhendé. Mais ce coup de feu marqua le début d'une ère nouvelle au cours de laquelle, selon le célèbre *Catéchisme du révolutionnaire* du nihiliste Netchaïev, « tout sentiment tendre et amollissant de parenté, d'amitié, d'amour, de gratitude et même d'honneur [devait] être étouffé par l'unique et froide passion révolutionnaire ». Les règles amorales, ou plutôt l'absence de règles, furent qualifiées de part et d'autre de *konspiratsia*, ce « monde à part » que Dostoïevski décrit si magistralement dans son roman *Les Possédés*. Si l'on ne comprend pas la *konspiratsia*, on ne peut comprendre l'Union soviétique elle-même ; Staline n'abandonna jamais ce monde. La *konspiratsia* devint l'esprit et le moteur de son État, et son propre mode de pensée.

À compter de ce moment, Staline prit l'habitude de porter un pistolet à la ceinture. Les agents de la police secrète et les révolutionnaires terroristes devinrent des combattants professionnels de l'ombre dans un duel pour la maîtrise de l'Empire russe[1].

1. L'entrée dans la clandestinité permit également à Staline d'éviter la conscription militaire en 1901. Lors de sa dernière arrestation, en 1913, il dit à la police qu'il avait été « exempté de conscription pour des raisons familiales en 1901 ». Davrichewy, le chef de la police de Gori, l'aida à obtenir les papiers pour éviter le service militaire, d'après les Mémoires de son fils, peut-être en faisant état des problèmes familiaux de Staline et en reculant d'une année sa date de naissance, la situant le 21 décembre 1879. Staline ne serait plus concerné par la conscription jusqu'en 1916.

9

STALINE ENTRE DANS LA CLANDESTINITÉ : LA *KONSPIRATSIA*

Un jour, vers cette même époque, Kote Tcharkviani, le fils du prêtre de Gori, discutait avec un balayeur dans une rue perdue de Tiflis, lorsqu'une voix familière l'interpella : « Démolis-le, Kote. N'aie pas peur, c'est le caniche des gendarmes ! » C'était Sosso qui pouvait démasquer un traître ou un espion presque instinctivement. Il lui était impossible de s'attarder pour bavarder car la police secrète était à ses trousses.

Puis « il disparut par les rues étroites et sinueuses ». Cet instinct de comploteur était une qualité essentielle dans ce jeu de miroirs et ce théâtre d'ombres. Les antagonistes étaient étroitement enlacés dans une étreinte désespérée et sans principes moraux où simples agents, agents doubles, voire triples, faisaient des promesses, trahissaient, viraient de bord et trahissaient de nouveau leurs allégeances.

Dans les années 1870, les rebelles étaient des bourgeois populistes, les *narodniki*, qui pensaient que l'avenir libéral résidait dans la paysannerie jugée pure. Une faction de *narodniki* donna naissance aux groupes terroristes Terre & Liberté et, plus tard, Volonté du Peuple qui croyaient que l'assassinat d'Alexandre II déboucherait sur la révolution.

La Volonté du Peuple adhérait aux idées de Netchaïev, philosophe médiocre, dont le *Catéchisme du révolutionnaire* amoral engendra Lénine et Staline. Il suggérait de « fondre ce monde de brigands en une force invincible et destructrice » et de tuer les policiers « de la manière la plus implacable ». L'anarchiste Bakounine partageait ce rêve d'associer le « monde des voleurs bravaches » à la Révolution. Lénine adopta l'organisation et la discipline, le dévouement absolu et la brutalité criminelle de la Volonté du Peuple, qualités que Staline incarnait.

Alexandre II, confronté à un jeu terroriste du chat et de la souris, commença à créer un service de sécurité moderne aussi sophistiqué que l'étaient les terroristes eux-mêmes. Il réorganisa le IIIe Bureau de son père en une police secrète en civil, la Division pour la protection de l'ordre et de la sécurité de la société, bientôt connue sous le nom abrégé d'Okhrana. Cependant, alors même que ces réformes se faisaient, la Volonté du Peuple avait un agent au sein du service. La police traquait les terroristes, mais il était déjà trop tard. En 1881, ils atteignirent leur cible et tuèrent Alexandre II dans les rues de Saint-Pétersbourg.

Son héritier, Alexandre III, créa le double système que connut Staline. L'Okhrana et le prestigieux corps paramilitaire des gendarmes, les « yeux et les oreilles du tsar », vêtus de superbes uniformes bleus à parements blancs, avec bottes et sabre, dirigeaient leurs propres services de renseignements.

Dans son élégant quartier général au 16 de la rue Fontanka près de la Moïka à Saint-Pétersbourg, la Section spéciale de l'Okhrana dressait méticuleusement des organigrammes labyrinthiques et constituait des dossiers aux codes de couleur sur les groupes terroristes. Ses *bureaux noirs** pratiquaient la *perlustratsia* (censure du courrier) : en 1882, on ouvrait ainsi trois cent quatre-vingt mille lettres chaque année[1]. En Europe ils avaient acquis la réputation d'être l'organe le plus sinistre de l'autocratie, mais jamais ils n'approchèrent le degré de compétence brutale de la Tcheka de Lénine et moins encore du NKVD de Staline. Ils recouraient à trois types de châtiment. La corde, réservée aux assassins d'un membre de la famille impériale ou d'un ministre, était rarement employée, mais elle eut un effet déterminant : l'exécution d'Alexandre Oulianov, jeune homme qui s'était trouvé dans l'entourage d'une conspiration contre le tsar, contribua à radicaliser son frère cadet, Lénine. Ensuite venaient les travaux forcés, ou *katorga*, eux-mêmes assez rares. Le châtiment le plus courant était « l'exil administratif » pour des périodes qui pouvaient atteindre cinq ans.

Le cerveau de la *konspiratsia*, Zoubatov, chef de l'Okhrana à Moscou, conçut un nouveau système de surveillance. Il employa des détectives dont l'instrument réel était l'*agentura*, « l'agent

1. Lorsque Plehve, le ministre de l'Intérieur, fut assassiné en 1904, le directeur de la police, Lopoukhine, découvrit quarante de ses propres lettres dans le coffre-fort du défunt ; le ministre surveillait son propre chef de la police.

extérieur » – le *shpik* ou « spectre[1] » en argot révolutionnaire – qui filait les personnalités comme Staline. La tactique la plus efficace de l'Okhrana était la *provokatsia*, la provocation par ses « agents intérieurs ». Le policier devait traiter son *agent provocateur** comme « une femme aimée avec qui on entretient des relations illicites », expliquait Zoubatov. « Prenez-en soin comme de la prunelle de vos yeux. Un geste inconsidéré et vous la déshonorez [...]. Ne révélez jamais à personne le nom de votre informateur, pas même à votre directeur. Oubliez son nom, ne retenez que son pseudonyme. » Les enjeux étaient importants : le *provokator* d'un bord était le *predatel* (traître) de l'autre bord et il risquait sa peau.

Pour des salaires parfois énormes, ces agents doubles non seulement pénétraient dans la « vie interne des organisations révolutionnaires », mais quelquefois les dirigeaient. L'Okhrana créa même ses propres groupes et syndicats révolutionnaires. Leur existence avait pour but d'inspirer une frénésie destructrice de soupçon et de paranoïa chez les révolutionnaires. La folie de la terreur stalinienne en URSS montre combien ils avaient été efficaces. La *konspiratsia* pouvait ainsi être aussi dangereuse pour les autorités que pour les terroristes[2].

La Russie se trouva confrontée à une floraison de conspirations dans cette guerre contre le terrorisme : l'Okhrana dut lutter non seulement contre les sociaux-démocrates, les Dachnaks nationalistes arméniens et les sociaux-fédéralistes géorgiens, mais aussi contre les terroristes les plus meurtriers du pays, les socialistes

1. Le terme anglais *spook*, employé ici pour *shpik*, désigne aujourd'hui, dans le jargon de l'espionnage, une « barbouze », ou « agent secret » ; nous avons préféré conserver son sens premier de « spectre », mieux approprié pour l'époque. *N.d.T.*

2. Au cours des années 1880, le colonel G. P. Soudeikine de l'Okhrana de Saint-Pétersbourg fréquenta un jeune terroriste de la Volonté du Peuple nommé Degaev, succès qui permit au policier de devenir « le maître de la révolution en Russie ». Mais cela avait un coût : le colonel fut même obligé d'ordonner des meurtres pour cacher son agent double. En 1883, Degaev l'attira à une réunion et l'assassina. Puis Degaev disparut. Bien des années plus tard, un professeur de mathématiques dans une obscure université du Midwest américain fut identifié comme étant Degaev, histoire joliment racontée dans *The Degaev Affair* de Richard Pipes. De telles tactiques sont toujours très risquées. À notre époque, les agents des renseignements américains qui ont créé les moudjahidines afghans pour lutter contre les Soviétiques et les agents des renseignements israéliens qui ont patronné les radicaux islamiques en Cisjordanie pour contrebalancer l'OLP l'ont appris à leurs dépens lorsque ces organisations sont devenues respectivement Al-Qaida et le Hamas djihadistes.

populistes dénommés socialistes-révolutionnaires ou SR. La meilleure illustration du danger représenté par les agents doubles fut le recrutement par l'Okhrana d'Evano Azef, chef de la Brigade de combat des SR qui recourait avec efficacité aux attentats suicides. Pendant les années 1902-1905, Azef reçut des sommes considérables, mais dans le même temps il organisa l'assassinat de deux ministres de l'Intérieur et d'un grand-duc.

Dans l'ensemble cependant, malgré les rivalités entre l'Okhrana et la gendarmerie et malgré la pagaille bureaucratique, l'infiltration et l'élimination des groupes révolutionnaires par la police secrète furent extraordinairement subtiles et efficaces : c'étaient là les meilleurs services secrets à l'époque[1]. Lénine copia en fait l'Okhrana pour organiser « quelques professionnels aussi bien entraînés et expérimentés que la police secrète et disposant de techniques de conspiration d'une perfection absolue ».

Staline était précisément un tel homme, et ce « monde à part » était son milieu naturel. Au Caucase, les règles du jeu étaient encore plus difficiles à comprendre. Pour un gangster et un terroriste, l'éducation géorgienne constituait une formation idéale fondée sur la loyauté sacrée à la famille et aux amis, l'art du combat, la générosité personnelle et le sens de la vendetta, toutes qualités qui avaient été brutalement inculquées à Staline dans les rues de Gori. La police secrète caucasienne était plus violente, mais également plus corruptible. Staline passa maître dans l'art de la corruption et dans celui de repérer les espions.

Les « spectres » de l'Okhrana suivaient constamment Staline qui devint expert dans l'art de les semer : « ces lourdauds », se moquait-il alors qu'il réussissait une fois encore à leur échapper dans le labyrinthe des ruelles de Tiflis. « Sommes-nous donc censés leur apprendre leur boulot ? » Il évita les arrestations qui suivirent sa manifestation du 1er mai, mais quelquefois n'échappa

1. L'Okhrana ne pouvait se permettre d'ignorer l'ingéniosité des assassins des SR. Préfigurant Al-Qaida et les attentats du 11 septembre 2001, le succès des vols aériens au début du siècle dernier suggéra aux terroristes SR l'emploi des nouvelles machines volantes comme armes. Ils envisagèrent de lancer un biplan bourré de dynamite contre le Palais d'Hiver et l'Okhrana décida en 1909 de contrôler tous les vols, les gens qui apprenaient à piloter ainsi que les membres des aéro-clubs. Que l'Okhrana ait été suffisamment inventive pour imaginer, à cette date, l'éventualité d'un crime qui échappa au FBI et à la CIA est le signe de son excellence.

que d'extrême justesse. Un jour, alors qu'il chantait des mélodies géorgiennes dans une librairie illégale, la police boucla l'endroit ; il sortit au nez et à la barbe de ces « imbéciles de policiers ». Une autre fois, lors d'une réunion révolutionnaire, la police envahit la maison, mais Staline et ses amis sautèrent par la fenêtre sous la pluie, sans même leurs souliers, en éclatant de rire.

Il changeait de noms – à cette époque il se faisait appeler « David » – et vécut dans six appartements différents au moins. Alors qu'il habitait chez son ami Mikha Botchoridze, la police fit une descente dans la maison (où Kamo devait apporter plus tard l'argent du coup de Tiflis). Staline prétendit être un locataire malade et alité, couvert de bandages et enseveli sous les couvertures. Les policiers fouillèrent la maison mais, n'ayant reçu aucun ordre au sujet d'un invalide, ils retournèrent consulter leurs supérieurs. On les renvoya sur les lieux pour arrêter le « malade » qui, entre-temps, avait promptement recouvré la santé – et la liberté.

Entre les fuites et les réunions, Staline consacrait son temps à rédiger ses premiers articles dans un style catéchisant, romantique et apocalyptique. Il s'était associé à Abel Enoukidze, ex-séminariste blond-roux, sympathique et amateur de femmes, pour créer le journal radical *Brdzola* (« La Lutte ») qu'ils tiraient sur une presse clandestine à Bakou.

Les spectres le traquaient et parfois même le rattrapaient ; ainsi le 27 et le 28 octobre 1901, ils observèrent « l'intellectuel Iossif Djougachvili qui animait une réunion » à la taverne Melani.

Le 11 novembre, Staline était l'un des organisateurs d'une conférence à laquelle assistaient vingt-quatre marxistes. À cette occasion, les modérés le critiquèrent et le traitèrent de « diffamateur ». Ils devaient tous être informés des accusations de Jibladze contre le « grossier » Sosso, mais ils reconnaissaient aussi son énergie, ses compétences et son caractère impitoyable. Staline, suivant en cela la vision de Lénine d'une secte militante de révolutionnaires professionnels, mit en garde contre les dangers d'intégrer de simples ouvriers au sein de leur comité, car « des auxiliaires de la police seraient élus ». Néanmoins la conférence élut un comité de quatre ouvriers et de quatre intellectuels.

Ses nombreux adversaires exigèrent certainement son exclusion et prétendirent plus tard qu'il avait été chassé de Tiflis, vœu pieux que les historiens ont pris par la suite pour argent comptant. Heureusement les informateurs des gendarmes, mieux renseignés et dont les rapports furent rédigés le même jour, révèlent que Sosso fut l'un des quatre intellectuels élus. Peut-être était-ce là un aspect d'un compromis qui visait à faire d'une pierre deux coups. Il fut donc nommé au Comité, entrant ainsi pour la première fois dans la direction du mouvement, mais alors que la police secrète refermait son étau, il fut « sauvé » (et ses camarades échappèrent à ses propres machinations) par son envoi en « mission de propagande » loin de Tiflis, comme par hasard.

Les gendarmes remarquèrent que le nouvel élu, qui ne manquait aucune réunion, était absent à la séance du Comité le 25 novembre 1901 – et qu'à l'instar de Macavity, le chat insaisissable de T. S. Eliot, il avait joué la fille de l'air.

En fait, il se trouvait dans un train pour Batoumi, port pétrolier turbulent de l'Empire russe, où il allait répandre le feu et le sang.

10

« JE TRAVAILLE POUR LES ROTHSCHILD ! »
INCENDIE, MASSACRE ET ARRESTATION À BATOUMI

Le camarade Sosso apporta avec fougue son style impitoyable et neuf à Batoumi. Dans les trois mois qui suivirent son arrivée dans la ville côtière en pleine expansion, la raffinerie Rothschild prit mystérieusement feu. Une grève de militants entraîna la prise de la prison et un massacre par les cosaques. La ville fut inondée de tracts marxistes ; des informateurs furent assassinés, des chevaux abattus, des directeurs d'usine tués. Sosso se trouva bientôt en conflit avec les révolutionnaires géorgiens à l'ancienne mode et entretint une liaison avec une femme mariée, tandis que la police secrète le traquait.

Staline débarqua à Batoumi en trombe. Il donna rendez-vous à Constantin Kandelaki dans une taverne du bazar turc. Cet ouvrier social-démocrate devint son homme de main sur place. Staline lui ordonna d'organiser une série de réunions. « À un signal convenu, nous ouvrîmes la porte », écrivit un autre ouvrier du coin, Porfiro Kouridze, qui se trouva face à « un jeune homme mince et énergique, aux cheveux noirs » portés très long.

« Personne ne connaissait son nom », rapporte Domenti Vadatchkoria, qui organisa l'une de ces réunions dans son appartement. « C'était juste un jeune homme en chemise noire, long manteau d'été et chapeau mou. » Vieux routier déjà de la *konspiratsia*, convaincu de son instinct pour démasquer les traîtres, Staline demanda à Vadatchkoria d'« inviter sept ouvriers à une réunion », mais il lui « demanda de lui indiquer les personnes invitées ». Il se tint alors à la fenêtre pour observer la scène : « Je fis remonter l'allée aux ouvriers un par un, dit Vadatchkoria. Staline me demanda de ne pas inviter l'un d'eux. C'était un conspirateur étonnant qui connaissait bien la nature humaine. Il pouvait d'un regard percer quelqu'un à jour. Je lui dis qu'un homme voulait travailler avec nous. » Il se nommait Karzkhiya.

« Ce type est un spectre, dit Staline. Peu après, poursuit Vadatchkoria, lorsque des cosaques surgirent au cours d'une réunion, nous vîmes cet homme vêtu d'un uniforme de policier. On décida de l'éliminer et il fut tué. » C'est là le premier exemple montrant Staline démasquant un traître et le faisant exécuter, et probablement aussi son premier meurtre[1]. En tout cas, à compter de ce moment, il joua avec brutalité « le jeu sérieux de la conspiration ». Il y aurait d'autres Karzkhiya. Mais, à l'époque déjà, Staline laissait ce qu'il nommait « l'obscur boulot », l'assassinat, à ses hommes de main.

Lors des réunions, Staline annonçait qu'il apportait un esprit nouveau et agressif à la Révolution à Batoumi. Puis il demandait à chacun des présents de « réunir sept autres personnes dans leur usine et de répéter cette conversation ». Ayant installé son quartier général dans le bazar, à la Taverne d'Ali le Persan, le camarade Sosso ne cessait de se déplacer fébrilement pour des visites et des conférences souvent nocturnes. Il vécut tout d'abord chez Simhovitch, un horloger juif, puis chez un ancien brigand devenu ouvrier dans le pétrole, Silvester Lomdjaria, qui, avec son frère Porfiro, devint son garde du corps.

Un jour Staline se leva de bon matin et disparut sans un mot. Kandelaki arriva peu après et attendit nerveusement son retour.

« Devine pourquoi je me suis levé si tôt ? lui demanda Staline en jubilant. J'ai obtenu aujourd'hui un emploi chez les Rothschild à l'entrepôt de leur raffinerie. Je vais gagner six *abaz* par jour [un rouble et vingt kopecks]. » La dynastie franco-juive, qui incarnait la puissance, les fastes et le cosmopolitisme du capitalisme international, n'aurait pas partagé cette jubilation, mais elle ne sut jamais qu'elle avait employé le futur maître suprême du marxisme international. Staline se mit à rire, fredonnant presque : « *Je travaille pour les Rothschild !* » « J'espère, plaisanta Kandelaki, que les Rothschild vont commencer à prospérer à compter de ce jour ! » Staline ne dit rien, mais ils se comprirent ; bien sûr, il ferait tout son possible pour cela.

La veille du Jour de l'An, Sosso rassembla ses trente principaux rebelles au cours d'une réunion accompagnée d'un repas

1. Les dates de ces Mémoires sont toujours importantes. Dans des Mémoires dictés en 1936, Vadatchkoria laisse entendre que ce fut Staline qui ordonna le meurtre, chose naïve à déclarer cette année-là, et chose impensable à confier un an plus tard, pendant la Grande Terreur, ou par la suite. L'histoire de Staline soupçonnant simplement l'informateur et ne se trompant pas sur son identité fut publiée dans le cadre du culte de la personnalité. L'histoire du meurtre du limier ne figure que dans l'original archivé et n'a jamais été publiée jusqu'à ce jour.

avec fromage, saucisses et vin – mais il interdit les excès d'alcool. Il fit un discours mélodramatique à vous glacer le sang, qu'il acheva par ces mots : « Nous ne devons pas craindre la mort ! Le soleil se lève ! Sacrifions nos vies ! »

« Dieu nous garde de mourir dans notre lit ! » s'écria l'animateur de la soirée. Les ouvriers, inspirés par l'agressivité de Staline, applaudirent – même si les marxistes modérés de Batoumi, conduits par Karlo Tchkheïdze, le directeur de l'hôpital, et le professeur Isidore Ramichvili, ne partageaient pas cet enthousiasme. Ils organisaient des cours pour les ouvriers, stratégie mollassonne que Staline méprisait. Les « légalistes » contribuèrent au début à financer ses activités, mais les relations amicales ne durèrent guère. Staline était sur le point de « retourner Batoumi sens dessus dessous ».

Batoumi était une ville subtropicale de pionniers sur la mer Noire, dominée par les grandes dynasties financières et pétrolières de l'Empire, les Nobel et les Rothschild. Vingt ans plus tard encore, le poète Ossip Mandelstam la qualifierait de « ville de la ruée vers l'or d'une Californie de style russe ».

Le tsar n'avait pris ce nid de pirates au Padischah ottoman qu'en 1878, mais le boom pétrolier à Bakou, de l'autre côté de l'isthme caucasien, avait posé le défi du transport de l'or noir vers l'Occident. Les Rothschild et les Nobel construisirent un oléoduc vers Batoumi où ils raffinaient le pétrole avant de le charger dans des tankers qui mouillaient dans le port de Naphta. Rapidement, Batoumi, également port d'exportation pour le manganèse, la réglisse et le thé, devint une « porte vers l'Europe », la « seule ville moderne » de Géorgie.

Batoumi comptait alors seize mille ouvriers perses, turcs, grecs, géorgiens, arméniens et russes, dont presque un millier à la raffinerie de la Compagnie des pétroles de la mer Noire et de la Caspienne du baron Edouard de Rothschild. Les ouvriers, souvent des enfants, vivaient misérablement dans la Cité du pétrole aux rues puantes, aux cloaques débordants près des raffineries qui fuyaient. Beaucoup mouraient du typhus. Mais les millionnaires et les cadres étrangers de Batoumi, en particulier les Anglais, avaient transformé cette ville perdue en un lieu de plaisirs, avec sa promenade le long de la côte, ses demeures blanches de style cubain, ses bordels somptueux, son casino, son terrain de cricket et même son Yacht-club anglais.

Le 4 janvier 1902, « Alors que je rentrais à la maison, dit Kandelaki, je vis l'incendie ! » À ce moment arriva Staline, qui se vanta joyeusement : « Tu vois, mon vieux, tes propos se sont réalisés ! » Les Rothschild allaient bien « prospérer » avec un ouvrier comme Staline. « Mon entrepôt a pris feu [1] ! »

Des foules observaient le nuage de fumée noire qui s'élevait au-dessus du port. Les ouvriers aidèrent à éteindre l'incendie, ce qui devait leur valoir une prime. Staline se joignit à une délégation pour rencontrer le directeur français de Rothschild, François Jeune, sa première entrevue avec un homme d'affaires européen. Mais il existe des preuves que Staline était en contact secret avec la direction des Rothschild, prémices d'une relation trouble mais lucrative avec les barons du pétrole. Les Rothschild savaient très certainement que l'incendie était d'origine criminelle, et François Jeune refusa de verser une prime. C'était la provocation que Staline attendait. Il appela les ouvriers à la grève.

Les autorités tentèrent de l'en empêcher ; l'Okhrana s'efforça de traquer le nouvel agitateur de Batoumi ; les Pharaons harcelèrent les ouvriers ; les spectres surveillèrent les marxistes ; les Rothschild s'inquiétèrent pour leurs livraisons de pétrole. Mais Staline partit pour Tiflis – un voyage de onze heures en train – afin de se procurer une presse d'imprimerie nécessaire à l'extension du mouvement de grève. Il fallait publier des tracts en géorgien et en arménien ; le Comité le mit donc en relation avec Souren Spandarian, un riche Arménien sans scrupule qui, malgré femme et enfants, était un don Juan invétéré. Staline imprima ses opuscules arméniens sur les presses du père de Spandarian, rédacteur d'un journal. Spandarian devint le meilleur ami de Staline.

Staline, aidé de Kamo et transportant sa presse d'imprimerie, rentra pour trouver Batoumi en pleine effervescence. Kamo et

1. Kandelaki, dans des Mémoires transcrits en 1935, avant la Terreur, laisse clairement entendre que Staline fut l'incendiaire des Rothschild. Les récits historiques staliniens, qui citent Kandelaki, suppriment toute allusion selon laquelle le Dirigeant suprême aurait été un incendiaire, un tueur, un pilleur de banques ou un séducteur. Le récit de Kandelaki est publié ici pour la première fois. Les historiens ont souvent confondu cet homme avec David Kandelaki, jeune attaché commercial dans les années 1930 que Staline employa comme émissaire secret pour entamer des négociations avec Hitler, démarche qui précéda de trois ans le pacte Molotov-Ribbentrop. Staline fit fusiller David Kandelaki en 1937. Mais ce dernier n'était pas le Constantin – ou Kotsia – Kandelaki de Batoumi, plus tard menchevik et ministre des Finances de la République démocratique géorgienne indépendante de 1918-1921.

Kandelaki installèrent rapidement la presse qui diffusa bientôt la bonne parole de Staline à tous les ouvriers de la Cité du pétrole.

Le 17 février, les Rothschild et les Nobel capitulèrent et acceptèrent les revendications des ouvriers, y compris une augmentation de salaire de trente pour cent – un triomphe pour le jeune révolutionnaire. À Tiflis, les gendarmes du capitaine Lavrov brisaient les marxistes à coups d'arrestations et de descentes, mais à Batoumi, naguère si calme, le capitaine de gendarmerie Gueorgui Jakeli reconnaissait qu'il était inquiet de la « montée soudaine de l'agitation ». Il renforça la surveillance de l'énigmatique « camarade Sosso ».

Staline dut quitter l'appartement de Lomdjaria. Après avoir séjourné dans différents lieux, il s'installa dans le village ouvrier de Barskhana dans une petite maison qui appartenait à Natacha Kirtava, une belle paysanne et une sympathisante sociale-démocrate de vingt-deux ans dont le mari avait disparu. À en juger d'après le folklore de Batoumi, les propres Mémoires de Kirtava et les propositions que Staline lui fit ensuite, il entretint une histoire d'amour avec la jeune femme, la première mais non la dernière d'une série de liaisons avec ses nombreuses logeuses et camarades de conspiration ; dans ses Mémoires, Kirtava parle de ses « attentions et prévenances tendres » et évoque même un moment d'intimité amoureuse au cœur de la lutte marxiste[1] : « Il se tourna vers moi, caressa mes cheveux sur mon front et m'embrassa. »

Les Rothschild, par l'intermédiaire de leurs directeurs François Jeune et von Stein, étaient bien déterminés à se venger du succès remporté par Staline. Le 26 février, ils licencièrent trois cent quatre-vingt-neuf ouvriers fauteurs de troubles. Une grève éclata alors et on envoya « un homme chercher le camarade Sosso », mais il était à Tiflis où il rendait souvent visite à ses protégés, Svanidze et Kamo.

Sosso revint précipitamment à Batoumi le lendemain, invita ses sympathisants à une réunion chez Lomdjaria au cours de laquelle « il proposa une série de revendications » – et une grève encore plus provocatrice visant à bloquer l'ensemble du terminal pétrolier. Un de ses assistants, Porfiro Kouridze, ne le reconnut pas : il s'était rasé la barbe et les moustaches. Quand Staline n'était pas à la Taverne d'Ali le Persan, il utilisait le cimetière Souk-suk comme quartier général et, au milieu des tombes, dans ce cadre

1. Ce genre de détail d'ordre privé que des personnes plus fines évitèrent de confier à leurs interviewers dans les années 1930 n'aurait pas manqué d'irriter Staline. Natacha Kirtava confia deux séries de Mémoires, une en 1934 et l'autre en 1937. Il est inutile de préciser que l'épisode inédit du baiser ne figurait que dans la première, avant la Terreur.

macabre, organisait des réunions à minuit pour élire des délégués. Une fois, lorsqu'un policier surprit un de ces rassemblements dans ce lieu, Staline se cacha sous les amples jupes d'une camarade. Lors d'une autre réunion, cerné par les cosaques, il enfila une robe et s'enfuit ainsi travesti.

Les ouvriers étaient impressionnés par cet « intellectuel » qu'ils surnommaient le Prêtre. Il leur donna une liste de textes à lire. « Une fois il nous laissa un livre, dit Kouridze. "C'est de Gogol" expliqua Staline qui nous parla alors de la vie de l'écrivain. »

Le camarade Sosso, habituellement vêtu d'une superbe tunique circassienne, de son traditionnel feutre noir à large bord, et d'une cape blanche caucasienne jetée sur l'épaule, se constitua rapidement une suite de partisans agressifs, les « sossoïstes », première version des staliniens. Tchkheïdze et les « légalistes » des cours pour les ouvriers l'invitèrent pour lui infliger un blâme, mais il refusa de se présenter. « Ce sont des stratèges en chambre qui évitent le vrai combat politique », ricanait-il, toujours soucieux de conserver le pouvoir absolu. « Le despotisme de Djougachvili, rapporta le capitaine Lavrov de la gendarmerie de Tiflis, lui aliénait beaucoup de gens [dans la lutte] entre les vieux et les jeunes socialistes. » La grève s'étendit. Des briseurs de grève furent menacés et leurs chevaux massacrés. Mais la police secrète était sur les traces de Sosso le Prêtre. Et les cosaques se rassemblaient.

Le général Smaguine, gouverneur de la province de Koutaïssi, qui incluait Batoumi, se précipita dans la ville pour écraser la grève. S'adressant aux ouvriers, son message fut d'une extrême sécheresse : « Reprise du travail ou c'est la Sibérie ! » Dans la nuit du 7 mars, Smaguine fit arrêter le garde du corps de Staline, Porfiro Lomdjaria, et les meneurs de grève.

Le lendemain, Staline organisa des manifestations devant le poste de police où se trouvaient les détenus. Cette pression fit de l'effet. Les gendarmes nerveux regroupèrent les personnes appréhendées dans une prison de transit. Le gouverneur promit de recevoir les manifestants, mais cela ne convenait pas à Sosso. Le soir, à la réunion, il proposa de s'emparer de la prison. Vadatchkoria préférait négocier. « Tu ne seras jamais un révolutionnaire », ricana Sosso, soutenu par ses partisans. Le matin suivant, Staline dirigea de violentes manifestations. Le lendemain, le gros de la ville se joignit à lui pour marcher sur la prison, mais un traître avait dévoilé le plan. Les cosaques prirent position ; des soldats, sous le commandement du brutal capitaine Antadze, bloquèrent, baïonnette au canon, l'accès de la prison. Devant ce barrage, la foule hésita.

« Surtout ne courez pas ou ils tireront », avertit Staline.

« Sosso suggéra alors que nous chantions. Nous ne connaissions pas les hymnes révolutionnaires, aussi nous entonnâmes "Ali-Pacha" », dit Porfiro Kouridze.

« Les soldats ne tireront pas, cria Staline à la foule, et n'ayez pas peur des officiers. Écrasez-les et libérons nos camarades. » La foule s'ébranla vers la prison.

Sosso était entouré par une garde de partisans, essentiellement des Gouriens, ouvriers d'origine paysanne, conduits par Kandelaki. « Les Gouriens étaient des conspirateurs courageux. Ils essayèrent de m'empêcher de me porter en première ligne, mais je le fis, se vanta Staline par la suite. Ils formèrent donc sept cercles autour de moi et même les blessés furent maintenus à leur place de sorte qu'il était impossible de briser ce rempart. »

À l'instant où la foule chargeait les soldats à l'extérieur de la prison, les détenus maîtrisaient leurs gardiens. L'un d'eux, Porfiro Lomdjaria entendit alors les émeutiers ; « Nous avons essayé de sortir. La grille fut enfoncée. Quelques prisonniers s'échappèrent. » Les cosaques se lancèrent au galop sur les manifestants qui tentèrent de leur arracher leurs fusils. Les rebelles tirèrent à leur tour sur les cosaques et les criblèrent de pierres. Les soldats les repoussèrent à coups de crosse, mais ils durent se replier. Le capitaine Antadze fut touché par des pierres et une balle traversa la manchette de sa tunique. Les soldats répliquèrent, en tirant en l'air, et reculèrent de nouveau. Mais cette fois ils tinrent bon. « De nouveau la voix puissante de Staline nous commanda de ne pas nous disperser et de libérer les ouvriers », se souvint un manifestant, Injerabian. La foule se lança de l'avant.

« Il y eut alors un bruit terrible ! » Le capitaine Antadze aboya : « Feu ! » Des rafales de balles retentirent. Des gens tombèrent sur le sol, tout le monde courait et hurlait. « C'était la panique, l'enfer absolu. La place désertée était jonchée de morts et de mourants qui gémissaient » sous les yeux des soldats. Les mourants criaient « de l'eau ! » ou « à l'aide ! ». Alors « je me suis souvenu de Sosso, dit Kandelaki. Nous nous étions trouvés séparés. Je pris peur et je commençai à chercher son corps parmi les morts. » Mais Vera Lomdjaria, la sœur de Porfiro, remarqua Staline qui errait au milieu du carnage qu'il avait déclenché. Cherchant son frère parmi les cadavres, Vera attaqua un soldat qui répondit : « C'est la faute d'Antadze. »

Sosso releva « un des blessés » et le porta dans un fiacre. « Il l'amena à notre appartement », raconte Illarion Darakhvelidze.

« Sosso enveloppa le blessé de bandages », confirme Kandelaki. Natacha Kirtava et d'autres femmes aidèrent les camarades blessés à monter dans des charrettes qui les conduisirent à l'hôpital. On comptait trente morts et cinquante-quatre blessés. Le soir, chez Darakhvelidze, « nous étions extrêmement agités ». Mais Sosso, lui, exultait.

« Aujourd'hui, nous avons avancé de plusieurs années ! » dit Staline à Katchik Kazarian. Rien d'autre n'importait. « Nous avons perdu des camarades, mais nous avons gagné. » Comme dans bien d'autres combats sanglants, le coût en vies humaines n'avait aucun sens et dépendait de sa valeur politique. « Le fouet et le sabre nous rendent un immense service, et accélèrent la radicalisation révolutionnaire des passants innocents. » Le jeune Trotski fut impressionné par le massacre de Batoumi qui, selon lui, « ébranla le pays tout entier ».

Jordania et Tchkheïdze fulminaient contre « ce jeune qui voulait être chef » mais qui « n'avait pas une connaissance nécessaire des affaires [...] et employait un langage grossier ». Ils pensaient que le massacre faisait le jeu des autorités : Staline était-il un *agent provocateur** ?

Staline se précipita à sa presse d'imprimerie cachée dans la maison de Despina Chapatava, une jeune marxiste. « Remerciez les mères qui ont élevé de tels fils ! » proclamait-il dans sa réaction écrite au massacre, distribuée dans toute la ville le lendemain matin. Cependant un informateur révéla l'existence de la presse et des policiers firent une descente. Despina leur bloqua le chemin : « Mes enfants dorment », cria-t-elle. Les policiers rirent ; ni la presse ni Staline ne furent interrompus. Mais il ne se battait pas seulement par le verbe ; il semble qu'il ait ordonné l'assassinat de von Stein, le directeur de Rothschild. « Nous confiâmes [à un camarade le soin] de le tuer », se rappelle un des hommes de main de Staline. « Lorsque la voiture de von Stein se rapprocha », le tueur sortit son revolver mais manqua sa cible. « Von Stein fit tourner la voiture, s'enfuit et quitta la ville ce soir-là en bateau. »

La traque se concentra sur Staline qui dut alors déplacer sa précieuse presse jusqu'à une cache plus sûre. « [Il] accordait une grande importance à la conspiration, dit Kouridze. Il arrivait souvent en fiacre, changeait de vêtements, disparaissait tout aussi rapidement. » Il transformait son apparence, troquant soudain son manteau pour celui d'un camarade et recouvrant souvent « sa longue chevelure d'une capuche ».

Cette nuit-là, Staline chargea la presse sur une voiture, la cacha au cimetière, puis la transporta dans une cabane où vivait un vieux bandit de grand chemin du nom de Hachimi Smirba, à Makhmoudia, à sept verstes de Batoumi, située directement (et donc insoupçonnable) sous les canons de la forteresse qui abritait la garnison. Le brigand, retiré des affaires, était ravi de cacher cette presse parce que son ami Lomdjaria lui avait dit qu'elle servirait à imprimer de faux roubles et qu'il en aurait sa part. Le fils de Smirba, Hamdi, dont les Mémoires ne figurent pas dans la littérature hagiographique, raconte comment Staline arriva au milieu de la nuit avec quatre grosses boîtes et se mit à l'œuvre, déballant et installant le tout dans une cave. Les typographes, et probablement Staline aussi, venaient et repartaient vêtus en musulmanes, la tête couverte d'un voile. Travaillant jour et nuit, Sosso embaucha des hommes pour construire une autre maison pour Smirba, avec une pièce secrète destinée à accueillir la bruyante presse.

« Qu'est-ce que ce bruit ? demanda l'un des ouvriers. – Une vache dont la corne est rongée par un ver », répliqua Smirba.

Sosso s'installa aussi dans la maisonnette en bois de Smirba où le vieux musulman ne cessa de harceler le jeune rebelle géorgien pour sa part du butin.

« Ça fait des jours que tu imprimes, dit Smirba. Quand vas-tu utiliser l'argent ? » Sosso lui tendit un de ses tracts. « Qu'est-ce que c'est que ça ? s'exclama, interloqué, Smirba. – Nous allons renverser le tsar, les Rothschild et les Nobel », répliqua Staline à la stupéfaction du vieillard.

Chaque matin, il cachait les tracts dans des paniers de fruits que Smirba chargeait sur sa charrette. Retrouvant Lomdjaria en ville, les deux hommes faisaient le tour des usines avec les paniers et distribuaient les prospectus. Si quelqu'un s'aventurait à vouloir acheter les fruits, Smirba demandait un prix astronomique ou affirmait qu'il s'agissait d'une commande spéciale. Lorsque la presse tomba en panne, Staline dit à Kandelaki : « Partons à la chasse. » Découvrant les pièces de rechange nécessaires dans une imprimerie du coin, il dit alors : « L'ours est tué, dépeçons-le » et il envoya ses hommes de main qui dérobèrent les pièces et les rapportèrent à son quartier général, la Taverne d'Ali le Persan. Un jour des cosaques descendaient la rue au galop au moment où le petit Hamdi livrait une pièce de rechange ; il jeta le sac dans une maison et sauta dans un fossé. Staline aida le jeune garçon à se sécher et le félicita pour son courage.

Tout le village de Smirba savait à présent que quelque chose se tramait dans la nouvelle cabane en bois où se rendaient tant de femmes fort baraquées et voilées ; Sosso réunit donc douze paysans dignes de confiance pour expliquer sa mission. « Après cela, raconte Hamdi Smirba, ils respectèrent la maison. »

« Tu es un brave homme, Sosso, dit Smirba en tirant sur sa pipe. Dommage que tu ne sois pas musulman. Si tu étais musulman, tu aurais sept belles vierges. Ne veux-tu pas te faire musulman ?

– Oh oui, bien sûr ! » dit Sosso en riant[1].

Les ouvriers tués furent enterrés le 12 mars et ce fut l'occasion d'une nouvelle manifestation forte de sept mille personnes stimulées par la proclamation rédigée et imprimée par Staline. La procession était encadrée de tous côtés par des cosaques à cheval. Les chants étaient interdits. Le camarade Sosso surveilla tranquillement les funérailles. Les gendarmes interdirent tout discours. Alors que la foule se dispersait, les cosaques, pour se moquer, entonnèrent la Marche de la Mort.

La police secrète savait dorénavant que Staline était un des responsables des troubles à Batoumi. L'organisation « connut quelques grands succès après l'arrivée de Iossif Djougachvili à l'automne de 1901 », rapporta le capitaine Jakeli au chef de la gendarmerie de Koutaïssi. « Je me suis assuré que l'on avait vu

1. La manifestation de Batoumi et l'histoire de Smirba devinrent de célèbres légendes staliniennes. Lorsque le patron de l'Abkhazie, un des favoris de Staline, Nestor Lakoba, écrivit son *Stalin i Hachimi* (« Staline et Hachimi »), il renforça le culte de la personnalité qui avait commencé en 1929. Le secrétaire de Staline, Ivan Tovstoukha, s'inquiéta de ce texte et écrivit à Lazare Kaganovitch, adjoint de Staline à cette époque : « J'ai eu le texte de Hachimi [...]. Des choses encore à corriger et à réécrire. [...] Que faire ? Devrait-on le jeter ? » Ce ne fut pas le cas. Sa publication valut des faveurs à Lakoba, mais pour peu de temps. Un an plus tard, son ouvrage fut éclipsé par l'outrance de celui de Beria sur l'histoire de l'organisation bolchevique au Caucase. Staline lui-même, selon le fils de Beria, amenda le manuscrit, « rayant des noms et les remplaçant par le sien ». Un énorme volume intitulé « La Manifestation de 1902 à Batoumi » suivit en 1937. Beria s'empressa d'éliminer son rival Lakoba en l'empoisonnant, puis tortura et assassina lui-même son épouse et ses enfants. Voir *Staline : la cour du Tsar rouge* pour toute cette histoire. Quant à Hachimi Smirba, il déménagea en 1916 et enterra la presse dans son jardin. Il mourut en 1922 à l'âge de quatre-vingt-un ans. À la fin de sa vie, Staline s'amusait au souvenir de Smirba. Il savait que le livre de Lakoba était considéré largement comme de la propagande. Après tout, n'affirmait-il pas que Staline était « l'homme le plus grand de toute une époque, un homme comme l'histoire n'en donne qu'une fois en un ou deux cents ans » ? Mais, insistait Staline, « C'est vrai ce qui est raconté dans ce livre – c'est vraiment comme cela que ça s'est passé ».

Iossif Djougachvili dans la foule lors des désordres du 9 mars [...]. Tout témoigne de son rôle actif dans les désordres. » Les forces de l'ordre étaient bien décidées à le traquer.

Le 5 avril, Despina Chapatava avertit Staline qu'il avait été trahi. Il déplaça deux fois le lieu de la réunion ce soir-là et elle se tint finalement chez Darakhvelidze. Soudain Despina entra en trombe : les gendarmes étaient à l'extérieur ou, comme le dit l'officier de service : « Hier, à minuit, j'ai bouclé la maison où, selon des renseignements, se tenait une réunion des ouvriers de la raffinerie Mantachev. »

Sosso le Prêtre se précipita vers une fenêtre à l'arrière, mais en vain. Des gendarmes en uniforme bleu cernaient la maison. Cette fois-là, la fuite était impossible[1].

1. Au début de 1939, le Théâtre d'art de Moscou commanda à Mikhaïl Boulgakov, écrivain brillant mais sous-employé, une pièce romantique sur le jeune Staline à Batoumi pour célébrer en décembre le soixantième anniversaire du dictateur. Staline avait dû contresigner cette commande. Il admirait Boulgakov – médecin devenu écrivain tout comme Tchekhov – en particulier pour son roman *La Garde blanche*. Sa version théâtralisée, *Les Jours des Tourbine*, était sa pièce préférée ; il la vit quinze fois. Cependant, comme avec Pasternak et Chostakovitch, Staline jouait au chat et à la souris, téléphonant en personne à Boulgakov pour l'assurer qu'il lui donnerait du travail, puis lui serrant de nouveau la vis. Boulgakov, comme Pasternak, était fasciné par ce persécuteur omnipotent et caressait l'idée de cette pièce depuis 1936, même s'il savait que « c'était dangereux pour lui ». Fondant sa pièce sur le livre « La Manifestation de 1902 à Batoumi » et probablement sur des conversations avec des témoins, Boulgakov termina un premier état en juin 1939, l'intitulant tout d'abord *Le Prêtre*, surnom de Staline chez les ouvriers, puis *C'est arrivé à Batoumi* et enfin simplement *Batoumi*. Cette pièce romantique ne comporte pas d'intrigues amoureuses, mais elle implique une relation de Staline avec Natalia Kirtava, car sa compagne dans la pièce est une Natacha, personnage inspiré à la fois de Kirtava et de la sœur de Lomdjaria. Les apparatchiks de la Culture aimèrent et approuvèrent la pièce. En août, Boulgakov, déclarant qu'il voulait interviewer des témoins et lire les archives, se rendit en train à Batoumi avec sa femme Elena. Mais Staline ne voulait pas que son statut d'homme d'État (il venait de signer le pacte Molotov-Ribbentrop avec Hitler) fût sapé par des révélations tirées de ces archives, dont beaucoup avaient été utilisées dans cet ouvrage. Les Boulgakov furent rappelés par télégramme : « Voyage sans objet, revenez à Moscou. » Boulgakov tomba malade. Staline lut la pièce. En visite au Théâtre d'art, il dit au directeur que *Batoumi* était une bonne pièce mais qu'elle ne pouvait être jouée, précisant (hypocritement) : « Tous les jeunes gens sont pareils, pourquoi alors écrire une pièce sur le jeune Staline ? » La pièce était un travail alimentaire pour Boulgakov qui acheva, en secret, son chef-d'œuvre antistalinien, *Le Maître et Marguerite*, avant de mourir en 1940. Pour *Batoumi*, la pièce de Boulgakov, voir BOULGAKOV, *Le Maître et Marguerite et autres romans*, Gallimard, « La Pléiade », Paris, 2004, p. 1481-1550, et pour la notice et les notes, p. 1920-1930.

DEUXIÈME PARTIE

Ode à la Lune

Déplace-toi sans lassitude
Ne penche pas la tête
Disperse la brume des nuages
Grande est la Providence du Seigneur.

Souris aimablement à la terre
Qui s'étend sous toi ;
Chante une berceuse au glacier
Qui tombe des cieux.

Sois assurée que, une fois
Jeté au sol, l'opprimé
S'efforce encore d'atteindre la pure montagne
Lorsque l'espoir l'exalte.

Aussi, belle lune, comme jadis
Brille à travers les nuages,
Agréablement dans la voûte d'azur
Fais jouer tes rayons.

Mais je vais retirer mon gilet
Et tendre ma poitrine à la lune,
Bras écartés, je révérerai
La dispensatrice de lumière sur la terre !

Sosselo (Joseph Staline)

11

LE PRISONNIER

Staline fut incarcéré à la prison de Batoumi où il se fit immédiatement remarquer par son audace arrogante et son air bourru. L'emprisonnement le marqua profondément et pour toujours. « J'ai pris l'habitude de la solitude en prison », dit-il bien plus tard, quoiqu'il eût été rarement seul en détention.

Ses compagnons d'incarcération, adversaires qui le dénoncèrent plus tard en exil ou staliniens qui le louèrent dans des livres officiels, s'accordent à dire que Staline en prison était un sphinx froid, « dépenaillé, marqué par la variole, avec une barbe hirsute et de longs cheveux peignés en arrière ». Ce qui les frappait le plus, c'était « son calme parfait ». Il « ne riait jamais franchement, mais souriait seulement avec froideur » et était « incapable de coopérer avec quiconque [...]. Il marchait seul. Toujours imperturbable ». Cependant, au début, il fit une erreur stupide.

Le 6 avril 1902, il subit son premier interrogatoire devant le capitaine de gendarmerie Jakeli. Il nia s'être jamais trouvé à Batoumi au moment du massacre et affirma qu'il était alors chez sa mère à Gori. Deux jours plus tard, il ordonna à un autre prisonnier de jeter deux billets griffonnés dans la cour de la prison où se rassemblaient les parents et les amis des détenus venus leur apporter nourriture et messages. Mais les gardiens récupérèrent les billets écrits de la main de Staline. Le premier était un message « pour informer le professeur [...] Iossif Iremachvili que Sosso Djougachvili a été arrêté et lui demander de dire à sa mère que, lorsque les gendarmes lui demanderont "Quand votre fils a-t-il quitté Gori ?", elle réponde : "Il est resté ici à Gori tout l'été et tout l'hiver jusqu'au 15 mars." ».

L'autre billet convoquait son ancien élève, Elisabedachvili, à Batoumi pour qu'il prît la direction de son organisation. Le capitaine Jakeli avait déjà consulté la police secrète de Tiflis qui lui avait révélé que Staline avait été l'un des dirigeants du Comité de Tiflis. Mais il informa aussi Gori qui lui apprit que deux hommes venaient d'arriver de Batoumi et avait parlé à Keke, à son frère Gueorgui Gueladze (oncle de Staline) et à Iremachvili. Les trois personnes furent arrêtées et interrogées, journée noire pour Keke.

Les hommes de Batoumi étaient venus chercher la mère de Staline, mais le billet maladroit impliquait également Elisabedachvili qui vivait à Tiflis avec Kamo et Svanidze. Les gendarmes arrêtèrent Kamo qui les conduisit, contre son gré, aux bains Sololaki où ils s'emparèrent d'un Elisabedachvili quasi nu. On le conduisit au « célèbre capitaine Lavrov » qui le confia à Jakeli. Au moment où Elisabedachvili entra dans la cour de la prison de Batoumi, Staline passa rapidement près de lui en murmurant : « Tu ne me connais pas. – Je sais, répliqua Elisabedachvili. Tu as le bonjour de tout le monde ! »

Le lendemain, le capitaine Jakeli interrogea Elisabedachvili : « Connais-tu Iossif Djougachvili ? – Non. – Sottises ! Lui dit qu'il te connaît ! – Il est peut-être fou. – Fou ? dit le capitaine en riant. Comment un tel homme pourrait-il être fou ? Nous avons eu des marxistes ici auparavant mais ils étaient plutôt tranquilles. Ce Djougachvili a mis la ville sens dessus dessous. »

Lorsque Elisabedachvili fut reconduit et passa devant la cellule de Staline, il aperçut, à travers les barreaux, « un Sosso furieux qui insultait son codétenu et le frappait. Le lendemain, [il apprit] qu'on avait placé un mouchard dans sa cellule ». Elisabedachvili fut relâché – mais il revint bientôt, sur l'ordre de Staline, pour diriger les sossoïstes de Batoumi.

Quant à Keke, elle obéit aux instructions de Sosso. Vers le 18 mai, elle quitta Gori et n'y revint que le 16 juin. Elle rendit deux fois visite à son fils en prison. En chemin, à Tiflis, elle tomba sur Besso le Dingue, ivre et courroucé.

« Arrête ou je te tue ! hurla-t-il, en dénonçant son fils rebelle. Il veut bouleverser le monde. Si tu ne l'avais pas envoyé à l'école, il serait artisan – pas en prison. Je tuerai un tel fils de mes propres mains – il m'a déshonoré ! » Une foule se rassembla. Keke réussit à s'éclipser ; ce fut là sa dernière rencontre avec son mari.

La rébellion de Sosso ruinait les ambitions de sa mère. Elle devait, à sa façon, se faire autant de soucis que Besso. Elle demanda sa libération et lui communiqua probablement des messages de ses camarades. Dans son égocentrisme, le vieux Staline reconnut ses souffrances : « Était-elle heureuse ? Allons donc !

1878-1904

Staline, ou le dictateur impitoyable et paranoïaque à l'entraînement : activiste clandestin suprême, conspirateur vigilant, politicien consommé, cerveau de la violence criminelle et politique, marxiste fanatique. En feutre, col dur et cravate de soie. Photographie d'identité judiciaire de 1912.

L'écolier Sosso Djougachvili, futur Staline, déjà meneur charismatique à l'âge de dix ans. Plus frêle que ses contemporains, surmontant une série de maladies et d'accidents pour devenir un élève exceptionnel et un choriste hors pair, il suggéra de prendre cette photo, engagea le photographe, organisa la pose et se plaça à sa position favorite de commandement, au centre de la dernière rangée.

Sosso devint chef de bande, bagarreur et manipulateur charismatique dans les rues de Gori, une des villes les plus violentes de l'empire tsariste ; les fêtes religieuses s'accompagnaient de rixes organisées qui impliquaient la population entière depuis les bambins jusqu'aux vieillards chenus. La maison natale de Staline est à gauche.

Père incertain : portrait officiel de Besso Djougachvili « le Dingue », cordonnier, alcoolique, père et époux brutal. La jalousie le rendit fou.

Keke Djougachvili : la remarquable mère de Staline sur ses vieux jours. Jeune fille, elle était belle, intelligente, mais autoritaire, sarcastique et directe. Des hommes puissants la protégèrent des excès de Besso le Dingue.

Le vrai père de Staline ? Koba Egnatachvili, lutteur et aubergiste prospère, était un héros local qui aima, aida financièrement et protégea le jeune Sosso.

L'un des demi-frères de Staline ? Sosso grandit avec les éblouissants fils de Koba Egnatachvili dont un autre lutteur et aubergiste entreprenant, Sacha, plus tard courtisan au Kremlin, et promu par Staline général du NKVD et goûteur de confiance ; surnommé « le Lapin ».

Damian Davrichewy, le chef de la police de Gori, courtisa Keke avec tant d'assiduité que Besso tenta de le tuer. Son fils, Joseph *(à gauche)*, fut l'ami d'enfance de Staline et prétendit être son demi-frère. Staline et lui devinrent les pilleurs de banques et les terroristes les plus tristement célèbres (et efficaces) du Caucase.

Ci-dessus : La joie de sa mère : en 1893, Sosso Djougachvili, étudiant brillant et chef de chœur, prépara la prêtrise au séminaire de Tiflis, établissement qui ressemblait à une *public school* de l'époque victorienne dirigée par des religieux. Adolescent, Sosso (fin des années 1890, *en bas à droite*) sema bientôt la pagaille au séminaire (*en bas à gauche*, en soutane, dernière rangée, deuxième à partir de la gauche), en embrassant le marxisme et en jouant à qui serait le plus malin avec un prêtre qu'il surnommait « Tache noire ».

Batoumi 1902 : « J'ai un emploi chez les Rothschild ! » fanfaronna Staline. Peu après la raffinerie des Rothschild *(ci-dessus)* brûlait (*en haut* : un incendie semblable dans une autre raffinerie). Staline, âgé de vingt-quatre ans, déclencha le chaos dans le port pétrolier de Batoumi. Là, il ordonna ses premières exécutions de traîtres, s'embarqua dans des histoires d'amour, provoqua un massacre et imprima ses écrits avec l'aide d'un brigand de grand chemin musulman, Hachimi Smirba *(à droite)*.

La prison de Koutaïssi *(ci-dessus)* et la cellule de Staline *(à droite)*.

Lors de sa première arrestation, Staline régenta la prison, tuant ses ennemis et défiant les autorités. Dans la prison de Koutaïssi, le marxiste aux longs cheveux organisa cette séance de photographie avant que ses compagnons ne soient déportés en Sibérie, se plaçant en haut, au centre (n° 4). À Novaya Ouda *(photo centrale)*, son premier exil, il fit la fête avec ses amis, les droit-civil, et prépara son évasion…

Obscur révolutionnaire sans le sou, Staline ne fut jamais sans une kyrielle de petites amies : mariées, célibataires, jeunes, âgées, paysannes, intellectuelles ou nobles. Une des premières fut Natacha Kirtava *(en haut à gauche)*, belle femme mariée ; il éclata de rage lorsqu'elle refusa de vivre avec lui. Olga AlliloUïeva *(en haut à droite)*, à demi gitane, épouse de Sergueï, camarade bolchevique de Staline, était une femme notoirement facile et elle eut probablement une liaison avec Staline à qui elle resta dévouée. Elle deviendrait également sa belle-mère – ici *(en bas)* avec ses enfants, Pavel, Fiodor, Anna et Nadia.

1905-1910

Kamo, psychopathe, ami d'enfance et assassin, ici vêtu d'une *tchokha* géorgienne, était un « homme extraordinaire » qui demandait souvent à Staline : « Laisse-moi l'égorger ! » Simple d'esprit, amant, maître ès évasions, pilleur de banques, tueur et expert en travestissement – il dirigea le hold-up de Tiflis pour Staline. Arrêté, il feignit la démence pendant des années et supporta de telles tortures que les médecins conclurent à sa folie.

Conspiration : pendant la Révolution de 1905, Staline dirigea un réseau d'enfants des rues *(ci-dessus)*, véritable service de renseignements privé qui faisait de la contrebande d'armes et des courses pour son compte. Dans le même temps, Staline était traqué et observé par les agents ou « spectres » de la police secrète tsariste, l'Okhrana, qui posent ici *(à gauche)* en tenue de ville. Cependant il passa maître dans l'art de les tromper et d'infiltrer la police secrète elle-même.

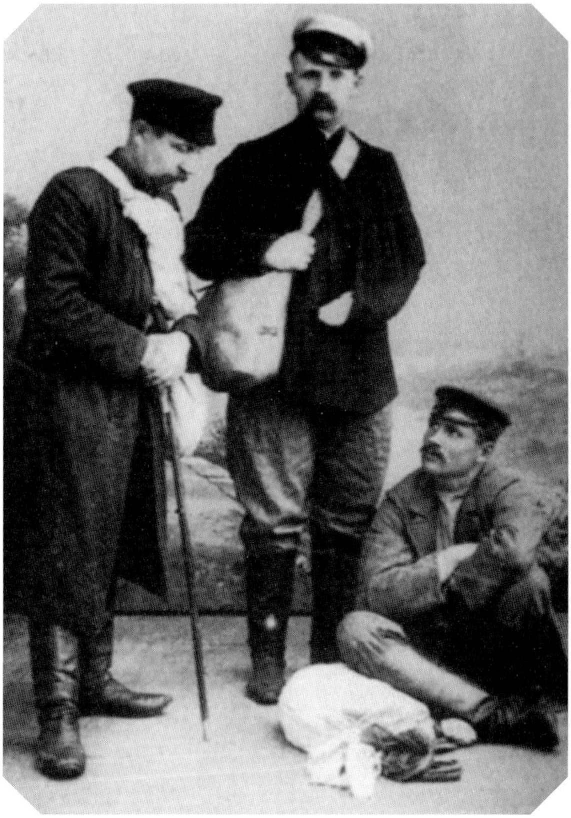

Vladimir Ilitch Lénine, à l'époque où il rencontra Staline qui le révérait mais resta toujours fidèle à ses propres opinions. Staline, par ses hold-up et son gangstérisme, devint le principal pourvoyeur de fonds de Lénine.

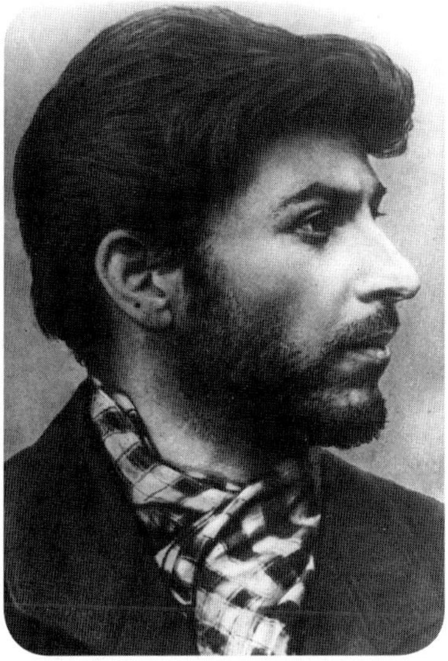

Staline, arrêté en 1906.

Léon Trotski, intellectuel juif brillant mais vaniteux, président du Soviet de Saint-Pétersbourg, arrêté en 1905. Lorsqu'il rencontra Staline à Londres, il le détesta immédiatement.

Destin tragique. La première épouse de Staline était une jolie couturière d'ascendance noble, Kato Svanidze *(en médaillon et à gauche)*, de qui il eut un fils, Iakov.

The Daily Mirror

No. 1,105. Registered at the G. P. O. as a Newspaper. THURSDAY, MAY 16, 1907. One Halfpenny.

RUSSIAN REVOLUTIONISTS MEET SECRETLY IN A CHURCH HALL.

Day after day Russian Labour delegates meet in a hall attached to the Brotherhood Church, Southgate-road, N., in order to plot against the Russian Government. The large photograph shows three of them entering the hall, and the inset the Brotherhood Church, where the meetings take place.—(*Daily Mirror* photograph.)

Harmless pedestrians who pass the delegates in the streets have no idea of their proximity to revolutionists who are plotting against a throne.—(*Daily Mirror* photograph.)

The entrance to the hall, showing three delegates going in to a meeting and a watchman at the door.—(*Daily Mirror* photograph.)

Staline à Londres : au cours de ce voyage, Lénine ordonna le hold-up de Tiflis. Staline fut presque passé à tabac par des dockers anglais, mais il apprit la langue en assistant à des services religieux. La presse se passionna pour les extrémistes terroristes à Londres. Les révolutionnaires se cachaient des photographes *(page de droite, en haut à gauche)*. Lorsqu'ils furent à court d'argent, Lénine dut en emprunter à Joseph Fels, industriel du savon et millionnaire américain, qui insista pour que chaque délégué signe l'accord de prêt *(ci-dessous)*. Tout le monde parapha d'un pseudonyme ; « Vassili de Bakou » (feuille à droite, colonne de gauche, huitième ligne) est probablement celui de Staline.

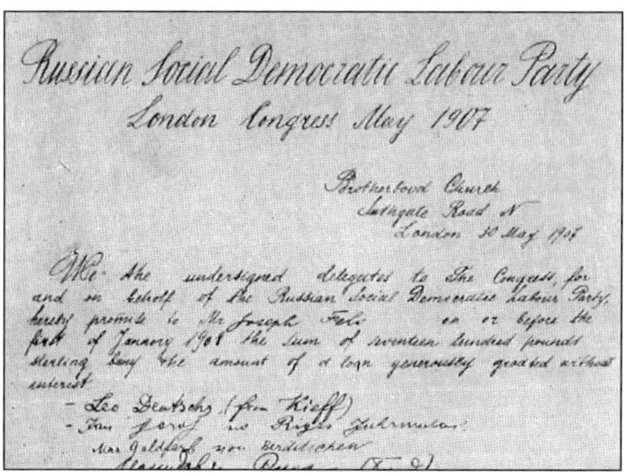

Russian Social Democratic Labour Party
London Congress May 1907

Brotherhood Church
Southgate Road N
London 30 May 1907

We the undersigned delegates to the Congress, for and on behalf of the Russian Social Democratic Labour Party, hereby promise to Mr Joseph Fels on or before the first of January 1908 the sum of seventeen hundred pounds sterling being the amount of a loan generously granted without interest.

- Leo Deutsch (from Kieff)
- [illegible] Riga [illegible]

Max Goldfarb von Berditschew

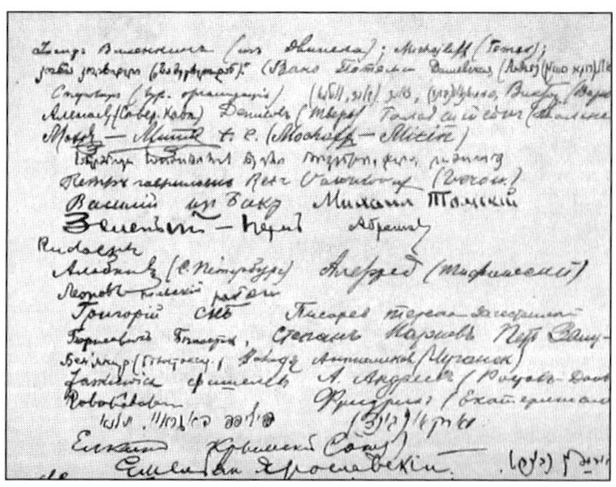

MAY 15, 1907. THE DAILY MIRROR.

RUSSIAN REVOLUTIONISTS AFRAID OF THE CAMERA.

A band of Russian revolutionists entering the Brotherhood Church Hall, Southgate-road, N., where their meetings are being held.—(Park.)

June 27, 1907. THE DAILY MIRROR.

RAIN OF BOMBS.

Revolutionaries Hurl Destruction Among Large Crowds of People.

TIFLIS, Wednesday.—About ten bombs were hurled to-day, one after the other, in the square in the centre of the town, which was thronged with people at the time.

The bombs exploded with terrific force, many people being killed and injured.

Window-panes, doors, and chimneys were shattered over a large area.—Reuter.

TIFLIS, Later.—It now appears that the bomb outrage was connected with an attack on a Treasury van which was escorted by five Cossacks and two other soldiers.

The van, which was proceeding from the Post Office to the local branch of the Imperial Bank, contained a sum of £25,000. When the van reached the Erivan-square, a bomb was thrown, and an appalling explosion ensued, striking terror among the *large number of people in the square, scattering* them in all directions.

In order to increase the confusion the robbers threw bomb after bomb, which burst with deafening reports. Two employees of the Imperial Bank were hurled out of the van, which, together with the bags containing the money, disappeared without leaving any trace behind it.

The number of victims has not yet been ascertained, but it is known that two soldiers were killed and that the robbers got away with the sum of £25,000.—Reuter.

Staline fut le cerveau du hold-up de Tiflis – action audacieuse, meurtrière et lucrative – qui fit les gros titres mondiaux *(en haut à droite)*. Le crime semblait parfait, mais la police traqua les gangsters et rechercha le butin. Les répercussions du coup manquèrent ruiner la carrière de Staline. Kamo, le casse-cou et chef des pilleurs de banques, fut arrêté à Berlin *(ci-dessus)*. Sergo Ordjonikidze *(à gauche)*, noble désargenté qui deviendrait au Kremlin un allié de confiance au destin funeste, fut le protégé de Staline.

Bakou, ville pétrolière sans lois aux millionnaires m'as-tu-vu, où Staline se livra au gangstérisme, à l'extorsion de fonds et à la piraterie pour financer Lénine. Un derrick à Bakou *(en haut à gauche)* et les diaboliques champs pétrolifères *(en bas à gauche)*. *En haut, à droite*: le palais de Nagueïev, magnat et *self-made-man* qui fut peut-être kidnappé sur l'ordre de Staline. *En bas à droite*: Moukhtarov (et son épouse), le baron du pétrole à Bakou qui ordonna que Staline fût passé à tabac ou tué.

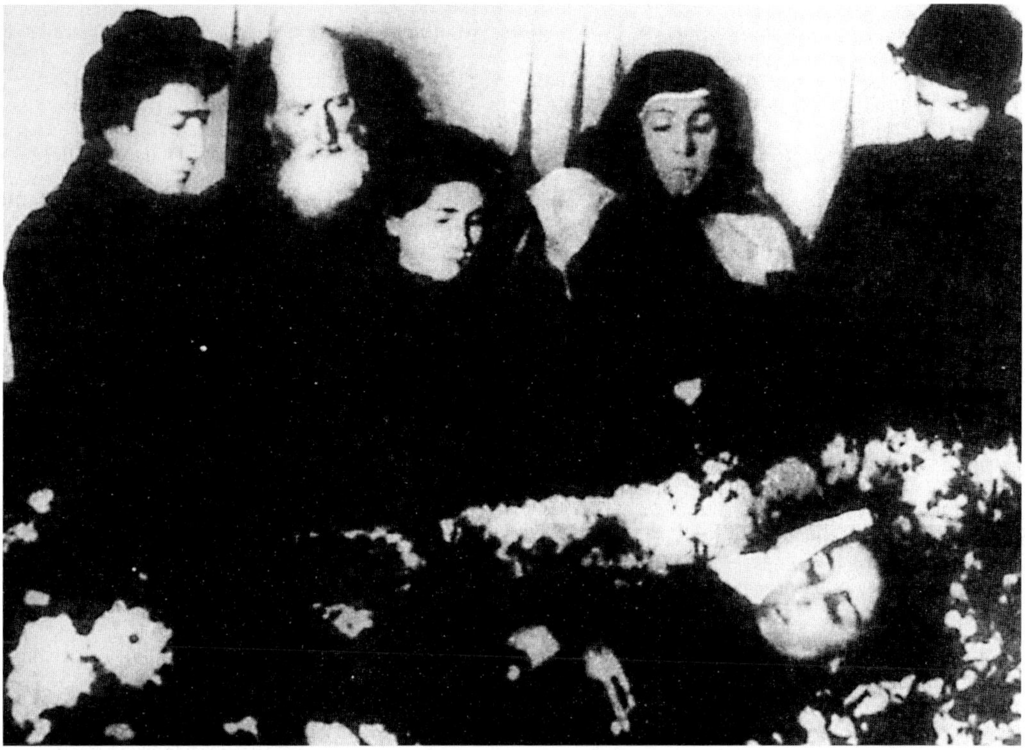

Kato, l'épouse de Staline, mourut dans de terribles circonstances ; il en eut le cœur brisé *(ci-dessus, à l'extrême droite)*. La famille lui reprocha cette fin. Il déclara qu'avec elle sa tendresse était morte. Il se jeta dans la tombe, mais échappa de peu ensuite à une arrestation lors de ses funérailles, en sautant le mur du cimetière. Après Kato, il connut une série de liaisons amoureuses avec, entre autres, Alvassi Talakvadze *(à gauche)* et Lioudmila Stal *(à droite)*, bolchevique russe chevronnée qui lui inspira peut-être son nom célèbre.

Staline s'épanouit dans
la clandestinité, la fuite,
les arrestations et les évasions,
la chasse aux espions dans
son propre parti, et il s'échappa
à plusieurs reprises de ses
exils en Sibérie.
Photographies d'identité
judiciaire : *en haut à gauche*,
Staline à Bakou en 1908,
et *en bas*, avec l'en-tête
« Gendarmerie de Bakou »,
en 1910 ; on remarquera
son bras gauche plus court.
Les temps étaient plus durs ;
il est visiblement amaigri.

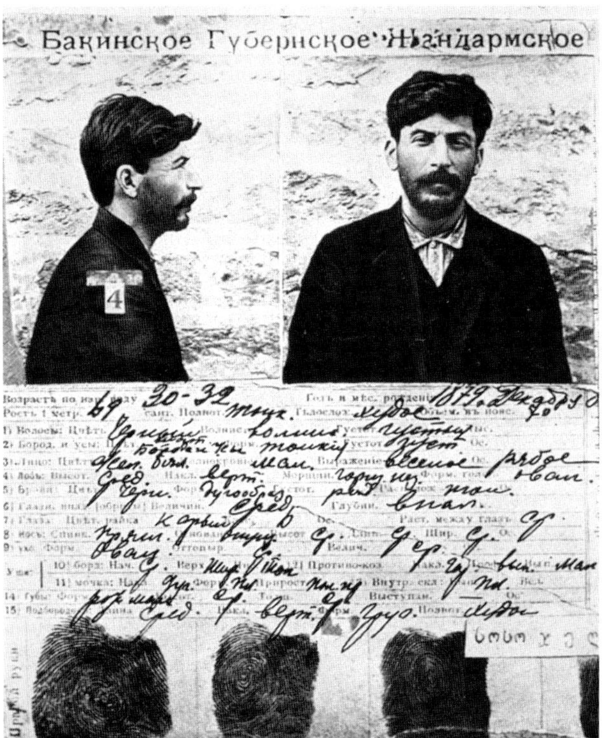

Quel bonheur pour Keke si son fils était arrêté ? Nous n'avions pas beaucoup de temps pour nos mères. C'était là leur sort[1] ! »

Staline devint rapidement la cheville ouvrière de la prison de Batoumi, dominant ses amis, terrorisant les intellectuels, subornant les gardiens et se liant avec les détenus de droit commun.

Les geôles impériales étaient une civilisation cachée avec ses propres coutumes et ses combines, mais Staline, comme toujours, ignorait l'étiquette lorsqu'elle ne lui convenait pas. Les prisons, « comme le pays lui-même, alliaient barbarisme et paternalisme », dirait Trotski. Il n'y régnait aucune logique ; parfois les prisonniers politiques étaient regroupés dans une seule vaste cellule baptisée « l'Église » où ils élisaient des « Anciens ».

Les révolutionnaires vivaient selon un ensemble de règles chevaleresques. Lorsque des camarades arrivaient ou repartaient, la tradition pour la prison entière était d'entonner la Marseillaise et d'agiter un drapeau rouge. Les révolutionnaires, intellectuels sacrés et chevaliers autoproclamés de la croisade, étaient trop haut placés pour se mêler aux simples prisonniers de droit commun, mais « je les préférais [ces droit-commun], confia Staline, car il y avait beaucoup de salopards parmi les prisonniers politiques ». Il méprisait les bavardages hypocrites des intellectuels. Et « les salopards » étaient tués.

Lorsqu'ils étaient placés à l'isolement, les politiques communiquaient entre eux au moyen d'un code simple mais besogneux de coups frappés sur un objet, « l'alphabet de la prison ». Sergueï Allilouïev était incarcéré à la forteresse Metekhi à Tiflis, mais les coups frappés sur le tuyau de son poêle l'informèrent : « *Mauvaise nouvelle ! Sosso arrêté !* » Et puis il y avait « le téléphone de la prison » au moyen duquel les prisonniers se passaient des paquets en les balançant par leur fenêtre au bout d'une ficelle jusqu'à ce qu'une autre ficelle lestée d'une pierre les accroche.

Pendant les promenades dans les cours, la discipline était relâchée : là il était difficile de conserver le moindre secret. Sosso semblait être toujours au courant de ce qui se passait ou du comportement des autres détenus. Comme les mafiosi américains qui

1. « Heureuse ? répliqua avec ironie Keke en 1935 à un interviewer qui lui demandait si elle était heureuse d'être la mère de Staline. Vous me demandez quel genre de bonheur je ressentais ? Le monde entier se réjouit de voir mon fils et notre pays. Alors que devrais-je moi éprouver, moi, sa mère ? »

dirigent la Cosa Nostra de leur prison, il améliora rapidement ses communications avec le monde extérieur. « Il continua à diriger les choses de sa cellule[1]. »

Les autorités commirent de sérieuses erreurs en autorisant les révolutionnaires à étudier en prison. Ces autodidactes obsessionnels travaillaient dur et nul plus que Staline, dont le compagnon de cellule dit : « Il passait toute la journée à lire et à écrire [...] Sa journée en prison suivait un emploi du temps strict : il se levait tôt, faisait des exercices physiques, puis étudiait l'allemand et des ouvrages d'économie. Jamais il ne se reposait et il aimait recommander aux camarades des livres à lire. » Un autre détenu dit que Staline transforma « la prison en université ». Il l'appela sa « deuxième école ».

Les gardiens étaient bienveillants, soit parce que les révolutionnaires étaient des « messieurs » d'un rang social supérieur, soit parce qu'ils se laissaient corrompre ou se montraient compréhensifs. Un des amis de Staline fut placé dans une cellule proche de la sienne et l'interrogea sur le *Manifeste du Parti communiste* : « Nous ne pouvions pas nous rencontrer, se rappellerait Staline, mais je le lui lisais à haute voix et il m'écoutait. Une fois au cours de ma lecture, j'ai entendu des pas à l'extérieur et je me suis arrêté. Soudain j'ai entendu le gardien dire : “S'il te plaît, ne t'arrête pas. Camarade, continue, s'il te plaît” ».

Une brochure dut certainement beaucoup circuler par « le téléphone de la prison » : en mars 1902, le marxiste qui utilisait à présent le pseudonyme de « Lénine » publia un essai intitulé *Que faire ? Questions brûlantes sur notre mouvement* qui exigeait une « nouvelle avant-garde » de conspirateurs sans scrupule – vision qui divisa immédiatement le Parti. « Donnez-nous une organisation de révolutionnaires, promettait Lénine, et nous renverserons toute la Russie[2]. »

1. Staline élabora rapidement son art de la clandestinité. Un ouvrier compréhensif de Batoumi travaillait pour l'entreprise qui fournissait la prison en bois. Un jour il fut approché et on lui dit qu'il devait livrer du bois et suivre certaines instructions à la lettre. Il livra les bûches, les transporta dans la cour et, à 15 heures très exactement, les gardiens firent sortir un seul prisonnier, Staline, qui lui donna un message urgent à porter à Batoumi.

2. Lénine concrétisa le rêve de Staline d'être chevalier d'un ordre religieux militaire. « Notre Parti n'est pas une école de philosophes », déclara-t-il de façon révélatrice, mais un Parti combattant. Jusqu'à présent il a ressemblé à une famille patriarcale accueillante. Il doit maintenant devenir une forteresse aux portes ouvertes à ceux seuls qui en sont dignes. » Toute autre voie était une « profanation de son saint des saints. »

Le capitaine Jakeli arrêta les sossoïstes de Batoumi, dont Natacha Kirtava, la jeune logeuse et petite amie de Staline. Lorsqu'elle apparut dans la cour de la prison, un prisonnier qui lui était inconnu s'approcha vivement d'elle : « Le camarade Sosso te demande de regarder vers sa fenêtre. »

Natacha craignit que l'homme ne fût un mouchard. « Je ne connais pas de camarade Sosso », répondit-elle.

Mais quand elle se retrouva enfermée dans sa cellule, Staline apparut à sa fenêtre. « Alors, camarades, on s'ennuie ? » demanda-t-il solennellement. Elle vit que le camarade Sosso était encore à la tête du combat à l'intérieur comme à l'extérieur de la prison. « Les détenus l'aimaient parce qu'il s'occupait d'eux avec cordialité. » À n'en pas douter il prit grand soin de Natacha. Un jour elle allait le voir dans sa cellule pour bavarder quand un gardien l'arrêta et la reconduisit en la poussant du pommeau de son sabre. Staline exigea le renvoi de cet homme. Son courage lui valut une popularité certaine chez les détenus et le respect des autorités ; et il eut gain de cause. Les sossoïstes n'étaient pas les seuls à l'admirer : un autre prisonnier, qui partagea sa cellule, reconnut que, bien que Sosso fût devenu un monstre par la suite, il avait été « un compagnon de prison très agréable et vaillant ».

Le procureur de Tiflis décida qu'il n'y avait pas suffisamment de preuves pour inculper Staline d'avoir dirigé l'émeute de Batoumi. Il est probable que les témoins aient eu peur de faire des déclarations. Staline s'en tirait donc pour cette fois, mais il demeura emprisonné car le capitaine Lavrov enquêtait sur une autre affaire : son rôle dans le Comité de Tiflis. Mais la bureaucratie brouillonne progressait lentement.

Staline tomba malade, séquelles d'anciens problèmes poitrinaires qu'il attribuait tantôt à son cœur, tantôt à ses poumons. En octobre, il réussit à obtenir du médecin de la prison d'être interné avec son acolyte Kandelaki à l'hôpital. Contre l'étiquette révolutionnaire, il fit aussi appel trois fois au prince Golitsyne, le gouverneur général en personne :

> *Ma toux qui empire et le sort pitoyable de ma mère âgée, que son époux a abandonnée il y a douze ans et dont je suis le seul soutien, me contraignent à solliciter une deuxième fois une humble libération sous contrôle policier. Je vous prie de prêter attention à ma requête et d'y répondre favorablement.*
>
> *J. Djougachvili. 23 novembre 1901*

Sa maladie ne l'empêcha pas de continuer à semer le trouble. Lorsque l'exarque de l'Église géorgienne vint soutenir ses brebis égarées le 17 avril 1903, l'ex-séminariste dirigea une violente manifestation qui lui valut d'être mis à l'isolement. L'émeute, qui n'était pas la première qu'il organisait, entraîna son transfert à la prison plus rude de Koutaïssi, en Géorgie occidentale.

Deux jours plus tard, lorsque les prisonniers furent rassemblés pour ce transfert, Staline découvrit que Natacha faisait partie du convoi. Les gardiens entreprirent de menotter Staline. « Nous ne sommes pas des voleurs pour être ainsi menottés », répliqua-t-il et l'officier retira les liens. Cette anecdote illustre l'autorité que Staline exerçait sur les détenus comme sur les fonctionnaires – cette docilité de la police tsariste serait inconcevable dans la police secrète soviétique. Puis les prisonniers furent regroupés pour traverser Batoumi à pied. Staline exigea alors une charrette pour transporter leurs biens et « une calèche pour moi, la femme », dit fièrement Natacha. Chose incroyable, ce maître du système pénitencier obtint là encore satisfaction[1]. Rien n'était trop beau pour sa compagne et Natacha se rendit à la gare en calèche.

Lorsque le train arriva à Koutaïssi, Staline retint les autres détenus : « Que Natacha sorte en tête afin que tout le monde voie que les femmes combattent aussi ces chiens ! »

À Koutaïssi, les autorités tentèrent de contraindre les détenus à plus de discipline. Les prisonniers politiques furent séparés, mais Staline trouva bientôt un moyen de communiquer et prépara une riposte. Lorsque Natacha fut tirée de la cellule collective pour être mise à l'isolement, « l'émotion [la] saisit. [Elle se mit] à pleurer ». Staline apprit cela par le télégraphe de la prison et lui fit parvenir un billet : « Que signifient ces larmes, aiglonne ? Se pourrait-il que la prison t'ait brisée ? »

Dans la cour, Staline rencontra un camarade modéré, Grigol Ouratadze, qui le haïssait mais qui admirait presque son « tempérament glacial : en six mois, je ne l'ai jamais vu crier, céder à la colère ou s'indigner – il se comportait toujours avec un parfait

1. Une fois au pouvoir, Staline n'eut que mépris pour le laxisme tsariste et se montra déterminé à l'éviter dans le cadre de sa propre politique de répression. « Les prisons ne ressemblent à rien d'autre qu'à des maisons de repos », écrivit-il à l'apogée de la Terreur en 1937. « Les prisonniers ont le droit de se fréquenter, ils peuvent s'écrire des lettres à leur gré, recevoir des colis [...] ! »

sang-froid », et son « sourire était soigneusement calculé selon ses émotions [...] Nous avions l'habitude de bavarder dans la cour ». Staline « marchait seul d'un petit pas étrange [...]. Tout le monde savait combien il était bourru », mais il était aussi « parfaitement imperturbable ».

Staline était hostile aux intellectuels prétentieux, mais, avec les révolutionnaires ouvriers plus frustes, qui ne réveillaient pas son complexe d'infériorité, il jouait au professeur, au Prêtre. Sosso « organisa la lecture de journaux, de livres et de revues, et donna des conférences aux détenus ». Dans le même temps il affrontait le régime plus sévère de Koutaïssi. Le gouverneur de la région rejeta ses demandes. Le 28 juillet, Sosso donna le signal d'un chahut de protestation et les prisonniers cognèrent contre les portes d'acier avec tant de force que toute la ville s'alarma. Le gouverneur fit appel aux soldats qui cernèrent la prison, puis il capitula et accepta de placer tous les politiques dans la même cellule. Staline avait gagné, mais le gouverneur prit sa revanche : il les installa dans le cachot le plus sinistre du pénitencier.

Lorsque certains prisonniers furent promptement expédiés en exil en Sibérie, Staline suggéra de prendre une photographie collective. Tout comme, une fois au pouvoir, il aimerait organiser des séances de photographie de groupe, il précisa la position de chacun et se campa à sa place préférée : au milieu de la rangée supérieure : « Je suis aussi un des soldats de la Révolution, alors je me tiendrai au centre. » Et on le voit ainsi, cheveux longs et barbu, chef autoproclamé.

Quand on emmena ses compagnons pour leur long voyage, « le camarade Sosso resta dans la cour et brandit un drapeau rouge. [...] Nous chantâmes la Marseillaise ».

Ce fut alors que les gens de la police secrète égarèrent Staline... dans leur propre prison. Les gendarmes et l'Okhrana à Tiflis pensaient que « Tchopoura, le Vérolé », avait été libéré depuis longtemps. Le capitaine Lavrov croyait même qu'il dirigeait de nouveau les ouvriers à Batoumi et qu'il faisait l'objet d'une « surveillance particulière ». Il est clair que les indicateurs gardaient l'œil sur quelqu'un d'autre. Batoumi n'était pas très assurée non plus sur ce point jusqu'à ce que le lieutenant-colonel Chabelski réglât le cas de l'égaré en informant tout le monde que « Djougachvili est en prison depuis un an déjà (en ce moment à Koutaïssi) ».

La mécanique broyeuse de la justice tsariste, qui passait les cas comme celui de Staline des gouverneurs locaux aux ministères de la Justice et de l'Intérieur à Saint-Pétersbourg, produisit une recommandation pour un bannissement de trois ans en Sibérie orientale[1]. Le 7 juillet 1903, le ministre de la Justice transmit cette recommandation au tsar qui apposa le sceau impérial sur la sentence. Nicolas II, autocrate méticuleux quoique sans imagination, lisait attentivement le document le plus banal qu'on lui communiquait ; le destin du Tsar rouge dut donc très probablement passer à plusieurs reprises entre les mains du dernier empereur.

La police réussit alors à perdre Staline une nouvelle fois. Le gouverneur de Tiflis pensait qu'il se trouvait à la forteresse Metekhi, mais on lui répondit qu'il n'y avait jamais séjourné. Le chef de la police de la ville déclara alors : « Localisation de Djougachvili inconnue pour l'instant. » La police en appela aux gendarmes qui révélèrent que Staline était de retour à la prison de Batoumi, ce qui était parfait… sauf qu'il se trouvait en fait dans celle de Koutaïssi. Le localiser prit un mois et demi ; cette confusion n'a cessé depuis d'alimenter l'imagination fébrile des théoriciens du complot. Les gendarmes ou l'Okhrana se cachaient-ils mutuellement Staline parce qu'il était agent double ? Il n'existe aucune preuve de cela. Cette pagaille aurait pu être suspecte si elle n'avait concerné que lui, mais elle était quasi universelle. Dans les mondes interconnectés des complots meurtriers et de la paperasserie indolente, la confusion avait autant de place que la *konspiratsia*.

Alors que Staline attendait, il apprit une terrible nouvelle. Le 17 août 1903, son héros, Lado Ketskhoveli, qui avait été arrêté à Bakou et incarcéré à la forteresse Metekhi, se tenait à la fenêtre

1. Les autorités tsaristes reconnaissaient que, étant donné les difficultés particulières que posaient la charge de la preuve et la nécessité du secret, il était impossible de présenter les terroristes et les révolutionnaires devant un jury ou un juge ; l'officier de gendarmerie local recommandait une condamnation au gouverneur général qui la transmettait à une commission spéciale composée de cinq fonctionnaires de la Justice et de l'Intérieur qui fixaient la peine. Le ministre de l'Intérieur la confirmait et l'empereur l'entérinait. Staline fut en général condamné selon cette procédure. Entre 1881 et 1904, onze mille huit cent soixante-dix-neuf personnes seulement furent condamnées ainsi, tandis que sous son règne, d'une durée approximativement comparable, Staline présida à la déportation de vingt-huit millions de personnes dont des millions ne revinrent jamais. En matière de peine capitale, sous les tsars, les Polonais catholiques et les Juifs des provinces occidentales avaient plus de chance d'être pendus que les Russes orthodoxes ou les Géorgiens.

de sa cellule et narguait les gardiens au cri de « à bas l'autocratie ! » quand l'un d'eux fit feu et le toucha en plein cœur. Un tel sort aurait fort bien pu frapper Staline lui-même. Jamais il n'oublierait Lado.

Le 8 octobre, Staline apprit enfin qu'il partait pour un très long voyage. Sa première halte serait un retour à Batoumi. Il organisa une nouvelle photographie de groupe. Alors qu'il quittait la prison, ses camarades agitèrent le drapeau rouge et entonnèrent la Marseillaise.

« Je pars en exil, écrivit-il à Natacha Kirtava, libérée depuis peu. Retrouve-moi près de la prison. » Elle collecta dix roubles et un peu de nourriture pour l'aider au cours du glacial périple au cœur de l'hiver russe, mais il partit simplement vêtu d'une légère *tchokha* géorgienne, de bottes, et sans gants. Alors qu'il montait à bord du vapeur prison dans le port de Batoumi pour la première partie de son voyage *via* Novorossisk et Rostov, la belle Natacha l'attendait sur le quai : « Je lui ai dit au revoir. »

Ce voyage allait conduire un Géorgien, habitué au ton chantant et à la luxuriance au goût de vin de son pays, vers une autre vie dans une région lointaine et glacée, la Sibérie.

12

LE GÉORGIEN TRANSI. L'EXIL SIBÉRIEN

Le voyage jusqu'en Sibérie était souvent plus meurtrier que l'exil lui-même. Staline vécut toute la gamme des redoutables *etap* de la lente progression vers l'est, escale après escale, pour embarquer au passage d'autres prisonniers. Il affirma qu'on lui mettait parfois des boulets aux pieds et déclara un jour avec émotion : « Il n'y a rien de plus agréable que de s'étirer après avoir porté des chaînes. »

Quand il atteignit Rostov-sur-le-Don, il était déjà à cours d'argent et télégraphia à Batoumi pour en réclamer. À un moment, il souffrit d'une rage de dents et consulta l'assistant d'un médecin. « Je vais vous donner un médicament qui guérira votre dent pour toujours », promit ce dernier. « Il mit ce médicament dans la dent gâtée, raconterait Staline. C'était de l'arsenic, mais jamais il ne me dit qu'il fallait le retirer. La douleur cessa pour de bon, mais je perdis quelques dents. Il avait raison – ces dents-là ne me firent plus jamais souffrir ! » Les problèmes dentaires furent l'un des nombreux maux qui le tourmentèrent toute sa vie.

Plus ils s'éloignaient de la civilisation et plus les prisonniers se trouvaient exposés aux réalités extrêmes de la Sibérie, la maladie et la violence. Quelque part en Sibérie, un des prisonniers « mourait presque de la gangrène », raconta Staline dans sa vieillesse. « L'hôpital le plus proche était au moins à mille kilomètres. On chercha l'assistant du médecin et il décida de l'amputer. Il versa de l'alcool sur la jambe, demanda à plusieurs hommes de maintenir l'homme couché et commença l'opération. Je n'ai pas pu supporter de voir cela et je me suis réfugié dans les baraquements, mais on scia l'os sans anesthésique et il était impossible d'échapper aux hurlements. Aujourd'hui encore j'entends ce cri ! » En chemin il rencontra également des dizaines de paysans-ouvriers gouriens arrêtés au cours de la manifestation qu'il avait organisée à Batoumi. Sosso reconnut là avoir ressenti un bref moment de culpabilité en voyant ces Géorgiens apeurés et grelottant sur la route de la Sibérie, mais ils l'assurèrent de leur gratitude.

Les prisonniers de droit commun représentaient un danger réel. En général, ils « respectaient notre lutte », dit Viatcheslav Molotov, l'homme de main de Staline, qui fit également un voyage semblable à Irkoutsk, mais ils terrorisaient également les détenus politiques. « Pendant cette *etap*, raconta Staline à l'un de ses fils adoptifs, le destin voulut que je rencontre un briseur de coffres-forts psychotique, un géant de presque deux mètres. Je lui fis une remarque insignifiante à propos de ma blague à tabac [...]. L'échange se termina par une bagarre. Cet imbécile m'écrasa au sol, me brisant plusieurs côtes. Personne ne vint à mon aide. » Staline fut assommé, mais comme toujours il en tira une leçon politique : « Alors que je revenais à moi, je compris que les politiciens devaient toujours se faire des alliés. » À l'avenir, il mettrait les psychopathes de son côté.

À l'arrivée à Irkoutsk, lointaine capitale de la Sibérie, Staline fut envoyé vers l'ouest, à Balagansk, centre régional à soixante-quinze verstes de la gare de chemin de fer la plus proche. Les détenus se déplacèrent alors à pied et en charrette ; Staline était ridiculement mal vêtu pour le froid sibérien, toujours en *tchokha* blanche ornée de cartouchières. Il trouva sept déportés à Balagansk ; il demeura chez Abram Goussinski, un exilé juif, et chercha à éviter d'être envoyé plus loin. Mais on l'avait assigné à Novaya Ouda. La police locale nota : « Iossif Djougachvili, exilé sur ordre de Sa Majesté impériale en date du 9 juillet, est arrivé le 26 novembre et a été placé sous surveillance policière. »

Novaya Ouda, son lieu d'exil le plus lointain, à soixante-dix verstes de Balagansk et cent vingt de la gare la plus proche, à des milliers de verstes de Moscou ou de Tiflis, était une ville minuscule divisée en deux parties : les pauvres vivaient dans des cabanes sur un promontoire marécageux et les gens à peine plus aisés autour de quelques boutiques, d'une église et d'une forteresse en rondins construite pour terrifier et soumettre la tribu mongole chamanique locale, les Bouriates. Il n'y avait pas grand-chose à faire à Novaya Ouda à part lire, discuter, boire, forniquer et boire encore – c'étaient là les passe-temps des gens du cru tout comme des exilés. La petite colonie se flattait d'avoir cinq tavernes.

Sosso s'adonna à tous ces passe-temps locaux, mais il jugea ses compagnons d'exil insupportables. Il y en avait trois autres à Novaya Ouda, des intellectuels juifs, qui étaient membres du Bund (le parti socialiste juif) ou sociaux-démocrates. Staline avait croisé peu de Juifs dans le Caucase, mais à présent il en rencontrait de nombreux qui avaient embrassé le marxisme comme moyen d'échapper à la répression et aux préjugés du régime tsariste.

Staline choisit la partie pauvre de la ville et demeura dans « la maison de deux pièces délabrée et sordide d'une paysanne, Marta Litvintseva ». Une des pièces était le cellier où l'on conservait la nourriture, l'autre divisée par une cloison de bois était la chambre où toute la famille vivait et dormait autour d'un poêle. Staline dormit sur une table à tréteaux dans le cellier, de l'autre côté de la cloison : « La nuit, il allumait une petite lampe et lisait lorsque les Litvintsev étaient endormis. »

L'exil en Sibérie était considéré comme l'un des abus les plus terribles de la tyrannie tsariste. C'était certainement une chose déprimante et d'un profond ennui, mais une fois installés dans un village perdu, les déportés, des intellectuels qui étaient souvent des nobles héréditaires, étaient habituellement bien traités. Ces séjours paternalistes ressemblaient davantage à de mornes vacances émaillées de lectures qu'à l'enfer vivant des goulags meurtriers de Staline. Les exilés recevaient même de l'argent de poche du tsar – douze roubles pour un noble comme Lénine, onze pour un diplômé comme Molotov et huit pour un paysan comme Staline – de quoi acheter des vêtements et de la nourriture et payer un loyer. S'ils recevaient trop d'argent de chez eux, ils perdaient cette allocation.

Les révolutionnaires plus aisés pouvaient voyager en première classe. Lénine, qui jouissait d'un revenu personnel, finança son propre voyage pour l'exil et se comporta comme un noble qui aurait fait un périple de naturaliste excentrique. Trotski, dont le père, un riche fermier, subvenait aux besoins, dit assez pompeusement que la Sibérie était une « épreuve de nos sensibilités civiques » où les exilés pouvaient vivre heureux « comme des dieux sur l'Olympe ». Mais le fossé était grand entre les gens aisés comme Lénine et les sans-le-sou comme Staline[1].

1. À son arrivée, Lénine invectiva le chef de gare, profita de la bibliothèque du négociant du coin, fit venir son épouse Nadia Kroupskaïa et sa belle-mère pour s'occuper de lui, et employa même une bonne pour entretenir la maison. Les Lénine protégèrent les paysans qui, ainsi que le nota Kroupskaïa, « avaient en général des habitudes saines ». Lénine parla avec enthousiasme de cette « Italie sibérienne », cadre plaisant pour écrire. « En général, écrivit Kroupskaïa, l'exil ne se passait pas si mal. » Le système favorisait les nobles, les Russes orthodoxes et les Géorgiens bien davantage que les Juifs et les Polonais. Lénine et son ami Youli Martov furent arrêtés en même temps et pour les mêmes charges, mais, alors que Lénine, noble russe, put jouir de ses vacances de lecture dans un décor pittoresque, son compagnon et dirigeant social-démocrate, le Juif Martov, dut lutter pour survivre dans le froid arctique de Touroukhansk.

La vie des exilés était régie par un ensemble de règles. Chaque colonie élisait un comité qui pouvait juger quiconque enfreignait les règles du Parti. On devait s'échanger les livres. Si un exilé décédait, les survivants se partageaient sa bibliothèque. Il était interdit de frayer avec les droit-commun. Au moment du départ, l'exilé pouvait choisir un présent de chacun de ses compagnons d'exil et devait remettre un souvenir à sa famille d'accueil. Les exilés se répartissaient les tâches ménagères et la réception du courrier car l'arrivée de la poste était leur moment le plus heureux. « Te souviens-tu combien c'était bon de recevoir en exil une lettre d'un ami ? » demanderait Enoukidze lorsqu'il serait au pouvoir.

Cependant, dans cet Orient sauvage, les règles étaient difficiles à maintenir : les aventures sexuelles entre exilés allaient bon train. « Comme les palmiers dans un paysage de Diego Rivera, l'amour s'élevait avec force vers le soleil de dessous les rochers les plus pesants, déclama avec grandiloquence Trotski, des couples se formaient [...] en exil. » Lorsque Golda Gorbman, qui épousa plus tard le lieutenant de Staline, Kliment Vorochilov, était en exil, elle fut séduite et engrossée par Enoukidze, le Géorgien qui deviendrait un des dignitaires de Staline. Au pouvoir, le Politburo aimait évoquer ces scandales. Staline lui-même n'oublia jamais l'audace de Lejnev qui avait couché avec la jolie épouse du procureur local et été condamné pour cela au bannissement en Arctique. Molotov raconta l'histoire de deux exilés qui s'étaient battus en duel pour une maîtresse : l'un perdit la vie, l'autre remporta la fille.

Les bannis devaient louer des chambres chez l'habitant ; ils se retrouvaient dans des pièces exiguës et bruyantes, accablés par les cris des enfants et le manque d'intimité. « Le pire était de ne pas pouvoir nous isoler de nos hôtes », écrivit Iakov Sverdlov, plus tard exilé avec Staline, mais cette promiscuité invitait aussi à bien des tentations sexuelles. La coutume locale interdisait les liaisons avec les exilés, mais c'était chose impossible à appliquer ; les jeunes filles trouvaient ces hommes exotiques, cultivés, riches et plutôt irrésistibles – en particulier lorsqu'elles partageaient avec eux la même chambre.

Les révolutionnaires étaient naturellement vindicatifs, mais leurs querelles dans le monde isolé de l'exil prenaient une malignité toute particulière. « Les hommes se dénudaient devant vous et se révélaient dans toute leur petitesse – il n'y avait pas de place pour la décence. » Les exilés se comportaient de façon effroyable, mais la conduite de Staline, séducteur désinvolte, géniteur d'enfants illégitimes, querelleur invétéré et trublion compulsif, était l'une des pires. À peine arrivé, il se mit à enfreindre les règles.

Il battit froid ses compagnons d'exil juifs et adopta le passe-temps local : la tournée des estaminets avec les droit-commun. « Il y avait de braves types parmi eux, le sel de la terre, et trop de salopards chez les prisonniers politiques », dirait-il à Khrouchtchev et au reste du Politburo lors de leurs dîners dans les années 1940. « J'étais le plus souvent avec les droit-commun. Nous faisions une halte dans les bistrots de la ville, vérifiions si l'un de nous avait un rouble, le tendions à la fenêtre et buvions jusqu'au dernier kopeck. Un jour c'était moi qui payais, le lendemain quelqu'un d'autre. » Cette fréquentation des droit-commun était jugée incompatible avec la dignité des révolutionnaires bourgeois et snobs. « Une fois, ils ont réuni un tribunal de camarades, dit Staline, et m'ont fait passer en jugement pour avoir bu avec des prisonniers de droit commun. » Ce ne fut ni le premier ni le dernier procès que le peu sympathique Staline dut supporter de ses compagnons.

Cependant il ne perdait pas contact avec le monde extérieur ni ne se préparait à un long séjour. En décembre 1903, le courrier apporta une lettre de Lénine. « J'ai rencontré Lénine pour la première fois en 1903, raconta Staline, ce ne fut pas une rencontre personnelle mais épistolaire. Ce n'était pas une longue lettre, mais une critique hardie et intrépide de notre Parti. » Il exagérait car il ne s'agissait pas d'une lettre personnelle – Lénine n'avait pas encore entendu parler de Staline – mais d'une brochure : *Lettre à un camarade sur les tâches organisationnelles*. Néanmoins son impact sur Staline fut réel. « Cette note simple et audacieuse renforça mon sentiment qu'avec Lénine le Parti avait un aigle des montagnes. »

Staline la brûla par la suite, mais il apprit bientôt qu'au IIe Congrès du Parti social-démocrate, tenu à Bruxelles et à Londres, Lénine et Martov avaient battu leurs rivaux, les Juifs du Bund, qui voulaient associer socialisme et territoires nationaux pour les minorités. Mais ensuite les vainqueurs s'étaient brouillés, Lénine exigeant la constitution d'une secte sélective de révolutionnaires et Martov embrassant une politique plus large d'adhésions et de participation massive des ouvriers. Lénine, qui adorait les confrontations schismatiques, divisa le Parti, affirmant que son groupe rassemblait les Majoritaires, les *Bolcheviki*, et celui de Martov les Minoritaires ou *Mencheviki*[1].

Staline déclara qu'il avait immédiatement écrit à Leipzig à son ami éclopé de Gori, Davitachvili, qui était en contact avec Lénine – mais c'est là une de ses fables. En fait il n'écrivit pas pendant presque une année, mais déjà il était léniniste. Trotski croyait que l'on pouvait reconnaître un bolchevik au premier coup d'œil. Staline fut, dit Iremachvili, « un bolchevik instantané ». En 1904, l'impression était forte qu'il se préparait quelque chose qui bouleverserait le monde : le mouvement était en pleine expansion. Alors que Nicolas II cheminait maladroitement, dans sa quête d'un empire extrême-oriental, vers une « une petite guerre victorieuse » contre le Japon, la Révolution fut soudain plus proche que jamais. L'heure n'était pas à se trouver à Novaya Ouda.

À peine arrivé sur place, Sosso s'était mis à préparer son évasion, chose qui appartenait autant à l'expérience révolutionnaire que l'arrestation et l'exil eux-mêmes.

S'évader n'était « pas difficile. Tout le monde essayait de le faire, écrivit Trotski. Le système de la déportation était une passoire ».

L'évadé avait besoin d'argent pour s'acheter des « souliers », c'est-à-dire de faux papiers. Habituellement l'équipement complet pour une évasion – « souliers », nourriture, vêtements, billets de train, argent pour les pots-de-vin – revenait à une centaine de roubles. Les théoriciens du complot se demandent naïvement

1. Même à cette date précoce, Lénine et Staline, soi-disant champions du prolétariat, étaient contre l'engagement des authentiques travailleurs. Ils croyaient en une oligarchie qui dirigerait au nom des travailleurs, concept qui devint la « dictature du prolétariat ». Staline était convaincu que l'élection d'ouvriers aux comités du Parti impliquerait trop de révolutionnaires amateurs et d'agents de la police. Les léninistes étaient également peu sensibles aux aspirations des paysans en matière de propriété agraire. La plupart des sociaux-démocrates géorgiens croyaient en une vaste participation ouvrière et paysanne et à des concessions de terres aux paysans et ils devinrent donc mencheviks. Animés par des agitateurs comme Jordania, les mencheviks géorgiens étaient très efficaces et gagnèrent en popularité ; ils étaient bien plus violents que leurs homologues russes. Jusqu'en 1917 Jibladze et Noé Ramichvili se montrèrent aussi enthousiastes en matière de terreur et d'expropriation que Staline. Mais finalement les bolcheviks furent bien plus disciplinés, impitoyables, et à l'aise avec la terreur et le meurtre. Pour compliquer encore les choses, il existait des bolcheviks plutôt tièdes comme Kamenev, tout comme il existait des mencheviks extrémistes.

comment Staline réunit ces fonds : était-il agent de l'Okhrana ? Il est probable qu'Egnatachvili, par l'intermédiaire de Keke, et que ses compagnons du Parti aient fourni l'argent. Mais cela n'avait rien de vraiment exceptionnel ; entre 1906 et 1909, plus de dix-huit mille exilés obscurs – sur un total de trente-deux mille – réussirent d'une manière ou d'une autre à trouver l'argent pour s'échapper.

Staline rendit toute son histoire suspecte en modifiant le nombre de ses évasions et de ses arrestations dans sa propre propagande. Cependant il s'avère qu'il fut arrêté et s'échappa plus souvent qu'il ne l'a déclaré officiellement. Lorsqu'il corrigea lui-même sa biographie, le « Cours abrégé », dans les années 1930, il reconnut huit arrestations, sept exils et six évasions, mais lorsqu'il revit le livre en 1947, il réduisit de son crayon bleu le nombre à sept arrestations, six exils et cinq évasions. Dans les conversations, il affirmait : « Je me suis échappé cinq fois. » Étonnamment, Staline se montrait modeste et oublieux. Il y eut en fait neuf arrestations, quatre brèves détentions et huit évasions.

Le mot de la fin appartient à Alexandre Ostrovski, expert sur les liens de Staline avec la police secrète : « Les évasions fréquentes de Staline sont un fait qui ne peut paraître étonnant qu'à qui ignore tout des caractéristiques du système du bannissement à l'époque prérévolutionnaire. »

Sosso fit sa première tentative, en amateur, après avoir lu l'opuscule de Lénine en décembre 1903 ; sa logeuse lui donna un peu de pain pour le voyage. « Au départ, dira-t-il à Anna Alliouïeva, j'ai échoué parce que le chef de la police me tenait à l'œil. Le gel s'installa et je rassemblai ensuite mes provisions pour l'hiver et je partis à pied. Mon visage a presque gelé. » Avec le temps, ces récits prirent de l'ampleur. « Je suis tombé dans une rivière gelée, la glace avait cédé, dit-il à Lavrenti Beria. J'étais glacé jusqu'aux os. J'ai frappé à une porte, personne ne m'a invité à entrer. À bout de forces, j'ai eu finalement la chance d'être accueilli par quelques pauvres gens qui vivaient dans une hutte misérable. Ils m'ont nourri, réchauffé près du poêle et donné des vêtements pour atteindre le prochain village. »

Il réussit à parvenir à la maison d'Abram Goussinski à Balagansk, à soixante-dix verstes de son point de départ. « Une nuit, alors qu'il y avait de terribles gelées à moins trente, nous entendîmes frapper. “Qui est là ? – Ouvre la porte, Abram, c'est moi, Sosso.” Alors un Sosso couvert de glace entra, vêtu, de façon très désinvolte pour l'hiver sibérien, d'un manteau de feutre, d'un chapeau mou et d'une cape caucasienne très chic. Mon épouse et ma fille admirèrent tant cette cape blanche que le camarade Staline avec une générosité toute caucasienne la retira et la leur donna. »

Il avait bien les « documents nécessaires », mais il lui fut impossible de poursuivre son voyage. « Souffrant de gelures au nez et aux oreilles, selon Sergueï Alliloulïev, il ne pouvait se rendre nulle part et regagna Novaya Ouda. » Sans aucun doute, ses amis les droit-commun le réchauffèrent dans les estaminets de la ville frontière tandis qu'il préparait sa deuxième évasion.

Sosso écrivit à Keke et elle « lui confectionna les vêtements adéquats et les lui envoya dès qu'elle le put. Sosso s'échappa ainsi vêtu ». Il s'était installé dans une autre maison appartenant à Mitrofan Koungarov qui, le 4 janvier 1904, le fit sortir de Novaya Ouda. S'étant armé d'un sabre, Staline trompa Koungarov en lui déclarant qu'il voulait simplement se rendre non loin de là, à Jarkovo, pour se plaindre du chef de la police. Koungarov était certainement un de ces conducteurs de traîneau ivrognes qui exigent d'être payés en vodka à chaque halte. « Nous avons voyagé avec des températures de moins quarante, se rappelait Staline. Je m'enveloppai dans des fourrures. En chemin le cocher ouvrit vraiment son manteau pour laisser le vent glacial souffler sur son ventre presque nu. Apparemment l'alcool lui réchauffait le corps : quels gens pleins de santé ! » Mais quand le paysan comprit que Staline s'enfuyait, il refusa de l'aider et arrêta le traîneau. « À cet instant, dit Staline, j'ouvris mon manteau de fourrure et lui montrai le sabre en lui ordonnant de poursuivre la route. […] Le paysan soupira et lança les chevaux au galop[1] ! »

Sosso était donc parti. Il espérait, car on était proche de l'Épiphanie orthodoxe, que les policiers seraient tous occupés par la

1. En 1934, les enfants qui avaient fourni le pain pour l'évasion écrivirent à Staline ; il leur répondit et leur envoya un cadeau : un poste de radio et un gramophone. En 1947, Koungarov alors pensionné écrivit : « Généralissime de l'Union soviétique, Camarade J. V. Staline, je m'excuse profondément de vous importuner mais en 1903 vous viviez chez moi et, en 1904, je vous ai personnellement conduit à Jarkovo sur le chemin de la gare de Tyret, et lorsque la police m'a interrogé j'ai menti pour vous en disant que je vous avais amené à Balagansk. Pour cela on m'a emprisonné et j'ai reçu dix coups de fouet. Je vous demande de m'aider. » Il est fort peu probable que Koungarov ait inventé cela, mais Staline lut la lettre et dit ne pas se souvenir de ces incidents ; il demanda à Koungarov davantage de détails. Il se peut que les souvenirs de Staline de son premier exil aient été moins vifs, mais il est plus vraisemblable qu'il ait tenu grief à Koungarov d'avoir refusé de l'aider dans sa fuite.

célébration des festivités. « L'exilé Iossif Djougachvili s'est échappé ! Des mesures appropriées sont prises pour le retrouver ! » télégraphia la police locale. Staline atteignit la gare de Tyret et il se pourrait qu'il fût allé jusqu'à Irkoutsk avant de revenir par le Transsibérien.

Même pendant les fêtes religieuses, les gares de Sibérie étaient surveillées par des gendarmes en uniforme et des spectres de l'Okhrana, parfois des professionnels, souvent des informateurs indépendants, à la recherche de détenus en cavale. Mais Staline ne s'était pas simplement procuré les papiers habituels, il avait aussi la carte d'identité d'un agent de police. Dans cette lointaine Sibérie (comme dans le Caucase), il était possible d'acheter toutes sortes de documents, mais celui-ci était particulier. Staline se vanta que, dans l'une de ces gares, un vrai indicateur était sur ses talons et le suivit jusqu'au moment où il s'approcha d'un gendarme et, montrant sa fausse pièce d'identité, lui désigna l'indicateur comme un déporté en cavale. Le gendarme arrêta l'homme qui protestait tandis que Staline prenait tranquillement le train pour le Caucase. Cette histoire montre les profondeurs obscures dans lesquelles Staline s'épanouit. Si Sosso avait vraiment été au service de la police, il est peu probable qu'il eût raconté cette histoire ou il se pourrait qu'il l'eût inventée. Mais elle ajouta à n'en pas douter à la mystique (et au caractère soupçonneux) de cet as de la conspiration.

Moins de dix jours plus tard, il était de retour à Tiflis. Quand il débarqua chez des amis, ils eurent quelque mal à le reconnaître car il avait beaucoup maigri en Sibérie.

« Vous ne me reconnaissez donc pas, bande de lâches ! » dit-il en riant ; alors ils l'accueillirent joyeusement et lui louèrent une chambre.

Staline n'aurait pas pu arriver à meilleur moment. En ce mois de janvier 1904, la Russie bascula dans la guerre. Les Japonais attaquèrent la flotte russe à Port Arthur, en Extrême-Orient. L'empereur et ses ministres étaient convaincus que les Japonais, ces « singes » primitifs, ne pourraient vaincre les Russes civilisés. Cependant, l'armée de Nicolas II était archaïque, ses soldats d'origine paysanne mal équipés et ses commandants une pitoyable bande de copains.

« Je me souviens, raconta un compagnon de chambre de Staline, qu'il lisait alors l'histoire de la Révolution française. » Il savait comment la guerre et la révolution, ces chevaux de l'Apocalypse, allaient souvent de concert.

La Géorgie était en pleine ébullition. « Les Géorgiens sont une telle nation politique, songea Staline plus tard, je ne pense pas qu'il y ait un seul Géorgien vivant qui ne soit membre d'un parti politique. » Les jeunes Arméniens s'associaient aux Dachnaks, les Géorgiens aux sociaux-fédéralistes, et beaucoup d'autres aux mencheviks, aux bolcheviks, aux anarchistes ou aux socialistes-révolutionnaires qui menaient une violente campagne terroriste contre le tsar et ses ministres.

Le retour du brutal Sosso ne réjouit pas tous ses camarades, et ses ennemis conçurent un plan pour s'en débarrasser. L'orthodoxie marxiste de Staline posait un problème : Lénine avait vaincu les bundistes parce qu'il croyait en un parti internationaliste pour tous les peuples de l'Empire. Jordania lui-même prêchait le marxisme pour toute la région du Caucase. Cependant le jeune Staline, toujours fidèle aux rêves romantiques de ses poèmes, insistait de manière originale pour un parti social-démocrate géorgien. Ses adversaires l'accusèrent donc de tendances bundistes et de n'être en rien un internationaliste marxiste. À cette époque, Staline adaptait Marx selon son propre instinct. Il citait le philosophe allemand, remarqua David Saguirachvili, « mais toujours à sa façon particulière ». Défié lors d'une réunion, Sosso « ne fut pas du tout troublé », et dit simplement que « Marx est le fils d'un âne. Ce qu'il a écrit devrait être écrit comme je le dis ! ». Et, sur ces mots, il sortit en trombe.

Heureusement Staline était vigoureusement défendu par le premier bolchevik de Géorgie, Mikha Tskhakaïa, un des fondateurs du *Messame Dassi*, qui soutenait à présent l'approche radicale de Lénine. Staline respectait l'énergique Tskhakaïa, son aîné barbichu, idéologue grave. Plus tard il se moqua de lui, mais demeura aussi reconnaissant que pouvait l'être un homme qui considérait « la gratitude comme une maladie canine ».

Tskhakaïa plaida pour Staline, lui épargnant l'exclusion, mais il lui imposa une nouvelle introduction au marxisme. « Je ne peux pas te confier grand-chose, lui dit-il. Tu es encore trop jeune et tu as besoin d'une base solide d'idées stables – ou tu auras des difficultés. »

Tskhakaïa le présenta à un jeune intellectuel arménien du nom de Danech Chevardian pour que celui-ci lui apprît la « nouvelle littérature ». De son côté, Tskhakaïa, dira Staline plus tard en riant, « commença notre instruction par la création des planètes, la vie sur terre, les protéines et le protoplasme et, au bout de trois heures, nous en arrivâmes enfin à la société esclavagiste. On avait du mal à rester éveillés et on commençait à somnoler ».

Cependant les anecdotes de Staline cachaient une vérité humiliante : Tskhakaïa lui ordonna de rédiger un *Credo* de renonciation à ses idées hérétiques. L'Arménien le lut et se déclara satisfait. On en distribua soixante-dix exemplaires[1]. Staline fut pardonné, mais Tskhakaïa lui dit qu'il devait « prendre du repos » avant d'obtenir une mission qui lui permettrait de se racheter.

Sosso profitait de manière éhontée de ses amis. « S'il se rendait dans la famille d'un individu », se rappelait Mikhaïl Monosselidze, ex-séminariste ami de Kamo et de Svanidze, « il se comportait comme s'il en était un des membres. S'il remarquait qu'elle avait du vin, des fruits ou des douceurs qu'il aimait, il ne se gênait pas pour dire : "Eh bien, quelqu'un m'a dit que l'on m'avait invité à boire et à manger des fruits", et il ouvrait le buffet et se servait [...]. » Il croyait que ces gens lui devaient littéralement de quoi vivre par gratitude pour sa mission sacrée.

Il passa quelque temps avec Spandarian, son ami fortuné qui l'amena dans un cercle dirigé par Lev Rosenfeld, le futur « Kamenev », codirigeant avec Staline après la mort de Lénine, et plus tard victime du dictateur. Le père de Kamenev, riche ingénieur qui construisit la ligne de chemin de fer Batoumi-Bakou, subvenait aux besoins de son marxiste de fils. Plus jeune que Staline, quoique paraissant bien plus âgé, Kamenev, myope aux yeux bleus, portait une barbe rousse et ressemblait à un maître d'école. Il se lia d'amitié avec Staline, mais se montra toujours condescendant, jusqu'au moment où il fut trop tard. Kamenev était un bol-

1. Le *Credo* fut un des grands secrets du passé de Staline. Ce texte sape sérieusement les références léninistes de Staline et le montre plus proche des mencheviks de 1918 qui créèrent une Géorgie indépendante et des « déviationnistes » bolcheviques de 1921-1922. En 1925, alors qu'il s'efforçait de s'imposer comme successeur de Lénine, Staline commença à rechercher et à détruire tous les exemplaires existants. En 1934, il se rapprocha deux fois de Chevardian (tout d'abord par l'intermédiaire de son patron au Commissariat au Commerce, Anastas Mikoïan, puis par son vieux camarade de Tiflis, Malakia Torochelidze, recteur de l'université de Tiflis). Chevardian enterra les papiers dans son village. Pendant la Terreur, en 1937, Mikoïan et Beria furent envoyés à Erevan avec une liste de condamnations à mort visant trois cents bolcheviks arméniens. Mikoïan sauva l'un des trois cents, Chevardian, qui fut cependant arrêté. Sa famille détruisit les papiers. Chevardian fut fusillé par Beria le 24 octobre 1941, au moment de l'avance allemande. Tous ceux qui avaient reçu le *Credo* ne furent pas exécutés : Tskhakaïa demeura un des favoris.

chevik, mais très modéré, et déjà en conflit avec les têtes brûlées de Sosso.

« Je me suis souvent battu avec les intellectuels, se rappelait Kamo, et j'ai eu une querelle avec Kamenev qui ne voulait pas assister à une manifestation. » Chez Kamenev, Staline rencontra un autre vieil ami, Iossif Davrichewy, qui était allé à l'école la plus chic de Tiflis, le lycée sur la perspective Golovinski, avec Kamenev et Spandarian.

Davrichewy, qui flirtait avec le fédéralisme socialiste, fut « ravi de revoir Sosso pour la première fois depuis Gori ». Il ressemblait à Staline (et croyait être son demi-frère). « Nous parlâmes pendant des heures », dira Davrichewy, précisant avec une pointe de snobisme que Staline « ne connaissait personne à Tiflis ».

Ce n'était pas tout à fait vrai, car il voyait à présent de nombreux jeunes révolutionnaires qui dirigeraient l'URSS avec lui – ou du moins partageraient sa vie. Un jour, Sergueï Allilouïev revint de Bakou avec du matériel d'imprimerie qu'il livra chez Babe Botchoridze, un des lieux de rendez-vous préférés des révolutionnaires. « J'ai jeté un regard alentour, écrivit Allilouïev.

« Un jeune homme de vingt-trois ou vingt-quatre ans entra dans la pièce mitoyenne. “C'est l'un des nôtres”, dit Babe. “Un des nôtres”, répéta le jeune homme en m'invitant à entrer. Il me fit asseoir à la table et me demanda : “Eh bien, quelle bonne nouvelle as-tu à m'apprendre ?” »

Bien que de dix ans le cadet d'Allilouïev, le hautain Sosso imagina qu'il devait commander et donner des ordres pour le transport du matériel. Ils s'étaient déjà rencontrés en tant que conspirateurs, mais Allilouïev l'invita alors chez lui pour rencontrer son épouse, belle femme notoirement facile. Staline se plaignit plus tard que les femmes Allilouïev « ne l'eussent jamais laissé seul », et que toujours « elles eussent voulu coucher avec lui ».

13

LA TENTATRICE BOLCHEVIQUE

Les Allilouïev deviendraient la famille de Staline et l'accompagneraient de cet univers de prisons, de mort et de conspiration jusqu'aux sommets du pouvoir – pour revenir ensuite dans cet univers, du fait même de Staline.

Sergueï était un « aventurier fascinant comme ses ancêtres gitans. Il n'hésitait pas à se battre : si quelqu'un s'aventurait à maltraiter les ouvriers, il l'écrasait ». Son épouse Olga, née Fedorenko, « une vraie beauté aux yeux gris-vert et à la chevelure blonde », était une marxiste et une séductrice très portée sur le sexe. Elle « s'entichait souvent des hommes », écrivit Svetlana, sa petite-fille.

Ses parents, d'origine allemande, étaient ambitieux et durs au travail, et ils avaient de grandes espérances pour leur fille, mais Sergueï Allilouïev, alors âgé de vingt-sept ans, logeait chez eux ; ajusteur d'origines serves et gitanes, il travaillait depuis l'âge de douze ans. Olga, qui n'avait que treize ans, était promise à un fabricant de saucisses du coin, mais elle tomba amoureuse du locataire. Ils s'enfuirent ensemble. Le père, armé d'un fouet, poursuivit Sergueï, mais il était trop tard. Sergueï et Olga s'engagèrent dans le militantisme révolutionnaire tout en élevant une famille de deux filles et de deux garçons.

Nadejda, la cadette, était encore un bébé et, comme ses aînés, elle grandit avec cette nymphomane instable dans une maisonnée vouée à la cause, vibrante d'une troupe toujours changeante de conspirateurs – surtout des jeunes gens mystérieux et sombres, au goût de leur mère. Olga Allilouïeva avait un penchant pour les Géorgiens. « À l'occasion, elle entretenait une liaison avec un Polonais, puis un Hongrois, un Bulgare, voire un Turc, dit Svetlana. Elle aimait les hommes du Sud et parfois elle râlait : “Les Russes sont des lourdauds.” »

Elle accorda ses faveurs à l’envoyé de Lénine, le mélancolique Victor Kournatovski, à cette époque exilé en Sibérie, et à Staline. Son fils, Pavel Allilouïev, se plaignit, dit-on, que sa mère eût « poursuivi de ses attentions tout d’abord Staline et ensuite Kournatovski ». On rapporte que Nadia aurait dit que sa mère reconnaissait avoir couché avec les deux hommes. Svetlana, sa petite-fille, écrivit qu’Olga « avait toujours eu un faible pour Staline », mais « les enfants acceptaient cela, ces liaisons finissaient tôt ou tard, et la vie de famille poursuivait son cours[1] ».

Cela semble vraisemblable ; et ce genre de choses était courant en ces temps de révolution.

Dans la clandestinité, les révolutionnaires avaient, sous des dehors prudes, des mœurs sexuelles très libérées. Des camarades hommes et femmes mariés se retrouvaient constamment réunis dans la fièvre de leurs activités militantes.

Quand il n’était pas avec les Allilouïev, Sosso reprenait le commandement de Kamo et des autres jeunes sossoïstes. Quand il voulait qu’un ordre fût rapidement exécuté, il disait : « Je vais cracher et, avant que cela sèche, je veux vous voir de retour ! »

Kamo devint rapidement un des hommes de main les plus utiles du Parti, un expert dans l’exécution des tâches, l’installation des presses et la diffusion des tracts. Il n’écrivait jamais d’articles ni ne prononçait de discours, mais il enseignait à présent son art à d’autres jeunes ruffians. Dans ses Mémoires dépourvus de tact (mais restés inédits), Kamo révèle beaucoup de choses sur la façon dont Staline et lui vivaient à cette époque. Il découvrit que, lors de ses distributions de brochures, la meilleure cache était un bordel, « car il n’y avait pas là de spectres ! ». Il était toujours si désargenté qu’il dut pratiquement, pour survivre, se faire gigolo et se laisser entretenir. Tout d’abord il eut une liaison avec la

1. « L’affaire » refit surface lorsque Staline épousa la plus jeune fille d’Olga, Nadia. La rumeur se répandit que Staline était son père. Les deux femmes apprirent certainement cette rumeur, mais Nadia avait déjà trois ans quand Staline rencontra les Allilouïev. Entre-temps, en 1904, Sosso avait courtisé une Géorgienne de bonne famille, Nina Gourguenidze, et lui avait demandé de l’épouser. Lorsqu’elle l’abandonna et épousa un juriste d’allure minable, Sosso la maudit : « Comment peux-tu épouser ce débraillé ? » Le pauvre homme fut fusillé en 1937.

femme d'un médecin qui l'accueillit chez elle. « Souvent je me demandais pourquoi ma logeuse s'occupait de moi avec autant de zèle. Et puis j'ai eu des relations intimes avec elle. Cela m'a profondément dégoûté – mais comme je n'avais pas d'autre appartement secret, j'ai dû me soumettre et lui emprunter aussi de l'argent. »

Une autre femme, infirmière juive, lui fit également des avances auxquelles il céda : « Après je suis parti et j'ai essayé de ne plus la revoir ! » Il se peut qu'il n'ait pas été le seul à être réduit à profiter des femmes. Un biographe, qui n'indique pas ses sources mais se montre parfois bien informé, affirme que Staline engagea une liaison avec une certaine Marie Arensberg, épouse d'un homme d'affaires allemand à Tiflis, qui l'aida en lui donnant des informations pour extorquer de l'argent des commerçants.

Le grand ami de Kamo était un jeune noble, pauvre comme Job, Grigori Ordjonikidze, connu sous le nom de « Sergo ». Ayant eu une formation d'infirmier, Sergo était notoirement pugnace, coléreux, beau et exubérant – un Géorgien aux grands yeux bruns, au profil aquilin et aux moustaches extravagantes, véritable personnage de dessin animé.

« Deviens mon assistant ! lui proposa Kamo. – Assistant du prince ou de la blanchisseuse ? » ironisa Sergo, en faisant allusion au goût de Kamo pour les déguisements, colporteur avec un panier sur la tête, étudiant pauvre, prince en uniforme circassien ou, son chef-d'œuvre, blanchisseuse avec son ballot de linge sale. Sergo se rapprocha de Staline, alliance qui le conduirait au Kremlin et qui finalement entraînerait sa ruine.

Les blagues de potaches de Staline, Kamo et Sergo attirèrent l'attention de la ville. La cousine de Sergo, Minadora Torochelidze[1], se souvenait les avoir vus dans la galerie du Théâtre de la Société artistique qui présentait alors *Hamlet*. Au moment où apparut le fantôme du roi Hamlet, ils lancèrent des centaines de

1. Minadora, née Ordjonikidze, était une menchevique qui épousa un bolchevik, Malakia Torochelidze, également proche de Staline. Minadora fut la seule femme à signer la déclaration menchevique d'indépendance de la Géorgie en 1918. Après la reconquête de la Géorgie par Staline et Sergo en 1921, elle resta à Tiflis avec Torochelidze, recteur de l'université de Tiflis, l'un de ceux qui avaient reçu un exemplaire du *Credo*. En 1937, ils furent tous deux arrêtés. Par une ironie du hasard typique de la Terreur stalinienne, Minadora, la menchevique, fut relâchée, et son époux, le bolchevik, exécuté. Mais peut-être ne fut-ce pas une coïncidence : Staline l'aimait. Les Mémoires de Minadora sont inédits.

tracts vers le lustre d'où ils retombèrent en tourbillonnant sur les genoux des aristocrates et des bourgeois assis à l'orchestre. Les trois jeunes gens déguerpirent alors. Au Théâtre d'État, ils lâchèrent leurs tracts au-dessus de la tête du gouverneur adjoint.

Dans l'attente du pardon du Parti, Sosso retourna à Batoumi où les mencheviks Jibladze et Isidore Ramichvili lui réservèrent un accueil glacial. « J'entendis frapper à la porte, dit Natacha Kirtava. "Qui est-ce ? demanda-t-elle. – C'est moi ! Sosso ! – Sosso, mon Dieu ! Je t'ai envoyé une lettre à Irkoutsk. Comment as-tu fait pour te retrouver ici ? – Je me suis échappé." »

Elle accueillit son amant, qui portait l'uniforme militaire qu'il utilisait pour se travestir. La hiérarchie à la prussienne de l'empire des Romanov était une vaste boutique de costumes de carnaval pour les révolutionnaires. Lorsque Natacha annonça le retour de Sosso à ses camarades, « certains se réjouirent, d'autres non ». Ramichvili, le menchevik, accabla Staline.

« Jette-le dehors, hurla-t-il, ou nous t'exclurons du Parti. »

Staline quitta élégamment Natacha, mais Ramichvili répandit la rumeur que son évasion avait quelque chose de suspect : Staline devait être un espion au service de la police. Après avoir déménagé huit fois, toujours en uniforme de soldat, Sosso fut contraint de revenir chez Natacha, qui leva des fonds pour lui permettre de retourner à Tiflis.

« Où vas-tu, Sosso, et que feras-tu si tu échoues de nouveau ? » lui demanda-t-elle. Elle se rappelait qu'il lui avait caressé les cheveux et l'avait embrassée, en lui disant : « N'aie pas peur ! »

Un cheminot lui prêta un autre uniforme – « la casquette à visière, la tunique et la torche d'un contrôleur de train », dira l'homme qui le laissa souvent voyager gratuitement entre Tiflis et Batoumi. Mais Staline n'oublia pas Natacha. Une fois à Tiflis, il lui écrivit en employant un code pseudo-médical pour l'inviter à le rejoindre. « Sœur Natacha, tes médecins du coin sont ridicules ; si ton mal se complique, viens ici où il y a de bons docteurs. »

« Je ne pouvais pas partir, dit-elle, pour des raisons familiales. » Son mari était-il revenu ? Staline fut furieux.

Philippe Makharadze, bolchevik plus âgé et fondateur du Troisième Groupe, et lui étaient occupés à cette époque à éditer le journal géorgien du Parti, *Proletariatis Brdzola* (« La Lutte prolétarienne »), organe clandestin auquel ils collaboraient, à Tiflis où ils l'imprimaient sur leur presse clandestine du quartier ouvrier d'Avlabar. Mais il retourna à Batoumi en avril et y demeura un mois, autre séjour malheureux.

Lors d'une célébration du 1er Mai au bord de la mer, Staline apparemment se querella avec des gens du coin, probablement des mencheviks, ce qui déboucha sur une bagarre avinée entre marxistes au cours de laquelle il fut battu comme plâtre.

Il rencontra Natacha Kirtava, qui avait décliné sa proposition de vie commune. « Je me suis précipitée pour le saluer, écrivit-elle. Mais le colérique Sosso me cria : "Éloigne-toi de moi[1] !" »

Contusionné et ostracisé à Batoumi, traqué par les gendarmes à Tiflis, Sosso se retira à Gori où il se cacha chez son oncle Gueorgui Gueladze et où il vit vraisemblablement Keke. Davrichewy dit qu'il obtint à Gori de nouveaux papiers au nom de « Petrov », un autre de ses nombreux pseudonymes.

À la fin de juillet, Tskhakaïa envoya Staline en Géorgie occidentale, dans les anciennes principautés d'Imérétie et de Mingrélie, où il devait former le nouveau Comité imérétien-mingrélien. Il partit pour Koutaïssi, ville provinciale de trente mille « conducteurs de cabriolet, policiers, taverniers, bureaucrates blafards et nobliaux oisifs ». C'était là une tâche vitale parce que les paysans de l'ouest, en particulier en Gourie, étaient politisés comme nulle part ailleurs dans l'Empire. Ce pays lointain de « montagnes, de vallées marécageuses et de rondes collines couvertes de champs de blé, de vignobles et de plantations de thé » bouillonnait alors d'idées de rébellion. Aidé par le Prince rouge, Sacha Tsouloukidze, et d'un nouvel ami, un jeune comédien rondouillard et grandiloquent nommé Boudou Mdivani, « la Barrique », Staline allait connaître là une période heureuse comme révolutionnaire à une époque des plus étranges : la guerre contre le Japon saignait l'Empire à mort. En juillet 1904, les terroristes de la Brigade combattante des SR assassinèrent, dans un attentat à la bombe, Plehve, ministre de l'Intérieur à poigne auquel succéda un aristocrate sans expérience, le prince Sviatopolk-Mirski. Grèves et troubles s'étendirent alors que Mirski tentait une malheureuse politique d'assouplissement.

Les villages de Géorgie occidentale étaient déjà embrasés. Au cours de la jacquerie qui s'ensuivit, les paysans attaquèrent la

1. Kirtava devint une responsable du Parti et une fervente stalinienne à Batoumi. Ses Mémoires sont rédigés dans le pur style bolchevique abscons et rigide, mais dans les années 1930 elle n'hésita pas à rapporter comment elle avait repoussé Staline et combien cela l'avait rendu furieux. Cette histoire est restée inédite à ce jour.

noblesse, s'emparèrent de terres et chassèrent la police du tsar. Staline commença un périple mouvementé à travers le Caucase, quittant Tiflis plus de dix fois pour organiser la Révolution et lever des fonds, allant de Koutaïssi à Vladikavkaz et Novorossisk. L'Okhrana remarqua son retour à Tiflis et écrivit en octobre : « Djougachvili s'est échappé d'exil et se trouve être à présent un des dirigeants du parti ouvrier géorgien. » Les gendarmes essayèrent de lui tendre une embuscade à Tiflis, mais on le prévint et il s'échappa. Arrêté de nouveau avec Boudou Mdivani et enfermé à la prison Ortatchala à Tiflis, il s'évada avec son nouvel ami. La police leur tira dessus mais Boudou couvrit Sosso de son corps !

En Géorgie occidentale, il voyagea armé de cannes et de matériel de pêche à la ligne et, lorsque la police locale l'arrêtait, il expliquait qu'il n'était qu'un simple pêcheur. En septembre et en décembre, il prit le train pour sa première visite à Bakou, la ville pétrolière, où les presses d'imprimerie bolcheviques mobilisèrent les ouvriers pour un débrayage en décembre. Les ouvriers remportèrent la victoire.

Alors même que les sociaux-démocrates auraient dû s'unir, ils se déchiraient entre eux. Tandis que les bolcheviks se consacraient à leur avant-garde révolutionnaire, Jordania et les mencheviks en appelaient habilement aux paysans géorgiens révoltés en leur proposant ce qu'ils désiraient le plus : des terres. Sosso semait la discorde dans sa base de Koutaïssi en maniant avec une telle subtilité calomnie, mensonge et intrigue, qu'un menchevik local écrivit à un membre du Comité une lettre, document rare, qui dévoile brillamment le caractère et le style de Staline :

> *Le camarade Koba [Staline] vous a dit que nous étions contre vous et exigions votre éviction du Comité [écrivit le menchevik Noé Khomeriki], mais je promets que rien de tel ne s'est passé et que tout ce que Koba vous a dit est un odieux mensonge ! Oui, une calomnie pour nous discréditer ! Je m'étonne de l'impudence de cet homme. Je sais combien il est indigne, mais je ne m'attendais pas à un tel « courage ». Mais il apparaît que tous les moyens lui seront bons si les fins les justifient. Son objectif dans ce cas, son ambition, est de se présenter en grand homme aux yeux de la nation. Mais […] Dieu ne lui a pas accordé les dons qu'il fallait, aussi doit-il recourir à l'intrigue, au mensonge et à d'autres « bagatelles ». Un être aussi répugnant a voulu souiller d'ordures notre mission sacrée !*

Staline déclara qu'il avait le droit d'exclure du Comité qui bon lui semblait, même s'il savait que c'était faux. Khomeriki[1] le qualifia de « don Quichotte Koba » – mais, comme si souvent, « l'impudence » éhontée de Staline l'emporta.

Ayant assuré à Lénine le contrôle en septembre 1904, Staline écrivit alors deux lettres à Davitachvili, son ami de Gori alors à Leipzig, dans lesquelles il louait Lénine, cet « aigle des montagnes », attaquait les mencheviks et se vantait que son « comité avait hésité mais qu'[il] l'avait convaincu ». Plekhanov, écrivait-il, « a perdu la boule ou fait montre de haine et d'hostilité », alors que Jordania n'est qu'un « âne ». Cet obscur Géorgien était très heureux de dénoncer les sages internationalistes du marxisme. La lettre fit son effet : Lénine entendit parler de Staline pour la première fois. « L'aigle des montagnes » le salua comme son « fougueux Colchidien[2] ».

La veille du Jour de l'An 1905, Sosso ordonna à un petit groupe de cheminots de le retrouver à l'extérieur du Club de la Noblesse sur la perspective Golovinski à Tiflis. Les libéraux de la noblesse organisaient alors une campagne de banquets pour inciter le tsar à adopter une Constitution, mais les bolcheviks méprisaient ce libéralisme bourgeois timoré. Dès que le président ouvrit le banquet, Staline, soutenu par les travailleurs, fit irruption et exigea la parole. Lorsqu'elle lui fut refusée, il sabota la soirée en criant « À bas l'autocratie ! » puis il sortit avec ses gens en chantant la Marseillaise et la Varshavyanka. Le 2 janvier, la base maritime principale du tsar en Extrême-Orient, Port Arthur, encore encombrée de soldats et d'armements, se rendit aux Japonais. Ainsi commençait l'année 1905.

1. Noé Khomeriki servit plus tard comme ministre de la Terre dans la Géorgie indépendante de 1918-1921 avant de diriger la rébellion menchevique de 1924, au cours de laquelle il fut capturé et abattu. Sa lettre fut saisie lors d'une descente de gendarmerie et demeura longtemps enfouie dans les archives. C'est un document rare car elle décrit avec une précision terrible les méthodes et les ambitions de Staline. À la fin de 1950, Beria, alors dignitaire du Politburo responsable du programme nucléaire, était en défaveur et craignait pour sa propre vie. Nous savons aujourd'hui qu'il entendit parler de cette lettre par des cercles géorgiens et, rassemblant des munitions contre Staline en cas de besoin, il demanda en secret, de façon non officielle, à un archiviste de la retrouver. Beria ne la découvrit pas et elle ne réapparut qu'en 1989.

2. La Colchide, terre de la Toison d'or, était l'ancien nom de la Géorgie, d'où le terme de Colchidien.

Le dimanche 9 janvier, alors que Staline se trouvait de nouveau à Bakou, le père Gapon, révolutionnaire et agent à la solde de la police, défilait à Saint-Pétersbourg à la tête de cent cinquante mille ouvriers qui chantaient des hymnes pour soumettre une « humble et loyale pétition » au tsar au Palais d'Hiver. Les cosaques bloquèrent la voie ; ils tirèrent deux salves d'avertissement, mais les ouvriers poursuivirent leur marche. Les soldats firent feu sur la foule et chargèrent ensuite. Deux cents ouvriers furent tués et des centaines d'autres blessés. « Il n'y a plus de Dieu, murmura le père Gapon. Il n'y a plus de tsar. »

Ce « Dimanche sanglant » ébranla tout l'Empire, déclenchant une tempête de manifestations, de massacres ethniques, de meurtres et une révolution ouverte. Des paysans incendièrent les palais et les bibliothèques de leurs maîtres – trois mille manoirs furent ainsi détruits. L'agitation gagna l'armée. « Les bataillons du tsar, écrivit Staline dans un article, s'effilochent, la marine du tsar se meurt et maintenant Port Arthur s'est honteusement rendu – le délabrement sénile de l'autocratie apparaît de nouveau. » Mais le tsar croyait encore en un miracle. Dans une des aventures maritimes les plus extraordinaires de l'histoire, il envoya sa flotte vétuste de la Baltique presque à l'autre bout du monde, par l'Afrique, l'Inde et Singapour, pour combattre les Japonais. Si le pari avait réussi, la victoire de Nicolas II aurait eu un retentissement historique.

Le tsar démit son malchanceux ministre de l'Intérieur et en nomma un nouveau qui jugea nécessaire de faire quelques concessions politiques. « On croirait, répliqua le tsar, que vous craignez qu'une révolution n'éclate. »

« Votre Majesté, la révolution a déjà commencé » – cette fameuse Révolution de 1905 que Trotski qualifierait plus tard de « répétition en costumes ». À l'époque, cela ressemblait bien à la chose, une bataille sauvage et exaltante à travers l'Empire, et plus particulièrement dans le Caucase où Staline apprenait les méthodes qu'il emploierait toute sa vie. Il se trouvait là dans son élément à se délecter de ce drame à vous glacer le sang.

« TRAVAILLEURS DU CAUCASE ! C'EST L'HEURE DE LA VENGEANCE ! » écrivit-il. « Ils nous demandent d'oublier le claquement des fouets, le sifflement des balles, les centaines de nos héroïques camarades tués et la ronde de leurs fantômes glorieux qui nous murmurent : "VENGEZ-NOUS !" »

14

1905 : LE ROI DE LA MONTAGNE

Mille neuf cent cinq commença et s'acheva par des massacres. Ce fut en cette année de révolution que le jeune Staline, pour la première fois, commanda des hommes en armes, goûta au pouvoir et s'adonna au terrorisme et au grand banditisme. Le 6 février, il était à Bakou quand des Arméniens abattirent un Tartare au centre de la ville. Les Turcs azéris – ou « Tartares » ainsi qu'on les désignait souvent – répliquèrent. La nouvelle se répandit. Les autorités qui, depuis longtemps, n'appréciaient pas les richesses et la réussite des Arméniens, encouragèrent les Azéris musulmans à descendre en masse dans la ville.

Pendant cinq longues journées, des bandes d'Azéris massacrèrent tous les Arméniens qu'elles rencontrèrent avec cette haine fanatique qui naît des tensions religieuses, de la jalousie économique et de la simple proximité. Alors qu'éclataient des pogroms antisémites partout dans l'Empire, Bakou s'enfonça dans une orgie de meurtres, d'incendies, de rapines, de fusillades et de tueries à caractère ethnique. Le gouverneur et prince Nakachidze et son chef de la police ne firent rien. Les cosaques livrèrent, pour qu'ils fussent massacrés, des Arméniens orthodoxes aux foules azéries armées par la police. Un baron arménien du pétrole se retrouva assiégé dans son palais par une foule d'Azéris qu'il tira à la carabine Winchester jusqu'au moment où il fut à court de munitions et où les assiégeants le débitèrent en morceaux. Finalement, les Arméniens, plus riches et mieux armés, commencèrent à riposter et à massacrer les Azéris.

« Ils ne savent même pas pourquoi ils s'entre-tuent », dit le maire. « Des milliers de morts gisaient dans les rues, écrivit un témoin des massacres de Bakou, et encombraient les cimetières chrétiens et musulmans. L'odeur des cadavres nous suffoquait.

Partout des femmes au regard affolé cherchaient leurs enfants et des maris retournaient des tas de chair en putréfaction. » On dénombra au moins deux mille morts.

Staline vit ces scènes infernales et apocalyptiques. Il avait constitué un petit escadron de combat bolchevique à Bakou. Il ordonna à cette bande, constituée pour l'essentiel de musulmans, de séparer les deux communautés partout où c'était possible, tout en profitant des circonstances pour dérober du matériel d'imprimerie et collecter des fonds pour le Parti par un racket de protection. Selon Essad Bey, son premier biographe, qui avait grandi à Bakou, il « se présentait au chef de famille [arménien] et l'informait gravement que l'heure était proche où sa famille tomberait sous les couteaux des musulmans, [mais] après un don aux fonds bolcheviques, Staline convoyait les marchands arméniens à la campagne ».

Ensuite Sosso rentra précipitamment à Tiflis où le danger d'un bain de sang entre Géorgiens et Arméniens ou chrétiens et musulmans était très grand. La ville était paralysée par les grèves ; la police arrêtait les révolutionnaires et les cosaques chargeaient les manifestants sur la perspective Golovinski.

Staline participa à l'organisation d'une manifestation de réconciliation pour empêcher un massacre et rédigea un tract enflammé qui, imprimé et distribué par Kamo, affirmait que le tsar utilisait « les pogroms contre les Juifs et les Arméniens [pour] asseoir son trône méprisable dans le sang, le sang innocent des honnêtes citoyens, et les gémissements des mourants arméniens et tartares ».

Staline dirigea cette manifestation le 13 février « pour lutter contre les démons qui sèment la discorde entre nous ». Il rapporta fièrement que l'on avait distribué trois mille de ses tracts et que « dans le noyau dirigeant [de la foule] un porteur de bannière avait été hissé sur des épaules pour prononcer un vigoureux discours » – à n'en pas douter cet orateur était lui-même. Mais la rancœur entre bolcheviks et mencheviks avait alors atteint son paroxysme.

Jordania, l'aristocratique dirigeant menchevik, rentra d'exil. Son immense autorité et sa politique réfléchie en faveur des paysans remportaient l'adhésion des Géorgiens qui embrassaient en nombre toujours plus grand le menchevisme. Au Comité de Tiflis, Isidore Ramichvili qui, à Batoumi, avait jeté le soupçon sur l'évasion de Staline, l'accusa ouvertement d'être un agent du gouvernement bien qu'il n'eût, semble-t-il, aucune preuve de cela. Enhardis par Jordania, les mencheviks et ensuite les bolcheviks élurent leurs propres comités.

En avril, Staline partit pour l'ouest où des bandes armées et des comités élus avaient pris le contrôle du gouvernement et de la justice, quoique certains paysans eussent pensé que « comité » était le nom d'une nouvelle espèce de tsar. Les incendies criminels et les assassinats devenaient chose banale dans une « république indépendante où la puissance policière ne pouvait entrer ». Staline écrivait frénétiquement et s'élevait dans les rassemblements de masse contre les mencheviks à Batoumi et à Koutaïssi. Lors d'un débat, « le camarade Koba fit une démonstration vigoureuse au cours d'une séance qui commença à 10 heures du soir et ne s'acheva qu'à l'aube ». Puis, tout de noir et de gris vêtu, la moustache et la barbe rasées pour passer incognito, il fut discrètement conduit dans la forêt où il se cacha jusqu'à la nuit suivante.

Chez les mencheviks, l'adversaire de Staline était Noé Ramichvili, agitateur charismatique, « vingt-cinq ans, grand, mince, aux yeux souriants et à la voix énergique ». Khariton Chavichvili, lui-même menchevik[1], vit les duellistes s'affronter comme des champions mythiques. Ramichvili arriva le premier, puis vint « le célèbre Sosso, le camarade Koba, plus petit que Ramichvili, mais tout aussi mince. Il avait l'air plus calme, plus profond, le visage plus grossier, peut-être à cause des traces de variole. Son style et ses manières étaient complètement géorgiens, cependant il y avait en lui quelque chose d'extrêmement original, de difficile à sonder, à la fois léonin et félin. Sous une apparence ordinaire, n'y avait-il pas quelque chose d'extraordinaire ? ». Chavichvili était également impressionné par l'éloquence de Staline, ou plutôt par son manque d'éloquence : « Ce n'était pas un tribun, [mais] un maître dans l'art de la dissimulation. » Il parlait « avec un léger sourire, les yeux fixes [...] de manière concise, claire, et était très convaincant », alors que Ramichvili était bien meilleur orateur. Même lorsque « le célèbre Sosso » perdait devant les mencheviks, ce qui était souvent le cas, « les ouvriers l'embrassaient avec des larmes dans les yeux ».

1. Les deux volumes de Mémoires de Chavichvili sont très précieux, mais rarement utilisés par les historiens ; ils ne furent publiés que sous forme de minces éditions en français (voir bibliographie). Chavichvili est un témoin hostile qui écrivit en exil, mais il est tout à la fois impressionné et épouvanté par le magnétisme de Staline.

Malgré la fureur que leur inspirait sa suffisance, les mencheviks juifs bouillonnaient mais se retenaient devant le calme glacial de Staline. Après un débat, il s'en prit violemment à eux : « Lénine est scandalisé que Dieu lui ait envoyé des camarades tels que les mencheviks ! Qui sont ces gens d'ailleurs ? Martov, Dan, Axelrod, des youpins circoncis. Pas possible de se bagarrer avec ces gens-là ni de faire la fête ! »

Lorsque Staline se trouvait à Koutaïssi, les mineurs de Tchiatoura tout proche firent appel à lui. Cette ville minière dans la montagne était la seule place forte bolchevique en Géorgie. Bien décidé alors à la conserver, il commença à y passer une grande partie de son temps. Au milieu de pics enneigés, de falaises escarpées et de nuages bas, Tchiatoura était en rapide expansion : la plus grande mine de manganèse de Russie fournissait environ soixante pour cent de la production mondiale. Dominés par un paysage lunaire de tas de minerai, ses trois mille sept cents ouvriers « à la peau noire » travaillaient dix-huit heures par jour dans une poussière étouffante pour des salaires de misère. Sans sanitaires ni même logements, ils dormaient au fond de la mine. « Les bêtes, écrivit Kote Tsintsadze, un tueur qui deviendrait le chef des attaques de banques de Staline, vivaient mieux que les ouvriers de Tchiatoura. »

Par une chaude journée d'été, deux mille mineurs, noirs de poussière, écoutèrent les mencheviks et ensuite Staline. Chavichvili vit comment Staline, « tacticien suprême », laissa les mencheviks s'exprimer les premiers devant un auditoire qui s'ennuyait. Lorsque son tour arriva, il dit qu'il ne voulait pas les lasser et refusa d'intervenir. « Les ouvriers l'implorèrent alors de parler », et il le fit pendant un petit quart d'heure avec « une simplicité frappante ». Il « conserva un sang-froid stupéfiant [...] ; il parla comme dans une conversation sereine et nouvelle [...] ; il semblait ne rien voir, mais rien ne lui échappait. » Il remporta le débat. Ses propos simples éclipsèrent la superbe éloquence d'intervenants plus flamboyants, mais dont les ouvriers se méfiaient. Des années plus tard, il joua le même tour à de célèbres orateurs comme Trotski. Il avait conscience de l'attirance qu'il exerçait et expliqua à Chavichvili que le menchevik était « un grand orateur, mais que votre gros canon est inutile ici quand il faut tirer à de courtes distances ».

Staline prit le contrôle de Tchiatoura, dit Chavichvili, et elle devint « la forteresse bolchevique ». « Sosso y était très puissant ; il s'entourait d'hommes deux fois plus âgés, deux fois plus cultivés, mais l'admiration et l'affection dont il se nimba lui permirent d'imposer à ses troupes sa discipline de fer. » Connu sous le nom de « Célèbre Sosso » ou du « Sergent-Major Koba », il installa une presse d'imprimerie avec l'aide de Patsia Goldava, la jeune et jolie étudiante que l'on retrouverait armée d'un Mauser en 1907, lors du hold-up de Tiflis.

Le Célèbre Sosso était le champion de la résistance armée, créant, armant et commandant les Escadrons de combat rouges, mi-partisans, mi-terroristes, partout en Géorgie. « Nous devons consacrer une grande attention à la création des Escadrons de combat », écrivit Staline, remarquable organisateur militaire et terroriste. L'expérience ne lui donna pas simplement le goût du commandement militaire, mais l'illusion qu'il avait un don pour cela.

Les mencheviks eux-mêmes s'armaient, et chargèrent le rival de Staline, Ramichvili, d'organiser leur Commission militaire technique et leurs manufactures de bombes. Vers le milieu de l'année 1905, leurs milices contrôlaient les rues et les villages de Géorgie, entre les raids des cosaques. Parfois Staline et les bolcheviks coopéraient avec les mencheviks, parfois non.

À Tchiatoura, Staline arma les mineurs et les gangsters locaux et nomma commandant Vano Kiassachvili. « Le camarade Sosso arrivait pour donner ses ordres et nous lancions l'Escadron rouge », dit Kiassachvili, qui entraînait les partisans, volait des armes et introduisait en contrebande les munitions par les montagnes. À la gare de Tchiatoura, Chavichvili observa Staline donnant des ordres à son autre chef de l'Escadron rouge, Tsintsadze, l'audacieux rouquin qui recruta comme gangsters une poignée d'étudiantes dont la plupart étaient amoureuses de lui. Les tueurs de Tsintsadze et de Staline désarmaient les soldats russes, tendaient des embuscades aux cosaques qu'ils haïssaient, attaquaient des banques et assassinaient les informateurs et les policiers « jusqu'au jour où presque toute la province se trouva entre leurs mains ». Tchiatoura, déclara Tsintsadze avec fierté, « devint une espèce de camp d'entraînement militaire ».

Sosso ne cessait d'entrer et de sortir de Tchiatoura pour diriger cette guérilla. Étrangement, lorsqu'il était là, les magnats aristocratiques des mines de manganèse le cachaient et le protégeaient. Il séjourna tout d'abord dans la demeure de Bartholomé Kekelidze, puis chez le prince Ivan Abachidze, président adjoint du Conseil des industriels du manganèse, apparenté aux princes Chervachidze et Amilakhvari et au prince David, alias Tache noire, le professeur du séminaire. (Le président actuel de Géorgie, Mikheïl

Saakachvili, se trouve être le petit-fils du prince Chervachidze.) Que se passait-il donc ?

Tous les révolutionnaires étaient, en partie au moins, soutenus financièrement par le monde des affaires et la classe moyenne, dont beaucoup de membres étaient ignorés par le régime tsariste, en tout cas empêchés d'exercer la moindre influence. En Russie même, les ploutocrates, comme le magnat du textile Savva Morozov, étaient les plus gros contributeurs des bolcheviks, tandis que chez les juristes, les directeurs d'entreprises et les comptables, c'était un symbole de statut que de faire des dons aux partis révolutionnaires. Cela était particulièrement vrai en Géorgie.

Cependant, le sens de l'hospitalité et la philanthropie n'expliquent pas tout. Staline avait probablement appris l'art lucratif du racket de protection et des extorsions grâce à ses relations dans le milieu criminel et à ses activités à Bakou et à Batoumi. À présent il promettait la sécurité en échange d'argent. Si les magnats ne payaient pas, leurs mines pouvaient fort bien être la cible d'attentats à la bombe, leurs directeurs assassinés ; et s'ils payaient, alors Staline les protégeait.

Deux de ses combattants se souviennent, dans des Mémoires restés inédits, comment Staline respectait sa part du contrat, montrant ainsi qu'il était vraiment capable de traiter avec le diable. Lorsque les magnats se faisaient voler, rapporte G. Vachadze, « ce n'étaient pas des citoyens du coin qui organisaient la traque des "criminels" mais J. V. Staline ». Des « voleurs s'en prirent au directeur d'une société allemande d'exploitation du manganèse et dérobèrent onze mille roubles », dit Nestor Roukhadze. « Le camarade Staline nous ordonna de trouver l'argent et de le rendre. Et c'est ce que nous avons fait. »

Il n'est pas étonnant que les magnats eussent préféré avoir Staline de leur côté : Tchiatoura résonnait du bruit des assassinats. « Les capitalistes, écrivit Tsintsadze, étaient si effrayés qu'ils ne tardaient pas à cracher au bassinet. » Quant aux policiers et aux indicateurs, « l'organisation de Tchiatoura avait décidé de s'en débarrasser » ; ils étaient abattus l'un après l'autre. Staline, avec ses brigands à cheval et armés de fusils dans les collines, ses journaux qui débitaient sa prose et ses interventions étonnamment impressionnantes dans les rassemblements de masse, devint le roi de la montagne. « Le camarade Koba et [le prince] Sacha Tsouloukidze, écrivit un jeune avocat bolchevique aisé, le baron Bibeneichvili, étaient notre artillerie lourde. » Mais les mencheviks l'emportaient dans le reste du Caucase.

« J'ai dû voyager tout autour du Caucase pour participer à des débats et encourager les camarades, rapporta Staline à Lénine qui résidait à l'étranger. Les mencheviks font campagne partout et il nous faut les repousser. Nous n'avons presque personne (encore trop peu, deux ou trois fois moins que les mencheviks). [...] Presque toute la ville de Tiflis est tombée entre leurs mains. La moitié de Bakou et de Batoumi. Mais les bolcheviks tiennent l'autre moitié, une partie de Tiflis et toute la région de Koutaïssi avec Tchiatoura (le district des mines de manganèse, neuf à dix mille ouvriers). Gouria appartient aux Conciliateurs qui penchent pour les mencheviks. »

Staline, écrivit un de ses adversaires mencheviques, « travaillait très énergiquement, voyageant autour de Gouria, Imérétie, Tchiatoura, Bakou, Tiflis, se démenant de tous côtés, mais son activité avait un caractère pour l'essentiel factieux et visait à salir les mencheviks[1] ». Il combattait les mencheviks avec brutalité – « Contre eux, disait-il, toutes les méthodes sont bonnes ».

Le 5 mai 1905, un nouveau vice-roi, libéral de surcroît, arriva en gare de Tiflis au son des « fanfares, au milieu de chapeaux à plumet, d'épaulettes dorées et de discours emphatiques ». Le comte Illarion Vorontsov-Dachkov, soixante-huit ans, était « éleveur de chevaux, investisseur pétrolier, héritier de grandes familles aristocratiques », et avait épousé une princesse Vorontsov qui descendait de l'une des célèbres nièces du prince Potemkine, favori de Catherine II. Ami de la famille et ex-ministre de la cour de l'empereur, c'était un homme juste et d'esprit ouvert ; une de ses premières décisions fut de nommer un libéral pour gouverner Gouria. Mais le comte Vorontsov-Dachkov arrivait trop tard et manquait de logique. Dans la sanglante bataille de Moukden en Manchourie, les armées du tsar avaient perdu des dizaines de milliers de paysans soldats sans parvenir à vaincre les Japonais. Le 27 mai, la flotte russe de la Baltique, après son voyage chimérique autour du monde au cours duquel elle n'avait réussi qu'à couler un bateau de pêche anglais dans la mer du

1. Il combattait aussi avec la plume. « Nos mencheviks sont vraiment trop pénibles ! » écrivit Staline dans un pamphlet qui les accusait de charlatanisme marxiste. Cet article est intéressant pour ses expressions et paraboles étranges : « Un jour un corbeau trouva une rose, mais cela ne prouve pas que le corbeau soit un rossignol. » Les mencheviks « nous rappellent ce voleur qui, ayant dérobé de l'argent, crie "au voleur !" ». Et il concluait : « On sait bien que la langue revient toujours toucher la dent malade. »

Nord, fut honteusement défaite par les Japonais à la bataille de Tsushima. Son amiral lui-même fut capturé. Ces désastres ébranlèrent l'Empire. Des Juifs furent massacrés dans des pogroms. Le 14 juin, l'équipage du cuirassé *Prince Potemkine de Tauride*, fleuron de la flotte de la mer Noire, se mutina.

Dans les jours qui suivirent son arrivée, le comte Vorontsov-Dachkov se trouva confronté à l'effondrement de son autorité, bandes armées à Tiflis, actes de terrorisme au dépôt de chemin de fer et autre bain de sang à Bakou. Il ne lui était guère possible de concilier ses penchants libéraux et la réalité brutale, alors même que ses généraux et ses cosaques lançaient des raids meurtriers contre les radicaux à Tiflis. Il dut bientôt faire face à une guerre ouverte, un terrorisme féroce et une explosion de mouvements sociaux. « En 1905, écrit un historien, tout le monde, des lecteurs de psaumes jusqu'aux prostituées, se mit en grève. »

Le 9 juin, Sacha Tsouloukidze, le Prince rouge bien-aimé de Staline, mourut de tuberculose. Ses funérailles à Koutaïssi attirèrent cinquante mille personnes qui suivirent le cercueil ouvert jusqu'à Khoni en chantant la Marseillaise. Bien qu'il fût recherché par les forces de l'ordre, Staline fit l'oraison funèbre, un discours enflammé qu'un spectateur pouvait encore réciter trois décennies plus tard[1].

Le Célèbre Sosso vivait à cette époque dans la fièvre – se rendant à Tiflis à l'est, à Batoumi à l'ouest, et de là à Koutaïssi, pour commander ses Escadrons de combat. « Le terrorisme prenait des proportions gigantesques », dit le baron Bibeneichvili, lui-même terroriste bolchevique. Tous les jeunes révolutionnaires, semble-t-il, bricolaient des engins explosifs, volaient des armes et pillaient les banques. « Presque tous les jours il y avait un "meurtre politique" ou un attentat contre un représentant de l'Ancien Régime. » On assassinait régulièrement en plein jour propriétaires terriens, gendarmes, cosaques, informateurs et traîtres. À Tiflis, l'ancien gouver-

1. En octobre 1940, le célèbre écrivain géorgien Chalva Noutsoubidze fut subitement libéré de prison et conduit devant Staline, qui l'admirait, l'édita et collabora à sa traduction de Roustaveli. Lors du dîner dans la résidence de Staline à Kountsevo, Noutsoubidze se souvint du discours prononcé aux funérailles de Tsouloukidze et se mit à le réciter. « Le talent extraordinaire va main dans la main avec la mémoire extraordinaire », s'exclama Staline, qui se dirigea vers son hôte et l'embrassa sur le front. Pour toute cette histoire, voir *Staline : la cour du Tsar rouge*.

neur général Golitsyne avait survécu, simplement parce qu'il portait une cotte de mailles, à un attentat organisé par des Arméniens du parti Dachnak. Le vice-roi rapporta à l'empereur que cent trente-six officiels avaient été tués et soixante-douze blessés entre février 1905 et mai 1906. À travers l'Empire, trois mille six cents fonctionnaires ou représentants de l'empereur furent tués ou blessés – chiffres officiels probablement très en dessous de la vérité. À Bakou, le gouverneur, le prince Nakachidze, fut tué par les Dachnaks, et son chef de la police par un homme de main bolchevique.

« Il y avait une forte concurrence entre les partis dans leurs gesticulations terroristes », expliqua Davrichewy, l'ami de Staline. À Koutaïssi, Sosso ordonna à son Escadron de combat d'obtenir des armes en pillant l'arsenal de la ville. Les hommes louèrent une maison à proximité et commencèrent à creuser un tunnel qui, malheureusement, s'écroula.

Après le Dimanche sanglant et une série de massacres à Tiflis, les cosaques étaient particulièrement détestés. Staline ordonna à Kamo et à ses terroristes de les attaquer. Entre le 22 et le 25 juin, les cavaliers du tsar firent l'objet de cinq attentats à la bombe.

Dans son palais blanc de Tiflis, le vice-roi sexagénaire, ses rêves détruits, était au bord de la dépression nerveuse, tandis que là-bas, très loin de lui, Staline, pris dans la tourmente révolutionnaire, s'épanouissait dans une atmosphère bouillonnante de lutte sans merci. Les brigands et les assassins illettrés comme Kamo prospèrent toujours dans les périodes où la loi ne règne plus, mais Staline était un être particulier – aussi compétent dans l'art du débat, de l'écriture et de l'organisation que dans celui des coups de main et des hold-up. Le commandement, l'exploitation et la provocation de troubles étaient tout ce dans quoi il excellait. Le vice-roi déclara la loi martiale et confia le pouvoir à ses généraux.

Un jour, un jeune pope du village de Tseva, entre Tchiatoura et la gare de Jiroual, se trouvait au bazar lorsqu'un inconnu le salua. « Je suis Koba de Gori, dit l'individu. Je ne suis pas ici pour faire des emplettes. J'ai à vous parler affaires. » Entraînant le père Kassiane Gatchetchiladze à part[1], Staline lui dit savoir

1. Les Mémoires du père Kassiane Gatchetchiladze furent rédigés en secret du vivant de Staline et légués au petit-fils du prêtre qui prit contact avec moi après m'avoir entendu parler de mon projet à la télévision géorgienne. Le récit de ses convois de chevaux à travers le pays, de ses déplacements et de sa conversation trouve un écho dans d'autres sources.

qu'il possédait quelques ânes et lui demanda comment traverser les collines pour se rendre à Tchiatoura, ajoutant : « Personne ne connaît cette région mieux que vous. »

Le prêtre comprit alors que le sinistre étranger savait beaucoup de choses sur lui et sur sa jeune famille. Il remarqua également que le tueur à gages et le massacreur de policiers de l'Escadron rouge local montaient la garde à l'extérieur du bazar. « Il n'y avait pas alors de forces de police à Tseva – l'Escadron rouge tenait les choses en main. » « Koba de Gori », manifestement un chef rouge, exigea poliment d'utiliser les ânes du prêtre et offrit la somme considérable de cinquante roubles pour établir un itinéraire à travers les collines. L'argent calma les inquiétudes de Gatchetchiladze.

Staline insista pour lui offrir un verre dans la taverne locale.

« On vous informera à l'avance de ma venue, dit-il avant de disparaître. Mon père, ne soyez pas en retard : je veux faire le voyage aller-retour dans la journée. Nous sommes jeunes tous les deux. »

Le pope fut rapidement averti. Staline revint avec deux hommes de main qui aidèrent à charger les ânes de sacoches qui contenaient de l'argent, des presses d'imprimerie et probablement des munitions. Staline savait que les trains pour Tchiatoura étaient souvent fouillés et avait conclu que c'était la façon la plus sûre d'atteindre la « forteresse bolchevique ».

Le prêtre et l'ex-séminariste, qui avaient exactement le même âge, bavardèrent en chemin. Parfois, sous un arbre, Staline laissait sa tête reposer sur les genoux du prêtre pour faire un somme. Pendant la dictature de Staline, le père Gatchetchiladze regretta de n'avoir pas assassiné son compagnon, mais à l'époque « il impressionnait tout le monde. Je l'aimais même – il était réservé, sérieux et correct. Il me récita même des poèmes », en précisant qu'ils étaient de lui. Ainsi il était toujours fier d'être poète.

« Certains de mes poèmes ont même été publiés dans les journaux », se vanta Staline qui parlait rarement de politique, mais qui déclara : « La police est à mes trousses parce qu'un de mes amis s'est bagarré à Tchiatoura à propos d'une fille – et que je l'ai un peu trop défendu. » Il exhiba son bras raide comme preuve de cette rixe (donnant ainsi une nouvelle version de son handicap). Staline récitait le Benedicite avant les repas. « Vous voyez, je m'en souviens encore », disait-il dans un rire. Et il chantait tout en marchant. « La musique a un tel pouvoir pour vous reposer l'âme ! » remarqua-t-il.

Un paysan invita le prêtre et le révolutionnaire à festoyer. Staline, un peu éméché, chanta d'une voix « si douce et si veloutée » que les paysans voulurent « le marier à leur fille ».

Gatchetchiladze le complimenta : « Vous auriez été un grand prêtre. »

« Moi, le simple fils de cordonnier, je concourais avec des enfants de nobles et je leur étais supérieur à tous. »

Lorsqu'ils arrivèrent à Tchiaroura, Staline disparut avec les sacoches dans le bazar et les rapporta vides : « Maintenant au moins je peux reposer la tête sur elles dans le train du retour », dit-il.

Ainsi, en 1905, sa vie clandestine ressemble à une scène tirée d'un film de bandits mexicains, car en cet été révolutionnaire, accompagné d'un prêtre improbable, il convoyait vers Tchiatoura, à travers un paysage de collines brûlées par le soleil, des « mules » chargées de munitions et d'argent volés.

À Tiflis, les cosaques et les terroristes se battaient pour le contrôle des rues. Des milliers de personnes se rassemblaient chaque jour à l'hôtel de ville sur la place Erevan, conspuaient le conseil municipal et proposaient des mesures toujours plus radicales. Le 29 août, un rassemblement public d'étudiants, qui discutaient de la proposition de Nicolas II d'un Parlement de compromis qui portait le nom du ministre de l'Intérieur Bouliguine, fut brutalement dispersé par les cosaques qui pénétrèrent dans la salle en tirant. Soixante personnes furent tuées et on compta deux cents blessés.

Staline rentra précipitamment à Tiflis pour rencontrer son allié Chaoumian et préparer une riposte sur le papier et à la dynamite. Il rédigea un tract, se rendit rapidement à Tchiatoura et revint à temps pour coordonner une vengeance spectaculaire prévue pour le 25 septembre. « Au retour de Staline, dit Davrichewy, le signal fut donné – une lanterne rouge allumée au sommet de la Montagne sacrée. Vers 8 heures du soir, les gangsters ouvrirent le feu devant les casernes principales [...]. Lorsque les cosaques sortirent au galop, des grenades furent jetées au milieu de ces massacreurs d'enfants. » Les terroristes de Staline lancèrent neuf attaques simultanées.

Les tueurs et les agitateurs bolcheviques et mencheviques coopéraient déjà dans les rues. Le 13 octobre, Staline et les bolcheviks rencontrèrent les mencheviks et s'accordèrent pour coordonner politique et terrorisme afin de renforcer la pression sur le régime autocratique qui semblait sur le point de s'effondrer. Partout dans l'Empire, des travailleurs et des soldats élisaient des conseils ou « soviets », le plus célèbre étant celui de Saint-Pétersbourg. Les paysans se livraient au pillage dans les campagnes, et le 6 octobre une grève sur la ligne de chemin de fer Moscou-Kazan dégénéra en une cessation complète d'activité dans tout l'Empire. Le tsarisme semblait bien fini.

« L'orage qui gronde, écrivit Sosso, éclatera en Russie d'un jour à l'autre en un puissant déluge purificateur qui emportera tout ce qui est archaïque et pourri. »

À Saint-Pétersbourg, Nicolas lui-même, qui avait autant de sens politique qu'une pierre, comprenait qu'il était sur le point de perdre son royaume. Il était prêt à signer la paix avec les Japonais, mais faire des concessions politiques était contraire à ses convictions les plus profondes en matière d'autocratie sacrée. Il jalousait et haïssait ses ministres les plus capables, mais sa mère et ses oncles l'obligèrent à consulter le brillant ancien ministre des Finances, Sergueï Witte. Avant de partir pour Portsmouth, en Angleterre, afin de faire la paix avec le Japon sous l'égide du président des États-Unis, Theodore Roosevelt, Witte recommanda avec force au tsar, qu'il méprisait, d'accorder une Constitution. Nicolas II hésita, puis il demanda à son cousin le grand-duc Nikolaï Nikolaïevitch, homme de haute stature et d'allure martiale, de devenir dictateur militaire.

Alors que le régime des Romanov vacillait, Staline, lui, jouait au chef de gang et répandait la mort dans les ruelles perdues de Tiflis.

15

1905. COMBATTANTS, GAMINS ET COUTURIÈRES

Une nuit à Tiflis, à la fin de 1905, Iossif Davrichewy, l'ami de Staline originaire de Gori, qui dirigeait à présent l'aile armée des sociaux-fédéralistes géorgiens, entendit des gens qui se battaient dans une ruelle au pied de la Montagne sacrée. Il trouva Kamo, l'exécuteur de Staline, qui menaçait de son pistolet un Arménien inconnu.

« Si tu ne remets pas les billets dans le coffre dont tu avais la garde, tu es un homme mort ! disait Kamo. Penses-y ! Je compte jusqu'à trois. Un... deux... fais gaffe, l'ami... trois ! »

Davrichewy se précipita et retint le bras de Kamo. « Pas ici, imbécile. Pas dans ce coin. Tu sais bien que nous tenons tout par ici. » Sa milice contrôlait les rues, mais Kamo, « surexcité », se libéra et tira à trois reprises sur l'homme. « À la troisième détonation, dit Davrichewy, nous avons pris tous les deux la fuite. » La victime à l'agonie s'effondra sur le trottoir. « Au nom de Dieu, pourquoi mets-tu donc ton nez dans nos affaires ? » demanda Kamo lorsqu'ils furent en sécurité. « Koba sera furieux – tu sais qu'il n'est pas toujours commode. » Davrichewy était, lui aussi, fort mécontent : « son » quartier grouilla bientôt de policiers. Mais l'affaire ne s'arrêta pas là.

Staline envoya Kamo inviter Davrichewy à une discussion. Lorsqu'ils se retrouvèrent, Davrichewy lui « reprocha d'avoir tué l'Arménien dans le quartier où [ils maintenaient] la sécurité ».

« Écoute, répondit Staline calmement, ne t'inquiète pas pour nous. Kamo a fait ce qu'il fallait et tu devrais faire de même. Bon, j'ai une proposition pour toi : rejoins-nous. Quitte les Fédéralistes. Nous sommes de vieux Goreli, j'admire et je me souviens de nos jeux. Viens pendant qu'il est encore temps. Sinon... – Sinon, quoi ? » demanda Davrichewy.

Staline « ne répondit pas, mais ses yeux se plissèrent et son expression se fit dure ».

Juste à cette époque où d'importants événements secouaient le monde, Staline entra dans la vie d'une famille autre que les Allilouïev et dont la destinée allait se mêler à la sienne. Il demanda à son protégé, Svanidze, de lui trouver un endroit où vivre[1]. Svanidze, intelligent, blond et aux yeux bleus, connaissait l'endroit adéquat. L'appartement, dans une maison de ville, 3 rue Freilinskaïa, se situait juste derrière le quartier général militaire, au centre de Tiflis, près de la place Erevan. Il présentait de nombreux avantages : tout d'abord il abritait de jolies et jeunes Géorgiennes. Les trois sœurs de Svanidze, Alexandra (Sachiko), Maria (Mariko) et Ekaterina (Kato), dirigeaient une maison de confection prospère, l'Atelier Hervieu, du nom de sa couturière française, madame Hervieu, où l'on faisait robes et uniformes.

Les jeunes filles étaient de Racha, en Géorgie occidentale, ville connue pour ses beautés aimables et placides. Sachiko avait récemment épousé Mikhaïl Monosselidze, un bolchevik qui connaissait Staline depuis le séminaire, mais les deux autres sœurs étaient célibataires. La cadette, Kato, était une brunette bien roulée, d'une « beauté ravissante ». Leur présence faisait de l'atelier un lieu enjoué et très féminin.

Un jour, Svanidze prit Monosselidze à part et lui « dit qu'il voulait amener le camarade Sosso Djougachvili vivre chez [eux] et il [lui] demanda de ne pas en dire un mot à [ses] sœurs ». Monosselidze accepta.

« Et ainsi, en 1905, Aliocha invita à séjourner chez nous un type que tout le monde considérait comme le chef de la faction bolchevique », écrivit sa femme, Sachiko. « Il était pauvrement vêtu, mince, le teint olivâtre, le visage légèrement grêlé, plus petit que la moyenne : c'était Sosso Djougachvili. »

« Notre demeure, se souvint Mikhaïl Monosselidze, échappait aux soupçons de la police. Tandis que mes compagnons se livraient à des activités illégales dans une pièce, ma femme ajustait

1. Staline connaissait les Svanidze autrement que par Aliocha. Simon Svanidze, le père d'Aliocha et de ses trois sœurs, était professeur à Koutaïssi ; la mère, Sipora, appartenait au clan noble des Dvali. Le cousin de Sipora, un Dvali, était chef de la police à Koutaïssi. Les Svanidze et Dvali, le chef de la police, cachèrent Staline à la police secrète, autre exemple qui illustre combien les liens entre Géorgiens étaient plus importants que la loyauté à l'État.

les robes des épouses de généraux dans la pièce voisine. » Le salon d'attente était habituellement envahi de comtes, de généraux et d'officiers de police – ce qui faisait du lieu une résidence et un quartier général parfaits pour un patron de la pègre. Staline organisa nombre de ses réunions criminelles et terroristes dans l'atelier de madame Hervieu. Il cachait ses documents secrets à l'intérieur des mannequins de mode.

« Sosso, rapporta Sachiko, restait des jours entiers assis à écrire des articles pour *Brdzola* et le journal *Akhali Tskhovreba* (« La Vie nouvelle »), dirigé par Monosselidze. Le soir, il terminait son travail et disparaissait, pour ne revenir qu'à 2 ou 3 heures du matin. » Le quartier général de Staline était l'hôpital Mikhaïlovski sur la berge de la Koura où il utilisait une presse d'imprimerie au sous-sol. En ces temps de danger, nota Davrichewy, il se montrait « toujours prêt à sortir son revolver ». Mais l'époque se prêtait aussi aux jeux cruels de Staline et au flirt.

Lorsque Pimen Dvali, un cousin bolchevique des Svanidze, séjournait chez eux, il passait son temps à dormir. « Que peut-on faire de lui ? » grommelait Staline qui se mettait à le secouer. Dvali s'éveillait. « Tu as été dérangé ? lui demandait alors Staline avec ironie. – Mais non, cher Sosso », répliquait l'ensommeillé qui retombait dans sa torpeur. Staline « se dirigea vers Pimen, roula des feuilles de papier à cigarettes qu'il glissa entre ses orteils – et qu'il enflamma. Les orteils de Pimen brûlèrent et il fit un bond. Nous éclatâmes de rire[1] ! ».

Staline s'installait et lisait des brochures socialistes ou des romans aux trois sœurs et aux couturières, dit Sachiko, « ou bien il racontait des blagues, faisait l'imbécile ou taquinait de nouveau le somnolent Pimen ». Une fois, lorsque les parents des jeunes filles vinrent leur rendre visite de Koutaïssi, « il chanta une mélodie romantique avec une émotion si grande que tous en furent enchantés, même s'ils voyaient bien que c'était un dur entière-

1. Les Mémoires de Sachiko Svanidze et de son époux Monosselidze sont très précieux. Ils furent transcrits dans la première moitié des années 1930, alors que Staline était déjà dictateur, mais ils sont d'une sincérité étonnante. Les Mémoires de Sachiko sont inédits ; des extraits des Mémoires de Monosselidze ont été utilisés dans la littérature du culte stalinien, mais la plupart des souvenirs rapportés furent jugés inconvenants. À cette époque, 1905-1906, les bolcheviks qui arrivaient de province rendaient compte à Staline à sa base à l'hôpital, mais les dirigeants, Chaoumian, Spandarian, Abel Enoukidze (lui aussi de Racha) et Boudou « la Barrique » Mdivani étaient des hôtes réguliers des Svanidze, ainsi que Kamo et Tsintsadze, les tueurs de Sosso.

ment dévoué à la Révolution », dit un cousin de Kato. Fidèle à lui-même, il continuait à jouer au jeu malicieux du pouvoir. Un jour, les couturières exigèrent de meilleurs salaires. « Mon épouse et Kato furent abasourdies, explique Monosselidze, car ces femmes travaillaient dans de bonnes conditions. Mais ensuite tout devint clair : Sosso les avait remontées. Cela nous amusa beaucoup, ainsi que Sosso. »

Kato, la plus jeune et la plus jolie, était tout particulièrement sous le charme.

Très loin de l'atelier de Sosso à Tiflis, à la cour des Romanov, le grand-duc Nikolaï dit à l'empereur qu'il préférait se tuer que de devenir dictateur militaire. Il ne restait que peu de choix à Nicolas II. Le 17 octobre, il acceptait avec rancœur d'accorder à la Russie sa toute première Constitution, un Parlement élu, la « douma impériale », et une presse libre. Il ne tarda pas à regretter cette générosité : son Manifeste précipita une explosion de troubles enthousiastes et de violences sauvages dans tout l'Empire.

Le lendemain, sur la Caspienne, Bakou, la poudrière pétrolière, s'embrasa au sens propre et au sens figuré. Les Arméniens, menés par des Dachnaks bien armés, se vengèrent des pogroms de février, et se répandirent dans les campagnes pour massacrer les villageois azéris. Bientôt les gisements pétroliers flambèrent. En Russie même, trois mille Juifs furent massacrés dans une orgie de pogroms qui atteignit son paroxysme dans les rues d'Odessa.

Staline était sur les boulevards de Tiflis : « Des foules de manifestants, brandissant les étendards de la révolution et de la Géorgie libre, envahissaient les rues. Une foule immense s'assembla devant l'opéra et, sous un ciel éclatant d'un vert émeraude, chanta les hymnes de la liberté », se rappelait Iossif Iremachvili. L'excitation était « si grande », se souvenait un autre participant, « qu'une femme richement vêtue retira sa robe rouge [...] et en fit un drapeau rouge improvisé ». Iremachvili repéra son ami Staline. « Je le vis grimper sur le toit d'un tramway et gesticuler tout en s'adressant à la foule. » Mais l'enthousiasme de Staline était tempéré par sa méfiance à l'encontre des concessions du tsar ; si on le bousculait un peu plus fort encore, le trône pourri de l'autocratie ne manquerait pas de s'effondrer.

La douma était « une négation de la révolution du peuple », écrivit Staline. « Détruisez ce piège et lancez une lutte sans merci contre les libéraux ennemis du peuple. » L'empereur avait perdu la Russie – et pour la récupérer, il devrait tout recommencer et « conquérir l'immense Russie une deuxième fois ».

Staline et ses amis, les Svanidze et les Allilouïev, vivaient des temps exceptionnels. Le vice-roi ne contrôlait que le centre de Tiflis et ses garnisons ; dans le reste de la ville, « des ouvriers en armes patrouillaient dans les rues comme des milices populaires, dit Anna Allilouïeva. Leurs rangs enflaient avec la venue de nouveaux amis qui apparaissaient aux abords de Tiflis sur de petits chevaux maigres aux pattes courtes. Nous nous arrêtions toujours pour admirer ces cavaliers expérimentés vêtus de leurs capuchons, leurs énormes manteaux en peau de mouton et leurs hautes bottes de cuir souple [...] : des paysans et des bergers des collines ». Sosso se réjouissait de ce climat dramatique. « Le tonnerre de la révolution gronde ! écrivit-il. Nous entendons l'appel des braves [...]. La vie bouillonne ! »

Dans les rues, Jibladze dirigeait les milices mencheviques. Staline, Tskhakaïa et Boudou Mdivani constituaient eux le haut commandement bolchevique. Les factions étaient alliées et chacune contrôlait ses propres zones d'activité. « Les faubourgs de Tiflis, écrivit Trotski, étaient aux mains d'ouvriers en armes. » Didoube et Nadzaladevi jouissaient d'une telle liberté qu'on les surnommait « la Suisse ». Cependant, un an après son *Credo*, Staline déviait toujours vers sa version géorgienne du marxisme qui était critiquée au Comité d'union. L'exubérant Sergo Kavtaradze, un de ses hommes de main à Koutaïssi, perdit son calme et le traita de « traître ».

« Je ne veux pas me quereller à ce sujet. Fais comme tu l'entends ! » répondit Staline calmement. Puis il alluma une cigarette et regarda Kavtaradze droit dans les yeux, sans ciller. Ce fut probablement alors, après la réunion, que les deux hommes en vinrent aux mains. Kavtaradze lança une lampe à la tête de Staline[1].

Les sœurs Svanidze hébergeaient Minadora Torochelidze qui collectait des fonds et travaillait pour les mouvements radicaux ; elles lui présentèrent fièrement Staline qui l'impressionna par son discours. « Camarades, dit-il, croyez-vous que nous pouvons

1. La réaction de Staline à cette insulte, qu'il n'oublia jamais, fut surprenante. Sur le sort de Kavtaradze, voir l'épilogue. Le Comité d'union rassemblait les mencheviks et les bolcheviks.

vaincre le tsar à mains nues ? Jamais ! Nous avons besoin de trois choses : un, des fusils ; deux, des fusils ; et trois, encore et encore, des fusils ! » Il entreprit donc d'en trouver. « Un de ses premiers coups – et le plus insolent – fut le pillage en plein jour de trois arsenaux à Tiflis, dit Davrichewy. En ces temps-là tout le monde s'armait n'importe comment et à n'importe quel prix ! »

Les massacres de Bakou et les pogroms d'Odessa accentuèrent la tension en Géorgie. Staline ne cessait de faire la navette entre Bakou et Tiflis alors que la populace essayait dans les deux villes d'investir les prisons. La Révolution semblait sur le point de triompher. À Saint-Pétersbourg, le Soviet, dirigé par Trotski[1], défiait le tsar en se proclamant avec audace « gouvernement parallèle ». À Moscou, la milice bolchevique fortifiait les usines caverneuses de Presnaïa. Mais la situation allait se retourner : le tsar, qui préparait sa revanche, soutint les nationalistes antisémites Cent-Noirs qui créèrent leurs propres escadrons de la mort pour tuer Juifs et socialistes partout en Russie. Les généraux purs et durs prenaient de l'ascendant et l'on massait des troupes. En Géorgie, l'empereur ordonna au major général Alikhanov-Avarski d'écraser les paysans gouriens et les mineurs de Tchatouria ; les cosaques arrivaient.

Le 22 octobre, sept écoliers géorgiens du lycée très chic de Tiflis furent tués par des Cent-Noirs russes. Dans le combat qui s'ensuivit, quarante et une personnes moururent et soixante-cinq furent blessées. Les terroristes de Staline ne cessaient de répondre par des représailles aux cosaques et aux Cent-Noirs.

Le 21 novembre, une fusillade entre Arméniens et Azéris éclata dans le bazar arménien de Tiflis. Vingt-cinq musulmans furent tués. Staline et les sociaux-démocrates proposèrent leurs bandes armées pour séparer les deux bords, croyant que le conflit avait été fomenté par l'Okhrana. Tiflis, écrivit Trotski, était « un chaudron bouillonnant » au bord de la guerre civile. Le vice-roi, désespéré et reconnaissant qu'il avait perdu le contrôle, offrit à Jibladze, le menchevik, cinq cents fusils pour maintenir la paix. Les Escadrons de combat maintinrent les deux camps à distance, mais refusèrent ensuite de rendre les armes.

Davrichewy remarqua que les gangsters bolcheviques ne s'engagèrent pas car, sans Staline, Kamo était incapable de pren-

1. « Staline, écrit Trotski, passa l'année 1905 dans un bureau sans prétention à écrire d'ennuyeux commentaires sur des événements brillants. » La plupart des historiens ont suivi cette appréciation de Trotski.

dre une décision. « Pendant le conflit, Staline n'était pas à Tiflis. » Où était-il donc ?

Alors que Nicolas II se préparait à reconquérir son empire turbulent, et que la marée révolutionnaire atteignait son plus haut niveau, Staline se rendait en Finlande pour rencontrer, pour la première fois, son « aigle des montagnes », Lénine.

16

1905. L'AIGLE DES MONTAGNES
STALINE RENCONTRE LÉNINE

« J'étais heureux de rencontrer l'aigle des montagnes de notre Parti, un grand homme, non seulement politiquement mais aussi physiquement, songea Staline, car Lénine avait pris dans mon imagination la forme d'un géant majestueux et imposant. » Le 26 novembre 1905, une réunion du Parti élut Staline et deux autres personnes pour représenter le Caucase à une conférence bolchevique à Saint-Pétersbourg. Vers le 3 décembre, sous le nom d'emprunt « Ivanovitch », Staline partit pour la capitale impériale et sa première rencontre avec Lénine.

Alors que Sosso et ses compagnons délégués se dirigeaient en train vers le nord, l'empereur lança sa contre-offensive : Trotski et les membres du Soviet furent arrêtés. Staline se présenta comme prévu aux bureaux de Saint-Pétersbourg du journal social-démocrate, *Novaya Jizn* (« La Vie nouvelle ») – mais ils avaient fait l'objet d'une descente de police. Les Géorgiens errèrent dans les rues et finirent par rencontrer un ami sur la perspective Nevski. C'est là l'un des traits remarquables de l'époque qu'un inconnu comme Staline ait pu se promener sur la principale artère de la capitale et tomber sur une connaissance. Cela se produisit souvent. Mais le temps manquait pour admirer les monuments. Cet ami hébergea les Géorgiens pendant deux jours jusqu'au moment où ils trouvèrent l'épouse de Lénine, Kroupskaïa, qui leur donna de l'argent, des noms de code et des billets pour leur nouvelle destination, Tammerfors en Finlande, le grand-duché à moitié autonome du tsar où les libertés accordées en 1905 subsistèrent encore un an.

Staline et les quarante autres délégués bolcheviques, misérablement déguisés en professeurs partis pour une excursion, quittèrent Saint-Pétersbourg en train, arrivèrent à Tammerfors (aujourd'hui Tampere) à 9 h 08 le 24 décembre, et descendirent à l'hôtel Bauer près de la gare ; là beaucoup partagèrent des chambres. « Tout le monde était si enthousiaste ! » dira Kroupskaïa. « La Révolution atteignait son zénith et tous les camarades accueillaient cela avec un enthousiasme extrême. »

Le lendemain matin, jour de Noël, Lénine ouvrit les travaux de la conférence dans la Salle du Peuple où les Gardes rouges finnois – des miliciens ouvriers bolcheviques – étaient cantonnés[1]. Staline avait hâte de voir son héros, mais il s'attendait à ce qu'il apparût en retard pour maintenir ses disciples dans un état d'impatience extatique ; il pensait que c'était ainsi qu'un dirigeant devait se comporter. Il fut surpris de découvrir que Lénine était déjà là « à bavarder avec les délégués les plus humbles ! ». Et ce n'était nullement un géant. « Imaginez ma déception lorsque je vis un homme des plus ordinaires, d'une taille inférieure à la moyenne, en rien différent des simples mortels. »

D'un physique quelconque mais d'une personnalité exceptionnelle, Vladimir Ilitch Oulianov, connu sous le nom de Lénine, était un homme petit et trapu, prématurément chauve, au front proéminent et aux yeux bridés perçants. Cordial, son rire était contagieux, mais sa vie était gouvernée par un dévouement fanatique à la révolution marxiste à laquelle il consacrait son intelligence, son pragmatisme impitoyable et sa volonté politique agressive. De retour à Tiflis, Staline raconta que c'était le mélange de force intellectuelle et d'esprit pratique qui faisait de Lénine un être si remarquable « au milieu de tous ces moulins à paroles ».

Noble héréditaire par ses deux parents, Lénine avait été élevé dans une famille aimante. Son père était inspecteur des écoles à Simbirsk, sa mère fille d'un médecin propriétaire terrien élevé au rang de conseiller d'État. Descendant de Juifs, de Suédois et de Kalmyks tartares (à qui il devait ses yeux bridés), Lénine avait l'assurance dominatrice des nobles ; jeune homme, il avait même poursuivi en justice des paysans pour avoir endommagé ses

1. Aujourd'hui encore Musée Lénine, un des derniers sanctuaires à la gloire d'Ilitch Oulianov en Occident.

domaines[1]. Cela permet de comprendre son mépris pour la vieille Russie – « idiots de Russes » était une de ses injures préférées. Lorsque l'on critiquait ses origines nobles, il répliquait : « Et que suis-je ? Le descendant de la noblesse terrienne [...]. Je n'ai toujours pas oublié les aspects agréables de la vie dans notre domaine [...]. Alors, allez-y, tuez-moi ! Suis-je donc indigne d'être révolutionnaire ? » Vivre des revenus de ses terres ne l'embarrassa certainement jamais.

Le bonheur agreste dans le domaine familial prit fin en 1887 quand son frère aîné Alexandre fut exécuté – tout bascula alors. Lénine obtint ses diplômes en droit à l'université de Kazan où il lut Tchernychevski et Netchaïev, s'imprégnant de la discipline des terroristes révolutionnaires russes avant même d'embrasser le marxisme. Après son arrestation et son exil en Sibérie, il s'installa en Europe occidentale où il rédigea *Que faire ?*.

« Cons », « salauds », « pourriture », « prostitués », « idiots utiles », « crétins » et « vieilles filles gâteuses » n'étaient que quelques-unes des insultes dont Lénine accablait ses adversaires. Adorant la lutte, il ne vivait que dans l'exaltation obsessionnelle de l'agitation politique, mû par une rage intense et le désir de dominer ses alliés et d'écraser l'opposition.

Il ne s'intéressait guère aux arts ni aux amours personnelles. D'aspect sévère, les yeux exorbités, Kroupskaïa était plus gouvernante et secrétaire qu'épouse, mais Lénine entretint une idylle passionnée avec Inès Armand, superbe femme riche, libérée et mariée. Une fois au pouvoir, il eut de brèves liaisons avec ses secrétaires selon Staline, qui déclara que Kroupskaïa s'en plaignit au Politburo. Mais la politique était tout pour lui.

Lénine n'était pas un orateur brillant. Sa voix s'entendait mal et il ne pouvait pas prononcer les « r », mais « au bout d'une minute », écrivit Gorki qui le rencontra aussi pour la première fois à cette époque, « je fus, comme tout le monde, subjugué [...] en entendant des questions politiques complexes traitées aussi simplement ». Staline, observant Lénine parler, « fut captivé par cette force logique irrépressible qui, bien que quelque peu brus-

1. Son passé n'était pas sans aspects embarrassants ni zones d'ombre : sa mère était la petite-fille de Moishe Blank, un marchand juif qui avait épousé une Suédoise. La place importante des Juifs dans les rangs bolcheviques fit toujours problème en Russie soviétique. En 1932, la sœur de Lénine, Anna, écrivit à Staline à propos des origines juives de Lénine. « Pas un seul mot à propos de cette lettre ! » griffonna Staline sur le document qui demeura secret jusque dans les années 1990.

que, dominait entièrement son auditoire, l'électrisait peu à peu et enfin l'emportait complètement ! ».

Cependant Staline ne fut jamais ensorcelé au point de craindre de contredire Lénine. Il n'avait pas de formation de politicien, mais il se distinguait déjà par une personnalité hautaine et agressive. Une fois qu'il eut observé « l'aigle des montagnes », il se fit connaître. Lénine l'invita à parler de la situation dans le Caucase, mais lorsqu'ils discutèrent des élections à la douma impériale, les deux hommes s'opposèrent. Lénine défendit la participation aux élections, mais le jeune Staline se leva et l'attaqua sèchement. Un silence envahit la salle jusqu'au moment où Lénine, de façon inattendue, céda et proposa que Staline rédige la résolution.

« Pendant les pauses de la conférence, écrit Kroupskaïa, nous apprîmes à utiliser » Mauser, Browning et Winchester. Staline, il est vrai, se promenait armé d'un revolver. Après un débat, il sortit, paraît-il, en trombe de la salle et, de fureur, tira des coups de feu en l'air, en Géorgien au sang chaud dans le grand froid finlandais. Mais la conférence était déjà dépassée par le cours des événements : les miliciens bolcheviques se soulevèrent à Moscou, mais il était trop tard. Les délégués apprirent que le régiment Semionovski de la Garde du tsar investissait avec brutalité Presnaïa, la redoute des ouvriers, et que le sang coulait dans les rues de Moscou.

Dans le même temps à Tiflis, le commandant du Caucase, le général Fiodor Griazanov, homme très dur, et le général Alikhanov-Avarski se préparaient à reprendre la région et à détruire les Escadrons de combat. « La Réaction, dit Trotski, battait son plein. » La conférence se dispersa dans la confusion.

Staline se considérait supérieur à tous les autres délégués[1], à l'exception de Lénine. « Parmi tous ces bavards, se vanta-t-il, j'étais le seul à avoir déjà organisé et mené des hommes au combat. »

Sosso repartit pour Tiflis au milieu de la bataille.

1. Le plus important de ces délégués était Leonid Krassine, brillant ingénieur, homme à femmes et expert de Lénine en matière de financement, de terrorisme et d'explosifs, que Staline connaissait déjà depuis Bakou. Là, Krassine avait inventé un générateur électrique pour le pétrole pour le compte du monde des affaires tout en créant une presse d'imprimerie clandestine pour les bolcheviks. En 1905, il avait aidé Lénine à trouver des fonds grâce à ses contacts avec des industriels ploutocratiques comme Savva Morozov et la comédienne Kom-

Les généraux massèrent leurs cosaques, encerclèrent les quartiers ouvriers, interdirent les réunions, ordonnèrent de tuer à vue les rebelles et proscrivirent le port de capes caucasiennes ou de manteaux susceptibles de cacher des armes. Le 18 janvier 1906, le général Griazanov lança son assaut. Jordania et Ramichvili ordonnèrent à leurs partisans, qui comptaient dans leurs rangs Kamo et les bolcheviks, de défendre le quartier ouvrier de Tiflis.

Les combats se poursuivaient encore dans les rues quand Staline arriva à l'appartement des Svanidze environ quatre jours plus tard. Anna Alliloüieva regardait alors de sa fenêtre les cosaques « s'avancer et tirer dans la nuit. À l'aube, les troupes étaient entrées dans Didoube et les chevaux des cosaques passaient en trombe devant nos fenêtres ; les rues étaient bouclées par les cosaques ». « Les tirs ininterrompus, le vacarme de l'artillerie et de la cavalerie dans les rues » ébranlaient la ville. Soixante rebelles furent tués, deux cent cinquante blessés et deux cent quatre-vingts arrêtés. Les collines boisées, se rappelait-elle, étaient jonchées de cadavres. Elle vit « deux prisonniers dont un avait le visage ensanglanté », et elle hurla en reconnaissant « le plus courageux et le plus aimé des jeunes disciples de Staline ».

« Kamo ! »

Alors que Griazanov écrasait Tiflis, le général Alikhanov-Avarski reprenait la Géorgie occidentale. Les Escadrons de combat essayèrent de bloquer le tunnel ferroviaire vers Koutaïssi, mais les cosaques tiraient, pillaient, incendiaient et pendaient le moindre opposant, au fur et à mesure de leur progression. Ils s'emparèrent de Koutaïssi. Leurs « hommes, massacrant toute personne qu'ils reconnaissaient, incendièrent la ville et pillèrent tavernes et boutiques », se souvient Tsintsadze. Quand tout fut perdu, Staline, se déplaçant vers l'ouest, essaya de convaincre les paysans de déposer les armes plutôt que de mourir, mais ils ne l'écoutèrent pas : « J'étais impuis-

missarjevskaïa qui avait donné sa part des recettes au théâtre, mais comptait comme domaines privilégiés le terrorisme, les hold-up et la fabrication de bombes. À Tammerfors, Staline rencontra également Emelian Iaroslavski, qui devint son chef de la propagande au pouvoir ; Iakov Sverdlov, qui partagea son exil, devint l'organisateur en chef de Lénine et son premier chef de l'État soviétique ; et Solomon Lozovski, le futur commissaire adjoint aux Affaires étrangères de Staline qui le fit juger et fusiller en 1952 pendant la terreur antisémite. Lozovski fut la seule des victimes de Staline qui eut le courage de défier ouvertement le dictateur devant le tribunal ; voir *Staline : la cour du Tsar rouge*.

sant. » Alors Alikhanov-Avarski marcha vers l'est pour reconquérir l'intérieur des terres brûlées et sans loi de Bakou et les champs pétrolifères du tsar en feu.

Tsintsadze et sa jolie camarade Patsia Goldava organisèrent une expédition pour éliminer tous ceux qu'ils soupçonnaient de trahison et qui furent assassinés avant de pouvoir s'échapper vers Tiflis. Les tueurs, que les cosaques recherchaient dans les campagnes, trouvèrent refuge dans la capitale. Mais les jours des Escadrons de combat de Staline étaient comptés. Ils retournèrent dans la clandestinité où Staline les reconstitua en un escadron secret d'assassins. Il avait déjà une tâche pour eux.

De retour à Tiflis, sous le joug des cosaques, Staline et les mencheviks se réunirent pour prononcer une sentence de mort. Le général Fiodor Griazanov, surnommé le général « Tas de merde », jeu de mots sur son patronyme, et fléau de la Révolution géorgienne, était l'homme le plus haï du Caucase. Staline et les mencheviks, « œuvrant ensemble », ordonnèrent conjointement à l'un de leurs tueurs, Arsène Jorjiachvili, « qui se trouvait être un des gangsters de Staline », d'éliminer le général avec l'aide de Kamo. Staline convoqua également son assassin en chef, Tsintsadze, et lui demanda de veiller au succès de l'opération : « Prépare quelques hommes solides et, si Jorjiachvili ne fait pas le coup en une semaine, nous t'en chargeons. » Tsintsadze et deux des meilleurs tireurs de Sosso commencèrent à traquer le général tandis que les autres se hâtaient pour être les premiers à l'abattre[1].

En l'espace de quelques jours, il y eut deux tentatives avortées d'assassinat, qui durent être annulées parce que le général se trouvait avec son épouse. Pendant ce temps, Griazanov supervisait un nouveau massacre dans les rues de Tiflis.

Le 16 février, le général, escorté par de formidables gardes du corps cosaques, sortit au galop du quartier général de l'armée, sans prêter attention à des ouvriers géorgiens qui repeignaient les grilles des jardins Alexandre en face du palais du vice-roi. Au moment du passage de sa voiture, les ouvriers

1. Cette organisation fondée sur la compétition était chose typique – elle ressemble à la façon dont Staline ordonnera, en 1945, aux maréchaux Joukov et Konev de se précipiter l'un et l'autre pour prendre Berlin.

laissèrent tomber leurs pinceaux et jetèrent leurs « pommes », ces grenades rudimentaires, à l'intérieur du véhicule, déchiquetant le Boucher de Tiflis. Les cosaques se lancèrent aux trousses des tueurs qui détalèrent ; mais Jorjiachvili, blessé, fut rapidement pris et exécuté, devenant sur l'heure le héros de Tiflis.

Qui d'autre se trouvait dans l'équipe des tueurs ? Les historiens s'accordaient naguère à dire que les mencheviks avaient réalisé l'opération, mais ce fut en fait une action conjointe. Tsintsadze explique que Staline et les mencheviks travaillaient à cette époque « au sein de la même organisation ». Un terroriste arménien a déclaré que Staline avait commandé le coup. Davrichewy précise que l'autre tueur était Kamo. Dans les années 1920, deux terroristes bolcheviques réclamèrent une pension pour l'assassinat de Griazanov et leurs notes ont récemment revu le jour dans les archives géorgiennes. Staline, semble-t-il, avait recruté des tueurs des deux mouvances.

Un ouvrier affirma plus tard qu'il avait vu Staline en observation près des lieux, et cela sonne juste car il semble qu'il ait été blessé par des éclats de bombe ou dans la fuite pour échapper aux cosaques.

Un soir, dit Sachiko, Staline ne rentra pas. Les jeunes filles s'inquiétèrent : avait-il été arrêté ? Par la suite, il expliqua que, poursuivi par la police, il avait couru après un tramway, mais qu'il avait glissé, se blessant si sérieusement que Tskhakaïa l'avait amené à l'hôpital Mikhaïlovski et caché ensuite chez Babe Botchoridze, puis en un autre lieu sûr en utilisant le passeport d'un vieil ami. Cependant, après l'assassinat, le couvre-feu avait été instauré dans la ville et il y avait des points de contrôle partout. Des soldats avaient fait une descente et trouvé « Gueorgui Berdzenochvili (Staline) » couché, un bandage autour de la tête, un autre sur l'œil, et le visage couvert de coupures et d'ecchymoses.

Les soldats russes étaient dans l'embarras car leurs ordres ne précisaient pas quoi faire s'ils trouvaient un homme alité et ainsi pansé. Comme il paraissait trop souffrant pour être transporté, ils repartirent consulter leurs supérieurs et envoyèrent alors une carriole pour conduire le malade à l'air suspect en prison. À cette heure, leur patient avait disparu dans la nuit. Ce n'était ni la première ni la dernière fois que Staline employait le subterfuge de l'homme mystérieux entouré de bandages pour échapper à la police.

Profitant de l'obscurité, un camarade avait aidé Staline, « tête et visage blessés, et caché sous une capuche et un grand manteau », à s'enfuir subrepticement en fiacre pour une autre planque plus sûre.

Lorsque Staline rentra à la maison avec son histoire de chute et de traque des Pharaons, les sœurs Svanidze furent rassurées, en particulier Kato. Sachiko et son mari comprirent alors qu'il se passait quelque chose entre eux. « Progressivement, écrit Monosselidze, alors que Sosso vivait chez nous, mon épouse et moi, nous remarquâmes que Sosso et Kato s'aimaient. »

17

L'HOMME EN GRIS : MARIAGE, BRAQUAGES (ET VOYAGE EN SUÈDE)

« À l'initiative et sur les ordres de Staline », dit l'un de ses principaux gangsters, Batchoua Koupriachvili[1], on constitua une bande permanente de brigands. « Notre tâche consistait à se procurer des armes, organiser des évasions de détenus, attaquer des banques et des arsenaux, et tuer les traîtres. » Staline chargea Tsintsadze de créer « le Groupe technique ou Club des expropriateurs bolcheviques, qui fut rapidement connu sous un autre nom – Droujina, le Groupe ou simplement l'Équipe ».

« Le chef des hold-up, dit Staline plus tard, était Kote Tsintsadze, avec Kamo. » L'ami d'enfance de Staline, arrêté lors de la prise de Didoube, avait été sauvagement torturé par les cosaques qui lui avaient presque tranché le nez. Mais Kamo ne fit aucun aveu et fut relâché. « Il pouvait supporter n'importe quelle souffrance, s'étonnait Staline, un homme étonnant. »

Sosso usait de toute son ingéniosité pour collecter des fonds pour Lénine, voyageant même jusqu'à Novorossisk sur la mer Noire et Vladikavkaz en Ossétie. À Tiflis, il ordonna aux écoles et au séminaire de donner une partie de l'argent de leurs maîtres et professeurs tandis qu'il préparait discrètement l'Équipe pour ses rackets.

Ainsi, selon diverses sources, Staline faisait-il envoyer à un homme d'affaires une lettre ornée « de bombes, d'un corps lacéré et de deux poignards entrecroisés », puis il lui rendait visite, un

1. Batchoua Koupriachvili, un des principaux brigands du hold-up de Tiflis, rapporta ses Mémoires pendant l'ère stalinienne. Il confirme que Staline commandait directement « l'Équipe », mais se garde bien de l'associer explicitement à ses braquages. Ces Mémoires sont restés oubliés pendant soixante ans dans les archives géorgiennes.

Mauser à la ceinture, pour récupérer l'argent. Essad Bey, son premier biographe, source peu fiable mais souvent bien renseignée[1], affirme, lui, que « Sosso obtenait ses renseignements » sur des cibles fortunées « grâce à sa maîtresse, Marie Arensberg, épouse d'un homme d'affaires allemand à Tiflis ». Mais les attaques de banques restaient le moyen le plus rapide de trouver des sommes importantes.

« Ce fut Staline, dit Davrichewy, l'autre braqueur de triste mémoire de Gori, qui inaugura vraiment l'ère des hold-up en Géorgie. » L'Équipe réussit à réaliser une vague d'audacieuses attaques de banques en 1906 alors même, ainsi que le dit Tatiana Voulikh, une menchevique, que « Tiflis était en guerre, et que des patrouilles bouclaient, de jour comme de nuit, des pâtés entiers de maisons ».

Tout d'abord, Tsintsadze braqua le mont-de-piété de la ville, surgissant arme au poing et empochant quelques milliers de roubles. « Une fois, les gangsters de Staline attaquèrent, en plein jour, en faisant feu de leurs armes, la Banque géorgienne de l'Agriculture en face même du palais du vice-roi à Tiflis », rapporta Davrichewy. « Au cri de "haut les mains !" ils s'emparèrent de liasses de billets et disparurent en tirant en l'air. Kamo commandait l'opération selon un plan conçu par Staline, organisateur merveilleux. »

La concurrence entre les pilleurs de banques s'intensifia, ce qui n'empêchait pas la camaraderie. « Tous les grands braqueurs, se glorifia Davrichewy, étaient de Gori ! » Ce fut Davrichewy qui réalisa alors le plus gros coup, empochant cent mille roubles pour les sociaux-fédéralistes dans un braquage à Doucheti. Staline, Tsintsadze et Kamo répliquèrent par des vols d'une audace toujours plus grande. Ils attaquèrent un train à Kars, mais l'affaire tourna mal et plusieurs membres du gang furent tués dans la fusillade. Puis, en novembre 1906, Kote attaqua la diligence de

1. Essad Bey était un des pseudonymes de Lev Nussimbaum, le fils d'un baron juif du pétrole à Bakou, qui écrivit *Stalin : The Career of a Fanatic.* Il écrivit aussi *Ali et Nino*, roman d'amour devenu un classique, sous le nom de Kurban Saïd dont l'identité demeura un mystère jusqu'à ce qu'une nouvelle biographie, *The Orientalist* de Tom Reiss, révèle l'existence et la métamorphose étranges de Nussimbaum en musulman dans l'Italie fasciste. Un rêveur notoire ne saurait guère être une source historique idéale ; ses anecdotes non documentées ont longtemps été considérées comme des mythes, et cependant elles se révèlent souvent historiquement correctes. Nussimbaum a dû connaître des exilés originaires de Tiflis et de Bakou et transcrire leurs récits, mais ses matériaux peu fiables doivent être vérifiés.

Borjomi, mais l'escorte de cosaques riposta. Dans les échanges de tirs, l'attelage s'enfuit avec l'argent.

Ensuite ils attaquèrent le train de Tchiatoura dont le chargement d'or était destiné à la paye des mineurs. Le combat entre gangsters et gardes cosaques dura deux heures au cours desquelles furent tués un gendarme et un soldat avant que ne s'échappe l'Équipe avec vingt et un mille roubles, « dont nous envoyâmes quinze mille à la faction bolchevique [c'est-à-dire à Lénine en Finlande] et gardâmes le reste pour notre groupe afin de préparer les expropriations à venir », se souvenait Tsintsadze.

Peu après, les bandits de Staline arrêtaient la diligence de Kadjorskoe et empochaient de nouveau vingt mille roubles. Une partie de la somme fut conservée pour financer *Brdzola*, le journal de Staline, mais l'essentiel fut envoyé, dissimulé dans des bouteilles de vin de Géorgie, à Lénine.

« C'étaient tous de grands amis et tout le monde les aimait : doux, aimables et toujours joyeux [...] et toujours prêts à vous aider », se souvient Tatiana Voulikh qui connaissait bien les gangsters. L'Équipe comptait quelque dix membres, dont les jeunes filles aux revolvers, Patsia, Anneta et Alexandra. Les gangsters vivaient dans deux ou trois appartements, les hommes dans une pièce, les femmes dans une autre. Aucun d'eux ne lisait beaucoup, à l'exception de deux des jeunes filles. Pour la plupart atteints de phtisie, « ils étaient si pauvres qu'ils devaient souvent rester couchés car ils n'avaient pas assez de pantalons pour eux tous ! ».

Staline fréquentait Kamo et Tsintsadze, mais il donnait habituellement ses ordres à l'Équipe par l'intermédiaire d'un garde du corps qu'il nommait son « Assistant technique[1] », et que ses camarades surnommaient en plaisantant « l'Adjudant de Sosso ». Ainsi « ce grand conspirateur qui se déplaçait rarement avec d'autres camarades » se tenait généralement à distance des simples gangsters. À l'insu des hommes de main eux-mêmes, Staline dirigeait son propre réseau d'espions et de messagers : les jeunes garçons du caravansérail de Tamamchev et de diverses imprimeries faisaient des courses, distribuaient des tracts et collectaient des renseignements.

1. Le terme « technique » était un euphémisme bolchevique pour terrorisme ou tuerie – ainsi Krassine, tout comme les mencheviks, appelaient leurs laboratoires de fabrication de bombes leurs « services techniques ».

Les gangsters ne volaient pas pour eux-mêmes. Les hommes des autres gangs dépensaient l'argent en vêtements, en femmes et en beuveries, mais Staline ne témoigna jamais d'aucun intérêt pour l'argent et partageait toujours ce qu'il avait avec ses camarades. « Staline était toujours pauvrement vêtu, écrivit Jordania, et constamment à court d'argent, et, sur ce point, il différait des autres intellectuels bolcheviques qui menaient la grande vie – comme Chaoumian, Makharadze, Mdivani et Kavtaradze. » Les gangsters de Sosso partageaient sa foi et son ascétisme marxistes. Leur « évangile était le *Que faire ?* de Lénine. Ils suivaient Lénine même contre le Parti », dit Voulikh. Leur objectif naïf était d'obtenir deux cent mille à trois cent mille roubles et de les donner à Lénine en disant simplement : « Faites ce que vous voulez de cet argent. »

Le caractère prestigieux de ce gangstérisme cachait une brutalité psychotique de style mafieux : tout vol d'une partie du butin entraînait la mort. Ainsi Staline ordonna à Kamo, ainsi que Davrichewy en fut témoin, d'exécuter un camarade soupçonné de chapardage. Plus le succès d'une opération était grand et plus les tentations étaient dangereuses. Après le braquage de cent mille roubles par Davrichewy à Doucheti, les gangsters fédéralistes se querellèrent et s'entre-tuèrent pour le partage du butin. Un de leurs chefs en déroba une part et essaya de brouiller les pistes en accusant les paysans dans le jardin desquels l'argent avait été enterré à l'origine. Illustrant la fraternité qui existait entre les pilleurs de banques, l'escroc fédéraliste demanda à Elisso Lomidze, un tueur de Staline, de retrouver l'argent. Lomidze tortura les paysans une nuit entière avant de comprendre qu'ils n'avaient rien fait. « Par la suite il fut au désespoir d'avoir été si cruel envers des innocents », dit Voulikh. Il assassina donc le véritable coupable qui l'avait en fait engagé. S'il avait trouvé l'argent, il l'aurait probablement dérobé pour le donner aux bolcheviks. En tout cas, cet argent fut perdu pour les sociaux-fédéralistes ; l'Okhrana repéra leurs dirigeants qui dépensaient le reste du butin dans les casinos de la Côte d'Azur.

La police secrète s'efforçait d'épingler les responsables de ces coups ; lorsqu'elle découvrit certaines choses concernant Iossif Davrichewy, elle lui attribua la plupart des faits d'armes. Mais les policiers le confondirent tout d'abord avec Staline parce que les deux hommes étaient des gangsters de Gori qui partageaient le même diminutif, « Sosso » – et ensuite ils les confondirent avec Kamo et Tsintsadze. « "Kamo" est bien Tsintsadze, rapporta la police secrète, qui s'est échappé de la prison de Batoumi et est arrivé à Tiflis où il a coopéré avec Iossif Djougachvili (dont le pseudo doit être "Sosso"). »

Dans ce monde d'actes héroïques bravaches et de meurtres sordides, Staline modifia sa perception stoïcienne de la valeur de la vie humaine : « Lorsqu'il apprenait qu'un camarade avait été tué dans une expropriation, Sosso disait : "Que pouvons-nous y faire ? On ne peut cueillir une rose sans se piquer à une épine. Les feuilles tombent des arbres en automne – mais de nouvelles poussent au printemps." »

Cependant les coups organisés par Sosso étaient un moyen qui visait une fin : la prise du pouvoir. À présent, le jeune homme qui avait étudié Napoléon, parfois même au milieu de sordides beuveries, s'imaginait « pouvoir s'emparer de Tiflis et prendre la ville par une rébellion armée – et il dénicha une carte ». Il aimait à étaler cette carte sur le sol et à déployer des régiments imaginaires sous la forme de soldats de plomb. Le fils de l'un de ses hôtes courut voir son père pour lui dire qu'« Oncle Sosso jouait aux petits soldats ». Lorsque l'hôte incrédule regarda dans la pièce, il découvrit Staline allongé sur le sol qui déplaçait des figurines autour de la carte de Tiflis. Staline leva les yeux et déclara fièrement : « Je viens d'être nommé commandant du quartier général du Parti pour concevoir ce plan. » Il préparait certainement ses attaques de banques avec la même minutie.

Ces histoires d'opérations militaires ambitieuses mais imaginaires sont révélatrices parce que Staline, qui se vantait d'avoir déjà commandé au combat, se considéra toujours comme un « militaire », un commandant en chef naturel, selon sa fille Svetlana. Un jour « Oncle Sosso » jouerait vraiment aux petits soldats avec les armées soviétiques fortes de dix millions d'hommes qui prirent Berlin, mais ces petits soldats de plomb furent ce qui se rapprocha le plus pour lui de toute formation militaire.

Les hold-up finançaient les journaux de Staline imprimés à grands frais sur la presse secrète du Parti dans le quartier d'Avlabar. Staline en assurait la rédaction en chef et donnait des articles sous le nom de « Bessochvili (fils de Besso) » ou de « Koba ».

« Je me rappelle fort bien, dit Monosselidze, comment Sosso demanda à Makharadze [son corédacteur] d'écrire deux articles et de les apporter à l'imprimerie à 9 heures du matin, mais il ne se présenta qu'à midi le lendemain, en disant qu'il ne les avait pas encore rédigés [...]. Sosso entra et demanda pourquoi le journal était retardé et je lui expliquai. Il grinça des dents, se planta une cigarette entre les lèvres, fit face à Makharadze et le fustigea [...] Puis Sosso tira les articles de sa propre poche et nous les imprimâmes. » De toute façon, Staline les avait déjà écrits lui-même.

Staline « était un merveilleux organisateur », pensait Monosselidze, « et extraordinairement sérieux, et il perdait très rarement son calme. Souvent Sosso n'avait pas même d'argent pour s'acheter des cigarettes. Un jour, à minuit, Kato le fit entrer. Il nous montra qu'il avait des légumes frais, des concombres, des têtes bouillies de mouton et de porc, et deux bouteilles de vin rouge ».

« Allons, mon vieux, s'exclama-t-il, faisons un festin ! Le Parti m'a donné dix roubles de salaire ! »

Au quartier général de la haute couture et du terrorisme, la Révolution touchait également la douce Kato ; lorsque les cosaques massacrèrent des étudiants et des ouvriers sur la place Erevan, elle demeura sur les lieux. Ses sœurs, craignant qu'elle n'eût été tuée, la découvrirent qui soignait les blessés au milieu d'une scène qui ressemblait à un petit champ de bataille.

Staline et Kato s'éprenaient peu à peu l'un de l'autre ; même lorsqu'il était en cavale, il revenait discrètement dans le salon de madame Hervieu pour un rendez-vous galant. En l'une de ces occasions, le lieutenant de gendarmerie Stroev s'approcha de la maison avec deux chiens policiers allemands. Madame Hervieu surgit alors et avertit les amoureux. Sosso sauta par la fenêtre de derrière – quoique probablement le gendarme fût simplement venu commander un nouvel uniforme. Staline adorait ce genre d'escapades. Il rendait si souvent visite, la nuit tombée, à son amie menchevique Minadora Torochelidze que la belle-mère de celle-ci commença à protester que sa réputation en souffrait.

« Qu'y puis-je ? Si l'on me voit de jour on m'épinglera », dit Staline en riant. C'était auprès de Minadora qu'il aimait à s'appeler « l'Homme en gris ».

Le 15 avril 1906, la presse d'imprimerie du quartier d'Avlabar, le trésor le plus précieux du Parti, fut dénoncée à la police et saisie. Les adversaires mencheviques de Staline l'accusèrent de devenir agent double, histoire que la plupart des biographies prennent pour argent comptant. Mais avait-il vraiment révélé l'existence de cette presse ?

En mars, Staline avait assisté à une conférence du Parti à Tiflis et à Bakou, arborant « un grand manteau, une barbe sur son visage anguleux – car il était lui-même tout en angles – et un foulard multicolore à rayures entrecroisées qui ressemblait à un châle de prière juif[1], ainsi qu'une espèce de chapeau melon ». Après la conférence, Rajden Arsenidze, un menchevik, affirma que Staline avait été arrêté, mais mystérieusement relâché. « J'ai vu, écrit Arsenidze, comment Staline fut libéré des Services de la gendarmerie et n'apparut pas à la prison Metekhi malgré les récits qu'il fit de son arrivée triomphale là-bas sous les applaudissements des autres détenus – c'était simplement là le fantasme d'un affabulateur infatué. Il y avait plein de rumeurs sur sa trahison [...]. »

Staline fut certainement arrêté après la conférence, peut-être détenu dans une autre prison de Tiflis, Ortatchala par exemple, et relâché ensuite. Très vraisemblablement, il utilisa ses gains mal acquis à soudoyer les gendarmes, que sa véritable identité laissait en tout cas perplexes. Mais il attirait, et favorisait presque, de telles accusations par sa brutalité et son arrogance, et il devint expert sur le plan professionnel à naviguer au plus près du vent. Il n'existe pas la moindre preuve de cette trahison – et l'histoire présente une grande zone d'ombre.

On a raconté que l'arrestation avait eu lieu à l'époque de la saisie de la presse d'Avlabar, mais en fait le 15 avril Staline était en route pour un long et lointain voyage, sur lequel les documents ne manquent pas, en Suède.

Vers le 4 avril 1906, Staline partit pour Stockholm afin de revoir Lénine et arriva après un voyage comique rythmé par un naufrage et une bagarre entre factions à bord.

Il prit le train pour Saint-Pétersbourg et de là pour Hango en Finlande avec une centaine d'autres personnes qui montèrent à bord de l'*Oihonna* pour Stockholm. Au nombre des passagers, il y avait Staline, Krassine, et un cirque de clowns et de chevaux de manège. Les mencheviks snobs essayèrent de dépenser leurs fonds en billets de première classe, reléguant ainsi les bolcheviks plus frustes en troisième classe. Les délégués burent trop et se battirent ensuite à coups de poing, mais on ignore si les clowns se mirent de la partie. Il semble que le grand large ait stimulé la pugnacité des révolutionnaires qui, à cette période, renonçaient rarement à un pugilat lorsqu'ils humaient l'air marin.

1. Il doit s'agir du foulard que Staline portait sur la célèbre photo d'identité judiciaire prise lors de cette mystérieuse arrestation (voir la couverture de ce livre).

Puis, pour couronner une histoire vraiment étrange, à quelques encablures seulement du port, l'*Oihonna* fit naufrage et un bateau, le *Solid*, fut dépêché à son secours, mais ne put rien faire. Staline, dans l'attente d'être secouru, passa la nuit en gilet de sauvetage sur un navire qui sombrait. Les passagers embarquèrent alors sur un autre bateau, le *Wellamo*, qui les amena enfin en Suède.

À son arrivée à Stockholm, Staline dut se présenter au commissariat où il fut interrogé par Bertil Mogren, homme aux moustaches de morse, superintendant du Service d'enquêtes criminelles suédois, qui servait souvent de garde du corps au roi Oscar II. Staline, nota-t-il, était « petit, mince, les cheveux et la barbe noirs, marqué de variole, le nez fort, vêtu d'un gros pardessus gris et d'une casquette de cuir ». Staline se présenta comme « le journaliste Ivan Ivanovitch Vissarionovitch recherché par la police [russe] », recourant ainsi au nom même de son père – « Fils de Vissarion ». Il indiqua également à Mogren sa nouvelle date de naissance, le 21 décembre 1879. Il avait cent roubles en poche et dit qu'il séjournerait deux semaines à l'hôtel Bristol, un établissement miteux (qui n'existe plus aujourd'hui), près de la gare de Stockholm, avant de partir pour Berlin.

Le IVe Congrès, qui débuta le 10 avril, était un rassemblement bien plus important que la conférence finlandaise, parce que ses cent cinquante-six délégués représentaient l'union des bolcheviks, des mencheviks, des socialistes polonais et des bundistes juifs. La plupart des mencheviks étaient géorgiens ; les bolcheviks se retrouvaient en minorité. Parmi les seize Géorgiens, Jordania, Isidore Ramichvili, Ouratadze, de la prison de Koutaïssi, et Staline, le seul bolchevik.

À Stockholm, il rencontra beaucoup d'hommes[1] qui joueraient un rôle important dans sa propre montée au pouvoir ; il partagea sa chambre avec un ouvrier métallurgiste, facteur à cheval et

1. Staline rencontra là pour la première fois le socialiste polonais Félix Dzerjinski, qui serait le fondateur de la police secrète soviétique, la Tcheka, et son allié dans les luttes pour le pouvoir après la mort de Lénine ; Grigori Radomilski, le fils de laitier juif bientôt connu sous le nom de « Zinoviev », membre de son triumvirat après la mort de Lénine et que Staline liquida avec Kamenev en 1936 ; et Alexeï Rykov, le successeur de Lénine comme Premier Secrétaire, avec qui Staline partagerait un temps le pouvoir avant de l'éliminer en 1938. À ce congrès, Staline retrouva aussi d'anciens amis, Saïd Devdariani du séminaire, Kalinine, son futur chef de l'État, qu'il connaissait par les Allilouïev, et son camarade de Tiflis, Stepane Chaoumian.

dandy prolétaire (qui aimait les cols larges et les danses de salon) du nom de Klimenti Vorochilov, qui deviendrait son commissaire à la Défense, premier maréchal et complice dans le massacre des cadres de l'armée en 1937. Blond, les joues roses et les yeux bleus, Vorochilov, autre enfant de chœur, fut charmé par « le jovial et enthousiaste Staline », « un paquet d'énergie nerveuse », qui aimait, assis sur son lit, réciter des poèmes par cœur.

Au Congrès, Staline écouta les géants du marxisme, Plekhanov, Martov et Lénine, mais resta fièrement campé sur les deux questions majeures : pour la paysannerie, Lénine proposait de nationaliser les terres, alors que les mencheviks suggéraient de les placer entre les mains des autorités locales. Staline rejeta les deux approches : l'homme, qui organiserait un jour la mort de dix millions de paysans dans sa campagne de collectivisation, proposait à cette époque de donner tout simplement la terre aux paysans. Lénine fut battu avec l'aide de Staline.

Lorsque le Congrès débattit de la question de la participation aux élections à la douma impériale, la plupart des bolcheviks s'affirmèrent hostiles, mais Lénine soutint l'idée et vota avec les mencheviks victorieux. Staline s'abstint. L'assemblée se qualifia avec optimisme de « Congrès de l'Union », alors que les bolcheviks se trouvaient tout simplement mis en minorité. Lénine et Krassine, son maître en matière de terrorisme et de blanchiment d'argent, se firent discrets lorsque le Congrès vota une résolution pour interdire les hold-up. La défaite, écrivit Staline, « transforma Lénine en un ressort d'énergie comprimée qui inspira ses partisans ». Lénine, en fait, n'avait nulle intention de renoncer aux braquages de banques – il avait un besoin trop pressant d'argent.

Lénine et Krassine durent discuter de nouvelles attaques de banques avec Staline, car celui-ci s'arrangea pour que Kamo vînt de Tiflis pour récupérer des armes et des engins explosifs dans leur villa finlandaise. Si les choses se passèrent ainsi, ce fut alors la première fois où Lénine put observer la valeur de Staline en tant qu'agent clandestin sans scrupule et que politicien indépendant et impérieux.

Sur le chemin du retour, Staline rencontra à Berlin Aliocha Svanidze, qui poursuivait des études à l'université de Leipzig ; puis il regagna Tiflis en juin.

« Lorsque Sosso revint, se rappela Sachiko, on eut du mal à le reconnaître. À Stockholm, les camarades lui avaient fait acheter un costume, un feutre et une pipe, de sorte qu'il ressemblait à un vrai Européen. C'était la première fois que nous le voyions bien habillé. » Sachiko ne fut pas la seule des trois sœurs, on l'imagine, à être impressionnée.

« Sosso et Kato nous firent part de leurs sentiments, dit Monosselidze. Nous commençâmes à prendre les choses en mains. »

Le 15 juillet, Sosso s'adressait à une réunion secrète au Théâtre du Peuple d'Avlabar, lorsque les guetteurs surgirent et annoncèrent que la police cernait le bâtiment. Les bolcheviks détruisirent leurs documents, mais il était trop tard pour s'éclipser. « Lorsque la police demanda une explication, écrit Minadora Torochelidze, ils déclarèrent tous qu'ils "répétaient une pièce". »

« Nous savons très bien quel genre d'acteurs vous êtes », répliquèrent les policiers, mais ils les laissèrent partir.

À l'extérieur, Staline salua Minadora Torochelidze, et l'entraîna à part avec Tskhakaïa. « Kato Svanidze et moi, nous nous marions ce soir, leur dit-il. Vous êtes tous deux invités à la fête chez [les Svanidze]. »

Kato, à ce que l'on dit, était une « ravissante » brunette. « Elle était très douce et très belle ; elle me faisait fondre le cœur », raconterait Staline à sa fille Svetlana. Il confia plus tard à une petite amie « combien il aimait Kato. Tu ne saurais imaginer les belles robes qu'elle confectionnait alors ! ».

Une lettre qu'il écrivit de Berlin, probablement lors de son retour de Stockholm, montre combien il la respectait : « Les nouvelles d'ici ne promettent rien de bon, écrivit-il, mais il ne sert à rien de s'appesantir. Peut-être trouverai-je Aliocha et le conduirai-je sur la "mauvaise pente". À moins que cela ne rende Ekaterina Semionovna [Kato] malheureuse. Ton ami Sosso. »

Kato vouait à Sosso un culte « comme à un demi-dieu », mais elle le comprenait aussi. Elle « était fascinée par Staline et ses idées l'enchantaient. Il était charmant et elle l'adorait vraiment », mais elle savait qu'il était dévoué à la cause et qu'il avait un tempérament difficile. Sur ses vieux jours, Staline rappela qu'« elle était de Ratchveli, vous savez », signifiant par là qu'elle était belle, fidèle et qu'elle avait bon cœur – mais ce n'était pas tout. Kato était cultivée et émancipée, selon les critères géorgiens, et socialement supérieure à Staline. Elle aida à organiser les collecteurs de fonds sociaux-démocrates et était capable, nous l'avons vu, de secourir et de soigner les blessés après un massacre cosaque. Comme le montrent les Mémoires de sa sœur, Kato savait fort bien que Staline organisait des attaques de banques, y compris le gros coup de la place Erevan.

Elle voulait un mariage religieux – et Sosso donna son accord, quoiqu'il fût athée. Mais la plupart des prêtres refusèrent de le marier parce que Staline, qui utilisait alors le nom de « Galiachvili », n'avait que de faux papiers. Finalement, Monosselidze dénicha le père Kita Tkhinvaleli, d'une paroisse proche, qui connaissait le prétendant depuis le séminaire. Le prêtre n'accepta d'unir le couple qu'à 2 heures du matin.

Dans la nuit du 15 au 16 juillet, la famille et les amis assistèrent à la cérémonie au milieu du vacillement romantique des cierges dans une petite église ; Tskhakaïa servit de témoin à Staline. Staline, débraillé, « n'avait rien d'un jeune marié, dit Elisabedachvili, et nous avons tous ri pendant la cérémonie, le camarade Sosso lui-même tout particulièrement ».

Ensuite, Sachiko organisa un souper de mariage auquel assistèrent Kamo et Tsintsadze, les deux hommes de main avec qui Staline complotait déjà l'attaque de la place Erevan. Tskhakaïa, le *tamada*, le maître de cérémonies géorgien, raconta des blagues ; Staline « chanta d'agréables mélodies de sa voix douce », tandis que Kato riait : « Où sont ces idiots de policiers ? Tous les hommes qu'ils recherchent sont là et ils pourraient venir et nous prendre comme des rats ! »

Le couple était très amoureux. « J'étais étonné que Sosso, qui était si sévère dans son travail et à l'égard de ses camarades, pût se montrer si tendre, si affectionné et attentif avec son épouse », dit Monosselidze – mais l'Okhrana ne tarderait pas à frapper à la porte. Dans les semaines qui suivirent[1], Kato apprendrait combien il était difficile d'être mariée à un homme dont l'épouse et la maîtresse véritables étaient la Révolution.

Elle fut bientôt enceinte. « Il ne cessait de se demander comment lui faire plaisir, écrivit Monosselidze, lorsqu'il en avait le temps [...]. Mais lorsqu'il était engagé dans son travail, il oubliait tout. » Keke, toujours réaliste, était ravie, mais elle confia à Anna

1. Selon Ketevan Gelovani, la petite-fille d'une tante maternelle de Kato, que nous avons interviewée à Tbilissi, Sosso se comportait gentiment avec elle, sauf lorsqu'il avait des sautes d'humeur : « Peu après le mariage, il lui brûla la main avec une cigarette dans un accès de fureur, mais elle l'aimait et il était généralement bon et tendre à son égard. » Il existe une légende en Finlande selon laquelle il l'amena en lune de miel en Carélie ; cependant, il n'y a aucune preuve qu'elle l'eût accompagné, et en outre ils n'étaient pas encore mariés à l'époque.

Gueladze, sa nièce : « Sosso s'est marié. C'est un petit bout de femme, mais quel genre de vie de famille est-elle censée mener, je me le demande ? »

Il n'y eut pas de lune de miel. Staline s'animait le soir pour mener cette vie aventureuse et dangereuse à laquelle il ne renoncerait jamais. Les forces impitoyables de la réaction tsariste tuaient souvent les suspects, sans même poser de questions. « C'est assez, écrivit Sosso aux Svanidze, de simplement rester en vie, et le reste s'arrangera tout seul. »

Un jour, à 5 heures du matin, Monosselidze et lui verrouillaient le local de leur imprimerie clandestine lorsqu'ils furent pris pour des cambrioleurs par un policier qui s'apprêta à sortir son revolver. Mais Staline fut le plus rapide et, son Berdana au poing, il cria : « Je vais tirer. »

18

PIRATE ET PÈRE

Staline allait tirer, lorsque son beau-frère s'empara du revolver. Il avait reconnu le policier terrifié qui avait été soudoyé pour fermer les yeux sur leur presse d'imprimerie. La nervosité de Sosso était compréhensible ; les cosaques avaient écrasé les révolutionnaires, et l'Okhrana le traquait car il organisait d'autres braquages pour l'Équipe en divers lieux du Caucase afin de financer des achats d'armes en Europe. Staline resta éloigné plusieurs semaines de son épouse, ignorant le fait que son mode de vie la mettait vraiment en danger.

Vers le 9 septembre 1906, Staline assista à la conférence sociale-démocrate de Jordania qui se tint à Tiflis et ensuite dans un hôtel de Bakou. La répression tsariste et le succès des mencheviks avaient démantelé les bolcheviks en Géorgie. En outre, les mencheviks avaient officiellement renoncé au terrorisme et considéraient Staline et son Équipe comme des bandits embarrassants. Sur les quarante-deux délégués, seuls six, dont Staline, Chaoumian et Tskhakaïa, étaient bolcheviques.

Staline compensa ce handicap en défiant avec sarcasme les mencheviks à qui il joua des tours pendables. « Il passa toute la conférence à sourire ironiquement », dit Devdariani, son ami menchevique du séminaire, pensant « prenez toutes les résolutions qu'il vous plaira, elles sont sans rapport avec la Révolution ». Staline était si « provocateur, vulgaire et maussade » que le président de séance, le menchevik Arsenidze, l'accusa de « se comporter de façon indécente » comme une putain, une « fille des rues » qui ne porte pas de culotte. Staline « répliqua d'un ton cavalier qu'il n'avait pas encore baissé son pantalon ». Puis, grimaçant « avec mépris du coin gauche de sa bouche », il sortit de la salle. « Quelques minutes plus tard, nous entendîmes le coup de sifflet convenu nous avertissant de l'arrivée de la police. Nous nous sommes dispersés, dit Arsenidze. Mais il n'y avait de policiers nulle part. C'était une blague de Koba. »

Cependant Staline était devenu « le principal financier du Centre bolchevique russe », selon le menchevik Ouratadze, et il demeura l'un des premiers pourvoyeurs de fonds de Lénine pendant les trois années suivantes. Après la conférence, il semble probable que Staline soit parti pour l'ouest, à Soukhoumi sur la mer Noire, afin d'ouvrir un nouveau front dans sa campagne de braquages : la piraterie en haute mer.

Le 20 septembre, le *Tsarévitch Gueorgui*, un vapeur de deux mille deux cents tonneaux et de quatre-vingt-cinq mètres de long, faisait route d'Odessa à Batoumi avec, à son bord, des passagers et un trésor considérable. À l'insu du capitaine, des groupes de gangsters bolcheviques, revolvers et grenades cachés sous leurs manteaux, embarquèrent sur le navire lorsqu'il fit escale pour déposer des fonds à Novorossisk, Soukhoumi et Nouvel Athos.

À 1 h 15 du matin, alors que le bateau endormi passait le cap de Kodori, la bande de vingt-cinq pirates, dont « des ouvriers et des intellectuels », tirèrent Mauser, Berdana et bombes de leurs manteaux et s'emparèrent du navire. Le chef des gangsters, que les gendarmes décriraient ensuite comme « un Géorgien râblé dans les vingt ans, les cheveux roussâtres et avec des taches de rousseur », son Mauser pointé sur le capitaine Sinkevitch, s'empara de la passerelle de commandement. L'officier de quart, le timonier et l'équipage furent tenus sous la menace des armes, quoiqu'il soit probable que quatre marins, « des hommes de l'intérieur », aient aidé les pirates.

Le chef des pirates, racontera ensuite l'équipage, demeura glacial et courtois pendant toute l'opération. « Nous sommes des révolutionnaires, un point c'est tout, et pas des criminels, annonça-t-il. Nous avons besoin d'argent pour la Révolution et nous ne prendrons que les fonds du Trésor. Obéissez à mes ordres et le sang ne coulera pas. Mais si vous avez l'idée de résister, nous vous tuerons et nous ferons sauter le navire. »

« Je me suis soumis », reconnut par la suite le capitaine Sinkevitch dans une interview au *Tiflisski Listok*. L'équipage et les passagers furent rassemblés et on leur demanda de « ne rien voir ». Le capitaine montra l'argent au chef des gangsters. La police annonça officiellement que les bolcheviks avaient dérobé seize mille roubles, mais ils en avaient certainement empoché bien plus.

Le chef des gangsters ordonna au capitaine Sinkevitch de mettre les canots de sauvetage à la mer. Les pirates prirent quelques officiers de bord en otages tandis qu'ils chargeaient le butin, puis ils ordonnèrent aux marins de les ramener à terre. Ce transbordement se fit de manière si efficace que le chef des pirates, « touché par leur obéissance extrêmement consciencieuse à ses directives, ordonna que chaque marin reçût dix roubles de pourboire ». Le *Tsarévitch Gueorgui* était libre de cingler vers Batoumi.

Lorsque l'alerte fut donnée, sept heures plus tard, les cosaques et les gendarmes recherchèrent les pirates bolcheviques le long de la côte sans trouver la moindre trace de la bande ni du butin. Staline et deux bolcheviks russes se cachèrent chez Stepane Kapba, un des membres du gang – se rappellera sa sœur des années plus tard. Puis, témoignera-t-elle, ils s'installèrent dans une autre maison sûre qui appartenait à la famille Atoum et enfin chez les Gvaramia. Kamchich Gvaramia se souvenait encore dans sa vieillesse de l'arrivée de Staline chez eux. Son père était tout excité à l'idée de « cacher le chef au visage grêlé du gang qui avait attaqué le navire postal au large du cap de Kodori, l'homme qui deviendrait ensuite le dirigeant de ce grand pays ».

Staline et les gangsters se dirigèrent vers l'ouest à travers l'Abkhazie, traversèrent la rivière Engouri et arrivèrent à Gouria. Des vieillards ont raconté à Fazil Iskander, écrivain et compilateur de l'histoire abkhaze, que Staline avait ordonné l'assassinat de sept gangsters peu sûrs (dont les quatre matelots complices) et conduit ensuite, carabine à l'épaule, une troupe de chevaux chargés d'argent à travers les collines. Iskander raconte l'histoire dans son classique *Sandro de Tchégem*[1]. Après avoir remis le butin à des hommes de main à Koutaïssi, Staline prit un train pour Tiflis, laissant les corps « aux chacals ».

Staline dirigea-t-il vraiment cet acte de piraterie ? La description par la police du chef de l'opération correspond à Staline par le style, l'apparence et le discours : il ne cessait en fait de répéter qu'il était « révolutionnaire et non criminel ». Mais la description demeure très vague et la plupart des Mémoires affirment qu'il organisait, mais ne participait pas aux vols[2].

1. Fazil ISKANDER, *Sandro de Tchégem*, trad. du russe par Monique Sodzian, Paris, Ledrappier, 1987.

2. Cela fut vrai en particulier après que le Congrès de Londres de 1907 eut interdit les expropriations et ordonné l'exclusion du Parti de ceux qui ne respectaient pas ces règles. Mais nous sommes là en septembre 1906 et la Conférence de Londres est encore dans les limbes.

Cependant nous savons, par les récits des Svanidze et de Davrichewy, que Staline transportait un revolver et ne craignait pas à cette époque de l'employer. Arsenidze, le menchevik bien informé, expliqua que Staline « ne prit pas part » au fameux coup de Tiflis, mais précisa qu'« il y avait tout un tas d'expropriations ». Il avait entendu dire que « Staline lui-même avait participé » à l'une d'elles. Staline avait des connaissances dans les ports de Novorossisk, Nouvel Athos et Soukhoumi où les pirates avaient embarqué ; il s'était rendu dans ces lieux en 1905. Quant à la pratique de Staline de conduire des chevaux aux fontes remplies de billets à travers les collines, elle est confirmée par les Mémoires du père Gatchetchiladze cités plus haut.

Ce ne fut pas la seule implication de Staline dans des actes de piraterie. Il orchestra plus tard l'attaque d'un autre navire postal et en prépara plusieurs autres à Bakou[1]. Stanislav Lakoba, l'historien abkhaze, dont les autres recherches sont très méticuleuses, remonta la légende jusqu'à sa source et réussit à interviewer séparément deux témoins âgés avant leur décès. Ils confirmèrent que Staline avait dirigé l'attaque et collecté l'argent.

Les dates correspondent parfaitement. Staline n'était pas chez lui. La conférence de Bakou avait pris fin, et l'emploi du temps de ces journées reste vide. Le bateau fut pillé le 20 septembre et il n'aurait fallu à Staline que quelques jours pour regagner Tiflis. Comme convenu avec Lénine et Krassine à Stockholm, Kamo et deux camarades de Staline attendaient à Tiflis avant de partir en voyage acheter des armes pour le Parti.

Il n'existe pas de document prouvant le rôle de Staline, mais sa participation est pour le moins fort vraisemblable. Il semble bien que ce vol ait été programmé pour une raison précise – et Kamo reçut l'argent nécessaire à sa mission.

Cinq jours après le hold-up, le 25 septembre, Kamo quittait Tiflis avec suffisamment d'argent pour se rendre en Europe et acheter des armes.

1. Ces actes de piraterie étaient chose très banale chez les bandits révolutionnaires : Davrichewy, l'alter ego de Staline à Gori, le chef de l'aile militaire des Fédéralistes socialistes, raconte comment il pilla un navire qui transportait des fonds à peu près à l'époque de l'attaque du *Tsarévitch Gueorgui*. Entre-temps, au large d'Odessa, des révolutionnaires attaquèrent une réception donnée par des nobles à bord d'un navire de plaisance, le *Sofia*, et s'emparèrent de cinq mille livres en or.

Kamo, accompagné de Mdivani, l'acteur révolutionnaire loquace, et de Kavtaradze, celui qui avait jeté la lampe à la tête de Staline, prit tout d'abord le train pour Saint-Pétersbourg. Là les attendait, pour leur donner des instructions, Krassine qui dirigeait, avec Lénine et son allié Alexandre Bogdanov, philosophe et organisateur, le « Centre bolchevique », leur quartier général clandestin en Finlande. Les trois hommes étaient connus sous le nom de « Petite Trinité ».

Krassine connaissait Staline depuis Bakou et Stockholm. Arborant une barbe bien soignée à la Richelieu et toujours en col dur, il menait une double vie : d'une part, c'était un homme à femmes très mondain qui frayait avec les millionnaires ; d'autre part, ses usines d'engins explosifs fournissaient les bolcheviks et autres groupes terroristes en machines infernales[1]. « Son rêve, dit Trotski, était de créer une bombe de la taille d'une noisette », projet qu'il ne réalisa jamais.

Krassine fut le premier d'une lignée d'adorateurs raffinés de la violence à « tomber quasi amoureux de Kamo », qu'il mit en contact avec Meier Wallach[2], un bolchevik juif mondain aux lunettes et aux cheveux blonds ondulés.

Kamo et les deux Géorgiens rencontrèrent Wallach à Paris. Le combinard juif et le psychopathe arménien s'entendirent fort bien et se rendirent à Liège, Berlin et Sofia pour acheter des armes, essentiellement des Mauser, des carabines Mannlicher et des munitions. À Varna, sur la mer Noire, ils achetèrent un yacht qui prenait l'eau, le *Zara*, le remplirent d'armes, nommèrent comme capitaine un marin révolutionnaire du cuirassé *Potemkine*, et embauchèrent quatre hommes d'équipage. Kamo se proposa comme cuistot et responsable de l'opération, et il sabota le bateau afin de pouvoir le faire sauter de sa couchette si des agents tsaristes tentaient de l'aborder. En mer, une tempête bouscula le *Zara* qui eut une voie d'eau et s'échoua. Kamo mit le feu, sans résultat, à sa dynamite fatale. Le capitaine fit une tentative de suicide qui avorta. Finalement, un voilier qui passait secourut les matelots et le cuistot transis de froid. Le *Zara* coula et les fruits de l'acte de piraterie de Staline disparurent dans les flots.

1. À cette époque, Krassine prêta son engin le plus sophistiqué aux terroristes socialistes-révolutionnaires extrémistes qui l'utilisèrent pour faire sauter la demeure du brillant Premier ministre du tsar, Stolypine. Cet attentat fit de nombreux tués mais Stolypine survécut.

2. Dans les années 1930, commissaire du peuple aux Affaires étrangères de Staline, sous le nom de Maxime Litvinov.

Kamo rentra à Tiflis où Staline avait un nouveau plan pour un gigantesque braquage. Quelques mois plus tôt, il était tombé sur un certain Voznessenski qui avait étudié avec lui à l'école paroissiale de Gori et au séminaire de Tiflis. Voznessenski dit à son ancien camarade qu'il travaillait alors au service du courrier bancaire de Tiflis et avait accès aux horaires secrets des transports de fonds, renseignements qui n'avaient pas de prix. Staline l'invita à prendre un bol de lait à l'Adamia et le convainquit d'aider les bolcheviks à exproprier l'argent qui transitait par le service postal. Voznessenski, qui fut interrogé par une commission d'enquête secrète du Parti en 1908, reconnut qu'il avait accordé son aide « seulement pour Koba » parce que celui-ci « avait écrit un poème sur la mort du prince Eristavi d'un caractère si révolutionnaire : ce texte [l']avait tant impressionné ». Il n'y avait qu'en Géorgie qu'un terroriste pouvait obtenir des renseignements pour commettre un hold-up parce qu'il était excellent poète !

Staline présenta Voznessenski à l'Équipe et resta en contact avec son homme « de l'intérieur » qu'il rencontrait de temps à autre. Il le vit pour la dernière fois à la fin de 1906, ce qui semble confirmer que l'Okhrana avait raison de penser que le vol était à l'origine prévu pour janvier ou février 1907. Mais il n'eut pas lieu à ces dates. Dans ses propres réponses laconiques et revêches au contre-interrogatoire lors d'une enquête du Parti menchevique, Staline confirma qu'il avait été derrière le plus célèbre braquage au monde et avait dirigé les deux hommes « de l'intérieur », dont « celui que le camarade Koba connaît depuis l'école », et qu'il les avait présentés à l'Équipe.

L'autre homme « de l'intérieur » de Staline était Grigori Kasradze, « Gigo », également originaire de Gori, cousin de Keke et du père Tcharkviani, qui fut interrogé par une autre commission d'enquête du Parti. Lui aussi avait été préparé par Staline pendant de longs mois avant le vol. Les deux hommes appartenaient à son propre réseau privé de renseignements.

Kamo, après le naufrage du *Zara*, n'avait pas les armes nécessaires à ces nouvelles opérations, aussi Staline le renvoya auprès de Krassine. Le prince Koki Dadiani, important sympathisant, lui prêta son passeport, ce qui lui permit de voyager jusqu'à la capitale en grand style. Kamo rencontra Lénine et Kroupskaïa dans leur cachette finlandaise. « C'était un combattant sans peur d'une audace sans limites et d'une volonté irrépressible, observa Kroupskaïa, mais il était également excessivement sensible, quelque peu naïf. » Lénine l'appelait son « bandit caucasien » et était impressionné de le voir toujours armé de deux pistolets ; Kamo demandait souvent à la noble mère de Kroupskaïa l'autorisation de les porter en bandoulière. Lénine et Kroupskaïa, tous deux élevés dans un monde cultivé et privilégié, courtisaient Kamo. Toujours ils furent sensibles à l'éclat (et à l'utilité) des assassins brutaux, suivant en cela les sentiments de l'anarchiste Bakounine ; pour que la Révolution triomphe, avait écrit ce dernier, « nous devons nous associer au monde fanfaron des voleurs, les seuls révolutionnaires authentiques en Russie ».

Charmés par la douceur et l'air candide de Kamo, les Lénine sentaient néanmoins que son étrange tranquillité pouvait, à tout instant, céder la place à un acte d'une violence insensée. Un jour il vit les Lénine pour le déjeuner et leur dit qu'il avait un cadeau pour eux ; il le déposa lentement, enveloppé d'une serviette, au milieu de la table. « Tout le monde resta coi. "Il a une bombe !" pensèrent-ils », raconte Kroupskaïa. « Mais ce n'était qu'une pastèque. » Kamo regagna Tiflis avec un chargement de grenades.

Selon Koupriachvili, un des gangsters de Staline, Lénine ordonna à ce dernier de trouver rapidement les fonds nécessaires au Congrès de Londres qui se préparait. Staline resta en contact avec Kamo et avec ses « hommes à l'intérieur » du système bancaire, mais il retourna également à Bakou où il s'affairait à fonder et à rédiger le journal russe *Bakinski Proletari* (« Le Travailleur de Bakou ») avec Chaoumian et Spandarian. Engagé dans de si nombreux trafics, le félin Staline semblait intouchable. Mais, alors qu'il se trouvait éloigné, son épouse fut moins chanceuse.

Au cours d'une descente chez un bolchevik à Moscou, l'Okhrana découvrit une note qui indiquait : « 3 rue Freilinskaïa, la couturière Svanidze, demandez Sosso. » Peu de temps après, Kamo demanda aux Svanidze d'héberger un « camarade juif de Moscou » pendant deux semaines. Les sœurs l'accueillirent, mais quelques jours après son départ, le 13 novembre 1906, les gendarmes envahirent la maison à la recherche de Sosso et de Kato. Les sœurs comprirent alors que le « camarade juif de Moscou » était un traître. Par bonheur les gendarmes ne trouvèrent ni Sosso ni ses documents cachés dans les mannequins de couture. Mais Kato fut arrêtée – ainsi que son cousin, Spiridon Dvali, le fabricant de bombes, qui fut condamné à mort. Ce n'était pas là un sujet de plaisanterie pour une jeune femme enceinte de quatre mois déjà.

Sachiko Svanidze mit tout en œuvre pour venir en aide à l'épouse de Staline et en appela aux bonnes grâces de ses clients qui comptaient la plupart des officiers de gendarmerie : « J'allai voir la femme du colonel de gendarmerie Retchitski (dont je faisais la robe à l'époque) et lui demandai de réduire la peine de mort de Dvali et de libérer l'innocente Kato. » L'épouse du colonel obtint la réduction de peine de Dvali et même que Kato fût autorisée à attendre sa propre libération au poste de police et non en prison. Les sœurs faisaient également des robes pour la femme du chef de la police qui conduisit immédiatement Kato chez elle et qui s'occupa d'elle.

À son retour, après sa folle équipée dans le Caucase, Staline « fut profondément déprimé par ce qui s'était passé, note Monosselidze. Il tint à rendre visite à Kato ». Sachiko alla donc voir l'épouse du chef du poste de police et lui dit : « Notre cousin de notre village est venu voir Kato. L'épouse du chef de la police donna son accord, et nous conduisîmes Sosso à leur appartement le soir pour un rendez-vous. Heureusement, aucun d'eux ne connaissait Sosso de vue. La femme de l'officier de police demanda que Kato puisse rentrer chez elle deux heures chaque soir. Et ainsi Sosso et elle se revirent chaque soir » jusqu'à sa libération deux mois plus tard.

Peu après sa libération, le 18 mars 1907, Kato accoucha d'un fils, Yakov[1]. Selon le cousin de Kato, Ketevan Gelovani, Sosso était présent pour la naissance ainsi que sa mère. Keke et Kato, « le petit bout de femme », s'entendaient fort bien. Staline était ravi d'être père. « Après la naissance du bébé, observa Monosselidze, son amour pour la femme et l'enfant décupla. » Il surnomma le bébé Patsana (« fiston »). Écrivant jour et nuit, cependant, Staline « s'irritait lorsque les pleurs du bébé le troublaient dans sa tâche. Mais dès que sa mère le nourrissait et que le bébé cessait de crier, il l'embrassait, lui chatouillait le nez et le dorlotait ».

Sosso avait beaucoup de sujets de préoccupation. En ce mois de mars 1907, son équipe préparait le braquage de la diligence de Koutaïssi, mais, peu avant le jour convenu, le chef de l'opération, Tsintsadze, fut arrêté. Staline nomma Kamo comme successeur. Le favori psychopathe de Staline, qui oscillait toujours entre le simple enthousiasme et l'assassinat frénétique, était tout à fait à

1. Connu dans la famille sous le nom de Iacha, il fut baptisé bien des mois plus tard et enregistré à l'état civil bien des années après, d'où des confusions sur sa naissance. Le nom était probablement un hommage au protecteur de Staline, Iakov Egnatachvili, « Koba ».

même de commander la bande de brigands. Lorsqu'il entendit un bolchevik, probablement Staline lui-même, discuter de théorie avec un menchevik, il s'exclama : « Laisse-moi lui trancher la gorge ! » Kamo, assisté d'Anneta, de Patsia et d'Alexandra, braquèrent la diligence de Koutaïssi, mais les cosaques répliquèrent. Kamo et les jeunes femmes se retrouvèrent au milieu d'une fusillade sauvage, mais lorsqu'elle atteignit son paroxysme, les jeunes femmes se précipitèrent et s'emparèrent des sacs d'argent qu'elles introduisirent discrètement à Tiflis, cachés sous leurs vêtements. « Anneta et moi, nous enveloppâmes le butin autour de notre corps », raconta Alexandra Darakhvelidze. Kamo cacha l'argent dans des outres à vin qu'il envoya à Lénine en Finlande.

Les hommes de Staline « à l'intérieur » du service postal bancaire informèrent alors l'Équipe qu'un transfert important était attendu à Tiflis – il pouvait s'élever à un million de roubles, de quoi financer l'organisation de Lénine pendant des années. Staline et Kamo se préparèrent pour ce coup spectaculaire.

À peine un mois plus tard, Staline, élu comme délégué sans droit de vote au Ve Congrès, quitta Kato et son « fiston » et s'embarqua pour un long voyage *via* Bakou, Saint-Pétersbourg, Stockholm et Copenhague. Voyageant sous le nom d'« Ivanovitch », il était en route pour Londres.

Vers le 24 avril, alors qu'il se trouvait au Danemark, il prit un train pour Berlin afin d'y rencontrer Lénine. Nous savons qu'ils se virent en secret au cours de ce voyage et que Staline séjourna à Berlin. Ils avaient un sujet à discuter, le hold-up imminent à Tiflis. Si Lénine alla à Berlin, écrivit Trotski, « ce ne fut pas alors pour des conversations théoriques, mais ce déplacement fut probablement consacré aux expropriations prochaines et au moyen de faire suivre l'argent ». La nécessité du secret visait autant leurs camarades que l'Okhrana, car le Parti, dorénavant dominé par les mencheviks, avait interdit le brigandage.

Lénine et Staline se rendirent ensuite séparément à Londres.

19

STALINE À LONDRES

Le 27 avril/10 mai 1907, après un voyage éprouvant, Staline et ses compagnons, Tskhakaïa et Chaoumian, débarquèrent à Harwich en Angleterre. Ils prirent le train pour la gare de Liverpool Street à Londres[1] où ils furent accueillis par des manchettes retentissantes dans la presse britannique, tout excitée d'avoir des « anarchistes » exotiques en liberté dans la capitale qui, comme aujourd'hui encore, était un refuge notoire pour les extrémistes les plus meurtriers[2].

Les délégués furent reçus par une équipe incongrue de reporters et de photographes anglais, de douze inspecteurs des Renseignements généraux et de deux agents de l'Okhrana, ainsi que de sympathisants locaux, socialistes anglais ou Russes en exil.

« L'histoire se fait à Londres ! » déclara le *Daily Mirror*, qui semblait extrêmement fasciné par le fait que certains révolutionnaires étaient « des femmes qui brûlaient de zèle pour la grande cause » – et par leur manque de bagages en cette époque des voyages en grande pompe. « Il n'y a pas un homme de plus de

1. Il n'était pas du tout prévu qu'ils se retrouvent à Londres ; le projet initial était de tenir le Congrès à Copenhague. C'était pourquoi Staline s'était rendu à Saint-Pétersbourg, puis en Finlande et à Malmö en Suède d'où il avait pris la mer avec ses camarades délégués pour Copenhague. Mais les Danois les avaient expulsés vers la Suède qui les avait renvoyés au Danemark qui les expédia alors à Esberg où ils prirent un vapeur pour Londres.

2. Les autres grandes nouvelles de ces semaines-là étaient un complot contre la vie du tsar et un portrait photographique du tsarévitch, âgé de trois ans, avec comme légende : « Le tsarévitch porte sa première paire de culottes » ; le mariage du cousin du tsar, le grand-duc Nicolas, avec la fille du roi du Monténégro ; et la naissance d'un fils de la reine d'Espagne, née anglaise, avec cette légende : « Un bébé anglais. »

quarante ans et beaucoup n'ont guère plus de vingt ans » – Staline avait vingt-neuf ans et Lénine trente-sept, mais « nous l'appelions toujours le Vieux », dirait Staline plus tard. « C'était, concluait le *Daily Mirror*, une foule des plus pittoresques. »

Comme en Union soviétique plus tard, les délégués étaient censés être égaux, mais certains étaient plus égaux que d'autres. Maxime Gorki, « le célèbre romancier, écrivit le *Daily Mirror*, est à Londres, mais où, seuls ses amis intimes le savent ». Gorki résidait avec sa maîtresse, une comédienne, à l'hôtel Imperial, un confortable établissement de Russell Square, où Lénine et Kroupskaïa le rejoignirent. Le temps était froid et humide lorsqu'ils arrivèrent. Le dominateur Lénine prit les choses en mains, vérifia si les draps de Gorki étaient bien secs et ordonna d'allumer le chauffage à gaz pour faire sécher leur petit linge mouillé.

« Il va y avoir une bonne vieille bagarre ici », confia Lénine à Gorki tandis que ses chaussettes séchaient. Les délégués qui disposaient de revenus privés séjournèrent dans de petits hôtels de Bloomsbury, mais Lénine et Kroupskaïa prirent des chambres à Kensington Square d'où Lénine allait chaque matin acheter, près de la gare de King's Cross, son *fish and chips*[1], son plat favori. Cependant les délégués pauvres, comme Staline, avaient très peu d'argent.

La légende veut qu'il ait passé les premières nuits avec Litvinov, qu'il rencontrait pour la première fois, dans un foyer de Fieldgate Street, à Stepney, le Tower House, que l'écrivain Jack London qualifie de « monstrueux asile de nuit » : il en coûtait six pence par quinzaine. Les conditions d'hébergement y étaient si infâmes que Staline y déclencha, paraît-il, une mutinerie et obtint que tout le monde fût relogé. Il s'installa dans une pièce exiguë donnant sur l'arrière-cour, au premier étage du 77 Jubilee Street à Stepney, qu'un cordonnier russe juif lui loua et qu'il partagea avec Tskhakaïa et Chaoumian.

Londres, humide et envahie de brouillard, était une ville intimidante pour un visiteur venu de Géorgie. « Au début, je trouvais que Londres m'avalait et m'étouffait », écrivit un autre visiteur communiste russe, Ivan Maïski, qui serait plus tard l'ambassadeur de Staline dans la capitale britannique. « Je me sentais seul et perdu dans son gigantesque océan de pierre [...]

1. Plat de poisson frit et de frites à emporter très populaire en Angleterre. *N.d.T.*

avec ses alignements sinistres de petites maisons noyées dans un brouillard noir. »

Si Londres semblait exotique, le quartier de Whitechapel, où l'on parlait communément le russe, était plus familier. Cent vingt mille Juifs qui avaient fui les pogroms russes, avec dans leur nombre des gangsters et des socialistes, vivaient dans l'East End. Lénine se rendit au Club anarchiste de Rudolf Rocker, près de l'endroit où Staline séjournait à Stepney, où il mangea du poisson accommodé selon une recette juive. Staline en fit certainement autant. Sosso ne pouvait guère manquer la jungle sauvage des guerres de gangs judéo-slaves. Les bandes de l'East End, toutes originaires de l'Empire russe, contrôlaient les « bas quartiers » peuplés de « vide-goussets » et de « détrousseurs ». Trois gangs se disputaient le pouvoir : les Tigres de Bessarabie luttaient contre les gens d'Odessa qui combattaient la Bande d'Aldgate commandée par Darkie the Coon (un gangster juif au teint basané du nom de Bogard).

À leur arrivée, Staline et les autres s'inscrivirent au Club socialiste polonais de Fulbourne Street, pas loin de Whitechapel Road et du London Hospital[1]. Surveillés par les inspecteurs des RG et des journalistes excités, ils reçurent leur maigre allocation de deux shillings par jour, des conseils pour retrouver le gros du Congrès et des mots de passe secrets pour éviter toute infiltration de l'Okhrana.

Se retrouvant à l'étage, « dans de modestes locaux mal meublés appartenant à un club socialiste avec des chaises, des tables et des autographes étrangers sur les murs », les bolcheviks commencèrent le travail politique par leur propre meeting factieux au cours duquel ils élirent un comité secret, et comme tout bon conférencier, « étudièrent la carte de la ville ». Mais le *Daily Mirror* ne s'intéressait pas à de tels détails matériels. « Les femmes sont, à ce que l'on dit, remarquables pour leur courage et leur sang-froid à toute épreuve », révélait le reporter avec admiration. « La pratique du revolver entre dans leurs exercices quotidiens. Elles s'entraînent constamment devant un miroir et deviennent ainsi expertes dans l'art de viser et de presser la détente [...]. Pour la plupart, ce sont des jeunes filles ; l'une, âgée de dix-huit ans, porte ses longs cheveux blonds en une longue torsade dans le dos. »

1. Aujourd'hui transformé en entrepôt de meubles, boutique d'appareils photo et magasin d'habillement pour hommes.

Le *Daily Express*, au regard d'aigle, remarqua cependant « un homme trapu à l'air déterminé qui [...] se tenait à l'angle de Fulbourne Street, manifestement un étranger et tout aussi manifestement une personne d'une certaine importance. Apparemment insouciant, il fait montre d'une attention soutenue [...]. Il s'agit de *Monsieur** Seveff, un membre de la police secrète russe, et sa tâche est de surveiller les socialistes russes, qui, précisait de façon significative le journal, ont peu de bagages ».

Les délégués se rendirent alors au Ve Congrès social-démocrate, par le bus ou à pied, jusqu'à Islington où ils eurent la surprise de découvrir qu'ils se réunissaient dans une église, l'église de la Fraternité sur Southgate Road : « Au bout des rues sombres et sales des quartiers ouvriers, elle était pareille à des dizaines d'autres bâtisses, les murs noirs de suie, aux fenêtres hautes et étroites, et au toit crasseux surmonté d'un clocher bas. » À l'intérieur, les délégués trouvèrent une salle simple et nue qui pouvait accueillir trois cents à quatre cents personnes. Le décor de l'église, « sans ornements au point que c'en était absurde », n'impressionna pas Gorki. Le vicaire, le révérend F. R. Swan, dont les ouailles comptaient le futur Premier ministre travailliste Ramsay MacDonald, était un disciple pacifiste de William Morris.

Le 30 avril/13 mai 1907, le père du marxisme russe, Plekhanov, ouvrit les travaux du Congrès après que les délégués eurent chanté un hymne funèbre à la mémoire des camarades tombés. Staline observa que Lénine s'asseyait souvent à côté de Gorki, homme de grande taille, hanté, d'une maigreur fantomatique, célébrité internationale, collecteur de fonds pour les bolcheviks, et témoin jadis de la pendaison de Gori[1]. Les bolcheviks étaient assis d'un côté, les mencheviks de l'autre, et le moindre vote se passait dans « une tension extrême ».

Il y avait trois cent deux délégués électeurs qui représentaient cent cinquante mille travailleurs, mais après les jours glorieux de 1905, le Parti, profondément ébranlé par la répression de Nicolas II, était dans une situation très critique. On comptait quatre-vingt-douze bolcheviks, dont la plupart étaient déterminés à poursuivre la lutte armée entamée en 1905 et à éviter toute participation à la douma. Ils étaient en minorité face aux quatre-vingt-cinq mencheviks, cinquante-quatre bundistes juifs, quarante-cinq

1. Plus tard, Gorki deviendrait l'ami du dictateur, son apologiste éhonté, son trophée pitoyable et peut-être même sa victime. Voir *Staline : la cour du Tsar rouge.*

Lituaniens-polonais et vingt-six Lettons qui soutenaient au contraire la participation aux élections. Lénine voulait lui aussi adopter la stratégie du fusil et de l'urne que soutiennent aujourd'hui les terroristes de l'IRA, du Hamas et du Hezbollah. Il utilisa donc l'aide des mencheviks pour gagner cette bataille avant de se retourner contre eux.

Le Parti entier se rétrécissait, mais les bolcheviks avaient connu une telle déroute en Géorgie que Staline, Tskhakaïa, et Chaoumian n'avaient reçu qu'un pouvoir consultatif en tant que délégués.

« Qui est-ce donc ? » aurait demandé Staline à Chaoumian alors qu'un nouvel orateur montait à la tribune.

« Comment, tu ne le connais pas ? répondit Chaoumian. C'est le camarade Trotski... » De son vrai nom Lev Bronstein, vedette incontestée à Londres, Trotski venait de réussir une évasion de Sibérie en traversant six cents kilomètres de toundra sur un traîneau tiré par des rennes. Ce fut à cette occasion que Staline vit (et probablement salua) Trotski pour la première fois, bien que celui-ci ne se souvînt avoir rencontré son ennemi juré qu'en 1913.

Alors que Staline commandait ses miliciens à Tchiatoura, Trotski avait présidé le Soviet de Saint-Pétersbourg. Brillant écrivain à l'écriture facile, orateur éblouissant à l'accent juif incontestable, et d'une vanité éhontée, Trotski, aux costumes de dandy et à la crinière soigneusement bouclée, était auréolé de l'éclat d'une célébrité révolutionnaire internationale, très en avance déjà sur Staline. Quoiqu'il fût le fils d'un riche paysan juif de la lointaine province de Kherson, il était d'une arrogance démesurée et considérait les Géorgiens comme des ploucs, des « péquenauds ».

Lénine, qui l'avait surnommé « La Plume » pour sa virtuosité de journaliste, lui reprochait à présent de se pavaner. Staline, dont les talents restaient dans l'ombre alors que Trotski brillait sous les feux de la rampe, le détesta au premier coup d'œil : Trotski était « joli mais inutile », écrivit-il à son retour. Trotski ricana simplement, disant que Staline « ne parlait jamais ».

Il est vrai que Staline ne dit rien pendant tout le Congrès. Il savait que les mencheviks, qui détestaient sa brutalité et ses actes de banditisme, travaillaient contre lui en menant une campagne pour interdire les attaques de banques et pour marquer des points contre Lénine. Lorsque Lénine proposa de voter sur les pouvoirs, Martov, le dirigeant menchevique russe, poussé par Jordania, défia les trois non-votants, Staline, Tskhakaïa et Chaoumian. « On ne peut voter sans savoir qui est concerné. Qui sont ces gens ? demanda Martov. – Je n'en sais vraiment rien », répondit Lénine d'un air insouciant, bien qu'il eût rencontré Staline à Berlin peu de temps auparavant. Martov en fut pour ses frais. « Nous protestons ! » hurla en vain Jordania. À compter de ce moment, Staline détesta Martov, dont le véritable nom était Tsederbaum et qui, comme Trotski, était juif.

La présence des Juifs irritait Staline qui décida alors que les bolcheviks étaient « la véritable faction russe » tandis que les mencheviks étaient « la faction juive ». Il dut y avoir quelques discussions sur ce point dans les pubs après les séances. « Ce ne serait pas une mauvaise idée, dit Alexinski à Staline "pour rire", si nous, les bolcheviks, organisions un pogrom au sein du Parti. » À une époque où des milliers de Juifs venaient d'être massacrés dans des pogroms, cette « plaisanterie » était de fort mauvais goût[1]. Si le ressentiment de Staline à l'encontre des intellectuels juifs révélait son complexe d'infériorité dévorant (car il n'y avait pas d'antisémitisme en Géorgie où les Juifs babyloniens avaient vécu deux millénaires sans le moindre pogrom), se manifeste également ici l'émergence d'un Staline russe. Las des querelles mesquines de la Géorgie et de la domination menchevique, il était prêt à se concentrer sur Bakou et sur la Russie elle-même. Dorénavant il écrivit en russe et non plus en géorgien.

1. Staline imputa perfidement cela à Grégoire Alexinski dans « Notes d'un délégué », son récit du Congrès de Londres publié sous le nom « Koba Ivanovitch » dans *Bakinski Proletari*. Il soulignait que « les mencheviks étaient en majorité juifs, puis venaient les Géorgiens et ensuite les Russes. D'autre part, l'écrasante majorité du groupe bolchevique était russe, puis venaient les Juifs (sans compter bien sûr les Polonais et les Lettons), et ensuite les Géorgiens… » On a beaucoup parlé du caractère juif des sociaux-démocrates, mais les chiffres de Staline montrent également combien le Parti était géorgien. Arsenidze affirme que Staline se montrait neutre à l'égard des Juifs, ne s'intéressant qu'à ce qui était politiquement utile. Dans ses articles, il compatissait à leur sort : « Gémissant sous le joug, ainsi sont les Juifs éternellement persécutés et humiliés qui n'ont pas même les quelques misérables droits dont jouissent les autres sujets russes. » Sur un thème associé, il attaqua également les mencheviks accusés d'être des « intellectuels » et non des ouvriers et s'étonna que les mencheviks aient attaqué les bolcheviks parce qu'ils comptaient trop d'intellectuels : « Nous expliquions les cris des mencheviks par le proverbe : "La langue retourne toujours à la dent malade". » Ainsi que nous l'avions vu, c'était l'une de ses expressions préférées. Quant au défi sur les pouvoirs, la plupart des ouvrages historiques le rapportent pour réduire l'importance et le statut de Staline, mais ne signalent jamais que Tskhakaïa et Chaoumian, figures respectées, avaient également été défiés. L'insouciance de Lénine avait une autre raison. Il avait proposé un accord de fusion aux mencheviks géorgiens : si Jordania n'intervenait pas dans les affaires russes, il pourrait devenir chef d'un Parti uni en Géorgie. Jordania n'accepta jamais cette offre.

Lénine obtint ce qu'il voulait au Congrès. Un nombre plus grand de bolcheviks que de mencheviks fut élu au Comité central, tandis qu'il conservait son Centre bolchevique secret. « À présent, songea Staline plus tard, il fallait que je voie le triomphe de Lénine. »

Cependant les mencheviks prirent une résolution qui affecta Staline : ils adoptèrent une condamnation rigoureuse des attaques de banques qui excluait du Parti quiconque ne la respectait pas. Ils chargèrent Georgui Tchitcherine, aristocrate menchevique homosexuel (qui deviendrait par la suite le deuxième commissaire du peuple aux Affaires étrangères), d'enquêter sur toutes les attaques de banques survenues depuis la Conférence de Stockholm. « Staline se montra très discret pendant cette réunion, restant pour l'essentiel silencieux et dans l'ombre », remarqua Devdariani, son ami menchevique. Trotski comprit par la suite que ce qui préoccupait Staline, c'étaient les attaques de banques qu'il avait prévues pour mai 1907 : « Pourquoi s'était-il donné le mal de venir à Londres ? Il devait avoir d'autres tâches. »

À l'extérieur, « des Anglais curieux se rassemblaient et nous observaient comme si nous étions des animaux venus de terres lointaines ! ». La presse assiégeait le bâtiment tandis que les tout premiers paparazzi photographiaient impudemment les révolutionnaires effarouchés qui leur demandaient d'arrêter. « Révolutionnaires russes effrayés par les photographes ! » titra le *Daily Express*. « Vous rendez-vous compte que la reproduction de ces portraits pourrait signifier la mort ? » dit un Russe au journal sans comprendre que toutes les précautions étaient inutiles.

Les espions tsaristes, les « spectres », étaient déjà dans l'église. La police secrète russe – à cette époque comme aujourd'hui – était irritée par la tendance des Britanniques à accorder l'asile aux dissidents russes. « À cause du libéralisme de Londres, il sera impossible de compter sur la coopération des forces de police locales », se plaignit A. M. Garting, le directeur du Service étranger de l'Okhrana, basé à Paris. Deux agents suivirent les révolutionnaires en Angleterre. Les RG et les membres de la police secrète russe rôdaient dans la rue pour le plus grand plaisir de la presse, mais l'Okhrana n'avait nul besoin d'aide extérieure – leur agent double Iakov Jitomirski, qui recevait deux mille francs par mois, était l'un des deux traîtres infiltrés dans le Congrès. Dans les archives de l'Okhrana, nous retrouvons les discours retranscrits aussi minutieusement que dans les actes officiels du Congrès.

Lénine était au meilleur de sa forme à Londres. À l'intérieur de l'église, les délégués mangeaient au cours des séances, mais les fonds s'épuisaient. Lénine, craignant que les bolcheviks ne manquent de nourriture, s'arrangea pour que la maîtresse de Gorki distribue bières et sandwichs.

Après les séances, Lénine bavardait avec les délégués, au soleil, sur les pelouses de Hyde Park ; il leur donnait des leçons de prononciation anglaise, riait sans façons avec eux, leur conseillait des logements bon marché et les amenait à son pub préféré, le Crown and Woolpack dans Finsbury où, à ce que l'on dit, un inspecteur des RG s'était caché dans un placard pour écouter les conversations, quoiqu'il ne parlât pas russe. Le 13 mai, il se peut que Staline ait assisté à sa seule soirée à Chelsea. L'artiste Félix Moscheles invita, premier exemple de chic révolutionnaire, les marxistes à une réception, où les invités étaient censés venir en tenue de soirée, dans sa demeure, au 123 Old Church Street. Là Ramsay MacDonald porta un toast aux Russes ; Plekhanov et Lénine lui rendirent la politesse. Leurs hôtes s'étonnèrent de ne pas les voir en habit.

Staline, la plupart du temps, n'était pas à Chelsea ; il passa l'essentiel de ses soirées dans les quartiers difficiles de Londres. Son expérience dut fort ressembler à celle de Maïski : « Je marchais le long de rues sinistres, faiblement éclairées par de vieux becs à gaz, traversais des ponts déserts, apercevant vaguement les ombres sombres des canaux en contrebas. J'ai vu le ventre de Londres et entendu les appels des prostituées et le rire impudent de leurs compagnons ivres. Je trébuchais presque sur des sans-logis qui dormaient sur le seuil des boutiques fermées. » Un jour, dans un pub, Staline manqua être tabassé par des dockers de l'East End. Litvinov, semble-t-il, vint à son secours. Selon sa fille, Litvinov expliquait en plaisantant que c'était la seule raison pour laquelle Staline l'épargna par la suite, disant : « Je n'ai pas oublié cette époque à Londres. »

De retour à Stepney, *Mister Ivanovich* (alias Staline), qui portait tunique, pantalons bouffants et hautes bottes, passait beaucoup de temps à lire, mais il employait aussi un jeune garçon nommé Arthur Bacon comme coursier. « Staline écrivait une lettre à quelqu'un à une ou deux rues de là, raconterait Bacon dans une interview après la Seconde Guerre mondiale, et voulait qu'elle fût portée directement. Il ne savait pas écrire l'anglais et l'épouse du cordonnier rédigeait l'adresse sur l'enveloppe. » Bacon recevait habituellement un demi-penny par course, mais Staline lui donnait deux shillings[1]. « C'était alors beaucoup d'argent, vous savez », confia Bacon. Staline, par générosité ou par ignorance, le payait 48 fois plus que le tarif normal ! « Son péché mignon était les caramels au beurre, ajouta Bacon. Je lui en achetais tous les jours. »

Staline vivait donc dans l'East End miséreux et il vit certainement peu de chose de Londres. Les bolcheviks étaient si obsédés par la politique et si provinciaux sur le plan culturel qu'ils ne prêtèrent guère d'attention aux caractéristiques naturelles ou culturelles. Pour admirer une ville, écrivit Trotski, « vous devez trop donner de vous-même. J'avais ma propre sphère d'activités qui ne supportait pas de rivale : la Révolution ». Sosso était de même. Il n'avait guère d'argent, mais pendant la Seconde Guerre mondiale, il confia à l'un de ses jeunes diplomates, Andreï Gromyko, qui serait plus tard ministre des Affaires étrangères et président de l'URSS, qu'il avait passé son temps « dans des églises à écouter les sermons – le meilleur moyen d'apprendre l'anglais ». Lorsqu'il envoya Gromyko comme ambassadeur à Washington, il lui suggéra de faire la même chose.

Entre-temps, le Congrès avait épuisé ses fonds et ne pouvait payer les soixante-cinq roubles nécessaires au retour de chaque délégué au pays. Il fallait faire quelque chose. Le socialiste russo-juif Fiodor Rothstein, qui avait aidé à l'organisation du rassemblement, en appela au journaliste de gauche H. N. Brailsford du *Daily News* et au député travailliste George Lansbury. Ils prirent contact avec Iossif Fels, un magnat américain qui possédait la fabrique de savons Fels-Naphtha.

« Avant de décider, répondit le baron du savon, je veux voir ces gens. » Brailsford et Lansbury conduisirent Fels à l'église de la Fraternité pour assister à une séance. « Comme ils sont jeunes et absorbés ! » s'exclama le Philadelphien qui proposa mille sept cents livres au Parti. L'accord de prêt stipulait : « Nous, les délégués soussignés, devons rembourser [Fels] au 1er janvier 1908. » Et Fels insista pour que tous les délégués signent le document. Lénine accepta, mais il ordonna ensuite aux délégués d'employer leur seul pseudonyme. Ils signèrent donc ce document extraordi-

1. La livre anglaise se subdivisait alors en vingt shillings, et le shilling en douze pence (singulier : un penny). *N.d.T.*

naire en anglais, en russe et en géorgien. Lénine parapha probablement « Vladimir » et on pense que Staline employa un de ses pseudonymes préférés, « Vassili de Bakou ». Fels décéda avant l'accession de Lénine au pouvoir, mais ses héritiers furent remboursés en 1917.

Lorsque Churchill[1] rencontra Staline pour la première fois en 1942, après un préambule glacial, ils sympathisèrent au cours d'un marathon nocturne arrosé à Moscou et le Premier ministre l'interrogea sur cette visite à Londres.

« Lénine, Plekhanov, Gorki et d'autres étaient là, répondit Staline.

– Et Trotski ? demanda Churchill, évoquant l'ennemi que Staline avait fait assassiné deux ans plus tôt.

– Oui, il était là, répliqua Staline, mais il repartit déçu de n'avoir pas obtenu une organisation pour le représenter comme les Escadrons de combat, ce qu'il espérait... » Même trente ans plus tard et après avoir tué son grand adversaire, Staline restait fier d'avoir commandé les Escadrons de combat contrairement à Trotski, le célèbre commissaire à la Guerre.

« Le Congrès est terminé », rapporta « Koba Ivanovitch », dernier pseudonyme de Staline, dans le *Babinski Proletari*, « avec la victoire du bolchevisme ».

Cependant Staline et Chaoumian restèrent à Londres pour soigner Tskhakaïa qui était tombé malade. « J'avais trente-neuf de fièvre ou même plus », racontera Tskhakaïa, aussi Staline et Chaoumian restèrent « pour s'occuper de moi parce que nous partagions une seule chambre ».

Il existe une légende chez les communistes gallois selon laquelle, après le Congrès, Staline négligea ses devoirs médicaux envers Tskhakaïa pour rendre visite aux mineurs du pays de Galles ; après tout, sa place forte de 1905 était Tchiatoura, une ville minière. Mais, malgré une floraison miraculeuse de visions de « Staline au pays de Galles » chez les communistes de Rhondda pendant la Seconde Guerre mondiale, il n'existe pas la moindre

1. Churchill, âgé de trente-trois ans en 1907, vivait dans sa garçonnière de Mount Street W1, alors que Staline, vingt-neuf ans, séjournait sous le nom de Koba Ivanovitch à Stepney. Déjà sous-secrétaire aux Colonies dans le gouvernement libéral de Sir Henry Campbell-Bannerman, il venait juste de publier sa biographie de Lord Randolph, son propre père. Il était déjà suffisamment célèbre pour que fût annoncée une biographie de lui, la première. Alors que Staline était en Angleterre, Churchill se rendit en Écosse pour faire un discours dont la presse rendit compte.

preuve qu'il se fût rendu dans cette région[1]. En outre, il n'avait pas encore inventé le nom de « Staline ». Mais on le repéra également, à ce que l'on dit, sur les docks de Liverpool, autre version de sa rencontre avec les dockers londoniens. Malheureusement, « Staline à Liverpool » est à ranger au côté de « Staline au pays de Galles » dans ce domaine fabuleux de mythologie urbaine, d'aspiration fantaisiste régionale et de culte de la personnalité propre à la gauche.

Après avoir passé environ trois semaines à Londres, Sosso resta une semaine à Paris. Puis, empruntant les papiers d'un Géorgien qui venait de décéder, Simon Jvelaïa, il rentra chez lui à Tiflis la veille du grand hold-up.

1. La visite de « Staline au pays de Galles » a la peau dure ; l'écrivain gallois John Summers la « confirma » lors d'une visite dans la ville minière de Hughesovska (aujourd'hui Donetsk), fondée par un Gallois, en Union soviétique dans les années 1970. Un site Web gallois signale Staline parmi « les individus inquiétants qui ont passé du bon temps au pays de Galles », avec le tueur en série Fred West, le magicien Aleister Crowley, le nazi Rudolf Hess et le tyran ougandais Idi Amin Dada : « Staline visita brièvement les vallées galloises du sud pour trouver des soutiens et lever des fonds pour la Révolution russe. » Parmi les assistants de Staline, Fiodor Rothstein, le combinard bolchevique à Londres, devint ambassadeur d'URSS en Perse et mourut avant la Terreur. Son fils, Andrew Rothstein, connut une étrange carrière entre l'*establishment* anglais et la *nomenklatura* stalinienne : il fit ses études à Oxford, puis travailla à l'Institut marxiste-léniniste pendant la Terreur, et eut la chance de survivre ; il revint ensuite à Londres pour devenir le sage du marxisme britannique. Dans un de ses souvenirs très bizarres, Staline raconta à un groupe de parlementaires britanniques pendant la Seconde Guerre mondiale qu'il avait vu Benito Mussolini, alors socialiste, au cours d'une réunion marxiste quand il était à Londres. Il est possible qu'il ait rencontré Mussolini à quelque congrès socialiste en Allemagne, mais le futur Duce n'était pas à Londres à l'époque du Congrès. Bacon, le coursier anglais de Staline, devint garçon de salle au Beckenham Hospital. Il accorda une interview au *Daily Express* en 1950, alors qu'il était âgé de cinquante-six ans. « Je me demande si le généralissime Staline, le père de toutes les Russies, se souvient du garçon de grande taille qui lui achetait des caramels », conclut Bacon. La maison sur Jubilee Street n'existe plus.

20

KAMO DEVIENT FOU : LE JEU DES COSAQUES ET DES VOLEURS

Le 10 mai 1907, Kamo installait le détonateur sur une des bombes de Krassine lorsqu'elle lui explosa au visage. Il manqua perdre un œil, mais il réussit à se faire soigner en secret et se rétablit suffisamment pour commander l'Équipe, car le grand jour approchait. Les gangsters regrettaient l'absence de leur chef emprisonné, Tsintsadze, et considéraient Kamo comme quelqu'un qui cherchait à se faire valoir et à retenir l'attention. « Kamo était très infatué, dit Koupriachvili ; il affichait sa valeur aux yeux des camarades importants et se vantait. »

Staline rentra vers le 4 juin, peu après que l'énergique premier ministre de Nicolas II, Pierre Stolypine, avait lancé son offensive réactionnaire en redéfinissant les règles d'élection à la douma pour garantir une majorité conservatrice et en intensifiant sa terrible politique de répression contre les révolutionnaires. Beaucoup furent arrêtés, beaucoup furent déportés en Sibérie dans des trains prisons surnommés « les voitures de Stolypine », et un si grand nombre furent pendus que la corde fut connue sous le nom de « cravate de Stolypine ». En 1905, on comptait quatre-vingt-six mille prisonniers politiques ; en 1909, ils étaient cent soixante-dix mille.

Kamo réunit une vaste bande des meilleurs truands et pilleurs de banques de Géorgie qui incluait le noyau de l'Équipe et les cinq tueuses. Dans l'attente du gros coup, ils vécurent dans un petit appartement communautaire tandis que Kamo louait, lui, une grande résidence où il « séjourna en se faisant passer pour prince ». L'Okhrana jugeait qu'une soixantaine de brigands s'étaient trouvés impliqués dans le hold-up ; il est donc probable que les bolcheviks aient demandé de l'aide aux socialistes-révolutionnaires et à d'autres bons tireurs ; les terroristes coopéraient fréquemment, l'exemple le plus récent étant l'opération où Krassine avait fourni aux socialistes-révolutionnaires les bombes pour dynamiter la résidence de Stolypine. Si les socialistes-révolutionnaires espéraient une part du butin, ils allaient déchanter.

Staline communiqua au Comité bolchevique de Tiflis les ordres que lui avait donnés Lénine à Berlin ; le Comité approuva l'opération. Staline s'attendait très certainement à une vague d'indignation au niveau local et à un scandale sur le plan international ; Kamo et les tireurs démissionnèrent donc temporairement du Parti, sur la suggestion de Lénine, se libérant ainsi techniquement de la résolution prise à Londres. Staline et Chaoumian projetèrent de se rendre ensuite directement à Bakou. Il en était fini des bolcheviks en Géorgie où le mouvement ne comptait plus que cinq cents partisans. Sosso brûlait délibérément ses navires et entamait un nouveau départ dans un environnement plus ambitieux[1].

Aux petites heures, le 13 juin, Kamo confirma à Staline et à Chaoumian que le hold-up aurait lieu le jour même. Les gangsters attendirent à la taverne Tilipoutchouri où, paraît-il, on aperçut Staline tôt dans la matinée[2]. Un peu avant 10 heures, en uniforme d'officier et brandissant son sabre circassien, Kamo caracola sur la place Erevan ; les gangsters, hommes et femmes, prirent position. C'était une chaude journée d'été.

Lorsque les bombes ébranlèrent la ville, Kato Svanidze Djougachvili, sur le balcon, câlinait le fils de Staline, âgé de trois mois, en compagnie de sa sœur, Sachiko. « Nous nous sommes précipi-

1. La position des bolcheviks en Géorgie était affaiblie par l'assassinat en août 1907 du très populaire prince Ilia Tchavtchavadze, qui avait publié les poèmes de Sosso. Les bolcheviks avaient critiqué sa version patriarcale de la culture géorgienne et, croyait-on généralement, avaient décidé de le tuer ; il existe des preuves que l'ami de Staline, Sergo Ordjonikidze, avait organisé l'assassinat ou y avait pris part. Staline louait encore la poésie de Tchavtchavadze dans son grand âge et rien ne prouve qu'il ait ordonné le coup, mais il était très proche de Sergo. Il est probable qu'il ait été tenu informé et il était, à n'en pas douter, parfaitement à même de faire la distinction entre mérite littéraire et cruelle nécessité ; pour lui, la politique passa toujours en premier.

2. Staline lui-même laissa entendre plus tard qu'il était au caravansérail de Tamamchev et qu'il avait vu Tsintsadze donner ses instructions aux gangsters, mais Tsintsadze venait juste d'être arrêté. Le vieux dictateur confondait peut-être cette attaque avec une autre, celle de 1912 (voir chapitre 29). En 1907, Kamo fut très certainement le meneur de l'opération.

tés à l'intérieur, absolument terrifiés », dit Sachiko Svanidze. Pendant le reste de la journée, cosaques et gendarmes galopèrent à travers la ville, fouillant les maisons et bouclant des quartiers dans l'espoir de retrouver l'argent avant qu'il ne quitte la ville.

« Cette nuit-là, rapporte Sachiko, Sosso rentra et nous dit que Kamo et son gang avaient fait le coup et dérobé deux cent cinquante mille roubles pour le Parti. » Il dut raconter aux sœurs la petite comédie jouée par Kamo, car elles comprirent alors pourquoi il venait d'emprunter le sabre de leur père. Les Mémoires de Svanidze montrent que, loin d'ignorer innocemment la double vie de Staline, Kato savait parfaitement qu'elle était mariée au parrain des braquages de banques dans le Caucase. Mais Staline informa soudain la famille que son épouse et son bébé devaient partir incessamment pour Bakou. Les Svanidze n'approuvèrent pas cette décision. Ils durent éprouver un fort ressentiment car, même dans les années 1930, la famille osa critiquer Staline pour avoir imposé à Kato treize heures de train « par un été aussi torride », et avec un nourrisson. Mais tout fut inutile : « Sosso partit pour Bakou et emmena Kato », empochant également quinze mille roubles pour ses projets futurs.

Ce fut alors que les choses tournèrent de nouveau mal. La police annonça que cent mille roubles en billets de cinq cents avaient été marqués (dont la série allant de AM 62 901 à 63 000). Certains gangsters voulurent les brûler, mais Kamo refusa. Le reste du butin était en coupures plus petites.

Tous les truands désiraient rencontrer Lénine, mais Kamo avait besoin d'être soigné à l'étranger pour son œil ; ce fut donc lui qui, avec l'essentiel de l'argent, prit le train pour Bakou d'où il rejoindrait Lénine en Finlande. Le prince Koki Dadiani, dont la famille avait jadis régné sur la Mingrélie, lui prêta de nouveau son passeport. Complétant son travestissement préféré, Kamo se fit alors passer pour le prince en voyage avec sa toute jeune épouse (une des voleuses qui, chose ironique mais utile, se trouvait être fille de policier), le lendemain même de leurs noces. Les jeunes femmes de l'Équipe étaient expertes dans l'art de camoufler argent et dynamite sur leur propre personne ; comme la dynamite dégageait une odeur acide, surtout lorsqu'elle était attachée sur un corps en sueur, ces dames devaient s'asperger de parfum. Pour l'argent, c'était plus facile et le butin voyagea dans la lingerie de la jeune mariée. Des policiers vénaux avaient certainement été achetés pour fermer les yeux.

Kamo livra l'équivalent d'un million sept cent mille livres (trois millions quatre cent mille dollars) en monnaie actuelle à Lénine, de quoi financer la faction quelque temps. Kamo passa l'été avec son héros à projeter un « coup » gigantesque. Mais la répression rattrapa bientôt Lénine qui dut fuir à Genève où « les bourgeois suisses, écrit Kroupskaïa, étaient morts de peur [...] et ne parlaient que des expropriations russes ». La Géorgie était devenue synonyme de gangstérisme : lorsque Tskhakaïa leur rendit visite, vêtu d'une *tchokha*, leur logeuse manqua s'évanouir et, « avec un hurlement de frayeur, elle lui claqua la porte au nez ».

L'histoire était loin d'être terminée : le hold-up de Tiflis fit de Kamo un personnage de légende[1], mais ses répercussions contribueraient à ébranler le Parti et, en 1918, elles menaceraient encore de porter atteinte à Staline.

Comme dans toute entreprise criminelle couronnée de succès, les truands se disputèrent bientôt pour le butin. La police avait publié les numéros de série de cent mille roubles en billets. Cet argent serait difficile à écouler, mais le faussaire du Groupe technique de Krassine, connu sous le nom de Fanny le Gros, modifia certains numéros. Lénine et Krassine décidèrent d'aller de l'avant, d'autant plus que le reste du magot était propre. L'argent fut immédiatement transféré clandestinement à l'étranger et une partie en fut blanchie par l'intermédiaire du Crédit Lyonnais. Litvinov distribua le liquide à ses agents pour qu'ils le changent dans diverses villes.

Pendant ce temps, la police remuait ciel et terre pour arrêter les coupables, mais elle ne découvrit rien de concret. Ses informateurs à Tiflis, en particulier un au nom de code « La Grosse Dame », révélèrent que les terroristes socialistes-révolutionnaires avaient pris part au coup, mais qu'on leur avait volé leur part du butin.

Son premier suspect fut l'autre pilleur de banques de Gori, Davrichewy, qui (selon les rapports de l'Okhrana) « se cachait à Lausanne sous le nom de Kamo ».

1. Les autres gangsters, qui avaient en fait réalisé bien plus de hold-up, étaient jaloux de la célébrité de Kamo. « Notre Équipe s'appelait le groupe de Kamo, dit Batchoua Koupriachvili, mais c'était faux. Nous avions accepté Kamo au sein du groupe plus d'un an après sa création. Il joua son rôle dans cette grande action, après quoi tout lui fut attribué [...]. Mais Kote Tsintsadze, Inskirveli, Elisso Lominadze [...] ne lui étaient pas inférieurs, et probablement même lui étaient supérieurs. »

L'Okhrana savait que « Kamo avait envoyé tout l'argent à Krassine et à Lénine », mais alors les révolutionnaires commencèrent à se brouiller. Lénine avait touché au moins cent quarante mille roubles sur le produit du vol. Mais en 1908 il s'ensuivit une violente querelle, quoique ésotérique, qui allait de nouveau scinder le Parti en deux. Lénine rompit avec Bogdanov et Krassine[1], qui détournèrent à leur profit environ quarante mille roubles de l'argent de Tiflis. Litvinov envoya « deux terroristes géorgiens » pour leur dire que, s'ils ne rendaient pas l'argent rapidement, les Géorgiens « liquideraient » un membre du Comité central.

Bientôt Lénine se trouva de nouveau à court d'argent. Les attaques de banques n'étaient pas sa seule source douteuse de financement. Il ordonna à deux escrocs bolcheviques de séduire deux sœurs fort peu avenantes qui avaient hérité de l'immense fortune de leur oncle, l'industriel Schmidt. La double opération de séduction fut un succès complet, exploit que Lénine, ainsi qu'il le reconnut, aurait été incapable d'accomplir. Un des séducteurs, Victor Taratoura, détourna des sommes considérables de l'héritage pour mener la grande vie avant de donner le reste à Lénine.

Kamo, arrivé en Allemagne en août, décida d'apporter son aide en réalisant la plus grande de toutes les attaques de banque, un coup de quinze millions de roubles « qui financerait le Parti pendant six ans, mais coûterait au moins deux cents vies ». Amassant des stocks de dynamite et utilisant un passeport au nom de Mirski, agent d'assurances, il se rendit à Berlin pour se procurer des explosifs. Mais l'homme de Lénine à Berlin était le Dr Jitomirski, l'agent double qui avait informé l'Okhrana de l'organisation du Congrès de Londres. Jitomirski trahit alors Kamo.

Le 27 octobre/9 novembre 1907, la police allemande fit une descente dans la chambre d'hôtel de Kamo et y découvrit des billets de banque, deux cents détonateurs, douze charges de fulminate de mercure et vingt batteries électriques. L'Okhrana était enthousiaste mais elle ignorait toujours l'identité de « Mirski ». Le 31 octobre/13 novembre, Garting, directeur du Service de renseignement extérieur du tsar, annonça triomphalement que « Mirski » préparait un « gros hold-up » et qu'il avait en sa possession certains des billets de Tiflis, mais il n'y avait

1. Lénine publia un article épistémologique très polémique, « Matérialisme et empirisme », qui attaquait le relativisme philosophique mystique d'Alexandre Bogdanov qui menaçait, selon lui, le matérialisme marxiste.

pas de preuve de sa participation à l'attaque. L'Okhrana persistait à croire que Davrichewy était « Kamo ». Alors, qui était « Mirski » ?

Finalement l'Okhrana eut un coup de chance. Le 1er mars 1908, un ancien brigand bolchevique dans la prison de Koutaïssi, Arsen Karsidze, révéla que le principal pilleur de banques était Simon Ter Petrossian connu sous le nom de Kamo et détenu alors sous celui de « Mirski » à la prison Alt-Moabit de Berlin. Un autre rapport confirma que Davrichewy était en exil en Suisse et n'était donc pas Kamo.

Le gouvernement du tsar demanda l'extradition de Kamo qui encourait alors la peine de mort. Krassine se précipita à Berlin pour orchestrer sa défense et il engagea l'avocat allemand de gauche Oscar Kohn. Krassine conseilla à Kamo de jouer la démence, rôle pour lequel il était plus qualifié que quiconque.

Kamo commença à se comporter en aliéné comme seul quelqu'un de véritablement déséquilibré peut le faire. Il réussit cela pendant deux années entières. Tout d'abord il se mit à brailler, à crier, à déchirer ses vêtements et à frapper les geôliers. On l'installa dans un cachot glacial où il dut rester nu neuf jours. Apparemment il ne dormait pas et passa les nuits debout pendant quatre mois. Puis il cessa de se nourrir ; on l'alimenta de force avec un tube. Il s'arracha les cheveux, tenta de se pendre, mais on le détacha, il se coupa les veines des poignets, mais on le ramena à la vie. En mai 1908, on le transféra à l'hôpital psychiatrique Bukh de Berlin pour établir un diagnostic. Il imita d'autres patients et adopta ce grand cliché de la folie : il prétendit être Napoléon. Les médecins demeuraient sceptiques et ils décidèrent de le soumettre à une série de tourments qui auraient brisé toute autre personne. On le brûla avec des fers chauffés à blanc et on lui planta des aiguilles sous les ongles, mais il supporta tout. Enfin les Allemands acceptèrent de le reconnaître fou et, se lavant les mains de ce cinglé embarrassant, le livrèrent aux Russes qui, sans autres formalités, le jugèrent pour les « atrocités » de Tiflis et leurs cinquante victimes. Pendant le procès, Kamo, chancelant et délirant, sortit soudain Petka, un verdier, de sa manche, et bavarda de manière insensée avec son compagnon à plumes au lieu de s'adresser aux juges.

Stolypine, le premier ministre, et Vorontsov-Dachkov, le vice-roi, étaient bien décidés à le faire pendre. Mais Oscar Kohn, son avocat, orchestra une telle campagne de publicité en Europe contre l'exécution d'un malade mental que Stolypine dut, à regret, décider qu'une pendaison « affecterait défavorablement les intérêts russes ».

Au cours de tests, les médecins russes découvrirent que l'épiderme de Kamo était insensible à la douleur. Ils lui enfoncèrent d'autres aiguilles sous les ongles et l'électrocutèrent. « La chair brûlée, raconta songeur Kamo, faisait horriblement mal. » Ces médecins furent aussi convaincus.

En septembre 1910, Kamo fut déclaré fou et enfermé pour toujours dans le quartier des déments criminels de la forteresse Metekhi. Les bolcheviks acclamèrent son héroïsme, mais un médecin expliqua que « seul un patient terriblement malade et en état de démence se comporte ainsi ». Kamo, écrit l'historienne Anna Geifman, était un être « aux passions et aux angoisses sans réponses [...], incapable de fonctionner normalement [...]. Bien que feignant la démence, il était réellement fou ».

Pendant ce temps, la police recherchait les billets de banque marqués qui commençaient à circuler partout en Europe. À Paris, Litvinov découvrit un inspecteur sous son lit à l'hôtel ; il fut arrêté avec douze de ces billets, mais on l'extrada à Londres. Krassine fut cueilli en Finlande. D'autres changeurs d'argent furent arrêtés à Munich, Zurich, Paris, Berlin et Stockholm.

« Les mencheviks n'ont pas touché un sou [de l'argent du braquage de Tiflis] », rapporta, ravie, l'Okhrana, aussi « exigent-ils, sur la base des résolutions du Congrès de Londres, d'exclure du Parti tous ces expropriateurs ».

Staline se trouvait en difficulté.

Les mencheviks furieux constituèrent trois commissions différentes, qui fonctionnèrent pendant plus de deux ans, pour enquêter sur qui avait organisé le braquage de Tiflis ; une de ces commissions fut dirigée par Jordania à Tiflis, une autre par Jibladze à Bakou, et la troisième, à l'étranger, par Tchitcherine. Les vols meurtriers ternissaient leur réputation, mais ils voulaient également abattre Lénine en utilisant Staline et Kamo.

Les mencheviks réussirent à interroger quasiment tous les principaux suspects, dont Staline lui-même qui fut questionné sous le nom de « camarade Koba » à Bakou. Étonnamment cela a survécu dans les archives, première preuve directe de son implication. Les « hommes de l'intérieur », Kasradze et Voznessenski, avouèrent tout et imputèrent l'entière responsabilité à Staline. Lénine affirma sa totale innocence devant Tchitcherine, car les braquages « avaient été commis par des gens qui n'étaient pas membres du Parti ». Les commissions de Tiflis et de Bakou, selon Arsenidze et Ouratadze, votèrent pour l'exclusion de Staline. Mais la scission du Parti était déjà accomplie, et il est douteux que les mencheviks aient eu le pouvoir d'exclure un bolchevik.

Ils réunirent néanmoins des preuves contre Staline pour affronter Lénine. En août 1908, ils se réunirent à Genève où Martov éreinta Lénine. Noé Ramichvili cita des noms – y compris les suspects habituels, Kamo et Tsintsadze – puis déclara que « tous ces gens agissaient sous la direction du camarade Koba ».

Lénine se dressa soudain et l'interrompit : « Ne donne pas le nom de famille de ce dernier », glapit-il.

« Je ne le ferai pas, dit en souriant Ramichvili, parce que nous savons tous qu'il est bien connu comme le Lénine caucasien. » À n'en pas douter, ce titre aurait flatté Staline.

« Tu prends la responsabilité que ces noms ne seront pas divulgués à la police ? » insista Lénine. Le secret maintenu autour des rencontres avec Staline avait payé : les mencheviks pouvaient épingler Staline mais étaient incapables d'impliquer Lénine. S'il est besoin d'une preuve de leurs relations dès 1907-1908, la protection accordée par Lénine à Staline suffit à la fournir.

Il semble que Lénine ait bien été exclu, certainement pas par le Comité central, mais au niveau local, à Tiflis et à Bakou. Si la chose avait été prouvée, cela n'aurait pas manqué d'être une tache indélébile sur sa légitimité révolutionnaire.

Quand les bolcheviks arrivèrent au pouvoir, avec Staline dans l'entourage immédiat de Lénine comme l'un de ses hommes de main, les mencheviks tentèrent de les déboulonner en ressortant l'affaire. Martov publia un article en 1918 qui donnait trois exemples d'actes de banditisme de Staline : le braquage de Tiflis, le meurtre d'un ouvrier à Bakou et l'attaque d'un autre navire, le *Nicolas Ier*, au large de Bakou. Pire encore, Martov écrivait que Staline avait été exclu du Parti en 1907. Or, en 1918, Staline avait besoin de la caution d'un long passé de vieux bolchevik et il sentit le danger que représentait cette histoire d'exclusion. Il attaqua donc, de manière quasi hystérique, cette « action méprisable d'un déséquilibré vaincu » et poursuivit Martov pour « cette infâme calomnie » devant le Tribunal révolutionnaire au cours de l'un des procès les plus étranges de l'ère soviétique.

Il ne nia ni ne reconnut son rôle dans les hold-up, mais répéta avec insistance : « Je n'ai jamais de ma vie été jugé devant une organisation du Parti, ni exclu », ce qui, au sens littéral, était probablement vrai, car les Comités de Tiflis et de Bakou étaient mencheviques et non bolcheviques, et que toute exclusion restait informelle. Des témoins devaient être convoqués à Moscou, mais la Guerre civile rendait la chose difficile. Le procès fut annulé et Martov blâmé ; Staline avait remporté la partie.

« Tu es un misérable », lança-t-il rageur à Martov qui partit en exil[1]. Lorsqu'en 1921 Staline revint à Tiflis en bolchevik conquérant, il fut hué lors d'une réunion et ouvertement traité de « bandit » ; il quitta la séance furieux. Le brigandage et l'exclusion de Staline ne furent plus jamais mentionnés pendant son règne.

Chose des plus importantes, Lénine ne prit jamais au sérieux les exclusions locales de Staline : « De telles exclusions se fondent presque toujours sur des erreurs, des rapports non vérifiés ou des incompréhensions. » Bien évidemment il en savait plus qu'il ne voulait le dire, mais il reconnaissait toujours davantage que Staline, le terroriste, le gangster et l'organisateur clandestin, avait « l'étoffe qu'il fallait ».

Le coup de Tiflis avait provoqué un tollé spectaculaire, mais il n'en était pas encore fini des hold-up. Le jeu des « cosaques et des voleurs » fut encore plus violent à Bakou où les enjeux étaient bien plus importants qu'à Tiflis, mais se révélèrent trop élevés pour Kato.

1. Après la mort de Lénine en 1924, la légitimité bolchevique de Staline devint un sujet extrêmement important alors même qu'il s'efforçait de se montrer digne d'être son héritier. Si Martov avait prouvé son exclusion du Parti, il aurait peut être épargné à la Russie le stalinisme.

21

LA TRAGÉDIE DE KATO ET STALINE, L'HOMME AU CŒUR DE PIERRE

Staline installa Kato et son Fiston dans l'appartement d'un ouvrier du pétrole et se plongea dans une vie de banditisme, d'espionnage, d'extorsion de fonds et d'agitation ; ce furent là les années les plus troubles de toute sa carrière. Probablement de nouveau inscrit sur le registre du personnel de Rothschild, il déménagea bientôt sa petite famille en dehors de la ville de Bakou pour « une maison tartare au plafond bas sur la péninsule de Baïlov qu'il loua à son propriétaire turc », immédiatement au-dessus d'une grotte, au bord même de la mer.

Kato, maîtresse de maison-née, donna un aspect douillet à la cabane ; elle y installa un lit de bois, la décora de rideaux et rangea sa petite machine à coudre dans un coin. Les visiteurs ne manquaient pas de remarquer le contraste entre l'extérieur sordide et l'intérieur coquet – Staline hélas n'y séjournait pas souvent. Kato ne connaissait pas grand monde, mais Sergueï Allilouïev venait en visiteur. Il était à présent directeur de la centrale électrique locale et vivait avec Olga et les enfants dans une villa près de la Caspienne. Ce fut là, à Bakou, que leur fille cadette, Nadejda, vêtue d'une jolie robe blanche, tomba de leur cour ensoleillée dans la mer. Staline sauta à l'eau et la sauva ; cet incident donna matière à un récit romantique souvent répété dans la jeunesse de la jeune demoiselle.

Arborant toujours son feutre noir distinctif, Staline fit un discours le 17 juin 1907, le jour même de son arrivée, et se consacra à la direction éditoriale des deux journaux bolcheviques, le *Bakinski Proletari* et le *Goudok* (« Sifflet ») ; il entreprit immédiatement de dominer le Parti dans la région en lui imposant sa marque : politique agressive, intimidation terroriste et gangstérisme pour collecter des fonds.

Partout en Russie, « la réaction avait triomphé, toutes les libertés avaient été abolies et les partis révolutionnaires écrasés », se souvient Tatiana Voulikh, mais Bakou, contrôlée tout autant par les compagnies pétrolières et une police corrompue que par les gouverneurs du tsar, suivait ses propres règles. Staline était recherché à Tiflis, mais pendant quelques mois, avant la nouvelle offensive répressive de Stolypine, il put se promener librement dans les rues de Bakou. Tiflis, disait Staline avec mépris, avait été un « marécage » étriqué, mais Bakou, avec son pétrole vital pour le tsar et pour l'Occident, ses ouvriers constituant un véritable prolétariat, ses rues violentes et sans loi, « était un des centres révolutionnaires de Russie ». Bakou, écrivit Staline, « serait mon deuxième baptême du feu ».

Bakou était une ville de « débauche, de despotisme et d'extravagance », une zone crépusculaire de « fumée et de ténèbres ». Son propre gouverneur la qualifiait d'« endroit le plus dangereux de Russie ». Pour Staline, c'était le « Royaume du Pétrole ».

Bakou fut créée par une unique dynastie. Suédois par leurs origines, russes par opportunisme et internationaux par instinct, les Nobel s'enrichirent une première fois en vendant des mines terrestres et autres engins explosifs au tsar Nicolas Ier et, en 1879, l'année du premier derrick (« fontaine » de pétrole) à Bakou, Ludwig et Robert Nobel, créèrent la Compagnie pétrolière Nobel Frères dans la ville jusqu'alors essentiellement connue pour son antique temple zoroastrien où des mages s'occupaient des feux sacrés alimentés en huile de naphte[1]. Les forages avaient déjà commencé et les entrepreneurs découvraient du pétrole en flots spectaculaires.

Les Nobel commencèrent à acheter des terres, en particulier dans ce qui deviendrait la Ville noire. Un autre frère, Alfred, inventa la dynamite, mais l'invention par Ludwig des pétroliers ou tankers fut presque aussi importante. Les Français Rothschild suivirent les Nobel à Bakou. Dès les années 1880, la Compagnie pétrolière Caspienne-mer Noire du baron Alphonse de Rothschild était le deuxième plus gros producteur – et ses ouvriers vivaient dans la commune ouvrière baptisée Ville

1. Le mot perse pour « feu » est *azer*, d'où le nom du pays, Azerbaïdjan.

blanche[1]. En 1901, Bakou produisait la moitié du pétrole mondial – et le prix Nobel, créé cette même année, fut financé grâce à ses profits.

Le boom pétrolier, tout comme la fièvre des diamants de Kimberley ou la ruée vers l'or californienne, transformait les paysans en millionnaires du jour au lendemain. Et c'est ainsi qu'une ville perse, poussiéreuse et venteuse, construite au bord de la Caspienne autour des murailles et des rues sinueuses d'une forteresse médiévale, devint une des plus célèbres cités au monde.

Son « luxe barbare » emplissait les journaux d'Europe, brillant de l'éclat des richesses instantanées, d'une philanthropie remarquable et d'une vulgarité grotesque. Tous les barons du pétrole se devaient d'avoir un palais, parfois grand comme un pâté de maisons. Même les Rothschild s'en firent construire un. Le palais des Nobel, au milieu d'un parc magnifique, était appelé Villa Petrolea. Un de ces magnats insista pour se faire construire un palais en or, mais dut se contenter de le faire recouvrir d'or plaqué car le métal précieux aurait fondu ; un autre se fit construire un manoir en forme de dragon géant dont la gueule était l'entrée ; un troisième donna au sien la forme d'un jeu de cartes blasonnées de lettres d'or : « Ici je vis, moi Isa-Bey de Gandji ». Un chanteur populaire fit fortune lorsque l'une de ses prestations fut récompensée par un bout de terrain où l'on trouva du pétrole ; son palais néoclassique est aujourd'hui le siège de la compagnie pétrolière d'État d'Azerbaïdjan.

Bakou était un creuset de pauvreté pitoyable et de richesse incroyable. Ses rues, observe Anna Allilouïeva, étaient envahies de « musulmans à la barbe rousse [...], de porteurs dénommés *ambals* ployant sous des charges excessives [...], de colporteurs tartares vendant des friandises, d'étranges personnages vêtus de soies bruissantes dont les yeux noirs enflammés vous observaient par des fentes, de barbiers installés sur les trottoirs, tout semblait se passer dans les rues », grouillantes d'hommes des tribus en

1. Les Rothschild furent bientôt rejoints par un Anglais, Sir Marcus Samuel, plus tard vicomte Bearsted, fondateur de la Shell. En 1912, Édouard de Rothschild, le fils d'Alphonse, vendit presque tous les avoirs de la famille à Bakou à la Royal Dutch Shell, alors dirigée par Henri Deterding. Les Rothschild acceptèrent d'être pour l'essentiel payés en actions de la Royal Dutch Shell. Cela s'avéra être un de ces marchés classiquement brillants des Rothschild. Ils évitèrent ainsi d'investir dans le pétrole russe pendant presque un siècle, tout en faisant de nouveau fortune au XXIe siècle grâce au boom pétrolier russe. L'ancien palais des Rothschild est aujourd'hui le siège du ministère de la Justice d'Azerbaïdjan.

veste plissée avec des dagues ornées de pierreries, de Perses en gilet et chapeau de feutre, de Juifs des montagnes en bonnet de fourrure, et de millionnaires occidentaux en frac avec leurs épouses vêtues selon la mode française. Staline qualifiait sa main-d'œuvre composée d'Azéris turcs, de Perses, de Russes, de Tchétchènes et d'Arméniens, de « kaléidoscope national ». Les riches se promenaient sur l'Esplanade maritime suivis de voitures remplies de gardes du corps armés de revolvers.

Cependant, la source de tout cet argent, les derricks et les raffineries, polluait la ville et corrompait la population. « Le pétrole suintait partout, dit Anna Allilouïeva. Les arbres ne pouvaient pas pousser dans cette atmosphère empoisonnée. » Parfois le pétrole remontait à la surface de la mer et s'enflammait en vagues de feu extraordinaires.

Les Villes noire et blanche et les autres communes pétrolières étaient des bidonvilles insalubres. Les quarante-huit mille ouvriers travaillaient dans des conditions épouvantables, vivant et se battant entre eux dans des ruelles crasseuses « jonchées de détritus en décomposition, de chiens étripés, de morceaux de viande putréfiée, d'excréments ». Leurs demeures ressemblaient à des « habitations préhistoriques ». L'espérance de vie était de trente ans seulement. Les gisements pétroliers étaient l'arène bouillonnante du « crime organisé et sans loi et de la xénophobie. La violence physique, les vols et les vendettas dominaient la vie quotidienne des ouvriers ».

Bakou, déclara Staline, était « incontrôlable », et son prolétariat sans racines l'idéal pour les bolcheviks. Elle était surtout corrompue ; ses ambiguïtés morales et ses opportunités perfides convenaient parfaitement au cynisme de Staline et à son sens de la conspiration. On racontait qu'il n'y avait que dix hommes honnêtes dans toute la ville (un Suédois, M. Nobel bien sûr, un Arménien et huit Tartares).

« Tout à la fois Dodge City, Bagdad la médiévale, Pittsburg l'industrielle et Paris du baron Haussmann, [Bakou] était trop perse pour être européenne, mais bien trop européenne pour être perse. » Ses chefs de la police étaient notoirement vénaux ; ses Arméniens et Azéris armés et vigilants ; et ses nombreux tueurs, les *kotchis*, assassinaient pour trois roubles la tête, servaient de gardes du corps aux millionnaires ou devenaient des « Mauseristes », des gangsters aux Mauser toujours dégainés. « Notre ville, écrit Essad Bey, grouillait, à l'image du Far West, de brigands et de voleurs. »

À Bakou, s'attaquant avec outrecuidance aux barons du pétrole, aux mencheviks et aux bolcheviks « de droite », Staline prospéra et devint le pivot du crime et de la révolution dans le Royaume du

Pétrole. Ce fut grâce à Bakou[1] qu'il trouva tardivement un rôle russe d'ampleur nationale, passant « d'apprenti à artisan de la Révolution ». Ce fut là qu'il devint le « second Lénine ».

En août 1907, alors que la pauvre Kato souffrait atrocement de la chaleur étouffante et de la pollution de Bakou, Staline retourna en Allemagne pour participer au Congrès de la IIe Internationale à Stuttgart. Il retrouva Aliocha Svanidze, toujours étudiant à Leipzig. Sosso et son beau-frère, écrit Monosselidze, « firent du tourisme et assistèrent à des réunions d'ouvriers allemands dans des restaurants et des cafés ».

Les Allemands « sont un peuple étrange, moutonnier », dira plus tard Staline à Milovan Djilas, le dirigeant yougoslave (il répétera la même histoire à Churchill). « Partout où le bélier allait, ils ne faisaient que le suivre. » En route pour le Congrès, quelques communistes allemands jugèrent impossible de quitter la gare en l'absence d'un contrôleur des billets. Ils étaient si respectueux des règles, commenta Staline, « qu'ils manquèrent effectivement le rassemblement pour lequel ils avaient fait tout ce voyage ». Il ajouta en plaisantant qu'un camarade russe leur avait indiqué « une solution simple : quitter le quai sans donner son billet ! ».

Au retour de Sosso à Bakou, la ville connut une nouvelle explosion de violence ethnique. Le 19 septembre, un ouvrier azéri nommé Khanlar fut assassiné par des nationalistes russes. En signe de protestation, les ouvriers se mirent en grève. Staline fit un discours lors de la manifestation des funérailles.

Lors d'une réunion peu de temps après, les bolcheviks et lui mirent en déroute les mencheviks et prirent le contrôle de l'organisation locale : Bakou devint une ville bolchevique. Sosso se consacrait entièrement à sa tâche et, comme le note Monosselidze, « lorsqu'il se sentait impliqué, il oubliait tout » – Kato y compris.

« Sosso l'aimait tant », dit Elisabedachvili, qui le rejoignit à Bakou. « Enfant, épouse, ami, tout était parfait pour peu qu'ils ne

1. Staline avait « une grande connaissance de l'industrie pétrolière », écrivit Mgueladze, son protégé géorgien. Bakou prit une importance considérable en 1942 lorsque Hitler, qui avait un besoin désespéré de pétrole, commanda à ses armées d'avancer vers les champs pétrolifères. Le résultat de cette offensive fut la bataille de Stalingrad qui était en fait la bataille pour Bakou. Staline convoqua son commissaire adjoint au pétrole, Nikolaï Baïbakov et lui dit : « Hitler veut le pétrole du Caucase. Tu es responsable sur ta tête s'il reste la moindre goutte de pétrole derrière nous. [...] Sais-tu qu'Hitler a déclaré que sans pétrole il perdra la guerre ? »

gênent pas son travail et qu'ils voient les choses comme lui. Il fallait connaître Sosso pour comprendre son amour. »

« Il faisait trop chaud à Bakou » pour Kato. « Sosso partait tôt le matin et rentrait tard le soir, alors que Kato, avec un tout petit bébé, restait là, assise à la maison, terrifiée à l'idée qu'il soit arrêté », rapporte Monosselidze. « Un mauvais régime alimentaire, le manque de sommeil, la chaleur et la tension la minaient, et elle tomba malade. Entourée d'étrangers, elle n'avait pas d'amis auprès d'elle. Sosso était si occupé qu'il en oubliait sa famille. »

Staline savait qu'il se comportait en époux et en père négligents, mais, comme beaucoup qui, comme lui, avaient souffert de familles brisées, il était incapable de changer d'attitude. Il dut parler de cela avec Elisabedachvili : « Sosso le déplorait et s'en voulait de s'être marié dans de telles circonstances. »

Kato « souhaitait ardemment que Koba renonce à ses idées et retrouve une vie domestique paisible ». Mais il avait choisi une mission qui, à divers égards, le dégageait des responsabilités normales d'un père de famille. Les épouses bolcheviques savaient cela. « Suis-je une martyre ? » Olga, l'épouse trop souvent trompée de Spandarian, s'interrogea sur son mariage avec l'ami de Staline – mais elle aurait tout aussi bien pu parler de ce dernier : « Je fais de ma vie tout ce que je peux. Mon chemin n'est pas jonché de roses, mais je l'ai choisi [...]. Il n'est pas fait pour la vie de famille, mais cela ne diminue en rien son caractère. Il accomplit sa mission [...]. Il est possible d'aimer un homme et de tout lui pardonner au nom du bien qu'il a en lui. » Kato savait que Staline, comme Spandarian, avait « juré d'être à jamais un véritable chevalier du Graal » du marxisme[1].

Les Svanidze restés à Tiflis apprirent tout d'abord que Kato « était très maigre », se souvient sa sœur Sachiko, qui l'invita à reprendre des forces dans leur village natal.

« Comment puis-je laisser Sosso ? » répondit Kato.

Bientôt les Svanidze apprirent d'Elisabedachvili qu'« elle était malade et ils écrivirent à Sosso pour lui demander de la ramener ». Kato supplia son époux. Elle était à présent vraiment souffrante, « mais il ne cessa de repousser le voyage jusqu'au moment où elle fut très faible et soudain il comprit qu'il devait agir sans

1. Trotski, lui aussi, se montra négligent : il abandonna son épouse et ses deux filles en Sibérie, tout en accablant le « Destin » – et plus tard il traita ses enfants de façon épouvantable. Bolchevisme et vie de famille étaient choses incompatibles.

attendre ». En octobre, son inquiétude fut telle qu'il la raccompagna à Tiflis. Le voyage lui-même, qui durait plus de treize heures, fut épuisant : « Il faisait trop chaud en chemin et elle but de l'eau malsaine dans une gare. » Ensuite, Sosso regagna précipitamment Bakou, laissant Kato chez les siens.

Là, l'état de Kato se dégrada. Déjà très faible, usée et sous-alimentée, elle contracta le typhus qui s'accompagne en général de fièvre et de diarrhée. L'éruption cutanée tout d'abord rouge prit une teinte sombre alarmante. Les historiens qualifient généralement sa maladie de tuberculose, mais, si tel était le cas, elle avait alors touché les intestins. La famille et les amis, dont les Mémoires n'étaient pas accessibles aux chercheurs, s'accordent sur un diagnostic de typhus compliqué de colite hémorragique. Kato, dans des spasmes terribles de dysenterie, perdait du sang et des humeurs.

Staline revint en hâte de Bakou pour trouver la mère de son fils à l'agonie. « Il la soigna avec tendresse et désespoir, lui-même en proie aux souffrances », mais il était trop tard. Elle demanda, semble-t-il, un prêtre pour les derniers sacrements et Staline lui promit des funérailles selon le rite orthodoxe. Deux mois après son retour dans sa famille, le 22 novembre 1907, Kato, âgée seulement de vingt-deux ans, « mourait dans les bras [de Staline][1] ». Staline était assommé.

1. La famille, qui était sur place et la mieux informée, écrit qu'elle souffrit de douleurs d'estomac, de colite hémorragique et de typhus. Kato, très certainement, souffrit d'une tuberculose intestinale ou péritonéale (qui n'est pas toujours associée à une tuberculose pulmonaire), ce qui entraîne perte de poids, diarrhée et hémorragie intestinale. Levan Chaoumian, qui grandit chez Staline dans les années 1920, dit qu'elle mourut de tuberculose et de pneumonie. Le typhus est transmis par une eau ou une nourriture infectée, la typhoïde par les punaises des lits et un affaiblissement physique, mais les deux maladies se développent chez les pauvres et les personnes sous-alimentées – et peuvent également provoquer des saignements intestinaux et des éruptions cutanées qui virent au sombre. Jusque dans les années 1950, il n'y avait pas de traitement. Katevan Guelovani, parente proche des Svanidze, interrogée par nous à Tbilissi, parle de « cancer de l'estomac », ce qui pourrait expliquer l'hémorragie intestinale. Mariam Svanidze, autre cousine à Tbilissi, âgée alors de cent neuf ans ans et interrogée par nous le 31 octobre 2005, se souvient bien de cette mort. « J'avais alors neuf ans. Kato et mon père attrapèrent le typhus en même temps. Dans les livres, on dit qu'elle mourut de tuberculose ; mais je peux vous assurer que c'était le typhus », déclara cette centenaire solide et lucide vêtue d'une robe de chambre à fleurs dans un foyer pour personnes âgées de Tbilissi. « Tous les deux eurent des éruptions rouges. Nous savions que si elles devenaient noires, ils mouraient. Celles de mon père restèrent rouges. Il survécut, mais celles de Kato virèrent au noir. Alors la famille comprit qu'elle mourrait. Et c'est ce qu'elle fit. »

22

LE PATRON DE LA VILLE NOIRE : PLOUTOCRATES, RACKET DE PROTECTION ET PIRATERIE

Sosso ferma lui-même les yeux de Kato. Accablé, il réussit à se tenir à côté du corps de sa femme avec le reste de la famille pour une photographie, puis il s'effondra. « Personne ne pouvait croire qu'il était aussi blessé », écrivit Elisabedachvili. Il sanglotait qu'« il n'avait pas réussi à la rendre heureuse ».

Sosso était si désespéré que ses amis craignirent de lui laisser son Mauser. « J'étais si accablé de chagrin que mes camarades me retirèrent mon pistolet », raconta-t-il plus tard à une petite amie. « Je réalisais le nombre de choses que je n'avais pas appréciées dans la vie. Quand ma femme était en vie, certaines fois je ne rentrais pas le soir. Je lui disais de ne pas s'inquiéter à mon sujet, mais lorsque je revenais à la maison, elle était assise là. Elle avait veillé toute la nuit. »

Le décès fut annoncé dans le journal *Tskaro*[1] ; et les funérailles se déroulèrent à 9 heures du matin le 25 novembre 1907, à l'église

1. La réaction de Staline à cette mort est très comparable à son comportement après le suicide de sa seconde épouse, Nadia Allilouïeva, en 1932 : menace de suicide, apitoiement sur soi-même et auto-critique pour négligence. L'annonce nécrologique était la suivante : « Nous informons nos camarades, amis et parents du décès d'Ekaterina Semienovna Svanidze Djougachvili, et exprimons le chagrin le plus profond au nom de Iossif, son époux, Simon et Sepora, ses père et mère, Alexandra, Alexandre et Mariko, ses sœurs et son frère. » Mikhaïl Monosselidze ajoute : « En 1936, j'ai inhumé ma femme Sachiko à côté de Kato. » Sachiko mourut d'un cancer, mais cela fut peut-être chose heureuse. Au début des années 1930, les Svanidze comptaient au nombre des courtisans les plus intimes de Staline. Mais leur fortune allait soudain changer de manière terrible ; leur histoire est racontée dans l'épilogue. La tombe de Tiflis, avec des photos de Kato et de Sachiko, existe toujours, ainsi qu'une vieille barrière au fond du cimetière, peut-être celle que Staline enjamba pour échapper à la police. Une histoire circule chez les fossoyeurs selon laquelle, parce que Kato était morte du typhus, les autorités avaient tout d'abord tenté de l'enterrer dans une fosse commune de « pestiférés », mais que la famille avait récupéré le corps et l'avait enseveli elle-même.

Kouloubanskaïa, tout à côté de la demeure des Svanidze – là où ils s'étaient mariés. La dépouille fut ensuite transportée à travers la ville et inhumée à l'église de Sainte-Nina à Koubia. Les funérailles de rite orthodoxe furent tout à la fois éprouvantes et burlesques. Staline, pâle et en larmes, « était très abattu, cependant il me salua de façon amicale comme au bon vieux temps », se souvient Iremachvili. Sosso l'entraîna à part. « Cette créature, il désigna le cercueil ouvert, a adouci mon cœur de pierre. Elle est morte et, avec elle, meurent les derniers sentiments d'affection que pouvait m'inspirer l'humanité. » Il se posa la main sur le cœur : « Là c'est si désespéré, si indescriptiblement désolé. »

Lors de l'inhumation, Sosso perdit sa maîtrise habituelle et craqua. Il se jeta dans la fosse où gisait le cercueil. Des hommes durent l'en extraire. Kato était enterrée – mais, à cet instant, la *konspiratsia* révolutionnaire vint troubler le chagrin de la famille. Sosso remarqua des agents de l'Okhrana qui se faufilaient vers le lieu des funérailles. Il s'enfuit vers le fond du cimetière et sauta par-dessus la barrière, disparaissant loin de l'enterrement de sa propre épouse – commentaire ironique de sa négligence en tant qu'époux.

Pendant deux mois Staline disparut de la scène. « Sosso s'abîma dans un profond chagrin, dit Monosselidze. Il parlait à peine et personne n'osait lui adresser la parole. Tout le temps il se reprochait de n'avoir pas suivi notre conseil et de l'avoir amenée à Bakou dans la canicule. » Percevant peut-être la colère contenue des Svanidze, il se rendit chez sa mère à Gori pour souffrir seul. Lorsqu'il rencontra un camarade d'école, « il pleura comme un gamin, si dur qu'il ait été ».

« Ma vie personnelle est brisée, sanglotait-il. Rien ne me retient à la vie sinon le socialisme. Je vais consacrer mon existence à cela ! » C'était là l'espèce de rationalisation qu'il utiliserait pour expliquer les tragédies toujours plus indicibles que lui-même prépara pour sa famille et ses amis. Dans son grand âge, il parlait de Kato avec mélancolie et tendresse. Il lui fit un hommage révélateur. Il avait signé ses premiers articles « Bessochvili » en signe de reconnaissance à son père, mais il choisit alors un nouveau nom de plume : « K. Kato » (Koba Kato).

Bien que son fils fût à Tiflis, il n'avait nulle intention de revenir dans ce « marais » provincial où il était déjà un paria politique. Il abandonna donc son enfant pendant plus de dix ans.

« Kato mourut, dit Monosselidze, en nous laissant le Fiston âgé de huit mois. » Sepora, la mère de Kato, et les Monosselidze élevèrent le bébé à qui Staline ne rendit guère visite. Peut-être l'enfant lui rappelait-il tout le désastre.

Ce n'était en rien la coutume géorgienne. La famille, tout en étant impressionnée par les compétences professionnelles de Sosso, était atterrée. Dans leurs Mémoires, les Svanidze et Elisabedachvili, qui les rédigèrent trente ans plus tard sous la dictature stalinienne, quoique avant la Terreur, exprimèrent courageusement leur désapprobation à l'encontre de son attitude et dirent clairement qu'ils persistaient à condamner ses négligences lors du décès de Kato.

« Après cela, conclut Monosselidze de façon révélatrice, Sosso se rendit à Bakou et je ne le revis qu'en 1912, même si nous reçûmes une lettre d'exil demandant du vin et de la confiture. »

Lorsque Staline quitta le deuil à la fin de 1907, il retrouva le décadent Spandarian pour un réveillon du Jour de l'An dans un restaurant de Bakou. Dans la capitale révolutionnaire de l'Empire il était entouré de vieux amis. Là les bolcheviks constituaient une illustration même de sa carrière : comme leur nombre diminuait en Russie même, les révolutionnaires russes et caucasiens envahissaient Bakou et perturbaient souvent le travail de Staline[1]. Ce dut être une soirée mémorable car Spandarian, qui « était très proche de Staline par son caractère moral », était également « un coureur de jupons, un sybarite d'une paresse incroyable, et qui aimait l'argent ». Son goût pour les femmes n'inquiétait pas son épouse, Olga, qui disait : « Souren n'a jamais juré de m'être fidèle, seulement de rester le Chevalier de l'Idée » du bolchevisme. Mais ce play-boy bolchevique ne devait pas manquer de choquer ses camarades. « Tous les enfants à Bakou, se rappelle Tatiana Voulikh, jusqu'à l'âge de trois ans ressemblent à Spandarian. »

Sosso se plongea de nouveau dans le travail, et reconstitua l'Équipe. Spandarian et lui commencèrent immédiatement à essayer d'imposer une stratégie de grèves dures et d'agitation, et en appelèrent au soutien des ouvriers azéris et perses illettrés. La plupart des intellectuels étaient trop snobs ou hautains pour s'occuper

1. Il retrouva alors ses camarades de Tiflis comme Sergo, Boudou Mdivani, « la Barrique », Allilouïev, Kavtaradze, le gangster Tsintsadze, l'essentiel des membres de l'Équipe – et le grand Chaoumian aux yeux bleus. Le nouvel ami de Staline, Vorochilov, et son vieil ami Enoukidze furent bientôt rejoints par l'agent spécial de Lénine, Elena Stassova, aristocrate sévère mais très bien apparentée (la Camarade Absolue), Rozalia Zemliatchka, Alexinski et une jeune fille nommée Lioudmila Stal. Mais il y avait également beaucoup de mencheviks qu'il connaissait déjà, comme Devdariani. Le monde était vraiment petit.

de ces analphabètes, mais Sosso faisait salle comble grâce aux musulmans qui votaient en masse pour lui. Il fut un des fondateurs de Himmaṭ (« Énergie »), un groupe bolchevique musulman. Les musulmans cachèrent souvent Staline dans des mosquées lorsqu'il était traqué. Lors d'une bagarre avec des mencheviks, un musulman allié à Staline menaça Devdariani de sa dague.

Par l'intermédiaire de ces contacts musulmans, Staline contribua à armer la Révolution perse. Il envoya des combattants et des armes sous le commandement de Sergo Ordjonikidze pour renverser le shah de Perse, Mohammed Ali, que ses bolcheviks tentèrent d'assassiner. Staline traversa même la frontière pour organiser ses partisans en Perse et visita Resht ; la Conférence de Téhéran en 1943 ne fut donc pas son premier voyage en Iran.

Chaoumian était très ébranlé par l'écrasant succès de la réaction du tsar. Enoukidze, qui venait juste de rentrer d'exil, et lui adoptèrent une approche plus modérée et « droitiste » que celle de Staline, mais ils ne parvinrent pas à saper sa domination. Chaoumian recommandait avec insistance de faire preuve de retenue. Staline se moquait de son existence privilégiée et intrigua contre lui avec son « ami le plus proche et son bras droit, Spandarian ». Après la mort de Staline, on raconta que Spandarian se querella avec Chaoumian, mais on a exagéré cette tension. Ils travaillèrent bien ensemble, quoique dans un climat de suspicion mutuelle.

Peu après son retour, Staline partit secrètement en voyage pour revoir Lénine qui s'était installé à Genève. Nous savons qu'ils se rencontrèrent en 1908 et que Staline se rendit en Suisse. Staline lui-même mentionne une telle rencontre dans ses souvenirs. Il vit également Plekhanov, qui « l'exaspéra » car il « était convaincu que c'était un aristocrate congénital ». Ce qui le dressa contre le sage du marxisme, c'était que « la fille de Plekhanov avait des manières aristocratiques, s'habillait à la dernière mode et portait des bottines à talons hauts ! ». Staline s'affirmait déjà, en partie du moins, en ascète moralisateur.

Staline et Lénine durent parler d'argent. Lénine se battait contre les mencheviks tout en poursuivant son conflit scissipare contre Bogdanov et Krassine, ceux qui avaient volé une grande partie du butin de Tiflis et que les polices européennes traquaient impitoyablement. Ainsi l'organisation, à présent attaquée à l'intérieur par les schismes de Lénine et à l'extérieur par la répression victorieuse de Stolypine, avait, explique Voulikh, un « besoin impérieux d'argent ».

Ce qui est certain, dit Kavtaradze, l'homme de main de Staline à Bakou, c'est qu'« il fut décidé une fois encore de trouver des fonds pour le Parti ». Et lorsque le « financier en chef du Centre bolchevique » entendit le mot « argent », il sortit son Mauser.

« À Bakou, dit Saguirachvili qui était également sur place, Koba était en quête de criminels, d'assassins, de "têtes brûlées" ainsi qu'il les nommait. En Amérique, de tels hommes seraient des gangsters », mais Staline les parait de « l'aura de combattants de la Révolution [et] suggérait d'organiser l'Escadron de combat bolchevique. » Tsintsadze, Koupriachvili et certaines nouvelles têtes entrèrent dans l'Équipe de Mauseristes de Staline.

Kavtaradze aida Sosso à programmer les actions sous l'égide de son quartier général pompeusement qualifié « d'autodéfense ». L'autre comparse de Staline était un jeune avocat aux cheveux roux, né à Odessa et fils d'une famille aisée de Bakou aux origines polonaises nobles : Andreï Vychinski, alors âgé de vingt-trois ans, menchevique, avait abandonné le droit, organisé des gangs terroristes et était devenu tueur en 1905. Mais Staline, voyant peut-être en lui un gredin utilement impitoyable, décida de relâcher sa rigueur anti-menchevique. Il chargea Vychinski de trouver des armes et des bombes.

« La politique est un sale boulot, dira Staline plus tard. Et nous avons tous fait du sale boulot pour la Révolution. » Staline devint le véritable parrain d'une petite organisation de collecte de fonds qui ressemblait fort à une famille mafieuse ayant assez bien réussi et pratiquant chantage, fausse monnaie, extorsion, braquage de banques, piraterie et racket de protection – ainsi qu'agitation politique et journalisme.

L'objectif de Staline, dit l'un de ses Mauseristes, Ivan Bokov[1], était de « menacer les magnats du pétrole et les Cent-Noirs [les nationalistes russes de droite qui disposaient de leurs propres groupes armés] ». Selon Bokov, il ordonna aux Mauseristes d'abattre autant de membres des Cent-Noirs que possible. Puis l'Équipe projeta de voler la Banque d'État de Bakou. Kavtaradze explique : « Nous apprîmes que quatre millions de roubles pour la région du Turkestan étaient transportés par bateau *via* Bakou et la Caspienne. Aussi, au début de 1908, nous commençâmes à nous rassembler à Bakou. » Ils prendraient le capitaine en otage selon un scénario déjà expérimenté avec le *Tsarévitch Gueorgui*.

1. La carrière de Staline à Bakou est mystérieuse, mais les Mémoires des Mauseristes nous apportent de précieuses indications. Ils ne purent être utilisés pendant l'ère soviétique, en particulier sous la dictature stalinienne, et sont pour l'essentiel inédits, mais ils restent conservés dans les archives.

Un acte de piraterie eut bien lieu dans le port de Bakou sur un navire baptisé le *Nicolas Ier* ; les mencheviks enquêtèrent sur Staline pour cette attaque, nouvelle infraction aux règles du Parti. Lors du procès en diffamation de 1918, Martov avait suffisamment de preuves de la participation de Staline dans le hold-up du *Nicolas Ier* pour faire appeler des témoins. Plus tard, le trotskiste Victor Serge écrivit que Vychinski, dans un aveu imprudent avant l'arrivée au pouvoir des bolcheviks, avait dit que « Koba était profondément mêlé [à] l'expropriation commise sur le vapeur *Nicolas Ier* dans le port de Bakou ».

Ensuite « Staline conçut l'idée » de piller l'arsenal maritime de Bakou. Comme toujours, « il prit l'initiative de nous trouver les relations [intérieures] avec les gens de la marine », se rappelait Bokov, son homme de main. « Nous avons organisé une bande de camarades [...] et pillé l'arsenal », en tuant pour cela quelques gardes. Mais Sosso trouvait aussi des fonds jour après jour grâce aux « contributions des industriels. »

De nombreux magnats et membres de professions libérales étaient des sympathisants qui soutenaient les bolcheviks. Berta Nussimbaum, épouse d'un baron du pétrole et mère d'Essad Bey, était de ceux-là. « Ma mère, dit Essad Bey, finança l'imprimerie illégale de Staline avec ses diamants. » Il demeure étonnant que les Rothschild et d'autres barons du pétrole, parmi les plus riches hommes d'affaires d'Europe, aient financé les bolcheviks qui ruineraient finalement leurs intérêts. Alliloujev n'avait pas oublié les dons des Rothschild.

David Landau, le P-DG de Rothschild, contribuait régulièrement à financer les bolcheviks, ainsi que le nota l'Okhrana – dont les agents relevèrent que, lorsque Staline dirigeait le Parti à Bakou, un employé bolchevique dans l'une des sociétés pétrolières « n'avait pas de fonction réelle mais se consacrait à collecter les dons et à obtenir de l'argent de Landau de la société Rothschild ». Il est vraisemblable que Landau rencontra Staline personnellement. Un autre cadre de Rothschild, Felix Somary, banquier auprès de la filiale autrichienne de la famille et plus tard éminent universitaire, affirme qu'on l'envoya à Bakou pour mettre fin à une grève. Il donna de l'argent à Staline et la grève prit fin.

Staline rencontrait régulièrement un autre grand homme d'affaires, Alexandre Mancho, P-DG des compagnies pétrolières Chibaev et Bibi-Eibat. « Nous obtenions souvent de l'argent de Mancho pour notre organisation », se souvient Ivan Vatsek, un des hommes de main de Staline. « Dans de tels cas, le camarade Staline venait me voir. Le camarade Staline le connaissait bien aussi. » Soit Mancho était un sympathisant engagé, soit Staline le faisait chanter, car l'homme d'affaires crachait de l'argent à la moindre demande et sans attendre.

Staline organisait aussi des rackets de protection et des enlèvements. Beaucoup de magnats payaient parce qu'ils ne voulaient pas voir leurs champs de pétrole brûler ou des « accidents » arriver à leur famille. Il est difficile de distinguer dons et argent versé pour s'assurer une protection, car les « pressions » que Staline exerçait alors sur eux comprenaient « vols, agressions physiques, extorsion auprès des familles riches, et enlèvement de leurs enfants dans les rues de Bakou en plein jour et demande de rançon ensuite au nom de quelque “comité révolutionnaire” », déclare Saguirachvili qui connut Staline à Bakou. « L'enlèvement d'enfants était une routine à l'époque », rapporte Essad Bey qui, dans sa prime jeunesse, ne se déplaçait jamais sans une escorte de trois *kotchis* gardes du corps et d'un « quatrième serviteur armé, qui me suivait à cheval ».

Selon le folklore de Bakou, l'enlèvement le plus rentable de Staline fut celui de Moussa Nagueïev, le dixième plus riche baron du pétrole, un ancien paysan notoirement pingre qui admirait tant le Palazzo Cantarini de Venise qu'il s'en fit construire une copie (plus grande encore) – le majestueux palais Ismaïliye de style gothique vénitien (aujourd'hui Académie des Sciences). Nagueïev fut en fait kidnappé deux fois, mais les récits qu'il fit de ces expériences traumatisantes sont confus et ténébreux. Aucune de ces affaires ne fut jamais résolue, mais on soupçonna le milieu bolchevique. Des années plus tard, sa petite-fille, Jilar-Khanoum, affirma que Staline avait envoyé, par plaisanterie, ses remerciements au magnat du pétrole pour ses contributions généreuses au mouvement[1].

1. Lors de son premier enlèvement, la rançon de Nagueïev était de dix mille roubles-or – faute de quoi ses kidnappeurs menaçaient de le découper en morceaux. « Je ne peux payer que neuf cent cinquante roubles », répliqua Nagueïev. « Vous pouvez bien sûr me découper, mais alors vous n'obtiendrez rien. » Il ne versa que ces neuf cent cinquante roubles. Puis, en décembre 1908, Nagueïev fut de nouveau enlevé par des gangsters dirigés par « un Géorgien aux cheveux noirs et aux marques de variole inhabituelles ». Nagueïev aurait, suppose-t-on, versé cent mille roubles. Staline était en liberté à Bakou lors du premier enlèvement, mais il se trouvait dans la prison de la ville lors du second. Aurait-il été libre la première fois qu'il n'aurait pas pris part directement à l'opération. En tout cas, il continua à diriger son organisation terroriste et criminelle de sa cellule ; il aurait donc pu facilement ordonner l'un de ces kidnappings, voire les deux. Par ailleurs, cette histoire ne figure dans aucun des Mémoires bolcheviques et, en 1909, les journaux déclarèrent que le second gang de kidnappeurs étaient des policiers corrompus liés au gouverneur adjoint de la ville, le colonel Choubinski. Néanmoins, Nagueïev contribua probablement à financer les bolcheviks tout comme les autres barons du pétrole. Comme eux également, il perdit sa fortune dans la Révolution ; il mourut en 1919.

On disait que les millionnaires comme Nagueïev étaient tout disposés à payer après « dix minutes de conversation » avec Staline. Cela tenait probablement au système qui consistait à imprimer des formulaires spéciaux où l'on pouvait lire : « Le Comité bolchevique propose que votre société paie … roubles. »

Ces formulaires étaient envoyés aux compagnies pétrolières et l'argent était collecté par l'assistant technique de Sosso – « un homme très grand connu comme étant "le garde du corps de Staline", visiblement armé d'un pistolet. Personne ne refusait de payer ».

Le patron bolchevique se lia au crime organisé à Bakou, dont les opérations et celles des Mauseristes se recoupaient souvent. Un gang contrôlait l'accès à une zone désolée dans la Cité noire ; Staline « passa un accord avec lui pour qu'il ne laissât circuler que les bolcheviks, et non les mencheviks. Les bolcheviks disposaient de mots de passe particuliers ». Dans la ville la plus sauvage de Russie, les deux bords recouraient à la violence : les magnats du pétrole employaient des brigands tchétchènes comme gardes des gisements pétroliers. Un des barons du pétrole les plus riches, Mourtouza Moukhtarov, qui résidait dans le plus grand palais de Bakou inspiré de quelque château de style gothique français, ordonna à ses *kotchis* de tuer le jeune Staline. Sosso fut sérieusement rossé par des Tchétchènes, probablement sur l'ordre de Moukhtarov[1].

Staline maintenait un secret si absolu autour de ses activités que Bokov, le Mauseriste, déclara : « Le climat de cosnspiration était parfois tel qu'il arrivait que nous ignorions pendant six mois où il se trouvait ! Il n'avait pas d'adresse permanente et nous ne le connaissions que sous le nom de "Koba". S'il avait un rendez-

1. Cette correction fut pour Staline une véritable humiliation qui a peut-être contribué à la déportation de l'ethnie tchétchène entière au cours de la Seconde Guerre mondiale, déportation qui entraîna des centaines de milliers de morts. Cependant, Staline déporta de nombreux autres peuples pendant la guerre et persécuta d'autres nations comme les Polonais et les Coréens de qui il n'avait pas eu à souffrir semblable traitement. Quant à Moukhtarov, il refusa de céder son palais aux bolcheviks quand l'Armée rouge prit Bakou en 1920. « Tant que je vivrai, aucun barbare chaussé de bottes militaires n'entrera dans ma maison ! » Au cours d'une fusillade, il fit feu sur les bolcheviks jusqu'au moment où il se trouva submergé ; il se suicida alors. Son épouse, la belle Liza-Khanoum, pour qui le château de Bakou avait été construit, continua à vivre dans les sous-sols et s'échappa ensuite pour la Turquie où elle vécut jusque dans les années 1950. Le château de Moukhtarov est aujourd'hui le Palais des mariages de Bakou.

vous, il n'arrivait jamais à l'heure ; il venait soit la veille, soit le lendemain. Il ne changeait jamais de vêtements et avait l'air d'un chômeur. » Les camarades de Sosso remarquèrent qu'il ne ressemblait en rien au Caucasien passionné typique. « Le sentimentalisme lui était étranger, dit l'un d'eux. Peu importait combien il pouvait aimer quelqu'un, il ne lui pardonnait jamais la moindre erreur lorsqu'il s'agissait du Parti – il l'écorchait vif. »

Ainsi, une fois encore, il réussit à trouver de l'argent et des armes, mais avec lui rien n'allait jamais sans coût en vies humaines. Les bolcheviks classiques comme Alexinski et Zemliatchka étaient « fort indignés par ces expropriations » et ces meurtres. « Staline reprocha à un membre de faire de la provocation. Il n'y avait pas de preuve formelle, mais cette personne fut sortie de la ville, "jugée", condamnée à mort et abattue. »

Staline se flattait d'être ce qu'il appelait un *praktik*, un homme dur et ayant le sens pratique, un expert de ce qu'il nommait « le travail noir », plutôt qu'un *intelligent* bavard, mais son don était d'être les deux. Lénine eut bientôt connaissance d'une vague de plaintes contre les actes de banditisme de Staline, mais dès cette époque, écrit Voulikh, Staline « était le vrai patron du Caucase » et « beaucoup de partisans dévoués le respectaient comme étant la seconde figure du Parti après Lénine. Dans l'intelligentsia on l'aimait moins, mais tout le monde reconnaissait qu'il était la personne la plus énergique et la plus indispensable ».

Sosso avait un « effet électrisant » sur ses partisans de qui il prenait grand soin. Il avait un talent pour les amitiés politiques, ce qui joua un rôle majeur dans son ascension au pouvoir. Son compagnon de chambre de Stockholm, Vorochilov, le tourneur blond, enthousiaste, aux allures de dandy[1], le rejoignit à Bakou où il tomba malade. « Il me rendait visite tous les soirs, raconta Vorochilov. Nous plaisantions beaucoup. Il me demanda si j'aimais la poésie et il récita tout un poème de Nekrassov par cœur. Puis nous chantions ensemble. Il avait vraiment une belle voix et l'oreille juste. » « La poésie et la musique, dit Staline à Vorochilov, élèvent l'esprit ! » Lorsque Allilouïev fut de nouveau arrêté, il s'inquiéta pour sa famille ; aussi, une fois libéré, il vint consulter Sosso qui

1. Lorsque le maréchal Vorochilov tomba en disgrâce à la fin de sa vie, il invoqua leur passé commun auprès de Staline : « Mais Koba, nous devînmes amis à Bakou en 1907. » « Je ne me souviens pas », répliqua Staline. Pour cette période, voir l'épilogue.

insista pour qu'il partît et qui lui donna de l'argent pour se rendre à Moscou. « Prends l'argent, tu as des enfants et tu dois t'en occuper. »

La mort de Kato fut un coup terrible, mais dès le début de 1908, le veuf qui signait ses articles « Koba Kato » trouva du temps pour s'amuser et ne manqua jamais de compagnie féminine.

23

COURSES DE POUX, MEURTRES ET FOLIE
LES PETITS JEUX EN PRISON

Lorsque l'Équipe réalisait un coup, Staline et Spandarian dépensaient un peu du butin au cours de soirées déchaînées. Avec un sens tout bolchevique de l'humour inspiré par les schismes politiques incessants du Parti, Sosso qualifiait ces festivités d'*ouklonenia*, de « déviations ».

« Quand Staline récupérait quelques sous, rapporte A. D. Sakvarelidze, qui s'occupait des opérations de falsification d'argent pour Staline, nous tenions une réunion “déviationniste” dans un bistrot perdu ou dans un salon privé d'un grand restaurant, souvent le restaurant Svet dans la rue du Commerce, où nous organisions un banquet, surtout après la réussite d'une opération. Spandarian aimait tout particulièrement ces “déviations” où nous parlions à cœur ouvert, mangions délicieusement et chantions fort, Staline surtout. » Partout où allait Spandarian, suivait habituellement une cohorte de jeunes filles.

Un camarade de Batoumi présenta à Staline sa jolie sœur, Alvassi Talakvadze. Âgée de tout juste dix-huit ans, « enfant gâtée » selon ses propres dires, elle débordait d'ardeur révolutionnaire. « Koba – le chef du prolétariat à Bakou – utilisait comme base l'arrière-salle de la boutique de fleurs de mon frère dans la zone pétrolière de Bibi-Eibat », expliqua-t-elle. Staline prit donc Talakvadze sous son aile et lui donna le petit nom de « Camarade Plus » à cause de son enthousiasme. Malgré leur jargon stalinien ridiculement pesant, les Mémoires de la jeune fille révèlent l'existence d'une liaison étroite : « Koba m'éclairait sur le plan idéologique, il avait avec moi des discussions sur des sujets sociopolitiques, développait en moi une conscience de classe et me donnait foi en la victoire. » On est tenté de lire ces derniers mots comme autant d'euphémismes, car Alvassi Talakvadze laissa entendre, plus tard, qu'elle avait été la petite amie de Staline en 1908.

Staline avait un don ingénieux pour la conspiration, quoique parfois macabre. Cette petite amie devint « experte en l'art de tromper les "spectres", mais Koba concevait les subterfuges les plus originaux ». Un jour il lui ordonna de porter dans un cercueil certains documents secrets au gisement pétrolier de Balakhana. « Tu dois jouer le rôle d'une jeune fille en deuil qui enterre de ses propres mains son tout petit frère mort », lui dit Staline en l'envoyant dans un cimetière et en dirigeant son jeu comme l'eût fait un dramaturge. « Tu déferas ta chevelure, tiendras le cercueil, sangloteras, diras que tu es dorénavant seule au monde, et tu te reprocheras sa mort. Ne l'enterre pas trop profondément. » Il lui tendit une pelle. Le « metteur en scène » loua son interprétation, tout en l'épiant discrètement. « Aujourd'hui encore, s'étonna-t-elle plus tard, j'ignore comment il m'a observée aussi bien. »

La relation avec Alvassi Talakvadze ne semble pas avoir été la seule que Staline ait entretenue avec une camarade. Il fit également la connaissance de Lioudmila Stal, « célèbre militante chez les femmes » qu'une description plus tardive dit « bien en chair, mais jolie ». Fille d'un propriétaire d'aciérie dans le sud de l'Ukraine, de six ans plus âgée que Sosso, c'était déjà une habituée des séjours en prison. Peu après, elle s'exila à Paris. Leur liaison, qui fut, dit-on, intermittente, exerça sur le jeune Staline une influence certaine. Il se peut qu'ils se fussent retrouvés par la suite au cours des visites de Staline à l'étranger pour voir Lénine avec qui Lioudmila collaborait étroitement. Ils se sont certainement revus en 1917. Mais rien n'a survécu de leur amitié.

La police secrète avait perdu la trace de Staline lorsqu'il avait changé de ville après l'opération de Tiflis, mais elle avait repris son dossier. Bokov, le tueur de Staline, raconta quand il fut arrêté : « Le gendarme me demanda qui était Staline lui-même et en particulier quel avait été son rôle dans le vol de l'arsenal [du port de Bakou]. »

Le 15 mars 1908, les gendarmes firent une descente lors d'une réunion du Parti dans la Salle du Peuple. Staline, Chaoumian et Spandarian s'échappèrent, mais les gendarmes étaient sur la trace des Mauseristes. Alors même que Tsintsadze et l'Équipe fixaient la date des hold-up de la Banque d'État et du bateau chargé d'or, les cosaques et les gendarmes « attaquèrent [leur] cache ». Dans la fusillade qui s'ensuivit, plusieurs cosaques furent tués, mais l'Équipe perdit sa meilleure gâchette, le Mauseriste Intskirveli, vétéran du braquage de Tiflis. Les plans furent abandonnés ; Kavtaradze renonça aux activités secrètes et alla à l'université de Saint-Pétersbourg – mais il demeura dans la vie de Staline jusqu'au bout.

Dans la nuit du 25 mars, le chef de la police de Bakou lança des descentes dans « plusieurs repaires de délinquants où certains criminels suspects furent arrêtés, dont Gaioz Bessoevitch Nijeradze, [qu'il] mit à la disposition de la gendarmerie ». L'individu portait le passeport d'un noble dénommé Nijeradze, mais le patronyme « Fils de Besso » (Bessoevitch) était un meilleur indicateur de l'identité véritable du bolchevik le plus éminent au Caucase, « le second Lénine ». Au bout de quatre ans, l'Okhrana avait pris Staline.

Lorsque le nouveau détenu arriva à la prison Baïlov de Bakou, vêtu d'une blouse de satin bleu et d'une superbe cape caucasienne, les autres prisonniers politiques se passèrent une consigne de prudence. « C'est un secret, murmurèrent-ils, c'est Koba ! » Ils craignaient Staline « plus que la police ».

Le croque-mitaine ne les déçut pas. Il avait « la capacité d'exciter les autres sans bruit tout en restant dans les coulisses. Ce comploteur sournois n'écartait aucun moyen utile, mais s'arrangeait pour éviter toute responsabilité publique ». Au cours des sept mois passés dans la célèbre Baïlovka, construite au milieu des champs de pétrole, Staline imposa sa domination à ses structures de pouvoir. Il lut, étudia l'espéranto qu'il considérait comme la langue de l'avenir[1], et monta une série de chasses aux sorcières contre les traîtres qui se concluaient souvent par la mort. Son règne à la Baïlovka fut un microcosme de sa dictature en Russie.

Sosso fut placé dans la cellule 3 avec les politiques essentiellement bolcheviques (la plupart des mencheviks étaient dans la 7). Les détenus politiques étaient si bien organisés qu'ils avaient même une Commission d'accréditation. Dans sa cellule, Staline retrouva Sergo, son camarade bolchevique *praktik*, et Vychinski, son homme de main menchevique. Ce dernier fut élu comme Ancien chargé de la nourriture, charge importante car il recevait régulièrement des paniers de victuailles de son épouse et de ses

1. Au pouvoir, il persécuta et arrêta plusieurs locuteurs espérantistes.

parents aisés. Il partageait cela avec Staline, acte de générosité avisé qui a peut-être contribué à sa survie pendant la Terreur.

Les Anciens organisaient les journées en heures pour les loisirs, le nettoyage et les discussions. Les couchettes communes (Staline partageait la sienne avec un Goreli du nom d'Ilia Nadiradze) et les tâches diverses étaient assignées par les Anciens, y compris celles de la vaisselle et de vider les latrines, mais, se souvient Sakvarelidze, « Staline était souvent dispensé de ces corvées ».

Un de ses compagnons de cellule, Simon Verechtchak, un menchevik, rédigea un portrait pénétrant de Staline à la Baïlovka. Il le haïssait pour sa malice brutale et cependant il était fasciné, malgré lui, par l'extrême assurance de Staline, son intelligence vigilante, sa mémoire de machine et son sang-froid : « Il était impossible de le déstabiliser, rien ne pouvait lui porter sur les nerfs ! » Staline était le seul détenu capable de dormir profondément même lorsque ses compagnons entendaient des hommes se faire pendre dans la cour.

Sosso n'inventa pas la peine de mort pour les traîtres. « À la Baïlovka, explique Verechtchak, les *provocateurs* étaient habituellement tués » – mais après enquêtes et procès. Staline, lui, tuait furtivement et par personne interposée. Tout d'abord, « Mitka le Grec poignarda un jeune ouvrier accusé d'être un spectre. Koba avait ordonné le meurtre ». Puis « un jeune Géorgien fut battu dans le couloir du bâtiment politique. Le mot circula : "*Provocateur* !" Chacun s'y mit, le frappant avec ce qui lui tombait sous la main, jusqu'à ce que les murs fussent éclaboussés de sang. Le corps ensanglanté fut emmené sur une civière. Plus tard, nous apprîmes que la rumeur avait été lancée par Koba ».

Les politiques organisaient des débats qui souvent tournaient à l'aigre. Ceux que Staline détestait le plus, c'étaient les socialistes chrétiens qui suivaient Léon Tolstoï. Sergo Ordjonikidze, qui frappait toujours en premier puis réfléchissait ensuite, se prit de querelle avec quelques socialistes-révolutionnaires. « Sergo cogna pour de bon, mais aucun des SR n'était assez fort pour le toucher », écrivit plus tard Staline à Vorochilov afin d'épargner l'*amour-propre** d'Ordjonikidze lorsque les trois hommes se retrouvèrent à la tête de l'URSS. En fait, ce furent les SR qui flanquèrent une rossée à Sergo.

Staline traitait les dilemmes politiques en se faisant « la meilleure autorité sur Marx. Le marxisme était son élément et là il se montrait invincible. Il savait comment justifier n'importe quoi par une formule appropriée tirée de Marx » ; cependant son style était « déplaisant, grossier, sans aucun esprit, sec et formel ».

Staline gardait une préférence pour les truands[1]. On le « voyait toujours en compagnie d'assassins, de maîtres chanteurs, de voleurs et de porte-flingues – les Mauseristes ». Parfois les droit-commun agressaient les politiques, mais les criminels géorgiens, probablement organisés par Staline, leur servirent de gardes du corps. Au pouvoir, il scandalisera ses camarades en nommant des repris de justice au NKVD, mais toute sa vie il avait employé d'anciens criminels.

Ces deux groupes se retrouvaient pour parier sur les jeux qu'ils organisaient dans la prison, combats de lutte ou courses de poux. Staline n'aimait pas les échecs, mais « Sergo Ordjonikidze et lui jouaient souvent au backgammon toute la nuit ». Le jeu le plus cruel était celui de « la Folie » au cours duquel un jeune détenu était placé dans la cellule des droit-commun pour qu'ils le rendent fou. On prenait des paris sur le temps que résisterait le jeune homme avant de craquer. Parfois la victime perdait vraiment la raison.

La prison était surpeuplée à la suite des vagues de répression de Stolypine ; mille cinq cents détenus partageaient des cellules conçues pour quatre cents personnes. Staline souffrait d'un voile au poumon et avait des difficultés de respiration dans une atmosphère surchauffée. Le solide Mdivani « la Barrique », qui se retrouvait parfois dans la même cellule, soulevait Sosso sur ses épaules pour qu'il pût respirer par la fenêtre élevée, tandis que les autres détenus riaient et hurlaient : « Hue, la Barrique, hue ! » Lorsque la Barrique rendit plus tard visite à Staline au Kremlin, il le saluait toujours d'un « Hue, Sosso, hue ! ».

Staline protesta contre les conditions d'incarcération et défia les autorités qui envoyèrent une compagnie de soldats pour tabasser les politiques. Obligé de subir le supplice des baguettes, « Koba marcha, tête haute, sous les coups de crosse, un livre à la main », observa Verechtchak. En réaction, « il défonça la porte de sa cellule avec un seau de toilette, sans prêter attention à la menace des baïonnettes ».

Il était impossible de bouger « sans marcher sur les pieds de quelqu'un », mais le surpeuplement présentait des avantages pour

1. Staline trouva nombre de ses gangsters mauseristes à la Baïlovka (ses compagnons de cellule, les frères Sakvarelidze, par exemple). Ses adversaires mencheviques, Devdariani du séminaire et Isidore Ramichvili de Batoumi, partageaient également sa cellule surpeuplée, mais à présent les deux factions étaient obligées de travailler ensemble, et les mencheviks fermaient les yeux sur la question du banditisme.

organiser toutes sortes d'embrouilles. Le compagnon de couchette de Staline, Nadiradze de Gori, s'arrangea pour que son épouse accompagne Keke à Bakou. Les deux femmes rendirent visite aux détenus. Staline « accueillit [Keke] très cordialement. Sa mère éclata en sanglots en revoyant son fils unique », mais il « la calma, lui disant qu'un révolutionnaire ne pouvait se passer d'aller en prison [...]. Nous bavardâmes gaiement pendant deux longues heures », dit Nadiradze. Staline obtint de sa mère qu'elle transmît des billets secrets aux révolutionnaires de Bakou – ce qui manqua entraîner son arrestation par la police.

L'Équipe préparait l'évasion de Sosso. Il entreprit la nuit de couper les barreaux de sa cellule avec une scie à métaux que lui avait passée en fraude un gardien. À l'extérieur de l'enceinte de la prison, ses Mauseristes l'attendirent le jour convenu avec une calèche pour le faire disparaître au plus vite. Mais le plan fut certainement déjoué car, à la dernière minute, des cosaques incorruptibles prirent la relève de la garde. Il fallut annuler la tentative d'évasion.

Le système tsariste particulièrement lent, cahotant avec sa confusion et son laxisme coutumiers, prit encore plus de temps que d'habitude pour déterminer la véritable identité de Staline et instruire son procès. Finalement il fut condamné à une peine étonnamment légère de deux années de bannissement dans la province de Vologda, en Russie occidentale et non en Sibérie asiatique.

Peu avant son départ, le désordre qui régnait dans la prison surpeuplée lui donna l'occasion de tenter une substitution avec un autre détenu. Tout parut alors devoir se dérouler selon les plans[1], et l'homme prit sa place ; Sosso fit ses adieux à ses compagnons de détention et on l'escorta hors de sa cellule.

1. En juillet 1937, au paroxysme de la Grande Terreur, l'homme de Gori qui avait conçu cette substitution, I. P. Nadiradze, écrivit à un autre de ses anciens compagnons de cellule, Andreï Vychinski, le procureur général de Staline, homme lâche mais redouté, pour lui demander de confirmer qu'il avait purgé une peine pour meurtre politique et aidé à préparer l'évasion de Staline. Vychinski confirma le premier fait, mais ce sinistre survivant évita de prendre position sur la question de l'échange : « Quant à l'organisation du remplacement du camarade Staline [...], je ne peux en attester car je ne m'en souviens pas. » Nadiradze faisait manifestement l'objet de poursuites sous la Terreur, car sinon il n'aurait pas fait appel au redoutable Vychinski sur ce sujet sensible en des temps aussi dangereux. Il est difficile de croire cependant qu'il aurait écrit cette lettre si l'affaire n'avait pas été vraie.

24

« LE COQ DU FLEUVE » ET LA BELLE ARISTOCRATE

Cependant l'échange fut à un moment découvert. La tentative de substitution de Staline dut être démasquée avant même qu'il eût quitté la Baïlovka (révélée par le même spectre qui avait fait connaître son projet d'évasion ou déjouée par un gardien insuffisamment stipendié), et à temps pour l'envoyer vers son lieu d'exil. Vologda était bien plus proche que la Sibérie, mais l'*etap*, qui comporta un séjour dans la prison Boutirki à Moscou où tant de gens périraient pendant la Grande Terreur, dura plus de trois mois.

Sosso, une fois encore, n'avait pas de vêtements chauds pour l'hiver et il écrivit à Bakou pour demander à Chaoumian de l'aider. « Nous ne pûmes pas même dénicher un costume d'occasion, écrivit Chaoumian, mais nous lui envoyâmes 5 roubles. » Stolypine avait durci le régime jugé trop laxiste de Bakou. La police y menait une lutte efficace contre les bolcheviks dont les chefs étaient arrêtés ou tués et dont les rangs s'éclaircissaient. « Pas d'argent, rapporta Chaoumian. Les révolutionnaires sont affamés et faibles. »

Dans la prison de Vologda[1], Staline dirigea une action de protestation et défia les autorités. « Il n'obéissait vraiment à personne, dit un autre détenu, et ne battait en retraite que devant la force. » En chemin entre Vologda et le lieu de son exil, il tomba malade du typhus ou réussit à convaincre un médecin de le mettre au chaud à l'hôpital de Viatka. Finalement, voyageant en traî-

1. Son geôlier en chef se nommait Serov et était, par une ironie des choses, le père du futur général Ivan Serov, un des maîtres de la police secrète de Staline, responsable de la déportation des Tchétchènes et d'autres peuples, et premier président du KGB.

neau au cœur d'un paysage pris par le gel, Staline arriva fin février 1909 au village de Solvytchegodsk.

Une des premières personnes à l'accueillir au sein de la communauté qui comptait quelque quatre cent cinquante exilés fut une jeune bannie, une institutrice nommée Tatiana Soukhova, avec qui il semble qu'il ait eu une liaison.

Pendant son court séjour à Solvytchegodsk, il allait se trouver deux maîtresses dans le petit groupe des exilés politiques. Jamais il ne fut un homme à femmes, mais même en ces années d'obscurité et de misère, il ne resta jamais sans une petite amie au moins, et souvent plusieurs. En fait, en exil, il tomba presque dans le libertinage.

Les femmes le trouvaient « beau », se souvenait Molotov, malgré ses marques de variole et ses taches de rousseur. « Elles devaient s'amouracher de lui car il avait du succès auprès d'elles. Ses yeux étaient couleur miel. De beaux yeux. » Sosso était « très séduisant », dira Genia Allilouïeva, sa future belle-sœur et probable maîtresse, à sa fille. « C'était un homme mince, fort et énergique, [à] la tignasse incroyable et aux yeux brillants. » Tout le monde mentionne, semble-t-il, ses « yeux brûlants ».

Même ses traits peu attirants avaient leur charme. Son expression énigmatique, son arrogance, son caractère impitoyable, sa vigilance de félin, son goût obsessionnel des études et son intelligence aiguë en imposaient peut-être encore plus auprès des femmes. Son étrangeté pouvait passer pour de l'excentricité. Peut-être même que son détachement lui était d'une certaine façon un atout. Son apparente incapacité à soigner son apparence – il était solitaire, maigre, dépenaillé – fit que, toute sa vie, les femmes souhaitèrent s'occuper de lui. Et puis il y avait sa nationalité.

Les Géorgiens jouissaient d'une réputation de romantiques passionnés. Lorsqu'il ne se montrait pas d'une brutalité bourrue, Staline jouait au prétendant chevaleresque, chantant des mélodies, admirant les belles robes des femmes et offrant à ces dernières mouchoirs de soie et fleurs. En outre, c'était un conquérant en matière sexuelle, trompant ses camarades quand cela lui convenait, surtout lorsqu'il fut en exil. Staline, le flirt, le petit ami et même l'époux, était parfois tendre et plein d'humour. Mais si ces dames espéraient un Casanova géorgien classique, elles devaient être amèrement déçues lorsqu'elles apprenaient à mieux le connaître.

Être étrange et dépourvu d'empathie, il était bourré de complexes et de singularités en ce qui concernait sa personnalité, sa famille et son physique. Il était si gêné d'avoir des orteils palmés que lorsque, plus tard, ses médecins au Kremlin examinèrent ses pieds, il se dissimula, visage et corps, sous une couverture. Il demanderait à ses gardes du corps de poudrer ses marques de variole et ferait retoucher les photographies officielles. Il se montrait pudique en matière de nudité même dans les bains russes, le *banya*, et son bras raide le rendait mal à l'aise ; cela l'empêcha par la suite de danser le slow et il reconnut qu'il « ne pouvait prendre une femme par la taille ». Ainsi que Kato l'apprit pendant leur mariage, il était épouvantablement distant et difficile à percer. Son énergie bouillonnante et égocentrique était envahissante et épuisait les faibles sans leur apporter le moindre soutien affectif. Les moments de tendresse ne pouvaient compenser son détachement glacial et son hypersensibilité morose. Ainsi que le découvrit Natacha Kirtava, fâché, il devenait odieux.

Les femmes occupaient une place mineure dans ses priorités, fort loin de la Révolution, de l'égotisme, des activités intellectuelles et des dîners très arrosés avec ses amis hommes. Alliant virilité grossière et pruderie victorienne, il n'était ni sensuel, ni épicurien. Il parlait rarement de sa vie sexuelle, tout en étant de mœurs très libres – ce qui explique peut-être sa tolérance à l'égard des écarts amoureux de ses compagnons. Spandarian à Bakou, et plus tard au pouvoir, Enoukidze et Beria étaient tous des débauchés aux excès frisant le priapisme dégénéré. Mais, tant qu'ils étaient compétents, travailleurs et loyaux, ils ne risquaient rien. Dans sa propre vie, Staline considéra la sexualité moins comme une question morale que comme un risque dangereux.

D'une part, il se méfiait des femmes fortes et intelligentes comme sa mère, méprisait les prétentieuses « qui avaient des idées », et n'aimait pas les pin-up trop parfumées qui, comme la fille de Plekhanov, portaient « des bottines à talons hauts ». Il préférait les jeunes adolescentes malléables ou les paysannes bien en chair qui se soumettaient à lui. Par ailleurs, jusque dans les années 1930, il prit certaines de ses amantes dans les rangs des révolutionnaires cultivées et libérées, ses égales intellectuelles, parfois même des nobles, ses supérieures sur le plan social. Mais la mission marxiste et son sentiment d'être à part primèrent toujours.

Les femmes (et les enfants, s'il en naissait de manière inopportune) étaient censées comprendre lorsque ce chevalier errant du marxisme décidait de disparaître de leur monde.

Tatiana Soukhova se trouvait chez elle avec quelques autres exilés lorsque l'on annonça qu'« un nouveau groupe de prisonniers venait d'arriver et, parmi eux, un camarade de Bakou, Ossip Koba, un professionnel, un personnage clef ». Un peu plus tard, équipé de vêtements convenables par ses compagnons d'exil, Ossip (diminutif russe pour Iossif) entra dans la maison, « portant de hautes bottes, un manteau noir, une chemise de satin noir et un haut bonnet d'astrakan avec une cape blanche jetée sur les épaules à la manière caucasienne ».

C'était le printemps à Solvytchegodsk, minuscule avant-poste médiéval du commerce des fourrures, vieux de sept cents ans, avec sa place poussiéreuse, une demeure en bois de négociant, un bureau de poste et une belle église du XVIe siècle. La rivière Vytchegda traversait la bourgade. Dix des exilés vivaient dans une maison communautaire, « véritable salut pour nous, dit Tatiana Soukhova, parce que c'était un moyen de nous maintenir actifs. C'était comme une université – il y avait même des cours magistraux. Ceux qui vivaient seuls sombraient souvent dans la boisson ».

Le chef de la police du district, Zivilev, surnommé « le Coq du Fleuve », était tatillon, irascible et mesquin, mais aussi comique, doté d'une voix de fausset. Connu comme « le Dieu et le tsar de Solvytchegodsk », il interdisait toute réunion de plus de cinq exilés, le théâtre amateur, et même le patinage, le canotage ou la cueillette des champignons. Lorsqu'il repérait la moindre transgression, il se mettait à poursuivre les exilés le long du fleuve comme un coquelet furieux, d'où son surnom.

Staline était « cruel, irrespectueux et d'une franchise brutale avec les supérieurs », selon les policiers locaux. Le Coq du Fleuve le fit enfermer une fois pour avoir lu des ouvrages révolutionnaires à haute voix et il lui colla une amende de vingt-cinq kopecks pour être allé au théâtre[1]. Cependant les exilés organisaient des soirées clandestines, quoique agitées, où les flirts allaient bon train. « Nous étions en train de chanter – et je me suis mise à danser, racontera une jeune fille, Choura Dobronravova. Koba frappait des mains et soudain je l'ai entendu dire : “Choura est la

1. Sosso se lia d'amitié avec l'employé de la poste qui servait aussi de geôlier et qu'il avait rencontré en allant chercher ses mandats. Sosso aimait chasser seul dans les bois pendant l'été et il y rencontrait le postier-geôlier à qui il passait des billets à remettre aux détenus de la prison locale. Le prêtre du coin permit à Staline d'utiliser sa bibliothèque.

joie de la vie !" J'ai vu Koba me regarder avec un sourire mystérieux. » On ignore la suite.

Un jour les exilés allèrent faire du canotage, en brandissant des drapeaux rouges et en chantant. Le Coq du Fleuve courut le long de la berge en hurlant. « Arrêtez de chanter ! » Mais il ne pouvait les punir tous et ils s'en tirèrent donc à bon compte.

Staline organisait souvent ces réunions secrètes d'exilés, mais il « observait tous les membres du groupe très soigneusement, se souvient Alexandre Doubrovine, et exigeait un rapport sur chaque action ». Le Mémoire de Doubrovine laisse entendre que Staline traquait les traîtres et ordonnait leur exécution. « Il y avait un exilé du nom de Moustafa. Ce Moustafa s'avéra être un traître. Selon un camarade, il fut noyé sous la haute berge de la Vytchegda. »

« Je rendais souvent visite [à Staline] dans sa chambre », se souvient Tatiana Soukhova, alors âgée de vingt-deux ans, femme aux cheveux brun clair et aux yeux gris. « Il vivait dans la pauvreté, dormait sur une caisse de bois recouverte de planches avec un sac de paille et une couverture de flanelle jetée dessus, et une taie d'oreiller rose. » Il était déprimé – il n'y avait que quelques mois que Kato était décédée. « Je le trouvais souvent à demi étendu là, même dans la journée », mais, comme toujours, les livres lui servaient de réconfort et de forteresse : « Comme il avait très froid, il s'étendait en manteau et s'entourait de livres. » Mais, dit-elle, elle lui remontait le moral. Ils passèrent de plus en plus de temps ensemble, à se moquer des autres et même à faire du canotage. Il semble que leur amitié se soit transformée en une espèce de liaison amoureuse et Staline demeura attaché à Soukhova jusque dans les années 1930[1]. Il lui écrivit par la suite, implorant son pardon pour n'être pas resté en contact : « Contrairement à mes promesses qui, je m'en souviens, furent nombreuses, je ne t'ai pas même envoyé une carte ! Quel animal je suis, mais c'est un fait, et si tu le veux, je te présente mes excuses… Écris de temps en temps ! » Ils ne se retrouvèrent qu'en 1912.

En juin, la police locale nota que Sosso assista à une réunion avec tous les exilés, dont une jeune femme, Stefania Petrovskaïa,

1. Voir l'épilogue.

qui entretint une liaison amoureuse suffisamment sérieuse avec Staline pour qu'il décidât de l'épouser.

Stefania, institutrice de vingt-trois ans, était d'un statut social supérieur à Staline ; aristocrate d'Odessa, son père de confession catholique possédait une maison au centre de la ville. Elle était allée au lycée de l'élite et avait fait ensuite des études supérieures. « La noble Petrovskaïa », ainsi qu'elle figure dans les rapports de police, avait été arrêtée à Moscou et condamnée à deux ans d'exil à Vologda, mais elle venait de purger sa peine lorsqu'elle rencontra Ossip Koba. Staline n'était pas là depuis longtemps, mais leur relation dut être intense, car elle demeura dans ce trou perdu de Solvytchegodsk sans raison aucune – et le suivit lorsqu'il regagna le Caucase.

Les exilés étaient coupés de la politique du Parti à l'étranger, mais ils restaient au fait des derniers schismes grâce aux vieux journaux que leur envoyaient parents et amis. La querelle de Lénine avec Bogdanov irritait Staline. « Que penses-tu du nouveau livre de Bogdanov ? demanda-t-il à son ami Malakia Torochelidze à Genève. Selon moi, certaines des bourdes individuelles d'Ilitch [Lénine] y sont relevées de manière significative et correcte. Il note également que le matérialisme d'Ilitch est [...] différent de celui de Plekhanov, ce que [...] Ilitch s'efforce de cacher. »

Staline respecta Lénine, mais jamais au point de le révérer. La déification de Lénine ne commença qu'après sa mort et elle eut un objectif politique clair. Staline considérait à présent les schismes de Lénine comme des caprices d'émigrés gâtés. En Russie, où le bolchevisme était en ruine, les *praktiki* ne pouvaient se permettre ce genre de sottises. « Le Parti en tant que tel avait cessé d'exister », reconnut Zinoviev. La situation était si mauvaise que certains, les « Liquidateurs », proposaient tout simplement de supprimer le Parti. De son côté, Staline était d'accord avec les soi-disant « Conciliateurs » pour dire que les bolcheviks devaient œuvrer avec les mencheviks – ou disparaître avec eux.

Il était convaincu que le Parti avait besoin de lui et n'avait nulle intention de traîner à Solvytchegodsk ; plus Stolypine exilait de révolutionnaires et plus le système était submergé. Les évasions se multipliaient. Sur trente-deux mille exilés en 1906-1909, les autorités ne pouvaient garantir la présence que de dix-huit mille au plus à un moment quelconque. Sosso écrivit à Alliloüev à Saint-Pétersbourg pour lui demander son adresse et son lieu de travail ; manifestement il projetait de se rendre dans la capitale. Il commença à rassembler des fonds ; quelques mandats arrivèrent au bureau de poste. Les prisonniers montèrent un simulacre de jeu d'argent et Staline « remporta toute la cagnotte, soit soixante-dix roubles ».

À la fin juin, après l'inspection matinale du Coq du Fleuve, Soukhova aida Staline à enfiler une robe longue sans manches dite *sarafan*. Nous ignorons s'il se rasa la barbe mais, ainsi transformé en parfait « travelo », il se rendit, accompagné de Soukhova, par bateau à vapeur jusqu'à Kotlas, la grande ville la plus proche, où, nullement embarrassé par son travestissement, il fit cette déclaration romantique à la jeune femme : « Un jour je te revaudrai ça en t'offrant un mouchoir de soie ! »

Puis il prit le train pour la Venise du Nord.

« Un soir, raconte Sergueï Allilouïev, toujours marié à la libidineuse Olga, je marchais le long du boulevard Liteiny [à Saint-Pétersbourg] quand, soudain, je vis le camarade Staline qui venait en sens inverse. » Les deux amis tombèrent dans les bras l'un de l'autre.

Staline s'était déjà rendu à l'appartement et au lieu de travail d'Allilouïev, mais n'avait trouvé personne. Cependant le centre de Saint-Pétersbourg était un tout petit monde. Allilouïev recruta un concierge pour cacher Sosso. Très souvent les concierges servaient d'informateurs à l'Okhrana, et leurs loges, s'ils se trouvaient être des sympathisants bolcheviques, étaient des cachettes parfaites car jamais fouillées.

Ce concierge installa Staline dans la loge des portiers de la caserne de la Garde à cheval, rue Potemkine, tout près du palais de Tauride, jadis résidence de l'éminent conseiller politique de Catherine la Grande et à présent siège de la douma. À la caserne, « les fiacres déposaient des officiels de la Cour [...] tandis que Staline se rendait en ville pour voir ses amis », dit Anna Allilouïeva. « Il passait tranquillement, portant sous le bras le registre d'appel du régiment, devant le planton aux grilles de la caserne. »

Staline, qui avait une mission à remplir en rapport avec « la publication d'un journal », établit les contacts nécessaires et partit rapidement pour le Caucase.

Au début de juillet 1909, il réapparut à Bakou sous un autre nom d'emprunt – Oganez Totomiants, négociant arménien. Mais l'Okhrana nota néanmoins son retour : « L'évadé social-démocrate de Sibérie est arrivé – il est connu sous le nom de "Koba" ou "Sosso". » Deux agents de l'Okhrana infiltrés dans le Parti bolchevique, « Fikous » et « Mikhaïl », commencèrent à faire des rapports réguliers sur Staline, qui se glorifiait du nom de code « le Laitier[1] » parce qu'il utilisait comme base à Bakou un débit de lait. Il faisait l'objet d'une surveillance discontinue, mais la police secrète mit plusieurs mois à identifier le fameux Sosso et à le traquer. Pourquoi ?

C'est là l'un des mystères qui demeurent sur la jeunesse de Staline : le futur dictateur de l'Union soviétique était-il un agent de la police secrète tsariste ?

1. La police secrète adaptait ses propres noms de code spirituels aux gens qu'elle surveillait : un boulanger devenait « Petit Pain », un banquier « Sac d'argent », le poète Sergueï Essenine serait ainsi dénommé « le Typographe » tandis qu'une jolie fille pouvait devenir « la Superbe » ou « la Pin-up ».

25

« LE LAITIER » : STALINE ÉTAIT-IL AGENT TSARISTE ?

Dans le royaume du pétrole de Bakou, le Laitier, joignant ses efforts à ceux de Spandarian, Sergo et Boudou Mdivani, tenta de revigorer les bolcheviks désemparés. Il rassembla les débris de l'Équipe et « commença à préparer l'attaque d'un bateau postal », dit le Mauseriste Koupriachvili, pour financer leur journal, *Bakinski Proletari*.

Cependant, les temps étaient sombres. « Le Parti est malade », écrivit Staline. « Il n'y a rien de bon à écrire. Nous n'avons pas de travailleurs », se plaignit-il à Tskhakaïa, ajoutant qu'il croyait dorénavant en une union avec les mencheviks. Pour Lénine, l'idée d'une conciliation était une abomination, mais les circonstances désastreuses avaient contraint Staline à devenir Conciliateur. Les *Komitetchiki* intransigeants, les hommes du Comité en Russie, étaient de plus en plus déçus par Lénine et par les chamailleries des émigrés : « Pourquoi faut-il que ces fichus "courants" nous divisent [...], quelles escarmouches inutiles – les deux bords méritent une rossée ! » Staline exigea la nomination d'un bureau russe pour diriger le Parti au sein de l'Empire et la création d'un journal national basé en Russie et non pas en exil. « Le Comité central, se plaignit Staline dans un article, est un centre fictif. »

L'idée de Sosso pour l'avenir du Parti atteignit le Comité central à Paris qui, en janvier 1910, le nomma au nouveau Bureau russe, signe de reconnaissance de son insistance énergique et de ses talents d'organisateur. Il venait d'être promu du rang de militant caucasien à celui de dirigeant bolchevique russe – cependant à Bakou il jouait son propre jeu contre Chaoumian.

« Staline et Spandarian concentraient tout le pouvoir entre leurs mains », maugréa l'épouse de Chaoumian, Ekaterina, fille d'un cadre du pétrole. Confronté à la domination de Staline et à la répression tsariste, Chaoumian, comme beaucoup d'autres, prit un emploi régulier et travailla même pour un baron du pétrole compréhensif, Chibaev ; il cherchait à présent à sortir de la clandestinité. « Tout le monde est "revenu à la raison" et a pris un travail privé, dit Sosso à Tskhakaïa. C'est-à-dire tout le monde sauf moi – je ne suis pas "revenu à la raison". La police me traque ! » Staline, cet incorruptible pur et dur, n'entendit jamais raison et haïssait ceux qui le faisaient, comme Chaoumian qui « a abandonné notre travail il y a trois mois ! ». Il essaya de ramener ce dernier au sein du troupeau. Seul depuis la mort de Kato, Staline méprisait le foyer heureux de Chaoumian[1], et critiquait son épouse Ekaterina : « Comme une lapine, elle ne pense qu'à nourrir ses petits, et elle était souvent hostile à mon égard parce que j'entraînais son Stepane dans des affaires secrètes qui sentaient la prison. » Ekaterina Chaoumian se plaignait que Staline « intriguât contre Chaoumian et se comportât en mégère ».

Staline, « préoccupé par des questions financières », euphémisme pour expropriations et rackets de protection, fit de rapides visites à Tiflis. Son père mourut, probablement alors qu'il se trouvait là, mais il l'ignora. Besso, qui n'était plus qu'un ivrogne sans domicile, fut admis à l'hôpital Mikhaïlovski. Selon les rapports médicaux, tuberculose, colite et pneumonie chronique expliquent son décès. Il décéda le 12 août à l'âge de cinquante-cinq ans. Il n'avait fait aucune tentative pour retrouver Sosso. Sans parents ni argent, il fut enterré dans une fosse commune[2]. Pour le bolchevik qui signait « Fils de Besso », le père était mort depuis longtemps.

1. Tout comme il mépriserait, après le suicide de sa seconde épouse en 1932, les unions heureuses de ses caciques au pouvoir. Voir *Staline : la cour du Tsar rouge*.

2. Jusqu'à récemment encore, les historiens répétaient que Besso était mort en 1890, peut-être au cours d'une rixe dans un bar, mais les nouvelles archives réfutent ce point. Une fois au pouvoir, les hommes de main et les historiens de Staline recherchèrent des photographies de Besso et les présentèrent au dictateur pour qu'il les identifiât ; les archives du Parti géorgien contiennent des piles de photos de cordonniers locaux et de Besso possibles. Une de ces photos représente probablement Besso car elle fut exposée dans les musées voués au culte stalinien, mais Staline refusa de l'authentifier. Les chefs locaux du Parti recherchèrent aussi la tombe de Besso, sans succès. Dans les années 1940, Elisabedachvili, qui avait survécu à la Terreur, offrit à Staline une pendule qui avait, selon lui, appartenu à Besso. Staline refusa l'offre, ce qui semblait suggérer que quelqu'un d'autre, probablement Egnatachvili, était son véritable père. Il préférait ce vide laissé dans sa vie à toute référence à l'homme lui-même.

De retour sur la Caspienne, Staline fut rejoint par sa petite amie d'exil, Stefania Petrovskaïa, bientôt décrite par l'Okhrana comme « la maîtresse du dirigeant local bien connu du Parti ouvrier social-démocrate de Russie ». Elle devait lui être très dévouée car, lorsque son exil prit fin, elle ne retourna ni à Moscou ni à Odessa, mais le suivit à Bakou.

Il lui fit alors une ultime faveur : il abandonna son nom de plume « K. Kato » pour devenir « K. Stefine », en hommage à Stefinia – étape significative sur la voie de son ultime pseudonyme, « Staline ». L'adoption du nom des amantes comme identité d'emprunt est un trait notable chez ce machiste. Nous n'avons pas de correspondance entre eux, mais le « K. Stefine » montre qu'elle importait à ses yeux. Ils s'installèrent en ménage – ou, comme le nota la police secrète, le Laitier « [cohabite] avec sa concubine ».

Commença alors un fatras de scandales ahurissants qui révélèrent que le Parti de Staline était infesté d'espions tsaristes. Staline réagit en lançant contre les traîtres une chasse aux sorcières meurtrière et hystérique qui ne réussit qu'à broyer des innocents – et à jeter le soupçon sur lui. Elle débuta en septembre 1909, lorsque les contacts de Staline dans la police secrète l'avertirent qu'un agent double de l'Okhrana avait dénoncé l'existence de sa précieuse presse d'imprimerie et qu'elle allait être saisie. Il fallait rapidement déplacer la machine et la remonter en secret dans un nouveau local.

Staline « me contacta précipitamment, se souvient Vatsek, son homme de main, et me demanda de trouver de l'argent. Je lui obtins six cents roubles de Mantcho », le baron du pétrole. Mais cela ne suffisait pas. Un peu plus tard, « Iossif Vissarionovitch Djougachvili vint en courant avec Boudou Mdivani ». Le magnat donna alors à Staline trois cents roubles de plus.

Staline trouva un autre emplacement secret pour la presse dans la vieille ville de Bakou, et l'installa au cœur des caves et des allées sombres de la forteresse persane. Mais il découvrit que le couple marié qui s'occupait en fait de la presse avait détourné de l'argent. Il envoya ses Mauseristes à leurs trousses. Le mari parvint à s'échapper. La femme fut interrogée par les tueurs de Staline, mais réussit on ne sait comment à s'enfuir avant d'être liquidée.

En octobre 1909, la police fit une descente dans une planque pour prendre Prokofi Japaridze, « Aliocha », un bolchevik proche de Staline à Bakou. Les policiers furent étonnés de découvrir Staline et Sergo avec Japaridze. L'inspecteur qui dirigeait l'opération, incapable comme toujours de prendre une décision autonome, laissa quelques agents de garde et alla consulter ses supérieurs. Staline et Sergo achetèrent la complicité des policiers pour dix roubles. Japaridze devait attendre et accepter d'être arrêté, mais Staline et Sergo furent libres de s'échapper.

Staline, prévenu par un autrede ses contacts à l'Okhrana de Bakou, imputa ces trahisons à Leontiev, le secrétaire du Syndicat des ouvriers bolcheviques du pétrole. Pour Staline, le Parti comptait cinq agents doubles de l'Okhrana. Il décida de tuer Leontiev, mais ce dernier le mit au pied du mur en réapparaissant et en exigeant un procès devant le Parti. Staline refusa car cela aurait permis de démasquer ses taupes au sein de l'Okhrana. Leontiev fut donc « relaxé », ce qui éveilla des soupçons sur les propres relations de Staline avec la police secrète.

« La trahison d'une personne avec qui vous avez tout partagé, dit Staline plus tard, est si horrible qu'aucun comédien ou écrivain ne peut l'exprimer – c'est pire que la morsure même de la Mort ! » Staline organisa une inquisition meurtrière à Bakou pour découvrir les traîtres, réels ou imaginaires, tout comme il le ferait dans toute l'URSS dans les années 1930. La différence était qu'à Bakou le Parti grouillait vraiment d'espions de la police.

Staline publia les noms des cinq « traîtres », mais les archives de la police secrète révèlent que seul un d'eux était bien un espion ; tous les autres étaient innocents. La chasse aux sorcières s'intensifia. Lorsque Tchernomazov, un ponte du Parti bolchevique à Moscou, vint en visite à Bakou, « le camarade Koba le regarda avec dégoût. “Tu es un traître !” », hurla-t-il. Cette fois, il avait raison.

Le désarroi qui régnait fut rapporté à l'Okhrana de Bakou, qui s'en réjouit, par ses véritables espions, aux noms de code « Fikous » et « Mikhaïl », les traîtres qui avaient infiltré les bolcheviks mais que Staline, le grand inquisiteur, n'identifia jamais. Il ne fait aucun doute que Staline ordonna à Bakou l'exécution d'innocents soupçonnés de trahison tout comme il le ferait pendant la Terreur.

Le gâchis était total. Sosso aimait régler ce genre de situation par des meurtres discrets, mais cette fois cela ne marcha pas. Un autre camarade et lui s'accusèrent réciproquement d'être des spectres tandis que les mencheviks, mais aussi quelques bolcheviks, le suspectaient d'être, avec ses contacts dans la police secrète, le principal traître de la bande. Mais dénonçait-il vraiment le Parti à la police ? Voici comment l'affaire se présente.

Staline entretenait très certainement des relations douteuses et recevait un flot de renseignements mystérieux de contacts au sein de la police secrète. Un jour Staline marchait dans les rues de Bakou avec un camarade quand un officier de l'Okhrana s'approcha de lui. « Je sais que vous êtes un révolutionnaire, dit-il. Voici une liste de tous vos camarades qui seront arrêtés dans un futur proche. » En une autre occasion, un camarade arriva pour rencontrer Staline dans une cache du Parti et fut étonné de croiser un officier de gendarmerie qui repartait. Il interpella Staline qui lui dit que ce gendarme aidait les bolcheviks.

À Tiflis, pendant une rafle de révolutionnaires, Staline fut surpris de découvrir un menchevik, Artiom Guio, dans une cachette secrète. « Je ne m'attendais pas à cela ! lâcha Staline. N'as-tu donc pas été arrêté ? » À cet instant entra un inconnu. « Tu peux parler librement, dit Staline pour rassurer Guio. C'est un de nos camarades. » Ce « camarade » s'avéra être un interprète de la police qui récita alors la liste des camarades, dont Sergueï Allilouïev, qui venaient d'être arrêtés ce jour-là – et qui avertit Staline que la police l'arrêterait la nuit même[1].

Fikous, l'agent de l'Okhrana, rapporta qu'un officier de gendarmerie inconnu avait rendu visite à Staline et à Mdivani afin de les avertir que les gendarmes feraient une descente pour saisir la presse d'imprimerie. Ainsi que nous l'avons vu, ils purent sauver leur machine.

Quels étaient donc les liens de Staline avec la police secrète ?

1. Les Mémoires de Guio sont remarquables car ils furent publiés en Union soviétique en 1925, juste après la mort de Lénine, mais avant que Staline n'eût instauré sa dictature – quasiment au seul moment dans l'histoire soviétique où une telle chose était possible. Le livre sortit à Leningrad, alors fief de Zinoviev, qui l'autorisa probablement comme un avertissement adressé à Staline, contre qui il luttait pour le trône de Lénine. Guio révèle que l'interprète géorgien de la police trahit l'État tsariste non parce qu'il était marxiste, mais parce qu'il était un « nationaliste » géorgien. Guio raconte également comment Staline lui donna des mots de passe pour contacter un autre camarade nommé Kornev, qui se révéla si soupçonneux que ce devait probablement être un agent de la police. Guio croyait que ce Kornev avait trompé Staline, mais il se peut aussi que Staline eût testé ou sacrifié Guio, ou qu'il se préparât à le recruter.

« Staline donnait les adresses des camarades qui lui déplaisaient aux gendarmes pour s'en débarrasser, affirme avec insistance Arsenidze. Ses camarades décidèrent de le faire passer en jugement devant le Parti [...] mais, le jour du procès, des gendarmes firent irruption et arrêtèrent les juges et Koba. » En 1909, ajoute Ouratadze, « les bolcheviks de Bakou l'accusèrent d'avoir dénoncé Chaoumian à la police ». Jordania affirmait que Chaoumian lui-même lui avait dit : « Staline m'a dénoncé – personne d'autre ne connaissait l'adresse de ma planque. » Ces trois accusateurs étaient des mencheviks exilés dont les récits ont été très largement crus.

Par ailleurs, la police secrète se montra toujours étrangement brouillonne au sujet de Staline. Le chef des gendarmes à Bakou, le colonel Martinov, ne « découvrit » que le Laitier était Sosso Djougachvili qu'en décembre 1909 – presque six mois après son évasion. Staline était-il protégé par ses propres contrôleurs tsaristes ?

Si l'on ajoute à ce chaudron empoisonné les accusations de trahison émises contre lui dès 1902, ses contacts avec la police secrète et ses évasions d'exil et de prison, il semble plausible qu'il ait été agent tsariste. Le chef suprême du marxisme international était-il un traître mégalomane sans aucun principe ? Si Staline était un imposteur, alors toute l'expérience soviétique n'est-elle pas également une supercherie ? Et tout ce qu'il fit, en particulier la Grande Terreur, ne tendait-il pas à cacher sa culpabilité ? La théorie avait de quoi séduire – surtout à l'époque de la guerre froide.

En fait, les charges contre Staline sont faibles. Les histoires mencheviques sur la trahison dont Chaoumian aurait été victime ne tiennent pas. Il existait un état de tension entre les deux figures éminentes du bolchevisme dans le Caucase, mais pas de conflit : ils entretenaient des « relations amicales, mais nuageuses ». Au cours des années 1907-1910, Chaoumian ne fut arrêté qu'une fois, le 30 avril 1909, alors que Staline se trouvait à Solvytchegodsk. Il fut de nouveau arrêté le 30 septembre 1911, alors que Staline était incarcéré à Saint-Pétersbourg. Il est peu probable que Staline ait organisé l'une ou l'autre de ces arrestations.

Staline faisait preuve de souplesse et d'amoralisme. Son complexe messianique l'incitait à penser que quiconque s'opposait à lui était hostile à la cause – tout contrat pour éliminer ses adversaires, fût-ce avec le diable, était donc justifié. Cependant il n'existe pas de preuves qu'il eût trahi des camarades ou été jugé par un tribunal du Parti.

Les contacts de Staline avec la police secrète ne sont pas aussi suspects qu'il y paraît. Lorsqu'il se rendit à Tiflis pour une brève conférence en novembre 1909, nous savons, chose ironique, grâce à « Fikous », l'agent de l'Okhrana au sein du Parti, que « suite aux efforts de Koba (Sosso) – Iossif Djougachvili, qui est venu de Bakou – la conférence a décidé que des membres du Parti devraient infiltrer diverses institutions d'État et collecter des renseignements pour le Parti ». Ainsi Staline était chargé du renseignement et du contre-renseignement au sein du Parti, c'est-à-dire de l'infiltration de la police secrète.

Sa tâche était de préparer des officiers de la gendarmerie ou de l'Okhrana, d'obtenir des tuyaux sur les traîtres et les descentes de police, et d'organiser la libération rapide des camarades arrêtés. Si on les lit attentivement, toutes les histoires de rencontres de Staline avec la police secrète, même les plus hostiles, révèlent qu'il recevait vraiment des renseignements et non qu'il les fournissait. Certains contacts, comme l'interprète de la police, étaient des sympathisants ; pour la plupart, les autres voulaient simplement gagner de l'argent.

Le monde du secret a toujours un caractère mercantile. La police caucasienne était particulièrement vénale, et les prix pour la libération de camarades étaient bien connus. Le directeur de la prison Baïlov demandait cent cinquante roubles par prisonnier pour lui trouver un remplaçant[1]. À Bakou la réputation du chef adjoint de la gendarmerie, le capitaine Fiodor Zaïtsev, était faite. « Bientôt tous nos camarades furent relâchés, se souvient Sergo, au moyen de petits versements faits au capitaine Zaïtsev, qui accepte les pots-de-vin de bonne grâce. » Chibaev, le baron du pétrole de Bakou, versa sept cents roubles à Zaïtsev pour libérer Chaoumian. Ce capitaine était certainement l'officier de gendarmerie qui rendait secrètement visite à Staline. En avril 1910, sa propre vénalité le rattrapa et il fut rayé des cadres.

L'argent coulait dans les deux sens. Pratiquement tous les agents de l'Okhrana étaient payés, mais Staline ne perçut jamais de tels revenus mystérieux. Même lorsqu'il disposait de fonds importants grâce à un braquage de banque, il dépensait peu pour lui-même et n'avait généralement pas un sou, contrairement aux agents de l'Okhrana qui, fort bien rétribués, menaient grand train.

1. La police plaçait parfois la barre trop haut. « Mon cher, écrivit un bolchevik inconnu, je ne peux malheureusement pas t'aider. L'officiel demande huit cents roubles pour une annulation à l'étranger [à savoir un départ à l'étranger au lieu de l'exil en Sibérie] pour Iakov Mikhaïlovitch [Sverdlov]. Où trouver cette somme ? »

La police secrète veillait également à ce que ses agents ne soient pas inquiétés et restent libres de leurs mouvements ; elle voulait en avoir pour son argent. Cependant Staline ne passa qu'un an et demi en liberté entre son arrestation de 1908 et 1917. Après 1910, il ne connut que dix mois de liberté.

La pagaille qui régnait dans la police secrète tsariste est un point majeur, et le moins solide, dans le procès en suspicion fait contre Staline. Les erreurs qui furent commises étaient chose universelle et ne se limitèrent pas à lui. Les organismes de sécurité avaient complètement infiltré les bolcheviks, mais aucun service avant l'ère de l'informatique n'aurait pu digérer leurs millions de rapports et de fiches. En fait l'Okhrana était remarquablement efficace, comparée, disons, aux agences de sécurité américaines généreusement financées aujourd'hui, en notre époque d'ordinateurs et de surveillance électronique.

Quant aux nombreuses évasions d'exil de Staline (et nous en évoquerons d'autres), « ceux qui ne s'échappaient pas, expliqua un membre de la police secrète, avaient des raisons personnelles pour ne pas le faire ». Son art de la clandestinité, son caractère fuyant et félin, ainsi que son emploi d'intermédiaire rendaient Staline particulièrement difficile à capturer ; et son caractère impitoyable décourageait les témoins.

Enfin les preuves qui démontrent, dans les nombreuses archives de la police secrète qui subsistent, que Staline n'était pas un agent tsariste, sont écrasantes – à moins qu'elles ne soient contredites par quelque document décisif[1] qui dormirait encore dans les archives provinciales de l'Okhrana, document qui aurait échappé

1. Une preuve majeure selon laquelle Staline aurait été agent de l'Okhrana est la lettre dite d'Eremine, un faux probable, qui apparut dans les années 1920 et fut publiée par le magazine *Life* dans les années 1950, document qui constitue l'armature des ouvrages sur la théorie du complot de I. D. Levine et E. E. Smith. Le colonel Eremine fut bien le chef de l'Okhrana à Tiflis à partir de février 1908. Cette lettre fut manifestement rédigée par quelqu'un de bien informé sur Staline et l'Okhrana, mais elle comporte toute une série d'erreurs de détail. Tout en mettant l'accent sur l'amoralisme de Staline, elle fait également état de sa dévotion à la cause, et déclare que c'était un agent peu satisfaisant car finalement marxiste fanatique. Quand *Life* publia la Lettre d'Eremine après la mort de Staline, son successeur, le Premier Secrétaire Nikita Khrouchtchev et le Politburo ordonnèrent au directeur du KGB, le général Serov, d'en analyser l'authenticité. Ses recherches, découvertes récemment dans les archives, concluent également que c'est un faux. Quant à la théorie selon laquelle la Grande Terreur fut une tentative de Staline pour supprimer les preuves de ses liens avec l'Okhrana, Roman BRACKMAN, dans son ouvrage *Staline : agent du tsar*, trad. de G. Messadié, L'Archipel, Paris, 2003, soutient la thèse avec force.

à Staline lui-même, à sa propre police secrète, à ses nombreux ennemis, et aux armées d'historiens qui, depuis presque un siècle, recherchent en vain l'arme du crime.

Staline était merveilleusement qualifié pour ce *no man's land* moral. À chacune de ses neuf arrestations, ou plus, la police secrète dut s'efforcer par routine d'en faire un agent double. Et dans le même temps, Staline, cet expert en faiblesses humaines, sondait et recherchait les policiers fragiles ou vénaux pour qu'ils deviennent ses propres agents.

Lorsqu'il recrutait un informateur dans la police secrète, qui bernait qui ? Il est probable que certains membres de la police secrète aient doublé Staline dans le pur esprit de la *konspiratsia*, lui dénonçant d'innocents bolcheviks comme « traîtres » afin de semer les graines d'une paranoïa destructrice au sein du Parti – et de protéger leurs véritables agents. Cela expliquerait que la plupart des « traîtres » de Bakou désignés par Staline eussent été innocents alors que les vrais agents tsaristes, « Fikous » et « Mikhaïl », échappèrent à tout soupçon.

Cependant, en fin de compte, Staline était un marxiste pur et dur « d'une ferveur quasi islamique », qui ne permit à personne, fût-ce un ami ou un parent, de se dresser entre lui et sa mission. Il se considérait comme un dirigeant remarquable quoique non reconnu de la classe ouvrière – « un chevalier du Graal », selon l'expression de Spandarian. À ce que nous savons, jamais il ne s'écarta de cette mission même aux pires moments – et en cela il fut quasiment l'exception.

Cependant ce cloaque de la duplicité et de l'espionnage permet d'expliquer pour partie la démence de l'histoire soviétique. C'est là l'origine de la paranoïa soviétique, la folie de Staline lorsqu'il refusa de prendre au sérieux les avertissements sur les plans d'invasion de Hitler en 1941, et l'hystérie sanglante de sa politique de terreur.

Il se peut que l'Okhrana ait échoué à empêcher la Révolution russe, mais elle réussit si bien à empoisonner les esprits des révolutionnaires que, trente ans après la chute des tsars, les bolcheviks continuaient à s'entre-tuer dans une chasse aux sorcières visant des traîtres inexistants.

Au printemps de 1910, le Laitier était devenu un tel maître de l'esquive que la police secrète se sentait totalement impuissante.

« L'impossibilité d'exercer sur lui une surveillance continue, rapporta le colonel Martinov, commandant des gendarmes de Bakou, rend sa détention nécessaire ; tous les agents sont connus de lui et même les agents nouvellement affectés ont échoué, tandis que le Laitier s'arrange pour tromper la surveillance et pour la révéler à ses camarades, ruinant ainsi toute l'opération. Le Laitier vit principalement avec sa concubine Stefania Petrovskaïa. »

Le 23 mars 1910, le colonel Martinov arrêta le Laitier, qui utilisait alors comme nom d'emprunt « Zakhar Melikiants », et « la noble dame de la province de Kherson, Stefania Petrovskaïa. » À la prison Baïlov, on interrogea séparément le couple. Le Laitier nia tout d'abord entretenir une liaison avec Stefania. Mais il demanda ensuite la permission de l'épouser. Et bientôt Staline l'appela « mon épouse ».

TROISIÈME PARTIE

Quand la pleine lune luminaire
Glisse à travers la voûte céleste
Et que sa lumière, s'éteignant,
Commence à jouer sur l'horizon azur ;

Quand du rossignol le chant sibilant
Commence à résonner doucement dans l'air
Quand l'appel de la flûte de Pan
Glisse au-dessus du pic montagneux ;

Quand le torrent montagnard, endigué,
Une fois encore emporte le sentier et dévale,
Et que la forêt, éveillée par la brise,
Commence à vaciller et à bruire ;

Quand l'homme chassé par son ennemi
Redevient digne de son pays opprimé
Et quand le malade, privé de lumière,
Voit de nouveau le soleil et la lune ;

Alors pour moi aussi, opprimé, la brume de tristesse
Se déchire, se lève et se dissipe à l'instant ;
Et des espérances de vie heureuse
Se déploient dans mon cœur malheureux !

Et, emporté par cet espoir,
Je sens mon âme se réjouir, mon cœur battre sereinement ;
Mais cet espoir est-il vrai
Qui m'est envoyé en ces temps ?

Sosselo (Joseph Staline)

26

DEUX FIANCÉES PERDUES ET UNE JEUNE PAYSANNE ENGROSSÉE

Tout d'abord Staline prétendit qu'il n'avait jamais utilisé le nom Totomiants et affirma avec insistance qu'il n'avait pu commettre aucun crime pendant la Révolution de 1905 parce qu'il avait passé un an à Londres, mais il reconnut s'être échappé d'exil. Lorsque le lieutenant Podolski l'interrogea sur Stefania, Sosso, qui avait alors trente ans, admit l'avoir rencontrée à Solvytchegodsk, mais ajouta : « Je n'ai jamais cohabité avec elle. » Ruse d'un activiste vivant dans la clandestinité, abandon grossier ou attitude chevaleresque pour épargner la réputation de la jeune femme, Staline était capable de tout. Mais elle ne le contredit pas. Quatre jours plus tôt, Stefania, qui n'avait que vingt-quatre ans, avait dit à Podolski : « Oui, je connais Djougachvili. Je vis avec lui. »

Trois mois plus tard les gendarmes décidèrent de la libérer ; malheureusement, Zaïtsev, le capitaine corrompu, venait d'être démis de ses fonctions et le nouvel officier responsable, homme moins commode, précisa : « Compte tenu de la participation acharnée [de Staline] aux réunions révolutionnaires, de sa position élevée, quelles qu'aient été les sanctions administratives précédentes, et de ses deux évasions d'exil, je propose la peine extrême de cinq années d'exil en Sibérie. » C'était le maximum.

Sosso se trouvant incarcéré pour de bon, ses camarades se procurèrent les mucosités expectorées par un détenu atteint de tuberculose et soudoyèrent un médecin pour faire transférer Staline à l'hôpital de la prison ; il en appela alors, par une requête romancsque, au gouverneur de Bakou :

Étant donné ma tuberculose pulmonaire diagnostiquée [...], je sollicite humblement Votre Excellence [...] d'examiner mon état de santé, de me soumettre à moins de contraintes et de hâter le règlement de mon affaire.

Je prie Votre Excellence de m'autoriser à épouser Stefania Leandrovna Petrovskaïa, résidente de Bakou.

29 juin 1910. Pétitionnaire Djougachvili

Stefania, qui se trouvait à présent libre, dut lui rendre visite en prison et il la demanda certainement en mariage, car le jour suivant il écrivit de nouveau en l'appelant cette fois son « épouse » : « J'ai appris par mon épouse qui s'est rendue au Service de la Gendarmerie que Votre Excellence juge nécessaire de me déporter à Iakutsk. Je ne comprends pas une mesure aussi sévère et me demande si une connaissance insuffisante de mon cas aurait pu induire quelque malentendu. »

Ces requêtes allaient à l'encontre des règles révolutionnaires, mais les mensonges enjôleurs n'émurent pas le colonel Martinov qui maintint sa demande de cinq années d'exil. Cependant les services du libéral vice-roi à Tiflis adoucirent la peine. Le 13 septembre, Staline fut condamné à terminer son exil à Solvytchegodsk et banni du Caucase pour cinq ans. Il reviendrait à Bakou, mais, par quelque ironie de l'histoire, les fonctionnaires du tsar l'obligeaient à quitter la périphérie pour se consacrer à la vaste scène de la Russie elle-même.

Le 31 août, le substitut de procureur écrivit au gouverneur de Bakou : « Le détenu J. V. Djougachvili demande à être autorisé à épouser la résidente de Bakou Stefania Petrovskaïa. Votre Excellence voit-elle quelque objection à ce que je satisfasse la requête de Djougachvili ? » Fut-ce négligence de la bureaucratie, erreur ou malice délibérée, le directeur de la prison Baïlov ne reçut de réponse que le 23 septembre : « Le prisonnier Djougachvili est autorisé à épouser Stefania Petrovskaïa ; le prisonnier sera dûment informé. La cérémonie se déroulera en présence du directeur dans la chapelle de la prison. »

Lorsque les gardiens apportèrent cette bonne nouvelle à la cellule de Staline, il était parti ; ce même jour, « 23 septembre 1910, Iossif Djougachvili a été déporté dans la province de Vologda ». À la fin octobre, il était de retour à Solvytchegodsk. Non seulement il n'épousa pas sa fiancée et son épouse illégitime, mais jamais il ne devait la revoir.

Solvytchegodsk[1] ne s'était pas amélioré en son absence. Il y avait moins d'exilés et le régime policier sous la poigne du Coq du Fleuve était plus strict que jamais. Et les activités étaient encore moins nombreuses. Nous ignorons si Staline songea jamais à sa fiancée restée à Bakou, mais il devait se consoler de l'ennui de l'exil avec une nouvelle série de conquêtes qui s'achevèrent par un quasi-mariage vite oublié et un fils illégitime.

« Il n'était pas bon de vivre à Solvytchegodsk », se souvient une exilée, Serafima Khorochenina, alors âgée de vingt-deux ans, fille fort instruite d'un professeur de la province de Perm. « La surveillance policière était supportable, mais les exilés ne vivent pas – en fait ils sont morts. Chacun vit replié sur lui-même [...] et n'a rien à dire. Il n'y avait pas même de divertissement en commun, alors les exilés noyaient leurs chagrins dans la boisson. » Elle aurait pu ajouter que l'autre passe-temps important, après les querelles avec les autres exilés et la bouteille, était la fornication. Après la Seconde Guerre mondiale, au cours d'une discussion avec l'ambassadeur de Grande-Bretagne à propos d'un scandale sexuel dans le monde diplomatique, le dictateur de l'URSS rit d'un air entendu et dit que « ces problèmes naissent de l'ennui ».

Il s'installa d'abord chez la famille Grigorov. Il commença là une liaison avec Serafima Khorochenina, la jeune institutrice. Ils s'installèrent ensemble et vécurent dans une pièce unique chez une jeune veuve, Maria Kouzakova.

Staline n'était pas le seul à trouver dans les aventures sexuelles une source de consolation. Il passait beaucoup de temps avec Lejnev, un menchevik extravagant en costume blanc, « qui avait été déporté de la ville de Vologda dans ce trou perdu pour avoir séduit l'épouse du procureur », selon leur compagnon d'exil Ivan Goloubev. « Il nous racontait ses aventures à Vologda et il était impossible de ne pas éclater de rire – Staline en mourut presque ! »

Cependant, même s'il prenait du bon temps chez Kouzakova, Sosso avait l'esprit ailleurs. Toujours doué pour le jardinage, il

1. Le fantôme de Staline l'exilé reviendrait hanter cette région. En 1940, il ordonna la construction d'une aciérie géante à Tcherepovets parce qu'il n'avait pas oublié ce lieu depuis ses années d'exil à Solvytchegodsk ; l'endroit était tout à fait inapproprié, les bassins de minerai de fer et de charbon se trouvant à plus de mille six cents kilomètres de distance. Mais ses conseillers le craignaient trop pour le lui dire. La Seconde Guerre mondiale retarda la construction qui ne commença vraiment qu'en 1949. Étant donné sa localisation aberrante, cette usine est encore connue aujourd'hui sous le nom de « Rot de Staline ».

entreprit de planter des pins. Et il lisait beaucoup, des ouvrages historiques et des romans, dont ceux de Tolstoï dont il abominait les idées politiques, mais admirait le talent littéraire. Mais, s'ennuyant à mourir et désireux d'obtenir des nouvelles de Lénine, il fut bientôt prêt à s'échapper.

Le 10 décembre, une lettre arriva du Centre bolchevique. Staline répondit en envoyant ses « salutations chaleureuses à Lénine » qu'il soutenait comme « le seul homme correct » contre les « inepties liquidationnistes » et « le vil manque de principes de Trotski [...]. Lénine est un type malin qui connaît une chose ou deux ». Mais « la tâche immédiate, qui ne supportera aucun retard, est d'organiser un groupe central [russe] qui dirigerait tout le travail illégal, semi-légal et légal [...]. Appelez-le comme vous voulez. Cela n'a pas d'importance. Cependant c'est aussi urgent que le pain de la vie lui-même. Il lancera la renaissance du Parti ». Quant à lui, « il me reste six mois à faire. Après cela, je serai à votre service », mais « s'il y a urgence, je peux lever l'ancre immédiatement... ». Il était tout disposé à s'évader – mais avait besoin de fonds.

Confronté à la déconfiture des sociaux-démocrates en Russie, Lénine tenta une ultime fois de s'allier aux mencheviks. Staline, mi-conciliateur, mi-léniniste, approuva. Quand la tentative de rapprochement échoua, Lénine retrouva son état naturel, celui des querelles et des anathèmes.

« Arborant un chapeau en castor », Sosso présidait des réunions secrètes où les sept exilés se retrouvaient dans un pigeonnier. Il était « souvent très gai, riant et chantant de sa voix montagnarde magique », se souvenait Ivan Goloubev, « mais il méprisait les flagorneurs ». Un jour, il révéla une vérité le concernant : « Nous devons demeurer dans l'illégalité jusqu'à la Révolution, car entrer dans la légalité serait devenir normal. » Et Staline n'avait nulle envie d'être « une personne normale ». Dans la vie courante, ses particularités auraient été insupportables, mais dans la clandestinité révolutionnaire (et plus tard au gouvernement de l'URSS, idiosyncrasique, paranoïaque et obsédé par la conspiration), elles passaient pour être les vertus d'un « chevalier du Graal ».

« J'étouffe ici sans travail actif, j'étouffe littéralement », écrivit-il le 24 janvier 1911 dans une autre lettre à un camarade moscovite qu'il saluait ainsi : « Un Sosso caucasien t'écrit – rappelle-toi de moi à Bakou et à Tiflis en 1904. » L'ennui le tourmentait. Il ne cessait de parler d'évasion. Bouillonnant à propos du temps perdu en factions des émigrés querelleurs, il donnait libre cours à son mépris pour les deux bords, sans épargner Lénine : « Tout le monde a entendu parler de la tempête dans un verre d'eau à l'étranger : le bloc Lénine-Plekhanov d'une part, et le bloc Trotski-Martov-Bogdanov de l'autre. À ce que je sais, les travailleurs sont pour le premier bloc, mais en général ils méprisent ceux de l'étranger. »

L'éclat de Staline arriva aux oreilles de Lénine en exil ; cela lui déplut. À cette époque, il tenait une école du Parti à Longjumeau, près de Paris, et avait invité Sergo Ordjonikidze à y étudier. Sergo loua son allié Staline. Un jour, Lénine et Sergo se promenaient sur les Grands Boulevards.

« Sergo, connais-tu l'expression “tempête dans un verre d'eau” ?

– Vladimir Ilitch, répondit Sergo, sachant que Lénine avait, d'une manière ou d'une autre, pris connaissance de la lettre de Staline, Koba est notre ami. Un tas de choses nous réunissent.

– Je sais, dit Lénine. Je me souviens également bien de lui. Mais la Révolution n'est pas encore gagnée. Ses intérêts doivent passer avant les préférences et les aversions personnelles. Tu dis que Koba est notre camarade comme si tu disais qu'il est bolchevique et ne nous laissera pas tomber. Mais fermes-tu les yeux sur les incohérences ? Ces blagues nihilistes [...] révèlent l'immaturité de Koba en tant que marxiste. »

Lénine avait tiré un coup de semonce, mais il pardonna bientôt à « Sosso le Caucasien ». Peu après, Ouratadze, le menchevik, raconta à Lénine l'expulsion de Staline de Bakou. « Il ne faut pas attacher trop d'importance à de telles choses », répondit Lénine, en se riant de l'affaire. Cela incita Ouratadze à lui dénoncer les brutalités de Staline. « C'est là exactement, dit Lénine, le genre d'homme dont j'ai besoin. »

Les fonds pour l'évasion, soixante-dix roubles, arrivèrent enfin, mais ils furent immédiatement volés à Staline. L'argent avait été télégraphié à un étudiant exilé à Vologda, un certain Ivanian. Il était habituel d'envoyer de tels fonds à une tierce personne parce que sinon les exilés perdaient leurs indemnités. Mais cela n'évitait pas le risque de vol.

Entre la fin janvier et la mi-février, Staline inventa un rendez-vous médical de façon à se rendre dans la capitale provinciale ; il projetait de se rendre chez Ivanian, de récupérer l'argent et de prendre le train pour Saint-Pétersbourg. Lorsqu'il atteignit Vologda, Ivanian l'installa dans la maison d'un autre exilé, le comte Alexeï

Dorrer. Tout d'abord, selon Staline, « Ivanian ne [lui] passa pas l'argent, mais il [lui] montra simplement le télégramme concernant cet envoi (avec plusieurs mots effacés...). Il ne put expliquer ni la "perte" de l'argent ni les mots qui manquaient dans le télégramme ».

Sosso, selon certains récits, prit néanmoins le train pour Saint-Pétersbourg, sans se soucier de l'argent volé. À bout de forces, après avoir erré toute la journée, il remarqua une pharmacie qui portait le nom géorgien de Lordkipanidze, y entra d'un pas chancelant et avoua qu'il était en cavale. Le Géorgien prit son compatriote en pitié, le cacha et le nourrit. Le fait que de parfaits inconnus l'eussent ainsi aidé étonna toujours Staline.

Mais, furieux, il dut retourner à Solvytchegodsk – et jamais il n'oublia Ivanian, « s'esclaffant à propos de ce "bandit qui avait volé l'argent et qui, lorsque je rencontrai ce coquin après la Révolution, eut le culot de me demander de l'aide" ». S'il avait vraiment dérobé l'argent de Staline, son geste témoignait d'un courage et d'une inconscience étonnants. Clamant encore son innocence, il fut fusillé en 1937[1].

« Moi aussi, je tâtais de la bouteille », écrit de façon laconique Serafima Khorochenina. Peut-être que ce furent les beuveries pour compenser cet interlude désespérant qui amenèrent Staline à officialiser ses relations avec elle. Quelque temps avant le 23 février, Serafima et lui s'inscrivirent comme couple vivant en cohabitation, une espèce d'union civile (car seul le mariage religieux exis-

1. Au début des années 1920, Ivanian eut le malheur de tomber littéralement sur Staline à Moscou et, apparemment, il lui demanda de l'aide. Le 7 juin 1926, alors qu'il était déjà le principal dirigeant soviétique, Staline fut consulté au sujet d'Ivanian, devenu fonctionnaire au commissariat au Commerce intérieur. « En réponse à votre demande, je vous informe des faits suivants que vous devez connaître », écrivit Staline, en dressant comme à son habitude une liste de points numérotés. Le sixième point concluait : « Plus tard, après m'être rendu à l'étranger, j'ai reçu tous les documents du Comité central prouvant que soixante-dix roubles m'avaient été envoyés... [et] que l'argent n'avait pas été perdu mais reçu par le destinataire à Vologda. » Ivanian fut exclu du Parti mais réintégré quand de vieux bolcheviks intercédèrent en sa faveur. Lorsque Staline déclencha la Terreur, Beria, patron de la Transcaucasie et chef de la police secrète de Staline, lança des poursuites contre lui. Ivanian envoya une lettre désespérée au dictateur : « Je maintiens que je n'ai rien eu à voir avec les soixante-dix roubles... Aidez-moi, je vous en prie, à laver mon nom. » Il fut, chose ironique, renvoyé en exil à Vologda, puis transféré à Tiflis et exécuté.

tait dans l'Empire orthodoxe). Les biographies de Staline négligent ou omettent complètement cette union.

Le couple ne devait pas profiter longtemps de sa radieuse lune de miel. « Le 23 février, sur ordre du gouverneur de la province de Vologda, Serafima Khorochenina fut envoyée purger sa peine à Nikolsk. » Tels étaient les caprices de l'autocratie tsariste – elle n'eut pas même le temps de dire au revoir à son compagnon, mais elle lui laissa un billet d'adieu. Pour paraphraser Oscar Wilde, perdre sa fiancée le jour du mariage ou presque est chose regrettable, mais perdre une jeune « épouse » une semaine plus tard ressemble fort à de la négligence. L'heureuse nouvelle de cette alliance soudaine, considérée comme un quasi-mariage, s'était répandue, car un bolchevik nommé A. P. Smirnov sonda malicieusement Staline dans une lettre : « J'ai entendu dire que tu t'étais remarié. »

À peine Serafima eut-elle quitté la couche de Sosso que sa logeuse occupa la place encore chaude. « C'était un locataire très poli, se rappelle-t-elle. Tranquille et aimable. Toujours avec son feutre et son léger manteau noirs. Il passait le plus clair de son temps à la maison à lire et à écrire, et j'entendais le plancher craquer la nuit parce qu'il aimait marcher tout en travaillant. » Un jour elle lui demanda son âge.

« Devine, dit-il.

– Quarante ans ?

– Non, vingt-neuf », répondit-il dans un rire. Kouzakova, dont le mari avait été tué dans la guerre russo-japonaise, avait trois enfants qui aimaient à marauder. « Parfois ils faisaient un tel chahut qu'il ouvrait la porte en souriant et leur chantait des mélodies. » Il est difficile de croire en un Sosso d'humeur aussi égale, mais Maria s'enticha de lui et aimait à l'écouter évoquer le séminaire.

Zivilev, le Coq du Fleuve, qui avait peut-être découvert sa tentative d'évasion, multiplia les perquisitions dans la chambre de Staline, ce qui irritait Kouzakova. La police vint frapper aux fenêtres au milieu de la nuit. Cela réveilla les enfants qui se mirent à pleurer tandis que Staline observait la scène avec un calme parfait. Les policiers saisirent quelques lettres de Serafima, dont le billet d'adieu, mais Staline n'en continua pas moins à retrouver les autres exilés pour des pique-niques ou des soirées où ils discutaient de politique. Cela agaçait Zivilev, mais Staline prit sa revanche. « Un jour, au milieu des gens qui se promenaient, raconte Goloubev, Staline lui passa un tel savon qu'il eut peur de tomber de nouveau sur lui, ce qui faisait dire à Staline en plaisantant qu'il ne le voyait guère. » En fait, dira Kouzakova : « Jamais je n'avais vu la police craindre autant un homme. »

Staline était à présent si proche du terme de ses deux ans d'exil qu'il n'avait plus de raison de s'échapper, quel qu'ait été son sentiment d'« étouffement ». Son ennui était tel qu'il fréquentait le théâtre local, ce qui lui valut une amende de vingt-cinq kopecks. Il est probable que Maria Kouzakova lui ait été une autre source de réconfort. À l'époque où il partit, il semble qu'elle ait été enceinte de ses œuvres. Selon la famille de Maria, elle annonça la nouvelle à Staline. Il déclara qu'il ne pouvait l'épouser mais promit de lui envoyer de l'argent, ce que bien sûr il ne fit pas.

Le 25 mai, Zivilev arrêta Staline pour avoir participé à une réunion avec d'autres révolutionnaires, et le condamna à trois jours d'internement dans la prison locale. Mais Sosso avait purgé toute sa peine. Lorsqu'il fut libéré le 26 juin, il ne retourna même pas dire adieu à sa logeuse enceinte. « Elle rentra chez elle pour découvrir que son locataire était parti avec ses affaires et que le loyer se trouvait sur la table sous une serviette. » Cela expliquait pourquoi les autochtones hésitaient à entretenir des liaisons avec les exilés : ceux-ci disparaissaient si soudainement.

Pendant la dictature, Kouzakova laissa des Mémoires qui ne renferment naturellement aucun aveu de leur liaison. Cependant, il semble que le bébé ait bien été le fils de Staline. Sosso ne chercha jamais à rencontrer l'enfant, mais, chose exceptionnelle, celui-ci fut plus tard amené à Moscou où on lui accorda protection et un emploi privilégié dans l'appareil du Comité central. Il fit là une carrière intéressante[1].

Le 6 juillet 1911, Staline descendit en vapeur le fleuve jusqu'à Kotlas et ensuite jusqu'à Vologda où il avait ordre de résider deux mois. Il se retrouva là sous la surveillance de l'Okhrana à chacun de ses changements d'adresse. Les spectres lui donnèrent un nouveau nom de code : « le Caucasien ».

1. Ce fils, Konstantin, naquit après le départ de Staline. Les dates sur le certificat de naissance ne correspondent pas, mais, tout comme pour Iakov Djougachvili et en fait pour la date de naissance mobile de Staline lui-même, ces documents étaient souvent antidatés ou postdatés. Ces événements étaient de toute façon enregistrés de façon très désinvolte à l'époque, en particulier dans les petits villages loin de Saint-Pétersbourg. Étant donné l'insistance de la mère, l'accord de Staline pour la carrière future de l'enfant et le fait que son épouse Nadia Allilouïeva connaissait cette liaison, il est plus que vraisemblable que le dictateur savait que Konstantin était son fils. Voir l'épilogue.

Ses conquêtes féminines ne s'arrêtèrent pas là. Sous les yeux des agents de l'Okhrana, le Caucasien passa son temps à séduire une écolière effrontée qui se trouvait être la maîtresse de l'un de ses camarades. Et lorsque cela lui chantait, il empruntait la petite amie et le passeport de son amant.

27

LE COMITÉ CENTRAL ET « PIN-UP », L'ÉCOLIÈRE

« Je suis prêt. Le reste dépend de vous », écrivit Staline à Lénine une fois installé à Vologda, mais il voulait s'assurer que dorénavant il serait assigné au centre. « Je veux travailler mais je ne travaillerai qu'à Saint-Pétersbourg ou à Moscou. Je suis de nouveau libre ! »

Staline traitait ses propres conflits avec un sérieux destructeur, mais continuait à se moquer des querelles d'émigrés de Lénine. « Koba a écrit qu'il n'a nulle envie d'aboyer contre les Liquidateurs ou le Vperod [respectivement les factions de Krassine et de Gorki, toutes deux opposées à Lénine], parce qu'il ne se moquera que des aboyeurs », écrivit un bolchevik à ses camarades à Paris – où Lénine entendit probablement parler des dernières preuves « d'immaturité » de Staline. Néanmoins, à Paris à la fin mai, le Comité central (CC) nomma un Comité organisationnel russe, avec Sergo Ordjonikidze comme membre et Staline comme envoyé spécial itinérant, promotion qui fut bientôt connue de l'Okhrana.

Sergo partit pour la Russie afin d'informer ce qui restait de l'organisation bolchevique de ces nouvelles nominations. L'Okhrana épia le Caucasien avec encore plus d'attention, mais c'était un expert dans l'art d'échapper aux spectres. Au début du mois d'août, il réussit à quitter Vologda et atteignit Saint-Pétersbourg pour une visite éclair destinée à rencontrer Sergo. « Sergo fit part à Staline des directives de Lénine [...] et de sa demande qu'il se rendît à l'étranger pour discuter des activités du Parti. » Ce fut là encore une évasion mineure, et Staline parvint à regagner Vologda sans que l'Okhrana s'aperçût de son absence.

Comparée à Solvytchegodsk, Vologda était une métropole de trente-huit mille habitants, avec des bibliothèques, des théâtres, une cathédrale datant des années 1580, une maison qui avait appartenu à Pierre le Grand et une superbe demeure, résidence du gouverneur.

Staline passa un mois à collecter des fonds pour un déplacement plus long ; il lut avec avidité, et se rendit dix-sept fois à la bibliothèque. « J'aurais cru que tu aurais fréquenté les rues d'une autre ville, lui écrivit malicieusement Ivan Goloubev, son compagnon d'exil à Solvytchegodsk, mais [...] j'apprends que tu n'as pas bougé et que tu te prélasses dans un semi-exil. Si c'est vrai, c'est triste. Alors, que vas-tu faire à présent ? Attendre ? L'oisiveté risque de te rendre fou ! »

Cependant, peut-être la seule fois dans sa vie, Staline semblait succomber au sybarite qui se cachait derrière son ascétisme inflexible. L'Okhrana devina la cause de ce comportement : une écolière fugueuse qui était la maîtresse à demeure de Pierre Tchijikov, un compagnon d'exil de Staline. Âgée de seize ans seulement, Pelageïa Onoufrieva était élève au lycée de Totma et fille d'un petit agriculteur prospère de Solvytchegodsk. Elle avait entamé une liaison avec Tchijikov alors qu'il était en exil à Totma et s'était enfuie avec lui à Vologda où elle avait rencontré le Caucasien. Tchijikov, qui avait connu Staline en prison quelques années plus tôt, tomba bientôt sous son charme, lui fit ses courses et collecta de l'argent pour sa prochaine évasion. Que cette amitié ait tourné *au mariage à trois** ne semble pas l'avoir gêné.

Pelageïa n'était qu'une écolière frivole et rebelle, mais elle réussit à impressionner les agents de l'Okhrana par ses superbes toilettes. Ils lui donnèrent le nom de code « Nariadnaïa » – l'Élégante ou la Pin-up. Comment s'étonner alors que Staline lui-même, l'ambitieux obsessionnel, le militant engagé, fût heureux de perdre un mois en sa compagnie. « Je l'ai toujours connu sous le nom de Iossif », se souviendrait-elle. Et le serpent offrit littéralement à Ève le fruit défendu : « En ce temps-là, on n'était pas censé manger dans la rue, mais il y avait une avenue ombragée, bordée d'arbres. J'y allais avec Staline qui m'invitait souvent [...]. Un jour nous étions assis sur un banc et il me présenta les fruits : "Manges-en. Personne ne te verra ici..." »

Tchijikov travaillait dans la journée au Magasin colonial. Dès qu'il quittait sa maison à 9 heures pour se rendre à son travail, les spectres voyaient Staline surgir et disparaître à l'intérieur. « Nous étions très heureux quand nous étions à la maison, raconte la Pin-up, nous lisions tranquillement. Il savait que j'aimais la littérature. Nous parlions beaucoup de livres. Nous déjeunions ensemble, nous nous promenions en ville pendant des heures, nous allions à la bibliothèque, et nous plaisantions beaucoup. J'étais folle mais si jeune. » Sosso, toujours professoral, lui donna des cours sur Shakespeare (et même des lectures critiques de *La Tempête*) et sur les tableaux du Louvre (qu'il avait dû visiter pendant sa semaine passée à Paris). Chose très touchante, il lui ouvrit son cœur et lui parla de Kato : combien il l'avait aimée, comment il avait voulu se tuer après sa mort, et comment ses amis lui avaient retiré son arme, et les belles robes qu'elle faisait – et il mentionna son fils Iakov. Staline « avait beaucoup d'amis. Il avait bon goût – pour un homme, plaisanta Pelageïa. Il parlait des paysages du Sud, de la beauté des jardins, de l'élégance des bâtiments. Souvent il me disait : “Je sais que tu aimerais la vie dans le Sud. Viens voir par toi-même [...]. Tu seras traitée comme quelqu'un de la famille !” »

Pelageïa était effrontée et intelligente. Staline était attiré par les femmes volontaires, mais il préférait en fin de compte les ménagères ou les adolescentes soumises. Il appréciait sans aucun doute les toutes jeunes filles, ce qui lui attirerait plus tard de sérieux ennuis avec la police. Bien que les règles dans la Russie tsariste, en particulier loin de la capitale, aient été bien plus souples qu'elles ne sont aujourd'hui, cela révèle pour le moins chez Staline un besoin de domination et de contrôle. Mais ce ne fut en rien une obsession – certaines de ses petites amies étaient plus âgées que lui.

Il semble que Pelageïa eût compris le Caucasien mieux que la plupart des gens. Elle fut probablement la seule personne à le taquiner sur son étrangeté, et il se confia à elle. Cet homme extrêmement sensible et susceptible appréciait les espiègleries de la Pin-up. Il la surnommait « Polia », et elle l'appelait « Ossip le loufoque ».

« Ce fut un long été chaud », se rappela-t-elle, mais quand il s'acheva elle comprit qu'« elle ne le reverrait jamais ». On a le sentiment que Staline à cette époque avait des femmes dans chaque ville. Il dit à Pelageïa qu'il était fiancé à une autre fille à Saint-Pétersbourg et lui écrivit plus tard : « Tu sais que je suis allé à Saint-Pétersbourg pour me marier, mais finalement je me suis retrouvé en prison. » Si Ossip le loufoque avait une autre femme, Polia la Pin-up, elle-même au cœur d'un *ménage à trois**, ne pouvait guère se plaindre. Mais qui était la femme de Saint-Pétersbourg ?

La Pin-up « avait toujours su qu'il partirait. [Elle] voulai[t] l'accompagner pour lui dire adieu, mais il ne le [lui] permit pas, [lui] disant qu'il était suivi ». Mais « juste avant de partir, il vint ce matin-là » pour un tendre au revoir.

« Je veux te donner ceci en cadeau, dit-il, en lui tendant un livre, pour que tu ne m'oublies pas. Cela t'intéressera.

– Oh, très certainement, dit Polia.

– Donne-moi quelque chose pour que je me souvienne de toi », demanda Ossip le loufoque.

Elle lui donna comme souvenir la croix qu'elle avait au cou, mais il la refusa. Par contre, il accepta la chaîne qu'il « suspendit à sa montre ». Elle lui demanda une photo de lui, mais Staline, qui s'apprêtait à replonger dans la vie clandestine, refusa : « Personne ne me photographie. Seulement en prison, de force. Un jour, je t'enverrai ma photo, mais pour le moment cela ne ferait que t'attirer des ennuis. »

Le livre qu'il lui avait donné était *Une étude de la littérature occidentale* de Kogan, cadeau très particulier de la part d'un bibliophile autodidacte, avec cette dédicace : « À Polia, fougueuse et maligne, de la part d'Ossip le loufoque[1]. »

Ils ne devaient jamais se revoir, mais il lui écrivit. Ses lettres, raconta Pelageïa, « étaient toujours très spirituelles – il savait être drôle même dans les moments difficiles de la vie ». Mais, lorsqu'il fut de nouveau déporté en 1913, elle « perdi[t] contact avec lui pour toujours ».

Si délicieuse que Pelageïa eût été, Ossip le loufoque ne pouvait s'attarder plus longtemps. À 15 h 45 le 6 septembre 1911, les agents de l'Okhrana signalèrent que, accompagné de Tchijikov, « le Caucasien est arrivé à la gare avec deux bagages – une petite malle et un baluchon, apparemment des couvertures et des draps, et est monté à bord du train pour Saint-Pétersbourg ». Les spectres remarquèrent que Staline avait vérifié deux fois toutes les voitures, comme pour égarer ceux qui le suivaient.

« Djougachvili est parti par le train Numéro Trois sous la surveillance de l'agent Iltchykov », télégraphia l'Okhrana de Vologda à Saint-Pétersbourg. « Je vous demande de le réceptionner. Capitaine Popel. » Cependant Sosso déjoua le comité d'accueil à la gare ; lorsqu'il arriva à 20 h 40, il s'était débarrassé des spectres.

« Le provincial, ricana Trotski toujours hautain, était arrivé sur le territoire de la capitale. » Staline rechercha tout d'abord Sergueï Allilouïev, mais il n'était pas chez lui. Il fit donc les cent pas le long de la perspective Nevski jusqu'au moment où il tomba sur Silva Todria, son expert géorgien en matière d'imprimerie.

Peu avant l'arrivée de Staline, Stolypine, le Premier ministre russe, fut assassiné devant la loge de l'empereur au théâtre de Kiev. L'assassin était une fripouille qui servait d'indicateur à la

1. En 1944, la police secrète saisit ce livre ainsi que les cartes postales que Staline lui avait envoyées. Voir l'épilogue.

police secrète, nouvelle illustration des dangers de la *konspiratsia*. La victime était le dernier grand homme d'État que connaîtrait l'Empire russe.

« Les temps sont dangereux, dit Todria à Staline en guise de mise en garde. Après le meurtre de Stolypine, la police est partout. Les concierges vérifient tous les papiers.

– Trouvons une pension de famille près d'ici », suggéra Sosso. Cette pension, *La Russie*, accepta son passeport au nom de Tchijikov.

On sonna à la porte des Allilouïev. « J'étais très heureuse de voir notre ami Silva Todria, écrivit Anna, mais il n'était pas seul. Derrière lui se tenait cet homme nommé Sosso en manteau et en feutre noirs. » Ils demandèrent Sergueï Allilouïev, mais il était absent – ils décidèrent donc d'attendre. Sosso lut les journaux. Quand Allilouïev rentra, ils jetèrent un regard par la fenêtre : les spectres l'avaient suivi alors qu'il récupérait ses bagages et maintenant ils surveillaient la rue.

Allilouïev appela ses filles, Anna et Nadia : « Allez dans la cour et vérifiez s'il y a deux espions en chapeau melon. » Les jeunes filles excitées repérèrent un spectre dans la cour, un deuxième dans la rue et deux autres encore à l'angle.

Staline retourna passer la nuit dans sa pension, *La Russie*. À 7 h 50, le 9 septembre au matin, on cogna à sa porte.

« Qu'on me laisse dormir ! » cria Sosso, qui était plutôt du soir. Les policiers firent irruption et l'arrêtèrent ; ils saisirent des cartes, des photographies, des lettres, un manuel de conversation en allemand (ce qui semblait suggérer que Staline espérait se rendre au Congrès imminent de Lénine à Prague) et le passeport de Tchijikov qui n'avait donc pas seulement prêté sa petite amie à Staline, mais aussi son nom.

L'ayant enfermé au Centre de détention de Saint-Pétersbourg pour attendre le jugement, l'Okhrana prit en charge le Caucasien, le gardant trois semaines, sans informer le service local de la police ni le livrer aux gendarmes. Peut-être s'efforçait-elle, comme à son habitude, d'en faire un agent double, mais le 2 octobre elle informa finalement la gendarmerie de Saint-Pétersbourg, et le colonel Sobelev recommanda alors un exil « en Sibérie orientale [...] de cinq ans ».

A. A. Makarov, le ministre de l'Intérieur, réduisit la peine à trois ans. Staline fut autorisé à proposer Vologda comme résidence surveillée et à voyager par ses propres moyens, et non au milieu d'autres détenus. La description physique qui figurait dans son dossier aurait pu être celle de n'importe quel autre individu.

Était-ce là un autre exemple de la confusion et du laxisme du régime tsariste ? Avait-on graissé quelques pattes au 16 de la rue Fontanka ou au ministère de l'Intérieur ? Staline avait-il passé quelque marché douteux, ou l'Okhrana espérait-elle qu'il la conduirait involontairement à ses camarades ? Nous l'ignorons – mais, dès qu'il fut relâché avec son bon de transport pour l'exil à Vologda, il sema les agents de l'Okhrana et disparut pendant dix jours dans les rues de Saint-Pétersbourg, ce qui revenait quasiment à une nouvelle évasion.

Il retrouva ses amis Sergo Ordjonikidze et Spandarian. « En décembre 1911, Staline se cachait de la police sur la Petersbourgskaïa Storona dans l'appartement de la famille Tsimakov, dit Vera Chveitzer, la maîtresse de Spandarian, et nous lui rendîmes visite. Il vivait dans une pièce froide d'une maison en bois au toit de verre au milieu d'une cour. » Ils eurent droit à un accueil exubérant ; Staline « accourut vers nous, nous prit les mains et nous tira dans la pièce en rugissant de rire ; nous rîmes à notre tour. "Vous savez vous amuser, dit-il. – Oui, nous allons danser pour fêter ta libération !" », répondit Spandarian.

Sergo et Spandarian s'apprêtaient à se rendre au Congrès de Prague qui marqua la naissance officielle du Parti bolchevique – et le divorce d'avec les mencheviks. Staline avait lui aussi été invité, mais après sa nouvelle condamnation, il lui était impossible de se déplacer. Sergo et Spandarian se chargèrent de ses messages pour Lénine. « Il y eut une petite réunion dans mon appartement », à laquelle assistèrent les trois Caucasiens, se souvenait Chveitzer. Sergo donna cinquante roubles à Staline. En cavale, « Staline passait chaque nuit en un lieu différent ».

Le jour de Noël, il était de retour à Vologda. Il parcourut les rues en manteau et feutre noirs à la recherche d'un logement. Son nouveau propriétaire fut un gendarme à la retraite qui « n'aimait pas Iossif Vissarionovitch » – pour des raisons paternelles ainsi que politiques. Le vieil homme et son épouse avaient une fille divorcée, Maria Bogoslovskaïa, mère de trois jeunes enfants, et une servante de seize ans nommée Sophia Krioukova. Sosso dormait sur un petit lit derrière un rideau près du fourneau de la cuisine, mais il entama évidemment une autre intrigue avec Maria. Bien qu'elle eût rédigé ses Mémoires en 1936, à une époque où rien d'explicite ne pouvait être rapporté sur les petites manies du dictateur, Sophia, la servante, laisse entendre que l'exilé et la divorcée eurent une liaison. « Maria et lui se chamaillaient souvent et elle éclatait en sanglots. Ils hurlaient et se prenaient presque à la gorge. Au cours de leurs querelles, on entendait souvent prononcer le nom d'autres femmes. »

Staline courtisa la servante, tout en repoussant la fille du gendarme, malade de jalousie. « Un jour, après une fête légale, dit Sophia, je remarquai que Iossif Vissarionovitch m'observait de derrière le rideau. J'avais de longs cheveux noirs et je portais une ravissante robe avec une longue jupe de tissu japonais à fleurs. »

« Cette robe te va vraiment bien, dit Staline. Chez moi, en Géorgie, les filles de ton âge portent des robes comme celle-ci. » Sophia eut la sagesse en 1936 de ne pas révéler quel avait été leur degré d'intimité, mais ils passèrent manifestement quelque temps ensemble car elle le présenta à son pochard de père qui la mettait dans l'embarras.

« Ne t'inquiète pas, lui dit Staline pour la réconforter, mon père lui aussi était un ivrogne. C'est ma mère qui m'a élevé. » Il aimait à afficher son instruction et sa connaissance des langues. Il lui lisait *Zvezda* (« L'Étoile » bolchevique) et il l'impressionnait en lui traduisant des passages de journaux étrangers en russe. « Cela me faisait vraiment rire », raconta-t-elle.

Staline rentrait généralement tard la nuit et ne recevait de visites que d'un homme de grande taille, au teint sombre, probablement Chaoumian ou Iakov Sverdlov, un jeune bolchevik en pleine ascension. Il retrouva Tchijikov, l'ami qu'il avait cocufié. Mais le *ménage à trois** ne fut pas reconstitué parce que la Pin-up avait retrouvé le chemin de l'école. Sosso ne l'avait pas oubliée pour autant. À son arrivée, il envoya une carte postale érotique d'Aphrodite à sa Vénus adolescente à Totma : « Eh bien, fougueuse Polia, je suis coincé à Vologda et je serre dans mes bras ton "cher", ton "gentil" Petenka [Tchijikov]. Alors, bois à la santé de ton fameux Ossip le loufoque[1]. »

1. Son autre correspondant, bien moins séduisant, était un bolchevik impassible, chaussé de lunettes, âgé seulement de vingt-deux ans, qui avait été en exil à Solvytchegodsk peu de temps avant lui. Il s'appelait Viatcheslav Skriabine, plus tard « Molotov », et deviendrait pour longtemps l'homme de main politique de Staline. Molotov avait entendu dire que Sosso était connu comme le « Lénine caucasien. » Musicien, il pratiquait le violon et la mandoline. Il gagnait un rouble par jour à jouer de la mandoline pour de riches négociants accompagnés de leurs maîtresses dans le restaurant local ou dans la nouvelle salle de cinéma. Staline considérait cela comme indigne d'un bolchevik. Plus tard il ne manquerait pas de le railler : « Tu jouais pour des marchands ivres, qui te barbouillaient le visage de moutarde ! » Skriabine n'adopterait son « nom industriel », Molotov (le Marteau), qu'en 1914. À cette époque, on le connaissait sous divers pseudonymes, Ryabine, Zvanov, Mikhaïlov et V. M., mais pour l'Okhrana, il était « le Coureur » car il marchait très vite.

Dans l'attente des résultats de Prague, Staline tuait le temps en courtisant la fille et la servante de son logeur. Là-bas, le Congrès qui ne comptait que dix-huit délégués, signe de l'affaiblissement du Parti, choisit le premier véritable Comité central bolchevique. Sergo et Spandarian furent élus, mais l'étoile montante était un orateur enthousiaste de la classe ouvrière nommé Roman Malinovski. Lénine était transporté par cet authentique talent prolétarien. « Il fait une impression excellente, exultait-il ; le terreau est riche ! » Malinovski avait la tête de l'emploi : « grand, solidement bâti et vêtu quasiment à la mode », « une chevelure rousse épaisse et les yeux jaunes », ses marques de variole lui donnaient « une impression féroce comme s'il était passé par le feu ». Mais il présentait une sérieuse faiblesse ; arrêté quelque temps plus tôt et accusé de viol et de cambriolage, il avait été recruté par l'Okhrana sous le nom de code de « Portnoï » (le Tailleur) ; c'était son agent le mieux payé.

Lors du premier Comité central, Lénine et Zinoviev proposèrent de coopter Staline[1]. Le Tailleur rapporta fidèlement à ses patrons de l'Okhrana que Staline, Spandarian et Sergo « étaient élus au Bureau russe avec un salaire mensuel de cinquante roubles ». Contrairement à l'Okhrana, Staline apprit tardivement ce qui s'était passé à Prague et il écrivit à Kroupskaïa pour en savoir plus. « J'ai reçu une lettre d'Ivanovitch [nom de code de Staline au sein du Parti], dit-elle à Sergo, il est évident qu'il est terriblement coupé de tout, la tête dans les nuages [...]. Quel dommage qu'il n'ait pu assister au Congrès. » Dans une lettre codée, Staline implora Chveitzer de lui donner des nouvelles de Prague.

Cet isolement était sur le point de s'achever. Sergo était déjà en route pour Vologda.

Le 18 février 1912, les spectres de Vologda signalèrent que le Caucasien avait rencontré « un inconnu » – certainement Sergo – qui lui annonça sa promotion au Comité central, l'organe suprême du Parti, position qu'il conserverait toute sa vie ; il lui donna son salaire, ses adresses et ses codes secrets. Ce fut probablement alors que Staline s'entendit avec Kroupskaïa, spécialiste du cryptage et épouse de Lénine, pour employer le poème de Gorki, « La Légende d'Olténie », comme code. Le manuscrit d'une copie qu'il fit de ce poème a été conservé.

1. Les associés de Staline à Tiflis et à Bakou, Kalinine et Chaoumian, furent élus comme suppléants au Comité central – pour remplacer des membres en titre en cas d'arrestation. Elena Stassova devint secrétaire du Bureau russe.

Entre-temps, Lénine, de retour à Paris, s'inquiétait franchement de l'absence de nouvelles : « Il n'y a rien d'Ivanovitch. Que lui est-il arrivé ? Où se trouve-t-il en ce moment ? Comment va-t-il ? » Sergo informa finalement Lénine de sa rencontre avec Sosso : « J'ai passé un dernier accord avec lui. Il est satisfait. »

Il était temps pour Staline de disparaître de nouveau. Dès qu'il souhaitait s'éloigner de Vologda, il soudoyait la police locale avec cinq roubles-or et, selon Vera Chveitzer, il s'évanouit ainsi cinq fois.

Gavrilova, sa logeuse, le trouva un jour qui faisait ses bagages. « Partez-vous ? »

Il hésita : « Oui. »

Elle lui dit qu'elle devrait informer la police.

« Pouvez-vous le faire demain ? » demanda-t-il. Et elle accepta.

À 2 heures du matin, le 29 février, les indics qui le suivaient le virent prendre sans autorisation un train pour Moscou. Mais, comme il venait de recevoir une lettre, la dernière, de son écolière, il acheta une autre carte postale suggestive montrant un couple qui s'embrassait fougueusement, et il écrivit ces lignes à Pelageïa :

> *Chère PG,*
>
> *J'ai reçu ta lettre aujourd'hui [...]. N'écris plus à l'ancienne adresse car aucun de nous ne s'y trouve plus à présent [...]. Je te dois un baiser pour le baiser qui m'a été passé par Pierre. Laisse-moi t'embrasser maintenant. Je ne t'envoie pas simplement un baiser, mais je t'embraaaasse passionnément (il n'est pas d'autre façon d'embrasser).*
>
> *Iossif*

Ainsi, le dernier soir de février 1912, Staline prenait clandestinement le train pour la capitale, *via* Moscou. Le nouveau membre du Comité central de Lénine était en route.

28

« N'OUBLIE PAS CE NOM ET SOIS TRÈS PRUDENT ! »

« Par une journée maussade et froide d'hiver, j'étais en train d'étudier lorsque l'on frappa à la porte », dit Kavtaradze qui suivait des cours à l'université de Saint-Pétersbourg tout en donnant des leçons de mathématiques aux sœurs Allilouïev. « Soudain Staline est entré. Je savais qu'il avait été banni. Il était aussi amical et joyeux que d'habitude et portait un léger manteau malgré le froid mordant, mais [...] il refusa de le retirer. "Je reste ici un petit moment [...]. Je vais juste me reposer un instant. Je suis venu directement de Moscou où j'avais remarqué que l'on me filait et, quand je suis descendu du train, j'ai repéré le même spectre [...]. Il rôde juste là au-dehors !" »

« C'était sérieux », nota Kavtaradze. Les deux Géorgiens attendirent la nuit. Kavtaradze décida qu'il n'y avait qu'un moyen de s'échapper : Staline devait se travestir en femme. Kavtaradze se procura quelques robes que Staline essaya – mais l'effet obtenu n'était pas du tout convaincant. « Je pouvais trouver des vêtements féminins, dit Kavtaradze, mais il était impossible de faire passer Staline pour une femme. »

L'indic, réfléchit Staline, « ne cherche pas à m'arrêter – il veut m'observer. Je vais donc dormir un peu ».

« Oui, dors ; peut-être qu'il ne pourra pas supporter le froid. Comme l'armée de Napoléon », plaisanta Kavtaradze.

« Il le supportera », répliqua Sosso qui dormit toute la journée. Mais, lorsqu'ils sortirent dans la rue, le spectre était toujours là. « Marchons un peu », dit Sosso.

Il avait faim, aussi dînèrent-ils au restaurant Fedorov, mais l'indic réapparut. « Diable ! jura Staline. Il surgit de nulle part ! »

Un fiacre descendait la rue. Staline le héla et sauta à l'intérieur ; le spectre appela un autre fiacre. Les deux voitures se poursuivirent le long du boulevard Liteiny, mais, se rendant compte qu'il était proche d'une cache sûre, Staline bondit hors du fiacre dans une bourrasque de neige qui l'enveloppa entièrement. Le spectre passa au galop et suivit la voiture vide[1].

Staline, pour se déguiser, revêtit « l'uniforme du Collège médical de l'armée et sortit ». Ce fut son travestissement favori à Saint-Pétersbourg cette année-là. Il resta environ une semaine. Sa nouvelle tâche était de faire de l'hebdomadaire bolchevique *Zvezda* un quotidien intitulé *Pravda* (« La Vérité »).

On le conduisit chez Tatiana Slavatinskaïa, une bolchevique âgée de trente-trois ans, cultivée et belle, orpheline autodidacte qui avait étudié au Conservatoire où elle était devenue une adepte de l'art du chant de Chaliapine. Une des assistantes et agentes clandestines de Lénine, Elena Stassova, la forma au cryptage. Mariée à un révolutionnaire juif nommé Lourie et mère de deux enfants, Tatiana hébergea divers bolcheviks en cavale ; l'un d'entre eux « amena un Caucasien au nom de code "Vassili" qui vécut chez nous un moment ».

Elle n'aimait guère ce « Vassili », dernier pseudonyme en date de Staline. « Au départ, il paraissait trop sérieux, trop renfermé et farouche, et son seul souci était de ne pas nous déranger. Il fut très difficile de le convaincre de dormir dans une chambre plus grande et plus confortable, mais, en partant au travail, je demandais toujours à la bonne[2] de lui préparer le repas avec les enfants. Il resta une semaine et je lui servis de messagère. » Staline en fit sa secrétaire pour les élections à la douma. Il semble que Slavatinskaïa ait été une femme de mœurs plutôt libres, selon les critères de ces toutes premières féministes. Il entama une liaison avec sa « chère Tatiana chérie », relation « bien connue » des dignitaires du régime stalinien.

Parfois Staline séjournait chez les Alliloulïev. La Venise du Nord était un monde de « gel, de congères, de chemins verglacés pour les traîneaux », écrivit Anna Allilouïeva. « Les rues étaient envahies de traîneaux finnois bas, ornés de rubans et de clochettes tintantes [tirés par] de petits chevaux courts sur pattes [et emplis] de passagers rieurs. » Anna et Nadia, sa cadette, le nez collé à la fenêtre, rêvaient

1. Kavtaradze fut arrêté par les gendarmes le lendemain. Lorsqu'ils lui montrèrent une photographie de Staline, il éclata de rire parce que Sosso semblait « tout ébouriffé ». « Le connais-tu ? demanda l'officier. – Non, il m'a l'air timbré. – Connais-tu Djougachvili ? – Oui, je connais Sosso Djougachvili, je viens de le voir. – Sais-tu que c'est un criminel d'État en cavale et qu'il est très dangereux ? – Eh bien, vous savez, nous autres, Géorgiens, nous nous connaissons tous. » Kavtaradze fut relâché.

2. Cette domestique était estonienne et épousa plus tard Kalinine, devenant ainsi la première dame d'Union soviétique, avant d'être arrêtée pendant la Terreur alors que son mari demeurait chef de l'État. Voir *Staline : la cour du Tsar rouge*.

d'une promenade lorsque Sosso apparut : « Qui aimerait faire une course en traîneau ? Bon, habillez-vous et dépêchez-vous, nous partons à l'instant ! » Les deux jeunes filles étaient ravies. « Nous avons bondi en poussant des cris de joie, raconte Anna. Nous étions invitées et par qui d'autre que "Sosso lui-même" », dont elles lisaient fidèlement les articles. Elles le connaissaient un peu mieux à présent. « Habituellement peu communicatif, il sait aussi rire et plaisanter comme un gamin et raconter des histoires amusantes. Il voit le côté drôle des gens et les imite avec une telle perfection que tout le monde hurle de rire. » Mais, à cet instant, il se montrait pressé.

« Allons ! Fedia [leur frère Fiodor], Nadia ! Habillez-vous », et il interpella leur bonne, Fenia : « Apporte les manteaux de fourrure ! »

Dans la rue, Sosso héla un conducteur de traîneau : « Si tu nous prenais pour une course ! »

Staline était de bonne humeur : « Chaque mot [...] nous fait rire. Et Sosso rit avec nous tous alors que le traîneau descend la perspective Sampsonevski et passe devant la gare [et ses] petits trains à vapeur. » Soudain, Sosso bondit hors du traîneau et replonge dans sa vie secrète : « Arrête, je descends ici, vous pouvez rentrer à la maison » – et, sur ces mots, le Houdini bolchevique disparaît dans la gare. S'était-il vraiment amusé avec les jeunes filles ou cette sortie n'avait-elle été qu'un subterfuge pour semer un indic ?

Sosso s'évanouit une nouvelle fois. Les spectres perdirent sa trace mais devinèrent qu'il réapparaîtrait au Caucase.

Le 16 mars 1912, « Fikous », l'agent double de l'Okhrana, signala que Staline était de retour à Tiflis et qu'il séjournait chez une professeur de chant qui enseignait à l'École de la Société des professeurs dirigée par l'autoritaire Elena Stassova[1]. On avait dit

1. Connue alors sous le nom de « Camarade Zelma », Stassova était la petite-fille de l'architecte des empereurs Alexandre Ier et Nicolas Ier, et la fille d'un juriste noble qui travaillait au Sénat et qui fut héraut lors du couronnement d'Alexandre II ; elle avait beaucoup en commun avec les nobles cultivés comme Lénine et Kroupskaïa. Elle connaissait Staline depuis Bakou et, spécialiste du travail clandestin, s'occupa souvent de la gestion des fonds du Parti. Stassova avait si peu le sens de l'humour et était si collet monté que Staline ne pouvait s'empêcher de la tourner en dérision. Elle devint par la suite une des secrétaires de Lénine. À la mort de ce dernier, lorsque Kroupskaïa s'opposa à Staline, celui-ci, ne plaisantant qu'à demi, suggéra de désigner Stassova comme veuve officielle. Après le décès de Lénine, elle ne rechercha pas de hautes fonctions, disparut quasiment, et survécut, cas exceptionnel chez les vieux bolcheviks, à la Terreur. Elle réapparut, relique vénérable, sous le règne de Khrouchtchev, connut le règne de Brejnev, et mourut en 1966.

à son hôtesse de « ne pas demander le nom du visiteur », mais Staline, qui souffrait peut-être du mal du pays, chanta avec elle des airs géorgiens.

Sosso revit Spandarian, son ami play-boy et membre du Comité central, en compagnie de Stassova. Il alla voir son fils Iakov, que les Svanidze élevaient « comme l'un de [leurs] propres enfants ». Les Monosselidze ne lui pardonnaient pas son incurie et sa dureté. « Mon neveu, déjà laissé orphelin par sa mère, se plaignit Sachiko, le fut presque par son père. » Sosso resta peu de temps, se précipita à Batoumi et puis à Bakou.

Là il découvrit une nouvelle chasse aux traîtres : les mencheviks enquêtaient sur Spandarian et espéraient prouver qu'il avait falsifié un cachet du Parti ou qu'il était espion à la solde de l'Okhrana. Staline défendit son ami. Les mencheviks refusèrent de le laisser assister à leurs investigations, mais acceptèrent d'envoyer quelqu'un entendre sa version des faits. Cet envoyé était Boris Nikolaevski, le menchevik qui, en exil sous le soleil de Californie, se ferait le chroniqueur de l'activité clandestine. Nikolaevski consulta un bolchevik, Abel Enoukidze, parrain de Nadia Allilouïeva, ami des Svanidze et relation douteuse de Staline qui le détruirait par la suite.

« As-tu jamais entendu le nom de “Koba” ? demanda Enoukidze à Nikolaevski dans un café de Bakou.

– Non, répondit Nikolaevski.

– Koba, expliqua Enoukidze, est un type dangereux qui est capable de tout ! » Et il précisa que les Géorgiens n'étaient pas comme les Russes : « Nous sommes un peuple vindicatif. »

Nikolaevski rit et demanda, en prenant un faux accent caucasien : « Va-t-il me taillader un peu avec son poignard ?

– Ne ris pas, répliqua Enoukidze gravement. Il te tranchera la gorge s'il le juge nécessaire. Ici ce n'est pas la Grande Russie : c'est la Vieille Asie. N'oublie pas ce nom et sois très prudent. » Enoukidze paierait cher cette franchise à l'égard de son « dangereux » camarade.

« Quand je suis arrivé, [Staline] attendait assis dans la pénombre afin de pouvoir facilement m'observer », raconte Nikolaevski, qui était sur ses gardes. Il se peut qu'ils eussent réglé la question de Spandarian, mais, alors qu'il était à Bakou, Staline ordonna à ses Mauseristes de tuer un ancien marin du cuirassé *Potemkine* qu'il accusait d'être un espion à la solde de l'Okhrana. « Il fut abattu, note Nikolaevski, et laissé pour mort, mais il reprit connaissance et demanda à être réhabilité. »

Les mencheviks ordonnèrent à Nikolaevski, qui commençait « à beaucoup s'intéresser aux actes du vieux Koba », d'enquêter. Mais il fut arrêté et Staline disparut de nouveau.

« Nous devons envoyer "Ivanovitch" [Staline] à Saint-Pétersbourg immédiatement », annonça Kroupskaïa à Sergo, qui était à Kiev. Staline et Sergo, ces deux Géorgiens autoritaires qui présideraient plus tard aux destinées de l'URSS, appréciaient beaucoup leur nouvelle position au sein du Comité central. Stassova grommelait que « Sergo et "Ivanovitch" ne cessent de donner des ordres mais ne disent rien de ce qui se passe autour de nous ». Quelques jours plus tard, Spandarian fut arrêté.

Staline se précipita à Moscou pour retrouver Sergo ; en chemin il s'arrêta pour une brève conversation au buffet de la gare de Rostov-sur-le-Don avec Vera Chveitzer, la petite amie de Spandarian. À Moscou[1], Sergo et lui rendirent visite à Malinovski qui les trahit. Alors que les Géorgiens quittaient Moscou, ils remarquèrent les hommes de l'Okhrana qui les suivaient. Les spectres les virent monter dans un train, mais Staline sauta en marche à l'extérieur de la gare. À Saint-Pétersbourg, l'Okhrana mit six jours à comprendre que Sosso n'était pas arrivé.

La police secrète, aidée par Malinovski et d'autres agents doubles, avait décidé d'éliminer le Comité central. Le 14 avril, Sergo fut également arrêté, mais Sosso, le maître conspirateur, réussit à déjouer un peu plus longtemps la surveillance des spectres, et atteignit discrètement la capitale.

Soudain la Révolution reçut une impulsion sanglante. Le 4 avril, des hommes de troupe sur les gisements aurifères de la rivière Lena firent feu sur les ouvriers et tuèrent cent cinquante personnes. « La fusillade de la Lena a brisé la glace du silence, écrivit Staline au comble de l'exultation dans *Zvezda*, et le fleuve

1. Le fils, alors âgé de neuf ans, d'un bolchevik moscovite se rappelait qu'un Caucasien était venu voir son père. Ce dernier étant absent, le Caucasien bavarda gentiment avec l'enfant. Au moment de partir, le Caucasien gifla brutalement le garçonnet, puis lui dit : « Ne pleure pas, petit. Souviens-toi, aujourd'hui Staline [où l'un des noms qu'il employait alors] a bavardé avec toi ! » Lorsque l'enfant raconta l'incident à ses parents, ceux-ci furent furieux et abasourdis, jusqu'au jour où ils entendirent parler d'une coutume montagnarde de Géorgie : lorsqu'un prince rendait visite à une famille villageoise, le paysan frappait son fils au visage et lui disait : « Souviens-toi qu'aujourd'hui tel prince est venu chez nous. »

de la colère populaire coule de nouveau. La glace est brisée. C'est parti ! » Des grèves éclatèrent partout dans l'Empire. Interpellé à la douma, Maklakov, le ministre de l'Intérieur, répondit avec arrogance : « Il en a été ainsi. Et il en sera ainsi. »

Staline ne pouvait contenir son enthousiasme. « Nous vivons ! s'exclama-t-il dans un article. Notre sang écarlate bout d'une énergie non employée ! » Lénine déclara : « La Révolution renaît. »

À Saint-Pétersbourg, Staline séjourna chez N. G. Poletaev, poète prolétarien et député bolchevique à la douma, dont la maison jouissait de l'immunité parlementaire, et il rencontra Tatiana Slavatinskaïa, sa secrétaire. De « la demeure intouchable de Poletaev », Staline « commença à diriger l'hebdomadaire *Zvezda* », pour lequel il rédigea un flot d'articles passionnés. Trotski méprisait cette prose qu'il qualifiait de « langue de l'homilétique du séminaire de Tiflis », mais ces textes enthousiasmants étaient fort différents des pesants boniments idéologiques sur l'ère à venir. Les filles d'Allilouïev se les lisaient à haute voix. Leur article préféré commençait ainsi : « Le pays gît enchaîné aux pieds de ses asservisseurs ». Staline, inspiré par le bouillonnement de son « sang écarlate », écrivit un appel du 1er Mai qui fut très admiré, hymne étonnant à la Nature qu'il aimait tant, et ultime retour à ses jeunes années de poète romantique : « La nature s'éveille de son rêve hivernal. Les forêts et les montagnes verdissent. Les fleurs émaillent prés et pâtures. Le soleil brille plus chaudement. Nous sentons dans l'air le plaisir de la vie nouvelle et le monde commence à danser de joie[1]. »

1. Staline attaquait à boulets rouges le régime de « Nicolas le Dernier ». L'empereur et l'impératrice avaient déjà placé toute leur confiance en un guérisseur et hiérophante dissolu d'origine sibérienne, Grigori Raspoutine. Lorsque l'intimité que Raspoutine entretenait avec les monarques fut connue, cela provoqua un scandale grandissant qui aliéna les monarchistes tout comme les marxistes. Peu de gens savaient que le jeune héritier du trône, le tsarévitch Alexis, souffrait d'hémophilie. Nicolas et Alexandra étaient de plus en plus convaincus que seul Raspoutine pouvait arrêter les hémorragies et calmer les souffrances de leur fils. Les ministres de l'Intérieur et les directeurs de l'Okhrana éphémères entreprirent de placer des agents sur les traces de Raspoutine et de faire la chronique de ses orgies pour le discréditer aux yeux de l'empereur. L'impératrice jugea alors ses ministres selon leur attitude à l'égard de Raspoutine. C'était à lui que songeait Staline lorsqu'il qualifia le tsar et ses courtisans de « destructeurs des libertés, adorateurs de la potence et des pelotons d'exécution, quartiers-maîtres voleurs, policiers pillards, agents secrets meurtriers et Raspoutine dissolus !.... Pour compléter le tableau : la fusillade brutale des travailleurs des gisements aurifères de la Lena ».

« En avril 1912, racontera Staline, nous nous sommes accordés sur le programme de la *Pravda* et nous avons conçu le premier numéro. » Créé dans trois pièces minuscules, le premier quotidien bolchevique était légal – mais son rédacteur en chef hors la loi, Staline, dut le diriger dans la clandestinité. La *Pravda* fut financée par Victor Tikhomirnov, fils d'un magnat de Kazan qui lui avait laissé trois cent mille roubles, dont l'ami d'enfance était Viatcheslav Skriabine – « Molotov ». Tikhomirnov fit passer des milliers de roubles par l'intermédiaire de Molotov, un des fondateurs de la *Pravda*.

Staline décida alors qu'il était temps de rencontrer ce jeune homme. On dit à Molotov d'attendre dans une cour derrière l'appartement d'un dentiste proche de la presse d'imprimerie. Staline surgit soudain, comme par magie, de derrière une pile de bois de chauffage. Sosso aimait entretenir le mystère ; son charisme félin éblouit certainement le solennel Molotov, son cadet, qui n'avait encore jamais rencontré de membre du Comité central.

« Je n'ai pas vu comment il était apparu, mais il portait l'uniforme d'un étudiant en neuropsychologie. Nous nous sommes présentés. » Molotov remarqua les traces de variole et l'accent géorgien. « Il ne parla que des questions les plus importantes sans perdre une seconde en propos inutiles. Il apportait quelques matériaux de la *Pravda*. Sans un geste superflu. Puis il disparut aussi vite qu'il était apparu. Il grimpa par-dessus la barrière et tout cela se fit avec une simplicité et une grâce classiques. »

Le lendemain, Molotov, sous le charme et presque conquis, se précipita chez un ami : « Il est étonnant, il a une beauté révolutionnaire intérieure, c'est un bolchevik jusqu'à la moelle, intelligent, rusé comme un conspirateur… » Lorsqu'ils se revirent, ils passèrent la nuit à bavarder. Ce fut le début d'une association qui durerait quarante et un ans.

La prudence de Sosso était sage : il était quasiment le dernier membre du Comité central en liberté. Sergo et Spandarian étaient derrière les barreaux. Le 22 avril 1912, le premier exemplaire de la *Pravda* fut publié. Lorsque Staline sortit du sanctuaire protégé de Poletaev, l'Okhrana l'arrêta. En juin, grâce aux délations de Malinovski, il ne restait plus qu'un membre actif du Comité central à l'air libre. L'organisation était de nouveau en ruine. Stassova arriva précipitamment de Tiflis pour réparer certains dommages, mais elle fut également arrêtée.

Le 2 juillet, Staline, condamné à trois ans de bannissement, fut envoyé en Sibérie. Plus tard ses courtisans le qualifieraient flatteusement du titre de « docteur en sciences de l'évasion ». Ce serait son exil le plus court.

29

L'ÉVADÉ : LE GRAND SAUT DE KAMO ET LE DERNIER HOLD-UP

En chemin pour Tomsk, quelque part près de Vologda, Staline rencontra Boris Nikolaevski, l'enquêteur des mencheviks à Bakou. Sosso ne lui révéla rien, mais il lui emprunta sa précieuse tasse à thé bleue qu'il ne lui rendrait pas.

Le 18 juillet 1912, il arriva à Tomsk et embarqua sur un vapeur qui remonta l'Ob jusqu'à Kolpachevo où il s'arrêta pendant une semaine ; là, il retrouva Simon Verechtchak, son codétenu menchevique à la prison Baïlov. Staline dîna avec Verechtchak et Simon Sourine, un menchevik agent de l'Okhrana, avant de prendre un autre vapeur pour remonter le fleuve jusqu'à sa destination, Narym, où il fut accueilli par Iakov Sverdlov, autre jeune membre du Comité central.

Narym aurait pu être un lieu de résidence plus terrible. Cette colonie de mille personnes et de cent cinquante maisons était située dans la ceinture agricole. Ses forêts étaient giboyeuses, mais au cœur de l'été, les terres marécageuses étaient infestées de moustiques ; et il y avait bien trop d'exilés qui tenaient même leur propre café, leur boucherie, leur magasin de produits coloniaux, et, chose plus importante pour Staline, deux bureaux d'évasion !

« Il est arrivé chez moi, se rappelait sa logeuse, Efrosina Alexeïeva, vêtu d'une chemise russe blanche brodée au col ouvert qui dévoilait sa poitrine. » Elle essaya de le refouler parce que deux exilés occupaient déjà la seule chambre disponible, mais « il entra dans leur pièce, jeta un regard alentour, parla à ses camarades, et puis s'installa » avec Sverdlov.

Fils d'un riche imprimeur juif de Nijni-Novgorod, Sverdlov, alors âgé de vingt-sept ans, portait des lunettes rondes et « des cheveux noirs luxuriants », mais son trait le plus surprenant était que de ce personnage apparemment doux et d'une « gentillesse remarquable » émanait une « voix de stentor – le diable sait comment cette voix monstrueuse pouvait sortir d'un homme aussi petit », dit Molotov en riant. « Une trompette de Jéricho ! » Il ressemblait à ce type de l'intellectuel juif que Staline méprisait, mais Sverdlov était en fait un organisateur impitoyable et sans prétentions. Les deux bolcheviks les plus impressionnants de Russie partagèrent une chambre et ne cessèrent de s'agacer l'un l'autre.

Staline, toujours aussi indolent et égoïste, fuyait sa part des tâches domestiques. Le méticuleux Sverdlov finissait toujours par l'assumer. « J'aimais sortir en douce pour aller à la poste lorsque c'était le jour de Sverdlov de s'y rendre », s'amusait Staline lorsqu'il racontait ses souvenirs à Sverdlov et aux filles d'Allilouïev. « Sverdlov devait s'occuper de la maison que cela lui plût ou non – maintenir le poêle allumé et faire le ménage [...]. Combien de fois j'ai essayé de te mystifier et de me débarrasser de ces tâches. Je me réveillais quand c'était mon tour et je restais couché immobile comme si j'étais endormi.

– Et tu penses que je ne le remarquais pas ? répliquait Sverdlov. Je ne le voyais que trop bien. »

Les Géorgiens du coin, dirigés par un exilé surnommé « le Prince », avaient entendu parler de Sosso, « le grand homme », et ils organisèrent un banquet à la mode de leur pays. Les invités chantèrent en russe et en géorgien, en dansant la *lesginka*. Au cours de cette danse, une femme du nom de Loukeria Tikhomirova, âgée de vingt-cinq ans, bouscula « le Géorgien en manteau noir croisé » qui se présenta sous le nom de Djougachvili. Mais cette fois il n'avait aucune envie de flirter, et resta assis, tenant la nièce de deux ans de Loukeria sur ses genoux, sans même boire.

« Si jeune et fumant déjà la pipe », dit-elle en cherchant à l'aguicher. Mais Sosso ne mordit pas à l'appât. Le membre du Comité central avait trop de choses en tête : la *Pravda*, les élections à la douma – et une importante attaque de banque. Il n'avait aucune intention de s'attarder.

Lénine et Kroupskaïa, qui avaient quitté Paris pour Cracovie, encouragèrent Sosso et Sverdlov à s'échapper. Sverdlov partit le premier mais fut repris. Puis ce fut au tour de Sosso.

« Mes fils le conduisirent en bateau au port sur le fleuve », dit Alexeïeva, sa logeuse.

« Je laisse mes livres pour mes camarades », lui dit Sosso, tout en distribuant « des pommes, du sucre et deux bouteilles de bonne vodka du colis qu'il venait de recevoir ». Puis il partit avec Iakov et Agafon Alexeïev dans leur canoë. « Au crépuscule, par une nuit couverte et sombre, sans lune », se souvient Iakov Alexeïev, ils l'amenèrent jusqu'à la jetée sur le fleuve et lui demandèrent quand il reviendrait.

« Surtout, répliqua-t-il, ne m'attendez pas ! » Le 1er septembre, il prit le vapeur pour Tomsk. Sverdlov suivit et ils voyagèrent ensemble. Dans le train, Staline, toujours égoïste et aux commandes, se fit passer pour voyageur de commerce. Il acheta donc un billet de première classe et, malicieusement, obligea le petit Sverdlov à se cacher dans sa panière de linge sale. Un gendarme, intrigué par ce ballot, menaça de le percer de sa baïonnette quand Sverdlov s'écria : « Eh, il y a un homme là-dedans ! » Un Staline souriant graissa la patte du militaire. Ils atteignirent finalement Saint-Pétersbourg[1]. L'homme aux multiples évasions n'avait passé que trente-huit jours à Narym.

Vers le 12 septembre, un Staline négligé, avec « une longue barbe, une casquette chiffonnée, des souliers usés, une vieille veste et une chemise noire », parcourait de nouveau la perspective Nevski, ressemblant de manière inquiétante à un détenu en cavale au milieu des promeneurs à l'allure fringante et des femmes élégantes, lorsqu'il tomba sur Kavtaradze.

« Je me suis échappé de Narym, dit Staline. Je suis arrivé sans encombre mais il n'y a personne à la cache [...]. Enfin c'est une bonne chose que je te rencontre. » Kavtaradze fut alarmé par cette vision débraillée tout droit sortie de Sibérie – « son apparence ne convenait pas du tout pour la perspective Nevski » –, mais il le conduisit immédiatement à une nouvelle cache qui appartenait à « une certaine veuve d'un vice-amiral », probablement la baronne Maria Chtakelberg, descendante d'un courtisan de Catherine la Grande, qui louait des chambres à des étudiants géorgiens. Bientôt, Staline et Sverdlov s'installèrent chez les Allilouïev.

Staline se rendit chez Stassova où il récupéra le trésor du Comité central qu'Elena avait confié, lors de son arrestation, à son frère. Puis il tomba sur une ancienne petite amie.

1. Staline raconta cette histoire à Molotov alors qu'ils se rendaient à la Conférence de Téhéran en 1943, ainsi qu'à son gendre Youri Jdanov. À Narym, le policier du district découvrit le lendemain que Staline manquait à l'appel, mais il attendit de le voir revenir de Tomsk. Lorsque la police déclara son évasion au gouverneur de Tomsk, qui lança un avis d'alerte, on était le 3 novembre et Staline se trouvait à Saint-Pétersbourg depuis déjà plusieurs semaines.

« J'allais donner mes cours en bas de la perspective Nevski, dit Tatiana Soukhova, lorsque soudain je sentis une main se poser sur mon épaule. Je sursautai mais une voix familière s'adressa à moi : “N'aie pas peur, camarade Tatiana, c'est moi !” Et là, près de moi, se tenait le camarade Ossip Koba. » Ils décidèrent de se retrouver à « une réunion d'ouvriers ». Plus tard ils se promenèrent ensemble et, « comme nous passions devant un café, le camarade Koba prit un œillet rouge et me le donna ».

Quelques jours plus tard, il arriva à Tiflis où ses gangsters bolcheviques se rassemblaient. Kamo était de nouveau à l'air libre.

Staline n'avait prêté qu'un intérêt distant à Kamo, son brigand déséquilibré. Entre-temps donc, à Tiflis, Boudou Mdivani et Tsintsadze s'étaient préparés à faire sortir le prisonnier du quartier des déments criminels de la forteresse Metekhi où un médecin avait noté le comportement bizarre de Kamo : « Se plaint d'être gêné par des souris alors qu'il n'y en a pas dans son bâtiment. Le patient souffre d'hallucinations. Il entend des voix étranges, parle à quelqu'un qui lui répond. » Le gardien chargé de sa surveillance avait remarqué que « Ter Petrossian se lève la nuit, attrape quelque chose dans l'air, rampe sous la table, à la recherche d'une autre chose [...], se plaint que l'on jette des pierres dans la pièce et, quand on lui demande qui, répond : “Le frère du diable”. » En fait, Kamo échafaudait son évasion.

Ce gardien était un simple d'esprit nommé Braguine que Kamo conquit progressivement et dont il fit son messager. Mdivani et les sœurs de Kamo le rencontrèrent et lui donnèrent le matériel pour l'évasion, des scies et des cordes, qu'il fit passer au détenu. Kamo scia les barreaux et camoufla les fentes avec une pâte fabriquée à partir de son pain. Il lui fallut cinq jours pour briser ses chaînes qu'il maintint ensuite en place avec du fil de fer.

Le 15 août 1912, Mdivani et les Mauseristes de Tsintsadze agitèrent un mouchoir à trois reprises dans la rue en contrebas. Kamo brisa les entraves et les barreaux et descendit le mur de la forteresse en rappel. La corde céda et Kamo, peu sensible à la douleur, tomba dans la Koura. Il en ressortit, jeta ses chaînes dans le fleuve, et se dirigea vers la rue la plus proche où il sauta dans un tram (pour égarer les chiens) avant de retrouver les Mauseristes.

Une nuit, racontera Sachiko Svanidze, alors que la police passait la ville au peigne fin et que l'évasion faisait la une des journaux, « le camarade Boudou Mdivani vint et dit à Micha

[Monosselidze, son mari] qu'ils avaient sorti Kamo de l'hôpital psychiatrique la nuit précédente [...]. Ils amenèrent Kamo qui demeura un mois à la maison ». Sachiko, ses enfants et le fils de Staline se trouvaient alors à la campagne, mais Kamo prit soin de Monosselidze et lui prépara de délicieux repas. Puis, sous un déguisement, Kamo s'enfuit à l'étranger, via Batoumi et Istanbul.

« Kamo vint nous voir à Paris, se rappelait Kroupskaïa. Il souffrait beaucoup de la scission entre Ilitch [Lénine] d'une part, Bogdanov et Krassine[1] d'autre part », et s'inquiétait du schisme entre les trois héros pour qui il avait accompli ses hold-up les plus extraordinaires. Kamo hésitait et Lénine « écoutait avec une extrême compassion cet homme à l'âme fougueuse, extrêmement intrépide mais naïf ». Lénine, tout comme Staline, sachant que la sollicitude et les soins médicaux constituaient un moyen de contrôler ses protégés politiques, proposa de payer une opération pour l'œil blessé de Kamo. Après une intervention chirurgicale à Bruxelles, Kamo partit pour importer en contrebande des armes en Russie. Il fut arrêté en Bulgarie et à Istanbul, mais à chaque fois réussit à recouvrer sa liberté à l'esbroufe. De retour à Tiflis, Kamo réunit l'Équipe. Une malle-poste chargée d'une grosse somme en liquide devait entrer en ville par la grand-route. Vers le 22 septembre, Staline, qui était responsable des questions financières du Parti en Russie, arriva également à Tiflis.

Ce fut probablement alors que Tsintsadze, ainsi que le rappellera Staline après la Seconde Guerre mondiale, donna ses instructions aux gangsters dans une salle privée du caravansérail de Tamamchev, place Erevan, avant qu'ils ne se rendent à cheval sur la grand-route de Kadjorskoe.

Le 24 septembre, Kamo et Tsintsadze, avec Koupriachvili et environ dix-huit tueurs, prirent en embuscade la malle-poste à trois lieues de Tiflis. Les brigands jetèrent des bombes sur les policiers et les cosaques : trois policiers et un postillon furent tués. Un quatrième policier fut blessé, mais il ouvrit le feu sur les bandits. Le hold-up se transforma en une fusillade acharnée. Les

1. Krassine abandonna finalement la politique active, mais Lénine salua son retour chez les bolcheviks après la Révolution, et le nomma commissaire du peuple au Commerce, à l'Industrie et aux Transports, et plus tard ambassadeur à Londres. Krassine, l'ingénieur, fut l'un des cerveaux derrière la réfrigération, l'embaumement et l'exposition du corps de Lénine en 1924. Lui-même mourut en 1926.

brigands ne parvinrent pas à s'emparer de l'argent et les cosaques reprirent le dessus. Lorsque l'Équipe finit par se replier, les cosaques se lancèrent à sa poursuite ; Tsintsadze et Koupriachvili, tous deux excellents tireurs, couvrirent la retraite, abattant sept cosaques au cours de la poursuite à cheval sur la grand-route de Kadjorskoe.

Ce fut la dernière révérence de l'Équipe. Kamo et dix-huit de ses gangsters furent traqués jusque dans leur tanière. Ils furent arrêtés et Kamo se vit infliger quatre condamnations à mort.

« Je suis résigné à mourir, écrivit-il à Tsintsadze, je suis parfaitement calme. Sur ma tombe l'herbe devrait toujours être d'une hauteur de six pieds. On ne peut pas toujours échapper à la mort. On doit mourir un jour. Mais je tenterai une fois encore ma chance et peut-être qu'un jour nous rirons de nouveau de nos ennemis. » Cela semblait très peu probable[1].

Sosso ne traîna pas à Tiflis.

1. Une fois encore Kamo échappa à la corde ; il profita de la large amnistie de Nicolas II pour le 300e Anniversaire de la dynastie des Romanov en 1913 et demeura cinq ans en prison. Mais il survécut, retrouva Staline et fit montre une ultime fois d'une violence insensée après la Révolution. Voir l'épilogue. Des gangsters femmes, Anneta et Patsia moururent de tuberculose, comme beaucoup d'autres. À la fin des années 1930, seuls Alexandra Darakhvelidze et Batchoua Koupriachvili survivaient pour laisser leurs Mémoires.

30

VOYAGES AVEC LA MYSTÉRIEUSE VALENTINA

Dans les jours qui suivirent l'attaque manquée, de retour à Saint-Pétersbourg, où il séjourna avec Molotov et Tatiana Slavatinskaïa, Staline s'occupa de la *Pravda*. Il rédigeait des articles à la chaîne[1], préparait le Manifeste et présidait aux nominations pour les élections à la douma. Après avoir veillé au choix des candidats bolcheviques à Saint-Pétersbourg à la mi-octobre, il s'occupa de la nomination de Malinovski à Moscou.

La vie de Sosso en cavale était une suite épuisante de « nuits sans sommeil [...]. Il voletait d'un endroit à un autre, traversant rue après rue pour tromper l'Okhrana, se faufilant par des ruelles perdues », explique Anna Allilouïeva. « S'il passait devant un café d'ouvriers, [il] s'asseyait là devant une tasse de thé jusqu'à 2 heures du matin », ou, si un gendarme l'avait remarqué, « il faisait semblant d'être ivre et plongeait dans un café, restant assis là jusqu'à l'aube avec les cochers de fiacre dans la puanteur du tabac bon marché avant d'aller dormir chez un ami » – en particulier chez les Allilouïev avec la sensuelle Olga et ses filles pleines d'entrain. Souvent Staline « passait impromptu » et s'installait sur le sofa de leur salle à manger, « l'air très fatigué ».

Les jeunes filles étaient toujours ravies de le voir, et Olga, leur mère, prenait soin de lui. « Si tu as envie de te reposer, Sosso, disait-

1. Ses articles révèlent sa vision cynique de la diplomatie (il paraphrase Talleyrand) et sa croyance au double langage (bien avant qu'Orwell n'invente le mot « *doublespeak* ») : « Lorsque les diplomates bourgeois préparent la guerre, ils parlent très haut de "paix". Les propos d'un diplomate doivent contredire ses actes – sinon quel genre de diplomate est-ce ? Les belles paroles servent à cacher les actes louches. Un diplomate sincère, c'est comme de l'eau sèche, ou du fer en bois. »

elle, va t'allonger sur le lit. Inutile d'essayer de faire un somme dans ce chahut. » Quand on lit les récits d'Anna entre les lignes, il est clair que Sosso entretint toujours une relation particulière avec Olga, au moins en ce qui concerne leur dévouement à la cause. Lorsqu'il quittait leur appartement, il disait à Olga : « Viens avec moi. » Olga « ne posait pas de questions. Elle mettait son manteau et suivait Staline. Ayant préparé leur action, ils prenaient un fiacre et s'en allaient. Staline faisait un signe et mère descendait. Manifestement il cherchait à semer la police. Il continuait le voyage seul ».

Staline invita Olga au théâtre Mariinski : « S'il te plaît, Olga, partons immédiatement au théâtre – tu seras juste à l'heure pour la représentation d'ouverture. » Mais, juste avant la pièce, il ajouta : « J'avais tellement envie de voir une pièce, juste une fois, mais je ne le peux. » Olga dut s'y rendre seule et porter un message dans une loge du Mariinski.

Le 25 octobre 1912, six bolcheviks et six mencheviks furent élus à la douma impériale, résultat plutôt bon. Karlo Tchkheïdze, le menchevik que Staline avait scandalisé à Batoumi en 1901, fut élu président de la fraction sociale-démocrate avec Malinovski comme adjoint. Parmi les six bolcheviks, l'Okhrana s'était arrangée pour faire élire deux de ses agents, une belle réussite de la *konspiratsia*. Ils introduisirent ainsi l'Okhrana directement dans le cercle intérieur de Lénine.

Dans la *Pravda*, Staline poussait à la conciliation avec les mencheviks. Lorsque les bolcheviks projetèrent d'organiser une manifestation devant la douma, les mencheviks les convainquirent d'y renoncer. Cela inquiéta Lénine qui bombarda Staline d'articles condamnant sa politique de compromis. Chose remarquable, Staline refusa quarante-sept de ses papiers. Lénine, à présent à Cracovie, convoqua Staline et les six élus. « Le camarade Staline, se rappelait l'un des six, déclara immédiatement que les délégués bolcheviques devaient aller voir Lénine à l'étranger. »

Le 28 octobre, les spectres virent Staline rendre visite à son ami Kavtaradze. Ils les suivirent lorsqu'ils se rendirent au restaurant Fedorov, un de leurs lieux de prédilection ; mais ensuite les agents découvrirent que Staline avait disparu. Ils le recherchèrent mais il s'était bel et bien évanoui.

Lénine ordonna à Valentina Lobova, une autre de ces jeunes filles libérées de la génération bolchevique, d'accompagner Staline. Elle chargea Alexandre Chotman, « ministre des Affaires étrangères » et organisateur secret de Lénine, de faire venir Staline à Cracovie « à très grande vitesse et avec une sécurité absolue. C'est là une directive de Lénine ». Staline « était arrivé à Saint-Pétersbourg en compagnie de Valentina Lobova », selon les termes très diplomatiques de Chotman, et « séjournait dans un hôtel en tant que citoyen perse avec un bon passeport perse en poche ».

Chotman décrivit les itinéraires secrets pour se rendre à Cracovie – le plus risqué au sud par Abo, ou le plus long et le plus sûr, à pied, en traversant la frontière suédoise à Haparanda. Staline choisit l'itinéraire par Abo. Puis Staline partit avec Valentina Lobova et sortit discrètement de Saint-Pétersbourg dans une charrette couverte. Ils prirent un train pour la Finlande à la gare de Levachovo en utilisant des passeports russes. En Finlande, Eino Rakhia, qui deviendrait le garde du corps de Lénine, leur donna des passeports finlandais et accompagna le couple jusqu'au ferry-boat d'Abo. « Deux policiers vérifièrent les documents [...]. Bien que le camarade Staline n'ait ressemblé en rien à un Finnois, tout se déroula heureusement sans anicroche. » Staline et Valentina traversèrent la Baltique pour l'Allemagne.

Nous avons affaire là à une autre des relations mystérieuses de Staline. Valentina, dont le nom de code était « camarade Vera », était une fort belle femme mariée à un bolchevik qui se trouvait être une autre taupe de l'Okhrana ; le Parti n'avait jamais été aussi infesté de traîtres. Nous ignorons si elle savait que son époux était agent double, mais elle avait la totale confiance de Lénine. Le Mémoire de Chotman montre que Sosso (sous un nom inconnu et avec des papiers perses) voyagea quelque temps avec Valentina. Ils se rendirent tout d'abord à Helsinki, où ils partagèrent une chambre dans une maison d'hôtes, à « la fin de l'été », peut-être en septembre, immédiatement après l'évasion de Staline de Narym. Chotman laisse entendre qu'ils furent probablement amants, une de ces petites liaisons entre camarades que les circonstances entraînaient dans les missions dangereuses. Plus tard, l'exécution du mari de Valentina pour trahison dut contribuer à renforcer la méfiance de Staline envers les épouses perfides[1].

Le couple prit le train pour Cracovie en Galicie, province de la monarchie dualiste de l'empereur François-Joseph de Habsbourg.

1. Son mari, le journaliste Alexandre Lobov, fut fusillé en 1918 en tant qu'agent de l'Okhrana. Valentina fut innocentée ; elle mourut de tuberculose en 1924. Chotman, qui resta proche de Lénine jusque dans les années 1920, fut exécuté par Staline en 1939.

Lénine adorait Cracovie. La capitale de la Galicie était une ancienne cité polonaise. Les tombeaux des monarques polonais reposaient au château royal. Et c'était là qu'avait été fondée en 1364 l'université Jagellon.

Lénine, Kroupskaïa et la mère de celle-ci partageaient un appartement au 49 route Loubomirski avec le membre du Comité central Zinoviev, son épouse et son fils, Stepane. Lénine et Zinoviev constituaient le Bureau étranger du Parti avec Kroupskaïa comme secrétaire. Cracovie était un foyer d'intrigues politiques et rappelait à Lénine le pays natal. « Contrairement à l'exil à Paris ou en Suisse, dit Kroupskaïa, il existait un lien étroit avec la Russie » – quatre mille de ses cent cinquante mille habitants étaient des exilés de l'Empire russe, pour l'essentiel d'origine polonaise. « Ilitch aimait beaucoup Cracovie. C'était presque la Russie. »

Lénine appréciait le patinage sur glace tandis que Kroupskaïa faisait ses emplettes dans l'ancien quartier juif où les prix étaient plus bas. « Ilitch louait le petit-lait et le whisky de maïs polonais. » Il jouait à cache-cache sous les meubles de l'appartement avec le fils de Zinoviev. « Cesse de nous importuner, nous nous amusons », disait-il lorsqu'on cherchait à l'interrompre – mais il attendait impatiemment Staline et les six délégués bolcheviques.

Arrivé dans la première semaine de novembre, Staline retrouva les Lénine et dormit sur le sofa de la cuisine. Staline, Malinovski et Mouranov, un autre député à la douma, étaient tout à la fois charmés et agacés par Lénine qui s'opposait avec vigueur à toute réunion ou conciliation avec les mencheviks ; les bolcheviks devaient rester un parti distinct.

Lénine était peut-être un noble d'une excellente éducation mais d'une jovialité simple et, doué d'une volonté de fer, il savait manier les hommes d'action les plus durs. Il accueillit Staline et le mit à l'aise. La nourriture les rapprocha. Kroupskaïa servait des charcuteries, de la nourriture allemande que Staline supporta pendant deux jours, mais alors il ne put s'empêcher de dire à Lénine : « Je suis affamé – je rêve d'un *chachlik.* » Lénine soupira : « Moi aussi, j'ai une faim de loup mais j'ai peur d'offenser Nadia. Avez-vous de l'argent ? Venez, allons manger quelque part. » Cependant ils ne s'accordaient pas sur la stratégie. Ce fut là l'une des nombreuses occasions où Lénine se montra plus intransigeant que Staline qui grommelait que « Ilitch recommande une ligne politique dure pour les Six, une politique qui vise à menacer la majorité de la faction [les mencheviks], mais il cédera ».

Au bout de dix jours, Staline retourna à Saint-Pétersbourg, probablement avec un *poloupaska,* un « laissez-passer » qui permettait aux familles qui avaient des parents de l'autre côté de la frontière de la traverser facilement. Jugeant que Lénine était hors du coup, il demeurait un conciliateur obstiné ; Lénine, lui, songeait à écarter Staline de la *Pravda*. Lorsque la nouvelle douma se réunit, Malinovski lut un manifeste, probablement rédigé par Staline, amical pour leurs frères mencheviques ostracisés. Par opposition à Lénine, Staline rencontra même en secret Jordania et Jibladze, les adversaires de longue date[1].

Lénine accabla Staline de demandes pour qu'il revînt à Cracovie afin de parler de la question nationale – et du problème de la *Pravda*. Tout d'abord Kroupskaïa tenta de l'attirer pour lui éviter une nouvelle arrestation : « Mettez Vassiliev [Staline] dehors dès que possible, sinon nous ne le sauverons pas. Nous avons besoin de lui et il a déjà accompli sa tâche principale. » Staline, prétextant son état de santé, se déroba.

« À K. St., Cher Ami, écrivit Kroupskaïa à Staline le 9/22 décembre, utilisant pour la première fois une abréviation de son nouveau nom, Koba Staline. Il semble que vous n'envisagiez pas de venir ici [...]. Si c'est le cas, nous nous élevons contre votre décision [...]. Nous insistons fermement pour que vous veniez [...] quel que soit votre état de santé. Nous exigeons votre présence de façon catégorique. Vous n'avez pas le droit d'agir autrement. » Staline prépara donc son voyage, une fois encore avec Valentina. Lénine et Kroupskaïa étaient enchantés : « Nous espérons que Vassia [Staline] et Vera [Valentina] arriveront bientôt avec les enfants [les Six de la douma]. »

Le 15 décembre, la douma se sépara pour les fêtes de Noël. Staline et Valentina partirent pour Cracovie[2], probablement par

1. Ce rendez-vous avec ces parfaits hérétiques serait soigneusement caché pendant l'ère soviétique.

2. Les deux voyages de Staline à Cracovie ont suscité bien des débats ; il a lui-même fait divers récits de la traversée de la frontière. Le vieux tyran raconta cet épisode et celui de Lénine et de la nourriture à son jeune favori, Youri Jdanov. Mentait-il ? Dans ses anecdotes personnelles, il tendait davantage à exagérer qu'à inventer complètement ses histoires, en particulier à propos d'un voyage aussi connu. Quand il affabulait pour de bon, il ne racontait pas ses histoires lui-même, mais les insérait dans les informations de ses thuriféraires. Ainsi, il utilisa cet itinéraire au moins une fois. Chotman dit qu'il avait organisé le premier voyage ; les autres sources sont confuses quant aux deux déplacements. Nous pensons donc que les rencontres avec Chotman concernèrent le premier voyage pour lequel le temps de préparation ne manqua pas. Pour le second, comme le temps manquait, Staline et Valentina prirent probablement le risque de traverser la frontière par un sentier de contrebandiers.

la voie la plus directe mais la plus risquée. Dans le train qui allait vers l'ouest, deux passagers lisaient à haute voix un journal nationaliste. « Pourquoi lisez-vous donc de telles inepties ! » leur hurla Staline. Valentina et lui descendirent dans une ville frontière polonaise à la frontière russo-autrichienne et se préparèrent, comme des contrebandiers, à traverser à pied.

Ce fut le voyage le plus long de Staline à l'étranger ; il le conduirait à Vienne, carrefour des civilisations, à la veille de la Grande Guerre.

31

VIENNE 1913. LE MERVEILLEUX GÉORGIEN, L'ARTISTE AUTRICHIEN ET LE VIEIL EMPEREUR

Staline ne connaissait personne dans la petite ville frontière, mais il était passé maître dans l'art des rencontres de hasard. Il parcourut les rues jusqu'à ce qu'un cordonnier polonais lui demande : « Vous êtes étranger ? »

« Mon père était cordonnier en Géorgie », répondit Staline qui savait que les Géorgiens et les Polonais partageaient les chaînes de cette Prison des Nations qu'était la Russie. « Il me faut traverser la frontière. » Le Polonais proposa de l'accompagner et refusa tout argent. Racontant cette histoire après la Révolution, Staline fit une pause, « comme s'il essayait de percer le passé », puis il ajouta : « J'aimerais savoir où se trouve cet homme aujourd'hui et ce qu'il lui est arrivé. Quel dommage que j'aie oublié son nom et que je ne puisse le retrouver ! » Comme nombre de ceux qui avaient aidé Staline dans sa jeunesse, il se pourrait que ce cordonnier eût regretté de ne pas avoir enterré le Géorgien au fond de la forêt entre les deux empires. Staline ne fit jamais allusion au fait qu'il avait alors une compagne, Valentina Lobova.

En Galicie polonaise, Staline n'avait qu'un désir, rejoindre Lénine, mais « [il avait] une terrible fringale ». Il alla au restaurant de la gare à Trzebinia, où il fut bientôt victime d'une mauvaise plaisanterie. Il appela le serveur polonais en russe. « Il portait à tous des tas de nourriture », mais n'accorda aucune attention à Staline jusqu'au moment où celui-ci perdit son calme. « C'est un scandale ! Tout le monde a été servi sauf moi ! » Le Polonais ne lui apporta pas sa soupe et Staline dut aller la chercher lui-même. « De fureur, je jetai l'assiette au sol, lançai un rouble au garçon, et sortis en trombe ! » Lorsqu'il arriva chez les Lénine, il était mort de faim.

« Lénine, donnez-moi quelque chose à manger tout de suite. Je suis à moitié mort. Je n'ai rien eu à me mettre sous la dent depuis hier soir.

– Pourquoi n'avez-vous pas mangé à Trzebinia ? Il y a là un bon restaurant.

– Les Polonais n'ont rien voulu me donner, dit Staline.

– Quel sot vous faites, Staline ! répondit Lénine en riant. Ne savez-vous donc pas que les Polonais considèrent le russe comme la langue de l'oppression ? »

Lénine dut s'interroger sur cet aveuglement – ou ce « chauvinisme grand-russe » – chez son supposé « expert » en nationalités, mais Staline adopterait une attitude d'hostilité profondément russe à l'égard de toute espèce d'indépendance pour la Pologne[1].

Les deux hommes sympathisèrent comme jamais auparavant. « Ils me reçurent d'une manière si hospitalière, raconta Staline sur ses vieux jours. [Lénine] ne voulait me laisser aller nulle part et me persuada de rester avec sa famille ; je prenais le petit déjeuner, le déjeuner et le dîner là. Deux fois seulement j'ai brisé la règle établie : j'ai averti Kroupskaïa que je sortirais pour dîner et visiter les anciens quartiers de Cracovie où il y avait de nombreux cafés. » Le restaurant préféré de Staline était l'Hawelka qui se trouve encore sur la grand-place du Marché. Lorsque Staline dînait à l'extérieur, Lénine s'inquiétait.

« Écoutez, mon vieux, cela fait deux fois que vous dînez dehors. Est-ce que nous ne vous traitons pas bien ?

– Non, camarade, tout me ravit, mais le fait que vous pourvoyez à tout me met mal à l'aise.

– Mais vous êtes notre hôte, insista Lénine. Comment était le dîner dans votre restaurant ?

– La nourriture était bonne, mais la bière était excellente.

– Ah, à présent je comprends, répondit Lénine. Votre bière vous manque. Maintenant vous aurez aussi de la bière à la maison », et « il demanda à sa belle-mère de prévoir deux ou trois bouteilles de bière pour l'invité tous les jours ». Staline fut une fois encore touché par la sollicitude de Lénine.

« La *Pravda* rendait Ilitch très nerveux », se souvient Kroupskaïa. En fait il était exaspéré par les éditoriaux conciliateurs de Staline. « Staline était également nerveux. Ils cherchaient une façon d'arranger les choses. » Lénine ressassait le double problème qui se posait à

1. Staline raconta cette histoire à Stanislav Kot, l'ambassadeur de Pologne, lors d'un banquet au Kremlin en décembre 1941.

lui, comment affirmer le contrôle sur la *Pravda*, créer une politique des nationalités, et promouvoir son précieux homme de main. Il avait besoin d'un expert sur la question des nationalités qui ne soit pas russe – et surtout pas juif. Trois ans plus tôt, il avait salué en Staline une personne plus compétente dans ce domaine que Jordania ; c'était là le moyen de faire d'une pierre deux coups.

Lénine proposa à Staline, plutôt que de retourner à Saint-Pétersbourg, de rester et de rédiger un essai qui définirait la nouvelle politique bolchevique des nationalités. Staline accepta.

Vers le 28 décembre 1912, Lénine, Staline et Zinoviev furent rejoints par Malinovski et deux députés de la douma, ainsi que par l'amie de Staline, Valentina Lobova, et un couple bolchevique aisé, Alexandre et Elena Troïanovski, accompagné de la nounou lettonne de leur enfant. « Staline ne parlait pas très fort » mais « d'une façon délibérée et mesurée [...] avec une logique implacable », rapporta Olga Veiland, la nounou alors âgée de dix-neuf ans. « Parfois il se rendait dans l'autre pièce afin de pouvoir faire les cent pas tout en écoutant les discours. »

Staline s'opposait toujours à Lénine qui avait maintenant le soutien véhément de Malinovski – pour des raisons fort suspectes. En fait Lénine et l'Okhrana partageaient la même hostilité envers toute réunification des sociaux-démocrates. La police secrète avait donc ordonné à Malinovski de défendre cette ligne dure alors que Staline persistait à soutenir qu'il pouvait convertir quelques mencheviks. Il espérait que Lénine comprendrait qu'« il valait mieux coopérer pendant un temps et remettre à plus tard une ligne politique dure ». En outre, les six députés de la douma avaient besoin d'un véritable chef, à n'en pas douter lui-même.

« L'atmosphère est insupportable ici, grommela Staline dans une lettre adressée à Saint-Pétersbourg. Tout le monde est invraisemblablement affairé, sacrément affairé, [mais] ma situation n'est pas vraiment trop mauvaise. » Il écrivit ensuite une lettre aux accents presque amoureux à Kamenev, son vieil ami : « Je te donne un baiser esquimau sur le nez. Que le diable m'emporte ! Tu me manques – je le jure vraiment ! Il n'y a personne, absolument personne avec qui avoir une conversation à cœur ouvert, bordel ! Peux-tu t'arranger pour venir ici à Cracovie ? »

Cependant Staline se fit un nouvel ami à Cracovie, Malinovski. Le violeur condamné et le traître de l'Okhrana, de deux ans plus âgé que Staline, jouissait à présent d'un confortable salaire annuel de huit mille roubles que lui servait l'Okhrana – plus que le directeur de la police impériale qui ne percevait que sept mille roubles.

« Il était dynamique, plein de ressources et bel homme, se rappelait Molotov, et il ressemblait un peu à Tito. » À partir de ce moment, Staline lui écrivit des lettres chaleureuses, avec ses amitiés à « Stefania et aux enfants ». Malinovski dénonça habilement d'autres bolcheviks comme traîtres pour détourner l'attention de lui, mais la pression d'une double vie commençait à peser et à le déprimer.

Lors de la dernière réunion à la veille du Jour de l'An 1913, Staline céda à Lénine. « Toutes les décisions sont adoptées à l'unanimité, confia Lénine enthousiaste à Kamenev. C'est un énorme succès. » Mais le repli de Staline n'avait rien d'amer. La réunion, ainsi que le rapporta Malinovski à ses caissiers de l'Okhrana, rétablit la machine bolchevique : un Bureau étranger (Lénine, Zinoviev et Kroupskaïa comme secrétaire) à côté d'un Bureau russe, dominé par Staline et Sverdlov, à présent rédacteur en chef de la *Pravda*, et avec Valentina Lobova comme secrétaire[1]. Staline perdait la direction du journal, mais devenait le premier bolchevik en Russie (avec un salaire mensuel de soixante roubles) et il était chargé d'une mission prestigieuse de théoricien. Il travaillait d'arrache-pied sur la question des nationalités et Lénine faisait des suggestions. Staline envoya un premier état de son essai à Saint-Pétersbourg.

Ensuite, Lénine et les bolcheviks allèrent au théâtre pour célébrer le Nouvel An, « mais la pièce était très mauvaise, dit Olga Veiland. Vladimir Ilitch quitta la salle avec son épouse ». Lénine, Staline et leurs camarades fêtèrent l'année 1913 dans un salon privé d'un restaurant. Sur ses vieux jours, Veiland confia que Staline avait commencé à se montrer entreprenant. « Lénine paraissait très gai, il plaisantait et riait. Il se mit à chanter et se joignit même aux jeux que nous faisions. »

À quelque temps de là, Staline débarqua chez les Troïanovski, dans une Vienne enneigée et transie de froid. Lénine disait d'eux que c'étaient « de braves gens [...]. Ils ont de l'argent ! ». Alexandre Troïanovski, ex-officier de l'armée, était un jeune noble de belle apparence ; son service dans la guerre russo-japonaise l'avait converti au marxisme et il dirigeait et finançait à présent *Prosvechtchenie* (« Les Lumières ») qui devait publier l'essai de Sosso. Parlant fort

1. Kalinine, l'ami de Staline depuis Tiflis, ne fut pas promu au Comité central parce qu'il se trouvait temporairement soupçonné d'être un agent double de l'Okhrana ; les bolcheviks, alors même qu'ils étaient trahis au cœur même du Parti par Malinovski, suspectaient un camarade innocent.

bien allemand et anglais, il vivait avec son épouse, la belle Elena Rozmirovitch, d'origine noble, dans un confortable appartement au 30 de la Schönbrunnerschloss Strasse[1], boulevard que le vieil empereur François-Joseph empruntait chaque jour pour aller de sa résidence au palais du Schönbrunn à son bureau de la Hofburg.

Le vieux Kaiser aux longs favoris, qui régnait depuis 1848 sur l'empire des Habsbourg, se déplaçait dans un carrosse doré tiré par huit chevaux blancs et mené par des postillons coiffés de perruques poudrées et en uniforme à passementeries blanches et noires, escorté de cavaliers hongrois qui portaient, jetée sur l'épaule, une pelisse de panthère. Staline n'a pu manquer de voir ce spectacle d'une magnificence obsolète – et il ne fut pas le seul futur dictateur à le contempler : en ce mois de janvier 1913, la troupe des titans du XXe siècle rassemblée à Vienne[2] semble tout droit sortie d'une pièce de Tom Stoppard. Dans un foyer pour hommes de la Meldemannstrasse, à Brigettenau, univers très éloigné de la résidence quelque peu plus somptueuse de Staline, vivait un jeune Autrichien, artiste peintre raté, Adolf Hitler, alors âgé de vingt-trois ans.

Sosso et Adolf partagèrent donc un des spectacles de Vienne ; Kubizek, le meilleur ami de Hitler, se souvient : « Souvent nous voyions le vieil empereur lorsqu'il se rendait en carrosse de Schönbrunn à la Hofburg. » Mais les deux futurs dictateurs n'étaient nullement impressionnés, tout au plus dédaigneux ; Staline ne fit aucune allusion à cela et « Adolf n'y attachait pas grande importance car il ne s'intéressait pas à l'empereur, mais seulement à l'État qu'il représentait ».

À Vienne, Hitler et Staline étaient tous deux obsédés, quoique de façon différente, par la question raciale. Dans cette cité de courtisans surannés, d'intellectuels juifs et d'agitateurs racistes, de cafés, de brasseries et de palais, les Juifs ne représentaient que 8,6 pour cent de la population, mais leur influence culturelle, incarnée par des gens comme Freud, Mahler, Wittgenstein, Buber et Schnitzler, était bien plus grande. Hitler commençait à élaborer les théories *völkisch* antisémites de la suprématie raciale qu'il imposerait, une fois Führer, dans son Empire européen, tandis que Staline, tout en faisant des recherches pour son article sur les

1. Aujourd'hui devenue pension de famille, la Pension Schönbrunn, cette maison porte encore, chose exceptionnelle, la plaque bleue installée en 1949 sur laquelle on peut lire : « J. V. Staline résida dans cette maison en janvier 1913. Il rédigea ici son important ouvrage "Le marxisme et la question nationale". »

2. Josip Broz, le futur maréchal Tito, travaillait alors à Vienne comme mécanicien.

nationalités, formulait une nouvelle conception d'un empire internationaliste doté d'une autorité centrale derrière une façade autonome, le prototype de l'Union soviétique. Presque trente ans plus tard, leurs structures idéologiques et étatiques allaient s'affronter dans le conflit le plus violent de l'histoire des hommes.

Les Juifs n'avaient aucune place dans leurs visions du monde. Ils inspiraient répulsion et rage à Hitler, tandis qu'ils irritaient et intriguaient Staline, qui critiquait leur nature « mystique » ; ils étaient trop « race » pour l'un, pas assez « nation » pour l'autre.

Les deux dictateurs en herbe partagèrent l'un des passe-temps de Vienne : ils aimaient se promener dans le parc autour du château de Schönbrunn proche du lieu de résidence de Staline. Cependant, jamais ils ne se rencontrèrent, même lorsqu'ils devinrent alliés en 1939 lors du pacte Molotov-Ribbentrop. Ces promenades furent probablement le moment où ils furent physiquement les plus proches.

« Les quelques semaines que Staline passa avec nous furent entièrement consacrées à la question nationale, dit la nounou des Troïanovski, Olga Veiland. Il impliquait tous ceux qui l'entouraient. Certains analysaient Otto Bauer, d'autres Karl Kautsky. » Malgré des efforts intermittents, Staline était incapable de lire l'allemand, et la nounou l'aidait – ainsi qu'un autre jeune bolchevik qu'il rencontra alors pour la première fois, Nikolaï Boukharine, un lutin intellectuel portant un petit bouc. « Boukharine venait à notre appartement tous les jours, dit Olga Veiland, alors que Staline y vivait aussi. » Staline courtisait la nounou, mais celle-ci lui préférait le spirituel et malicieux Boukharine. Il est vrai qu'elle devait, par ailleurs, laver les chemises et les sous-vêtements de Sosso, tâche qui, se plaignit-elle après sa mort, relevait de l'exploit.

Staline et Boukharine s'entendirent fort bien. Staline lui écrirait d'exil, début d'une alliance qui culminerait à la fin des années 1920 par un partenariat politique. Mais Sosso en viendrait, de manière oppressante, à l'adorer puis, chose fatale, à l'envier. Leur amitié commencée à Vienne s'acheva pour Boukharine par une balle dans la tête.

« J'étais assis à table près du samovar dans l'appartement de Skobelev [...] dans l'ancienne capitale des Habsbourg, rapporte Trotski, qui vivait également à Vienne, lorsque soudain la porte s'ouvrit après un coup frappé et un inconnu entra. Il était petit, [...] mince [...], la peau gris-brun couverte de marques de variole [...]. Je ne vis rien dans ses yeux qui ressemblait à de l'amabilité. » C'était Staline, qui « s'arrêta près du samovar et se fit une tasse de thé. Puis, aussi silencieusement qu'il était venu, il repartit, me laissant une impression très déprimante et inhabituelle. Ou peut-être que les événements ultérieurs ont jeté une ombre sur notre première rencontre ».

Staline méprisa toujours Trotski qu'il qualifiait de « champion de pacotille bruyant et aux muscles factices ». Jamais il ne changea d'opinion. Trotski, pour sa part, était pétrifié par les yeux jaunes de Staline qui « brillaient d'animosité ».

Le séjour de Staline chez les Troïanovski fut une révélation ; ce fut sa première et sa dernière expérience du mode de vie civilisé européen, ainsi qu'il le reconnut lui-même. Il vivait dans la pièce qui donnait sur la rue et « y travaillait des journées entières ». Le soir il se promenait dans Vienne et dans le parc de Schönbrunn avec ses hôtes. Au dîner, il parlait parfois du passé, évoquait le souvenir de Lado Ketskhoveli et comment il avait été abattu en prison. Il était comme à son habitude mélancolique. « Bonjour, mon ami, écrivit-il à Malinovski de retour à Saint-Pétersbourg. Pour l'instant je vis à Vienne et j'écris quelques balivernes. À bientôt. » Mais son comportement s'améliora. « Farouche et solitaire au début, dit Olga Veiland, il se détendit et devint plus amusant. » Le style distingué de Troïanovski ne l'indisposait pas, et toute sa vie il lui conserva de l'affection.

« La question des nationalités était notre unique sujet de conversation », dit Olga Veiland. La petite Galina Troïanovskaïa était une enfant très vive qui s'entendait bien avec Staline. « Elle adorait être dans la compagnie des adultes », et Staline jouait avec elle et promettait de lui apporter « des montagnes de chocolat vert du Caucase ». Il « riait très fort » quand elle ne le croyait pas. Et elle aimait à le taquiner : « Tu parles toujours des nations ! » râlait-elle. Au parc de Schönbrunn, Staline acheta des bonbons à l'enfant. Un jour, il paria à sa mère que si tous deux appelaient Galina, celle-ci courrait vers lui pour avoir des confiseries. Ils mirent sa théorie à l'épreuve : Galina courut vers Sosso, confirmant ainsi sa vision cynique de la nature humaine[1].

1. Dans le monde incestueux du bolchevisme, Elena divorça plus tard de Troïanovski et eut une liaison avec le traître Malinovski (selon les dires de ce dernier). Elle épousa le dignitaire bolchevique Nikolaï Krylenko, membre du premier gouvernement de Lénine, plus tard commandant en chef de l'Armée rouge, puis procureur général, et enfin brutal commissaire du peuple à la Justice qui fut fusillé pendant la Grande Terreur. Heureusement Krylenko quitta Elena à la fin des années 1920, ce qui lui sauva probablement la vie car elle survécut à

Staline demanda alors à Malinovski de lui renvoyer le premier état de son article afin de le revoir, précisant : « Dis-moi : 1. Comment va la *Pravda* ? 2. Comment va ta faction ? 3. Comment va le groupe ? [...] Bien à toi, Vassily. » Il réécrivit l'article avant de quitter Vienne pour toujours[1].

Alors que Lénine l'attendait à Cracovie, la trahison menaçait à Saint-Pétersbourg.

la Terreur, travaillant tranquillement aux archives et mourant de mort naturelle en 1953. Galina, la fille des Troïanovski, épousa un autre grand bolchevik, Valerian Kouïbychev, membre du Politburo stalinien, homme à femmes et gros buveur, qui la maltraita. Staline dit qu'il serait intervenu s'il avait connu la lubricité éthylique de Kouïbychev. Sa mort suspecte attribuée à l'alcoolisme en 1953 convint parfaitement à Staline. La nounou, Olga Veiland, devint une *apparatchik* du Parti et du Komintern, se retira à un jeune âge et vécut longtemps. Troïanovski – même s'il se retourna contre les bolcheviks – connut un destin fort différent ; voir l'épilogue.

1. *Le Marxisme et la question nationale* (parfois intitulé *La Question nationale et la social-démocratie*) fut l'ouvrage le plus célèbre de Staline qui ne cessa jamais de le rééditer au cours de sa longue vie. C'était une réponse aux socialistes autrichiens qui proposaient ce que Lénine appelait « une fédération autrichienne au sein du Parti ». Comme toujours, Lénine était pragmatique et clairvoyant, mais aussi idéologue. Il craignait que les bundistes juifs ou les mencheviks géorgiens, qui défendaient des variantes d'une autonomie culturelle ou même d'un séparatisme national, ne rendent le Parti et finalement l'Empire russe ingouvernables sous le bolchevisme. Il avait besoin d'une théorie qui offrît un idéal d'autonomie et le droit de sécession sans nécessairement accorder l'un ou l'autre. Lénine et Staline tombèrent d'accord sur le fait que rien ne devait se mettre en travers du chemin d'un État centralisé. Staline défendait la nation en tant que « communauté de gens historiquement constituée et stable, unie par une communauté de langue, de territoire, de vie économique et de tempérament psychologique ». Au sujet des Juifs, Staline demandait : « Quelle sorte de nation est une nation juive qui consiste en Juifs géorgiens, daguestani, russes et américains qui ne se comprennent pas les uns et les autres, vivent en des lieux différents du globe [...] et qui n'agissent jamais ensemble en temps de paix ou de guerre ? Ils sont en voie d'assimilation », car ils n'ont pas « de strate stable et ample associée à la terre... ». Il attaquait « le marxisme autrichien » et l'autonomie nationale, mais acceptait pour le Caucase « l'autonomie régionale ». Le droit de sécession était offert (en théorie) mais ne devait pas être utilisé. Cet essai n'était pas bien écrit mais il avait une espèce de subtilité qui devint une réalité lorsque Staline créa le réseau de républiques qui devint l'URSS. Il demeure pertinent aujourd'hui parce que l'éclatement de l'Union soviétique en 1991 a permis aux républiques à part entière comme l'Ukraine, l'Estonie et la Géorgie de devenir indépendantes, mais pas aux républiques autonomes comme la Tchétchénie.

32

LE BAL DE L'AGENT SECRET : TRAHISON EN TRAVESTI

« Je suis retourné à Cracovie pour voir Lénine, raconta Staline. Deux jours plus tard, il m'a invité à venir et j'ai remarqué le manuscrit ouvert sur le bureau. Il m'a demandé de m'asseoir près de lui. »

Lénine était impressionné : « Est-ce vraiment vous qui avez écrit ceci ? demanda-t-il à Staline, d'un ton légèrement condescendant.

– Oui, camarade Lénine. Ai-je commis des erreurs ?

– Non, au contraire, c'est vraiment excellent ! »

Lénine était bien décidé à publier l'essai comme document politique. « L'article est *très bon* ! dit-il à Kamenev. C'est une question de combat et nous ne céderons pas un iota sur notre opposition de principe à la pourriture bundiste ! » Dans une lettre à Gorki, il fit l'éloge de Staline, son « merveilleux Géorgien ».

Sosso publia l'article en mars 1913 sous son nouveau nom de plume, « K. Staline », qu'il utilisait pour la deuxième fois. Ce nom avait évolué depuis 1910 lorsqu'il avait commencé à signer des articles « K. St. », puis « K. Safine » et « K. Soline ».

La vie clandestine imposait tout un répertoire de noms d'emprunt, souvent choisis au hasard. Oulianov avait peut-être pris « Lénine » en s'inspirant de la rivière Lena, mais il utilisa en tout cent soixante pseudonymes. Il conserva « Lénine » parce que c'était cette signature pour l'article *Que faire ?* qui l'avait fait connaître. De même Sosso employa « Staline » pour l'essai sur les nationalités qui fit sa réputation et c'est une des raisons pour lesquelles ce nom demeura. S'il n'avait pas été aussi égocentrique et aussi porté au mélodrame, l'histoire l'aurait peut-être retenu sous le nom de « Vassiliev » ou d'« Ivanovitch ».

Un autre attrait de ce nom était sa vague ressemblance avec « Lénine », mais Staline forgeait également des pseudonymes à partir des noms de ses maîtresses ou amies ; il se peut, ainsi que nous l'avons dit, que Lioudmila Stal ait contribué à inspirer celui-là, mais jamais il ne l'aurait reconnu. « Mes camarades m'ont donné ce nom, dit-il avec suffisance lors d'une interview. Ils pensaient qu'il me convenait. » Molotov savait que cela était faux et dit : « C'est ainsi qu'il s'appela lui-même. » Mais ce nom « industriel », à la sonorité dure et qui signifie l'« homme d'acier », convenait bien à son caractère – et devint le symbole de tout ce qu'un bolchevik devait être[1].

Il s'agissait là d'un pseudonyme russe, bien que Staline ne cessât jamais d'être caucasien, associant le « Koba » géorgien au « Staline » slave (ses amis eux continuèrent à l'appeler « Sosso »). À partir de ce moment, il devint ce que l'historien Robert Service nomme « un personnage binational ». Après 1917, il prendrait en fait quatre identités : géorgienne par nationalité, russe par loyauté, internationaliste par idéologie et soviétique par citoyenneté.

L'histoire commença par un nom de plume et s'acheva par un empire et une religion. Dictateur, Staline reprocha à grands cris à Vassili, son incapable de fils, d'utiliser leur nom : « Tu n'es pas Staline et je ne suis pas Staline ! Staline, c'est le pouvoir soviétique ! »

À la mi-février 1913, le nouveau « Koba Staline » était de retour à Saint-Pétersbourg où les bolcheviks, trahis à tout instant par Malinovski, étaient aux abois.

1. Il se peut que « Soline » et « Safine », versions antérieures de ce nouveau nom, aient été des coquilles d'imprimerie car *sol* signifie « sel » en russe, et « homme de sel » n'a pas la sonorité métallique de la version ultime. Lorsqu'ils composaient pour impression les articles de *Zvezda* en avril 1912, raconte Vera Chveitzer, « l'équipe de rédaction modifia une fois le nom de façon arbitraire. Le lendemain, lorsque J. V. Staline ouvrit *Zvezda* et vit la signature "Soline", il sourit : "Je n'aime pas les noms d'emprunt sans signification" ». Il revint à « K. St. » jusqu'en janvier 1913. Staline n'était pas le seul nom de caractère « industriel ». Rosenfeld devint Kamenev, « l'homme de pierre » (bien qu'il fût trop doux pour ce pseudonyme), et Skriabine devint Molotov, « le marteau ». L'habitude existait aussi d'emprunter des noms de geôliers : Bronstein prit celui de Trotski à l'un de ses gardiens de prison. Contrairement à de nombreuses affirmations dans les biographies occidentales, « Staline » n'est pas une version russifiée de Djougachvili ; *Djuga* ne signifie ni « fer » ni « acier » en géorgien ou en ossète.

« C'est une débauche complète d'arrestations, de traques et de rafles », écrivit Staline aux Troïanovski dans une lettre que l'Okhrana ouvrit. Il ajoutait qu'il n'avait pas oublié la promesse faite à la petite Galina âgée de six ans : « Je vais envoyer le chocolat à Galotchka. »

Staline, jouissant à présent d'une autorité accordée par Lénine, mais cerné par l'action vigoureuse de l'Okhrana, ne cherchait même pas à se cacher. Il demeurait rue Chpalernaïa, au centre-ville, dans l'appartement de Badaïev et de Samoïlov, députés à la douma, et participait à des réunions chez leur collègue député Petrovski. Dans une autre lettre, il soupire : « Il n'y a personne de compétent. Je ne peux guère m'occuper de tout. »

Son premier défi fut de défendre sa star au Parlement, Malinovski, contre une accusation scandaleuse. Un article le dénonçait comme espion à la solde de l'Okhrana. Comme ce texte était signé « Ts », les bolcheviks crurent que le calomniateur était un menchevik, Martov (de son vrai nom Tsederbaum), ou son beau-frère Fiodor Dan. « Le bolchevik Vassiliev [Staline] vint à mon appartement (il était connu sous le nom de "Ioska Koriavyi" [Joe la Vérole]) pour essayer de mettre fin aux rumeurs sur Malinovski », dit Fiodor Dan. Joe la Vérole mit en garde l'épouse de Dan, Lydia, qu'elle aurait à le regretter si les mencheviks essayaient de salir Malinovski.

Cependant, grâce à Malinovski, les moindres mouvements de Staline étaient dorénavant surveillés par le directeur de la police impériale en personne. Le 10 février, Sverdlov, trahi par Malinovski, fut arrêté. Staline décida alors de nommer Chaoumian, son camarade de Bakou, rédacteur de la *Pravda*, mais Malinovski convainquit Lénine que l'Arménien serait trop conciliant, comme Staline lui-même. Lénine soutint donc le candidat de Malinovski, Tchernomazov, qui, ainsi que Staline l'avait subodoré à Bakou, était un autre agent double de l'Okhrana.

En février 1913, Malinovski avait trahi tout le Comité central en Russie, à l'exception de Staline et de l'incapable Petrovski. L'Okhrana était bien décidée à mettre fin à toutes les réunions des sociaux-démocrates : Staline le Conciliateur était le suivant sur sa liste.

Le samedi soir 23 février, des sympathisants bolcheviques organisèrent un concert et un bal masqué pour collecter des fonds à la Bourse Kalachnikov, lieu tout à fait inhabituel pour Staline. Comme les filles d'Alliloulïev piaffaient d'impatience à l'idée de cette fête, Staline et Kavtaradze, qui leur enseignait les mathématiques, discutèrent de l'opportunité de s'y rendre.

Cet après-midi-là, Staline rendit visite à Malinovski. L'agent double exigea qu'il aille au bal. Staline – ainsi qu'il le raconta plus tard à Tatiana Slavatinskaïa – refusa, disant qu'il « n'était pas d'humeur et n'avait pas les vêtements pour cela. Mais Malinovski insista », le rassurant même sur les questions de sécurité. Le traître toujours tiré à quatre épingles ouvrit sa garde-robe pour Staline, lui donnant col dur, chemise de soirée et cravate de soie qu'il noua autour du cou de son camarade.

Malinovski venait de rentrer presque directement d'une réunion avec son contrôleur de l'Okhrana, Beletski, le directeur de la police impériale, à qui il avait probablement promis de livrer Staline.

« Vassili [Staline] et moi nous sommes rendus à la soirée, écrivit sa maîtresse, Tatiana Slavatinskaïa, une soirée agréable. » Staline, arborant sa cravate chic, s'assit à une table avec les députés bolcheviques à la douma. « J'étais vraiment surpris de voir [...] notre cher Géorgien [...] à une soirée aussi fréquentée », raconta plus tard à Lénine Demian Bedny, poète prolétarien qui devint, dans les années 1920, un des proches courtisans de Staline. « C'était réellement imprudent d'aller là – était-ce l'œuvre du diable ou quelque imbécile l'avait-il invité ? Je lui ai dit : "Tu ne t'échapperas pas." » Bedny suggéra qu'il y avait un traître dans leurs rangs.

Vers minuit, des officiers de l'Okhrana en civil, soutenus par des gendarmes, prirent position au fond de la salle de concert où les invités étaient assis à leurs tables. « Staline était en train de bavarder avec Malinovski lui-même », remarqua Tatiana quand « il s'aperçut qu'il était surveillé ».

Les inspecteurs s'approchèrent de la table de Staline et lui demandèrent son nom. Il nia être Djougachvili. Des camarades se pressèrent autour de lui et tentèrent de le mettre en sécurité derrière la scène. « Il se rendit dans la loge des artistes, dit Slavatinskaïa, et leur demanda d'aller me chercher. » Une fois encore, Staline recourut à un travestissement en femme, mais il réussit à confier à Tatiana qu'il s'était « rendu chez Malinovski avant la soirée et qu'il avait été suivi ». On maquilla Staline et on lui mit une robe longue. Alors qu'on le conduisait hors de la loge, un policier remarqua ses gros souliers (et certainement sa moustache !) et « le saisit avec un cri ».

« Djougachvili, nous t'avons enfin attrapé !

– Je ne suis pas Djougachvili. Mon nom est Ivanov, répliqua Staline.

– Va raconter ces histoires à ta grand-mère ! »

C'en était fini.

« Deux agents en civil lui demandèrent de les suivre. Tout se fit tranquillement. Le bal continua. » Malinovski se précipita « derrière le camarade Staline en "protestant" contre son arrestation et en promettant de prendre des mesures pour le libérer ».

Lénine écrivit innocemment au traître pour « discuter de la façon de prévenir de nouvelles arrestations ». Kroupskaïa et lui s'alarmaient et voulaient que « Vassili » (Staline) fût « bien protégé ». C'était trop tard. « Pourquoi n'a-t-on pas de nouvelles de Vassili ? Que lui est-il arrivé ? Nous sommes inquiets. »

L'arrestation de Staline fut considérée comme un succès assez important pour que Beletski, le directeur de la police, informe le ministre de l'Intérieur lui-même, Maklakov, qui confirma, le 7 juin 1913, la recommandation du Comité spécial : J. V. Djougachvili était condamné à quatre ans de déportation au Touroukhansk, obscur royaume sibérien désolé et glacé, loin de la civilisation.

QUATRIÈME PARTIE

Dans cette contrée, pareil à un fantôme,
Il errait de porte en porte ;
Entre les mains, il serrait un luth
Et doucement le faisait tinter ;
Dans ses mélodies rêveuses,
Comme un rayon de soleil,
Vous sentiez la vérité même
Et l'amour céleste.
De bien des hommes, la voix faisait
Battre un cœur qui s'était changé en pierre ;
De bien des hommes, elle éclairait l'esprit
Plongé dans une obscurité extrême.
Mais, au lieu de glorification,
Partout où la harpe vibrait,
La populace plaçait devant le paria
Une coupe emplie de poison…
Et on lui disait : « Bois ceci, ô maudit,
C'est là le sort qui t'est imparti !
Nous ne voulons ni de ta vérité
Ni de tes musiques célestes ! »

Sosselo (Joseph Staline)

33

« MA CHÉRIE, JE SUIS DANS UNE TRÈS MAUVAISE PASSE »

Le vapeur, qui remontait lentement le fleuve Ienisseï depuis Krasnoïarsk à la mi-juin 1913, révélait à Staline une Sibérie infiniment lointaine et d'une sauvage immensité. Sa destination, le Touroukhansk, était plus vaste que la Grande-Bretagne, la France et l'Allemagne réunies, et peuplée de douze mille habitants seulement.

Le Ienisseï traverse des vallées étroites aux terrasses élevées puis s'élargit tant que Staline pouvait contempler sa surface miroitante sans voir aucune terre. La taïga sibérienne est vallonnée et couverte de forêts denses de mélèzes qui s'élancent vers les crêtes d'une toundra alpestre plate. Verte et luxuriante en été, elle est rude et d'un blanc glacial pendant les neuf mois d'hiver, avec des températures qui tombent à soixante degrés en dessous de zéro. Entre les villages de paysans et de condamnés, les espaces colossaux étaient parfois parsemés de rares tentes et animés des troupeaux de rennes des nomades toungouses et ostiak.

Ç'en était fini du jeu toujours recommencé de l'évasion et de la capture. C'était là, pour reprendre le mot de Robert Service, « une île du Diable au milieu des terres ». Cette fois, même si Staline ne l'avait pas encore compris, l'autocratie ne plaisantait pas. De Saint-Pétersbourg, il fallait une bonne semaine pour atteindre la capitale régionale, Krasnoïarsk, et de là Staline avait été envoyé vers le nord au Touroukhansk. Ce fut son lieu de résidence pendant quatre ans et il s'imprima dans son cœur pour ne plus jamais le quitter.

Après un voyage de vingt-six jours, il débarqua le 10 août

au village de Monastyrskoe[1], la « capitale » de la province du Touroukhansk. « Comme vous le voyez, je suis au Touroukhansk, écrivit-il à Zinoviev (et à Lénine) à Cracovie. Avez-vous reçu ma lettre envoyée en chemin ? Je suis tombé malade. Il me faut me rétablir. Envoyez-moi de l'argent. » Il préparait déjà son évasion : « Si vous avez besoin de mon aide, faites-le-moi savoir et j'arrive immédiatement. »

Lénine avait vraiment besoin de son aide. Le 27 juillet, il avait tenu une réunion du Comité central au cours de laquelle il avait ordonné que l'on fasse s'évader d'exil Staline et Sverdlov. On envoya soixante roubles à chacun, mais une fois encore Malinovski dénonça le plan à l'Okhrana qui télégraphia au chef de la police du Touroukhansk, Ivan Kibirov, pour l'avertir que Staline était un artiste de l'évasion. Les fonctionnaires en poste dans ce genre d'endroit étaient de fait eux-mêmes exilés ; Kibirov, un Ossète, avait été démis de la police de Bakou et affecté au Touroukhansk pour des fautes inconnues. Peut-être à cause de leurs origines ossètes communes, il appréciait Staline.

Sosso fut assigné à résidence à Miroedikha, un hameau au sud, où il se fit rapidement connaître. Un déporté nommé Innokenti Doubrovinski s'était noyé dans le fleuve cet été-là et il avait laissé une impressionnante bibliothèque. L'étiquette de l'exil exigeait que les bibliothèques des compagnons décédés fussent partagées, mais Staline comme à son habitude « expropria » les livres qu'il se mit à dévorer avec avidité. La vie des exilés tournait autour de ce genre de querelles mesquines que Staline avait le don de provoquer. Les autres exilés furent scandalisés – ils se plaignirent et l'ostracisèrent. Philippe Zakharov, un bolchevik, affronta le voleur de livres, mais Staline traita son impertinent visiteur « comme l'aurait fait un général tsariste recevant un simple soldat qui aurait eu l'impudence de paraître devant lui avec une requête ». Ainsi, Staline se comportait en *khoziaïn*, en « maître », bien avant de devenir dictateur de Russie – en fait il se comportait ainsi depuis l'enfance.

Deux semaines plus tard, il dut déménager (sans doute avec sa nouvelle bibliothèque) pour un autre hameau, Kostino. Là, il trouva quatre exilés, et ce pédagogue manqué passa son temps à

1. Ce comptoir commercial se flattait d'avoir un grand monastère de caractère missionnaire qui avait évangélisé la tribu locale et que dirigeait un Mikhaïl Souslov, l'arrière grand-père du potentat soviétique éponyme que Staline encouragea après la Seconde Guerre mondiale et qui devint l'*éminence grise** de l'ère Brejnev.

apprendre à lire à deux criminels géorgiens. Bientôt il découvrit que son ancien compagnon de chambre, Sverdlov, se trouvait non loin de là, à Selivanikha.

Vers le 20 septembre, Staline rendit visite à Sverdlov qui vivait dans une maison de bains paysanne. Là, dans cette *banya* reconvertie, ils rêvèrent d'évasion. « Je viens de dire au revoir à Vaska [Staline] qui a été mon hôte ici pendant une semaine », écrivit Sverdlov à Malinovski, le dernier bolchevik en liberté en Russie. « Si vous avez de l'argent pour moi ou pour Vaska (peut-être en avait-il été envoyé), alors envoyez-le [...]. La semaine dernière, nous avons écrit pour demander des journaux et des magazines. Faites ce que vous pouvez. » À n'en pas douter Malinovski faisait de son mieux pour trahir les détenus que l'espoir faisait vivre.

Le 1er octobre, Lénine et le Comité central, réagissant à l'offre faite par Staline à Zinoviev, proposèrent de nouveau de le faire s'échapper avec Sverdlov, et consacrèrent cent roubles au projet. Dans les dix-neuf jours qui suivirent, Staline « reçut une offre d'un camarade à Saint-Pétersbourg pour fuir vers la capitale ». Staline et Sverdlov se préparèrent pour cette évasion audacieuse et y consacrèrent tout leur argent et leur crédit. Le directeur bolchevique de la société canadienne Revelion de commerce de fourrures fournit farine, sucre, thé et tabac ; le médecin local fit don de médicaments et d'autres personnes fabriquèrent de faux passeports.

Le « spécialiste en évasions » était presque prêt, mais l'hiver s'installait dans la taïga. Il était plus rude et plus terrible que tout ce que le Géorgien avait connu. Bientôt Staline fut au plus bas. La vie quotidienne au Touroukhansk était une lutte de chaque instant. Si la plupart des bannissements du régime tsariste étaient pareils à des vacances, au Touroukhansk l'exil était une lente agonie ; beaucoup de déportés mouraient là à cause des rigueurs extrêmes du climat. Au début de novembre, il faisait moins trente-trois et la température s'orientait vers moins cinquante. La salive gelait sur les lèvres, le souffle se transformait en cristaux. Et le froid rendait la vie bien plus chère. Staline fit appel à sa petite amie, Tatiana Slavatinskaïa. Son angoisse était manifeste :

> *Tatiana Alexandrovna, j'ai honte de t'écrire ceci mais je n'ai pas d'autre choix – mes besoins sont urgents ! Je n'ai pas un kopeck. Toutes mes provisions sont épuisées. J'avais un peu d'argent mais tout a été dépensé en vêtements chauds, en chaussures et en nourriture, qui sont très chers ici [...]. Grand Dieu, je ne sais pas ce qui va m'arriver. Pourrais-tu secouer les amis et obtenir trente roubles ? Peut-être plus par la suite. Ce serait mon salut, et le plus tôt serait le*

mieux car l'hiver bat son plein (hier moins trente-trois) [...]. J'espère que tu peux faire cela. Aussi, ma chérie, s'il te plaît, mets-toi à la tâche. Sinon « le Caucasien de la Bourse Kalachnikov » va mourir...

Tatiana lui envoya non seulement les vieux vêtements qu'il avait laissés mais elle lui acheta des sous-vêtements pour l'hiver. Lorsqu'ils arrivèrent, il était tout excité : « Chère Tatiana chérie, j'ai reçu ton colis. Mais je n'avais pas demandé de vêtements neufs, simplement les vieux, et tu as dépensé ton argent pour des neufs. Chère chérie, c'est une honte car tu manques d'argent, et je ne sais comment te remercier ! » Malgré cela, Staline la supplia de lui envoyer de l'argent : « Chérie, mes besoins se font plus pressants avec chaque heure qui passe. Je suis dans une très mauvaise passe : pour couronner le tout, je suis tombé malade, une mauvaise toux pulmonaire. J'ai besoin de lait, d'argent. Je n'en ai pas. Ma chérie, si tu trouves de l'argent, envoie-le immédiatement. Attendre plus longtemps est chose insupportable... »

Staline dut très certainement écrire à tous ses amis, en particulier à Malinovski, l'homme qui l'avait envoyé en Sibérie :

Bonjour, mon ami,

Je me sens un peu embarrassé d'écrire, mais nécessité oblige. Je n'ai jamais vécu une situation aussi terrible. Tout mon argent est épuisé, j'ai une toux sinistre, les températures chutent (moins trente-sept degrés), et une détérioration générale de ma santé ; et je n'ai pas de provisions, pas de pain, de sucre, de viande, de pétrole. Tout mon argent est parti en dépenses pour vivre, m'habiller et me chausser [...]. J'ai besoin de lait, de bois de chauffage, mais [...] l'argent, je n'ai pas un sou, ami. Je ne sais pas comment je vais traverser l'hiver... Je n'ai ni famille ni amis riches, et je n'ai personne à solliciter, aussi j'en appelle à vous [...].

Staline suggéra que Malinovski fît appel au menchevik Karlo Tchkheïdze, qu'il avait malmené à Batoumi, « non seulement en tant que mon compatriote mais en tant que Président de la faction. Je ne veux pas mourir ici sans même vous écrire une lettre. L'affaire est pressante car attendre signifie mourir de faim, et je suis déjà faible et malade ». Il avait reçu « quarante-quatre roubles de l'étranger », de Berne en Suisse – et rien d'autre. Il essaya de trouver des fonds d'une autre manière. Zinoviev déclara qu'ils publiaient son essai sur les nationalités sous forme de brochure :

Alors j'espère (j'ai le droit d'espérer) un cachet (l'argent est le souffle de la vie dans ce lieu funeste, où ils n'ont rien que du poisson). J'espère, si cela se fait, que vous me défendrez et m'obtien-

drez ces droits d'auteur [...]. Je vous embrasse, que diable [...]. Dois-je vraiment végéter ici pour quatre années encore ?

Iossif

Malinovski répondit par un message codé transparent : « Cher frère, je vais vendre le cheval. J'en ai demandé cent roubles. »

Cependant quand cette somme pour l'évasion arriva, elle était adressée à Sverdlov. Staline en prit ombrage : ne voulaient-ils donc que Sverdlov et pas lui ? Mais les choses s'éclaircirent un peu. Zinoviev répondit qu'ils publiaient la brochure de Staline. Il reçut vingt-cinq roubles de Badaïev, le député à la douma, mais il avait besoin de plus. Il écrivit très certainement en Géorgie, à sa mère et aux Svanidze, car il reçut un colis de Tiflis, et il fit également appel aux Allilouïev.

Les livres et l'argent réclamés à Zinoviev n'arrivaient pas. Staline désespéra de nouveau : « Vous avez écrit que vous enverriez la "dette" par petits bouts. Envoyez-la aussi tôt que possible, si petits que soient les bouts. J'ai terriblement besoin d'argent. Cela irait bien sans ma fichue maladie qui exige de l'argent [...]. J'attends. »

Staline écrivait un autre article intitulé « Autonomie nationale culturelle » qu'il envoya, par l'intermédiaire de Sergueï Allilouïev, à Troïanovski pour sa revue *Prosvechtchenie*. Mais son irritation à l'égard de Zinoviev s'accentua encore et, dans une lettre du 11 janvier 1914 où il parlait de lui-même à la troisième personne, il protestait : « Pourquoi demeurez-vous silencieux, mon ami ? Je n'ai pas eu de lettre de vous depuis trois mois. Staline [...] espérait recevoir le cachet correspondant, et qu'ainsi il n'aurait pas à demander à qui que ce soit encore de l'argent. Je crois qu'il a le droit de penser ainsi. » Staline n'oublierait jamais comment l'avait traité Zinoviev, cet orateur m'as-tu-vu, cet émigré juif hautain, toutes choses qu'il méprisait.

En janvier 1914, après six mois d'angoisse et de lutte, l'argent commença à arriver : Kibirov, le policier, rapporta à ses supérieurs que Staline avait reçu cinquante roubles de Saint-Pétersbourg, dix roubles de Sachiko Svanidze Monosselidze à Tiflis, vingt-cinq de Badaïev, et encore cinquante-cinq de Saint-Pétersbourg, presque assez pour obtenir de faux papiers.

Beletski, le directeur de la police impériale, apprit (probablement de Malinovski) qu'une évasion était imminente. Il télégraphia au Touroukhansk que Staline et Sverdlov avaient reçu chacun cinquante roubles « pour organiser leur évasion ». Un indicateur local de l'Okhrana confirma que « Djougachvili et

Sverdlov songent à s'échapper [...] sur le tout premier vapeur qui descendra le Ienisseï cet été ». Beletski ordonna : « Prenez toutes les mesures pour empêcher cela ! » L'Okhrana décida de « placer Djougachvili et Sverdlov dans un village du nord où il n'y a pas d'autres exilés et d'affecter deux inspecteurs à leur surveillance ».

C'était là une terrible nouvelle. « Djougachvili et moi sommes déplacés de cent quatre-vingts verstes vers le nord, à quatre-vingts verstes au nord même du cercle polaire », annonça un Sverdlov abattu à sa sœur Sara. « On nous arrache même au bureau de poste. Le courrier n'arrive à pied qu'une fois par mois et en fait huit ou neuf fois par an [...]. Le nom de l'endroit est Koureïka. »

Staline était transféré à la limite même du cercle Arctique[1].

1. Sverdlov se trompait : il existait deux Koureïka. Leur destination était en fait juste au sud du cercle Arctique.

34

1914. COMÉDIE SEXUELLE DANS L'ARCTIQUE

Si Staline qualifiait Kostino de « lieu sinistre », Koureïka était un enfer de glaces, le genre d'endroit où l'on pouvait se croire totalement oublié et où l'on pouvait même perdre sa santé mentale : sa solitude, sa désolation et son enfermement obligatoire marqueraient à jamais Staline. En mars 1914, Sverdlov et lui furent transférés vers le nord par leurs gendarmes personnels armés, Laletine et Popov, sur une charrette tirée par un cheval.

Ils arrivèrent et découvrirent que Koureïka méritait à peine le nom de hameau et que ses habitants semblaient être quasiment tous apparentés. Soixante-sept villageois, trente-huit hommes et vingt-neuf femmes, vivaient entassés dans huit isbas branlantes qui ressemblaient davantage à des huttes qu'à des maisons. Pour la plupart, les membres de cette colonie consanguine appartenaient à trois familles : les Tarassev, les Saltykov et les sept orphelins Pereprygine.

« Un lundi, je faisais bouillir de l'eau pour la lessive, dit Anfissa Tarasseva[1], quand je vis un homme, à la barbe et aux cheveux

1. En 1942, le Premier Secrétaire de Krasnoïarsk, Konstantine Tchernenko, qui s'était élevé pendant la Terreur à coup de dénonciations et même en prenant part aux exécutions, demanda au célèbre historien M. A. Moskalev d'interviewer les relations de Staline au Touroukhansk pour un ouvrage laudateur sur Staline en exil en Sibérie. Tchernenko fit imprimer le livre et l'envoya à Moscou pour approbation. Après tout, Beria, membre du Politburo et chef de la police secrète, avait bâti sa carrière en supervisant une histoire ridiculement exagérée de la carrière de Staline dans le Caucase. Mais cette fois, cela ne marcha pas. Les enquêtes de Tchernenko exaspérèrent Staline, même si elles sont une bénédiction pour nous, historiens. Le dictateur consacrait de longues heures à gagner la

noirs et épais, entrer avec une petite valise et un ballot de draps et de couvertures. “Bonjour, *khoziaïka* [maîtresse de maison], je demeure chez vous”, dit-il. Il déposa sa valise comme s'il avait toujours vécu là. Il joua avec les enfants et [...], quand les hommes rentrèrent, il dit : “Je suis de Saint-Pétersbourg. Mon nom est Iossif Djougachvili”. »

Staline et Sverdlov s'installèrent dans l'isba d'Alexeï et d'Anfissa Tarassev. Au début tout alla bien. Les exilés s'entendirent avec Tarassev qui accepta de recevoir leurs mandats. Il faisait encore froid, mais c'était le dégel. La vie à Koureïka était réglée par le climat : lorsque le Ienisseï gelait, les autochtones se déplaçaient sur le fleuve en traîneaux tirés par des rennes ou des chiens. Puis venait la « saison des mauvaises routes », lorsque les voies étaient si boueuses qu'elles devenaient impraticables. En mai, les vapeurs commençaient à naviguer sur le Ienisseï pour quelques mois ; alors les gens parcouraient le fleuve en bateau, tirés de la rive par des meutes de chiens – jusqu'au retour du gel.

Seuls les rennes, les renards arctiques et les tribus toungouses demeuraient vraiment actifs au cœur de l'hiver. Tout le monde devait se vêtir de peaux de renne. Lidia Perepryguina, une gamine de treize ans qui appartenait au clan des orphelins, remarqua que Staline était insuffisamment couvert d'un manteau trop léger. Bientôt il arbora une tenue complète en peau de renne, des bottes jusqu'à la toque.

« Dans ce nouvel endroit, il est bien plus dur de s'installer, écrivit Sverdlov le 22 mars. C'était plutôt déplaisant de ne pas avoir de pièce à soi. » Les deux compagnons de chambre bolcheviques s'entendirent assez bien au début : « Nous sommes deux à faire part commune. Mon vieil ami, le Géorgien Djougachvili, est ici avec moi ; nous nous sommes rencontrés lors de précédents exils. C'est un brave type mais... » – au bout de dix jours à peine,

guerre et il savait qu'il n'y avait rien de glorieux à révéler à Koureïka, bien au contraire ; il appréciait et méprisait tout à la fois le culte idolâtre qu'on lui vouait ; et Moskalev était juif, membre d'une « race » dont Staline se méfiait de plus en plus. Il téléphona à Tchernenko et l'invectiva. Le livre fut retiré de la circulation. Moskalev fut arrêté au cours de la Terreur antisémite de l'après-guerre, mais il survécut jusque dans les années 1960, devenant un des grands historiens soviétiques. La carrière de Tchernenko fut bloquée. Cependant sa flagornerie lui trouva un nouveau protecteur ; il devint *chef de cabinet* de Leonid Brejnev, membre du Politburo et avant-dernier successeur de Brejnev comme dirigeant de l'URSS en 1984 ; le court règne de ce médiocre sénile symbolisa la gérontocratie obsolète de l'Union soviétique. Il mourut en 1985. Son successeur fut le vigoureux réformateur Mikhaïl Gorbatchev.

il y eut en effet un sérieux hic – « il est bien trop individualiste[1] dans la vie quotidienne ».

Pire encore, les Tarassev avaient toute une nichée de gamins bruyants. « Notre chambre est mitoyenne de celle de nos hôtes, se plaignit Sverdlov dans une lettre, nous n'avons pas d'entrée séparée. Les enfants traînent alentour toute la journée et nous dérangent. » Mais Sverdlov était également exaspéré par les Toungouses qui venaient voir les exilés. Vêtus des pieds à la tête de peaux de renne, ils deviendraient une partie intégrante de la vie de Staline. Nomades pêcheurs et éleveurs, c'étaient des hommes rudes, aux traits asiatiques, qui vivaient en harmonie avec leurs rennes et croyaient en un syncrétisme d'orthodoxie et de spiritualisme ancien que leurs chamans interprétaient (« chaman » est un terme toungouse à l'origine).

Les Toungouses « s'asseyaient et restaient là, silencieux, une demi-heure avant de se lever et de dire : "Au revoir, nous devons partir." Ils viennent le soir qui est le meilleur moment pour étudier », soupirait Sverdlov. Mais Staline tissa des liens d'amitié avec ces hommes tout aussi laconiques que lui.

Les tensions ne tenaient pas uniquement aux enfants et aux tâches domestiques. Staline, toujours aussi susceptible et vindicatif, ne cessait de ruminer sur la raison pour laquelle l'argent prévu pour l'évasion avait été envoyé à Sverdlov et non à lui. Les jours passaient et il ne recevait toujours pas les cent roubles promis par Malinovski, ni les droits d'auteur et les livres de Zinoviev. Celui-ci se moquait-il de lui ? Et Sverdlov jouait-il double jeu ?

Le Géorgien et le Juif, noyau perdu du Parti bolchevique dans l'Empire russe, captifs dans ce village de huit cabanes à des milliers de lieues de l'Europe, commencèrent bientôt à s'exaspérer l'un l'autre. Dans un coin de leur minuscule et obscure chambre, Sverdlov griffonnait sur l'égoïsme de son compagnon, tandis que, dans un autre, Staline, excédé par les pinaillages de son compagnon, écrivait à Malinovski pour exiger un éclaircissement sur ce qu'il était advenu des cent roubles :

> *Il y a cinq mois j'ai reçu une invitation d'un camarade de Saint-Pétersbourg qui me demandait de m'y rendre et de trouver l'argent pour le voyage. J'ai répondu il y a quatre mois, mais je n'ai pas reçu de réponse. Pouvez-vous m'expliquer ce malentendu ? Puis, il y a trois mois, j'ai reçu une carte postale de Kostia [l'offre de Malinovski lui-*

1. Le terme « individualiste » était une injure marxiste car les bolcheviks étaient censés soumettre l'individu au collectif.

même de « vendre le cheval [...] cent roubles »]. Je ne l'ai pas comprise et je n'ai pas reçu les cent roubles. Et ensuite le camarade Andreï [pseudonyme de Sverdlov] a reçu cette somme [...], mais je suppose qu'elle n'est que pour lui. Je n'ai pas eu de lettres de Kostia depuis. Je n'ai rien reçu de ma sœur Nadia [Kroupskaïa] depuis quatre mois. »

Staline concluait qu'ils avaient choisi de faire s'échapper « un autre homme » – Sverdlov. « Ai-je raison, frère ? Je demande, cher ami, une réponse directe et précise parce que j'aime la clarté tout comme vous l'aimez, j'espère. »

Nul homme n'aimait moins la clarté que Staline ou Malinovski, tous deux conspirateurs et dissimulateurs hors pair. Mais alors que le premier se morfondait dans un exil lointain et minant, le second voyait son monde s'effondrer. Il y avait une bonne raison pour que Malinovski n'ait pas vendu le « cheval » ni répondu au courrier de Staline. « Le cher ami Roman » était devenu un alcoolique « hystérique » qui buvait de la vodka à même le bec d'une théière – et il était au bord de la dépression. Finalement, un nouveau ministre de l'Intérieur et un nouveau directeur de la police démirent Malinovski, qui démissionna de la douma le 8 mai 1914. L'affaire Malinovski explosa alors publiquement au nez même du gouvernement et de la police.

Lénine et Staline lui-même avaient été les défenseurs les plus ardents de Malinovski au sein du Parti. « Lénine ne pouvait pas ne pas savoir », dirait Malinovski plus tard, mais il se trompait. Lénine refusait de croire la vérité. Il avait pris la mesure du prestige conquis par Malinovski à la douma et de son aide pour vaincre (ou écarter par des arrestations) les Conciliateurs (dont Staline) et conclu : « Si c'est un *provocateur**, la police secrète y a moins gagné que notre Parti[1]. »

1. Tout comme l'affaire Azef, les révélations concernant Malinovski se répandirent à la douma, ébranlèrent l'establishment politique et contribuèrent à miner la crédibilité et les compétences non seulement de l'Okhrana, mais aussi de la douma, de l'empereur et de l'État lui-même. Un des premiers accusateurs de Malinovski fut Elena (Rozmirovitch) Troïanovskaïa, l'hôtesse de Staline à Vienne, qui était devenue secrétaire des députés bolcheviques à la douma. Cependant, le traître rejeta ces attaques qu'il imputa au dépit de son ancienne maîtresse. Lorsque Malinovski fut capturé par les Allemands pendant la Grande Guerre, Lénine lui envoya des vêtements, mais après la Révolution, confronté aux preuves, il changea d'opinion : « Quel porc ! L'abattre est encore trop bien pour lui. » Malinovski fut jugé en novembre 1918 par un tribunal présidé par Elena Rozmirovitch elle-même et dont le procureur, chose ironique, était son nouveau mari, Nikolaï Krylenko. Malinovski fut condamné à mort et abattu.

Staline, qui était la paranoïa incarnée, n'avait pas soupçonné le plus fieffé traître de sa carrière politique. L'affaire Malinovski contribua à faire de lui – et de ses camarades – des paranoïaques obsessionnels. Malinovski imprima sa marque dans la conscience bolchevique et, à l'instar du spectre de Banquo, hanta l'histoire soviétique. À partir de ce moment, dans le monde bolchevique de la *konspiratsia*, rien ne serait jamais trop aberrant. Si Malinovski était un traître, alors pourquoi ne le seraient pas les maréchaux soviétiques, l'état-major général, mais aussi Zinoviev, Kamenev, Boukharine, et l'essentiel du Comité central, tous abattus comme espions sur ordre de Staline dans les années 1930 ?

Au cercle Arctique, Staline se tourmentait et torturait son compagnon au sujet des cent roubles manquants. « Il y a un camarade [à Koureïka], songeait Sverdlov. Nous nous connaissons très bien, mais le plus triste est qu'en exil l'individu se montre à nu, se révèle dans toutes ses petites singularités. Le pire est que ces “petites choses” dominent les relations. Il n'y a guère de chances de montrer son meilleur côté. »

Lors la fonte des glaces, l'Okhrana signala de nouveau, le 27 avril 1914, que les bolcheviks allaient « organiser l'évasion de membres connus du Parti, Sverdlov et Djougachvili ». Les deux hommes empruntaient souvent le bateau de Fiodor Tarassev, mais les gendarmes interdirent alors toute incursion sur le fleuve. En mai, lorsque les vapeurs se remirent à circuler sur le Ienisseï, les rigueurs du grand froid firent place à Koureïka à la plaie des moustiques.

Bientôt Staline « cessa de me parler, écrivit Sverdlov, et me fit comprendre que je devais le laisser seul et vivre de mon côté ». Ils déménagèrent et Staline trouva un refuge temporaire dans l'isba de Philippe Saltykov. Cette installation ne mit pas fin à son humeur morose. « Tu sais quelles conditions désagréables j'ai à Koureïka », dit Sverdlov à son épouse Klavidia qui se trouvait en exil non loin de là. « Le compagnon [...] se révèle avoir une telle opinion de sa propre personnalité que nous ne nous parlons ni ne nous rencontrons. » La correspondance de Sverdlov illustre parfaitement la tension, le climat déprimant (et le fade régime alimentaire) de cette existence sans objet.

> *Je mange du poisson. Ma logeuse me fait des tourtes. J'ai de l'esturgeon, du saumon blanc avec des pommes de terre cabossées, de l'esturgeon salé, et parfois je mange tout cela cru. J'ai trop peu*

d'énergie pour même y rajouter du vinaigre. Je n'ai plus de vie régulière. Je mange de façon irrégulière. Je n'étudie rien. Je dors à des heures indues. Parfois je marche toute la nuit, et parfois je dors à 10 heures du matin.

Staline dut connaître le même genre de vie ; jamais il ne perdrait les horaires nocturnes de Sibérie.

Dans ce minuscule univers, toute la population dut être au courant de ce schisme. « Nos caractères n'étaient tout simplement pas conciliables », regretta Sverdlov. Mais il y avait probablement une autre raison importante mais indicible à leur séparation : une fille.

À peine Staline et Sverdlov s'étaient-ils installés chez les Tarassev que le Géorgien dut remarquer la cadette des orphelins Pereprygine. Il y avait cinq frères et deux sœurs, Natalia et Lidia. Nous ignorons comment les choses se passèrent précisément. Mais, vers le début de 1914, Staline, alors âgé de trente-quatre ans, s'embarqua dans une liaison avec Lidia, elle-même âgée de treize ans.

Nous pouvons entrevoir Staline et Lidia titubant d'une beuverie à une autre parce que nous avons les Mémoires de cette dernière. « Dans ses moments libres, Staline aimait aller à des soirées dansantes – il pouvait se montrer aussi très amusant. Il adorait chanter et danser. Il aimait tout particulièrement la chanson : “Je garde l'or, l'or [...]. J'enterre l'or, j'enterre l'or. Devine où, pure demoiselle aux cheveux d'or” [...]. Il se joignait souvent aux dîners d'anniversaire. » Les Mémoires de la toute jeune maîtresse de Staline furent retranscrits vingt ans plus tard à l'apogée de la dictature alors qu'elle était restée une simple ménagère sibérienne. Le fonctionnaire qui transcrivit ses souvenirs n'aurait jamais osé évoquer l'épisode de la séduction, cependant ces Mémoires sont d'une grande franchise. « Il aimait souvent passer voir certaines personnes, dit Lidia, parlant d'elle même. Et il buvait aussi. » Fut-ce ainsi qu'il la séduisit ou qu'elle le séduisit ? Les filles dans des endroits comme Koureïka mûrissent vite – et Lidia ne donne pas l'impression d'avoir été une personne qui s'effarouchait facilement.

Il se peut que Sverdlov ait désapprouvé cette séduction d'une gamine de treize ans par Staline, nouvelle conquête dans une cohorte d'adolescentes courtisées par le Géorgien trentenaire. Et il se peut que Staline l'ait mis à la porte pour pouvoir jouir d'une plus grande intimité avec sa jeune maîtresse. Mais le scandale n'était pas terminé.

Les deux bolcheviks, qui s'ignoraient à présent, étaient attentivement surveillés par leurs gendarmes, Laletine et Popov, dont l'unique tâche était d'empêcher leur évasion. Dans des cas de proximité aussi étroite, les policiers deviennent soit les compagnons des exilés, parfois même leurs serviteurs, soit leurs ennemis jurés. Ivan Laletine, homme sanguin à la barbe rousse, devint bientôt l'ennemi personnel de Staline.

Un jour, alors qu'il partait à la chasse armé de sa carabine, Staline fut défié par le gendarme. Il avait le droit de porter une arme avec une autorisation, mais il refusa de donner sa carabine au policier. Au cours de la rixe qui s'ensuivit, « Laletine bondit sur Iossif Djougachvili et tenta de le désarmer ». Commença alors une bagarre. Le gendarme « tira son sabre et réussit à blesser Staline à la main ». Celui-ci signala l'incident au capitaine Kibirov.

Au début de l'été, si discrète qu'ait pu être l'idylle, tout le monde devait être au courant pour la maîtresse de Staline. Le gendarme vit certainement là l'occasion rêvée d'épingler l'insolent Géorgien.

« Un jour, se souvient Fiodor Tarassev, le seul villageois qui eut le courage de rapporter l'histoire, Staline était à la maison à travailler, et ne sortait pas des lieux. Le gendarme trouva cela suspect et décida de vérifier. Sans frapper à la porte, il surgit dans la pièce. »

Tarassev déclare prudemment que Staline « travaillait » tout simplement, et cependant le policier trouva cela étrangement « suspect ». Et Staline fut furieux d'être interrompu. Les Mémoires soulignent unanimement son calme pendant les fouilles ; celle-ci aurait-elle donc présenté quelque chose d'inhabituel ? Après tout, le policier avait délibérément cherché à le surprendre en entrant « sans frapper ». Il semblerait fort que le policier eût pris Staline et Lidia en flagrant délit.

Staline l'attaqua. Le gendarme tira de nouveau son sabre. Dans la lutte, Staline fut blessé au cou, ce qui exacerba sa rage au point qu'il « jeta le coquin dehors ! ».

« Nous assistâmes à cette scène, dit Tarassev. Le gendarme s'éloignait en courant vers le Ienisseï, agitant lâchement son sabre devant lui, tandis que le camarade Staline, les poings serrés, le poursuivait dans un état d'extrême excitation et de fureur. »

Si le secret avait été gardé jusque-là, il ne l'était plus. Bien que les traditions locales eussent découragé les liaisons amoureuses avec les exilés, les jeunes filles ne pouvaient être qu'attirées par ces révolutionnaires mondains et instruits qui vivaient à leurs côtés. Ce viol d'une mineure n'était en rien un viol par la force, mais une séduction à l'ancienne mode car, selon les enquêtes ultérieures d'Ivan Serov, le directeur du KGB, « J. V. Staline commença à vivre avec elle ». Elle partageait très certainement sa chambre, ce qui expliquerait pourquoi le policier les avait surpris ensemble. Dans son rapport à Nikita Khrouchtchev et au Politburo en 1956, qui demeura secret jusqu'au XXIe siècle, le général Serov sous-entendait que le fait de vivre ensemble était presque aussi scandaleux que la séduction[1].

Staline s'installa dans l'isba des Pereprygine. Elle comportait deux pièces et une étable pour abriter le bétail en hiver. Les sept frères et sœurs vivaient entassés dans une pièce enfumée et maculée de bouses de vache ; Staline loua la seconde chambre sordide à laquelle on ne pouvait accéder qu'en passant par l'étable et la pièce commune. Elle contenait juste « une table recouverte de journaux, un lit de sangle et un enchevêtrement de filets de pêche et de chasse, d'hameçons et d'équipement de pêche, tous fabriqués par Staline lui-même ». Tout était souillé de suie par la cheminée en tôle au milieu de la pièce.

Les vitres étaient brisées et Staline combla les fissures avec de vieux journaux et condamna les fenêtres avec des planches. Le seul éclairage dans cette obscurité arctique où la nuit durait souvent tout le jour était une lampe, mais il n'était pas rare que le pétrole manquât. Les toilettes étaient à l'extérieur. Les Perepry-

1. Pendant des décennies, il y eut des rumeurs concernant le viol ou la séduction par Staline d'une jeune fille au Touroukhansk et le fait qu'il ait eu d'elle un enfant. La première de ces rumeurs figurait dans la biographie d'Essad Bey en 1931. Svetlana Allilouïeva raconte que ses tantes lui avaient dit que Staline avait eu un fils en exil. Ces histoires furent reprises dans des biographies et des articles de presse à sensation, mais elles semblaient être farfelues et appartenir sans doute à un mythe antistalinien. Les faits sont confirmés par le KGB dans la note du général Serov datée du 18 juillet 1956 adressée au Premier Secrétaire, Khrouchtchev, et au Politburo. Serov, homme brutal de la police secrète stalinienne, eut le bon sens de s'écarter de Beria et de s'attacher à Khrouchtchev. Après la mort de Staline, il aida Khrouchtchev à faire arrêter et exécuter Beria, et il devint le premier directeur du KGB, nouvelle version de la police secrète. Sa note fut lue à huis clos lors d'une réunion du Politburo et paraphée par Molotov et Vorochilov avant d'être consignée dans le « Dossier spécial » top secret.

grine étaient d'une extrême pauvreté, « mangeant un jour du *chtchi* [du bouillon au chou] et le lendemain le Saint-Esprit [c'est-à-dire rien], mais ils possédaient une vache ».

Le soir Lidia se faufilait dans sa chambre, raconte Essad Bey, le premier biographe de Staline, qui avait dû parler à d'autres compagnons d'exil. À n'en pas douter, elle n'eut pas de scrupules à évoquer le genre de sous-vêtements qu'il affectionnait – « Il portait des sous-vêtements blancs et un maillot de matelot à rayures », confia-t-elle à son interviewer en 1952, époque à laquelle Staline était presque vénéré comme un demi-dieu.

Cette conquête amoureuse déplaisait fort aux frères. Nous disposons de quelques signes de leur désapprobation : Staline continua à obtenir nourriture et pain de sa vieille logeuse et non des Pereprygine, quoique Lidia expliquât que « cela tenait au fait que les filles étaient trop jeunes pour faire la cuisine ». Cependant ces orphelines avaient dû commencer très tôt à préparer les repas de leurs frères. Il est plus probable que Staline et sa compagne aient été bannis de la table familiale.

L'affaire aurait pu rester dans les limites du tolérable, mais le pire était à venir : Lidia tomba enceinte de Staline. Cela rendit ses frères furieux, même si la règle précise du consentement mutuel ne s'appliquait guère dans les communautés lointaines du cercle Arctique où les filles se mariaient et avaient des enfants dans leur prime adolescence. Selon le général Serov, Laletine, le gendarme qui avait fui devant la fureur de Staline, menaça néanmoins « d'engager une procédure criminelle pour concubinage avec une mineure. J. V. Staline promit au gendarme d'épouser Perepryguina dès qu'elle serait majeure ». Ainsi, une fois encore, Staline se trouva fiancé – et la famille, de bonne ou de mauvaise grâce, accepta cette liaison[1]. En retour, Staline, en bon membre de la famille, « partagea le produit de sa pêche » avec les orphelins. En fait, il traitait Lidia comme sa jeune épouse ou presque. Lorsque son amie, la vieille Elizaveta Tarasseva leur rendait visite, Staline ordonnait : « Lidia, Lidia, *babouchka* vient manger. Nourris-la bien. »

1. Quatorze ans était l'âge formel du consentement dans les territoires russes et européens de l'Empire tsariste, mais nous étions là en Sibérie. En outre, il n'y avait pas de notion juridique précise du viol de jeunes filles nubiles dans le droit tsariste ; pour la police, c'était tout autant un crime « contre l'honneur féminin » qu'une violation des droits du père. L'acceptation du mariage par le séducteur et l'échange de vœux nuptiaux étaient considérés comme la réparation d'une situation irrégulière.

L'intervention du gendarme fut la goutte qui fit déborder le vase. Staline se plaignit au capitaine Kibirov qui avait de la sympathie pour son compatriote géorgien. Staline avait pour lui un village entier qui avait vu l'infortuné gendarme lever son sabre contre un exilé et la poursuite ignominieuse sur la berge du fleuve. Cependant il fallait à Staline un culot incroyable pour porter plainte alors même qu'il avait engrossé une mineure. Et, comme si souvent, son pharisaïsme outragé l'emporta.

En cet été de 1914, vers juin, Kibirov accepta de remplacer Laletine et dit à son adjoint : « Très bien, envoyons Merzliakov à Koureïka. Comme Djougachvili tient beaucoup à ce que l'on remplace son inspecteur, tirons celui-ci d'une mauvaise passe. » Par une inversion des rôles, le gendarme Laletine craignait son propre prisonnier – et non sans raison. Son remplaçant, Mikhaïl Merzliakov, arriva bientôt. Staline joua immédiatement le rôle du maître quasi aristocratique, tandis que le gendarme devint un mélange de valet, d'ordonnance et de garde du corps pendant le reste de sa peine.

Staline poursuivait son étude de la question des nationalités et son apprentissage de l'anglais et de l'allemand. « Cher ami, écrivit le 20 mai un Staline un peu plus joyeux à Zinoviev, acceptez mes salutations les plus chaleureuses [...]. J'attends les livres [...]. Je vous demande aussi de m'envoyer quelques revues anglaises (un numéro ancien ou récent, peu importe – c'est pour lire car il n'y a rien en anglais ici et je crains de perdre sans pratique toutes mes compétences en anglais). »

Les fiançailles de Sosso avec Lidia, en fait la liaison elle-même, furent un divertissement passager qui serait abandonné au bord du chemin au cours de sa mission révolutionnaire. La grossesse de Lidia (qui en connaîtrait d'autres) fut vraisemblablement une source d'irritation. Cependant les autochtones affirment qu'elle était amoureuse de Staline.

À la fin de l'été, Sverdlov quitta Koureïka et s'installa à Selivanikha, tandis que Souren Spandarian, le meilleur ami de Staline, arrivait à Monastyrskoe, non loin de là.

À la fin août 1914, Staline descendit le fleuve pour une réunion avec Spandarian – juste au moment où l'archiduc François-Ferdinand, héritier du trône des Habsbourg, était assassiné à Sarajevo, attentat qui entraînerait la Russie et les Grandes Puissances dans la guerre. « Les vampires bourgeois des pays belligérants ont plongé le monde dans une confusion sanglante, écrivit Staline. Massacres de masse, ruine, famine et [...] sauvagerie – afin qu'une poignée de voleurs couronnés ou non puissent piller les terres et engranger des millions et des millions. »

Alors que l'Europe plongeait dans les ténèbres, Staline se jugeait inutile, oublié, frustré et lié, contre sa volonté, à une jeune paysanne enceinte, au milieu de nulle part – si ce n'est d'un scandale sexuel polaire. 1914 ne fut pas son année la plus glorieuse. Alors que les Grandes Puissances s'affrontaient, la neige occultait le soleil et les nouvelles du vaste monde. Staline disparaissait dans l'hiver sibérien.

35

LE CHASSEUR

À présent seul exilé dans Koureïka crépusculaire et bloquée par les glaces, Staline commença à vivre plus intimement avec les aborigènes toungouses et ostiak. Il n'y avait pas grand-chose à faire, et la survie était une lutte permanente : les loups de la toundra rôdaient aux marges du village. Lorsque Staline se rendait aux toilettes à l'extérieur, il tirait des coups de feu pour les tenir à distance. Lorsqu'il se déplaçait, « le traîneau filait sous les hurlements interminables des loups ». Les meutes de Koureïka, ces ennemis qui cernaient sans fin sa cabane, laissèrent leur empreinte dans sa conscience. Il dessinait des loups sur les documents pendant les réunions, en particulier vers la fin de sa vie alors qu'il orchestrait une dernière campagne de Terreur, « le complot des blouses blanches ». Lors de son dernier exil, il confia à des visiteurs : « Les paysans abattaient les loups pris de folie. »

Cependant, cela semblait convenir à Staline et il commença à apprécier Koureïka. Étrangement, cette période serait une des plus heureuses de son existence morose. Ses compagnons favoris étaient un petit chien, baptisé Stepane Timofeevitch, ou plus simplement Tichka, que les gens du coin lui avaient offert, un pêcheur toungouse nommé Martin Peterine, et Merzliakov, son inspecteur de police. La grossesse de Lidia était chaque jour plus visible. La Sibérie devint plus acceptable parce que Staline commença alors à recevoir régulièrement des mandats : en 1915-1916, il en reçut dix d'un montant total de plus de cent roubles, de sorte qu'il put acheter de la nourriture et des vêtements et verser des pots-de-vin en cas de nécessité[1].

1. Ces versements ont soulevé des soupçons, mais ils sont trop faibles pour correspondre au traitement d'un agent de l'Okhrana. Ils comprenaient une par-

Il devint un chasseur solitaire, rôle qui convenait à l'image qu'il se faisait de lui-même comme homme investi d'une mission sacrée, s'enfonçant dans les neiges avec pour unique compagnie son fusil, sans attaches sinon sa foi, sans aucun sentimentalisme bourgeois, mais affichant toujours le stoïcisme arctique même lorsque la tragédie le frappait. Plus tard, il régalerait les Allilouïev ou les dignitaires du Politburo du récit de ses aventures sibériennes. Même lorsqu'il dirigerait la Russie, il demeurerait ce chasseur solitaire.

« Ossip » ou « Oska le Vérolé », ainsi qu'on l'appelait alors, s'aventurant seul dans sa tenue en peau de renne, devint un chasseur expérimenté et un compagnon intime des autochtones. Laletine ne lui permettait pas de posséder un fusil, aussi, se souvenait un habitant du coin, « nous apportions le fusil dans les bois et le laissions sur un arbre choisi à l'avance afin qu'il le trouve ». Il chassait les renards arctiques, les perdrix et les canards au cours de longues expéditions.

Les villageois commencèrent à respecter l'homme à la pipe et aux livres, Oska le Vérolé. « Les gens du coin l'aimaient bien, dit Merzliakov. Ils lui rendaient visite et passaient toute la nuit avec lui. Il allait aussi les voir et assistait à leurs joyeuses fêtes. » Ils lui apportaient du poisson et du gibier qu'il leur achetait. Il appréciait leur tranquillité laconique et s'amusait de leur respect pour les chamans et de leur foi entêtée, malgré la religion orthodoxe officielle, dans les

tie de son salaire au Comité central ; et, comme nous l'avons vu, Sverdlov reçut beaucoup plus d'argent. Cependant, pendant la Grande Terreur en 1938, le chef de la police secrète de Staline, Nikolaï Ejov, le « nabot venimeux », qui était devenu son homme de main le plus proche et qui présida au massacre de près de un million de personnes, pour la plupart innocentes, commença à comprendre combien sa position était précaire. Ejov, qui s'abîmait dans l'alcoolisme et la débauche sexuelle sous la pression terrible des meurtres et de la torture, rassembla des matériaux pour les utiliser comme garanties ou instruments de chantage contre son maître et les rivaux puissants tels que Beria, Georgui Malenkov et Khrouchtchev. Il se procura dix mandats de Staline et les conserva dans son coffre-fort personnel, mais ils ne constituent pas d'indices accablants. Trois de ces mandats correspondaient à de l'argent de Gori, probablement d'Egnatachvili ou de la mère de Staline. Les sept autres, de Moscou et de Saint-Pétersbourg, pour un total de cent roubles, sont des versements de dix roubles et, pour deux, de vingt-cinq roubles chacun, somme un peu plus considérable. Ces documents ne sauvèrent pas Ejov qui fut démis à la fin de 1938 et fusillé en 1940. Chose intéressante, Staline ne daigna pas détruire les mandats mais les fit classer dans les papiers d'Ejov où le professeur Arch Getty les trouva et m'en fit généreusement part. Pour toute l'histoire de l'ascension et de la chute d'Ejov, voir *Staline : la cour du Tsar rouge*.

maîtres et les esprits qui peuplaient les grands espaces sibériens. Et surtout il étudia et copia leurs techniques de pêche et de chasse.

Le poisson et le renne étaient à la base de tout. Le renne, qui peut se nourrir d'un mince manteau de lichen, faisait l'objet d'un respect sacré chez les tribus locales ; il représentait tout à la fois un moyen de déplacement (en tirant les traîneaux), de quoi se vêtir (peaux), un investissement (les chefs les plus riches possédaient des troupeaux de dix mille têtes), et de la nourriture (viande bouillie). Peterine, probablement un métis ostiak, apprit à son ami l'art de la pêche sur le Ienisseï. Staline fabriqua sa propre ligne et creusa son propre trou dans la glace, se souvient Merzliakov, dont le Mémoire transcrit en 1936 est le meilleur témoignage de la vie de l'exilé de Koureïka. Selon le récit quelque peu romanesque de Staline lui-même, il apprit à pêcher avec une telle dextérité que l'Ostiak, frappé de stupeur, murmura : « Tu es possédé par le Verbe. » Staline appréciait le régime à base de poisson : « Il y avait des tas de poissons, mais le sel était aussi précieux que l'or, aussi les gens jetaient simplement les poissons dans leur remise où, à moins vingt degrés, ils s'empilaient comme des bouts de bois gelés. Puis nous en détachions des éclats que nous laissions fondre dans notre bouche. » Il commença à attraper d'énormes esturgeons.

« Un jour, raconta-t-il, une tempête me surprit sur le fleuve. J'ai cru que c'en était fait de moi, mais j'ai réussi à atteindre la berge. » Une autre fois, il rentrait avec des amis ostiak et une bonne prise d'esturgeons et de saumons de mer lorsqu'il fut séparé de ses compagnons. Le *pourga*, ce blizzard aveuglant de la toundra, s'était soudain déchaîné. Koureïka était loin, mais il ne pouvait abandonner son poisson, subsistance pour plusieurs semaines, aussi poursuivit-il son chemin jusqu'au moment où il vit des silhouettes devant lui. Il les appela, mais elles s'évanouirent ; c'étaient bien ses compagnons mais, le voyant couvert de glace de la barbe aux pieds, ils l'avaient pris pour un esprit démoniaque et s'étaient enfuis. Quand il atteignit enfin une hutte et s'y engouffra, les Ostiak s'écrièrent : « Est-ce toi, Ossip ? »

« Bien sûr que c'est moi et je ne suis pas un esprit des bois », répliqua-t-il avant de s'effondrer de sommeil et de dormir dix-huit heures.

Il n'imaginait pas qu'il puisse courir de dangers – les hommes des tribus avaient l'habitude de perdre certains des leurs au cours des expéditions de pêche. « Je me souviens qu'au printemps, au moment des hautes eaux, trente hommes partirent pêcher et, le soir, lorsque nous rentrâmes, un manquait à l'appel, raconta Staline. Les autres expliquèrent très naturellement que leur compagnon était resté là-bas. » Staline restait perplexe lorsque l'un d'eux déclara : « Il s'est noyé. » Leur indifférence étonna Staline, mais ils expliquèrent : « Pourquoi devrions-nous avoir pitié des hommes ? Nous pouvons toujours en faire d'autres, mais un cheval, essaie donc de faire un cheval ? » Staline utilisa cette image dans un discours de 1935 pour illustrer la valeur de la vie humaine, mais en fait ce dut être une autre expérience qui lui en enseigna le peu de prix.

« Un hiver je suis parti à la chasse, raconta Staline à Khrouchtchev et à Beria au cours d'un dîner après la Seconde Guerre mondiale, j'ai pris mon fusil, j'ai traversé à skis le Ienisseï sur une douzaine de verstes et j'ai vu des perdrix sur un arbre. J'avais douze cartouches et il y avait vingt-quatre perdrix. J'en ai tué douze et les autres sont restées là, aussi je me suis dit que j'allais retourner pour prendre douze autres cartouches. Lorsque je suis revenu elles étaient toujours perchées là.

– Toujours perchées là ? » souffla Khrouchtchev. Beria invita Staline à poursuivre.

« Eh oui, se vanta-t-il, et j'ai donc tué les douze restantes, les ai attachées à ma ceinture et tirées derrière moi jusqu'à la maison. » À ce moment, raconta-t-il à son gendre Youri Jdanov, tout en se vantant d'avoir abattu trente oiseaux, la température était de moins quarante degrés et une autre terrible tempête le força à abandonner perdrix, fusil, et même tout espoir. Mais, par chance, les femmes (peut-être Lidia) le trouvèrent et le secoururent – et il dormit trente-six heures[1] !

1. Peu avant de raconter cette histoire à ses comparses, Staline âgé avait connu un accident semblable à celui du vice-président Dick Cheney en 2006 ; en voulant montrer ses talents au tir, il avait raté la cible, manqué de peu Anastas Mikoïan, puissant membre du Politburo, et criblé de plombs deux de ses gardes. Beria et Khrouchtchev, qui commençaient déjà à mépriser et à haïr le dictateur vieillissant dans les années de l'après-guerre, avaient très souvent entendu ce récit de l'exploit de Staline. Ils n'y croyaient pas. « Après le dîner, écrit Khrouchtchev, nous vomissions de mépris dans les toilettes : "Ainsi Staline affirme avoir parcouru douze verstes à skis en hiver, abattu douze perdrix, parcouru douze verstes à skis pour rentrer et être revenu, après douze verstes encore, avoir abattu douze autres perdrix et couvert encore douze verstes pour rentrer à la maison – quarante-huit vertes à skis !" [quarante-huit vertes représentent une bonne cinquantaine de kilomètres] "Ecoute, s'exclama Beria, comment un homme du Caucase qui n'a jamais eu l'occasion de faire du ski peut-il parcourir une distance comme ça ? Il ment." Khrouchtchev acquiesça : "Bien sûr qu'il ment ! J'ai vu de mes propres yeux que Staline était incapable de tirer au fusil ! » En fait, dans les années 1920 et au début des années 1930, Staline aimait, lorsqu'il était en vacances, aller à la chasse, quoiqu'il considérât cela comme une perte de temps.

Staline constitua une petite armoire à pharmacie et devint ce que Koureïka avait connu de plus ressemblant à un médecin : « J. V. Staline aidait les gens sur le plan médical, nettoyait les plaies à la teinture d'iode et délivrait des médicaments. » « [Il] apprit aux gens des tribus à se laver, dit Merzliakov, et je me rappelle comment il a lavé l'un d'eux au savon. » Il souffrait de rhumatismes, mal qu'il calmait aux bains publics mais qui persista jusque dans ses vieux jours lorsqu'il restait assis sur les radiateurs du Kremlin pendant les réunions un peu longues. Il aimait jouer avec les enfants toungouses, batifoler et chanter avec eux, et parfois il leur racontait son enfance malheureuse. La petite Dacha Tarasseva « grimpait sur son dos, tirait ses épais cheveux noirs et criait : "Hennis comme un cheval, tonton !" » Lorsque la vache de Fiodor Tarassev fut prise de coliques, Staline impressionna le pauvre homme en déployant les compétences qu'il avait acquises plus jeune en Géorgie : il « abattit la vache et débita la viande comme un véritable maître ».

Staline aimait toujours les fêtes. « Chez les Tarassev, les jeunes se réunissaient en cercle pour faire la fête – Staline dansait au milieu en battant la mesure, puis il commençait à chanter », se souvient une visiteuse à Koureïka, Daria Ponamareva. « J'enterre l'or, j'enterre l'or », demeurait sa chanson favorite. « Il était très bon danseur, dit Anfissa Tarasseva, et il apprenait aux plus jeunes. »

Parfois le Géorgien des montagnes luxuriantes du Caucase observait la taïga. « Dans cette région maudite, la nature est d'une désolation abominable – le fleuve en été, la neige en hiver, c'est tout ce que la nature fournit ici, écrivit-il d'un ton poignant à Olga Alliloouïava le 25 novembre 1915, et je meurs d'envie de voir des paysages. »

Il passait également beaucoup de temps seul, à écrire la nuit. « Mon chien Tichka était mon compagnon, raconterait-il. Les nuits d'hiver, si j'avais du pétrole et que je pouvais lire et écrire, il entrait, se pressait contre mes jambes et gémissait comme s'il me parlait. Je me baissais, lui caressais la tête et disais : "Es-tu gelé, Tichka ? Réchauffe-toi !" » Il précisait en plaisantant qu'il « aimait discuter de politique internationale avec son chien, Stepane Timofeevitch », manifestement le premier expert canin au monde. Pour Staline, les animaux domestiques avaient des avantages sur les hommes : ils vous témoignent une affection désintéressée et une admiration passionnée et ne trahissent jamais leurs maîtres (ni ne se trouvent engrossés par leurs œuvres !), et cependant on peut les abandonner sans sentiment de culpabilité.

L'inactivité, l'isolement et l'éloignement par rapport au jeu politique, le manque de lectures le déprimaient parfois profondément, en particulier lorsqu'il songeait à Lénine et à Zinoviev. L'avaient-ils oublié ? Où en était son dernier article ? Et pourquoi ne l'avait-on pas payé ? À l'hiver de 1915, il leur demanda, sarcastique : « Comment vais-je ? Que fais-je ? Je ne vais pas bien. Je ne fais presque rien. Et que puis-je faire sans aucun livre sérieux ? [...] Dans tous mes exils, je n'ai jamais connu de vie aussi misérable qu'ici. »

Même ce marxiste fanatique, convaincu que le progrès de l'histoire amènerait la Révolution et la dictature du prolétariat, dut quelquefois douter qu'il reviendrait jamais. Lénine lui-même doutait de la Révolution, et demandait à Kroupskaïa : « Vivrons-nous assez longtemps pour la voir ? » Cependant, il semble que Staline ne perdît jamais la foi. « La Révolution russe est aussi inévitable que le lever du soleil », avait-il écrit en 1905, et il n'avait pas changé d'opinion. « Peut-on empêcher le soleil de se lever ? »

Quand il pouvait mettre la main sur des journaux, le futur commandant en chef suprême discutait avec passion des « ulcères de la guerre » avec Merzliakov. Pendant le deuxième conflit mondial, il cita parfois des exemples tirés de batailles de la Grande Guerre qu'il avait suivies à Koureïka[1]. Tandis que le tsar trébuchait d'une défaite à une autre, Staline devait penser que cette guerre amènerait finalement, comme celle de 1904, une révolution. Peut-être ne cherchait-il pas simplement à égarer l'Okhrana lorsqu'il dit à Petrovski à Saint-Pétersbourg : « Quelqu'un répand la rumeur que je ne resterai pas pour accomplir toute ma peine. Quelle sottise ! Je jure, et que je sois damné si je ne tiens pas parole, que cela n'arrivera pas. Je demeurerai en exil jusqu'à la fin de ma condamnation [en 1917]. Parfois j'ai songé à m'échapper mais à présent j'ai fini par écarter cette idée. » Sa lassitude est perceptible ; si Lénine et Zinoviev ne voulaient pas l'aider, alors il ne les aiderait pas.

Vers décembre 1914, Lidia mit au monde un enfant.

1. Après la débacle de l'offensive Kharkov en 1942, Staline passa un savon à Khrouchtchev. « Pendant la Première Guerre mondiale, dit-il, quand une des armées fut encerclée en Prusse orientale, le commandant de l'armée voisine s'enfuit à l'arrière. On le passa en jugement – et on le pendit. »

36

LE ROBINSON CRUSOÉ DE SIBÉRIE

L'enfant mourut peu après. Staline ne fit aucun commentaire sur l'événement, mais il était encore bien à Koureïka à l'époque et toute la colonie dut être au courant de la chose. Que les frères de Lidia aient ou non pardonné à leur locataire libidineux, il demeure que la liaison de Staline avec la jeune fille continua.

Merzliakov, le nouveau garde de Staline, lui rendit la vie plus agréable. Il ne l'espionnait pas, ne le suivait ni ne le fouillait, et il le laissait voir des amis, partir pour de longues expéditions de chasse et même disparaître pendant des semaines. « En été, nous partions en bateau [...] tirés par des chiens et, au retour, nous ramions. En hiver, nous allions à cheval », et le fumeur de pipe emmitouflé dans ses fourrures envoyait Merzliakov, son demi-policier, demi-valet, chercher son courrier. Presque vingt ans plus tard encore, Staline lui demeurerait reconnaissant – et probablement lui sauverait la vie[1].

1. En 1930, Merzliakov fut accusé d'être un koulak, un de ces riches paysans que Staline était déterminé à liquider dans sa brutale guerre contre la paysannerie. Il en appela à Staline : « Je pense que vous n'aurez pas oublié comment j'étais. » Staline répondit : « J'ai connu Mikhaïl Merzliakov à l'époque de mon exil dans le village de Koureïka où il fut mon gardien en 1914-1916. Il n'avait qu'un ordre – s'occuper de moi (unique banni à Koureïka à cette date). Il est clair que je ne pouvais pas avoir de relations "amicales" avec Merzliakov. Pourtant je dois témoigner que, sans être "amicales," nos relations ne furent pas hostiles comme elles le sont habituellement entre gardien et exilé. Il me semble que cela peut s'expliquer par le fait que Merzliakov n'accomplissait ses devoirs que de façon symbolique, sans zèle policier ; il ne m'espionnait ni ne me persécutait, [...] il fermait les yeux sur mes longues absences et critiquait souvent ses supérieurs pour leurs ordres "fastidieux" [...]. Ainsi, en 1914-1916, Merzliakov tranchait sur les autres policiers. C'est mon devoir de témoigner de cela devant vous. »

En février 1915, « pendant les mois où il faisait noir sans distinction entre le jour et la nuit », il reçut la visite de Spandarian et de sa maîtresse Vera Chveitzer. Ils avaient parcouru deux cents kilomètres sur le Ienisseï, en traîneau tiré par des chiens, harcelés par les loups. Enfin ils découvrirent le minuscule campement de loin et l'isba couverte de neige de Sosso d'où il sortit, souriant, pour les accueillir. La plupart des habitants et le gendarme leur réservèrent une réception semblable.

« Nous sommes restés deux jours chez Iossif Vissarionovitch. » Vera remarqua que Sosso, souffrant d'arthrite, « portait une veste mais n'avait passé qu'un bras par une manche. Plus tard j'ai compris qu'il aime s'habiller ainsi pour garder son bras droit libre ». Staline, qui était ravi de les voir, alla sur le fleuve et en revint fièrement avec un esturgeon de trois pouds sur l'épaule : « Il n'y a pas de menu fretin dans mon trou. »

Spandarian et Chveitzer étaient venus pour discuter du procès à Saint-Pétersbourg des cinq députés bolcheviques à la douma et de Kamenev, le rédacteur de la *Pravda*. Lénine avait déclaré qu'il souhaitait la victoire des Allemands sur les Russes, ce qui précipiterait la Révolution et une « guerre civile en Europe ». Les mencheviks soutenaient la guerre patriotique de la Russie à condition qu'elle demeurât « défensive ». En novembre 1914, Kamenev et les députés avaient été arrêtés pour trahison ; pendant son procès, Kamenev refusa d'épouser le défaitisme antipatriotique de Lénine, mais il fut néanmoins condamné et déporté en Sibérie.

L'attitude de Kamenev dégoûtait Staline et Spandarian. « Cet homme est indigne de confiance, déclara Staline, il pourrait trahir la Révolution » ; là-dessus, enveloppés de toile goudronnée, vêtus des pieds à la tête de pelisses de peau de renne, et guidés par des Toungouses, Spandarian et Vera ramenèrent Staline avec eux à Monastyrskoe, l'aurore boréale illuminant superbement la toundra. « Soudain Staline se mit à chanter, écrivit Chveitzer. Souren se joignit à lui et c'était si agréable d'entendre des mélodies bien connues m'emporter » tandis que le traîneau filait sur la glace pour une course de deux jours dans ce crépuscule sans fin.

Spandarian et Staline écrivirent à Lénine. Staline, le chasseur bolchevique qui ne gémissait plus à propos de l'argent qu'on lui devait ou de livres non expédiés, adopta la pose même de la virilité militante qui deviendrait, une fois au pouvoir, le style bolchevique :

Mes salutations à vous, cher Vladimir Ilitch, mes salutations les plus chaleureuses. Salutations à Zinoviev, salutations à Nadejda ! Comment vont les choses, comment va la santé ? Je vis comme toujours, je grignote mon pain et j'arrive à la moitié de ma peine. C'est l'ennui – mais qu'y peut-on ? Et comment cela se passe-t-il chez vous ? Vous devez avoir du bon temps [...]. J'ai lu un petit article de Plekhanov dans Retch *– quelle incorrigible vieille radoteuse ! Eh !.... Et les Liquidateurs et leurs agents députés [à la douma]... ? N'y a-t-il personne pour leur flanquer une raclée, que diable ? Ils ne vont quand même pas rester impunis ? Réjouissez-nous et dites-nous qu'il y aura bientôt un organe pour leur tabasser la gueule !*

Lénine se souvenait de son « fougueux Colchidien » en exil. « Koba va bien », annonça-t-il à ses camarades ; puis, quelques mois plus tard, il demanda : « Grande question – trouver le nom de famille de Koba (Iossif Dj... ? J'ai oublié). C'est important. »

Lorsque la permission de sortir de Staline prit fin, il revint à Koureïka pour les derniers mois d'un long hiver. La glace fondait sur le Ienisseï. En mai 1915, les vapeurs amenèrent de Krasnoïarsk des compagnons intéressants. Kamenev arriva à Monastyrskoe avec les députés de la douma. Sverdlov et Spandarian demeuraient à proximité. En juillet 1915, Staline fut convoqué à une réunion dans une maison que partageaient Kamenev et Petrovski à Monastyrskoe.

Les bolcheviks organisèrent une agréable réunion estivale. Ils prirent même des photographies de groupe[1]. Mais, pour les bolcheviks, les pique-niques eux-mêmes avaient une dimension politique et comportaient dénonciations et procès. Staline et Spandarian soutinrent Lénine et décidèrent de passer Kamenev en jugement à Monastyrskoe.

Kamenev donna *Le Prince* de Machiavel à Staline, cadeau peut-être peu judicieux pour quelqu'un déjà fort machiavélique. Lors d'un dîner arrosé, Kamenev demanda à chacun autour de la table de dire quel était son plus grand plaisir dans la vie. Certains dirent les femmes, d'autres répondirent sincèrement que c'étaient les progrès du matérialisme dialectique vers le paradis prolétarien. Puis vint le tour de Staline : « Mon plaisir le plus grand est de choisir une victime, de préparer des plans minutieusement,

1. Staline, flanqué de Spandarian et de Kamenev, pose avec son feutre noir caractéristique incliné crânement, à sa place habituelle, à l'arrière-plan au centre. Sverdlov se tient également à l'arrière-plan tandis que, au premier rang, assis sur le sol se trouve son jeune fils Andreï qui deviendra, plus tard, l'un des principaux enquêteurs et des bourreaux de Staline au NKVD.

d'assouvir une vengeance implacable et ensuite d'aller me coucher. Il n'est rien de plus doux au monde[1]. »

Au « procès » de Kamenev, Staline avait une voix prépondérante. Insaisissable comme toujours et comme toujours s'efforçant de construire de nouvelles alliances, il attaqua Kamenev puis partit pour Koureïka avant le vote final, sauvant ainsi l'accusé. Kamenev traitait le Géorgien, plus fruste, avec condescendance alors que Staline le trouvait sympathique, mais le méprisait en tant qu'homme et que politicien : « J'ai vu Gradov [Kamenev] et compagnie cet été, écrivit-il à Zinoviev : ils me font plutôt l'effet de poules mouillées. Et ce sont là nos "faucons", eh bien ! »

Staline repartit pour un autre long hiver à Koureïka. Au début de novembre, après la chute des neiges, il obtint la permission de consulter le médecin à Monastyrskoe. Arrivant couvert de fourrures dans un traîneau tiré par quatre chiens, il se précipita chez Spandarian, embrassa son ami sur les deux joues et Vera deux fois sur la bouche.

« Oh, Koba ! s'exclama-t-elle, ravie de le voir. Oh, Koba ! »

Spandarian, phtisique et souffrant de tension nerveuse, était « parfois si frénétique qu'une piqûre de moucheron le poussait à déchirer ses vêtements en lambeaux. Souren était déprimé », mais « Staline était très joyeux », se rappelle un compagnon d'exil, Boris Ivanov, « et son arrivée le revigorait toujours ».

Staline récupéra une lettre de Zinoviev, à laquelle il répondit d'un ton sarcastique :

Cher ami !

J'ai finalement reçu votre lettre. Je pensais que vous m'aviez complètement oublié, moi, esclave de Dieu, et cependant il apparaît que non […]. Et que puis-je faire sans aucun livre sérieux ? […] J'ai beaucoup de questions et de sujets à l'esprit, mais aucun matériau de référence. Je meurs de l'envie d'écrire, mais je n'ai rien à étudier […]. Vous m'interrogez sur mes finances. Et pourquoi demandez-vous cela ? Vous avez probablement quelque argent – ne songez-vous pas à le partager avec moi ? Faites-le alors ! Je vous jure qu'il arrivera à point !

Bien à vous, Djougachvili

1. Staline répéterait cette philosophie au début des années 1920. Kamenev l'appela « la théorie de la douce vengeance de Staline » après avoir été vaincu par le dictateur au milieu des années 1920. Mais il ne prendrait suffisamment au sérieux cette philosophie et Staline également que lorsqu'il serait trop tard.

À son arrivée, Staline contribua à envenimer une querelle locale, du genre de celles qu'il appréciait toujours, petit jeu mesquin mais aussi stimulant politique. Les exilés bolcheviques à Monastyrskoe, menés par Spandarian, s'étaient trouvés cet hiver-là manquer de sucre et de fourrures au point de dévaliser le magasin Revelion local de ses précieuses marchandises. Lorsque la police enquêta, un exilé nommé Petoukhov dénonça les pilleurs. Isolés et poussés à la paranoïa dans leur univers sibérien intemporel, les déportés se divisèrent, prenant fait et cause pour les voleurs ou pour l'indicateur. Spandarian voulait châtier Petoukhov et le juger devant un autre tribunal du Parti. Sverdlov soutenait Petoukhov et voulait juger Spandarian pour le vol lui-même ; comme Sverdlov, qui donnait des cours d'allemand aux officiers, était devenu trop proche de la police locale, Spandarian et ses alliés l'accusèrent d'être un espion « moralement souillé » de l'Okhrana.

Sverdlov boycotta le procès du Parti au cours duquel Spandarian, Vera et cinq autres personnes votèrent la condamnation de Petoukhov. Staline, qui avait affronté des menaces d'exclusion lors de semblables séances, ménagea avec hauteur les deux parties en s'abstenant de voter l'exclusion de Petoukhov et en expliquant qu'« ils devaient expulser à la fois Petoukhov et Sverdlov ». Les passions s'exacerbèrent tant que certains membres du groupe de Sverdlov furent tabassés.

« L'exil, c'est le pire, écrivit Sverdlov, il n'y aucune trace de communauté ou de camaraderie : l'isolement et l'éloignement sont infernaux et meurtriers. » Spandarian « tomba sérieusement malade [...] et commença à cracher du sang ! ».

« Nous avons passé beaucoup de temps au village, dit Merzliakov, le policier et l'ordonnance de Staline. Je n'avais aucune idée de qui il voyait. J. V. [Staline] revint finalement au poste de police pour dire que nous pouvions rentrer. »

De retour à Koureïka, Staline traversa l'hiver de 1915-1916 chez les Pereprygine, dans sa chambre enfumée et noire de suie, et continua d'entretenir sa liaison avec Lidia. Il fut ravi de recevoir un colis qu'Olga Alliloüïeva lui avait envoyé de Saint-Pétersbourg, ce qui lui inspira un moment rare de sentimentalisme :

Je te suis si reconnaissant, très respectée Olga, pour tes bons et purs sentiments à mon égard ! Je n'oublierai jamais ton attitude affectueuse pour moi. J'attends avec impatience le moment où je serai libéré de l'exil et pourrai venir à Saint-Pétersbourg et te remercier personnellement ainsi que Sergueï pour tout. Il ne me reste que deux ans à faire. J'ai reçu le colis. Merci. Je ne demande qu'une chose – ne gaspillez plus d'argent pour moi ; vous en avez vous-mêmes besoin – mais envoyez-moi des cartes postales de paysages naturels.

Anna et Nadia Alliloujeva, celle-ci à présent âgée de quatorze ans, envoyèrent également à leur héros exilé un nouveau costume dans une poche duquel elles cachèrent une petite note à son intention.

En mars 1916, lorsqu'il fut possible de se déplacer en traîneau sur le Ienisseï, Staline partit voir Spandarian à Monastyrskoe « pour envoyer son courrier », se rappelait Vera. « À propos, se plaignit-il à un camarade le 25 février, dis-moi, s'il te plaît, ce qui se passe avec un article de K. Staline "De l'autonomie nationale culturelle" – a-t-il été publié ou s'est-il perdu ? J'essaie de savoir ce qu'il en est depuis plus d'un an et je n'ai rien trouvé... Que fais-je ? Bien sûr je ne perds pas mon temps ! Sincèrement, Iossif. » L'article avait été envoyé à Lénine par l'intermédiaire d'Allilouïev, mais il s'était bel et bien perdu en chemin.

Staline trouva Spandarian sérieusement malade de tuberculose et de problèmes cardiaques ; l'Arménien fit une demande pour quitter le Touroukhansk. Inquiet pour la santé de son camarade, Staline en appela également aux autorités. Au bout de quelques jours, il regagna Koureïka. « Ce fut, dit Vera Chveitzer, la dernière fois qu'il vit Souren Spandarian[1]. »

Pendant l'été, le locataire géorgien engrossa une fois encore Lidia – et, comme à son habitude, se fit rare. Les exilés du coin, écrivit l'un d'eux, Ivanov, « apprirent que [Staline] avait disparu de Koureïka – il s'était échappé », pour quelques mois. Où se trouvait-il ? Merzliakov n'en savait trop rien lui-même. Il avait permis à « JV » d'aller pêcher seul en aval sur l'île Polovinka au milieu du Ienisseï « pour tout l'été [...]. J'ai juste tenu compte des rumeurs selon lesquelles il ne s'était pas encore évadé ». Le policier se demandait ce que Staline pouvait bien faire sur cette île perdue. « C'est un lieu vide (inhabité), que cette Polovinka. Rien que du sable. Où pêchait-il ? Il n'y avait personne d'autre là-bas. » Mais il se trouve que Staline séjourna bien quelque temps sur cette île « déserte ».

1. Spandarian fut autorisé à s'installer à Krasnoïarsk en août, mais il était trop tard. Staline demanda des nouvelles de son ami, mais ses lettres s'égarèrent.

Seuls quelques chasseurs demeuraient sur cet îlot perdu qui était très giboyeux. Stepaneida Doubikova révèle qu'« Ossip » passa là une grande partie de l'été. « Nous l'aidâmes à construire une petite hutte en branches de bouleau pour juste une personne. » Stepaneida et sa famille, qui avaient construit leur propre hutte de bouleau, étaient les seules autres personnes sur l'île. « Ossip venait dans notre hutte et je lui préparais son plat favori, du sterlet grillé. » Staline passa des semaines complètement seul dans sa minuscule cabane, pêchant pour lui-même, heureux de cette extrême solitude. Mais parfois il ne restait pas sur son île.

« Staline vint nous voir, rapporta Badaïev, le député de la douma alors à Ienisseïski, et nous nous sommes rencontrés là [...]. Malgré le secret qui entourait sa visite, tous les exilés apprirent que le camarade Staline était là et passèrent pour nous voir. » Il dut aussi se rendre à Kostino car, sur le chemin du retour, il s'arrêta à Miroedikha où il fit la fête avec un exilé géorgien, Nestor Roukhadze, qui « jouait de l'accordéon et de la balalaïka ». Staline, vêtu d'un « long manteau, d'un chapeau avec des oreillettes, et chaussé de caoutchoucs rouges », se joignit aux jeunes du coin qui « passaient les soirées à bavarder, chanter et danser ».

Merzliakov n'avait pas tenu le capitaine Kibirov informé de la disparition estivale de Staline. La nouvelle se répandit, mais Kibirov, qu'il eût été stipendié ou sous le charme (dernier en date sur la liste déjà longue des policiers que Staline avait achetés), ne fit rien jusqu'au moment où ses supérieurs apprirent que l'exilé géorgien s'était évanoui dans la nature. Il arrêta alors Fiodor Tarassev qui fut condamné à un an et demi de prison pour avoir aidé un détenu à s'évader en lui prêtant son bateau. Staline, lui, échappa à toute sanction[1].

Que faisait donc Staline à l'été de 1916 ? Très probablement son besoin de fuir Koureïka était lié à la deuxième grossesse de Lidia, d'où l'indécision soupçonneuse mais pleine de tact de Merzliakov. Il se peut que les frères Pereprygine eussent une fois encore été furieux ; lorsque Staline revint au début de l'automne, il déménagea pour s'installer chez Alexeï Tarassev avant de retourner vivre chez les Pereprygine où Lidia, âgée de quinze ans,

1. Fiodor ne fut pas, semble-t-il, la seule personne châtiée pour l'absence de Staline. Nous avons reçu une lettre de Mrs Eva Purins, de Downham Market, dans le Norfolk, qui écrit que son arrière-grand-mère, une exilée nommée Jefinia Nogornova, fut emprisonnée à Kranoïarsk pour « avoir aidé Staline à se cacher ». Si la chose est vraie, cela a dû se passer à cette occasion.

1910-1917

Deux gredins caucasiens : Staline (à droite) avec son meilleur ami,
Souren Spandarian, play-boy arménien de bonne éducation,
bolchevik et allié impitoyable à Bakou – où l'on disait qu'il était le père de la moitié
des enfants de moins de trois ans. Ici, retrouvailles en Sibérie en 1915.

En exil, étonnamment libéré sur le plan sexuel, Staline séduisait les femmes pour les délaisser ensuite. *En haut, à gauche*: la liaison la plus heureuse fut avec l'effrontée écolière Pelageïa (de son nom de code, la « Pin-Up » pour l'Okhrana). Il lui envoya des cartes postales passionnées illustrées de couples enlacés *(en haut, à gauche)*. *En dessous*: carte postale adressée à une autre maîtresse, la professeur Tatiana Soukhova.

Sa logeuse et maîtresse, Maria Jouzakova, dans les années 1950 avec le fils qu'elle eut de Staline, Konstantin, et le bébé de ce dernier.

Staline, qui s'élève dans la hiérarchie du Parti bolchevique, de nouveau arrêté en 1911.

Vienne 1913 – Staline, Hitler, Trotski et Tito séjournèrent dans la même ville. L'immeuble luxueux de Staline, aujourd'hui transformé en pension de famille, porte une plaque en son souvenir.

Cracovie 1912-1913 : Staline séjourna dans l'appartement de Lénine.

Trahison 1913 : Roman Malinovski, ancien cambrioleur, violeur et star du bolchevisme, fut l'agent double fort bien payé de l'Okhrana. Ni Staline ni Lénine ne crurent que c'était un traître. Mais il organisa l'arrestation de Staline en l'attirant dans une soirée destinée à collecter des fonds.

Staline, membre du Comité central, refusa de se rendre à cette soirée, mais Malinovski le persuada et lui prêta cette cravate de soie. Staline fut arrêté dans cette tenue.

Tatiana Slavatinskaïa, maîtresse de Staline et sa compagne lors de la soirée où il fut trahi. Il essaya d'échapper à la police en se travestissant en femme.

Comédie sexuelle dans l'Arctique. S'échapper de Koureïka *(ci-dessus)* près du cercle arctique était chose impossible. Staline aimait à chasser et à vivre avec les hommes des tribus ostiak et leurs rennes *(à droite)*.

En 1914, il se consola en séduisant Lidia Pereprygina, alors âgée de treize ans, avec qui il fut surpris par le policier local. *Ci-dessous à droite*: Lidia, dans son âge mûr, après la Seconde Guerre mondiale.
Ci-dessous à gauche: Alexandre, fils illégitime de Staline et de Lidia.

Sibérie été 1915 : Les exilés bolcheviques se réunirent pour boire, pique-niquer et faire le procès de leurs camarades. *Ci-dessus* : debout au dernier rang, Staline en chapeau de feutre (troisième à partir de la gauche) se tient entre Spandarian en casquette (deuxième à partir de la gauche) et Kamenev moustachu (quatrième à partir de la gauche), alors que Sverdlov, en chemise blanche et chaussé de lunettes, est troisième à partir de la droite. Vera Chveitzer, la compagne de Spandarian, est assise au premier rang. L'enfant est le fils de Sverdlov, Andreï, un des futurs tortionnaires de la police secrète de Staline.

Staline rencontra la plupart des dignitaires soviétiques pendant son enfance et jamais il n'oublia le moindre affront ni la moindre querelle. Pendant les années 1930, il déclencha la Grande Terreur pour liquider nombre de ses compagnons, tant en fait que cette photographie ellemême dut être truquée. En 1936, tout d'abord, Kamenev fut abattu et sa place près de Staline *(photo centrale)* effacée. En 1937-1938, Staline fit éliminer environ un million cinq cent mille personnes. Le groupe de la photographie fut également sauvagement décimé : cinq autres personnes disparurent *(photo du bas)*.

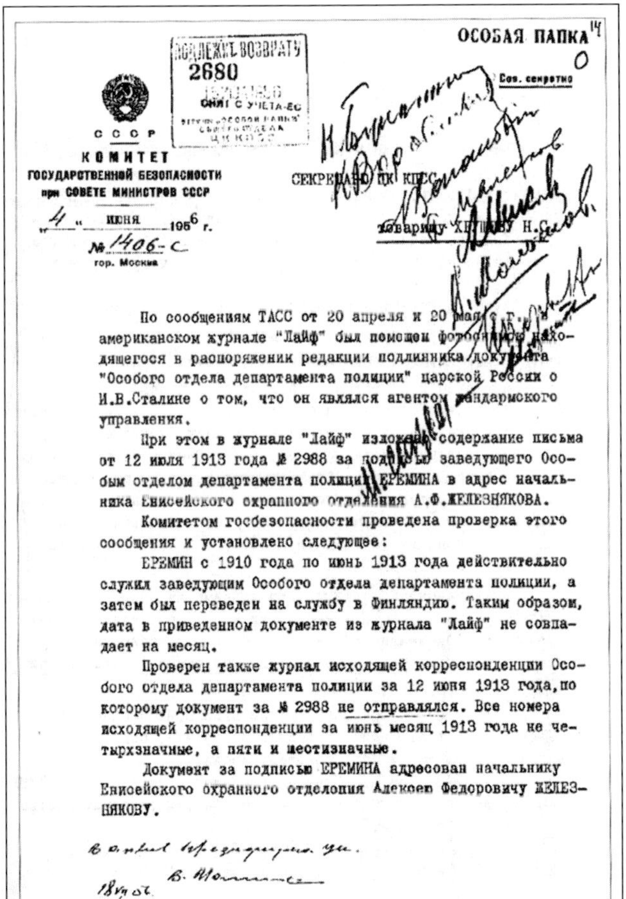

ОСОБАЯ ПАПКА

Сов. секретно

ПОДЛЕЖИТ ВОЗВРАТУ
2680
СНЯТ С УЧЕТА-ЕС

С С С Р
КОМИТЕТ
ГОСУДАРСТВЕННОЙ БЕЗОПАСНОСТИ
при СОВЕТЕ МИНИСТРОВ СССР

„4" июня 1956 г.
№ 1406-с
гор. Москва

СЕКРЕТАРЮ ЦК КПСС

товарищу ХРУЩЕВУ Н.С.

По сообщениям ТАСС от 20 апреля и 20 мая с.г. в американском журнале "Лайф" был помещен фотоснимок находящегося в распоряжении редакции подлинника документа "Особого отдела департамента полиции" царской России о И.В.Сталине о том, что он являлся агентом жандармского управления.

При этом в журнале "Лайф" изложено содержание письма от 12 июля 1913 года № 2988 за подписью заведующего Особым отделом департамента полиции ЕРЕМИНА в адрес начальника Енисейского охранного отделения А.Ф.ЖЕЛЕЗНЯКОВА.

Комитетом госбезопасности проведена проверка этого сообщения и установлено следующее:

ЕРЕМИН с 1910 года по июнь 1913 года действительно служил заведующим Особого отдела департамента полиции, а затем был переведен на службу в Финляндию. Таким образом, дата в приведенном документе из журнала "Лайф" не совпадает на месяц.

Проверен также журнал исходящей корреспонденции Особого отдела департамента полиции за 12 июня 1913 года, по которому документ за № 2988 не отправлялся. Все номера исходящей корреспонденции за июнь месяц 1913 года не четырхзначные, а пяти и шестизначные.

Документ за подписью ЕРЕМИНА адресован начальнику Енисейского охранного отделения Алексею Федоровичу ЖЕЛЕЗНЯКОВУ.

En haut: Vera Chveitzer était la maîtresse de Spandarian. Après la mort de celui-ci, elle s'installa avec Staline. À la chute du tsar, ils prirent le train ensemble pour Petrograd.

Ci-contre: la séduction de Lidia Pereprygina, gamine de treize ans, par Staline et l'enfant qu'il lui fit apparurent si scandaleux que l'affaire prit un tour légendaire. En 1956, Khrouchtchev ordonna à Serov, patron du KGB, de diligenter une enquête ; c'est là la note secrète, signée de Khrouchtchev, Vorochilov et du Politburo, qui prouve l'authenticité de la liaison.

Révolution février - mars 1917 : lorsque Staline arriva de Sibérie à Petrograd, il se rendit immédiatement au palais de Tauride, ancienne résidence du prince Potemkine *(en haut)*, centre politique bouillonnant et chaotique où se réunissaient le Soviet, la douma et le gouvernement. *En bas* : Soldats en maraude.

1917-1918

Staline et Lénine passèrent le printemps de 1917 à travailler au quartier général bolchevique, le palais moderniste de Krzesinska, ballerine et maîtresse de plusieurs Romanov, d'où Lénine s'adressa à la foule en avril.

Lénine, après avoir réclamé la révolution immédiate, essaya de retenir les têtes brûlées bolcheviques, mais l'échec de leur coup d'État des Journées de Juillet, encouragé par Staline, manqua leur faire perdre la Révolution.

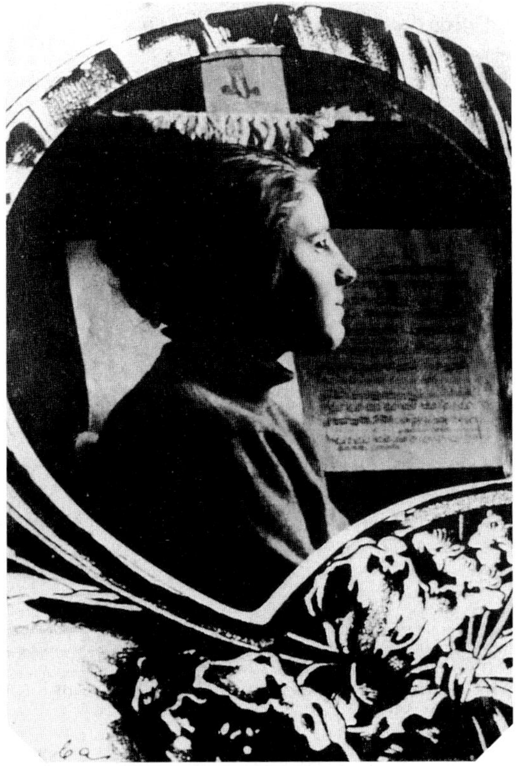

Idylle sous la Révolution : Staline connaissait Nadia Allilouïeva depuis sa petite enfance *(en haut, à gauche)* mais lorsqu'ils se retrouvèrent à l'été de 1917, elle avait seize ans et était lycéenne *(en haut à droite, et ci-contre)*. Elle vouait un culte au Géorgien héroïque qui la distrayait par son humour, les textes qu'il lui lisait et par ses imitations.

Staline passa l'été caché dans l'appartement des Alliloüiev et cajolé par Nadia.
En haut: le lit de Staline avec le miroir devant lequel il rasa Lénine. De son lit il pouvait voir la chambre de Nadia par la porte de communication *(ci dessus)*.
Cet été-là, ils tombèrent amoureux l'un de l'autre.

Lénine, réellement menacé, confia sa sécurité à Staline, son expert du monde clandestin, qui l'installa dans l'appartement des Alliloüev, le rasa et l'affubla d'une perruque, puis le fit passer en Finlande.

Soulèvement : alors que les bolcheviks s'emparaient du Palais d'Hiver, un Lénine épuisé et impatient, Trotski et Staline constituèrent un nouveau gouvernement à leur quartier général, l'Institut Smolny, ancienne école de filles créée par la tsarine Alexandra. Ensuite, Lénine et Trotski s'endormirent sur des journaux à même le sol. Staline, lui, s'assoupit sur un siège ; Lounartcharski, nouveau commissaire du peuple à la Culture, l'embrassa alors sur le front ; Staline s'éveilla en riant.

Lénine appela son gouvernement Conseil des commissaires du Peuple : Lénine (au centre) en tant que président, Staline (en haut, à gauche), Trotski (troisième rangée, à droite), et, entre autres, Lounartcharski (deuxième rangée, à droite), Dybenko (rangée inférieure, à droite) et Antonov-Ovseenko qui commanda la prise du Palais d'Hiver (rangée inférieure, au centre). Ces deux derniers furent abattus sur ordre de Staline pendant la Grande Terreur.

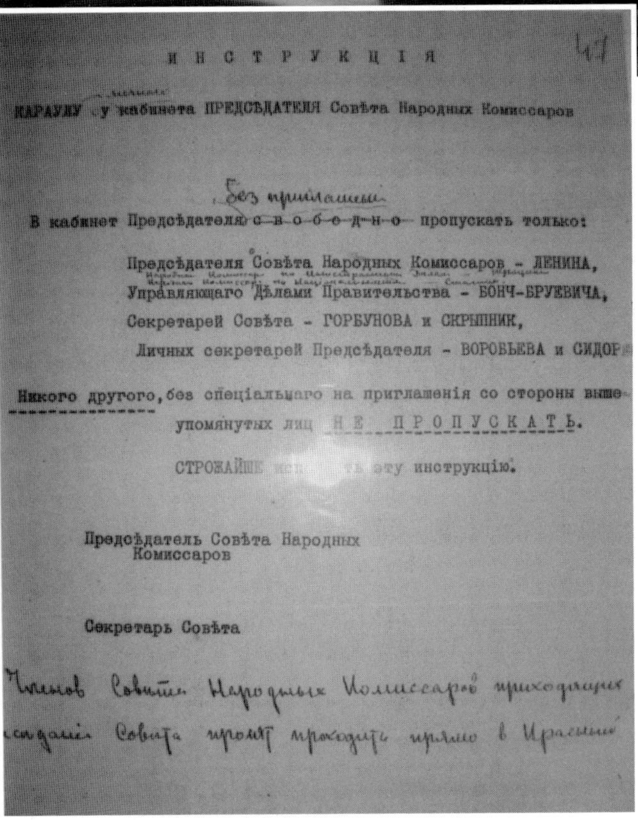

ИНСТРУКЦІЯ

КАРАУЛУ лично у кабинета ПРЕДСѢДАТЕЛЯ Совѣта Народных Комиссаров

Без приглашенія

В кабинет Предсѣдателя ~~свободно~~ пропускать только:

Предсѣдателя Совѣта Народных Комиссаров - ЛЕНИНА,

Управляющаго Дѣлами Правительства - БОНЧ-БРУЕВИЧА,

Секретарей Совѣта - ГОРБУНОВА и СКРЫПНИК,

Личных секретарей Предсѣдателя - ВОРОБЬЕВА и СИДОР

Никого другого, без спеціальнаго на приглашенія со стороны выше-
упомянутых лиц НЕ ПРОПУСКАТЬ.

СТРОЖАЙШЕ [illegible] эту инструкцію.

Предсѣдатель Совѣта Народных
Комиссаров

Секретарь Совѣта

Членов Совета Народных Комиссаров приходящих
к заседанию Совета прошу проходить прямо в Красный

Staline devint immédiatement, avec Trotski, l'expert inséparable de Lénine. Lors de la première réunion du nouveau gouvernement *(ci-dessus)* un Staline flou se tient à droite, derrière Lénine. *À gauche* : ordres de Lénine à ses gardes pour l'accès à son bureau ; de sa main, il précise, sous la troisième ligne, que seuls Staline et Trotski peuvent entrer sans rendez-vous.

Le pouvoir, enfin.
Après dix-huit années passées dans la clandestinité, Joseph Djougachvili-Staline, âgé de trente-huit ans, est commissaire du peuple aux Nationalités.

Alexandra Kollontaï, bolchevique féministe aux mœurs sexuelles libérées, et son amant bien plus jeune, le fringant marin Pavel Dybenko. Lors de la première réunion du gouvernement, Staline ricana devant Trotski de leurs murmures passionnés derrière une cloison. Trotski le rabroua ; les deux hommes ne devaient plus échanger que de menus propos.

Staline part à la guerre : lorsque le gouvernement de Lénine se lança pour sa survie
dans une sauvage guerre civile et une terreur brutale, Staline s'épanouit.
Sa soif paranoïaque de sang deviendrait la règle et le génie de l'Empire soviétique.

était à un stade avancé de sa grossesse. Il semble qu'il se fût diverti et eût rendu visite à des amis au cours de ce périple qui l'avait mené jusqu'à Ienisseïski et Krasnoïarsk, mais des gens du coin affirment qu'il cherchait un moyen d'éviter un mariage avec sa toute jeune maîtresse enceinte. En 1916, la pourriture qui infestait la tête de l'Empire s'était répandue jusqu'à l'extrémité de ses membres – la police sibérienne relâchait son étreinte. « Nous réussissions à échapper à tous les gardiens et à tous les officiers de police », dit Badaïev.

Les nouvelles du front était très mauvaises. L'empereur avait quitté Saint-Pétersbourg (rebaptisée Petrograd, nom de consonance moins germanique) et pris le commandement de ses armées. Restée dans la capitale, l'impératrice Alexandra, femme sotte, névrotique et malhabile, avait la haute main sur le gouvernement. Écoutant Raspoutine et une équipe pitoyable de charlatans et de profiteurs de guerre, elle engageait et renvoyait des ministres toujours plus corrompus et incompétents. Personne ne le savait encore, mais le régime des Romanov vieux de trois siècles n'avait plus que quelques mois à vivre.

37

LE CORTÈGE DE TRAÎNEAUX DE STALINE ET LE FILS SIBÉRIEN

En octobre 1916, Staline, ce marxiste fanatique au bras estropié, fut appelé sous les drapeaux avec ses autres compagnons d'exil. Pendant plus d'une décennie, il avait réussi à éviter la conscription. L'appel des exilés illustrait le manque d'hommes dont souffrait la machine de guerre tsariste, mais Staline, tout comme les autorités locales, devait savoir que l'état de son bras ne lui permettrait pas de passer l'examen médical. Les gens de Touroukhansk affirment qu'il avait persuadé Kibirov d'inscrire son nom sur la liste de conscription avec un « faux certificat », petite combine qu'il avait dû concocter pendant sa longue absence estivale. S'était-il porté volontaire pour échapper à ses obligations conjugales et à ses derniers mois de bannissement à Koureïka ?

« Kibirov, le policier en chef, se souvient Vera Chveitzer, constitua le premier groupe de neuf exilés à envoyer à Krasnoïark. » Staline ne traîna pas à Koureïka. Il s'empressa de faire ses adieux et offrit en présent à une dame qui s'était occupée de lui « une photographie avec son autographe et deux manteaux ». Puis, « accompagné en véritable héros », il partit avec Merzliakov pour Monastyrskoe.

Après son départ, vers avril 1917, Lidia donna naissance à un fils qu'elle prénomma Alexandre. Elle resta longtemps sans en informer le père – et Staline ne chercha jamais à entrer en contact avec elle. Mais, d'une façon ou d'une autre, il apprit la nouvelle, et il raconterait aux sœurs Allilouïev qu'il avait eu un fils au cours de son dernier exil sibérien. Il ne s'encombrait pas d'affection paternelle ni même de curiosité sentimentale.

Staline abandonna donc son fils, mais le Touroukhansk renforça d'une certaine façon son caractère russe. Il se peut que la

Sibérie eût refroidi en lui une part de son exotisme géorgien. Il apporta avec lui au Kremlin la confiance en soi, le sens de la vigilance, la froideur et la solitude du chasseur sibérien. Le généralissime Staline dit la vérité en 1947 lorsqu'il écrivit à l'un de ses compagnons de pêche à Koureïka : « Je ne t'ai pas oublié, ni mes amis au Touroukhansk. Je ne vous oublierai probablement jamais. » Molotov exprima cela parfaitement : « Une petite parcelle de Sibérie demeura logée en Staline pour le reste de sa vie[1]. »

Vers le 12 décembre 1916, Kibirov rassembla les deux groupes d'exilés, vingt au total, pour le voyage jusqu'à Krasnoïarsk – « Staline, écrit Sverdlov, était au nombre des camarades. » Sverdlov se voyait privé de la gloire d'une mort presque certaine sur quelque champ de bataille du front occidental parce qu'il était juif, un des rares bienfaits de l'antisémitisme des Romanov. Les autres supplièrent Staline de se réconcilier avec Sverdlov et de lui serrer la main. Staline refusa.

Les conscrits partirent en un cortège pittoresque de traîneaux ornés de drapeaux et tirés par des rennes. Les exilés, agitant mandolines et balalaïkas, « se virent donner un *sakoun* sibérien, qui était un manteau de fourrure, des *bokari*, ou bottes fourrées, et

1. Certains des amis pêcheurs de Staline à Koureïka restèrent en contact : V. G. Solomine lui écrivit pour obtenir un secours et évoqua un énorme esturgeon qu'il avait attrapé pour Staline et Sverdlov. « Camarade Solomine, répondit Staline le 5 mars 1947, je t'envoie six mille roubles sur mon salaire de député [au Soviet suprême]. Ce n'est pas beaucoup, mais ce sera utile. J. Staline. » Molotov raconta comment Staline continuait dans ses vieux jours à manger des boulettes de poisson gelé tout comme il le faisait au Touroukhansk. En 1934, un musée Staline fut créé dans le petit nid d'amour de Staline, l'isba des Pereprygine, et fut agrandi et transformé en pavillon à colonnade pour son soixante-dixième anniversaire officiel en 1949 (la hutte fut conservée sous une cloche de verre). Une gigantesque statue du dictateur fut aussi érigée. En amont, Staline transforma l'usine d'extraction et de traitement du nickel de Norilsk en une vaste cité-prison du Goulag. En 1949, il ordonna la construction d'un chemin de fer et d'un port arctiques dont il surveilla lui-même la mise en œuvre : deux cent mille ouvriers travaillèrent dans des conditions atroces et beaucoup moururent, mais le Chemin de fer de la Mort ne fut jamais terminé. En 1961, pendant la déstalinisation, le musée fut détruit, la statue jetée au fond d'un trou dans la glace, l'isba incendiée. La région jadis déserte est aujourd'hui dominée par un barrage hydro-électrique qui alimente Norilsk Nickel, conglomérat de plusieurs milliards de dollars dirigé par l'un des nouveaux oligarques de Russie. Quant au destin de la maîtresse sibérienne de Staline et de son fils, voir l'épilogue.

des gants et des bonnets en peau de renne », se souvient un autre passager, Boris Ivanov. « Une seule personne voyageait sur chaque traîneau dans une espèce de berceau de toile », et les policiers les escortaient alors qu'ils descendaient le Ienisseï gelé et traversaient les vingt-cinq petites colonies qui devaient toutes fournir « lits, oreillers de plumes, lait, viande et poisson. Dans certains endroits, nous restâmes plusieurs jours ».

Staline prit le commandement et décida que « nous n'avions aucune raison de nous hâter. Nous étions épuisés, pourquoi aurions-nous dû nous précipiter pour être conscrits ? », rapporta un de ses compagnons de voyage. « Nous avons tout le temps, dit-il, car les Allemands feront de nous de la chair à pâté. »

Les exilés organisaient parfois « une fête deux ou trois soirs de suite », et Staline dirigeait les chants. Les policiers se plaignirent et télégraphièrent à Kibirov qui menaça « d'envoyer les cosaques à [leurs] trousses, mais [ils] lui répond[irent] par la même voie : "Nous sommes prêts pour vos cosaques." Staline participa à la rédaction du télégramme ». Il avait réussi à transformer le voyage en une débauche de presque deux mois. Quelque part en chemin, les joyeux détenus fêtèrent le Nouvel An 1917.

Finalement, vers le 9 février, les traîneaux arrivèrent à Krasnoïark. La police, après avoir obtenu leur parole d'honneur, laissa les exilés s'installer pour quelques jours avant d'aller se présenter au commandement militaire. Staline s'installa dans l'appartement d'Ivan Samoïlov, un bolchevik, puis il fit venir Vera Chveitzer d'Atchinsk. Elle lui apprit le décès de Spandarian.

Staline se présenta à l'examen médical et fut déclaré « inapte au service armé » à cause de son bras. C'était là une bonne chose, quoique embarrassante pour un futur commandant en chef qui se considérait autant soldat que politicien. Lorsque Anna Allilouïeva révéla qu'il était réformé dans ses Mémoires publiés peu après la Seconde Guerre mondiale, Staline ne le lui pardonna pas.

Le 16 février, il demanda au gouverneur de Ienisseïski l'autorisation de passer ses quatre derniers mois d'exil non loin de là, à Atchinsk – où vivaient Vera Chveitzer et Kamenev – « une grosse bourgade de six mille habitants avec deux églises et des maisons à un étage », plus à l'ouest, le long du Transsibérien.

Le 21 février, il emménagea dans l'appartement de Vera à Atchinsk – au moment même où, à des milliers de kilomètres à l'ouest, l'impératrice Alexandra commençait à perdre le contrôle de Petrograd. Le 23, des émeutes éclatèrent dans la capitale alors que Staline s'installait dans une des maisonnettes d'Atchinsk. « Il n'avait pas d'affaires, raconta la fille de sa logeuse, juste un manteau noir et un bonnet d'astrakan gris. Il quittait la maison après le déjeuner et rentrait tard le soir. » Mais il recevait souvent la visite d'une « femme au teint basané, au nez grec, en veste jaune, et ils passaient beaucoup de temps ensemble – il avait l'habitude de la raccompagner à la porte, qu'il fermait lui-même ». Il s'agissait de Vera Chveitzer dont il fut inséparable pendant ces dix jours : « Elle demeurait avec lui. » Les Mémoires suggèrent qu'ils vécurent ensemble, mais nous ignorons s'ils furent plus que de simples compagnons de chambre, quoique Vera l'eût toujours salué en l'embrassant sur la bouche : « Oh, Koba ! Oh, Koba ! »

Le dimanche 26 février, les affrontements entre la foule et les cosaques firent cinquante morts à Petrograd. Ce bain de sang encouragea la populace, et des soldats commencèrent à abandonner le tsar. Le lendemain, des foules prirent l'Arsenal, s'emparèrent de cent cinquante mille fusils, incendièrent le quartier général de la police et lynchèrent des policiers. L'un d'eux fut précipité d'une fenêtre du quatrième étage avant que la foule ne le réduise, à coups de bâton et de crosse de fusil, en une bouillie sanglante.

Atchinsk était dans l'ignorance de ces événements. Kamenev et Olga, son épouse et la sœur de Trotski, tenaient un salon. « Je passais mes soirées chez les Kamenev, se souvient Anatoli Baikaloff, fils exilé d'un magnat des mines d'or. Djougachvili, ou Ossip comme nous l'appelions, était un hôte fréquent de leur demeure. » Kamenev, « orateur brillant et causeur accompli », éclipsait « le terne et sec Staline, sans couleur ni reparties spirituelles ». Lorsqu'il disait quelque chose, « Kamenev le remettait en place par quelques remarques brèves, presque méprisantes ». Le « taciturne et morose » Staline tirait simplement sur sa pipe tandis que sa « fumée empoisonnée irritait l'épouse de Kamenev, jolie, mais capricieuse et vaniteuse », qui « toussait et suppliait Staline d'arrêter. Mais il ne lui prêtait jamais aucune attention ».

À Petrograd, le tsar ne régnait plus. Le 1er mars, au palais de Tauride, un gouvernement provisoire fut constitué sous un nouveau Premier ministre, Georgui Lvov. Dans le même bâtiment, un soviet d'ouvriers et de soldats élut un Comité exécutif, présidé par le menchevik géorgien Karlo Tchkheïdze. Ces deux institutions parallèles prirent le pouvoir. L'empereur, isolé, mal informé, déprimé, tenta trop tard de regagner la capitale. Mais alors que le train impérial était bloqué à Pskov, le tsar perdait le soutien de ses généraux.

Le 2 mars, Nicolas II, déclarant qu'« il était fermement convaincu qu'il était né pour le malheur et qu'il avait apporté le malheur à la Russie », abdiqua non en faveur d'Alexis, son fils hémophile, mais en faveur de son frère, le grand-duc Michel, qui lui succéda sous le nom de Michel II. Mais tout cela était formel.

Alexandre Kerenski, le nouveau ministre de la Justice, télégraphia à Atchinsk pour ordonner la libération des députés de la douma en exil : « Tout est entre les mains du peuple. Les prisons sont vides, les ministres arrêtés, l'impératrice gardée par le peuple. » Ce soir-là, Atchinsk apprit que la Révolution était enfin venue – « mais tout le monde parlait à voix basse ».

« Lorsque nous avons reçu le télégramme, c'était jour de marché et j'ai décidé que les paysans du coin ne devaient pas repartir sans savoir [...] ; aussi ai-je couru pour leur dire [...] qu'il n'y avait plus de tsar », se souvient une bibliothécaire bolchevique, Alexandra Pomerantseva, qui partageait la maison de Staline. « En chemin, j'ai rencontré le camarade Staline [qui] regarda mon visage tout excité ». « Où cours-tu ? demanda-t-il. – Je cours au marché parler aux paysans de la Révolution. » Staline « approuva cela » – et elle se dirigea vers le marché.

Le 3 mars, Michel II abdiqua quand le gouvernement se révéla incapable d'assurer sa sécurité. Le 14, le maire d'Atchinsk organisa une réunion des habitants au cours de laquelle Kamenev proposa d'envoyer un télégramme de félicitations au grand-duc Michel pour sa décence civique. Kamenev vivrait assez pour regretter cet instinct peu bolchevique qui l'avait poussé à remercier les Romanov. « Le lendemain matin », se souviendrait dans les années 1920 Staline, qui se trouvait ce jour-là loin de Krasnoïarsk, « j'ai appris cela du camarade Kamenev lui-même qui vint me dire qu'il avait fait quelque chose de stupide ». Kamenev niera avoir signé le télégramme et accusera Staline de mensonge.

Staline télégraphia aux Allilouïev à Petrograd qu'il était en chemin. Il passa sa dernière soirée à Atchinsk avec Chveitzer. Le 7 mars, Kamenev, Chveitzer et Staline se rendirent à la gare d'où ils partirent au comble de la joie. Le voyage dura quatre jours. À chaque arrêt, les bolcheviks de retour concouraient avec les tribuns locaux excités et s'adressaient aux foules. Kamenev faisait des discours ; Staline observait. Il se moquait de ces orateurs et imita plus tard leur naïveté enthousiaste à l'excès : « La sainte révolution, si longtemps attendue, la chère révolution est enfin arrivée ! »

Le matin du 12 mars 1917, Staline, vêtu du costume qu'il avait porté lors de la fatale soirée de juillet 1913, chaussé de *valenki* (bottes fourrées), et portant simplement une petite valise d'osier et une machine à écrire, arriva à Petrograd.

CINQUIÈME PARTIE

À Raphael Eristavi

Lorsque les lamentations des paysans qui peinent
T'eurent tiré des larmes de pitié,
Tu gémis vers le ciel, ô Barde,
Placé à la tête des têtes du peuple ;
Lorsque le bien du peuple
T'eut agréablement exalté,
Tu fis sonner tes cordes doucement,
Comme un homme envoyé par le ciel ;
Lorsque tu chantais des hymnes à la mère patrie,
C'était là ton amour,
Pour elle ta harpe émettait
Un pincement qui ravissait le cœur…
Alors, ô Barde, un Géorgien
T'écoutait comme un monument céleste
Et pour tes peines et tes chagrins du passé
Il t'a couronné du présent.
Tes mots ont dans son cœur
Enfoncé à présent des racines ;
Récolte, saint aux cheveux gris,
Ce que tu as semé dans ta jeunesse ;
Pour faucille, prends le cri du cœur
Du peuple dans l'air :
« Hourrah pour Raphaël ! Puisse la terre de nos pères
Avoir beaucoup de fils comme toi !! »

Sosselo (Joseph Staline)

38

PRINTEMPS 1917. UN CHEF QUI S'EMPÊTRE

« Une douce neige floconneuse tombait, dit Vera Chveitzer. Dès notre descente du train, nous avons senti une bouffée de la bourrasque politique et révolutionnaire [qui soufflait] dans la capitale. » Staline, membre du Comité central, était de retour et ses rêves les plus anciens se réalisaient. Cependant il n'y avait pas de comité d'accueil à la gare Nicolas. Sosso et Vera se laissèrent entraîner par la vague d'excitation à travers les rues : « Emportés par la foule des citadins, nous avons remonté la perspective Nevski. »

Staline n'avait plus à redouter une arrestation ni à rechercher une vieille connaissance pour le secourir alors qu'il parcourait les boulevards. Les fusillades, les émeutes et l'ivresse de la Révolution de Février avaient complètement métamorphosé la capitale : c'était presque à présent la ville la plus libre d'Europe. Des limousines, dont les Rolls-Royce réquisitionnées des grands-ducs, et des voitures blindées emplies d'ouvriers, de jeunes filles à demi dévêtues et de soldats qui agitaient des drapeaux et brandissaient des fusils, filaient à travers la ville à grands coups de Klaxon. Les presses tournaient à plein régime et produisaient des flots de journaux qui présentaient les divers courants de pensée politique et des pamphlets franchement pornographiques évoquaient la nymphomanie et la lubricité lesbiennes de l'impératrice déchue et ses orgies avec Raspoutine. La police détestée – les Pharaons – avait disparu et on avait détruit les aigles bicéphales, mais la lutte des classes n'avait pas vraiment commencé. Les ouvriers des grandes usines qui se pavanaient en armes effrayaient les bourgeois inquiets, les *burzois*, mais les théâtres n'avaient pas fermé – on donnait *Mascarade* de Lermontov à l'Alexandrinski – et les restaurants chics ouvraient après les combats de rue.

« Partout il y avait des meetings[1] et des discours, première expérience de la liberté au sens plein », se rappelait Molotov. Les prostituées et les voleurs eux-mêmes organisaient des réunions et élisaient des soviets. Tout était sens dessus dessous : les soldats arboraient leur casquette à l'envers et portaient des uniformes de fantaisie ; les femmes empruntaient des couvre-chefs et des pantalons militaires. Les gens se libéraient soudain de toute contrainte dans ce carnaval fébrile : « Des actes à caractère sexuel, baisers, caresses et même rapports complets, écrit Orlando Figes, s'accomplissaient ouvertement dans les rues au milieu de l'euphorie. »

Staline et Vera se rendirent directement au centre du pouvoir. « Tout en bavardant avec nous, le camarade Staline atteignit, sans s'en rendre compte, le palais de Tauride », et là ils tombèrent sur Elena Stassova et Molotov. Ce soir-là, Staline, Molotov, Vera Chveitzer, Stassova et le Bureau russe discutèrent de la situation. Personne ne savait précisément ce qu'il fallait faire.

« La Russie était un empire », mais « qu'est-elle à présent ? ». Le système politique qu'ils découvraient au palais n'était, écrivit Vassili Choulguine, député à la douma, « ni une république ni une monarchie – c'était une formation étatique sans nom ». Le prince Lvov, ce Premier ministre à l'attitude si décente, dirigeait un cabinet de conservateurs et de « Kadets » (constitutionnels-démocrates ou KD) aux idées libérales. Le Soviet, présidé par Tchkheïdze et composé de mencheviks, de bolcheviks et de socialistes-révolutionnaires, était aussi puissant que le gouvernement. Kerenski était le seul à nager entre les deux : « Seul Kerenski savait danser sur le bourbier révolutionnaire. » Mais en fait il était loin de maîtriser cet art et nul n'en était encore capable à cette date.

Lorsque le tsar abdiqua, les grands fauves de la jungle social-démocrate étaient à l'étranger – Trotski et Boukharine à New York, Lénine et Martov en Suisse. Les bolcheviks désemparés de Petrograd étaient dirigés par un jeune cadre du parti, Alexandre Chliapnikov, ouvrier de trente-trois ans, et par Molotov, âgé de vingt-

1. Il y eut tant de meetings, jour et nuit, à tous les coins de rue que la langue russe, toujours d'une grande souplesse, forgea le verbe *miningovat* – « faire des meetings » – tout comme, au cours d'une autre révolution, en 1991, elle créa le mot *khappening* – un « happening » – pour décrire les événements bizarres de la liberté retrouvée.

sept ans[1]. La Russie entière comptait moins de vingt-cinq mille bolcheviks, dont environ un millier de vieux militants.

Quelques jours plus tôt, Lénine avait confessé que la Révolution « ne se passerait peut-être pas de notre vivant ». Lorsque la nouvelle fut connue, Kroupskaïa s'étonna : « Peut-être est-ce un autre canular. » « C'est stupéfiant, s'exclama Lénine. Quelle surprise ! » Il commença à envoyer des instructions à Molotov et à Chliapnikov : il fallait mettre fin à la guerre. Le gouvernement provisoire, lui, s'y opposait. À ce moment, au cours d'une réunion du Bureau, Staline, trente-huit ans, et Kamenev, tout juste trente-quatre, souhaitèrent prendre le contrôle et passer outre aux vœux de Lénine, et ils se montrèrent temporairement disposés à soutenir le gouvernement provisoire à condition qu'il menât une guerre défensive et instaurât les libertés civiques fondamentales.

Il y eut un « tollé ». Le Bureau écarta complètement Kamenev, exigea une explication pour ses trahisons et n'accepta de coopter Staline que « dans un rôle consultatif [...] à la lumière de certains traits personnels qui lui sont propres ». Son égotisme, sa grossièreté (et peut-être ses aventures sexuelles) étaient tristement connus.

Lorsque Anna Allilouïeva regagna l'appartement familial, à présent dans les faubourgs et auquel on ne pouvait se rendre qu'en empruntant un petit train de banlieue, elle trouva quelques camarades en pleine discussion (Enoukidze avait été un des premiers à revenir), mais « j'ai regardé le porte-chapeaux et je n'ai pas reconnu le manteau noir et le long foulard rayé sur la table ».

« Qui est là ? demanda-t-elle.

– Staline est de retour, dit quelqu'un. D'exil. Il vient d'arriver ! » Elle courut le saluer – « Nous l'attendions ! » Il marchait de long en large. Anna s'étonna de le voir si changé. « Il portait les mêmes vêtements – le costume noir et la chemise bleue », mais « son visage avait changé, non seulement [Staline] était fatigué, mince, les joues creuses, mais il paraissait plus âgé. Seuls les yeux étaient restés pareils, et ce sourire moqueur ».

« Tu vois ! Je t'ai trouvée ! dit-il. J'ai pris le train et j'ai cru ne jamais te trouver ! Comment vas-tu ? Et comment vont Olga, Ser-

1. Le 26 février, Chliapnikov déclara : « Il n'y a pas et il n'y aura pas de révolution », mais lorsqu'elle se produisit, Molotov et lui réussirent à relancer la *Pravda*. Lorsque Molotov entra au Comité exécutif du Soviet, il écrivit : « J'ai dû m'élever contre Kerenski. Lénine était au loin. Nous avons dû décider de tout nous-mêmes. »

gueï, Pavel, Fedia ? Et où est Nadia ? » Sergueï dirigeait une centrale électrique ; Olga travaillait comme infirmière ; Pavel était au front ; Fiodor étudiait et Nadia prenait un cours de musique.

« As-tu faim ? » demanda Anna, en allumant le samovar, et à cet instant leur père rentra à la maison. Les hommes échangèrent des nouvelles « d'une voix agitée ». Puis Nadia, exubérante et passionnée, apparut en manteau et chapeau. « Iossif est ici. » Les parents et les enfants entourèrent chaleureusement Staline qui se retrouva le héros d'une famille tchekhovienne vivant dans un confort petit-bourgeois, chose qu'il n'avait jamais connue.

« Tout le monde riait » tandis que « Staline imitait les orateurs de province qui s'exprimaient dans les gares pendant son retour d'exil ». Anna et Nadia dressèrent la table pendant qu'il racontait avec brio ses aventures en Sibérie. Il accepta de passer la nuit et de dormir dans la salle à manger à côté de Sergueï.

« À quelle heure se lève-t-on le matin ? Demain je dois aller à la *Pravda*.

– Tôt, dit Olga. Nous te réveillerons. » Olga et ses filles se retirèrent dans la pièce voisine, mais ne purent s'endormir – surtout quand Nadia commença à répéter les histoires de Staline sur les orateurs. « C'était si drôle que nous éclations de rire, dit Anna. Nous essayions de nous arrêter mais ne pouvions nous empêcher de rire de plus en plus fort. – Taisez-vous, les jeunes ! cria leur père. – Laisse-les, Sergueï, intervint Staline. Elles sont jeunes, laisse-les rire ! »

Le matin suivant, ils prirent le train pour la ville et annoncèrent à Sosso qu'ils allaient inspecter un nouvel appartement dans la dixième rue Rojdestvenskaïa. Comme il sautait du tram, Staline cria : « C'est bien – mais veillez à me garder une chambre… »

Staline fit valoir son rôle de dirigeant non au palais de Tauride, mais au quartier général bolchevique qui occupait à présent la demeure entachée de péché de « cette concubine tsariste », Mathilde Krzesinska[1]. « Cet antre du luxe, des honneurs et des diamants situé face au Palais d'Hiver », selon le mot de Trotski, non loin de la forteresse Pierre et Paul ainsi que des usines Vyborg, était vital sur le plan stratégique.

1. Cette agile ballerine polonaise était devenue la première et la seule véritable maîtresse de Nicolas II alors qu'il était héritier du trône. Il l'avait aimée, et lorsqu'il s'éprit d'Alix de Hesse, la future impératrice Alexandra, il continua à soutenir son ascension jusqu'à ce qu'elle devînt la première ballerine du Mariinski. Ensuite, elle s'engagea dans un *ménage à trois** impérial avec ses deux

Dans les boudoirs et les salles de bal de la danseuse étoile, Staline s'imposa de nouveau, retournant Molotov, ce freluquet, et le Bureau russe. Le 15 mars, Staline et Kamenev prirent la direction de la *Pravda* et rejoignirent le Présidium du Bureau. « Je fus jeté à la porte, dit Molotov. Staline et Kamenev, délicatement mais habilement, m'exclurent parce qu'ils avaient plus d'autorité et étaient dix ans plus vieux, aussi n'ai-je pas résisté. » Nommé représentant bolchevique auprès du Comité exécutif du Soviet, Staline fut accueilli au palais de Tauride par ses compatriotes géorgiens, Tchkheïdze et Irakli Tsereteli, orateur vedette. Staline était enthousiasmé par la nouvelle politique, mais, même en ces journées enivrantes, il continuait de concevoir la vie comme une lutte manichéenne entre la lumière et les ténèbres. « Le Char de la Révolution russe, déclara-t-il, avance à la vitesse de l'éclair », mais « regardez autour de vous et vous verrez l'œuvre sinistre de forces obscures continuer sans fin ». Il était tranquille mais vigilant. « Dans les travaux du Soviet, se souvient le diariste menchevique Nikolaï Soukhanov, l'impression que j'avais [...], c'était celle d'un flou gris. »

Dans son lointain refuge helvète, Lénine attaquait en vain le gouvernement provisoire et exigeait une paix immédiate avec l'Allemagne, mais à Petrograd, Staline et Kamenev viraient à droite vers une conciliation feutrée, espérant ainsi attirer des mencheviks internationalistes et radicaux dans les rangs du Parti – idée qui était loin d'être stupide, car ils insistaient sur l'importance d'une politique étrangère radicale[1]. Mais ils « créaient de la confusion et de l'indignation chez les membres du Parti », protes-

amants, les grands-ducs Sergueï et Andreï Romanov. Entre la couche de l'empereur et celles des grands-ducs, et une carrière d'étoile construite grâce à la faveur impériale, Krzesinska constitua une collection de diamants et de résidences qui culmina avec la construction de sa demeure. Celle-ci, de style moderniste, avait planchers parquetés, lustres de cristal et miroirs gigantesques ; une salle blanche était meublée de consoles de marbre et de sofas décorés d'or moulu ; les murs en étaient tapissés de soie damassée et les rideaux étaient de velours. Il y avait également un petit salon Louis XVI aux murs de soie jaune – et la salle de bains de la ballerine en marbre blanc, aux murs couverts d'une mosaïque bleu et argent, à la baignoire, encastrée dans le sol, « ressemblait à un bain grec ». Comme le disait gaillardement un couplet populaire, « sans épargner ses jambes, elle s'était fait un chemin en dansant jusqu'au sein d'un palais ». Cette demeure est aujourd'hui le musée de l'Histoire moderne russe.

1. Le 17 mars, dans son article « La Guerre », Staline en appelait seulement à exercer « une pression sur le gouvernement provisoire » pour mettre fin au conflit, alors que Lénine exigeait le « renversement » du gouvernement en place. Staline n'attaquait pas les mencheviks mais désirait seulement une alliance avec ceux qui soutenaient sa croyance en une guerre défensive. Il voulait que le Soviet

tait Chliapnikov. Molotov jubilait d'avoir vu juste en s'opposant à « leur ligne défensive, une erreur grave, l'erreur de Staline ». Kamenev et Staline, ricanait Trotski, avaient transformé les bolcheviks en « un groupe parlementaire agissant dans la coulisse pour exercer une pression sur la bourgeoisie ».

Cependant les critiques de Staline exagéraient sa sottise. Au cours de ces dix jours, il se montra sans aucun doute prudent et terne, mais sa stratégie politique était sensée, réaliste et tactique dans sa modération. Trotski reconnaît que Staline « avait donné une expression aux convictions cachées de nombreux vieux bolcheviks » – et de la plupart des mencheviks. Kroupskaïa elle-même, en entendant les vociférations extrémistes de Lénine, grommela : « Ilitch semble avoir perdu ses esprits. » Les bolcheviks n'avaient donc aucun espoir de renverser le gouvernement provisoire – Lénine ne manquait pas d'audace mais il n'était plus dans le coup. En outre, il ne resta pas lui-même fidèle à son programme radical : il battit immédiatement en retraite et fit des compromis avant de revenir à ses principes à la fin de l'année.

Dans son exil helvète, Lénine explosa en lisant un discours de Tchkheïdze sur une conciliation avec les mencheviks. « C'est tout simplement de la merde ! hurla-t-il.

– Vladimir, quel langage ! répliqua Kroupskaïa.

– Je le répète, de la merde ! »

Et il se mit alors à rédiger ses *Lettres de loin* pour corriger les errements de Kamenev et ceux de Staline qui publiait des articles presque chaque jour.

Puis, le 18 mars, Staline arrêta d'écrire pour une semaine, peut-être pour réexaminer ses propres idées politiques ; Lénine était en route.

conservât sa mainmise sur le gouvernement provisoire et il exigeait la convocation urgente d'une Assemblée constituante. D'une part, il ne proposait qu'une « pression » sur le gouvernement, d'autre part, lorsque les mencheviks et les bolcheviks tinrent un débat commun sur le gouvernement provisoire, il condamna celui-ci comme l'organe des « élites » qui substituaient simplement « un tsar à un autre ». Il demeurait conciliateur, ainsi qu'il l'expliqua à la fin mars lors d'un Congrès du Parti qui se tint dans la résidence Krzesinska et au palais de Tauride.

39

ÉTÉ 1917 : LES MARINS DANS LES RUES

Le 27 mars 1917, Lénine, Kroupskaïa, Zinoviev et Tskhakaïa, le protecteur géorgien de Staline, embarquèrent dans leur fameux « wagon plombé ». Presque un mois après la Révolution de Février, Lénine avait enfin trouvé un moyen de revenir en Russie. Dans l'intervalle, il avait caressé l'idée de prendre le train en se faisant passer pour un Suédois sourd-muet ou de traverser l'Europe centrale à bord d'un biplan brinquebalant. « Nous devons rentrer, disait-il, mais comment ? » Heureusement, le haut commandement allemand croyait que l'injection clinique de Lénine et de son bacille révolutionnaire pourrait infecter la Russie du virus du pacifisme et l'éliminer ainsi de la guerre.

Lénine prit la direction du « wagon plombé » comme il le ferait de la Russie elle-même ; il n'aurait pas manqué d'approuver les interdits actuels de fumer et édicta les règles pour cela et le droit de se rendre aux toilettes pour le train entier – préparation, dit en plaisantant le bolchevik Karl Radek, « à l'exercice de la direction du gouvernement révolutionnaire ». Les fumeurs n'avaient le droit de sacrifier à leur habitude que dans les toilettes, tandis que les non-fumeurs recevaient des laissez-passer spéciaux de « première classe » qui leur donnaient la priorité pour se rendre auxdites toilettes.

Le 3 avril, ils s'arrêtèrent à la gare de Beloostrov à la frontière russo-finlandaise dans ce que Kroupskaïa appelait avec grandeur « ces chères pauvres petites voitures de chemin de fer de troisième classe ». Lioudmila Stal, l'amie de Staline, accueillit Kroupskaïa avec une délégation de femmes. Kamenev monta allégrement à bord pour saluer Lénine et là il reçut un choc.

« Qu'est-ce que tu es donc allé écrire ? lança Lénine. Nous avons vu plusieurs numéros de la *Pravda* et nous t'avons agoni d'injures. »

Le train entra dans la gare de Finlande à Petrograd. Staline grimpa dans le wagon pour saluer « le Vieux », qui n'avait encore que quarante-six ans. Avec son chapeau mou, son costume de tweed et son parapluie bourgeois, ce petit homme chauve était un inconnu en Russie, aussi bien dans la Russie nouvelle que dans l'ancienne. Cependant, c'était là un Lénine plus furieux, plus violent, impitoyable et impatient que celui qui était parti en exil une décennie plus tôt ; s'il n'avait pas la malice vindicative de Sosso, il ressemblait cependant davantage à Staline qu'à cette image paternelle et débonnaire que la propagande soviétique colporterait plus tard. « Je ne peux écouter trop souvent de musique, dit-il après avoir entendu la sonate dite *Appassionata* de Beethoven. Cela m'incite à vouloir dire des choses aimables et stupides et à tapoter la tête des gens. Mais à présent il faut leur taper sur la tête, les frapper sans pitié. » Lénine ne songeait plus qu'à cette prochaine bataille. « Une campagne de lutte après une autre, dit-il à Inès Armand, sa maîtresse occasionnelle. C'est là ma vie. » Staline n'aurait pas dit autre chose. Venant de mondes aussi différents – l'un avec des manières de noble, l'autre de paysan –, ils partageaient les mêmes sentiments et étaient partisans de méthodes identiques.

Nous ignorons ce que Staline lui dit dans le wagon[1], mais, quasiment au moment de leur rencontre, Staline abandonna le « mou » Kamenev et apporta son soutien au Vieux.

Peu avant minuit, Lénine « descendit du wagon avec Staline », observa Molotov qui se trouvait présent. Le célèbre mais mystérieux Lénine découvrit la gare de Finlande en pleine fête révolutionnaire. Une fanfare militaire attaqua la Marseillaise ; des projecteurs parcouraient la foule des curieux avides. Lénine passa en revue une garde d'honneur de marins révolutionnaires de la base de Kronstadt, deux mille ouvriers de l'usine Poutilov, au

1. Alexandra Kollontaï, la séduisante bolchevique, venait juste de donner les tonitruantes *Lettres de loin* de Lénine à Staline et à Kamenev qui étaient sur leurs gardes. Alors même que le Vieux était sur le chemin du retour, Staline avait coupé ou refusé de publier ses articles qu'il jugeait « insatisfaisants ». Des « esquisses dépourvues de faits ». Lénine appelait à une prise immédiate du pouvoir, mais ne daignait pas expliquer comment il avait décidé de sauter le premier pas formel de l'évolution marxiste et de passer directement au second, « la transition vers le socialisme ».

milieu d'une foule qui agitait des drapeaux rouges et d'une armada de voitures blindées.

Une phalange de Gardes rouges – des ouvriers bolcheviques en armes – escorta Lénine jusqu'au salon impérial de la gare où il fut accueilli par le président du Soviet, Tchkheïdze. Mais Lénine s'engouffra dans une voiture blindée, en disant à la populace (dont Molotov, Vorochilov et Alliloutëv) que le gouvernement provisoire, avec ses « discours doucereux et ses belles promesses, vous trompe, tout comme il trompe le peuple russe sans exception ». Cette diatribe, écrivit un témoin, « ébranla et étonna les fidèles [...] comme un coup de foudre ». Les bolcheviks devaient renverser le gouvernement, mettre fin à la « guerre de brigandage impérialiste » et transférer immédiatement les pouvoirs aux soviets.

Beaucoup pensaient que le Vieux était fou et hors du coup. « Lénine est dépassé », confia le menchevik Skobelev au prince Lvov. Cependant, même ses adversaires ne pouvaient que reconnaître son assurance rageuse : « Lénine, dit Soukhanov, faisait preuve d'une force si surprenante, d'une puissance si surhumaine dans l'attaque. »

Lénine parcourut les rues dans sa voiture blindée, entouré de la fanfare tonitruante, des ouvriers et des soldats, en direction de la résidence de Krzesinska où, dans le salon aux colonnes blanches de la ballerine, il harangua les bolcheviks incrédules. Le lendemain matin, il s'adressa à eux dans la Salle 13 du palais de Tauride. « Tout le monde était abasourdi », observa Molotov. Les bolcheviks, dit Trotski, « étaient aussi peu préparés à Lénine qu'ils l'avaient été à la Révolution de Février ».

Le *tour de force** de Lénine conquit Staline qui confessa : « Beaucoup de choses devinrent claires. » Le peuple désirait la paix et la terre, mais le gouvernement animé de louables intentions insistait pour honorer les promesses du tsar de poursuivre la lutte contre l'Allemagne et repoussa stupidement le règlement de la question agraire jusqu'à l'élection d'une Assemblée constituante bien des mois plus tard. Seul Lénine vit dans cet intervalle une occasion unique de s'emparer de la Russie. Après le 6 avril, Staline et lui commencèrent à travailler intimement ensemble à la *Pravda*.

Le 18 avril, une bourde de Milioukov, ministre des Affaires étrangères, qui avait envoyé une note diplomatique à la France et à la Grande-Bretagne les informant que la Russie avait l'intention d'annexer des territoires ottomans, guerre impériale sans empereur, vint aider Lénine. Le Soviet avait soutenu le gouvernement provisoire à la seule condition qu'il menât une guerre défensive. Une vague d'indignation ébranla le fragile ministère. Le prince Lvov constitua une nouvelle coalition avec Kerenski comme ministre de la Guerre.

Les bolcheviks radicaux appelèrent à un soulèvement armé. Lénine, qui était arrivé tout feu tout flamme, animé d'une idéologie inébranlable, dut retenir ses propres têtes brûlées, première retraite d'une longue série : le soulèvement n'était « pas correct [...] à ce moment ». Lorsque le Congrès bolchevique commença le 24 avril dans la salle de bal du palais Krzesinska, Lénine « entra comme un inspecteur dans une salle de classe ». Jusqu'à son arrivée, pensa Lioudmila Stal, « tous les camarades tâtonnaient dans les ténèbres ». Staline, lui, restait fermement hors de cette obscurité. Lorsque Kamenev attaqua Lénine, Staline se moqua de son ancien allié. À présent il était redevenu léniniste – mais cela ne signifiait pas qu'il était d'accord sur tout[1].

Staline fit le rapport sur la question nationale. Il remporta le débat, mais on le connaissait encore pour ses actes de banditisme dans le Caucase, et il avait besoin du soutien de Lénine. « Nous connaissons le camarade Koba depuis de nombreuses années, déclara Lénine. Nous l'avons vu à Cracovie où nous avions notre Bureau. Son activité dans le Caucase a été importante. C'est un bon ouvrier pour toutes les missions de responsabilité. » Molotov se souvenait de Lénine expliquant l'essence de l'attrait que Staline exerçait sur lui : c'était « une figure pleine d'autorité – vous pouviez lui confier n'importe quelle tâche ».

Le 29 avril, Staline arriva troisième avec quatre-vingt-dix-sept voix aux élections du Comité central, immédiatement après Lénine et Zinoviev, résultat qui illustrait sa position au sein du Parti. Il passait à présent l'essentiel de son temps au Soviet, dirigeant la *Pravda* ou travaillant au Comité central avec Lénine. Le Comité central choisit Lénine, Staline, Kamenev et Zinoviev pour constituer son premier Bureau décisionnaire, préfiguration du tout-puissant Politburo.

1. Jamais sur tout : le recul de Lénine par rapport à ses positions extrémistes l'avait beaucoup rapproché des politiques souvent critiquées de Staline. Staline sentait que l'insistance de Lénine sur une « guerre civile européenne » dépassait les bornes, que de parler de « dictature » n'était pas politique, et que d'exiger une « nationalisation des terres » ne répondait pas aux espérances des paysans. Lénine, se mettant au diapason des exigences réelles de la politique russe, modifia progressivement ces positions politiques en public.

Le 4 mai, Trotski arriva enfin des États-Unis et immédiatement il éblouit Petrograd, s'exprimant presque chaque soir au Cirque Moderne bondé où « il était souvent porté jusqu'à la scène » par la foule. Il était, remarqua Soukharov, « enivré par sa popularité ».

Lénine reconnut la valeur de Trotski et le courtisa ; une semaine plus tard, il l'invitait à rejoindre les bolcheviks. La seule chose qui les divisait, dit Lénine, c'était « l'ambition ». Staline dut très mal apprécier le retour de cette vedette internationale. Il écrirait plus de soixante articles en cette année 1917, mais Trotski avec mépris qualifiait ces écrits de « ternes commentaires sur des événements brillants ». Lorsque Lénine constitua une délégation pour négocier avec Trotski, Staline en fut, de façon compréhensible, exclu.

Contrairement à Trotski, Staline ne réussit pas à s'imposer en 1917. Il exprima cela fort bien : « Avant la Révolution, notre Parti vivait dans la clandestinité. À présent les circonstances ont changé » – et elles ne lui convenaient pas vraiment. C'était dans les ténèbres qu'il s'épanouissait.

1917 fut réellement la seule expérience de Staline de politique démocratique ouverte, ce qui n'était guère un cadre idéal pour quelqu'un formé au cœur des intrigues claniques meurtrières du Caucase. Il s'exprimait tranquillement avec un accent géorgien comique. « Je ne comprenais pas grand-chose à ce qu'il disait, rapporte un témoin, mais j'ai remarqué une chose : toutes ses phrases étaient des déclarations acérées et concises qui se caractérisaient par la clarté de leur formulation. » Un ouvrier qui l'entendit parler observa que « ce qu'il disait sonnait juste, était compréhensible et simple, mais, je ne sais pourquoi, on ne se rappelait pas ensuite de son discours ». Il « évitait de faire de longs discours lors des rassemblements de masse », mais son énonciation simple, modeste et sans éloquence s'avérait étonnamment impressionnante et convaincante pour ceux, nombreux, qui se méfiaient des intellectuels m'as-tu-vu.

Lorsque Lénine s'empara du pouvoir et, assiégé de toutes parts, dirigea son gouvernement comme une camarilla de conspirateurs, Staline se retrouva dans son élément.

Le 3 juin, Anna et Nadia Alliloüieva, les jeunes adoratrices de Sosso, vinrent admirer leur héros au Ier Congrès des Soviets à l'École militaire sur l'île Vassilevski. « Staline et Sverdlov assistèrent aux séances d'ouverture – ils furent les premiers à arriver avec Lénine. Je les vis entrer tous les trois dans la salle vide, rapporte Anna Allilouïeva qui travaillait pour le Parti. Nous n'avions pas vu Staline depuis plusieurs jours et sa chambre dans l'appartement restait inoccupée. »

« Nous devrions lui rendre visite, murmura Nadia, toujours écolière. Peut-être a-t-il changé d'avis sur l'idée de venir vivre chez nous. » Le lendemain, elles assistèrent à l'incident le plus dramatique du Congrès.

« Il n'y a pas un parti en Russie qui ose dire : "Placez tout le pouvoir entre nos mains" », tonna le menchevik Tsereteli.

À ces mots, Lénine bondit de sa chaise et cria : « Un tel parti existe ; aucun parti n'a le droit de refuser le pouvoir et notre parti ne le refuse pas. Il est prêt à tout moment à prendre tout le pouvoir entre ses mains. »

Verechtchak, le compagnon de cellule de Staline à Baïlovka, remarqua que « Lénine, Zinoviev et Kamenev étaient les principaux orateurs », mais « Sverdlov et Staline dirigeaient silencieusement la faction bolchevique – pour la première fois je compris toute la signification de l'homme ».

Staline impressionna Trotski qui en fit une description qui révèle pourquoi il perdit la lutte pour le pouvoir. « Staline était très précieux dans les coulisses, écrivit-il. Il avait le chic pour convaincre les dirigeants moyens, en particulier les provinciaux[1]. » « On ne le considérait pas comme le chef officiel du Parti », dit Saguirachvili, autre menchevik géorgien à Petrograd

1. Ces « provinciaux » étaient les durs du Comité qui détestaient Trotski et qui deviendraient plus tard les staliniens, pour beaucoup des amis originaires du Caucase. Ces *praktiki* bolcheviques connaissaient sans aucun doute les défauts de Staline, mais ils avaient bien plus de choses en commun avec lui qu'avec Zinoviev ou Trotski. Il y avait le très susceptible Sergo, le beau Chaoumian, Enoukidze, le play-boy blond, Kalinine, l'ancien boucher qui ne s'en faisait pas, et Vorochilov. Cependant beaucoup de Caucasiens, en particulier les mencheviks, haïssaient Staline. Et il recevait aussi des critiques de bolcheviks venus du Caucase. Makharadze et Japaridze, de vieux camarades de Tiflis et de Bakou, attaquèrent l'approche de Staline de la question des peuples caucasiens lors du Congrès d'avril, comme le fit le Polonais Félix Dzerjinski. Cependant Staline se lia d'amitié avec Dzerjinski, fondateur de la police secrète, parce que Polonais et Géorgiens apparaissaient comme des peuples fiers colonisés par la Russie. Les deux hommes avaient étudié pour la prêtrise, écrit des poèmes, et étaient obsédés par les questions de loyauté et de trahison. Ils étaient l'un et l'autre des maîtres en matière de police secrète. Élevés par des mères au caractère bien trempé, ils avaient souffert de pères très durs. Ils furent eux-mêmes des parents terribles, des êtres fanatiques et solitaires. Il est étonnant que deux individus aussi semblables aient pu se rapprocher et s'allier.

en cette année 1917, mais « tout le monde écoutait ce qu'il avait à dire, Lénine y compris – il représentait la base, quelqu'un qui en exprimait les opinions et les humeurs véritables », choses qu'ignoraient des émigrés comme Trotski. Sosso était le « chef incontesté » des Caucasiens. Lénine, dit Saguirachvili, « sentait que derrière lui se dressaient d'innombrables dirigeants des provinces ». Alors que Trotski se pavanait sur la scène du Cirque Moderne, Staline se trouvait de nouveaux alliés comme ce jeune homme qu'il avait exclu sans cérémonie du Politburo, Molotov.

Staline s'installa, avec trois autres camarades, chez Molotov, qui occupait un appartement spacieux rue Chirokaïa, sur l'autre rive de la Neva du côté de Petrograd. « C'était comme une commune », dit Molotov. Chose exceptionnelle, Staline s'excusa auprès de Molotov pour ce que celui-ci devait qualifier de « grande erreur » : « Tu étais le plus proche de Lénine au tout début d'avril », concéda-t-il. Les deux hommes devinrent amis. En outre, Molotov, qui avait été élu au Comité central en avril, avait besoin d'un protecteur. Ils étaient très différents : Molotov, homme trapu et vigoureux, chaussé de lunettes rondes, et qui bégayait dès qu'il s'emportait, était solennel, correct, plutôt bourgeois. Mais il partageait avec Staline le même fanatisme marxiste, une bonne résistance à la boisson, une foi jacobine en la Terreur, un complexe d'infériorité vindicatif – et une croyance en la maîtrise de son camarade.

Staline n'avait pas cessé de changer de domicile, travaillant la nuit et grappillant un peu de sommeil chez des amis. Souvent il dormait là où il travaillait, au palais Krzesinska. Tatiana Slavatinskaïa travaillait également là comme secrétaire au Comité central sous les ordres de Sverdlov et de Stassova. Lioudmila Stal collaborait à la rédaction de *Rabotnitsa* (« l'ouvrière ») et s'occupait des relations avec les marins de Kronstadt. Elles durent se rencontrer. On raconta que Staline reprit sa liaison avec Stal. Si cela est vrai, elle ne fut pas la seule.

Staline ne se prévalut pas simplement de la fidélité politique et de l'hospitalité matérielle de Molotov. « Il me souffla ma petite amie, Maroussia », raconta ce dernier, amusé. Mais Maroussia ne serait pas la dernière femme qu'il sacrifierait à la volonté de Staline.

Tôt un soir, Anna et Nadia Allilouïeva arrivèrent à la *Pravda* pour voir Staline. « Les bureaux étaient bondés et emplis de fumée de cigarette. » Un assistant leur dit que « Staline était occupé », rapporta Anna, aussi « nous envoyâmes un message précisant que nous aimerions le voir et il vint à notre rencontre ».

« Eh bien, bonjour, dit Sosso, en souriant avec affection. Je suis heureux que vous soyez venues. Comment ça va à la maison ?

– Ta chambre est prête, dirent les deux jeunes filles.

– Comme c'est gentil, mais je suis terriblement occupé, dit-il. Mais gardez-la-moi. »

Puis « quelqu'un vint vers lui et Staline s'empressa de nous serrer la main » – et repartit précipitamment travailler.

1917 fut, pour paraphraser Lénine, une valse de deux pas en avant, un pas en arrière. En juin, les radicaux de l'aile armée du Parti bolchevique – l'Organisation militaire, qui se flattait alors de l'allégeance de soixante mille soldats – exigèrent de faire une manifestation en armes. La date de cette révolution secondaire fut fixée : le 10 juin. Lors d'une réunion du Parti, Lénine leur apporta son soutien. Il était « mauvais de forcer les choses, mais tout aussi mauvais de laisser passer l'occasion », approuva Staline qui aida à préparer la manifestation et en rédigea la proclamation : « À la vue des ouvriers en armes, les bourgeois se mettront à couvert. » Zinoviev et Kamenev exprimèrent, eux, leur hostilité.

Le 9 juin, au Soviet, les mencheviks lurent l'appel de Staline et Tsereteli railla « la conspiration bolchevique pour s'emparer du pouvoir ». Lénine avait besoin du soutien du Soviet – il espérait utiliser sa légitimité comme couverture pour son coup d'État bolchevique. Mais le Soviet interdit la manifestation. Après des heures de panique, Lénine accepta d'annuler le mot d'ordre : « Un faux mouvement de notre part peut tout ruiner. » Il se montrait à présent aussi prudent que l'avaient été Kamenev et Staline en mars. Le 11, Staline, critiquant cette « hésitation intolérable », menaça de démissionner.

Le Soviet, par défi, organisa sa propre manifestation le 18 juin, mais les bolcheviks en prirent le contrôle et Staline publia sa proclamation dans la *Pravda*. Ce fut une victoire de la propagande. « Belle journée ensoleillée, rapporta Staline le lendemain, la colonne des manifestants n'a pas de fin. De l'aube au crépuscule, le cortège défile vers le Champ de Mars, une forêt de banderoles, [...] un rugissement régulier de la foule [...]. La Marseillaise et l'Internationale cédèrent la place à "Vous avez des victimes qui sont tombées". » Il y eut « des cris de "Tout le pouvoir aux Soviets !" [...], et pas un seul régiment ou une seule usine n'arbora le slogan "Soutien au gouvernement provisoire" ». Pendant ce temps, alors que la guerre se poursuivait contre l'Allemagne impériale, Kerenski, le ministre de la Guerre, ordonnait une offensive qui, l'espérait-il, conforterait le gouvernement. Cette offensive, la dernière de la Russie au cours de ce conflit, fut un désastre.

Lénine était épuisé ; souffrant de migraines, il se retira en Finlande pour profiter du soleil dans une villa au bord d'un lac. Mais le gouvernement chancela de nouveau ; l'offensive de Kerenski s'enlisait tandis que la Finlande et l'Ukraine progressaient vers l'indépendance. Les ministres KD (ou Kadets) démissionnèrent en signe de protestation.

En l'absence de Lénine, son Organisation militaire[1] décida de s'emparer du pouvoir. « Le ciel nocturne était si brillamment éclairé par l'aurore boréale, écrit Saguirachvili, que l'on pouvait lire son journal dehors. Les hommes ne dormaient pas et une force inconnue les attirait à l'extérieur pour errer dans les rues. Ils levaient les yeux vers ce spectacle céleste. Combat grandiose des Ténèbres et de la Lumière. »

Le 3 juillet, des foules de soldats, de marins et d'ouvriers, armés de mitrailleuses, la poitrine barrée de cartouchières, marchèrent sur le palais de Tauride, avec à leur tête le Premier Régiment bolchevique de mitrailleurs. Des voitures furent arrêtées sous la menace des fusils et réquisitionnées. Alors que des camions et des voitures blindées emplis d'hommes en armes filaient par les rues, quelques soldats commencèrent à tirer au hasard sur les chalands bourgeois de la perspective Nevski. Des fusillades éclatèrent. À la base navale de Kronstadt, des marins bolcheviques se mutinèrent, massacrèrent cent vingt officiers, dont leur amiral, et exigèrent ensuite que Lénine, Zinoviev et Kamenev leur donnent l'ordre de s'emparer de la capitale. Faute de recevoir une réponse, ils téléphonèrent à Staline, installé à son bureau de la *Pravda* avec Demian Bedny, le barde bolchevique : devaient-ils se mettre en marche avec leurs armes ?

« Des fusils ? répliqua Staline. Camarades, vous êtes les mieux placés pour le savoir [...]. Quant à nous, scribouilleurs, nous por-

1. L'Organisation militaire bolchevique ignora la prudence de Lénine, ce qui montre que les bolcheviks étaient loin encore d'être une force disciplinée rassemblée sous un chef unique. Au contraire, ils demeuraient insubordonnés et indociles. Le Parti monolithique et servile de Staline n'apparaîtrait que bien des années plus tard.

tons toujours nos fusils, nos stylos, partout avec nous, [mais] quant à vous et à vos armes, vous êtes meilleurs juges ! » Staline avait à demi encouragé ce coup de force en partie accidentel, en demandant : « Le Parti avait-il le droit de s'en laver les mains et de se tenir à l'écart ? » Trotski avait probablement raison de penser que Staline avait été l'un des organisateurs du soulèvement de juillet : « Partout où éclatait une bagarre, que ce soit sur une place de Tiflis, à la prison de Bakou ou dans une rue de Petrograd, il s'efforçait de la rendre aussi vive que possible. »

La foule en armes bouillonnait autour du palais de Tauride en espérant que le Soviet prenne le pouvoir comme dans le slogan de Lénine : « Tout le pouvoir aux Soviets. » Mais à l'intérieur du palais, Tchkheïdze et le Soviet, qui discutaient de la formation d'un nouveau ministère, ne voulaient pas du pouvoir. En fait ils le craignaient. Cette réticence du Soviet enflamma la foule. Entre-temps, la réponse ambiguë de Staline avait eu son effet : les marins de Kronstadt étaient en chemin.

Au palais Krzesinska, Staline et le Comité central perdirent soudain leur sang-froid et rappelèrent Lénine de vacances : « Nous aurions pu prendre le pouvoir, dit Staline, mais contre nous se seraient dressés les fronts, les provinces, les Soviets. » Staline se précipita au palais de Tauride pour rassurer Tchkheïdze et le Soviet – mais le génie était sorti de la bouteille.

Lénine était dans le train pour Petrograd lorsque Staline apprit que Pavel Pereverzev, le ministre de la Justice, s'apprêtait à accuser le leader bolchevique de trahison et à révéler que l'Allemagne impériale avait financé ses activités. C'était en partie vrai, aussi Staline revint au palais de Tauride et demanda à son compatriote géorgien Tchkheïdze d'étouffer cette histoire. Tchkheïdze donna son accord, mais il était déjà trop tard.

Aux petites heures du 4 juillet, Staline se précipita à la résidence Krzesinska. « On devrait vous rosser pour cela ! » hurla-t-il aux têtes brûlées bolcheviques.

En cette matinée lourde et orageuse, quatre cent mille ouvriers et soldats tenaient les rues désertes, bientôt rejoints par vingt mille marins lourdement armés qui débarquèrent d'une flottille de bateaux. Ils n'avaient aucun plan : les marins farauds, accompagnés de leurs fanfares, semblaient tenir davantage à parader avec leurs petites amies sur les boulevards et à terroriser les *bourzoïs* : « Ils étaient à peine vêtus et on voyait partout des femmes en hauts talons. » Les rues, raconterait Staline, « montraient des scènes de liesse ». Les matelots se rassemblèrent devant la résidence Krzesinska pour exiger un commandement : où était donc Lénine ? Il tenta de se cacher dans le palais avant de paraître, d'un air embarrassé, et de faire un bref discours qui n'arrangea rien.

Les marins, soutenus par vingt mille ouvriers de Poutilov, se dirigèrent vers le palais de Tauride pour remettre au pas le Soviet désemparé et anxieux dont les membres les avaient trompés. Il y eut des scènes épouvantables[1] – mais, à 17 heures, le ciel se mit de la partie et la pluie submergea cette révolution impromptue. La foule se dispersa. Le régiment loyal des gardes Izmaïlovski libéra le Soviet assiégé, perçu à présent comme un parlement de bavards édentés. Lénine et le Comité central bolchevique abattu se retirèrent pitoyablement. Les Journées de Juillet étaient terminées.

Le gouvernement, renforcé par la popularité grandissante de Kerenski, décida d'écraser les bolcheviks. Malgré les prières de Staline, Pereverzev, le ministre de la Justice rendit publiques les preuves que Lénine avait reçu un soutien financier de l'Allemagne. Beaucoup de soldats furent ébranlés par cette idée de trahison.

À l'aube du 5 juillet, des soldats du gouvernement investirent les locaux de la *Pravda*, et manquèrent de peu Lénine que Staline avait fait sortir discrètement quelques minutes plus tôt. Dans la nuit, des obusiers et huit voitures blindées prirent position pour s'emparer du palais Krzesinska, mais les bolcheviks n'avaient nulle envie de défendre leur place forte. Staline se précipita à la forteresse Pierre et Paul, autre bastion bolchevique, « où [il] réussi[t] à convaincre les marins de ne pas accepter le combat » ; puis il fit la navette entre les soldats et le palais Krzesinska pour éviter un massacre et ensuite il demanda à Tchkheïdze et à Tsereteli au palais de Tauride la garantie qu'il n'y aurait pas de bain de sang si les bolcheviks rendaient leurs deux places fortes. Tsereteli donna son accord : « Staline me lança un regard étonné et partit. » Le 6 juillet, les cinq cents bolcheviks à l'intérieur du palais Krzesinska se rendirent. Puis Staline retourna à la forteresse pour surveiller la reddition.

Lénine apprécia les efforts infatigables de Staline pour régler la situation. Mais, « à la suite de l'échec désastreux du soulèvement,

1. Des hommes pénétrèrent de force dans le palais où le Soviet encerclé siégeait, refusant toujours de prendre le pouvoir. La populace empoigna Tchernov, le frêle dirigeant socialiste-révolutionnaire, et commençait à le lyncher au moment où Trotski, dans un numéro de virtuose, intervint, sauta sur une limousine, s'adressa aux marins et sauva le politicien terrifié.

écrivit John Reed, un journaliste socialiste de Portland, dans l'Oregon, l'opinion publique se tourna contre eux, et leurs troupes privées de chefs refluèrent vers le quartier de Vyborg [...]. Il s'ensuivit une chasse féroce aux bolcheviks ».

Kerenski, trente-trois ans, le seul à pouvoir réunir la gauche et la droite, assuma la charge de chef du gouvernement. Il se trouvait être, par une ironie des choses, le fils du directeur d'école de Lénine à Simbirsk, et c'était un orateur d'une « intensité brûlante » – « les sursauts soudains, la contraction de ses lèvres, et le caractère délibéré et somnambulique de ses gestes le font ressembler à un possédé ». Le ministre de la Justice de Kerenski ordonna l'arrestation de Lénine[1].

Les bolcheviks étaient sur le point de disparaître. Lénine était en fuite. Staline s'occupa de sa sécurité.

1. Vychinski, l'homme de main de Staline originaire de Bakou, était chef de la milice de la région d'Arbat à Moscou sous les ordres de Kerenski et il signa les mandats d'arrêt des hauts dirigeants bolcheviques, dont Lénine. Après Octobre, il rejoignit les bolcheviks. Son obéissance infâme à Kerenski garantit une soumission servile à Staline aux caprices de qui il dut sa propre survie.

40

AUTOMNE 1917. SOSSO ET NADIA

Staline aida Lénine à changer cinq fois de cache en trois jours alors que Kerenski menait la traque contre lui. Trotski et Kamenev furent arrêtés, et Lénine, escorté par Staline, entra de nouveau dans la clandestinité. La police fit une descente chez la sœur de Lénine. Kroupskaïa se précipita rue Chirokaïa, chez Staline et Molotov, pour savoir où se trouvait son mari.

Le soir du 6 juillet, Staline entraîna Lénine vers sa cinquième cachette, le nouvel et élégant appartement, au 17 dixième rue Rojdestvenskaïa, des Allilouïev qui employaient un portier en uniforme et une domestique.

« Montrez-moi toutes les entrées et les sorties », dit Lénine en arrivant et il vérifia même les soupentes. « Nous lui donnâmes la chambre de Staline », dit Olga. Lénine, étonnamment joyeux, demeura là quatre jours, dans une atmosphère tendue. Quand Anna Allilouïeva rentra, elle trouva son appartement envahi d'inconnus à l'air nerveux. « Je reconnus immédiatement la personne à qui je fus présentée en premier. » Lénine occupait le sofa, « sans veste, vêtu d'un gilet, d'une chemise de couleur claire et d'une cravate ». Dans la pièce « insupportablement étouffante », Lénine l'interrogea avec soin : qu'avait-elle vu dans les rues ?

« On raconte que vous avez fui à Kronstadt et que vous vous cachez sur un dragueur de mines. »

« Ha-ha-ha ! » éclata de rire Lénine avec une « gaieté contagieuse ». Puis il demanda à Staline et aux autres personnes présentes : « Qu'en pensez-vous, camarades ? »

Lénine passait ses journées à écrire. Staline lui rendait visite chaque jour. Il alla discrètement prendre le pouls au palais de Tauride, où il tomba sur Sergo Ordjonikidze. Les deux hommes s'inquiétèrent que de « nombreux bolcheviks importants eussent pensé que Lénine ne devait pas se cacher mais se montrer [pour passer en procès] ». « Ensemble, écrivit Sergo, nous allâmes voir Lénine. » Le gouvernement exigeait qu'il se rendît. Chez les Alliliouïev, Lénine, Staline, Sergo, Kroupskaïa et Maria, la sœur de Lénine, discutèrent de ce qu'il fallait faire.

Au début, Lénine était en faveur de se rendre, mais Staline s'y opposa. Il pensait que Lénine et Zinoviev devaient attendre et ne se livrer que lorsque leur sécurité serait assurée, mais sa visite au siège du gouvernement l'avait convaincu que c'était impossible. « Les *Junkers*[1] veulent te mettre en prison, prévint-il, mais ils te tueront en chemin. » Stassova arriva et annonça que l'on publiait d'autres preuves de la trahison de Lénine. « Son visage fut parcouru d'un fort frisson et [Lénine] déclara avec une extrême détermination qu'il devrait aller en prison » pour laver son nom au cours d'un procès.

« Disons-nous au revoir, dit-il à Kroupskaïa. Il se peut que nous ne nous revoyons plus. »

Staline et Sergo furent renvoyés au palais de Tauride pour obtenir « la garantie qu'Ilitch ne serait pas lynché par les Junkers ». Les mencheviks, rapporta Staline à son retour, « ont répondu qu'ils ne pouvaient pas dire ce qu'il arrivera[it] ».

Staline et Sergo étaient certains dorénavant que Lénine serait assassiné s'il se rendait. « Staline et les autres pressèrent Lénine de ne pas se montrer, dit Kroupskaïa. Staline le convainquit et [...] lui sauva la vie. » Staline avait raison ; V. N. Polovtiev, un ancien membre de la douma, rencontra l'officier chargé d'arrêter Lénine. « Comment dois-je livrer ce monsieur Lénine ? demanda l'officier. En entier ou par petits morceaux ? »

La discussion se poursuivit. Soudain Sergo tira un poignard imaginaire et hurla comme un brigand géorgien : « Je découpe celui qui veut qu'Ilitch soit arrêté ! »

Cela sembla régler la question. Il fallait sortir Lénine de Petrograd ; Staline « entreprit d'organiser son départ ». Un ouvrier nommé Emelianov[2] accepta de cacher Lénine dans sa cabane à Razliv au nord de Petrograd.

1. Tout comme les policiers étaient connus sous le nom de « pharaons », de nombreux officiers de l'armée étaient surnommés « Junkers » en référence à la classe militaire noble de Prusse.

2. Emelianov fut arrêté pendant la Grande Terreur. Kroupskaïa intercéda, paraît-il, en sa faveur et il fut, ainsi que toute sa famille, gardé en détention jusqu'à la mort de Staline.

Olga et Anna Allilouïeva étaient aux petits soins pour leurs hôtes, et veillaient à ce que Lénine et Staline mangent convenablement.

« Qu'est-ce que tu donnes à Staline ? demandait Lénine. S'il te plaît, Olga, tu dois faire attention à lui, il perd du poids. »

Staline de son côté veillait à ce que Lénine ne manquât de rien : « Eh bien, quelle est la situation pour les provisions ? Ilitch mange-t-il ? Faites de votre mieux pour lui. » Parfois Staline arrivait avec des provisions supplémentaires.

Lénine et Staline étudièrent soigneusement les plans d'évasion. Le 11 juillet, « Staline arriva avant le départ et tout le monde se réunit dans la chambre de Lénine pour imaginer des moyens de le déguiser ». Olga essaya de couvrir la tête de Lénine de bandages, mais cela ne convint pas. Personne n'osa suggérer un travestissement féminin.

« Ne vaudrait-il pas mieux que je me rase ? » proposa Lénine. « Un instant plus tard, Lénine était assis, le visage couvert de savon à barbe » devant le miroir rond posé près du portrait de Tolstoï dans la chambre de Staline. Sosso en personne « joua au barbier », et rasa la barbe et les moustaches du Vieux. « C'est très bien à présent. » Lénine s'admira dans la glace. « Je ressemble tout à fait à un paysan finnois, et quasiment personne ne me reconnaîtra. »

Le 12, Staline et Alliouïev escortèrent Lénine à la gare Primorski pour la scène de la disparition ; il se cacha à Razliv avant de s'installer dans une grange en Finlande. Faisant l'aller-retour, Staline devint son principal contact avec Petrograd. « Un de mes fils amenait Staline en bateau jusqu'à la cabane [où Lénine se cachait] », se rappelait Emelianov.

Dans un déluge d'articles, Staline dénonça la « nouvelle Affaire Dreyfus » de Kerenski, les « viles calomnies contre le dirigeant de notre Parti » et « les forbans de la plume de la presse corrompue ». Il tournait tout particulièrement en dérision les « imbéciles aveugles » mencheviques qui se comportaient en gogos. Kerenski, écrivait-il, les noierait « comme des mouches dans du lait ».

Livrer les bolcheviks ? faisait-il dire aux mencheviks à l'adresse de Kerenski dans un de ces rares exemples de satire stalinienne. « À votre service, *messieurs** du Service de renseignements. » Désarmer la Révolution ? « Avec le plus grand plaisir, *messieurs** les propriétaires terriens et les capitalistes. »

Staline se comportait en leader bolchevique – et déménagea, ce qui allait transformer sa vie.

« Personne ne surveille le bâtiment, le rassura Olga Allilouïeva lorsqu'il passa un jour. Tu ferais mieux de vivre chez nous, de te reposer et de dormir convenablement. »

Staline quitta l'appartement de Molotov pour celui des Allilouïev. Les pièces étaient aérées, claires et confortables ; la cuisine, la salle de bains et même la douche étaient ce qu'il y avait de plus moderne ; la domestique, qui vivait dans une minuscule chambre, préparait les repas ; Staline prit la chambre de Fiodor (celle où avait séjourné Lénine) qui se flattait d'avoir un vrai lit, un miroir sur une table de toilette en bois, un bureau décoré et un portrait de Lord Byron. Au petit déjeuner le lendemain, il confia qu'il n'avait pas dormi aussi bien depuis longtemps.

Sosso était souvent seul avec Olga. Sergueï dirigeait sa centrale électrique, Nadia était en vacances d'été à Moscou et Anna travaillait pour le Parti. Olga s'occupa de son hôte ; elle lui acheta un nouveau costume. Il lui demanda d'y coudre de chauds coussinets, deux grands cols droits en velours et des boutons jusqu'au cou, parce qu'un col dur et une cravate ne convenaient pas à sa gorge douloureuse[1].

La vie de Sosso demeurait chaotique ; il achetait sa nourriture sur le chemin de la maison – une miche de pain, du poisson ou de la saucisse à un étal de rue. Il travaillait inlassablement à la rédaction de la *Pravda*, écrivant tant à son bureau dont l'encrier était orné d'un ours doré qu'il en attrapa des cals aux doigts. Parfois il rentrait à la maison, d'autres fois non ; un jour, il fut si épuisé qu'il s'effondra endormi sur le lit, sa pipe encore allumée, ce qui manqua provoquer un incendie.

À la fin de juillet, il déménagea de nouveau au cours du VIe Congrès, tenu en secret dans un bâtiment monastique du boulevard Sampsonevski, au cas où la police ferait une descente. Comme dirigeant de fait, Staline fit le principal rapport et exhorta les trois cents délégués à se concentrer sur l'avenir : « Nous devons être prêts à tout. » Après avoir lu un autre rapport

1. C'est ainsi que Staline dessina sa première tunique quasi militaire, tenue probablement inspirée de celle de Kerenski qui se considérait à présent comme le Napoléon russe ; le vaniteux chef du gouvernement portait déjà son propre uniforme militaire, des bottes et une tunique, bien qu'il n'eût aucune espérience de l'armée. Staline porterait ce genre de tunique toute sa vie, souvent avec une casquette d'ouvrier. Lénine avait alors renoncé à son feutre et préférait la casquette d'ouvrier à visière. Au cours de la Guerre civile, la tunique dite du Parti, la casquette, le manteau et les bottes de cuir, ainsi que le Mauser, devinrent quasiment l'uniforme bolchevique et symbolisèrent la nature militaire du mouvement.

« sur la situation politique », il insista pour que la Russie créât sa propre révolution et cessât de croire « que seule l'Europe peut nous montrer la voie », discours qui préfigurait son célèbre slogan : « Le socialisme dans un seul pays. » Ce second rapport avait probablement été écrit par Lénine ou, au moins, rédigé avec lui, mais le véritable partenaire de Staline dans la reconstruction du Parti était Sverdlov avec qui il s'était finalement réconcilié.

« Le rapport du camarade Staline a pleinement illuminé l'activité du Comité central, déclara Sverdlov. Il ne me reste à moi qu'à me limiter à la sphère étroite de l'activité organisationnelle du Comité central. »

Staline fut choisi comme rédacteur en chef de la presse du Parti et membre de l'Assemblée constituante mais, lors des élections au Comité central, il arriva après Kamenev et Trotski. Les bolcheviks étaient encore bien bas, mais Staline prédit : « la période paisible [du gouvernement provisoire] est terminée. Les temps seront troublés, une crise succédera à une autre. »

Il retourna chez les Allilouïev. Les vacances estivales de Nadia avaient pris fin et elle rentra à la maison pour reprendre le chemin de l'école.

Cet été-là, Staline resta caché avec les deux sœurs dans leur appartement dont il devint l'âme et le cœur. « Parfois Sosso ne venait pas pendant des jours », écrit Anna Allilouïeva. Puis il apparaissait soudain au milieu de la nuit pour trouver les jeunes filles endormies et fonçait dans leur chambre. Ils vivaient dans une grande intimité : la chambre de Staline et celle de Nadia communiquaient par une porte. De son lit ou de son bureau, il pouvait voir sa table de toilette.

« Comment ? Vous êtes déjà couchées ? criait-il pour les réveiller. Debout, les somnolentes ! Je vous ai acheté des gardons et du pain ! » Les jeunes filles bondissaient hors de leur lit et se précipitaient dans la chambre de Staline où l'atmosphère « devenait à l'instant animée et insouciante. Staline racontait des blagues et caricaturait toutes les personnes qu'il avait rencontrées dans la journée, parfois de façon aimable, parfois avec malice ».

Le séminariste autodidacte et les adolescentes cultivées parlaient de littérature. Il se montrait enjoué et drôle avec leurs amis. Il leur racontait l'histoire de ses aventures en exil, et leur parlait de Tichka, le chien sibérien. Il leur lisait ses livres préférés – Pouchkine, Gorki et Tchekhov, en particulier les nouvelles de ce dernier, « Caméléon » et « Le sous-officier Prichibeïev », mais il adorait surtout « Douchetchka » qu'il « connaissait par cœur ». Il parlait souvent de femmes. « C'est une vraie Douchetchka », disait-il d'une femme écervelée qui ne vivait que pour son amant et n'avait aucune existence autonome. Il taquinait leur domestique, Panya, la campagnarde, et donnait des petits noms aux deux jeunes filles. « Lorsqu'il était d'une humeur particulièrement gaie, dit Anna, il nous appelait "Epifani-Mitrofani" », plaisanterie sur le nom de son logeur en exil. « Eh bien, Epifani, quoi de neuf ? » leur disait-il en guise de bonjour. « Oh, tu es une Mitrofani, ça c'est sûr ! » Parfois il les appelait « Tichka », en souvenir de son chien.

Il parlait de politique avec Sergueï et ses filles qui faisaient partie de la grande famille bolchevique. Nadia était si fière de cette appartenance qu'on la taquinait à l'école. Enoukidze, son parrain, Kalinine, Sergo et Sverdlov étaient déjà comme des oncles, et Lénine s'était caché chez eux.

En septembre, raconte Anna, « Staline amena à la maison un camarade caucasien [...] trapu, aux cheveux noirs et lisses, et au visage d'une pâleur sans éclat, [...] qui nous serra la main timidement, en souriant de ses grands yeux aimables ». « Voici Kamo, dit Staline. Écoutez-le – il a plein d'histoires intéressantes ! » Les jeunes filles tombèrent sous le charme : « C'était donc là Kamo », qui les régalait en leur contant « sa vie à demi fantastique ». Le psychopathe audacieux avait passé cinq ans dans la prison Kharkov avant d'être libéré par la Révolution. Il avait préparé une évasion, à la manière du comte de Monte-Cristo, en se faisant passer pour un mort dans un cercueil, mais avait découvert que les geôliers fracassaient à coups de marteau le crâne de tout cadavre qui quittait la prison, car on ne savait jamais. « Kamo parlait beaucoup de Staline et alors sa voix calme et paisible prenait un ton exalté. » Kamo était venu à Petrograd en quête d'une nouvelle mission, mais ses liens avec les Alliluïev allaient tourner à la tragédie.

Le lendemain de son retour, Nadia l'adolescente commença à nettoyer l'appartement, en déplaçant les sièges avec tant de bruit que Staline, qui travaillait à un article, sortit en trombe de sa chambre. « Que se passe-t-il ici ? demanda Sosso. Qu'est-ce que c'est que tout ce boucan ? Oh, c'est toi ! Ah je vois à présent qu'une vraie maîtresse de maison s'est mise à la tâche ! »

« Et alors ? Qu'y a-t-il de mal à cela ? » répliqua la jeune fille, très nerveuse.

« Vraiment rien, répondit un Sosso amusé. C'est une bonne chose ! Mets un peu d'ordre, vas-y... Montre leur donc, aux autres ! »

Nadia l'écolière, était, observa sa sœur Anna, « très vive, franche, spontanée et pleine d'entrain ». Cependant son éducation dans cette famille nomade et bohème, perturbée par des visiteurs incessants et par les aventures sexuelles de sa mère, avait développé chez elle une tendance puritaine et sérieuse, un désir d'ordre et de sécurité.

« Papa et maman vivent au jour le jour comme d'habitude », écrivit-elle à une amie. Elle en vint à mépriser l'obsession de sa mère pour les aventures amoureuses éphémères. « Nous autres, les enfants, sommes adultes, écrivit-elle un peu plus tard, et nous voulons agir et penser comme il nous plaît. Le fait est qu'elle [Olga] n'a pas de vie à elle et c'est encore une jeune femme en bonne santé. Alors, je dois me charger des tâches ménagères. » Peut-être considérait-elle sa mère comme une « Douchetchka », l'héroïne de Tchekhov.

Petit à petit, au cours de ce long été riche en événements, Staline et Nadia se rapprochèrent ; déjà elle admirait en lui l'ami géorgien et le héros bolchevique de la famille. « Ils passèrent tout l'été de 1917 enfermés ensemble dans un appartement. Parfois seuls », dit Kira Allilouïeva, la nièce de Nadia. « Nadia voyait en Iossif un révolutionnaire romantique. Et ma mère disait qu'il était très séduisant. Bien sûr, Nadia tomba amoureuse de lui. » Il la surnomma « Tatka » ; elle l'appelait Sosso ou Iossif.

Les rires, l'enjouement et les amourettes de la vie de famille devaient avoir manqué à Staline, fils unique d'une mère contrainte à vivre seule. Il avait apprécié cela en exil et une dizaine d'années s'étaient écoulées depuis son mariage avec Kato Svanidze. Il avait toujours aimé ce genre de femmes qui savaient cuisiner et prendre soin de lui comme Kato – et comme sa mère. En fait, les Allilouïev déclarèrent que Staline s'était épris de Nadia parce qu'elle lui rappelait Kato.

« Lentement Staline tomba amoureuse d'elle », dit Kira Allilouïeva. « Un vrai mariage d'amour. » Sosso aurait pu être son père – ses adversaires diraient même plus tard qu'il l'était vraiment. Les dates ne correspondent pas, mais Nadia devait avoir su que Sosso avait probablement eu dans le passé une liaison avec sa mère, femme très portée sur le sexe. Y eut-il concurrence entre la mère et la fille pour leur hôte géorgien ?

« Olga eut toujours un penchant pour Staline », écrivit Svetlana, la fille de Nadia et de Staline. Mais Olga « désapprouva » la liaison de Nadia, « et fit de son mieux pour l'en dissuader, la traitant de "stupide sotte". Jamais elle ne put accepter cette alliance ». Était-ce parce qu'elle connaissait la nature de Sosso ou parce qu'elle-même avait eu une liaison avec lui – ou les deux ? Toujours est-il que cette « stupide sotte » de Nadia s'était déjà entichée de Sosso. Quelques mois plus tard, elle annonça fièrement à sa confidente : « J'ai perdu tant de poids que les gens disent que je dois être amoureuse. »

Staline raconta plus tard comment il avait choisi Nadia plutôt que sa sœur aînée : « Anna était quelque peu pédante et épouvantablement bavarde », tandis que Nadia était, « pour son âge, mûre dans sa réflexion », et « avait les deux pieds sur terre. Elle [me] comprenait mieux ». Il avait raison au sujet d'Anna qui l'irriterait toute sa vie, mais quelque chose lui avait échappé chez Nadia.

L'adolescente était, dans son genre, aussi névrotique, aussi blessée par la vie et aussi sombre que lui, voire plus sombre encore. La rigueur de Nadia attirait Staline, mais elle se heurterait plus tard, de façon désastreuse, à sa simplicité bédouine et à son égoïsme entêté. Le pire était que son intense sincérité masquait l'instabilité mentale de sa famille, trouble bipolaire qui ne ferait pas d'elle plus tard une femme d'intérieur placide. « Mais il eut un aperçu de son caractère difficile, dit Kira Allilouïeva. Elle lui répondait et le remettait même en place. » Les bravades de cette écolière dévouée et jolie, aux yeux enflammés de tzigane, durent alors plaire à Staline. Mais, en fin de compte, leur union s'avérerait funeste.

Nous ne savons pas précisément quand ils devinrent amants. Dix mois plus tard le couple qu'ils formaient était connu de tous. Leur liaison commença probablement à cette époque.

Les bolcheviks étaient sur le point de connaître une renaissance surprenante ; l'architecte n'en serait ni Lénine ni Staline, mais un aspirant dictateur militaire de droite. Kerenski promut un nouveau commandant en chef, le général Lavr Kornilov, un cosaque de Sibérie aux yeux bridés de Tartare, au crâne rasé et aux larges moustaches, qui était apparu sur scène comme un Russe « sur un cheval blanc » décidé à purger Petrograd des bolcheviks et à rétablir l'ordre. Mais Kornilov était aussi vaniteux que Kerenski – il avait une garde spéciale de Turcomans vêtus d'écarlate et armés de sabres – mais moins intelligent ; on disait de lui qu'il avait « un cœur de lion et la cervelle d'un mouton ». Néanmoins, il semblait être l'homme du moment et il se mit à lire des livres sur Napoléon, ce qui est toujours un mauvais présage chez les hommes qui se croient providentiels.

Kerenski tenta de reprendre la main en tenant une conférence multipartite à Moscou, loin de la turbulente capitale. « Petrograd, écrivit Staline dans une de ses métaphores religieuses, est un lieu dangereux ; on la fuit [...] comme le diable fuit l'eau bénite. » Il avait raison : à Moscou, le général vola la vedette à Kerenski. Mais les deux hommes s'accordèrent pour que Kornilov envoie des troupes de première ligne à Petrograd afin de rétablir l'ordre. Puis Kerenski, qui se voyait aussi en Bonaparte russe, soupçonna le général de préparer un coup d'État. Il y avait là, chose dangereuse, trop de Napoléon en puissance. Il démit Kornilov qui décida malgré tout de marcher sur la capitale.

Petrograd attendait la suite des événements dans l'anxiété. Kerenski, après s'être autoproclamé commandant en chef, découvrit qu'il n'avait pas de soutien militaire et fut contraint de s'appuyer sur le Soviet, qui mobilisa de nouveau les Gardes rouges bolcheviques. Le général fut arrêté, mais le Cabinet tomba. Kerenski se nomma alors dictateur d'un directoire de cinq membres. Il avait survécu mais, tout comme Mikhaïl Gorbatchev après le coup d'État d'août 1991, ce n'était plus qu'une baudruche dégonflée. Soutenu par la cocaïne et la morphine, il régnait sous les ors des appartements d'Alexandre III au Palais d'Hiver, mais ne gouvernait plus.

« Enfin nous avons un "nouveau" (tout nouveau !) gouvernement de cinq hommes, ironisa Staline le 3 septembre, choisi par Kerenski, adoubé par Kerenski, responsable devant Kerenski. » Les bolcheviks consolidaient leurs forces dans les usines, et chez les soldats et les marins de Kronstadt. « L'armée qui s'était soulevée contre Kornilov, écrivit Trotski, était l'armée future de la Révolution d'Octobre. »

Le court règne de Staline comme leader bolchevique mit en évidence l'arrogance dominatrice qui avait toujours été son trait distinctif. Le Comité central imposa un contrôle strict à l'Organisation militaire. Staline s'appropria brutalement ses fonds et s'empara de *Soldat*, son journal, d'une « façon cavalière, violant les principes les plus élémentaires de la démocratie du Parti ». L'Organisation militaire en appela au Comité central. La critique qu'elle fit du « système délibéré de persécution et de répression [de Staline] d'un caractère extrêmement étrange » est un des premiers exemples de description de ce que serait le stalinisme. Staline traîna l'Organisation militaire devant un tribunal du Parti[1]. Ses alliés, Sverdlov et Dzerjinski, réparèrent le gâchis qu'il avait fait. Mais Trotski, Zinoviev et Kamenev ressortirent alors de la clandestinité ou de la prison. Le 4 septembre, Trotski rejoignit Staline au Comité exécutif central du Congrès des Soviets et à la *Pravda*. Une fois encore Staline se trouva éclipsé, car Trotski monopolisa les feux de la rampe.

Staline tombait souvent sur son ancienne relation, David Saguirachvili, dans les couloirs de l'Institut Smolny[2]. Lorsque Saguirachvili l'accusait de propager des calomnies anti-mencheviques dans la *Pravda*, « il souriait d'un air apparemment bon enfant » et expliquait, par une maxime à la tonalité pré-orwellienne, qu'un « mensonge fait toujours plus d'effet que la vérité. La chose qui importe, c'est d'atteindre son objectif ». Ainsi que Staline l'expliquerait plus tard à Molotov, « la vérité est protégée par un bataillon de contre-vérités ».

Les Soviets de Petrograd et de Moscou tombèrent enfin entre les mains de Lénine, mais les bolcheviks restaient divisés sur la suite à donner aux événements. Ce fut Lénine qui les amena, par la force de sa volonté, à la Révolution d'Octobre ; il arrive parfois qu'un seul individu change le cours de l'histoire. Cependant, à cette date, Kamenev menaçait d'en dévier lui-même le sens – ce bolchevik modéré proposait une tout autre voie. Le 14 septembre, il commença à négocier une coalition avec les mencheviks et les socialistes-révolutionnaires à la Conférence démocratique d'État qui se tint au théâtre Alexandrinski.

Le Vieux, qui se terrait à Helsinki, était atterré et déçu. Le 15 septembre, il envoya une lettre au Comité central lui intimant l'ordre de prendre le pouvoir au nom des seuls bolcheviks.

« Si nous n'assumons pas le pouvoir maintenant, l'histoire ne nous le pardonnera pas ! » écrivait Lénine. Mais Kamenev et

1. Cet été-là, le Parti connut un autre scandale surprenant : Kamenev fut accusé d'avoir été un agent de l'Okhrana ; le Comité central demanda à Staline d'en informer le Comité exécutif du Soviet. Une enquête fut diligentée. Kamenev fut blanchi le 30 août.

2. Après son humiliation au cours des Journées de Juillet, le Soviet quitta le palais de Tauride pour siéger à proximité dans un autre édifice néo-classique, l'Institut Smolny, construit par Catherine II comme pensionnat pour les jeunes filles de la noblesse, où tous les partis, y compris les bolcheviks, installèrent leurs bureaux. C'est de là que Zinoviev et, après sa chute en 1926, Sergueï Kirov, un jeune protégé de Staline, dirigèrent Leningrad. C'est là encore que Kirov fut assassiné en 1934, crime qui, fomenté ou non par Staline, fournit le prétexte de la Grande Terreur. Pendant le siège de Leningrad, la ville fut dirigée de l'Institut. Aujourd'hui il accueille les services du maire de Saint-Pétersbourg.

Zinoviev craignaient de tout perdre. C'était avril qui recommençait ; et ils n'étaient pas les seuls à penser que Lénine se méprenait terriblement. « Nous étions abasourdis ! » reconnut Boukharine. Lors du Comité central suivant, auquel assistaient Trotski, Kamenev, Sverdlov et Chaoumian, qui arrivait du Caucase, Staline soutint Lénine et proposa de communiquer la lettre en secret aux organisations clefs du Parti. Le Comité central refusa par six voix contre quatre, résultat extraordinaire un mois seulement avant la Révolution d'Octobre et qui révèle la popularité de la voie défendue par Kamenev. Cependant les deux extrémistes, Staline et Trotski, qui ne voyaient pas la nécessité d'une alliance avec les mencheviks, soutinrent Lénine. Lors du Comité central du 21 septembre, ils exigèrent le boycott du pré-Parlement à venir où Kamenev espérait poursuivre la constitution de sa coalition, mais ils furent de nouveau battus. Lénine fulmina, traitant Kamenev et Zinoviev de « misérables traîtres ».

Le 25 septembre, les bolcheviks prirent le contrôle du Comité exécutif du Soviet. Trotski, qui se retrouvait président du Soviet après treize années d'emprisonnement, de déportation ou d'émigration à l'étranger, commença à imposer le commandement du Soviet aux militaires. Son organisation des « *inter-raions*[1] (ou unitaires) » et lui venaient juste de rejoindre les bolcheviks, mais, alors que Lénine demeurait caché, Trotski continuait à se donner en spectacle le soir au Cirque Moderne bondé.

Lénine bombardait Kamenev et les bolcheviks d'articles et de lettres secrètes, arguant que le temps manquait, que Kerenski commençait une autre offensive, et que le IIe Congrès des Soviets avait été convoqué à Petrograd. Ils devaient donc être les premiers à s'emparer du pouvoir, sinon ils se trouveraient contraints de participer à une coalition et de « se couvrir d'opprobre pour toujours et de se détruire en tant que Parti ! ».

Lénine quitta secrètement la Finlande et se cacha dans le confortable appartement de Margarita Fofanova à Vyborg, d'où il continua à déverser sa bile révolutionnaire. « Le succès de la révolution russe et de la révolution mondiale dépend simplement de deux ou trois jours de lutte », déclara-t-il, craignant que la vision de Kamenev ne l'emporte. « Mieux vaut mourir en homme que de laisser l'ennemi passer ! » Quand le Comité central recula, il proposa sa démission. Ces lettres étaient « rédigées avec une force extraordinaire », écrivit Boukharine, « et nous menaçaient

1. Comités de liaison entre les quartiers *(raion)* de la capitale. *N.d.T.*

des pires châtiments ». Dans sa fureur brillante, Lénine commençait à donner l'impression d'être dérangé. En fait, Staline, rédacteur du journal du Parti, *Rabotchii Pout* (« La Voie ouvrière »), censurait les imprécations les plus violentes de Lénine et publiait à leur place une version antérieure plus modérée.

Parfois le prophète tonitruant sortait de son isolement. « Un matin, peu avant la Révolution d'Octobre, se souvient Anna Allilouïeva, on sonna à la porte. Sur le seuil, je vis un homme plutôt petit, en manteau noir et coiffé d'une casquette finlandaise. »

« Staline est-il à la maison ? demanda-t-il poliment.

– Mon Dieu, vous ressemblez tout à fait à un Finnois, Vladimir Ilitch, s'exclama Anna. Après une brève conversation, Staline et lui sortirent ensemble. »

Quelques jours plus tard, ces petites silhouettes minables, qui parcouraient les rues de Petrograd sans être reconnues sous leur déguisement, s'emparaient de l'Empire russe. Ils allaient former le premier gouvernement marxiste au monde, rester au sommet de l'État jusqu'à leur dernier jour, sacrifier des millions de vies sur l'autel de leur idéologie utopique et, à eux deux, exercer le pouvoir absolu pendant trente-six ans.

41

HIVER 1917. LE COMPTE À REBOURS

En octobre 1917, Petrograd semblait calme mais, sous la surface scintillante, la ville dansait la valse frénétique des derniers plaisirs. « Les tripots fonctionnaient fébrilement du crépuscule à l'aube, rapporta John Reed, le champagne coulait à flots, les joueurs risquaient vingt mille roubles sur un coup. Au centre de la ville, le soir, des prostituées, en fourrures luxueuses, ornées de bijoux, faisaient les cent pas, se pressaient dans les cafés [...]. Les actes de banditisme avaient pris une telle ampleur qu'il était devenu dangereux de passer dans les petites rues. » La Russie, écrivit Ilia Ehrenbourg, qui deviendrait un des écrivains préférés de Staline, « vivait comme sur un quai de gare, dans l'attente du sifflet du chef de train ». Des aristocrates vendaient des trésors inestimables au coin des rues, la pénurie alimentaire empirait, les files d'attente s'allongeaient, tandis que les riches dînaient encore au Donon et au Constant, les deux restaurants les plus chics, et que les bourgeois se battaient pour obtenir des billets et pouvoir entendre Chaliapine.

« De mystérieux individus erraient autour des femmes qui, pendant de longues heures glaciales, faisaient en grelottant la queue pour du pain et du lait ; ils chuchotaient que les Juifs avaient accaparé les stocks alimentaires. [...] Complots monarchistes, espions allemands, contrebandiers cherchant des combines », observa Reed. « Sous le ciel gris, transie de froid, cinglée de rafales de pluie, la grande cité vibrante se ruait de plus en plus vite vers... quoi ? » Trotski, réagissant aux hurlements de la foule au Cirque Moderne, apporta une réponse à la question de Reed : « Le temps des phrases est passé. Est venue l'heure d'un duel à mort entre la révolution et la contre-révolution ! » Dans la magnificence du Palais d'Hiver, Kerenski attendait, épuisant les braises de son pouvoir en prises de morphine et de cocaïne.

À 22 heures, dans la nuit sombre et pluvieuse du 10 octobre 1917, Lénine saisit sa chance de convaincre le Comité central ; les onze éminents bolcheviks sortirent furtivement l'un après l'autre de l'Institut Smolny pour un rendez-vous au 32 quai Karpovka, dans un appartement en rez-de-chaussée du quartier Petrograd. Il appartenait à Galina Flakserman, l'épouse bolchevique de Soukhanov, le scribe menchevique. « Oh, les nouvelles plaisanteries de la muse enjouée de l'Histoire, songea celui-ci. Cette séance suprême et décisive eut lieu chez moi… mais à mon insu. »

Certains parmi les onze étaient déguisés : Lénine, rasé de près, qui, selon Kroupskaïa, « ressemblait beaucoup à un pasteur luthérien », portait une perruque bouclée mal ajustée qui glissait sans cesse sur son crâne chauve. Alors qu'il commençait à s'adresser à Staline, Trotski, Sverdlov, Zinoviev, Kamenev et Dzerjinski dans une pièce étouffante où la fenêtre était cachée par une couverture, Galina Flakserman apportait salami, fromage et pain noir et faisait chauffer le samovar dans le couloir. Mais personne ne mangeait encore.

« La situation politique est tout à fait mûre pour le transfert du pouvoir », déclara Lénine ; mais, même alors, les bolcheviks argumentèrent contre lui. On ne tint pas de minutes de la réunion, cependant nous savons que Staline et Trotski soutinrent Lénine dès le début. Kamenev et Zinoviev, qui s'était laissé pousser la barbe et avait taillé ses boucles de cheveux en guise de déguisement, restaient perplexes. La discussion fut « intense et passionnée », mais, écrivit Trotski, personne n'était à la hauteur de « la pensée, la volonté, l'assurance et le courage » de Lénine. Petit à petit Lénine vainquit « les hésitants et les dubitatifs » qui sentirent alors monter en eux « force et résolution ». Aux petites heures du matin, on frappa violemment à la porte. Était-ce la police de Kerenski ? Non, c'était Youri, le frère de Galina, venu aider à servir les saucisses et à s'occuper du samovar. Le Comité central adopta une vague résolution de soulèvement. « Aucun plan matériel d'insurrection, ni même de tentative, ne fut esquissé cette nuit-là », se souvient Trotski. Neuf membres apportèrent leur soutien à Lénine contre l'avis de Zinoviev et de Kamenev, « intimement convaincus que proclamer alors une insurrection armée, c'était jouer, non seulement avec le destin de notre Parti, mais avec celui de la révolution russe et internationale ».

Affamés et groggy, les vainqueurs se jetèrent sur les saucisses tout en chahutant Zinoviev et Kamenev.

Cinq jours plus tard, le 16 octobre, lors d'une autre réunion secrète à la douma du quartier Lesnoï, dans les faubourgs du nord, Lénine, soutenu par Staline et Sverdlov (Trotski étant absent du Soviet), admonesta une fois encore les sceptiques. « L'histoire ne nous pardonnera jamais de ne pas avoir pris le pouvoir maintenant ! » s'écria-t-il en replaçant sa perruque instable.

« Nous n'avons pas le droit de courir ce risque et de tout jouer sur un coup de dés », répliqua Zinoviev.

Staline soutint la position de Lénine : « La date doit être choisie opportunément. » Le Comité central, dit l'ancien séminariste pour qui le marxisme était une quasi-religion, doit avoir « davantage la foi [...]. Il y a deux lignes ici : l'une garde le cap d'une victoire de la révolution [...], l'autre ne croit pas en la révolution et compte seulement demeurer une opposition [...]. Les propositions de Kamenev et de Zinoviev [...] donnent à la contre-révolution la chance de se réorganiser, avertit Staline. Nous poursuivrons une retraite sans fin et nous perdrons la révolution entière. »

Lénine l'emporta par dix voix contre deux. Le Comité central élut Staline, Sverdlov, Dzerjinski et deux autres personnes comme membres d'un Centre militaire révolutionnaire auprès du Comité militaire révolutionnaire (PVRK) de Trotski au Soviet. L'organe qui devait prendre le pouvoir n'avait pas encore été créé. Lénine se réfugia de nouveau dans la clandestinité alors que Kerenski, qui pressentait le danger, faisait monter les enchères : Petrograd était menacée par l'avance de l'armée allemande. Il annonça le rappel du front de régiments demeurés fidèles. Il n'y avait pas de temps à perdre.

Puis, le 18 octobre, Kamenev publia une attaque contre la « décision désastreuse » d'un soulèvement dans le journal de Maxime Gorki, *Novaïa Jizn*. L'ironie est que, en 1917, en dépit de la volonté de fer de Lénine, Kamenev, toujours « abruti de sentimentalisme », selon le mot de Trotski, ait été le seul bolchevik cohérent. « Kamenev et Zinoviev ont trahi le Comité central ! explosa Lénine. J'exige l'exclusion de ces deux briseurs de grève. » Mais Zinoviev persista, dans une lettre, à poursuivre le débat en secret. Staline, en tant que rédacteur en chef du *Rabotchii Pout*, publia cette missive[1].

1. Un autre geste de conciliation à l'égard de Kamenev qui illustre le souci instinctif de Staline de maintenir un certain équilibre au sein du Parti entre Lénine et Trotski, d'une part, et les modérés, d'autre part. Cela devait lui rapporter gros dans sa lutte pour la succession après la mort de Lénine.

Lors d'une réunion houleuse du Comité central, Trotski s'en prit à Staline pour ce geste. Staline présenta d'un air maussade sa démission. Elle fut refusée, mais cet incident marqua le premier heurt entre les deux titans bolcheviques. Trotski réclama l'exclusion des « briseurs de grève » ; Staline riposta en proposant qu'on exige qu'ils se soumettent mais qu'ils demeurent au Comité central. Kamenev tenta de démissionner du Comité central, mais fut simplement exclu de la direction. Staline prépara le public au soulèvement dans un article qui proclamait : « Les bolcheviks ont lancé l'appel : soyez prêts[1] ! »

En fait les bolcheviks eux-mêmes se préparaient. Dans un bureau au troisième étage de l'Institut Smolny, Trotski et Sverdlov tinrent la première réunion organisationnelle du Comité militaire révolutionnaire (PVRK) : le PVRK était secrètement bolchevique, mais il avait l'avantage d'opérer sous l'égide du Soviet. Ce serait lui, et non le Centre de Staline, qui deviendrait le quartier général du soulèvement (Staline n'en était pas membre[2]).

Le 21 octobre, le PVRK se déclara autorité légitime de la garnison de Petrograd. Staline, au centre politique du Parti, rédigea le programme du IIe Congrès des Soviets, se désignant lui-même pour parler des « nationalités » ; Lénine parlerait de « la terre, la guerre et le pouvoir », Trotski de « la situation actuelle ». Le 23, le PVRK prit le commandement de la forteresse Pierre-et-Paul.

1. Dans cet article, rarement cité, daté du 20 octobre, au titre biblique (« Les forts taureaux de Bashân me cernent ! »), Staline annonçait comment le Parti et lui considéreraient les intellectuels et les artistes dans leur nouvelle Russie. Maxime Gorki, quoique sympathisant et soutien financier des bolcheviks depuis longtemps, exprimait à présent de sérieuses réserves, déclarant : « Je ne peux rester silencieux. » Staline tournait en dérision ces « neurasthéniques terrifiés ; [...] en vérité de "forts taureaux de Bashân me cernent", menaçant et implorant. Voici notre réponse ! ». Il les mettait en garde, disant : « Un coassement général s'élève dans le marais de nos intellectuels désorientés. La Révolution ne s'est pas abaissée devant les célébrités, mais elle les prend à notre service ou, s'ils refusent d'apprendre, elle les condamne à l'oubli. »

2. Trotski préférait employer ses propres nouvelles recrues au Parti bolchevique, comme Antonov-Ovseenko, comme principaux acteurs au sein du PVRK qui existait depuis le 9 octobre. Sverdlov, Molotov et Dzerjinski en étaient membres. Pourquoi Staline n'en faisait-il pas partie ? Il se peut que l'affrontement de Staline avec l'Organisation militaire en août ou tout simplement son agressivité habituelle aient empêché Sverdlov de l'inviter à se joindre à eux. Mais il est plus probable que Staline ait été simplement trop occupé par ses responsabilités dans la presse et les contacts avec Lénine, deux fonctions vitales. Quant au Centre, où Staline servait, il ne se réunit jamais, même si les propagandistes staliniens affirmèrent que ce fut le centre réel de la Révolution.

Tout était prêt ; Molotov lui-même, atteint d'une forte myopie, s'entraînait au tir au pistolet dans son bureau de l'Institut Smolny. « Le gouvernement en place de propriétaires terriens et de capitalistes, déclara Staline ce jour-là, doit être remplacé par un nouveau gouvernement d'ouvriers et de paysans [...]. Si vous agissez tous fermement et vigoureusement, personne n'osera s'opposer à la volonté du peuple. »

À l'aube du mardi 24 octobre, Kerenski fit une descente dans les journaux de Staline à l'imprimerie Troud. Sous les yeux de Sosso, les soldats détruisirent les presses, saisirent du matériel et postèrent des gardes pour surveiller les bureaux. Il lui fallait à présent remettre à tout prix la machine éditoriale bolchevique en marche ; tout comme dans les coups d'État modernes on s'empare toujours des bâtiments de la télévision, en 1917 il était impensable de faire une révolution sans organes de presse. Staline appela des unités rouges en renfort tout en s'arrangeant pour mettre en circulation les journaux déjà imprimés. Le régiment Volkynia envoya une compagnie. À midi, Staline avait repris le contrôle de ses presses. Plus tard ce même jour, il annonça que les journaux étaient « de nouveau à la composition ». Mais il avait manqué la réunion du Comité central où les tâches pour l'insurrection avaient été attribuées. Trotski l'accusa d'avoir « quitté la partie » parce qu'il ne figurait pas sur la liste des affectations :

> *Boubnov : chemins de fer*
> *Dzerjinski : postes et télégraphes*
> *Milioutine : ravitaillement*
> *Podvoïski [remplacé par] Sverdlov : surveillance du gouvernement provisoire*
> *Kamenev et Vinter : négociations avec les socialistes-révolutionnaires de gauche [l'aile radicale des SR]*
> *Lomov et Noguine : informations vers Moscou*

Cette liste de figures de second rang ne prouve rien : Lénine, toujours caché, et Trotski, qui était également absent à la réunion, n'étaient pas même cités, alors que Kamenev, le « briseur de grèves », se voyait attribuer une fonction. Les historiens suivent en général la version (tout à fait partiale mais superbement écrite) qu'a donnée Trotski des événements selon laquelle Staline avait « manqué la Révolution », mais cela ne résiste pas à l'examen. Il ne fut pas la vedette de la journée mais, s'il n'eut pas de tâche militaire, ce fut parce qu'il était accaparé par la descente dans les services de presse et non parce qu'il n'avait aucun poids sur le plan politique. Loin de là : Trotski lui-même admet que

« les contacts avec Lénine passaient essentiellement par Staline », rôle qui n'était guère insignifiant (quoiqu'il ne puisse s'empêcher de préciser : « parce que c'était la personne la moins intéressante aux yeux de la police »).

Le fait pour Staline d'avoir « manqué la Révolution » ne dura que quelques heures le 24 octobre, alors que le coup d'État prit en fait plus de deux jours. Toute la matinée il s'occupa des journaux. Puis Lénine le convoqua ; Margarita Fofanova révèle que Staline avait l'intention de faire un discours le jour même à l'Institut polytechnique, mais soudain « nous dûmes lui remettre une note de V. I. ». Lénine bouillonnait de rage dans l'appartement de Margarita. Si Staline s'était précipité pour le voir, il l'aurait trouvé en train de fulminer : « Le gouvernement chancelle ! Il faut lui porter le coup mortel à tout prix [...]. Nous ne devons pas attendre ! Nous risquons de tout perdre ! »

Staline arriva à l'Institut Smolny où il s'adressa, avec Trotski, aux délégués bolcheviques qui venaient d'arriver pour le Congrès des Soviets, et il leur présenta le coup d'État comme une réponse à la suppression par le gouvernement des bolcheviks et non comme une insurrection[1]. « Sur le front, ils se rallient à nous, expliqua Staline. Le gouvernement provisoire vacille. On a demandé à l'*Aurore* [croiseur de la flotte] de tirer sur les ponts – de toute façon les ponts seront à nous. Il y a des mutineries chez les Junkers et les soldats. *Rabotchii Pout* est de nouveau sous presse. Le réseau téléphonique n'est pas encore entre nos mains. Le bureau de poste est à nous. » Des Gardes rouges et des troupes bolcheviques étaient en route.

« J'ai rencontré Staline la veille de la Révolution à minuit au Smolny », rapporte Saguirachvili. Il était si excité que, « contrairement à sa solennité et à son sens du secret habituels, il révéla que les dés avaient été jetés ». Cette nuit-là, veille du Glorieux Octobre, Staline débarqua chez les Allilouïev. « Oui, tout est prêt, dit-il aux jeunes filles. Nous agissons demain. Nous tenons tous les quartiers de la ville entre nos mains. Nous nous emparerons du pouvoir. »

Staline tint Lénine informé. Le Vieux envoyait des notes presque à chaque heure aux membres du PVRK pour les remonter

1. « Au sein du Comité militaire révolutionnaire, il y a deux points de vue, dit Staline. Le premier est que nous organisions un soulèvement immédiatement et le second est que nous consolidions nos forces. Le Comité central a opté pour le second. »

avant l'ouverture du Congrès. Elle était fixée au lendemain, mais Lénine insistait pour l'avancer. « Que craignons-nous ? écrivit-il dans une note. Demandez-leur simplement s'ils ont une centaine de soldats ou de Gardes rouges dignes de confiance et armés de fusils. C'est tout ce dont j'ai besoin ! »

On ne s'étonnera pas que Lénine se fût senti déçu. La Révolution d'Octobre deviendrait un des événements iconiques du XXe siècle ; elle serait mythifiée par la propagande soviétique, romancée par John Reed dans ses *Dix jours qui ébranlèrent le monde*[1], immortalisée par le chef-d'œuvre cinématographique d'Eisenstein, *Octobre*, et ridiculisée par les exagérations vaniteuses de Staline. Mais la réalité d'Octobre fut plus burlesque que glorieuse. La véritable Révolution, impitoyable et sanglante, commença tragiquement au moment où cette comédie prit fin.

Toujours bloqué dans l'appartement de Fofanova, Lénine ne pouvait comprendre le retard. « Tout tient à présent par un fil, écrivit-il alors. L'affaire doit être décidée sans faute ce soir même ! » Il ne cessait de tourner en rond. Fofanova le supplia de ne pas se montrer de crainte d'une arrestation. Finalement, à 22 h 50, Lénine n'y tint plus.

1. John Reed, *Dix jours qui ébranlèrent le monde*, trad. de Vladimir Pozner, Paris, Le Seuil, 1996. *N.d.T.*

42

LE GLORIEUX OCTOBRE 1917 : LE SOULÈVEMENT BÂCLÉ

« Je vais où vous ne vouliez pas que je me rende », gribouilla Lénine à l'intention de Fofanova. « Ilitch demanda que l'on aille chercher Staline, rapporta Rakhia, le garde du corps de Lénine. Puis il comprit que ce serait une perte de temps. » Il colla sa perruque frisée sur son crâne, coiffa une casquette d'ouvrier, s'entoura le visage de bandages, et chaussa de grosses lunettes. Puis Rakhia et lui s'enfoncèrent dans la nuit.

Lénine grimpa dans un tram. Il était si tendu qu'il soumit la contrôleuse perplexe à un interrogatoire haletant avant de lui faire un cours sur la stratégie révolutionnaire. On ne sait si elle découvrit jamais l'identité de ce loufoque en perruque et couvert de bandelettes, mais il devait y avoir plus d'un dément en liberté dans la ville cette nuit-là. Près du quartier général bolchevique à l'Institut Smolny, une patrouille à cheval du gouvernement l'arrêta mais, jugeant qu'elle avait affaire à un ivrogne inoffensif, elle le relâcha. Double erreur : il était parfaitement à jeun – et nullement inoffensif.

Vers minuit, Lénine atteignit « le grand Smolny ». « Illuminé, dit Reed, [le bâtiment] bourdonnait comme une ruche géante. » Des Gardes rouges, « un groupe serré de garçons en tenue d'ouvrier, portant des fusils baïonnette au canon, qui parlaient nerveusement entre eux », se réchauffaient les mains autour de grands feux ; les moteurs des voitures blindées grondaient, des motocyclettes pétaradaient, mais personne ne reconnut Lénine. Comme il n'avait pas de papiers, les Gardes rouges en faction aux portes lui interdirent l'entrée.

« Quelle pagaille ! hurla Rakhia. Je suis un délégué [au Congrès] et on ne me laisse pas passer. » La foule le soutint et poussa les deux hommes à l'intérieur : « Lénine entra enfin en riant ! » Mais lorsqu'il retira sa casquette, le perruque raide de colle suivit également[1].

Le Smolny était un vrai campement. Le Soviet se réunissait dans la splendide salle de bal, et les planchers et les sols étaient jonchés de journaux, mégots et couvertures. Des soldats ronflaient dans les couloirs. Une odeur épouvantable de fumée, de sueur et d'urine se mêlait à celle du chou bouilli qui remontait du réfectoire. Lénine se hâta à travers les couloirs, en maintenant sa perruque en place pour essayer de cacher son identité. Mais Dan, le menchevik, le repéra.

« Ces bons à rien m'ont reconnu », marmonna Lénine.

Aux petites heures du mercredi 25 octobre, Staline, en veste et casquette de cuir, rejoignit Lénine dans la Salle 36 du Smolny pour une réunion urgente du Comité central. Même Zinoviev et Kamenev y étaient invités. Lénine insista sur la nécessité de précipiter le soulèvement. Les délégués du Congrès se réunissaient alors dans le même bâtiment.

Lénine – toujours travesti et grimé, « spectacle plutôt étrange », songea Trotski – commença à rédiger les décrets clefs sur la terre et la paix. Le coup d'État était en marche. Le Comité central resta en session pendant deux jours dans une « pièce minuscule autour d'une table mal éclairée, les manteaux jetés à même le sol », se souvient une assistante bolchevique, Sara Ravitch. « Des gens frappaient sans cesse à la porte et apportaient des nouvelles des derniers succès du soulèvement. Parmi les personnes présentes, il y avait Lénine, Trotski, Zinoviev, Kamenev et Staline. » Des messagers arrivaient ; des ordres partaient du PVRK, Salle 10, et de Lénine et du Comité central, Salle 36 ; tous « travaillaient à un rythme furieux, accueillant et expédiant des courriers haletants, envoyant des commissaires avec pouvoir de vie ou de mort, au milieu du bourdonnement des télégraphes ».

Staline « se précipitait d'une pièce à l'autre », observa Saguirachvili, qui était à Smolny. « Je ne l'avais encore jamais vu dans un tel état. Une telle hâte et une telle activité fébrile étaient inhabi-

1. Un peu plus tôt, John Reed vit Trotski lui-même se faire refuser l'entrée.
« Vous me connaissez. Je m'appelle Trotski.
– On n'entre pas. Les noms, ça ne veut rien dire pour moi !
– Mais je suis président du Soviet de Petrograd !
– Eh bien, répliqua le soldat, si vous êtes une grosse légume, vous devez bien avoir un petit papier ! [l'homme appela le chef de poste tout aussi perplexe.]
– [Trotski !] J'ai déjà entendu ce nom quelque part. Je suppose que ça va… ».
(John REED, *Ibid*, p. 101 ; citation légèrement modifiée.)

tuelles chez lui. » Des coups de feu retentissaient dans la capitale, mais il n'y avait pas de combats. La centrale électrique, la Poste principale et la gare Nicolas étaient prises. Tous les ponts étaient contrôlés sauf le pont Nicolas près du Palais d'Hiver. À 6 heures du matin, la banque d'État tomba, suivie à 7 heures du central téléphonique et à 8 heures de la gare de Varsovie[1]. Mais les marins de la Baltique, d'une importance vitale, se faisaient attendre. Le gouvernement continua à fonctionner – ou à survivre – toute la journée.

Kerenski était au grand quartier général où il recevait les mauvaises nouvelles. À 9 heures, il comprit enfin que seules les troupes du front pouvaient sauver Petrograd, et que lui seul pouvait les rallier. Mais il ne put trouver d'automobile jusqu'à ce que ses hommes réquisitionnent une Renault de l'ambassade des États-Unis et une grosse limousine de voyage Pierce Arrow. Laissant son gouvernement en réunion extraordinaire au Palais d'Hiver, Kerenski quitta précipitamment la ville.

À Smolny, le Congrès se préparait à ouvrir ses travaux – mais le Palais d'Hiver n'était pas encore tombé, ni même cerné. Il demeurait le siège du gouvernement sous la garde de quatre cents jeunes cadets de l'armée, d'un Bataillon féminin de choc et de quelques escadrons de cosaques. Un photographe persuada certaines des femmes soldats de poser sur leur barricade. « Tout cela avait un air d'opérette et comique de surcroît », dit l'Américaine Louise Bryant, un des nombreux journalistes qui vécurent cette journée. À l'extérieur, avec une lenteur étonnante, les bolcheviks rassemblaient leurs forces. À l'intérieur, les ministres, ressentit Maliantovitch, lui-même chargé de la Justice, étaient « des hommes condamnés, abandonnés de tous, errant en tous sens dans une gigantesque souricière ».

Lénine, Trotski, Staline, Enoukidze et le jeune Molotov, entre autres, commencèrent à discuter du nouveau gouvernement après la réunion formelle du Comité central ; tout d'abord ils devaient décider de son nom. Lénine voulait éviter la connotation négative du terme capitaliste « ministère » – « terme immonde et usé ». Il suggéra « commissaire ».

« Nous avons déjà trop de commissaires, dit Trotski. Que pensez-vous de “commissaires du Peuple” ? Un “Conseil de commis-

1. De jeunes leaders comme Molotov et Dzerjinski furent envoyés en mission ; Molotov, accompagné par un détachement de Gardes rouges, reçut l'ordre d'arrêter les rédacteurs du journal socialiste-révolutionnaire et ensuite un groupe contre-révolutionnaire de mencheviks réunis au siège du Saint-Synode.

saires du Peuple" avec un président au lieu d'un premier ministre[1].

– C'est merveilleux ! s'exclama Lénine. Cela a le terrible parfum de la révolution ! »

Même à ce moment, il y eut des jeux empreints d'une modestie tactique, l'abnégation et l'ascétisme étant inscrits dans la culture bolchevique. Lénine proposa Trotski comme chef de ce gouvernement. Mais un Juif ne pouvait être à la tête de la Russie. Trotski refusa, insistant pour que ce fût Lénine. Ce fut probablement Lénine qui proposa Staline comme commissaire du peuple aux Nationalités. Lui aussi, modestement, refusa, en précisant qu'il n'avait aucune expérience, était trop occupé au Comité central et heureux d'être un simple ouvrier du Parti, raconta plus tard Enoukidze à Saguirachvili. Peut-être est-ce à Staline que Lénine répliqua avec des éclats de rire : « Penses-tu qu'un seul d'entre nous ait une expérience de ces choses ? » Lénine insista et Staline accepta alors son premier véritable emploi depuis l'époque où il avait été météorologue à l'observatoire de Tiflis, dix-sept ans plus tôt. Tout cela avait un caractère irréel : certains des membres du Comité central considérèrent cette constitution d'un cabinet comme une plaisanterie.

Lorsque les portes du quartier général bolchevique s'ouvrirent, « une rafale d'air vicié et de fumée de cigarette » s'en échappa, et John Reed « entrevit, dans la lumière aveuglante d'une lampe abat-jour, des hommes échevelés penchés sur une carte... ». Mais le Palais n'était toujours pas investi.

Lénine était hors de lui. Trotski et le PVRK donnèrent l'ordre à la forteresse Pierre-et-Paul de se préparer à pilonner le Palais d'Hiver, sur l'autre rive de la Neva, mais ils découvrirent qu'il n'y avait que six pièces d'artillerie disponibles. Cinq n'avaient pas été nettoyées depuis des mois ; une seule était en état de tirer. Les officiers dirent aux bolcheviks que les canons étaient hors d'usage. Les commissaires, ne comprenant pas que les pièces avaient seulement besoin d'être fourbies, ordonnèrent aux marins

1. L'Union soviétique deviendrait un empire d'acronymes : les commissaires seraient appelés « Narkoms », le Conseil des commissaires du peuple deviendrait le « Sovnarkom », et son président (Premier ministre en fait, successivement Lénine, Rykov, Molotov et Staline) le « Predsovnarkom ». Cela durerait jusqu'au rétablissement des ministres par Staline, à la fin de la Seconde Guerre mondiale.

de mettre en batterie de petits canons d'entraînement de trois pouces, mais découvrirent alors qu'il n'y avait pas d'obus et que ces canons n'avaient pas de mire. Ce ne fut qu'à la fin de l'après-midi qu'ils réalisèrent qu'il suffisait de nettoyer les pièces d'artillerie.

À l'Institut Smolny, Lénine, comme à son habitude, fulminait. « La façade massive [du bâtiment] s'inondait de lumière [...]. Une énorme auto blindée couleur gris éléphant, sa tourelle surmontée de deux drapeaux rouges, s'éloigna pesamment dans un hurlement de sirène [...]. Les longues salles nues et mal éclairées résonnaient du tonnerre des pas, de cris d'appel », des soldats « en capote raide couleur de boue », et d'ouvriers en armes « en sarrau noir ». Parfois on remarquait un dirigeant comme Kamenev dévalant les escaliers.

Le cabinet de Kerenski régnait encore au Palais d'Hiver, mais Lénine ne pouvait repousser plus longtemps sa première apparition au Soviet. À 15 heures, Trotski l'introduisit. Lénine réclama le pouvoir. Lorsqu'il regagna la Salle 36, le Palais d'Hiver n'était toujours pas investi.

Lénine arpentait le petit bureau « comme un lion en cage. V. I. [Vladimir Ilitch] grondait, hurlait. Il lui fallait le Palais d'Hiver, coûte que coûte », se rappelle Nikolaï Podvoïski du PVRK ; « il était prêt à nous faire fusiller ! » Lorsque quelques officiers furent capturés, « certains camarades au Smolny », et très certainement Lénine, voulurent les fusiller afin d'effrayer les autres. Il se montrait toujours disposé à verser le sang.

À 18 heures, ce soir-là, au Palais d'Hiver, les cadets de l'armée, qui n'avaient rien mangé de la journée, décidèrent de quitter le navire pour trouver de quoi souper. Les cosaques partirent également, dégoûtés des « Juifs et des jeunes filles » qui se trouvaient là. Quelques femmes du Bataillon féminin de choc se dispersèrent.

La comédie des erreurs bolcheviques n'en était pas à son dénouement ; le signal pour la prise du Palais était une lanterne rouge hissée au sommet du mât du drapeau de la forteresse Pierre et Paul, mais lorsque l'heure fatidique arriva, personne ne put dénicher un tel fanal. Un commissaire bolchevique dut sortir et se mettre en quête de ce genre d'objet. Il trouva enfin une lampe, mais la couleur ne convenait pas. Pire encore, il se perdit dans l'obscurité et tomba dans une fondrière. Lorsqu'il en émergea, il fut dans l'incapacité de hisser la lanterne, rouge ou non. Le signal ne fut jamais donné.

Finalement, à 18 h 30 le 25 octobre, les bolcheviks ordonnèrent aux croiseurs *Aurore* et *Amour* de remonter le fleuve. Ils envoyèrent un ultimatum : « Le gouvernement et les troupes doivent capituler. Cet ultimatum expire à 19 h 10, après quoi nous ouvrirons le feu. » L'ultimatum courut jusqu'à son terme.

Rien ne se passa. La prise du Palais fut retardée par un pari chimérique d'arrêter la Révolution bolchevique, malgré les ordres frénétiques de Lénine et de Trotski.

Le maire de Petrograd, Grigori Schreider, qui avait débattu au conseil municipal pour empêcher le bombardement du Palais, décida soudain de défendre lui-même le gouvernement. Les conseillers municipaux le soutinrent. C'est ainsi que ce vénérable notable à la barbe blanche, les conseillers et Prokopovitch, le ministre de l'Alimentation, bourgeois bien vêtus, portant manteaux à col de velours, redingotes et montres de gousset, partirent en procession, quatre de front, comme des pingouins à la parade. Aucun n'était armé, sinon d'un parapluie, d'une lanterne ou d'un saucisson – un dîner pour les défenseurs du Palais. Ils se rendirent tout d'abord à l'Institut Smolny où Kamenev les reçut avant d'ordonner à Molotov de les accompagner jusqu'au Palais d'Hiver. Ce défilé de parapluies et de salamis, escorté par le pesant Molotov, descendit la perspective Nevski en chantant la Marseillaise avant d'être arrêté à un poste de contrôle rouge devant la gare de Kazan.

Le maire exigea que les Gardes rouges libèrent la voie ou qu'ils tirent sur des citoyens désarmés, selon John Reed qui rapporta l'échange.

« Non, nous n'allons pas tirer sur des Russes qui ne sont pas armés, dit le commandant du poste de contrôle.

– Nous allons avancer ! Que pouvez-vous faire ? insistèrent Prokopovitch et Schreider. Que pouvez-vous faire ?

– On fera bien quelque chose, répondit le marin, visiblement embarrassé. On ne peut pas vous laisser passer. »

Alors, un marin rigolard eut une idée. « Nous allons vous donner la fessée ! » rugit-il, ruinant l'aura de dignité dont s'étaient parés les manifestants. « Oui, nous allons vous donner la fessée. »

La tentative de sauvetage s'acheva dans les rires et les quolibets, mais le Palais tenait toujours, même si ses défenseurs, qui avaient vidé la superbe cave du tsar, étaient de plus en plus éméchés. Pendant ce temps, des automobiles franchissaient les ponts, des trams brinquebalaient dans les rues et ce soir-là Chaliapine chantait dans *Don Carlos* au Narodny Dom. « En haut de la perspective Nevski le monde entier se promenait. » Les putains, qui, comme les rats sur un navire ou les canaris dans une mine, sont le premier signe d'un danger imminent, continuaient à arpenter d'un pas léger la perspective. « Les rues, dit Saguirachvili, étaient envahies de toute une racaille. »

Finalement, à 21 h 40, l'*Aurore* tira une charge à blanc, signal de l'assaut. À l'intérieur du Palais, le Bataillon de choc fut si impressionné par la détonation que beaucoup de femmes perdirent la tête et durent être calmées dans une arrière-salle. À l'extérieur, les commandants bolcheviques, Podvoïski et Vladimir Antonov-Ovseenko, que Lénine avait voulu faire abattre pour leur incapacité, avaient rassemblé une force écrasante.

Les canonniers de la forteresse Pierre-et-Paul réussirent un tir de barrage de trois douzaines d'obus de six pouces. Deux seulement touchèrent le Palais, mais ils suffirent à effrayer les défenseurs. Des voitures blindées arrosèrent les murs de tirs de mitrailleuses, et de petits groupes de marins et de Gardes rouges découvrirent que le Palais n'était pas seulement laissé sans défense, mais que les portes n'étaient pas même verrouillées. « L'attaque, reconnut Antonov-Ovseenko, avait un caractère complètement désorganisé. » Vers 2 heures du matin, ils entrèrent et commencèrent à se frayer un chemin dans le bâtiment.

Dans la grande salle éclairée de lustres blancs du Smolny, envahie d'un « nuage suffocant de fumée bleue de tabac » et dans « la chaleur étouffante des corps humains sales », il n'était plus possible de retarder l'ouverture du Congrès, formé (selon le mot de Soukhanov) de bolcheviks « primitifs [...] provinciaux et basanés ». Mais le ministère Kerenski régnait encore au Palais, aussi Lénine ne pouvait-il apparaître. Trotski occupa donc la scène pour les bolcheviks. Lorsque Martov et les mencheviks attaquèrent « l'action insensée et criminelle » de Lénine, Trotski, « son fin visage pointu animé d'une ironie malicieuse vraiment méphistophélique », rétorqua par une des répliques les plus cinglantes de l'histoire : « Vous êtes de pauvres types qui avez fait banqueroute ! Allez où est votre place : dans les poubelles de l'histoire ! »

« Alors nous partons », hurla Martov. Et stupidement les mencheviks quittèrent la salle – pour entrer dans le passé ; jamais plus ils ne reviendraient aux portes du pouvoir. Saguirachvili, un menchevik qui « n'était pas d'accord avec le boycott », errait découragé dans les couloirs du Smolny lorsque « Staline lui posa la main sur l'épaule d'un geste très amical et commença à lui parler en géorgien », pour essayer de le recruter dans les rangs des bolcheviks. Saguirachvili refusa, mais plusieurs anciens mencheviks, comme Vychinski, allaient compter au nombre des courtisans les plus loyaux de Staline[1].

Sur les boulevards et les ponts près du Palais, le grondement des canons dispersa finalement les promeneurs amateurs de sensations fortes. « Même les prostituées, remarqua Saguirachvili, disparurent de la perspective Nevski où elles s'attroupaient comme des volées de moineaux. »

Les ministres de Kerenski, à leur table recouverte d'un drap vert dans la salle or et malachite aux tentures de brocart cramoisi où Nicolas II et sa famille dînaient avant 1905, débattaient encore du choix d'un « dictateur ». Soudain ils renoncèrent à leur petite comédie et décidèrent de se rendre.

À cet instant même la porte s'ouvrit.

1. Saguirachvili ne fut pas le seul menchevik que Staline courtisa. Alexandre Troïanovski, bolchevik devenu menchevik, cet officier noble chez qui Staline avait séjourné à Vienne, marchait dans les rues quand des mains se plaquèrent sur ses yeux. « Es-tu avec nous ou contre nous ? » demanda Staline.

43

LE POUVOIR : STALINE SORT DE L'OMBRE

« Un petit homme surgit dans la pièce, comme un copeau de bois porté par une vague sous la pression de la foule qui se pressait derrière lui [...]. Il avait de longs cheveux couleur rouille et des lunettes, une courte moustache rousse taillée et une petite barbe », rapporta Maliantovitch, le ministre de la Justice. « Son col, sa chemise, ses manchettes et ses mains révélaient un homme vraiment très sale. »

« Voici le gouvernement provisoire, dit Konovalov, Premier ministre adjoint. Que voulez-vous ? »

« Au nom du Comité militaire révolutionnaire, répondit Antonov-Ovseenko, je vous déclare tous... en état d'arrestation. »

Il était environ 1 h 50 le matin du 26 octobre. Les nouveaux maîtres du Palais d'Hiver commencèrent à se livrer au pillage, « retirant tapis, rideaux, linge, assiettes de porcelaine, verrerie ». Un soldat se planta des plumes d'autruche dans la casquette tandis que de vieux serviteurs, en livrée bleu, rouge et or, s'efforçaient de contenir les pillards. Il n'y eut pas de véritable assaut pour prendre le Palais d'Hiver ; en fait plus de gens furent blessés au cours de la reconstitution de la scène pour le film d'Eisenstein. « La Neva, observa Saguirachvili, emporta le gouvernement de Kerenski. »

Pendant que les ministres étaient convoyés jusqu'à la forteresse Pierre-et-Paul, Antonov-Ovseenko perdait toute autorité à l'intérieur du Palais où quelques femmes du Bataillon de Choc furent violées. « La question des caves à vin devint particulièrement sérieuse », raconta-t-il. Les caves de Nicolas II se flattaient de recéler des Tokay datant de la Grande Catherine et des stocks de Château-d'Yquem 1847, le vin préféré de l'empereur, mais :

> *[...] le régiment Preobrajenski [...] s'enivra complètement. Le Pavlovski, notre rempart révolutionnaire, ne résista pas davantage. Nous envoyâmes des gardes d'autres unités choisies – tous se saoulèrent à mort. Nous postâmes des gardes des Comités des régiments – ils succombèrent également. Nous dépêchâmes des voitures blindées pour repousser la foule ; bientôt elles se mirent elles aussi à zigzaguer de manière suspecte. Lorsque le soir tomba, une violente bacchanale se déchaîna.*

Exaspéré, Antonov-Ovseenko appela la brigade de sapeurs-pompiers de Petrograd. « Nous tentâmes d'inonder les caves – mais les pompiers... s'enivrèrent. » Les commissaires commencèrent à fracasser les bouteilles sur la place du Palais, mais « la foule but à même les caniveaux. L'ivresse euphorique gagna la ville entière ».

Finalement, le Conseil des commissaires du Peuple de Lénine nomma un commissaire spécial au Palais d'Hiver avec les pleins pouvoirs, mais, nota sèchement Antonov-Ovseenko, « cette personne se révéla également fort peu fiable ».

Au Congrès des Soviets, Kamenev dut, bon gré mal gré, annoncer que le Palais d'Hiver était enfin tombé. Ce ne fut qu'à cet instant que Lénine ôta sa perruque, nettoya son maquillage et apparut en dirigeant de la Russie.

Entre-temps, Anna et Nadia Allilouïeva, désireuses d'assister à l'ouverture du Congrès, s'étaient rendues au Smolny et faufilées dans la grande salle : « D'après l'excitation et les acclamations, nous devinâmes que quelque chose d'important s'était passé et là, soudain, dans la foule qui se répandait vers nous, nous vîmes Staline », qui leur fit signe de s'approcher.

« Oh, c'est vous ! Heureux que vous soyez ici. Avez-vous appris la nouvelle ? Le Palais d'Hiver est tombé et nos hommes y sont ! »

Les bolcheviks s'effondraient presque d'épuisement. « À l'époque [du soulèvement] d'Octobre, explique Fiodor Allilouïev, le frère aîné d'Anna et de Nadia et le nouvel assistant de Sosso, le camarade Staline ne dormit pas pendant cinq jours. » Parfois ils prenaient le temps de manger ou de faire un somme à même le sol.

« La ville était calme, plus calme sans doute qu'elle ne l'avait jamais été au cours de son histoire », écrivit John Reed. Alors que la nouvelle arrivait à l'Institut que la capitale était enfin aux mains des bolcheviks, Lénine commença à se détendre, à faire des plaisanteries (au détriment de Kamenev) et à se reposer sur des journaux étalés sur le sol. « Les couloirs étaient remplis d'hommes qui passaient, sales, les yeux caves, d'un pas hâtif », mais dans les salles des comités « des gens dormaient par terre, leur fusil serré contre eux ».

Les membres du haut commandement bolchevique somnolaient sur leurs sièges ou étendus à même le sol dans leurs bureaux au Smolny. « Écrasé de fatigue », Staline demeura éveillé pour rédiger l'Appel au Peuple, jusqu'au moment où « il s'endormit enfin assis à sa table », dit Fiodor Allilouïev. « Lounartcharski [commissaire du peuple à la Culture] ravi s'approcha de lui sur la pointe des pieds et lui déposa un baiser sur le front. Le camarade Staline s'éveilla et rit jovialement de A. V. Lounartcharski pendant un long moment. »

Lénine et Trotski s'étendirent côte à côte sur une pile de journaux. « Tu sais, soupira Lénine, ça donne le tournis de passer si rapidement des persécutions et de la vie clandestine au pouvoir ! »

À 6 heures le 26 octobre, alors qu'une « singulière lueur blafarde se coulait dans les rues silencieuses, ternissait les feux des sentinelles, présage de l'aube terrible qui se levait, grise, sur la Russie », le jour se fit « sur une ville en proie à l'agitation et au désordre les plus effrénés ». Les rues retrouvèrent rapidement leur animation habituelle et, ainsi que le nota Chliapnikov, « la bourgeoisie, des officiers de la Garde jusqu'aux prostituées », y fit son retour. Comme le Congrès était censé se réunir à 13 heures, les délégués commencèrent à se rassembler, mais, à 19 heures, Lénine n'était toujours pas arrivé.

Finalement, à 20 h 40, il apparut dans un tonnerre d'applaudissements – « petit, trapu, avec une grande tête massive et chauve enfoncée dans les épaules. De petits yeux, un nez camus, la bouche large, généreuse [...]. Un singulier chef populaire », rapporta Reed, « chef par la seule puissance de l'esprit, sans éclat, sans humour, intransigeant, distant ».

« Nous allons à présent construire l'ordre socialiste ! » déclara-t-il simplement. Il parlait, en levant un pied du sol comme à son habitude. « Je remarquai un trou à sa chaussure », rapporte Molotov.

À 2 h 30 du matin, Kamenev[1] lut la liste du nouveau gouvernement à la tribune du Congrès des Soviets. Sosso y figurait sous le

1. Chose surprenante, Lénine choisit Kamenev comme premier chef d'État bolchevique en tant que président du Comité exécutif du Soviet, mais il ne le resta que quelques jours. Sverdlov lui succéda.

nom de « J. V. Djougachvili-Staline ». Il n'était pas encore très connu du public ni admiré par les bolcheviks qui avaient vécu l'émigration. Cette obscurité de 1917 demeurerait une blessure embarrassante pour cet homme très susceptible et il s'efforcerait de l'effacer par un culte mensonger de la personnalité. En fait, Lénine et un groupe de grands bolcheviks appréciaient depuis longtemps sa compétence impitoyable.

« À cette époque, dit Fiodor Allilouïev avec une telle franchise que ses Mémoires ne furent jamais publiés, le camarade Staline n'était véritablement connu que d'un petit cercle de gens qui l'avaient rencontré [...] dans la clandestiné politique ou qui avaient réussi [...] à faire la distinction entre le travail et le dévouement réels, et les bavardages, les bruits, les parlotes insignifiantes. »

Tout le gouvernement soviétique travaillait à présent sans relâche dans une seule pièce, à la même table. « Après la victoire, Staline s'installa au Smolny », se rappelle Fiodor Allilouïev. « Les trois premiers jours, nous ne sortîmes pas, dit Molotov. Il y avait Zinoviev, Trotski et moi, et en face, Staline et Kamenev. Nous nous efforcions par petites touches de nous figurer la nouvelle vie. » Lorsque Kamenev et Trotski voulurent abolir la peine de mort dans l'armée, se souvint Staline par la suite, Lénine surprit leur discussion. « Quelle imbécillité ! hurla-t-il. Comment peut-on faire une révolution sans fusiller de gens ? » Et c'était bien là ce qu'il pensait.

Le coup d'État avait été étonnamment facile, mais la lutte à la vie et à la mort pour conserver le pouvoir commença immédiatement. Lénine ne voulait pas partager son gouvernement avec les mencheviks et les socialistes-révolutionnaires, mais Kamenev insista pour ouvrir des négociations à cet effet. Lorsqu'elles échouèrent, il démissionna. Entre-temps Kerenski rassemblait des forces cosaques sur les hauteurs de Poulkovo à l'extérieur de la ville et les cheminots menés par les mencheviks se mettaient en grève et exigeaient une coalition. Staline, assisté de Sverdlov, Sergo et Dzerjinski, organisa la défense de Petrograd.

Lénine, Trotski et Staline formèrent une troïka indissoluble dans ces premiers mois au pouvoir. Assiégé à l'intérieur et à l'extérieur, sapé par des conciliateurs, des incompétents et des moulins à paroles au sein même de son Parti, Lénine classa ses caciques en « hommes d'action » et en « buveurs de thé ». Et ces derniers étaient trop nombreux. Si la République soviétique s'était installée dans une stabilité paisible, la tendance « buveurs de thé », représentée par des hommes comme Kamenev et

Boukharine, aurait pu lui donner une orientation très différente. Mais il n'en serait pas ainsi. Lénine passait presque tout son temps avec ses hommes de main les plus solides. Au cours de ces premières heures, Lénine dicta un décret non daté qui précise ainsi les places particulières de Staline et de Trotski :

> *Instructions aux gardes à l'entrée du Sovnarkom*
> *Personne n'est autorisé à entrer sans invitation particulière sauf :*
> *Le président du Sovnarkom Lénine...*

Puis, devant les noms dactylographiés de ses assistants, il est précisé, probablement de sa propre main :

> *Narkom aux Affaires étrangères Trotski*
> *Narkom aux Nationalités Staline*

« Lénine ne pouvait rien faire sans Staline, pas même un seul jour », écrivit Stanislaw Pestkovski, le bolchevik polonais qui devint alors le principal assistant de Staline au commissariat aux Nationalités. Lénine demandait parfois à Staline de contresigner ses décrets du Sovnarkom. « Notre bureau au Smolny était placé sous l'égide de Lénine. Dans la journée, il appelait Staline un nombre infini de fois et surgissait dans notre bureau et l'emmenait avec lui. » Une fois, Pestkovski trouva les deux hommes perchés sur des échelles à examiner des cartes ensemble.

Les deux gangsters caucasiens de Staline, Kamo et Tsintsadze, vinrent à Petrograd. « J'ai trouvé Staline seul dans une pièce, dit Tsintsadze. Nous étions si heureux de nous revoir. » Mais à cet instant, Lénine déambula dans la pièce.

« Voici Kote Tsintsadze, dit Staline à Lénine (qui connaissait déjà Kamo), le vieux terroriste pilleur de banques du Caucase. » Cependant Staline ne communiquait avec Pestkovski, son adjoint, que par « grognements », et était trop lunatique et taciturne pour bavarder avec lui, contrairement aux autres dignitaires bolcheviques fort loquaces[1].

Le 29 novembre 1917, le Comité central créa le Bureau de direction centrale – la Tchetverka, « le quartet » –, Lénine, Staline, Trotski et Sverdlov devenant les hommes les plus puissants de Russie avec tout pouvoir pour « décider des questions urgen-

1. Les premiers Mémoires de Pestkovski, lorsqu'ils parurent en 1922, faisaient allusion aux grognements et à l'humeur maussade de Staline. Naturellement, lorsqu'ils furent réédités en 1930, ces grognements avaient disparu.

tes ». Mais Sverdlov, qui se trouva *de facto* chef de l'État (président du Comité central exécutif du Soviet), consacra son temps à diriger le secrétariat du Parti. En conséquence, ainsi que Trotski le rappelle, « le quartet devint troïka ».

Lénine poursuivit ses mesures radicales et répressives : « La Paix, la Terre, le Pain ! » Il ouvrit des discussions de paix avec l'Allemagne du Kaiser. Lorsque Trotski, commissaire du peuple aux Affaires étrangères, lui rapporta l'évolution des entretiens, Lénine répondit : « Je vais m'entretenir avec Staline et je te donnerai ma réponse. » Le 27 octobre, la presse d'opposition fut interdite. Au Comité central du 2 novembre, Lénine créa en fait la dictature des oligarques bolcheviques. Le 4, le Sovnarkom s'attribua le pouvoir de diriger sans les Soviets. Le Centre militaire révolutionnaire agit au départ comme bras exécutif de Lénine mais, le 7 décembre, Lénine créa une Commission extraordinaire soviétique pour lutter contre la contre-révolution et le sabotage, connue sous son acronyme de « Tcheka », avec Dzerjinski comme président. La Tcheka, précurseur de la Guépéou, du NKVD, du KGB et du FSB actuel, disposait d'un pouvoir supra-juridique absolu de vie et de mort.

« Dans ce cas pourquoi devrions-nous nous embarrasser d'un commissaire du peuple à la Justice ? » demanda Isaac Chteinberg, socialiste-révolutionnaire de gauche, par défi à Lénine. « Appelons cela franchement Commissariat à l'Extermination sociale !

– Très juste ! répliqua Lénine. C'est cxactement ce quc ça sera ! »

Il confia à une autre connaissance : « Nous sommes engagés dans l'extermination. Ne te rappelles-tu pas ce que disait Pisarev : "Brisez, tabassez tout, frappez et détruisez ! Tout ce que l'on casse est de la saloperie et n'a pas le droit de vivre ! Seul ce qui survit est bon" ». Les notes manuscrites de Lénine exigeaient d'abattre, de tuer, de pendre « vampires... araignées... sangsues ». Il demanda : « Comment peut-on faire une révolution sans pelotons d'exécution ? Si nous ne pouvons pas fusiller les saboteurs de la Garde blanche, quel genre de révolution est-ce là ? Rien que parlotes et un bol de bouillie ! » Il exigeait que l'on « trouve des gens plus durs ». Et ça, Staline et Trotski l'étaient. « Nous devons mettre fin une fois pour toutes, dit Trotski, au bavardage papiste et quaker sur le caractère sacré de la vie humaine. » Staline partageait le même goût pour la Terreur. Lorsque les bolcheviks estoniens proposèrent de liquider les « traîtres » aux tout premiers jours de la

Révolution, il répondit sans hésiter une seconde : « Un camp de concentration, l'idée est excellente. »

Il « commença à prendre de l'assurance », écrit Trotski. « Je remarquai bientôt que Lénine "promouvait" Staline, appréciant sa fermeté, son cran, son entêtement et sa rouerie comme autant de qualités nécessaires dans la lutte[1]. » Molotov, qui détestait Trotski, juge que « Lénine avait, non sans raison, reconnu en Staline et en Trotski les dirigeants qui se distinguaient des autres comme étant les plus talentueux ». Bientôt Soukhanov lui-même comprit que Staline « [tenait] entre ses mains le sort de la Révolution et de l'État ». Le Géorgien, dit Trotski, « s'habituait au pouvoir ».

Cependant Staline ne fut jamais inévitable. L'intelligence, l'assurance, l'acuité intellectuelle, les dons politiques, la foi en la violence et l'expérience de celle-ci, la susceptibilité, le caractère vindicatif, le charme, la sensibilité, l'absence de pitié et d'empathie, la simple singularité inquiétante de l'homme, tout cela existait – mais n'avait pas de tribune où s'affirmer. Et en 1917, Staline trouva cette tribune.

À aucun autre moment de l'histoire, il n'aurait pu s'élever jusqu'au pouvoir : tout est affaire de synchronisme entre un homme et un moment. Cette ascension improbable d'un Géorgien à la tête de la Russie ne fut due qu'à la nature internationaliste du marxisme. La tyrannie de Staline fut rendue possible par la situation d'état de siège de la Russie soviétique, le fanatisme utopique de l'idéologie quasi mystique du système, l'impitoyable machisme bolchevique, la brutalité meurtrière de la Grande Guerre et la vision homicide de Lénine d'une « dictature du prolétariat ». Staline n'aurait pas été possible si Lénine n'avait pas, dans les premiers jours du régime, écrasé la voie plus modérée de Kamenev pour créer la machine d'un pouvoir absolu et sans limites. Et c'était là la tribune pour laquelle Staline était merveilleusement armé. À présent Staline pouvait devenir Staline.

Dans les mois qui suivirent Octobre, Lénine et ses caciques mirent leur pouvoir au service de la Guerre civile. Ce fut alors

1. Aujourd'hui encore on croit très largement que le stalinisme est une distorsion du léninisme. Mais cela est contredit par le fait que, dans les mois qui suivirent la Révolution, Lénine promut Staline là où c'était possible. Lénine seul poussa les bolcheviks dans une frénésie sanguinaire par des ordres qui ont été récemment découverts dans les archives et publiés par Richard Pipes dans *Unknown Lenin*. Il savait ce qu'il faisait avec Staline, même s'il comprit que « ce chef concocterait des plats épicés ». Le stalinisme ne fut pas une distorsion mais bien une évolution du léninisme.

que Staline et ses cohortes expérimentèrent cette capacité illimitée de faire la guerre et de transformer la société par des massacres aveugles. Comme des gamins fanfarons enivrés par leur première partie de chasse, ils prirent goût au sang. Le caractère de Staline, meurtri mais doué, était fait pour ces massacres impitoyables, attiré par eux. Par la suite, la machine répressive, la psychologie paranoïaque et insensible du complot permanent et le goût des solutions sanguinaires et extrêmes pour relever tous les défis, ne firent pas que s'accentuer mais furent glorifiés, institutionnalisés et élevés au statut de foi bolchevique amorale avec une ferveur toute messianique. Au sein d'une bureaucratie colossale dirigée comme un village népotique, Staline se révéla maître en matière de politique personnelle[1]. Il était le maître de ces tendances brutales, mais aussi leur incarnation : il avait raison lorsqu'il déclara de façon blasphématoire en 1929 que « le Parti l'avait fait à son image ». Le Parti et lui s'étaient développés ensemble, mais cet être d'un extrémisme caché mais sans limites, d'une noirceur morose et malveillante, pouvait toujours aller plus loin.

Il avait grandi dans l'esprit clanique caucasien, passé toute sa maturité dans la clandestinité et les complots, ce milieu particulier où violence, fanatisme et loyauté sont monnaie courante ; il s'était épanoui dans la jungle de la lutte, de la tension et du drame constants ; et celui qui accédait au pouvoir était un être rare – homme de violence et d'idées, expert en gangstérisme et marxiste convaincu ; mais surtout, il croyait en lui et en sa suprématie impitoyable, unique moyen de gouverner un pays en crise et de promouvoir un simple idéal en réelle utopie.

Dans un gouvernement absolu, gigantesque complot qui mêlait bains de sang et protections claniques, qui était le plus qualifié pour réussir ?

1. Trotski affirma plus tard que Staline avait accaparé le pouvoir comme un médiocre bureaucrate, mais en fait c'était Sverdlov, avec l'aide d'Elena Stassova, qui dirigeait l'appareil du Parti. Staline n'était en rien un bureaucrate-né. C'était un gros travailleur entièrement dévoué à la politique ; pour lui, tout était politique, mais il travaillait d'une manière excentrique, désorganisée, non bureaucratique, quasi bohème, qui n'aurait réussi sous aucune autre forme de gouvernement, à l'époque ou aujourd'hui. Il avait gagné la confiance de Lénine grâce aux hold-up, aux intrigues des premières années et, ensuite, sur les champs de bataille de la Guerre civile. Staline ne séjourna guère dans son bureau avant 1920.

La valse du pouvoir entre Trotski et Staline commença dès le début, lors de la première réunion du gouvernement, occasion historique au cours de laquelle les peccadilles personnelles et les combines politiques se heurtèrent au caractère sacré du matérialisme dialectique.

Le premier Cabinet – le Sovnarkom selon l'acronyme bolchevique – se réunit dans le bureau de Lénine au Smolny, lieu encore si rudimentaire et si peu professionnel que l'unique lien de Lénine avec son nouvel empire était un « débarras pour sa téléphoniste et dactylographe » derrière une cloison de bois brut. Ce ne fut certainement pas une coïncidence si les deux principaux potentats de Lénine, « Staline et moi », écrivit Trotski, arrivèrent les premiers.

Alors, de derrière la cloison, les deux hommes entendirent des murmures affectueux et enjôleurs : « une conversation d'une nature plutôt tendre » et « la puissante voix de basse de Dybenko [commissaire du peuple à la Marine], marin à la barbe noire, âgé de vingt-neuf ans, géant jovial et plein d'assurance » qui venait « d'entrer dans l'intimité d'Alexandra Kollontaï, une aristocrate qui allait sur ses quarante-six ans ». En cette heure historique, Staline et Trotski se trouvaient témoins involontaires de la dernière liaison scandaleuse de Kollontaï qui suscitait déjà « bien des commérages dans les cercles du Parti ».

Trotski et Staline, marxistes et messies autoproclamés et arrogants, superbes administrateurs, penseurs profonds, hommes de main meurtriers, Juif et Géorgien sans titre de noblesse, se regardèrent. Staline était amusé, mais Trotski, lui, était choqué. « Staline vint vers moi avec une espèce de désinvolture inattendue et, pointant de l'épaule la cloison, dit avec un sourire : "C'est lui avec Kollontaï, avec Kollontaï [1] !" » Trotski ne trouva pas cela amusant : « Son geste et son rire me parurent déplacés et d'une vulgarité insupportable, en particulier en ces circonstances et en ce lieu. »

« C'est leur affaire ! » répliqua Trotski et « Staline comprit qu'il avait commis une bévue ».

L'impensable et l'étonnant venaient de se produire : Staline, le fils de cordonnier géorgien, était proche du sommet du gouvernement oligarchique russe et presque au même moment Trotski se présentait comme son rival naturel.

1. Alexandra Kollontaï traita toujours Staline avec une courtoisie de l'ancien temps ; elle fut son ambassadrice en Suède et mourut de mort naturelle. Dybenko fut fusillé pendant la Grande Terreur.

Staline, dit Trotski, « ne chercha plus jamais à m'entraîner dans des conversations de caractère personnel. Son visage avait changé. Ses yeux jaunes étincelèrent d'une lueur malveillante ».

ÉPILOGUE

LE VIEUX NINIKA

Notre Ninika a vieilli
Ses épaules de héros l'ont trahi...
Comment cette triste tête grise a-t-elle
Brisé une force d'acier ?

Ô mère ! Maintes fois
En balançant sa faucille « hyène »,
Poitrine nue, au bout du champ de blé,
Il a dû soudain pousser un rugissement.

Il a dû empiler des montagnes
De gerbes côte à côte,
Et de son visage marqué d'un ruissellement de sueur
Le feu et la fumée ont dû s'épancher.

Mais à présent il ne peut fléchir les genoux,
Fauché par le grand âge.
Il s'étend ou rêve ou parle
Aux enfants de ses enfants du passé.

De temps à autre il perçoit le son
D'un chant dans les blés proches
Et son cœur jadis si dur
Se met à battre de plaisir.

Il se traîne dehors, en tremblant,
Fait quelques pas sur son bâton de berger
Et, lorsqu'il aperçoit des gamins,
Il sourit soulagé.

Sosselo (Joseph Staline)

UN VIEUX TYRAN
SOUVENIRS DU TEMPS PASSÉ

Au milieu des luxuriantes collines qui surplombent Gagra sur la côte de la mer Noire, un vieux Géorgien, petit, trapu, bedonnant, cheveux gris clairsemés et moustache, vêtu d'une tunique grise et de pantalons trop amples, est assis sur la terrasse d'un manoir au haut d'une falaise, nid d'aigle fortifié à la vue panoramique, et parle à ses invités âgés de leur jeunesse commune...

Les plats de brochettes *mtsvadi* et de légumes épicés d'un *soupra* géorgien couvrent la table en compagnie de bouteilles d'un vin rouge local tandis que les hommes évoquent en géorgien leur enfance à Gori et à Tiflis, leurs études au séminaire et l'esprit révolutionnaire de leurs jeunes années. Peu leur importe que leurs chemins se soient séparés et qu'ils aient suivi des voies différentes, car leur hôte n'a « jamais oublié ses camarades d'école et ses confrères séminaristes ».

Dans les années qui précédèrent sa mort, le généralissime Staline, président du gouvernement soviétique et Secrétaire général du Parti communiste, conquérant de Berlin et dignitaire suprême du marxisme mondial, usé par plus de cinquante ans de conspiration, trente ans de gouvernement, quatre ans de guerre totale, se retirait plusieurs mois de suite dans sa villa préférée sur la mer Noire à demi tropicale, dans sa terre natale, pour passer la journée à jardiner, comploter et lire – et les chaudes soirées à évoquer les souvenirs du temps passé.

Parfois il s'entretenait avec ses dignitaires Molotov ou Vorochilov, parfois avec ses vice-rois géorgiens et avec ses protégés plus jeunes, mais souvent « Staline invitait des hôtes géorgiens qu'il avait connus dans sa jeunesse. Lorsqu'il avait le temps, se rappelle Candide Tcharkviani, premier secrétaire du Parti géorgien, dont le nom rappelait à Staline son protecteur à Gori, le père de Kote

Tcharkviani, il restait en relation avec ses camarades d'école. Il racontait des histoires de son enfance, se souvenait alors de ses amis et décidait qu'il souhaitait les voir. On s'arrangeait donc pour les inviter à Gagra. » Staline aimait préparer ces dîners : « Invitons Peter Kapanadze et Vasso Egnatachvili... Je me demande comment va Tseradze. C'était un fameux lutteur... Ça serait bien de l'avoir et... »

Là-dessus, Kapanadze, Egnatachvili et les autres vieillards étaient rassemblés et conduits en voiture de Tiflis jusqu'à la mer Noire, et puis, par la voie escarpée, jusque dans les collines ; ils franchissaient les grilles d'acier, passaient le poste de garde, et arrivaient au « Frais Ruisseau », le manoir secret et puissamment gardé de Staline.

Là, les gardes les conduisaient auprès de Staline, souvent occupé à tailler les rosiers ou à arracher les mauvaises herbes au pied des citronniers, à lire sur la terrasse, à écrire dans le pavillon d'été en bois, bâti en équilibre au bord de la falaise, ou à jouer au billard. Le dîner était apporté par des femmes presque invisibles en petit tablier qui disparaissaient ensuite. Staline débouchait le vin de Géorgie. Chacun se servait en mets divers à un buffet.

« Les invités passaient un bon moment », dit Tcharkviani. Staline était amical et nostalgique – mais il y avait également des éclats de fureur tyrannique. « Au cours du dîner, il y eut un moment déplaisant lorsque Staline remarqua un paquet de cigarettes géorgiennes illustré d'une jeune fille dans une attitude osée. » Soudain, il perdit son calme : « Où a-t-on jamais vu une femme honnête se tenant ainsi ? C'est intolérable ! »

Tcharkviani et les autres apparatchiks promirent de faire modifier le motif des paquets. Staline se calma. La plupart du temps, Sosso et ses vieux amis « parlaient de théâtre, d'art, de littérature et un peu de politique ». Il évoquait avec émotion ses deux épouses Kato et Nadia ; il parlait des problèmes de ses enfants – et Peter Kapanadze faisait solennellement le tour de la table afin de murmurer ses condoléances à Staline pour la mort de son fils Iakov. Staline hochait tristement la tête : « Beaucoup de familles ont perdu des fils. » Puis il racontait les beuveries de son père, les combats de lutte à Gori, ses aventures en 1905, les bouffonneries de Kamo, Tsintsadze et ses pilleurs de banques, et ses exploits en exil toujours plus fantastiques. Mais l'ombre effrayante de la Terreur, le terrible coût en vies humaines de la Révolution et le prix scandaleux de la soif de pouvoir de Staline ne cessaient de planer au-dessus d'eux.

« Staline se souvenait de la vie d'autres vieux bolcheviks et racontait des anecdotes sur leur compte. » Il citait des noms qui faisaient légèrement frissonner ses hôtes car il s'agissait de gens que Staline lui-même avait assassinés sans raison. Parfois il songeait qu'ils avaient été exécutés à tort – sur ses ordres. « J'étais étonné, dit Tcharkviani, de voir que, lorsqu'il mentionnait des gens qui avaient été injustement liquidés, il en parlait avec le détachement et le calme d'un historien, n'exprimant ni chagrin ni colère – mais parlant sans rancœur, avec simplement une légère touche d'humour. » En une seule occasion Staline expliqua ce sentiment ; ce fut, bien plus tôt, dans une lettre à sa mère : « Tu connais le dicton : "Vivant, je profite de mes violettes ; quand je mourrai, les vers du cimetière pourront se réjouir" ».

Examinant les zones secrètes de son passé, le vieux dictateur réfléchit : « Les historiens sont de ces gens qui découvrent non seulement les faits enfouis sous terre, mais ceux-là même qui sont tout au fond de l'océan – et qui les révèlent au monde. » Il demanda, presque à lui-même : « Peut-on garder un secret ? »

Machinalement Staline regarda dans le vide d'un air sombre au souvenir de la vie de sa famille, de ses amis et de ses connaissances dont les destins mêlés constituent le microcosme de la tragédie colossale de son règne.

Staline « fut un fils mauvais et indifférent, tout comme il fut un père et un mari mauvais et indifférents », écrit sa fille, Svetlana Allilouïeva Staline. « Il se consacra tout entier à autre chose, à la politique et à la lutte. Et ainsi les gens qui ne lui étaient pas proches personnellement furent toujours plus importants pour lui que ceux qui l'étaient. » Mais, chose bien plus grave, il permit à sa politique de détruire ses bien-aimés, en fait il l'encouragea même.

Pendant la Guerre civile, la plupart des enfants Allilouïev travaillaient pour Sosso. Lorsque Staline fut envoyé à Tsaritsyne (Stalingrad) en 1918, il prit sa petite amie Nadia Allilouïeva et son frère Fiodor comme assistants à bord de son train blindé. Lorsqu'ils revinrent, Nadia était effectivement son épouse ; elle s'installa dans son appartement au Kremlin et lui donna deux enfants, un fils, Vassili[1], et une fille, Svetlana. Après la Guerre

1. Comme Vassili était son pseudonyme au sein du Parti, Staline donna à son fils son propre nom.

civile, Nadia travailla un temps auprès de Lénine comme secrétaire.

Anna Allilouïeva se maria également pendant la Guerre civile. Elle accompagna Staline et Dzerjinski lors de leur mission d'enquête sur la chute de Perm, et là elle tomba amoureuse de l'assistant polonais de Dzerjinski, Stanilas Redens, qui devint un membre important de la police secrète et un des courtisans de Staline. Pavel Allilouïev servit lui comme diplomate et commissaire militaire au commissariat à la Défense. Tous prospérèrent dans l'entourage du dictateur. Cependant l'influence de Staline sur la famille ne fut pas moins qu'apocalyptique.

La première tragédie frappa le brillant mais fragile Fiodor. Pendant la Guerre civile, il fut recruté dans des forces spéciales qu'entraînait Kamo. L'ancien pilleur de banques psychotique avait l'obsession des épreuves de loyauté sous le feu. À cet effet, il conçut un plan pour simuler la capture de son unité par l'armée blanche ennemie. « La nuit, il s'emparait de camarades et les conduisait dehors pour les fusiller. Si l'un d'eux commençait à implorer grâce et à envisager de trahir, il l'abattait [..]. "Comme cela, déclara Kamo, on pouvait être absolument certain qu'ils ne vous laisseraient pas tomber." » Un d'eux se dévoila – et fut abattu sur-le-champ. Vint alors l'épreuve ultime : Kamo lui ouvrit la poitrine et en arracha le cœur. « Voici, dit-il à Fiodor, le cœur de ton officier. »

Fiodor perdit la raison. « Il demeura prostré et silencieux pendant des années dans un hôpital », dit sa nièce Svetlana. « Petit à petit il retrouva la parole et redevint un être humain normal. » Jamais il ne travailla, mais il survécut à Staline.

Le mariage avec Nadia fut tout d'abord très heureux. Des membres de la famille Allilouïev s'installèrent dans l'appartement de Staline et dans sa maison de campagne, Zoubalovo, ancienne demeure, par une ironie des choses, d'un baron du pétrole de Bakou. Nadia paraissait heureuse d'être mère et femme au foyer, mais bientôt elle désira avoir un emploi sérieux. Le poids de la personnalité de Staline, la tension politique de la guerre contre les koulaks, la difficulté d'élever deux enfants tout en poursuivant des études pour passer un diplôme, ainsi que la jalousie hystérique que lui inspirait le goût de son mari pour le flirt, la brisèrent. Souffrant de dépression, elle se suicida en novembre 1932.

Les beaux-parents de Staline, Sergueï et Olga, continuèrent à vivre au Kremlin et dans la datcha alors même qu'il décimait leur famille. Après le décès de Nadia, un Staline accablé de chagrin se rapprocha de Genia Allilouïeva, l'épouse de Pavel, et il se peut que leur intimité ait été suivie d'une liaison. Si ce fut le cas, l'affaire était terminée lorsque Staline déclencha la Grande Terreur.

Stanislas Redens fut arrêté et fusillé malgré les suppliques de sa femme Anna. Pavel Allilouïev mourut dans des circonstances suspectes. Après la Seconde Guerre mondiale, les belles-sœurs de Staline, Anna et Genia, l'irritèrent en interférant dans les affaires familiales et politiques, et en devenant trop intimes avec divers Juifs qui faisaient l'objet d'enquêtes. Avec l'autorisation du dictateur, Anna rédigea ses Mémoires, mais ils se révélèrent bien trop indiscrets, en particulier à propos de son bras estropié. Il ordonna l'arrestation des deux femmes. Quand elles furent libérées à sa mort, elles crurent toutes deux que Staline les avait relâchées. Anna perdit la raison en prison, mais elle vécut jusqu'en 1964.

L'autre famille de Staline, les Svanidze, fut tout aussi infortunée. Iakov, le fils de Staline, ne revit son père qu'en 1921, lorsque son oncle, Aliocha Svanidze, et la sœur de Kamo l'emmenèrent à Moscou. Il entra dans la maisonnée de Staline et de Nadia, mais ses manières et sa lenteur géorgiennes exaspérèrent son père. Lorsqu'il tenta de se suicider et se rata, ce qui était plus qu'un appel à l'aide, Staline éclata de rire et dit : « Il ne sait pas même viser juste. »

Aliocha Svanidze, qui épousa une superbe soprano juive, demeura un ami intime. Sosso et lui étaient « comme des frères ». Il servit à l'étranger, puis revint au début des années 1930 comme président adjoint de la Banque d'État soviétique. Après le suicide de Nadia, les Svanidze, y compris les sœurs de Kato, se rapprochèrent encore plus de Staline ; Mariko travailla à Moscou comme secrétaire d'Abel Enoukidze, tandis que Sachiko Svanidze Monosselidze séjournait fréquemment avec Staline.

Maria, l'épouse d'Aliocha, et la sœur de ce dernier rivalisèrent avec les femmes du clan Allilouïev, Anna et Genia, pour s'occuper de Staline. Au début des années 1930, elles vécurent quasiment avec lui, mais leur rivalité irrita le dictateur.

En 1935, Monosselidze, l'époux de Sachiko, demanda à Staline un soutien financier et celui-ci lui répondit :

> *J'ai donné cinq mille roubles à Sacha [Sachiko]. Pour le moment ce sera assez pour vous deux. Je n'ai plus d'argent, sinon je vous en enverrais. Ce sont là les droits que je touche pour mes discours et*

mes articles. [...] Mais cela doit rester entre nous (toi, moi et Sacha). Personne d'autre ne doit en entendre parler, sinon mes autres parents et connaissances vont commencer à me harceler et ils ne me laisseront jamais tranquille. C'est ainsi qu'il doit en être.

Micha ! Vis mille ans heureux ! Présente mes salutations à nos amis !

Bien à toi,

Sosso
19 février 1935

P.-S. : Si tu rencontres ma mère, donne-lui le bonjour.

Sachiko mourut d'un cancer en 1936, mais sa sœur Mariko fut arrêtée dans l'affaire visant son patron, Enoukidze. L'année suivante, Staline ordonna l'attestation d'Aliocha Svanidze et de sa femme. Il dit au NKVD d'exiger qu'Aliocha avoue être un espion à la solde de l'Allemagne en échange de sa vie. Aliocha refusa avec hauteur. « Quel orgueil aristocratique ! » déclara Staline. Aliocha, sa femme Maria et sa sœur Mariko furent exécutés en 1941 lors de l'avancée allemande. Pendant la Terreur, Staline aimait à excuser l'arrestation d'autres grandes familles en disant : « Que puis-je faire ? Ma propre famille est en prison ! »

Iakov, le fils de Staline et de Kato Svanidze, se maria au cours des années 1930 et eut une fille, Galina, qui est toujours en vie. Pendant l'invasion allemande, il fut capturé par les nazis. Son père crut qu'il l'avait trahi et fit arrêter son épouse. Mais Iakov se suicida sans avoir craqué. Par la suite, Staline reconnut à regret que le garçon s'était comporté « en homme ».

Quant aux femmes de sa vie, leur sort fut souvent mystérieux, mais elles ne reçurent guère de faveurs lorsque leur amant devint le maître de l'Union soviétique.

Pelageïa Onoufrieva, la « Pin-up », devint professeur, mais en 1917 elle abandonna sa profession et épousa un mécanicien nommé Fomine. Son père et ses frères furent catalogués comme koulaks pendant la guerre de Staline contre la paysannerie au début des années 1930 et déportés en Sibérie. En 1937, son mari fut arrêté et détenu comme saboteur potentiel. En conséquence, son fils se vit privé d'une bourse pour aller étudier à l'université de Leningrad ; elle écrivit alors à Staline. La bourse fut rétablie. Cependant, son mari fut de nouveau arrêté en

1947 et condamné à dix ans d'emprisonnement comme ennemi du peuple.

Lorsqu'elle fut interrogée en 1944 au sujet du dirigeant, un membre de la police secrète exigea les cartes postales et le livre qu'elle avait reçus de Staline. « Ma vie a été difficile et nomade, répliqua-t-elle, j'ai une famille nombreuse et je n'ai pas tout conservé, mais j'ai gardé le livre. Aussi ce serait dommage de vous le donner car c'est le seul souvenir que j'ai, non pas tant de Staline mais de l'homme nommé Iossif. C'est ainsi que je l'appelais. Je dirais que nous étions amis. Ce livre m'est précieux et vous pourrez le prendre quand je serai morte. » L'apparatchik confisqua l'ouvrage.

Lioudmila Stal travailla de nombreuses années au Comité central ; elle fut décorée, aida à mettre en forme les œuvres de Staline et mourut avant la Seconde Guerre mondiale. Tatiana Slavatinskaïa s'épanouit au service secret du Comité central et devint membre de la Commission centrale de contrôle. Mais, en 1937, son gendre, un général, fut fusillé, sa fille et son fils arrêtés et déportés pendant huit ans. Ses petits-enfants et elle furent expulsés de la Maison du quai où vivait une grande partie de l'élite. Un de ses petits-enfants, l'écrivain Iouri Trifonov, raconta cette expérience dans un court récit, *La Maison du quai*[1].

À ce que l'on sait, Staline ne revit qu'une de ses petites amies[2]. « En 1925, se souvient sa compagne à Solvytchegodsk, Tatiana Soukhova, je me suis installée à Moscou et j'avais grande envie de voir le camarade Staline. Je lui ai écrit. Je fus très surprise d'entendre sa voix au téléphone le soir même. » Le lendemain, ils se rencontrèrent dans son bureau sur la Vieille Place : « Nous avons parlé de mon travail, de nos amis communs et de Solvytchegodsk. »

En 1929, alors que Staline prenait les eaux à Matsesta dans le sud, Soukhova, alors professeur, le contacta de nouveau. « Trois

1. Youri TRIFONOV, *La Maison du quai*, trad. du russe par Lily Denis, Paris, Gallimard, 1978. *N.d.T.*

2. Les Mémoires tardifs de Soukhova sont restés inédits. Natacha Kirtava et Alvassi Talakvadze devinrent des employées du Parti à Batoumi et vécurent, vénérées pour leurs relations anciennes avec Staline, jusqu'à un âge avancé. Stefania Petrovskaïa, sa fiancée à Bakou, demeura membre du Parti et fut impliquée dans l'affaire Slepkov en 1932-1933. Slepkov lui-même fut épargné en 1932, puis fusillé en 1937, mais le sort de Stefania est resté inconnu. Serafima Khorochenina, la partenaire de Staline à Vologda, vivait encore dans les années 1930 et rapporta ses Mémoires, mais on ignore également ce qui lui advint.

hommes jeunes en costume blanc vinrent [la] chercher » et la conduisirent à la villa de Staline où Nadia Alliloujeva et lui l'accueillirent. Ils évoquèrent leurs souvenirs au cours du souper. Nadia l'interrogea sur le jeune Staline en exil : « Je décrivis son apparence et racontai qu'il ne se séparait jamais de sa cape blanche. » Nadia rit, « disant que jamais elle n'avait imaginé qu'il ait été un tel dandy ! ». Puis Staline lui montra fièrement ses plants de tomates dans le potager et l'emmena jusqu'à un stand d'entraînement au tir à côté de la maison, où il fit mouche avec une carabine. Il la laissa tirer avec un « petit pistolet anglais Montecristo », mais elle manqua la cible. « Comment te défendras-tu ? » lui demanda-t-il. Lorsqu'elle lui dit qu'on la traitait mal dans sa maison de repos, il marmonna : « Il faut les réprimander. »

Mais l'année suivante, Soukhova se trouva impliquée dans le procès de Ramzine et d'autres personnes organisé par Staline. Elle fit appel à lui et il la reçut. « Est-ce la première fois que tu t'attires des histoires ? » lui demanda-t-il, ajoutant : « Moi-même, j'ai toujours des ennuis. » Il téléphona ensuite à son institut et lui accorda sa protection. « À partir de maintenant, tu devras te battre toute seule. » Ils ne devaient plus jamais se revoir.

Staline laissa au moins deux enfants illégitimes dans son sillage. Aucun d'eux ne reçut d'aide directe de leur père.

Konstantin Kouzakov, le fils de Maria, la logeuse de Staline à Solvytchegodsk, eut la carrière la plus intéressante des deux. Lorsque Kouzakova apprit la nomination de Staline au gouvernement en 1917, elle lui écrivit pour lui demander de l'aide. Ne recevant aucune réponse, elle s'adressa au bureau de Lénine où travaillait encore Nadia, l'épouse de Staline. Sans en parler à Staline, elle augmenta les aides financières de Kouzakova, mais elle en informa ensuite le père.

Staline dut certainement faciliter l'entrée du garçon à l'université de Leningrad, car en 1932 le NKVD demanda à ce dernier de signer une déclaration l'engageant à ne jamais parler de ses « origines ».

Il enseigna la philosophie à l'Institut de mécanique militaire de Leningrad et fut promu pour travailler au sein de l'appareil du Comité central à Moscou par Andreï Jdanov, le potentat le plus proche de Staline. Konstantin déclara plus tard que Jdanov connaissait ses « origines ». Il ne rencontra jamais son père, même si « une fois Staline s'arrêta, me regarda et je sentis qu'il voulait me dire quelque chose. J'ai voulu me précipiter vers lui, mais quelque chose m'a retenu. Il agita sa pipe et poursuivit son chemin ». Pendant la Seconde Guerre mondiale Konstantin fut promu colonel et décoré, mais sa mère mourut de faim pendant le siège de Leningrad.

À l'été de 1947, Kouzakov fut convoqué au bureau de Jdanov où il se trouva nez à nez avec le chef de la police secrète, le terrifiant Victor Abakoumov, homme d'un chic tapageur. On accusait l'adjoint de Kouzakov d'être un espion à la solde des Américains, et Kouzakov se trouvait impliqué. Staline n'entérina pas son arrestation, mais Kouzakov fut jugé par un tribunal d'honneur et exclu du Parti. Il avait trois enfants et ne pouvait même plus espérer avoir un emploi de simple portier.

Après la mort de Staline et l'arrestation de Beria, il rejoignit le Parti et devint directeur de la Télévision soviétique au ministère de la Culture, poste qu'il occupa de longues années avant de décéder en 1996.

Staline abandonna Lidia Perepryguina avec un fils, Alexandre, probablement né au début de 1917. Elle épousa ensuite un paysan et pêcheur, Iakov Davydov, qui adopta Alexandre comme son propre fils. Lidia devint coiffeuse à Igarka et eut huit autres enfants. « Staline ne l'aida jamais », rapporta le général Serov, chef du KGB. Alexandre, selon Youri, son fils, « apprit [la vérité] de la bouche de sa mère des années après sa liaison avec Staline ». La famille « garda le silence sur cette affaire et seules quelques personnes à Koureïka savaient de qui il était vraiment le fils ».

Alexandre devint facteur et instructeur au Komsomol, mais en 1935 le NKVD le convoqua à Krasnoïarsk pour qu'il signe une promesse, semblable à celle de Kouzakov, de ne jamais faire état de ses origines. Puis on lui laissa entendre qu'il pouvait s'installer à Moscou, mais il refusa, « toujours effrayé de ce qui risquait de lui arriver ». Alexandre Davydov servit pendant la Seconde Guerre mondiale comme simple soldat ; il fut blessé deux fois, puis promu major lors de la guerre de Corée. Il dirigea la cantine dans la ville minière de Novokouznetsk où il se maria, eut trois enfants et mourut en 1987. « Mon père m'a dit que j'étais le petit-fils de Staline », confia Youri qui vit avec sa famille à Novossibirsk.

Jusqu'en 1921, date à laquelle Staline organisa la reconquête de la Géorgie[1], sa mère vécut dans un pays différent. Ensuite Sosso retrouva Keke lors d'une visite pénible à Tiflis où il découvrit la haine que l'on vouait à l'ancien bandit et au conquérant sanguinaire qu'il était devenu.

Staline écrivait régulièrement à sa mère, mais demeura distant. « Vive et bavarde », elle fut la seule personne dans le monde du dictateur qui osa demander : « Je ne comprends pas pourquoi mon fils a été incapable de partager le pouvoir avec Trotski. » Jamais Staline ne put tolérer une telle indépendance d'esprit.

Keke fit une brève visite à Moscou et rencontra Nadia. « Cette femme est mon épouse, annonça Staline à sa mère sous forme de mise en garde. Ne t'avise pas de lui faire des histoires. » Elle préféra vivre dans un deux pièces dans l'ancien palais du vice-roi sur la perspective Golovinski à Tiflis. Nadia lui envoyait des nouvelles et des photographies des enfants. Lorsque Staline conquit le pouvoir, ses lettres se firent plus brèves :

> *Chère Maman, puisses-tu vivre dix mille ans !*
> *Bien à toi,*
> *Baisers*
>
> *Sosso 1er janvier 1923*

Keke se plaignait qu'il ne lui prêtât pas assez attention. « Maman, je sais que je te déçois, mais que puis-je faire ? Je suis occupé et je ne peux écrire très souvent. Jour et nuit, je suis pris à la gorge. Bien à toi. Baisers. Sosso, 25 janvier 1925. » Ou elle l'ignorait et poursuivait sa petite existence : « Maman, Comment

1. La Géorgie provoqua un schisme entre Staline et Lénine. En 1918, la Géorgie menchevique devint indépendante. Le Vieux ne voyait pas d'inconvénient à l'abandonner, mais en 1921 Staline et Sergo Ordjonikidze organisèrent une invasion qui fut couronnée de succès. Sergo, fringant et impitoyable, fit une entrée triomphale dans Tiflis sur un cheval blanc, mais la répression brutale du pays lui valut bientôt le surnom d'« âne de Staline ». Lorsqu'il fallut définir le statut de la Géorgie, Staline insista pour qu'elle entrât dans une Fédération transcaucasienne, mais les bolcheviks locaux, menés par le flamboyant Mdivani et l'idéologue Makharadze, tous deux associés de Staline depuis des décennies, exigèrent une république géorgienne autonome. Au cours de la querelle qui s'ensuivit entre les staliniens et les prétendus « déviationnistes », Sergo tabassa un de ses adversaires. Ce geste scandalisa Lénine qui soutint alors les Géorgiens contre Staline et Sergo. Cela amena Staline à insulter Kroupskaïa, l'épouse de Lénine. Lénine rédigea son Testament dans lequel il exigeait que Staline fût retiré du Secrétariat général. Mais il était trop tard ; Lénine eut une autre attaque et Staline survécut.

vas-tu ? Tu n'as pas écrit depuis longtemps. Peut-être es-tu fâchée contre moi. Mais que faire ? Je suis trop occupé. Je t'ai envoyé cent cinquante roubles, je ne peux faire plus. Si tu as besoin de davantage, dis-moi combien. Ton Sosso. »

Leur manque d'intimité s'accentua encore après le suicide de Nadia :

> *Bonjour, mère chérie,*
>
> *J'ai reçu la confiture, le gingembre et les* tchoukhtcheli *[des sucreries géorgiennes]. Les enfants sont très contents et t'envoient leurs remerciements. Je vais bien, alors ne t'inquiète pas. Je serai à la hauteur de mon destin. J'ignore si tu as besoin ou non d'argent. Je t'envoie cinq cents roubles au cas où. Je t'envoie aussi une photographie de moi et des enfants…*
>
> *Prends soin de toi, chère mère, et garde le moral. Baiser.*
>
> *Ton fils Sosso, le 24 mars 1934*
>
> *P.-S. : Les enfants te saluent. Depuis la mort de Nadia, ma vie est très dure, mais un homme fort doit toujours se montrer vaillant.*

Lorsqu'il lui rendit visite pour la dernière fois en 1936, elle lui dit qu'elle avait espéré le voir devenir pope. Cela n'amusa pas vraiment Staline. Il lui envoya des médicaments et des vêtements. Lorsque l'état de Keke se dégrada, il la réconforta. « Heureux que ta santé soit bonne, lui écrivit-il en 1937. Manifestement notre clan est robuste ! » Elle décéda peu après la Grande Terreur. Staline n'assista pas à ses funérailles, mais la couronne qu'il fit déposer portait : « Chère mère bien-aimée. Ton fils Iossif Djougachvili. » Elle fut inhumée en grande pompe dans l'église de la Montagne sacrée.

Staline resta en relation avec ses vieux amis de Gori et de Tiflis. Parfois il leur envoyait un mot ou simplement de l'argent de façon inattendue. S'ils faisaient appel à lui, il n'hésitait pas à leur venir en aide. En 1933, il écrivit à Kapanadze :

> *Bonjour, Peta, comme tu vois… je t'envoie deux mille roubles. Je n'en ai pas plus à présent. Cet argent vient de droits d'auteur, et nous n'acceptons pas de gros droits, mais tes besoins sont spéciaux pour moi […]. En plus de cet argent, tu recevras un prêt de trois mille roubles. J'en ai parlé à Beria […]*
>
> *Longue vie et sois heureux,*
>
> *Besso*

Pendant la guerre, Kapanadze et Glourjidze, tous deux anciens prêtres, et Tseradze, son ami lutteur, eurent encore plus de chance. Le 9 mai 1944, Staline remarqua tout l'argent qui s'accumulait dans son coffre (ses salaires comme Secrétaire général du Parti, Premier ministre, commandant en chef suprême, commissaire du peuple à la Défense et député au Soviet suprême). Il ne pouvait tout dépenser, aussi griffonna-t-il cette note :

À mon ami Peter Kapanadze – quarante mille roubles ;
Trente mille roubles à Gricha Glourjidze ;
Trente mille roubles à Mikhaïl Tseradze.

La note à Glourjidze précisait : « Gricha ! Accepte ce petit don de ma part. Ton Sosso. » Il se montra bienveillant pour ceux qui ne se mêlèrent jamais de politique, mais il n'aurait certainement pas épargné Iremachvili et Davrichewy qui s'opposèrent à lui[1].

Lorsque Staline s'empara de la Géorgie en 1921, Iremachvili assista aux funérailles de ceux qui étaient tombés au combat et se trouva à côté de Keke Djougachvili. « Keke, c'est ton fils qui est responsable de cela », lui dit Iremachvili qui la connaissait depuis Gori. « Écris-lui à Moscou : il n'est plus mon ami ! » Lorsque Staline se rendit à Tiflis, plus tard cette même année, Iremachvili fut arrêté, mais sa sœur implora Staline « qui lui témoigna une gentillesse bienveillante : “Quel dommage ! Cela me peine beaucoup pour lui. J'espère [qu'il] saura comment revenir à moi !” ». Staline ordonna sa libération et l'invita ensuite à venir le voir. Iremachvili refusa. Il fut de nouveau arrêté et se retrouva sous le contrôle de Tsintsadze, le gangster de Staline, devenu haut responsable dans la police secrète. Staline le fit expulser vers l'Allemagne où il flirta avec le nazisme et rédigea ses Mémoires très hostiles.

Davrichewy, le fils de l'officier de police de Gori et le pittoresque pilleur de banques, trouva refuge à Paris. Sous le nom de

1. Les mencheviks connurent une trajectoire étrange : Karlo Tchkheïdze, ainsi que nous l'avons vu, fut l'homme le plus puissant au début de la Révolution de 1917 comme président du Soviet de Petrograd, tandis que son compatriote géorgien Irakli Tsereteli devint un puissant ministre russe pendant l'été de 1917. Mais, lorsque les bolcheviks s'emparèrent du pouvoir, Tchkheïdze, Jordania, Tsereteli et Noé Ramichvili devinrent les dirigeants de la Géorgie indépendante. Lors de l'invasion bolchevique, ils réussirent à s'enfuir en exil. Tchkheïdze se suicida en 1926, Ramichvili fut assassiné à Paris en 1930. Jordania, Ouratadze, Arsenidze, Saguirachvili et Nikolaevski survécurent en exil et rédigèrent leurs Mémoires. Soukhanov, qui qualifia Staline de « flou gris », fut fusillé pendant la Grande Terreur.

« Jean Violan », il devint un héros de l'aviation pendant la Première Guerre mondiale et servit comme espion français. Certains récits prétendent qu'il entretint une liaison avec Mata Hari, la tristement célèbre courtisane exécutée pour trahison en 1917, mais la véritable histoire de ses activités d'espionnage mêlées d'aventures sexuelles n'est pas moins dramatique. Le service secret français soupçonnait une jeune et belle aviatrice, Marthe Richard, d'être une espionne allemande. Davrichewy, l'as des airs, fut recruté pour la surveiller. Elle tomba amoureuse de Iossif Davrichewy et ils vécurent une liaison si passionnée qu'il menaça de se tuer si elle était arrêtée. Il réussit à prouver l'innocence de la jeune femme qui entra dans le renseignement français et fut envoyée à Madrid où elle séduisit le chef du renseignement allemand, un septuagénaire.

En 1936, Staline entra en contact avec Davrichewy et l'invita à revenir en URSS. Sagement, Davrichewy resta à Paris. Peu après la mort du dictateur, Davrichewy déclara dans une interview : « Je suis le demi-frère de Staline. » Il mourut en 1975 au terme d'une vie décrite dans une nécrologie comme « étonnante – révolutionnaire, aviateur, espion, écrivain ». Ses Mémoires remarquables furent discrètement publiés en français en 1979[1].

Kamo demeura un héros bolchevique, malgré son comportement macabre avec Fiodor Alliloulïev. Mais ce dangereux simple d'esprit n'était pas fait pour les temps de paix. Il devint membre de la Tcheka, mais son sadisme était trop dément même pour les tchekistes. En 1922, de retour à Tiflis, il fut employé dans le service des douanes. Lorsque Lénine envisagea de passer ses vacances dans le Caucase, Kamo insista pour l'accompagner ; Lénine ne fit jamais le voyage. Selon les légendes de Tiflis, Kamo buvait trop et bavardait sur le rôle de Staline dans le hold-up de Tiflis, sujet très sensible[2]. Il commença ses Mémoires et, un jour où il rentrait chez lui à bicyclette, il fut écrasé par un camion. On raconta que Staline l'avait fait tuer ; après tout, selon une blague qui circula alors, c'était une sacrée coïncidence que l'unique bicyclette de Tiflis ait été renversée par l'unique camion.

1. Iossif DAVRICHEWY, *Ah ! ce qu'on rigolait bien avec mon copain Staline*, Paris, J.-C. Simoën, 1979.

2. Tsintsadze rejoignit la Tcheka géorgienne en 1921, et il écrivit également ses Mémoires à la même époque que Kamo – mais il se montra beaucoup plus diplomate. Il rejoignit l'opposition « déviationniste » géorgienne à Staline et fut démis. Arrêté comme trotskiste, il mourut de la tuberculose en prison en 1930.

Kamo fut inhumé dans les jardins Pouchkine non loin de la taverne Tilipoutchouri, place Erevan, théâtre de son tristement célèbre exploit. Sa statue remplaça celle de Pouchkine. Plus tard, Staline ordonna le retrait de son monument. La dépouille de Kamo fut transférée en un autre lieu.

Egnatachvili, le protecteur et peut-être père de Sosso, envoya ses deux fils survivants, Sacha et Vasso, dans une école privée de Moscou. La famille, des aubergistes entreprenants, développa bientôt ses activités en dehors de Gori. Egnatachvili et ses fils créèrent des restaurants à Bakou, tandis que Vasso, diplômé de l'université de Kharkov, devenait professeur d'histoire.

Le vieux Egnatachvili, qui demeura « très proche de Staline jusqu'à son dernier jour », mourut en 1929. Sacha Egnatachvili dirigea cinq restaurants à Tiflis jusque vers cette date. Au début des années 1930, les deux frères furent arrêtés. Sacha contacta Enoukidze, qui le fit libérer et l'amena à Moscou où Staline le reçut. Vasso fut aussi immédiatement relâché. Staline engagea Sacha au NKVD et le nomma pour diriger une datcha du Politburo en Crimée avant de le promouvoir dans sa garde personnelle. Sacha, l'ancien restaurateur capitaliste, fut nommé chef du service de restauration de Staline, appelé « la base », poste de confiance aux yeux d'un dictateur paranoïaque qui employait le poison pour les autres, mais le redoutait pour lui-même. Egnatachvili devint le goûteur du dictateur, d'où son surnom au NKVD, « le Lapin ». Au sein du NKVD, il était discrètement désigné, même par le général Vlassik qui connaissait Staline mieux que personne, comme le « parent » ou le « frère » de Staline.

Un des subalternes de Sacha aux fourneaux du NKVD était un chef qui réussit à cuisiner pour Raspoutine, Lénine et Staline ; ce chef historique était le grand-père du président Vladimir Poutine.

Vasso Egnatachvili, qui avait été social-fédéraliste, pas même menchevique, fut promu rédacteur d'un journal de Tiflis, puis secrétaire du Soviet suprême de Géorgie, devenant ainsi les yeux et les oreilles de Staline sur place.

Sacha le Lapin vécut près de Kountsevo, la résidence principale de Staline, et assista souvent à ses dîners. Lorsque Vasso venait à Moscou, il demeurait toujours chez Staline. Les frères restèrent proches de Keke ; la lettre que Sacha lui envoya pour son anniversaire en 1934 illustre bien leurs liens particuliers : « Ma chère mère spirituelle, hier je suis allé voir Sosso et nous avons longuement causé [...]. Il a grossi [...]. En quatre ans je ne l'ai jamais vu aussi bien portant [...]. Il a beaucoup plaisanté. Qui dit qu'il a vieilli ? Il est plus jeune qu'il y a quatre ans – personne ne lui donnerait plus de quarante-sept ans ! »

En 1940, Staline se souvint de l'apprenti cordonnier de son père, Dato Gassitachvili, qui avait été si bon pour lui lorsqu'il était enfant. « Dato vit-il encore ? demanda-t-il soudain à Sacha. Cela fait des siècles que je ne l'ai vu. » Egnatachvili fit venir à Moscou Dato, toujours cordonnier à Gori.

Un jour, Staline, Beria et Vlassik, le chef de sa sécurité personnelle, se rendirent chez les Egnatachvili pour un festin géorgien ; là, Staline et Dato se trouvèrent réunis. Lorsque Staline le taquina, le vieux cordonnier répliqua sans aucune crainte : « Crois-tu que tu es Staline pour moi comme pour les autres ? Pour moi tu es toujours ce petit garçon que je portais dans les bras. Et si tu continues, je te baisse le pantalon et je te donne une raclée jusqu'à ce que tes fesses soient plus rouges que ton drapeau ! » Staline rit. Mais, chose inquiétante, il remarqua la femme de Sacha ; le Lapin avait épousé, union heureuse mais périlleuse, l'ex-femme d'origine allemande d'un homme d'affaires juif arménien ; leur fille vivait aux États-Unis.

« Ta femme est de mauvaise humeur, dit Staline. L'aurais-je offensée ? »

Sacha expliqua qu'étant allemande elle craignait pour elle-même et pour sa fille en Amérique.

« Nous avons un accord avec l'Allemagne, mais cela ne signifie rien, la rassura Staline, selon Gouram Ratichvili, le petit-fils de Sacha. La guerre est inévitable. L'Amérique et la Grande-Bretagne seront nos alliées. »

Lorsque les Allemands envahirent l'URSS en 1941, la femme d'Egnatachvili fut arrêtée et abattue. « Elle disparut tout simplement et ne revint jamais, dit Gouram Ratichvili, mais Sacha n'en parla jamais à Staline. » Egnatachvili connaissait les règles de la cour stalinienne.

Pendant la guerre, Egnatachvili, alors général, accompagna Staline à Téhéran et à Yalta. « On nomma lieutenant général un cuisinier géorgien qui était chargé de fournir vin et *chachlik*, ironise Khrouchtchev dans ses Mémoires. Chaque fois que je revenais du front, je remarquais qu'il avait obtenu une ou deux médailles de plus ! Et je me souviens qu'un jour Staline me passa un savon devant ce lieutenant général aux provisions ; il s'enivra même avec Staline et avec nous autres. » Staline, le seigneur de la guerre russe, était très sensible à ce genre de comportements – il apprit également de Beria la corruption qui régnait dans sa maison[1] – et transféra Egnatachvili comme directeur des datchas d'État en Crimée pour préparer la conférence des Trois Grands à Yalta. Mais ensuite il le laissa sur place.

Le Lapin mourut du diabète en 1948. Vasso Egnatachvili demeura proche de Staline et participa aux dîners des vieux amis de Gori. Mais, à la mort du dictateur, Beria le démit et le fit emprisonner. À la chute de Beria, Vasso fut libéré. Il mourut en 1956.

Le sort des camarades bolcheviques de Staline ne fut pas moins tragique que celui du peuple soviétique. Kamenev et Zinoviev furent fusillés en 1936, Boukharine en 1938 ; Trotski fut assassiné à coups de pic à glace en 1940 – tous sur l'ordre de Staline. En 1937-1938, environ un million et demi de personnes furent massacrées. Staline signa de sa main les listes de condamnations à mort de presque trente-neuf mille personnes, dont beaucoup étaient de vieilles connaissances. La Géorgie, dont Beria, le jeune potentat montant de Staline, avait la charge, fut tout particulièrement frappée : le Parti communiste fut purgé de dix pour cent de ses membres ; quatre cent vingt-cinq des six

1. Les Egnatachvili connaissaient Beria depuis 1918 à Bakou, lorsqu'il était agent double bolchevique dans le parti Moussavat azéri – ou l'inverse. Quand Beria tomba malade, les Egnatachvili soignèrent leur compatriote géorgien. Lorsqu'il devint vice-roi du Caucase, puis chef du NKVD, il chercha à conserver le monopole de l'information et de l'influence au Caucase. Cependant les Egnatachvili demeurèrent indépendants. En outre, Sacha Egnatachvili servit dans la garde personnelle de Staline sous les ordres de son premier garde du corps, le général Vlassik, ce qui échappait également au pouvoir de Beria, situation que celui-ci essaya constamment de modifier. Après la Seconde Guerre mondiale, Beria accusa Vlassik de corruption pour avoir vendu de gigantesques quantités de nourriture préparées pour Staline à la Base. Vlassik riposta en accusant également Beria de corruption et réussit à survivre, mais Egnatachvili, qui dirigeait la Base, dut certainement se trouver impliqué. Le duel entre Beria et Vlassik pour le contrôle de la garde personnelle se poursuivit jusqu'à la mort de Staline. L'histoire du général Egnatachvili et de son épouse est racontée ici pour la première fois. Elle s'inscrit parfaitement dans le schéma général. Après le suicide de sa femme, Nadia, Staline se méfia des épouses de ses courtisans. Les jeunes et jolies femmes d'Alexandre Poskrebychev, son *chef de cabinet**, et du maréchal Koulik, son comparse militaire, furent abattues ; celles du chef de l'État, Kalinine, et du ministre des Affaires étrangères, Molotov, furent arrêtées. Cependant tous ces hommes continuèrent à le servir fidèlement, sans jamais se plaindre. Voir *Staline : la cour du Tsar rouge*.

cent quarante-quatre délégués au Xe Congrès du Parti géorgien furent abattus.

La grande victime de Staline fut son vieil ami, Boudou Mdivani dit « la Barrique », qui lui avait sauvé plusieurs fois la vie dans le passé. Mais Mdivani s'était opposé à Staline en 1921 et l'ancien comédien loquace avait cru bon de plaisanter et de dire irrespectueusement que Beria devait placer une garde armée autour de la maison de Keke – non pour la protéger, mais afin d'éviter qu'elle n'accouche d'un autre Staline. Le dictateur se réconcilia avec Boudou dans les années 1920. Lorsqu'il se trouvait à Moscou, Boudou séjournait habituellement chez Staline. Et Staline rendait souvent visite aux Mdivani en Géorgie ; il fut même le parrain de leur fils. Mais il n'avait pas oublié l'opposition de Boudou. En 1937, il fut arrêté pour avoir comploté l'assassinat du dictateur et fut abattu peu après avec la majeure partie de sa famille.

Le cas de trois relations géorgiennes très proches de Staline révèle comment les choses pouvaient être différentes dans cet univers diabolique. Abel Enoukidze, hédoniste enjoué, sympathique et conciliant, le parrain de Nadia Staline, devint secrétaire du Comité exécutif central, responsable du Kremlin, des villas du Parti, et du ballet du Bolchoï qu'il utilisa comme son agence de rencontres privées, s'acquérant ainsi une triste réputation pour son goût pour les très jeunes ballerines (et pour leurs mères).

Oncle Abel était un ami proche de Staline, mais il garda toujours pour lui ses opinions. Dans ses Mémoires sur les presses d'imprimerie de Bakou, il refusa de louer Staline pour des choses qu'il n'avait pas faites. « Koba veut que je lui dise qu'il est un génie, mais je ne le ferai pas », se plaignit-il. Il se montrait critique à l'encontre de la répression croissante et se flattait de donner refuge à des camarades géorgiens persécutés. Cependant Staline et lui passaient souvent des vacances ensemble et s'envoyaient des billets affectueux. En 1936 néanmoins, Staline le choisit comme le premier de son cercle intérieur à être liquidé, même s'il n'avait jamais été membre d'une opposition formelle. Il fut arrêté et tué en 1937.

Kavtaradze avait lui appartenu à toutes les oppositions à partir des années 1920. Il avait non seulement lancé une lampe à la tête de Staline, mais plus tard il soutint Mdivani puis ensuite les trotskistes. À chaque fois cependant Staline le sauva, l'aida et le promut.

En 1937, Kavtaradze fut (de nouveau) arrêté comme membre de la « conspiration » de Mdivani et condamné à mort pour avoir préparé le meurtre du dictateur. Les autres furent exécutés, mais

Staline l'épargna en cochant son nom sur la liste de condamnations. En 1940, Staline, décidant qu'il lui manquait, le fit libérer et l'invita à dîner le soir même. Ils se réconcilièrent, même si Staline le taquina : « Quand je pense que tu voulais me tuer. » Quelques jours plus tard, Beria et Staline dînèrent chez Kavtaradze ; leur hôte fut nommé directeur de la maison d'édition d'État, puis ministre adjoint aux Affaires étrangères et ambassadeur en Roumanie. Il survécut à Staline et mourut en 1961.

Dans les années 1930, Sergo Ordjonikidze était le dernier vieux bolchevik à pouvoir se glorifier de s'être opposé à Staline. Comme exécutant de Staline, il conquit le Caucase en 1920-1921, aida à écraser les mouvements d'opposition dans les années 1920, et dirigea l'industrie lourde dans le cadre du plan quinquennal jusque dans les années 1930. Staline et lui étaient inséparables ; ils vivaient dans le même bâtiment, s'envoyaient des billets intimes et passaient les vacances ensemble. Mais en 1937, ils se querellèrent. Sergo se suicida au Kremlin.

Cependant certains des tout premiers camarades de Staline survécurent[1]. Kalinine servit de 1919 à sa mort en 1946 comme chef de l'État (président du Soviet suprême). Le maréchal Vorochilov fut commissaire à la Défense, homme de main vicieux pendant la Terreur, et stratège inepte pendant la guerre contre la Finlande et la Grande Guerre patriotique. Staline le harcela, l'accusant d'être « un agent anglais », mais il survécut à son maître et fut chef de l'État soviétique jusqu'en 1960.

Meier Wallach devint Maxime Litvinov, commissaire du peuple aux Affaires étrangères dans les années 1930, puis ambassadeur d'URSS à Washington. Il se montrait d'une franchise brutale dans ses critiques contre Staline, qui fomenta un accident

1. Mikha Tskhakaïa, l'homme à la barbe grise qui avait promu et protégé Staline dans les premières années avant de se tourner contre Lénine et de s'exiler à Genève, survécut et mourut dans son lit en 1950, vieux bolchevik honoré. Chose inexplicable, Makharadze survécut à la Terreur. Stepane Chaoumian, le compagnon de chambre de Staline à Londres et son jeune associé dans le hold-up de Tiflis et ensuite à Bakou, fut le maître brutal de la Commune de Bakou en 1918 quand il supervisa le massacre d'environ quinze mille Azéris. Il fut ensuite renversé et fusillé par les Blancs et les Britanniques devenant ainsi l'un des Vingt-six Commissaires entrés dans la légende. Staline adopta alors le fils de Chaoumian, Levan, et l'éleva dans sa propre maison. Iakov Sverdlov, compagnon de chambre de Staline en Sibérie et chef de l'État soviétique, mourut de la grippe en 1919.

mortel de voiture pour s'en débarrasser, mais finalement l'épargna, peut-être parce qu'il n'avait pas oublié que Litvinov l'avait sauvé des dockers à Londres, plus probablement à cause de son prestige international. Staline promut Troïanovski, son hôte à Vienne, et le nomma premier ambassadeur d'URSS aux États-Unis ; il l'épargna également, quoique Litvinov et lui l'eussent critiqué en privé.

Lorsqu'il revit Staline en 1918, Vychinski fut assez malin pour ne pas cacher son passé politique peu recommandable et pour ne pas chercher à rappeler à Staline les faveurs qu'il lui avait faites à la prison Baïlov ; il lui offrit simplement et courtoisement ses services. Aussi désagréable, sanguinaire et terrifiant qu'il était lâche et pleutre, il devint procureur général d'URSS, grand inquisiteur lors des procès spectacles des années 1930, et, en 1949, dernier ministre des Affaires étrangères de Staline. Il mourut en 1954.

Molotov fut chef du gouvernement de 1930 à 1941 et commissaire aux Affaires étrangères de 1939 à 1949. Staline commença à voir en lui un successeur possible et, en 1952, il dénonça malignement son ancien associé. Voué à être liquidé[1], Molotov fut sauvé par la mort de Staline, mais il lui demeura fidèle. Il devint de nouveau ministre des Affaires étrangères mais ne réussit pas à renverser Khrouchtchev en 1957. Exilé comme ambassadeur en Mongolie, il vécut jusqu'en 1985, voyant encore Staline dans ses rêves.

Jusqu'à son dernier jour, Staline ne cessa jamais de glorifier son passé et de cacher ses erreurs de jeunesse. Le culte de la personnalité servit sa vanité éhontée et contribua à forger son autorité politique, cependant il aimait à afficher une modestie bienséante aux yeux des collègues. En son for intérieur, il était trop intelligent pour ne pas reconnaître que nombre des péans consacrés à sa jeunesse étaient ridicules. Lorsqu'il vit « La Jeunesse du chef », de l'écrivain géorgien Gamsakhourdia, il écrivit : « Je vous demande d'interdire la publication en russe du livre de Gamsakhourdia. J. Staline. »

1. Son épouse juive, Polina, était tout aussi dévouée à Staline ; elle devint elle-même commissaire adjoint, mais son féminisme exacerbée irrita le dictateur, tandis que son amitié avec Nadia le rendait mal à l'aise. Il manqua l'éliminer en 1939, envisageant un moment de la tuer dans un accident de voiture ; finalement il contraignit Molotov à voter son arrestation en 1949. On trouvera toute cette histoire dans *Staline : la cour du Tsar rouge*.

Il fut encore plus scandalisé par les « Étrangetés kartvéliennes », de Fedorov, publiées en 1940, griffonnant au crayon vert : « Le camarade Pospelov a été stupide et a manqué de tact en approuvant sans mon accord et à mon insu le livre que Fedorov a écrit sur moi. Ce livre doit être mis au pilon – et Pospelov doit être châtié. Staline. »

Lorsque Samoïlova, une vieille bolchevique qu'il connaissait depuis l'époque de Bakou, demanda si elle pouvait exposer des épreuves des premiers livres et articles de Staline dans son musée, elle reçut cette note manuscrite : « Je n'aurais jamais pensé que vous puissiez être aussi stupide ! Si le livre est publié à des millions d'exemplaires, pourquoi aurait-on besoin du manuscrit ? J'ai brûlé tous les manuscrits ! » Lorsqu'un livre de souvenirs de 1905 fut compilé, Staline écrivit ces simples mots : « Ne publiez pas ! Staline. »

Lors d'un dîner dans la villa au bord de la mer, Staline, alors très âgé, raconta à ses vieux amis des histoires sur ces gens du passé, dont certains étaient morts dans leur lit, beaucoup d'autres dans ses cachots d'une balle dans la nuque.

Les vieux compagnons avaient aussi leur mot à dire. « Ils se plaignirent, observe Molotov, de la corruption qui régnait partout. » Un autre de ces vieux Géorgiens « que Staline appréciait beaucoup », déclare Khrouchtchev, « parla à Staline de la situation pitoyable des jeunes en Géorgie ». Staline courroucé lança une purge dans son pays natal.

Puis les vieillards, dont certains avaient chanté en surplis blanc avec Sosso dans les chœurs de Gori et du séminaire, entonnèrent des mélodies. « On entendit jusque tard dans la nuit des chants géorgiens s'élever de la villa Le Frais Ruisseau, parfois accompagnés par leur hôte, un bon vieux chanteur à la voix douce. »

Sosso, âgé et sclérotique, avait la mémoire défaillante, mais jusqu'à sa mort, à soixante-quatorze ans, le 5 mars 1953, l'enfant de chœur vieillissant demeura le politicien sans égal, le mégalomane paranoïaque et le maître insensé d'une catastrophe humaine qui n'eut d'équivalent que dans l'Allemagne hitlérienne. Responsable de la mort de vingt à vingt-cinq millions de personnes, Staline s'imagina toujours être un génie politique, militaire, scientifique et littéraire, un monarque du peuple, un Tsar rouge.

Peut-être faut-il laisser le dernier mot au jeune Staline. En août 1905, Sosso, alors âgé de vingt-sept ans, se moqua de ce type de mégalomane illuminé dans un article rarement lu mais étrangement prophétique donné à *Proletariatis Brdzola.* « Sous vos yeux, écrivit-il, se dresse le héros de Gogol qui, pris d'aberration, se crut roi d'Espagne. » Et d'ajouter : « Tel est le sort de tous les mégalomanes. »

NOMS, SURNOMS, NOMS DE PLUME ET PSEUDONYMES DE STALINE

Iossif Vissarionovitch Djougachvili
Sosso
Ioska Koriavyi – Joe la Vérole
Sosselo
Besso
K. St.
K. Stefine
K. Safine
Koba
K. Soline
Petrov
Koba Staline
Ivanovitch
J. Djougachvili-Staline
Koba Ivanovitch
J. V. Staline
Bessochvili
Ivan Ivanovitch Vissarionovitch
Galiachvili
Simon Jvelaïa
K. Kato
Gaioz Bessoevitch Nijeradze
Organez Totomiants
Zakhar Melikiants
Pierre Tchijikov
Vassili, Vassiliev, Vassia, Vaska
Ossip l'Excentrique
Ossip Koba
Ivanov
Oska le Vérolé
Le Caucasien
Le Laitier
Le Vérolé
Le Trottineur – Geza
Le Titubant – Kounkoula
(Le) Vérolé – Tchopoura
David
Le Prêtre
Père Koba
Gueorgui Berdzenochvili

REMERCIEMENTS

Pour ce travail sur Staline, j'ai reçu l'aide de nombreuses personnes, dont mes éditeurs, partout dans le monde, mais tout particulièrement dans les lieux que Staline a fréquentés. Toutes ces personnes se sont montrées extrêmement généreuses en termes de temps et de connaissances. Il est inutile de préciser que toutes les erreurs qui demeureraient dans cet ouvrage me sont entièrement imputables.

Je dois tout d'abord remercier ceux qui ont parrainé mon entrée en historiographie russe, qui ont vérifié et amendé mon travail, et qui, je l'espère, m'ont appris à mieux écrire ; Isabel de Madariaga a été et demeure mon premier mentor dans le domaine historique et mes livres, je le souhaite, montrent le profit que j'ai tiré de sa lecture sévère mais bienveillante de mon premier ouvrage consacré à Catherine II et au prince Potemkine.

Pour ce livre, j'ai eu l'immense chance que deux géants de l'histoire de l'URSS, Robert Conquest et le professeur Robert Service, aient lu le texte et m'aient aidé de bout en bout. Je suis très redevable à Stephen Jones, professeur en études russes et eurasiennes à Mount Holyoke College et éminente autorité en matière de socialisme géorgien, qui a partagé ses travaux avec moi, répondu à mes questions et corrigé avec attention mon texte. Le docteur David Anderson, maître de conférences en anthropologie arctique à l'université d'Aberdeen, a corrigé mes chapitres sur la Sibérie avec une patience et une générosité remarquables. Le professeur Piers Vitebsky, directeur du département d'anthropologie et d'études nordiques russes au Scott Polar Research Institute, à Cambridge, m'a donné des conseils en anthropologie sibérienne et autorisé à utiliser une de ses photographies. Il me faut également remercier le professeur Donald

Rayfield qui m'a généreusement fait partager sa science de la littérature russe, de la culture géorgienne et de l'histoire politique du bolchevisme, ainsi que ses contacts en Géorgie, et qui m'a autorisé à citer intégralement sa superbe traduction des poèmes de Staline.

Je suis très reconnaissant au professeur George Hewitt pour son aimable aide en ce qui concernait les langues du Caucase et pour ses contacts fort précieux en Abkhazie. Je ne saurais trop remercier le docteur Claire Mouradian, à Paris, qui, bien que nous ne nous soyons jamais rencontrés, a mis à ma disposition ses connaissances encyclopédiques sur l'histoire du Caucase et ses nombreux contacts avec des familles d'émigrés géorgiens et arméniens, a interrogé d'anciens témoins et m'a orienté vers des sources nouvelles.

Pour l'essentiel, les nouveaux matériaux dans cet ouvrage proviennent du Caucase. En Géorgie, je dois tout d'abord remercier le président Mikheïl Saakachvili et son épouse Sandra. Les archives de l'Institut géorgien du marxisme-léninisme (GF IML) ont été tragiquement laissées à l'abandon et seul un décret personnel du président m'a permis d'accéder aux sources qui sont au cœur de ce livre. Natalia Kancheli, conseillère auprès du président, et soutien indéfectible, a rendu cela possible et je lui en serai éternellement reconnaissant. Gela Tcharkviani, vieil ami, vétéran de la politique géorgienne moderne et également fils de l'un des confidents de Staline, a commencé à m'aider lorsque j'étais correspondant de guerre dans le Caucase au début des années 1990, mais il m'a aussi donné accès aux Mémoires de son père et a trouvé tous mes soutiens en Géorgie. Sa nièce Nestan Tcharkviani, elle-même historienne distinguée du stalinisme, m'a apporté une aide considérable dans les archives, qu'elle connaît bien, et m'a permis de découvrir des sources et des Mémoires nouveaux et d'interviewer des témoins ; elle a également relu et corrigé mon texte. Je dois beaucoup à Nino Kereselidze, brillant historien, chercheur inlassable et traducteur impressionnant du géorgien. Merci également à Vaja Ebanoidze, archiviste en chef de l'Institut géorgien du marxisme-léninisme.

Beaucoup d'autres personnes m'ont aidé en Géorgie : Peter Mamradze, autre vieil ami connu lors des récents troubles politiques, m'a trouvé de nouveaux témoins et fait partager sa connaissance du folklore stalinien en Géorgie. Mon ami, le professeur Zakro Megrilichvili, m'a de nouveau ouvert l'accès au manuscrit inédit des Mémoires de son beau-père, Kavtaradze, et a éclairé certains aspects du hold-up de Tiflis. Mes remerciements vont aussi au professeur Nougzar Sourgoladze. Je suis profondément reconnaissant à un autre ami, George Tarkhan-Mouravi, qui m'a aidé par simple amitié et esprit de curiosité, et qui a partagé avec moi ses contacts, son immense connaissance des sources et des anecdotes familiales. Le professeur Vahtang Gourouli m'a fait part de ses exceptionnelles recherches dans les archives. Gia Soulkanichvili m'a aidé pour toutes sortes de questions et je lui dois beaucoup comme toujours. Nick Tabatadze, directeur de Rustavi-2, la chaîne de télévision géorgienne, m'a apporté soutien et encouragements ; son reportage télévisuel m'a permis de trouver d'autres témoins et d'autres sources. Merci également à Tamara Megrilichvili qui m'a permis de passer des annonces de recherche de sources et de témoins dans sa librairie, Les livres de Prospéro, la meilleure enseigne entre Moscou et Jérusalem, ainsi qu'à Leka Basilieia, et, à Gori, au directeur du musée Staline, Gaioz Makhniachvili.

Aux archives de Batoumi, en Adjarie, Memed Jikhachvili, excellent historien de la Transcaucasie et figure historique lui-même en tant que neveu de Nestor Lakoba, le vice-roi de Staline en Abkhazie, m'a aidé à trouver de nouvelles sources et des photographies d'un grand intérêt pour ce livre.

En Abkhazie, je dois remercier Stanislav Lakoba, historien éminent du bolchevisme, de l'Abkhazie et du Caucase, qui fut d'une extrême générosité et me fit part de ses travaux et surtout de ses sources. George Hewitt et Donald Rayfield m'ont tous deux apporté leur aide dans cette quête, ainsi que le docteur Rachel Clogg.

À Bakou, en Azerbaïdjan, mes remerciements vont à Fouad Akhoundov, autre vieil ami et spécialiste du boom pétrolier et des millionnaires ; ainsi qu'à Fikret Aliev et Zimma Babaeva, directeur et directeur adjoint des Archives d'État azéries, et à Memed Jikhachvili.

À Berlin et à Bakou, je dois beaucoup au professeur Jorg Baberowski, spécialiste de Bakou et de la culture de la violence du Caucase, qui m'a, très généreusement, fait part de son savoir, et à Alexander Freese pour ses traductions de l'allemand.

À Vienne, je tiens à remercier Son Altesse le prince Karel Schwarzenberg, Peter et Lila Morgan, et Georg Hamann. Lisa Train visita l'appartement que Staline avait occupé et prit d'excellentes photographies. En Finlande, je remercie Aleksi Siltala, mon éditeur pour son aide dans les recherches à Tampere ; Vuokko Tarpila ; l'écrivain Aarno Laitinen ; et le spécialiste finlandais de Lénine, de Staline et de la Finlande, Antti Kujola. En

Suède, je suis reconnaissant à Per Faustino et à tous mes éditeurs de Norstedts/Prisma, à Martin Stugart de *Dagens Nyheter*, à Jenny Lankjaer, chercheur, à Karen Altenberg et à Per Mogren. Aux Pays-Bas, je remercie deux éminents spécialistes néerlandais de Staline, Erik van Ree et Marc Jansen pour m'avoir fait part de leurs recherches. À Cracovie, en Pologne, mes remerciements vont à la cinéaste londonienne Wanda Koscia et à son amie Marta Szostkiewicz pour son aide.

En Russie, aucun de mes livres sur Staline n'aurait été possible sans la générosité, l'aide, les encouragements et la science d'Oleg Khlevniouk, doyen des historiens staliniens, directeur de recherches aux Archives d'État de la Fédération de Russie (GARF), et d'Alexandre Kamenskii, professeur d'histoire russe ancienne et moderne à l'université d'État pour les humanités de Moscou. La principale source russe pour mes deux ouvrages est les archives présidentielles qui figurent dans les Archives d'État de Russie d'histoire sociale et politique (RGASPI) ; j'exprime donc mon immense gratitude au directeur, le docteur Kirill M. Anderson, au directeur adjoint, le docteur Oleg V. Naumov, et au chef de section, Larissa A. Rogovaïa, spécialiste des documents de Staline et experte de son écriture manuscrite. Mais je remercie surtout le docteur Galina Babkova, éminente spécialiste de l'histoire du XVIIIe siècle à l'université de Moscou, qui m'a aidé tout autant pour ce livre que pour les précédents.

Les personnes suivantes m'ont apporté leur concours en Russie : Vladimir Grigoriev, éditeur et homme politique, Anatoli Tcherekmassov et Zoïa Belyakova à Saint-Pétersbourg, Dmitri Yakouchkine, Eduard Radzinski, Roy et Jores Medvedev, Boris Ilizarov, Arkady Vaksberg, Larissa Vassilieva, Macha Slonim, Dmitri Khankine, Anastasia Webster, Tom Wilson, David Campbell, Marc et Rachel Polonski et le docteur Liouba Vinogradova. Je suis reconnaissant au directeur du musée de l'Institut Smolny et à Svetlana Ossipova du musée Alliloüiev à Saint-Pétersbourg. À Atchinsk, je remercie le directeur du musée régional, et à Vologda, le directeur des VOANPI (Archives de l'histoire moderne de la région de Vologda) et celui des GAVO (Archives d'État de la région de Vologda).

Aux États-Unis, je tiens à remercier le professeur J. Arch Getty de UCLA pour m'avoir généreusement communiqué son dossier sur Ejov ; le professeur Ron Suny ; le docteur Charles King de Georgetown ; et Roman Brackman pour m'avoir aimablement fait partager certaines de ses sources originales. Je suis également très reconnaissant au prince David Tchavtchavadze et à la princesse

Maroussia Tchavtchavadze, à Redjeb et à Nicole Jordania, à Mussa Train Klebnikov et à Paul Klebnikov, son très regretté mari, qui m'a tant encouragé ; ainsi qu'au prince et à la princesse Constantine et Ann Sidamon-Eristoff.

À Stanford, Californie, je tiens à remercier Carol A. Leadenham et Irina Zaytseva pour leur aide dans les archives de l'Okhrana et dans celles de Boris Nikolaevski ; Alex Doran et le docteur Boris Orlov en Israël ; et, à Paris, le docteur Georges Mamoulia.

Le témoin le plus passionnant que j'ai interrogé est peut-être Mariam Svanidze, alors âgée de cent neuf ans ans, parente de la première épouse de Staline et qui se souvient encore de sa mort en 1907. Pour leurs interviews, leurs Mémoires et anecdotes familiales, je remercie Sandra Roelofs Saakachvili (dont le livre décrit comment la famille de son mari a hébergé Staline), Eteri Ordjonikidze (fille de Sergo), le général Artem Sergeev (fils adoptif de Staline), Galina Djougachvili (petite-fille de Staline), les neveux et la nièce de Staline, Leonid Redens, Vladimir Allilouïev Redens et Kira Allilouïev, le général Stepane Mikoïan (fils d'Anastas) et sa fille Achken Mikoïan, le gendre de Staline, Youri Jdanov (fils d'Andreï), Izolda Mdivani (veuve du fils de Boudou), Susanna Torochelidze (fille de Malakia et de Minadora), Zakro Megrilichvili (beau-fils de Chalva Noutsoubidze), Marta Pechkova (bru de Beria et petite-fille de Gorki), Viatcheslav Nikonov (petit-fils et biographe de Molotov), feue Maya Kavtaradze (fille de Sergueï Kavtaradze), feu Oleg Troïanovski (fils d'Alexandre), Katevan Gelovani (cousin des Svanidze), Memed Jikhachvili (neveu de Nestor Lakoba), Redjeb Jordania (fils de Noé), Tania Litvinova (fille de Maxime), Gouram Ratichvili (petit-fils de Sacha Egnatachvili), Gia Tarkhan-Mouravi, Tina Egnatachvili, Vajha Okoujava, Chalva Gatchetchiladze (petit-fils du père Krassiane), Serge Chaverdian, Thamaz Naskidatchvili, Irakli de Davrichewy, Alexandre de Davrichewy et Annick Davritchatchvili (petits-fils et épouse d'un autre petit-fils de Iossif Davrichewy), et Julian Z. Starosteck.

En Grande-Bretagne, le docteur John Callow, directeur de la bibliothèque du Marx Memorial (www.marx-memorial-library.org), et éminent spécialiste de Lénine à Londres, m'a beaucoup aidé pour l'année 1907 et le « séjour touristique » de Staline au pays de Galles, tout comme Andy Brooks, secrétaire général du New Communist Party, Francis King de la Socialist History Society, Tony Atienza, Paul Barratt et Duncan Higgitt du *Western Mail.*

En Grande-Bretagne et en France, Sir Evelyn de Rothschild a placé ses archives à ma disposition et Melanie Asprey y a fait des recherches pour moi sur les liens avec Staline ; je les remercie chaleureusement.

J'exprime aussi mes remerciements pour leur aide à divers degrés aux personnes suivantes : Andrew Roberts ; Ronald Harwood ; John Witherow, rédacteur du *Sunday Times*, et Ray Wells, directeur du service photo du *Sunday Times* ; Miklos Kun ; Len Blavatnik ; Clare et (le vicomte) Raymond Asquith ; John et Victoria Hyman ; David King ; Andrew Cook, pour ses recherches sur la Section spéciale de l'Okhrana ; Rair et Tatiana Simonyan ; Geoffrey Elliott ; le docteur Dan Healey, spécialiste de la sexualité et de la criminalité dans la Russie tsariste et stalinienne ; Rosamond Richardson ; le docteur Catherine Merridale pour ses lumières sur Kamenev ; Mark Franchetti ; Sergueï Degtiarev-Foster ; Nata Galogre ; Jon Halliday ; Ingaborga Dapkunaite ; Laurence Kelly ; Lady Alexandra Gordon-Lennox ; David Stewart-Hewitt ; Lord Bruce Dundas ; Madame Olga Polizzi ; Antony Beevor ; Stephen Nash, tout premier ambassadeur de Grande-Bretagne en Géorgie ; Andrew Meier ; Donald Maclaren, ambassadeur de Grande-Bretagne en Géorgie, et son épouse Maida ; et mon entraîneur Stewart Taylor de www.bodyarchitecture.co.uk qui m'a maintenu en forme. Je remercie également Charles et Patty Palmer-Tomkinson pour leur soutien et leurs encouragements.

J'ai aussi une dette toute particulière envers mon professeur de russe, Galina Oleksiuk.

J'aimerais remercier mon éditeur anglais, Ion Trewin aux éditions Weidenfeld & Nicolson, qui a mis en forme avec pertinence et cordialité mes divers ouvrages ; Anna Hervé et Bea Hemming, assistantes éditoriales ; Alan Samson, directeur de la publication ; Peter James, brillant secrétaire d'édition ; Douglas Matthews pour l'index et David Hoxley pour les cartes. Mes remerciements vont également à Susan Lamb mon éditeur en livre de poche. À New York, j'aimerais remercier mon éditeur américain, l'incomparable Sonny Mehta, et son collègue, Jonathan Segal, chez Alfred Knopf.

Comme toujours, j'exprime ma reconnaissance à mon père, le docteur Stephen Sebag-Montefiore, et à ma mère April Sebag-Montefiore, tout d'abord pour leur analyse médicale et psychologique de Staline, ensuite pour leurs compétences éditoriales judicieuses (quoique impitoyables) ; enfin parce qu'ils sont les amis les plus merveilleux et les parents les plus aimants que l'on puisse rêver d'avoir.

Ce livre est dédié à mon fils Sasha, mais je ne saurais oublier l'autre grande lumière de ma vie, ma fille Lily. Tous deux, j'ai honte de le dire, furent capables de reconnaître le portrait de Joseph Staline bien avant celui de Winnie l'ourson. Leur délicieuse nourrice, Jayne Roe, a tout fait pour rendre le travail à la maison agréable.

Enfin et surtout, ma très chère femme Santa, qui avait aimé le *ménage à quatre* romantique avec ces brillants charmeurs qu'étaient Catherine II et Potemkine, a vécu la présence sanguinaire de Staline dans notre union comme une épreuve de force. Comme nous voici enfin entrés dans notre propre période de déstalinisation, je remercie Santa pour ses encouragements enjoués, son charme serein et sa créativité, ses rires et son amour débordant.

NOTE SUR LES SOURCES

Ce livre s'appuie essentiellement sur des recherches dans les archives, principalement celles sur Staline de l'Institut du marxisme-léninisme du Parti communiste, et celles du GF IML à Tbilissi, en république de Géorgie, ainsi que les Archives d'État de la Fédération de Russie à Moscou, celles du musée Staline de Gori, celles de Batoumi, les Archives d'État de Bakou, en république d'Azerbaïdjan, les archives Nikolaevski et les archives du bureau parisien de l'Okhrana, toutes deux à Stanford University, en Californie.

J'ai eu la grande chance de découvrir des sources nouvelles, souvent non publiées ou seulement en partie, et rarement utilisées par les historiens. Les documents d'archives sont plus fiables que l'histoire orale, mais ils présentent également des dangers et doivent être analysés avec soin. Mais les histoires antistaliniennes s'avèrent souvent tout aussi trompeuses.

Bien des archives utilisées dans cet ouvrage, par exemple, ont été compilées par des historiens officiels du Parti pendant la période de l'ascension au pouvoir de Staline, du culte de la personnalité et de la Terreur, entre les années 1920 et 1950. Celles constituées dans les années 1930 furent certainement collectées en Géorgie par des apparatchiks qui travaillaient sous le contrôle du terrifiant premier secrétaire de Transcaucasie, Lavrenti Beria, alors l'homme de Staline. Il faut donc être constamment conscient qu'elles furent rédigées sous la pression afin de présenter Staline sous un jour favorable. Il ne faut jamais oublier les circonstances et toujours s'efforcer de percer la langue bolchevique pour discerner ce que les témoins tentent vraiment de nous dire.

Cependant, celles constituées avant la Terreur de 1937 sont souvent étonnamment franches, peu diplomatiques, voire critiques à l'égard de Staline ; une anecdote désobligeante dans un Mémoire officiel est presque certainement véridique. Nombre de témoins furent si naïfs ou honnêtes que leurs Mémoires furent inutilisables à l'époque, ou seulement en partie. Ces Mémoires ne furent pas détruits, mais simplement conservés dans les archives. Beaucoup furent corrigés, puis reproduits et envoyés aux archives de Staline à Moscou ; il existe donc des différences entre les versions. Mais les originaux subsistent en général dans les archives locales.

Beaucoup de témoins furent interrogés à diverses reprises ; nous avons donc ainsi parfois trois versions par le même témoin qui présentent des variantes importantes. Certains témoins firent preuve de tact, mais se montrèrent cependant acérés dans leurs critiques ; les Mémoires des Svanidze, qui, à ce que je sais, demeurent pour l'essentiel inédits (à l'exception des journaux intimes de Maria Svanidze, l'épouse d'Aliocha, mais ils couvrent les années 1930), sont étonnamment critiques à l'égard de Staline alors même qu'il était déjà dictateur et que les Svanidze appartenaient à son premier cercle.

Un mot sur les assassinats de traîtres et sur les hold-up dont Staline se montra très soucieux d'éliminer certains détails. Il poursuivit Iouli Martov en justice en 1918 pour en empêcher la révélation et continua à effacer les traces une fois au pouvoir. Cependant, dans les Mémoires, malgré les efforts officiels, nous trouvons des précisions sur son rôle qui confirment l'importance de ce « travail obscur » dans sa jeunesse. Lorsque Staline découvrait un traître, les Mémoires déclarent habituellement que celui-ci était tué sans préciser qui avait ordonné le meurtre. Mais il est clair que l'ordre impliquait Staline. La même chose est vraie des cas d'incendies criminels.

Beaucoup de simples citoyens dévoilèrent certaines choses sans même le savoir, en particulier les petites amies de Staline qui ne pouvaient se montrer très explicites sur leurs relations personnelles avec le dirigeant, même lorsqu'elles lui avaient donné des enfants.

Nombre de ces anecdotes sur l'enfance, l'exil, les luttes révolutionnaires et les hold-up sont, je l'espère, des découvertes utiles pour les historiens. Le Mémoire de Keke est tout particulièrement révélateur. On a le sentiment que Staline l'aurait détesté et il ne fut, à ma connaissance, pas communiqué à Moscou et n'a pas été publié en russe ou en anglais. Je suppose que Staline ne fut jamais informé de son existence. Il y a par ailleurs un trésor d'autres matériaux très instructifs sur le jeune Staline.

En Géorgie, j'ai réussi à exhumer des archives privées divers Mémoires inédits. Là encore, les mêmes règles doivent s'appliquer, en particulier lorsque les témoins se flattent d'une intimité avec les grands et les puissants. Mais certains Mémoires furent rédigés en secret, sans intimidation directe. Dans le cas de ceux de Minadora Ordjonikidze Torochelidze, rappelons que son mari et elle furent arrêtés en 1937 ; lui fut tué, elle libérée, et ce fut alors qu'elle supprima seize pages du manuscrit.

En Géorgie, et dans une moindre mesure en Russie, on peut encore interroger de rares témoins ; dans une maison de retraite de Tbilissi, j'ai interviewé Mariam Svanidze, cent neuf ans, parente de Kato, la première épouse de Staline ; j'ai également parlé avec d'autres parents, comme Ketevan Gelovani qui m'a communiqué d'utiles souvenirs. De même, la petite-fille de Staline, Galina Djougachvili, « Goulia », a apporté de précieuses pièces au puzzle, tout comme les filles d'Ordjonikidze et de Litvinov, entre autres. Le témoin le plus précieux fut Gouram Ratichvili, le merveilleux petit-fils du général Sacha Egnatachvili qui put combler les vides qui figuraient dans l'histoire de sa famille et dans tous les ouvrages historiques sur Staline (y compris le mien) jusqu'à présent.

Il existe également beaucoup de Mémoires inédits, en particulier des années 1920, que Staline n'avait pas encore pu contrôler. Ainsi ceux de Kote Tsintsadze sont fort embarrassants. Bien que mesurés et circonspects, ils révélaient que Staline avait ordonné des meurtres et des hold-up à une époque où il s'efforçait désespérément de prouver sa légitimité héroïque, politique et idéologique à la succession de Lénine. Lorsqu'il assuma le pouvoir après 1929, Staline, avec l'aide de Beria, réussit à condamner au pilon de nombreux exemplaires des Mémoires de Tsintsadze. Un autre exemple est celui des Mémoires de Pestkovski, l'assistant du dictateur ; une première version, assez irrévérencieuse, parut en 1922, mais lors de leur nouvelle publication en 1930, ils avaient été expurgés. La chose est également vraie pour Enoukidze, Makharadze, Chotman et beaucoup d'autres.

Cependant la littérature du culte officiel a aussi son intérêt. Le livre sur Smirba de Lakoba, les recueils sur la manifestation de Batoumi et la scolarité de Staline et l'ouvrage « historique » de Beria sont tous des instruments de propagande, émaillés de mensonges et d'exagérations, mais les citations faites des Mémoires sont exactes, quoique choisies avec soin. Je me suis efforcé de comparer et de vérifier les livres et les documents originaux.

Il faut être tout aussi vigilant avec la littérature antistalinienne des exilés comme Iremachvili, Nikolaevski, Voulikh, Ouratadze, Verechtchak, Arsenidze, et beaucoup d'autres. Trotski et Soukhanov sont les deux voix qui ont dominé les histoires de Staline en Occident. Ils étaient très hostiles à Staline, aussi les a-t-on crus sur parole. En fait, à y regarder de plus près, on découvre souvent qu'ils véhiculent des erreurs que l'on peut mettre en évidence et des conjectures partiales que l'on peut écarter – mais ils demeurent fort utiles.

J'ai été très heureux de trouver des sources moins connues d'exilés comme Iossif Davrichewy, Khariton Chavichvili et David Saguirachvili, qui connurent tous Staline très bien et qui laissèrent des sources partiales, parfois peu fiables, mais précieuses. On a le sentiment que ces trois hommes, quoique antistaliniens, s'efforcèrent d'être objectifs. Les dossiers de l'Okhrana et de la gendarmerie, dont certains furent publiés par les bolcheviques et d'autres restèrent dans les archives, et ceux du bureau de Paris à présent à Stanford, sont d'un très grand intérêt, mais, s'appuyant sur ses propres actions douteuses de surveillance et de renseignement, sont souvent complètement erronés.

Certains Mémoires et biographies ont plus de prix que l'on pourrait croire. L'ouvrage de John Reed, *Dix jours qui ébranlèrent le monde*, est très bienveillant pour la légende bolchevique et nous apprend peu de chose sur ce qui se passait au sein du Parti, mais c'est un superbe exemple de reportage. Il en est de même pour les carnets de Saguirachvili. Les premières biographies de Staline sont souvent étonnamment bien informées ; Boris Souvarine connaissait nombre des acteurs et avait ses entrées auprès des témoins en exil. Plus étonnant est le *Staline : la carrière d'un fanatique*, d'Essad Bey, la première véritable biographie de Staline, à utiliser avec des réserves évidentes.

Les Mémoires de Khrouchtchev, Molotov, Mikoïan, Youri Jdanov (qui viennent de paraître) et d'autres sont utiles, non sans quelques précautions.

J'ai utilisé sans aucune honte et très largement de nombreux ouvrages publiés et essayé dans la version anglaise de ce livre d'être pointilleux dans la mention des sources. Mais certains travaux sont si remarquables que j'aimerais les citer ici comme sources fondamentales utilisées dans l'ensemble de mon livre : *Kto stoyal za spinoi Stalina ?* d'Alexandre Ostrovski est le meilleur ouvrage d'érudition sur les liens de Staline avec l'Okhrana et le monde des affaires ; il est peu probable qu'il soit jamais égalé ; *Socialism in Georgian Colors* de Stephen Jones est une lecture superbe et essentielle ; les essais du professeur Ronald Suny, *Journeyman for the Revolution* et *Beyond Psychohistory* sont des ouvrages magistraux et capitaux ; *Stalin : An Unknown Portrait* de Miklos Kun, qui recoupe mes deux livres sur Staline, est un étonnant exploit en matière de recherche et d'analyse ; *The Great Terror* de Robert Conquest et son *Stalin : Breaker of Nations* sont des ouvrages primordiaux qui définissent encore Staline aujourd'hui ; *Tainaïa jijn Stalina* de Boris Ilizarov est riche des remarquables trouvailles de son auteur dans les archives ; pour la poésie de Staline, je me suis entièrement appuyé sur la critique et la traduction de Donald Rayfield, travail qui fait autorité ; sur la police secrète, j'ai employé l'excellent *Autocracy under Siege : Security Police and Opposition in Russia 1866-1905* et *The Watchful State : Security Police and Opposition in Russia : 1906-2017* de Jonathan W. Daly ; la brillante introduction d'Anna Geifman, *Russia under the Last Tsar : Opposition and Subversion 1894-1917*, éclaire les différentes psychologies du révolutionnaire, tandis que son exceptionnel *Thou Shall Kill : Revolutionary Terrorism in Russia 1894-1917* a été ma principale source sur le terrorisme ; les récentes biographies de Robert Service sur Staline et Lénine sont des ouvrages magistraux mais cependant d'une lecture agréable ; sur Bakou, l'ouvrage révolutionnaire de Jorg Baberowski, *Der Feind ist überall : Stalinismus im Kaukasus*, est le seul à expliquer la culture de la violence au Caucase. Sur les Révolutions, j'ai employé l'admirable *1905* d'Abraham Ascher ; le magnifique *A People's Tragedy* d'Orlando Figes ; les nombreux ouvrages exceptionnels de Richard Pipes dont *The Russian Tragedy*, *The Degaev Affair* et *The Unknown Lenin* ; et l'excellent *The Bolcheviks Come to Power* d'Alexandre Rabinovitch.

BIBLIOGRAPHIE

Ouvrages fondamentaux

ALEXANDROV, G. F., et al. (dir.), *Iossif Vissarionovitch Staline, Kratkaïa biografiïa* (« Joseph Vissarionovitch Staline : une brève biographie »), Moscou, 1946.

ALLILOUÏEV, Sergueï, « Vstretchi s tov. Stalinym » (« Rencontres avec le camarade Staline »), *Proletarskaïa Revolutsiïa*, n° 8, 1937.

– *Proïdennyï pout* (« Le chemin parcouru »), Moscou, 1946.

ALLILOUÏEV, Sergueï, et ALLILOUÏEVA, Anna, *The Alliluyev Memoirs*, éditées par David Tutaev, Londres, 1968.

ALLILOUÏEV, V. F., *Khronika odnoï semiï* (« Chronique d'une famille »), Moscou, 2002.

ALLILOUÏEVA, A. S., *Vospominaniïa* (« Souvenirs »), Moscou, 1946 [également : « Vospominaniïa », *Roman-gazeta*, 1947].

ALLILOUÏEVA, Svetlana, *En une seule année*, trad. du russe par Nadejda Gneditz, Paris, Robert Laffont, 1969.

– *Dvadtsat pisem k drougou* (« Vingt lettres à un ami »), Moscou, 1981 ; *Twenty Letters to a Friend,* London, 1967.

–, *Tolko odin god* (« Une seule année »), New York, 1969.

–, *Daliokaïa mouzyka* (« Une musique lointaine »), New York, 1988.

ANNINSKI, L., et al. (dir.), *Staline v vospominaniïakh sovremennikov i dokoumentakh epokhi* (« Staline dans le souvenir de ses contemporains et les documents de l'époque »), Moscou 2002.

« Arkhivnye materialy o revolioutsionnoï deïatelnosti I. V. Stalina » (« Documents d'archives : l'activité révolutionnaire de Joseph Staline »), *Krasny arkhiv*, n° 2 (105), 1941.

ARKOMED, S. T., *Rabotchee dvijenie i sotsial-demokratiïa na Kavkaze* (« Le mouvement ouvrier et la social-démocratie dans le Caucase »), Moscou-Petrograd, 1923.

ARSENIDZE, R., « Iz vospominanii o Staline » (« Quelques souvenirs sur Staline »), *Novy journal*, n° 72, juin, 1963.

BADAÏEV, A., *Bolcheviki v gossoudarstvennoï Doume, Vospominaniïa* (« Les bolcheviks à la Douma. Souvenirs »), Moscou, 1954.

–, *The Bolsheviks in the Tsarist Duma*, Londres, 1929.

BAGUIROV, M., *Iz istorii bolchevistskoï organizatsii Bakou i Azerbaïdjana* (« L'histoire de l'organisation bolchevique de Bakou et de l'Azerbaïdjan »), Moscou, 1948.

BAIKALOFF, A. V., « Touroukhanskiï bount polititcheskikh ssylnykh » (« La révolte des exilés politiques à Touroukhansk »), *Sibirskiï arkhiv*, n° 2, Prague, 1929.

–, *I Knew Stalin,* Londres, 1940.

Batoumiskaïa Demonstratsia 1902 goda (« La manifestation de 1902 à Batoumi »), Moscou, 1940.

BAJANOV, Boris, *Bajanov révèle Staline : souvenirs d'un ancien secrétaire de Staline*, trad. du russe par Catherine Maillat et revu par l'auteur, Paris, Gallimard, 1979.

BAZHANOV (BAJANOV), Boris, *Bazhanov and the Damnation of Stalin,* Athens, Ohio, 1990.

BERIA, L. P., *Lado Ketskhoveli* (« Lado Ketskhoveli »), Moscou, 1938.

–, *K voprosou ob istorii bolchevistskikh organizatsiï v Zakavkazie* (« Pour une histoire des organisations bolcheviques en Transcaucasie »), Moscou, 1935.

–, *Beria, mon père. Au cœur du pouvoir stalinien*, préf., trad. et notes de Françoise Thom, Paris, Plon, 1999.

BESSEDOVSKY, G., *Revelations of a Soviet Diplomat*, Londres, 1931.

BIBINEISHVILI, V, *Za chetverk veka,* Moscou, 1931.

The Bolsheviks and the October Revolution : the Minutes of the Central Committee of the Russian Social-Democratic Party (Bolsheviks) August 1917-February 1918, Londres, 1974.

BOUKHARINE, N., *How It All Began,* New York, 1998.

BOULGAKOV, Mikhaïl, *Batum,* Moscou, 2004.

CHAOUMIAN, S., *Izbrannye proïzvedeniïa* (« Œuvres choisies »), Moscou, 1957 et 1978.

Chaoumiane, O Stepanee, Vospominaniïa, otcherki, stati sovremennikov (« Stepane Chaoumian, Souvenirs, essais, articles de contemporains »), Moscou, 1988.

CHAVICHVILI, Khariton, *Patrie, prisons, exil*, Paris, Défense de la France, 1946.

–, *Révolutionnaires russes à Genève en 1908*, Genève, Poésie vivante, 1974.

Chestoï sezd RSDRP (b), Avgoust 1917 goda. Protokoly (« Le VIe Congrès du RSDRP (b), août 1917. Procès-verbaux »), Moscou, 1958.

CHLIAPNIKOV, A. G., *Semnadtsaty god* (« L'année 1917 »), Moscou-Petrograd, 1923.

Sedmaïa (aprelskaïa) vserossiïskaïa konferentsiïa RSDRP (bolchevikov). Petrogradskaïa obchtchegorodskaïa konferentsiïa RSDRP (bolchevikov), Aprel 1917 goda (« VIIe Conférence panrusse (dite d'avril) du RSDRP (b), avril 1917 »), Moscou, 1958.

CHOTMAN, A. V., « Kak iz iskry vozgorelos plamia » (« Comment d'une étincelle jaillit la flamme »), *Molodaïa Gvardia*, 1935.

CHVEITSER, Vera, *Staline v touroukhanskoï ssylke, Vospominaniïa podpolchtchika* (« Staline à Touroukhan, souvenirs d'une révolutionnaire »), Moscou, 1940.

DAN, F., *Proïskhojdenie bolchevizma* (« Les origines du bolchevisme »), New York, 1946.

DAN, Lydia, « Boukharine o Staline » (« Boukharine parle de Staline »), *Novy Journal*, n° 75, mars 1964.

DAN, L. O., *Iz arkhiva L. O. Dan* (« Documents d'archives »), Amsterdam, 1987.

DASTAKIAN, Nikita, *Il venait de la Ville noire : souvenirs d'un Arménien du Caucase*, Paris, L'inventaire, 1998.

DAVIES, R. W., KHEVNIUK, Oleg, et REES, E A., (dir.), *Stalin-Kaganovich Correspondance 1931-1936,* Yale, 2003.

DAVRICHEWY, Iossif, « Je suis le demi-frère de Staline », *Miroir de l'Histoire*, décembre 1967.

–, *Ah ! Ce qu'on rigolait bien avec mon copain Staline*, Paris, J.-C. Simoën, 1979.

DE LON, Roy Stanley, *Stalin and Social Democracy : The Political Diaries of David A. Sagirashvili*, mémoire de thèse inédit, Georgetown University, Washington D. C., 1974.

DJILAS, Milovan, *Conversations with Stalin,* New York, 1962 ; *Conversations avec Staline*, trad. par Yves Massip, Paris, Gallimard, 1971.

DJOUGACHVILI, Galina (Goulia), « Ded, papa, mama I drouguïe » (« Grand-père, papa, maman et les autres »), *Droujba Narodov*, n° 6, 1993.

EFFENDIEV, « Istoriïa rabotchego dvijeniïa touretskogo proletariata » (« L'histoire du mouvement ouvrier turc »), *Iz pro-*

chlogo. Stati i vospominaniya iz istorii bakinskoï organizatsii (« Articles et Souvenirs sur l'organisation bolchevique de Bakou »), Bakou, 1923.

ELWOOD, R. C. (dir.), *Vserossiskaïa Konferentsiïa Rossiïskoï Sotsial-Demokraticheskoï Rabotchei Partii 1912 goda* (« Conférence panrusse du Parti ouvrier social-démocrate de Russie en 1912 »), Londres, 1982.

ENOUKIDZE, Abel, « Istoriïa organizatsii i raboty nelegalnykh tipografiï RSDRP na Kavkaze za vremia ot 1900 po 1906g » (« L'histoire de la mise en place et du fonctionnement des imprimeries illégales du RSDRP dans le Caucase entre 1900 et 1906 »), *Tekhnika bolchevistskogo podpolia* (« Les bolcheviks dans la clandestinité »), Moscou, 1925.

–, « Iz prochlogo nacheï partii » (« Le passé de notre parti »), *Iz prochlogo. Stati i vospominaniïa iz istorii bakinskoï organizatsii* (« Articles et souvenirs sur l'organisation bolchevique de Bakou »), Bakou, 1923.

–, *Nachi podpolnye tipografii na Kavkaze* (« Nos organisations clandestines dans le Caucase »), Moscou, 1925.

FILIALE GÉORGIENNE DE L'INSTITUT MARX-ENGELS-LÉNINE (dir.), *Istoritcheskie mesta Tbilissi. Poutevoditel po mestam, sviazannym s jizniou i deïatelnostïou I. V. Stalina* (« Lieux historiques de Tbilissi. Guide des lieux liés à la vie et aux activités de Joseph Staline »), Tbilissi, 1944.

GATCHETCHILADZE, S., « Mémoires » (ms, Tbilissi).

GOGUEBACHVILI, Ia. (dir.), *Deda Ena* (« Pépé Ena »), Tiflis, 1912 et 1916.

GORKI, Maxime, *Days with Lenin,* Londres, s.d.

GROMYKO, Andreï, *Mémoires*, Paris, Belfond, 1989.

GUIO, Artiom, *Jizn podpolchtchika* (« La vie d'un révolutionnaire »), Leningrad, 1925.

IAROSLAVSKI, E., *Landmarks in the Life of Stalin*, Londres, 1942.

– « Tri vstrechi » (« Trois rencontres »), *Pravda*, 23 décembre 1939.

IREMASCHWILI, *Stalin und die Tragödie Georgiens*, Berlin, 1932.

ISKANDER, Fazil, *Sandro de Tchégem*, trad. du russe par Monique Sodzian, Paris, Ledrappier, 1987.

IVANOV, B. I., *Vospominaniïa rabotchego bolchevika* (« Souvenirs d'un ouvrier bolchevique »), Moscou, 1972.

JORDANIA, N., *Moïa Jizn* (« Ma vie »), Stanford, 1968.

–, (entretien avec N. Vakar), « Staline po vospominaniam N. V. Jordania » (« Staline d'après les souvenirs de N. V. Jordania »), *Poslednie novosti*, 16 décembre 1936.

KAGANOVITCH L. M., *Tak govoril Kaganovich* (« Ainsi parlait Kaganovitch »), édité par F. Chouev, Moscou, 2002.

KAMINSKI V., et VERECHTCHAGUINE, I., « Detstvo i iounost vojdia. Dokoumenty, zapiski, rasskazy » (« L'enfance et l'adolescence du guide. Documents, carnets, récits »), *Molodaïa Gvardiïa*, n° 12, 1939.

KAVTARADZE, S., « Mémoires » (ms en géorgien).

– *Iz vospominanii o tov. Staline* (« Souvenirs sur le camarade Staline »), Vorochilovgrad, 1936.

–, « Iz vospominanii » (« Souvenirs »), *Oktiabr*, n° 11, 1942.

KENNAN, G., *Siberia and the Exile System*, Londres, 1891.

KHATISSIAN, Alexander, « Memoirs of a Mayor », *Armenian Review* 2 (3), septembre 1949.

KHROUCHTCHEV, N. S., *Souvenirs*, Paris, Pierre Girard, 1971.

–, *Khrushchev Remembers : The Glasnost Tapes*, Londres, 1990.

KOLLONTAÏ, A., *Iz moeï jizhni i raboty* (« Ma vie et mon travail »), Moscou, 1974.

KRASSINE, L. B., « Bolchevistskaïa partiïnaïa tekhnika » (« Comment fonctionnait le parti bolchevique »), *Tekhnika bolchevistskogo podpolïa, Sbornik stateiï i vospominanii* (« Les bolcheviks dans la clandestinité, recueil d'articles et de souvenirs »), Moscou, 1925.

KROUPSKAÏA, N., *Vospominaniïa o Lenine* (« Mes souvenirs de Lénine »), Moscou, 1968 ; *Memoirs of Lenin,* Londres, 1970.

KVACHONKINE, A. V., KHLEVNIOUK, O. V., KOCHELEVA, L. P. et ROGOVAÏA, L. A. (dir.), *Bolchevistskoe roukovodstvo. Perepiska 1912-1927* (« Les dirigeants bolcheviks. Correspondance 1912-1927 »), Moscou, 1996.

Lado Ketskhoveli. Sbornik dokoumentov i materialov (« Lado Ketskhoveli. Documents »), Tbilissi, 1969.

LAKOBA, Nestor, *Staline i Hachimi 1901-1902* (« Staline et Hachimi 1901-1902 »), Soukhoumi, 1934.

LANSBURY, George, *My Life,* Londres, 1928.

LÉNINE, V. I., *Polnoe Sobranie sotchinenii* (« Œuvres complètes »), Moscou, 1958-1965.

–, *Biografitcheskaïa Khronika* (« Chronique biographique »), 12 vol., Moscou, 1970-1982.

–, *Perepiska VI Lenina i roukovodimykh im outchrezhdenii RSDRP s mestnymi partiïnymi organizatsiyami 1905-1907* (« Correspondance entre Lénine et les institutions qu'il dirigeait, avec les organisations locales du Parti 1905-1907 »), Moscou, 1982.

LOBANOV, M. (dir.), *Stalin v vospominaniakh sovremmikov i dokumentfkh epokhi* (« Staline dans les souvenirs de ses contemporains et les documents de l'époque »), Moscou, 2002.
LUDWIG, Earl, *Stalin,* New York, 1942.
LUNACHARSKY, A., *Revolutionary Silhouettes,* New York, 1968.
MAKHARADZE, F., *Otcherki revolioutsionnogo dvijeniya na Kavkaze* (« Chroniques du mouvement révolutionnaire du Caucase »), Tiflis, 1927.
MAKHARADZE, F., et KHACHAPURIDZE, G. V., *Otcherki po istorii rabotchego i krestianskogo dvijeniïa v Grouzii* (« Chroniques du mouvement ouvrier et paysan en Géorgie »), Moscou, 1932.
MEDVEDEVA-TER-PETROSSIAN, S. F., « Tovarish Kamo » (« Camarade Kamo »), *Proletarskaïa Revolyutsiïa*, n° 8/9, 1924.
MESHCHERIAKOV, N. L., *Kak my jili v ssylke* (« Notre vie en relégation »), Leningrad, 1929.
MGELADZE, A., *Stalin kakim ïa ego znal* (« Staline tel que je l'ai connu »), Tbilissi, 2001.
MIKOÏAN, A. I., *The Memoirs of Anastas Mikoyan*, vol. I : *The Path of Struggle*, Madison, Connecticut, 1988.
–, *Tak bylo* (« Les choses se sont passées ainsi »), Moscou, 1999.
MOLOTOV, V. M., *Sto Sorok Bessed s Molotovym* (« Cent quarante entretiens avec Molotov »), édité par F. Chouev, Moscou, 1991.
–, *Molotov Remembers,* édité par F. Chuev, Chicago, 1993.
–, *Polouderjavnyï vlasteline* (« L'éminence grise »), Moscou, 1999.
NIKOLAEVSKY, Boris, *Power and the Soviet Elite : The Letter of an Old Bolshevik and Other Essays*, New York, 1965.
NOUTSOUBIDZE, Ketevan, et Chalva, *Nakaduli,* Tbilissi, 1993.
ORLOV, Alexander, *Secret History of Stalin's Crimes*, Londres, 1954.
OURATADZE, G., *Vospominaniïa Grouzinskogo sotsial-demokrata* (« Souvenirs d'un social-démocrate géorgien »), Stanford, 1968.
PERKINS, Frances, *The Roosevelt I Knew*, New York, 1946.
PESTKOVSKY, S., « Ob oktiabrskikh dniakh v Pitere » (« La révolution d'Octobre à Petrograd »), *Proletarskaïa revolioutsiïa*, n° 10, 1922.
–, « Vospominaniïa o rabote v Narkomnatse 1917-1919 » (« Mon travail au Commissariat du peuple aux Nationalités 1917-1919 »), *Proletarskaïa revolioutsiïa*, n° 6, 1930.
Piatyï (londonskii) sezd RSDRP, Protokoly, Aprel-Mai 1907 goda (« Ve Congrès du RSDRP (dit Congrès de Londres), procès-verbaux, avril-mai 1907 »), Moscou, 1963.

Protokoly Tsentralnogo Komiteta RSDRP (b). Avgoust 1917-Fevral 1918 (« Procès-verbaux du Comité central du RSDRP (b), août 1917-février 1918 »), Moscou, 1958.

« Protokoly Vserossiïskogo (martovskogo) sovechtchaniïa partiïnykh rabotnikov 27 marta – 2 aprelia 1917 goda » (« Procès-verbaux de la réunion panrusse (dite de mars) des cadres du Parti du 27 mars-2 avril 1917 »), *VIKPSS*, n° 6, 1962.

RASKOLNIKOV, F. F., « Priezd tov. Lenina v Rossiïou » (« Le retour du camarade Lénine en Russie »), *Proletarskaïa Revolioutsiïa*, n° 1, 1923.

Rasskazy starykh rabotchikh Zakavkazia o velikom Staline (« Les vieux ouvriers de la Transcaucasie parlent du grand Staline »), Moscou, 1937.

REED, John, *Dix jours qui ébranlèrent le monde*, trad. de V. Pozner, Paris, Le Seuil, 1996.

Revolioutsiïa 1905 goda v Zakavkazie. (« La Révolution de 1905 en Transcaucasie »), Istpartotdel TsK KP (b) Grouzii, Tiflis, 1926.

ROKHLINE, A. (dir.), *Dvadtsat piat let Bakinskoï organizatsii bolchevikov* (« L'organisation bolchevique de Bakou a vingt-cinq ans »), Bakou, 1924-1925.

SAAKASHVILI, Sandra Roelofs, *Story of an Idealist,* Tbilissi, 2005.

SAGUIRASHVILI, David, « Staline iz vospominanиï i razmychlenii » (« Staline dans les souvenirs et les réflexions »), *Vestnik instituta po izoutcheniïou istorii I kultury SSSR* (« Messages de l'Institut de recherche sur l'histoire et la culture de l'URSS »), n° 9, mars/avril 1954.

SAMOÏLOV, F., « Bolchevistskaïa fraktsiïa IV Gossoudarstvennoï Doumy v Ienisseïskoi ssylke pered fevralskoï revolioutsieï », *Proletarskaïa Revolioutsiïa* (« Les bolcheviks de la IVe Douma en relégation dans la région du Ienisseï avant la révolution de février »), n° 2/3, février/mars 1927.

–, *Po sledam minouvchevo. Vospominania starovo bolchevika* (« Sur les traces du passé, souvenirs d'un vieux bolchevik »), Moscou, 1934.

SERGE, Victor, *Portrait de Staline,* Paris, 1940.

SERGUEEV, F. A., *Stati, retchi, pisma* (« Articles, discours, lettres »), Moscou, 1983.

SIDAMON-ERISTOFF, prince Simon C., *For My Grandchildren : The Memoirs of Colonel Prince Simon C. Sidamon-Eristoff*, publié à titre privé.

SOUVARINE, Boris, *Staline*, Paris, Plon, 1935.

SPANDARIAN, S. (Timofeï), *Stati, pisma, dokoumenty 1882-1916* (« Articles, lettres, documents 1882-1916 »), Erevan, 1940 et 1958.

STAL, Lioudmila, « Rabotnitsa v Oktiabre », *Proletarskaïa Revolioutsiïa* (« Une ouvrière pendant la révolution d'Octobre »), n° 10, 1922.

STALINE, Iossif Vissarionovich (K), « K natsionalnomou voprosou : evreïskaïa bourjouaznaïa i boundovskaïa koultourno-natsionalnaïa avtonomiïa » (« La question nationale : l'autonomie culturelle et nationale bourgeoise et bundiste des Juifs »), *Prosvechtchenie*, n° 6, juin 1913.

–, *Kratkaïa biografia* (« Une brève biographie »), Moscou, 1938.

–, *Sotchineniïa 1-13* (« Œuvres 1-13, 1952-1954 »), Moscou, 1952-1954 ; *Works 1-13*, Moscou/Londres, 1953 ; *Œuvres complètes*, Paris, Éditions sociales, 1953-1955.

–, « Sam o sebe, redaktsionnaïa pravka sobstevennoï biografii », *Izvestia TsK KPSS* (« Parler de soi-même : rectifier sa propre biographie »), n° 9, 1990.

–, *Iossif Staline v obiatiakh semiï : iz litchnogo arkhiva* (« Joseph Staline dans sa famille, archives personnelles »), édité par Iou Mourine et V. Denissov, Istotchnik/Moscou, 1993.

–, *Slovo tov. Stalinou* (« La parole est au camarade Staline »), dir. R. Kosopalov, Moscou 2002.

STASSOVA, E. D., *Stranitsy jizni i borby* (« Vivre et lutter »), Moscou, 1957.

–, « Partiïnaïa rabota v ssylke i v Petrograde » (« Travail au sein du parti en relégation et à Petrograd »), *V gody podpolia : sbornik vospominaniï 1910g-fevral 1917*, Moscou 1964.

STOPANI, A., *Iz prochlogo. Stati i vospominania iz istorii bakinskoï organizatsii i rabochego dvijenia v Bakou* (« Articles et souvenirs sur l'histoire de l'organisation bolchevique et du mouvement ouvrier de Bakou »), Bakou, 1923.

SOUKHANOV, N., *Zapiski o russkoï revolioutsii* (« Notes sur la révolution russe »), Berlin, 1922-1923 ; *The Russian Revolution 1917: A Personal Record*, Oxford, 1955.

SOULIACHVILI, D., *Outchenicheskie gody* (« Années d'études »), Tbilissi, 1942.

SVERDLOV, Ia., *Izbrannye proïzvedenia* (« Œuvres choisies »), Moscou, 1957.

SVERDLOVA, K.T., *Iakov Mikhaïlovich Sverdlov* (« Iakov Mikhaïlovich Sverdlov »), Moscou, 1957.

TALAKVADZE, S., *K istorii Kommounisticheskoï partii Grouzii* (« Pour une histoire du parti communiste géorgien »), Tiflis, 1925.

TCHARKVIANI, Candide, « Mémoires » (ms).

TCHERNENKO, K., I. V. *Staline v sibirskoi ssylke* (« Staline en Sibérie »), Krasnoïarsk, 1942.

Tchetvertyiï (obiedinitelnyi) siezd RSDRP (« Le IVe Congrès (dit d'unification) du RSDRP »), Moscou, 1949.

Tchetvertyi (obiedinitelnyi) siezd RSDRP. Protokoly. Aprel-Mai 1906 (« Le IVe Congrès (dit d'unification) du RSDRP, procès-verbaux, avril-mai 1906 »), Moscou, 1959.

TOROCHELIDZE, *Minadora Ordjonikidze*, « Mémoires » (ms, Tbilissi).

TRIFONOV, Iou, *Otblesk kostra. Istcheznovenie* (« Le reflet du brasier. Disparition »), Moscou, 1988.

TROÏANOVSKI, Oleg, *Tcherez gody i rasstonïaniïa* (« Ces événements si lointains »), Moscou, 1997.

TROTSKI, L. N., *Moïa Jizn* (« Ma vie »), Berlin, 1930 ; *Ma vie*, Paris, Rieder, 1954.

–, *Staline*, Paris, Union générale d'éditions, 1979.

TSERETELI, I. G., *Vospominaniïa o fevralskoï revolioutsii* (« Souvenirs sur la révolution de février »), Paris, 1963.

TSINTSADZE, Kote, « Chemi Mogonebani ("Mes Mémoires 1903-1920") », *Revolutsiis Matiane*, n° 2-3, Tiflis, 1923-1924.

–, *Rogor vibrdzolot proletariatis diktaturistvis, chemi mogonebani* (« Comment lutter pour la dictature du prolétariat, mes Mémoires de 1903 à 1920 »), Tiflis, 1927.

VAZEK, I., *V gody podpolia* (« Les années de clandestinité »), *Rasskazy starykh rabochikh Zakavakazïa o velikom Staline* (« Récits des vieux ouvriers de Transcaucasie sur le grand Staline »), Moscou, 1939.

VERECHTCHAK, S., « Staline v tiourme », (« Staline en prison »), *Dni*, 22 et 24 janvier 1928.

VOROCHILOV, K.E., *Rasskazy o jizni* (« L'histoire de ma vie »), Moscou, 1968.

–, *Staline i Krasnaïa Armiïa* (« Staline et l'Armée rouge »), Moscou, 1937.

Vstrechi s tov. Stalinym (« Rencontres avec le camarade Staline »), Moscou, 1939.

Vstretchi s vojdem. Sbornik vospominanii o vstretchakh s tov. Stalinym (« Rencontres avec le guide. Recueil de souvenirs sur le camarade Staline »), Saransk, 1940.

Sources secondaires

ABRAMOV, A. N., *Natchalo revolioutsionnoï deïatelnosti I. V. Stalina* (« Les débuts de l'activité révolutionnaire de Staline »), Leningrad, 1939.
AGURSKY, M., « Stalin's Ecclesiastical Background », *Survey*, n° 4, 1984.
AKOPIAN, G. S., *Stepane Shaumian,* Moscou, 1973.
ANTONOV-OVSEENKO, A., *The Time of Stalin : Portrait of a Tyranny*, New York, 1980.
–, *Stalin bez Maski* (« Staline sans masque »), Moscou, 1990.
APPLEBAUM, Anne, *GULAG : A History*, Londres, 2003.
ASCHER, Abraham, *The Revolution of 1905 – Russia in Disarray*, Stanford, 1988.
–, *The Revolution of 1905 – Authority Restored*, Stanford, 1992.
AVTORKHANOV, A., *Stalin and the Soviet Communist Party*, Londres, 1959.
BABEROWSKI, Jorg, *Der Feind ist überall : Stalinismus im Kaukasus*, Münich, 2003.
BAEDEKER, Karl, *Baedeker's Russia,* Londres, 1914.
BAYNAC, J., *Kamo – l'homme de main de Lénine*, Paris, Fayard, 1972.
BEZIRGANI, G., « Koba i Kamo » (« Koba et Kamo »), *Perspektivy*, n° 6, 1991.
BIAGI, E., *Svetlana : The Inside Story*, Londres, 1967.
BJORKEGREN, Hans, *Ryska Posten : de ryska revolutionarerna i norden 1906-1917*, Stockholm, 1985.
BLACK, Conrad, *FDR, Champion of Freedom,* Londres, 2003.
BRACKMAN, Roman, *The Secret File of Iossif Stalin : A Hidden Life*, Londres 2001.
–, *Staline : agent du tsar*, trad. de G. Messadié, Paris, L'Archipel, 2003.
–, *Israel at Noon*, New York, 2006.
BURLEIGH, Michael, *Sacred Causes : Religion and Politics from the European Dictators to Al Qaeda*, Londres, 2006.
CARSWELL, John, *The Exile : The Life of Ivy Litvinov*, Londres, 1980.
CHARROUX, Robert, « Révélations sur l'enfance de Staline », *Miroir de l'Histoire*, octobre 1963.
CLEMENTS, Barbara Evans, *Bolshevik Women,* Cambridge, 1997.
–, *Bolshevik Feminist : The Life of Alexandra Kollontai*, Bloomington, Indiana, 1979.
COHEN, S. F., *Bukharin and the Russian Revolution : A Political Biography*, Londres, 1974.

CONQUEST, Robert, *The Great Terror : Stalin's Purge of the Thirties*, Londres, 1973

– *La Grande Terreur. Les purges staliniennes des années 1930*, précédé de *Sanglantes moissons. La collectivisation des terres en URSS*, trad. de M.-A. Revellat et C. Seban, Paris, Robert Laffont, 1995.

–, *Stalin : Breaker of Nations,* Londres, 1991.

–, *Staline*, trad. de Michèle Garène, Paris, O. Jacob, 1993.

COOPER, Julian, PERRIE, Maureen, et REES, E. A. (dir.), *Soviet History 1917-1953, Essays in Honour of R.W. Davies*, Londres, 1995.

DADIANI, S., *Staline v Tchiatoura* (« Staline à Tchiatoura »), Tbilissi, 1940.

DALY, Jonathan W., *Autocracy under Siege : Security Police and Opposition in Russia 1866-1905*, DeKalb, Illinois, 1998.

–, *The Watchful State : Security Policc and Opposition in Russia 1906-1917*, DeKalb, Illinois, 2004.

DAUSHVILI, A., *Story of Soso Djugashvili,* Tbilissi, 2000.

DELBARS, Yves, *The Real Stalin,* Londres, 1953.

Delo provokatora Malinovskovo (« L'affaire de l'agent Malinovski »), Moscou, 1992.

DE LON, Roy Stanley, *Stalin and Social Democracy : The Political Diaries of David A Sagirashvili,* mémoire de thèse inédit, Georgetown University, Washington D. C., 1974.

DEUTSCHER, I., *Stalin : A Political Biography*, Londres, 1966.

DOUBINSKY-MOUKHADZE, I. M., *Ordjonikidze,* Moscou, 1963.

–, *Chaoumian,* Moscou, 1965.

–, « Mikhaïl G. Tsakhaïa », *Voprosy istorii KPSS*, n° 5, 1965.

–, *Kamo,* Moscou, 1974.

ELLIOTT, Geoffrey, *From Siberia with Love,* Londres, 2004.

ELWOOD, R., *Roman Malinovsky : A Life without a Cause*, Newtonville, 1977.

EMELIANOV, Iou., *Staline Pout k Vlasti* (« Staline et son ascension vers le pouvoir »), Moscou, 2003.

EMOUKSUZIAN, V. S., *Souren Spandarian* (« Souren Spandarian »), Moscou, 1982.

ESSAD BEY, *Staline*, trad. de l'allemand par Andhrée Vaillant et Jean R. Kuckenhurg, Paris, Gallimard, 1931.

– *Stalin : The Career of a Fanatic*, Londres, 1932.

ESSAÏACHVILI, V. G. (dir.), *Otcherki istorii Kommounistitcheskoï Partii Grouzii* (« Essais sur l'histoire du parti communiste géorgien »), Tbilissi, 1957.

ETTINGER, Elzbieta, *Rosa Luxemburg : A Life*, Londres, 1988.

FARNSWORTH, Beatrice, KOLLANTAI, Alexandra, *Socialism, Feminism and the Bolshevik Revolution*, Stanford, 1980.
FELSTINSKI, Iou., *Byl li Staline aguentom Okhranki ? Sbnornik stateï, materialov i dokoumentov* (« Staline était-il un agent de l'Okhrana ? Articles et documents »), Moscou, 1999.
FERGUSON, Niall, *The World's Banker : The History of the House of Rothschild*, Londres, 1998.
–, *The War of the World,* New York, 2006.
FERRO, Marc, *La Révolution de 1917*, Paris, Albin Michel, 1997.
FIGES, Orlando, *A People's Tragedy : The Russian Revolution 1891-1924*, Londres, 1996.
FISHMAN, W. J., *East End Jewish Radicals,* Londres, 1975.
–, *Streets of the East End,* Londres, 1979.
–, *East End 1888, A Year in a London Borough among the Labouring Poor*, Londres, 1988.
FULLER, William C., Jr, *The Foe Within : Fantasies of Treason and the End of Imperial Russia*, Ithaca, New York, 2006.
FUTRELL, Michael, *Northern Underground*, Londres, 1963.
GEIFMAN, Anna, *Thou Shalt Kill : Revolutionary Terrorism in Russia 1894-1917*, Princeton, 1993.
– (dir.), *Russia under the Last Tsar : Opposition and Subversion 1894-1917*, Oxford, 1999.
GETZLER, I., *Martov : A Political Biography of a Russian Social Democrat*, Londres, 1967.
–, *Nikolai Sukhanov : Chronicler of the Russian Revolution*, Londres, 2002.
GORODETSKY, E., et SHARAPOV, Y., *Sverdlov,* Moscou, 1971.
GURULI, Vakhtang, *Materials for Stalin's Biography*, Tbilissi, 1998.
HALL, Coryne, *Imperial Dancer : Mathilde Krzesinskaya and the Romanovs*, Londres, 2005.
HAMANN, Brigitte, *Hitler's Vienna – A Dictator's Apprenticeship*, trad. de l'allemand par Thomas Thornton, Oxford, 1999 ; *La Vienne d'Hitler : les années d'apprentissage d'un dictateur*, trad. de J.-M. Argelès, Paris, Éditions des Syrtes, 2001.
HAUPT, Georges (dir.), *Les Bolsheviks par eux-mêmes*, trad. par Claude Kiejman, Nadine Marie, Catherine Reguin. Glossaire de Claudie Weill, Paris, Maspero, 1969.
HOSKING, G., *Rulers and Victims,* Londres, 2006.
IAGOUBOV, S., *Staline byl vojdem rabotchego dvijenia v Bakou* (« Staline était le chef du mouvement ouvrier à Bakou »), Moscou, 1947.
ILIZAROV, B. S., *Taïnaïa jizn Stalina. Po materialam ego bibliotek i arkhiva. K istoriografii stalinizma* (« Vie secrète de Staline.

D'après les documents de ses bibliothèques et archives. Pour une historiographie du stalinisme »), Moscou, 2002.
IMNAICHVILI, R., *Kamo,* Tbilissi, 1955.
IVANOVA, L., (dir.), *Stranitsy slavnoï istorii. Vospominania o Pravde 1912-17gg* (« Pages d'histoire glorieuses. La Pravda : mes souvenirs, 1912-1917 »), Moscou, 1962.
JONES, J. Sydney, *Hitler's Vienna,* Londres, 1983.
JONES, Stephen F., *Socialism in Georgian Colors : The European Road to Social Democracy 1883-1917*, Harvard, 2005.
JOUKOV, Iou., « Gori-Tbilisi » (« De Gori à Tbilissi »), *Novy Mir*, 12 décembre 1939.
KAPTELOV, B., et PEREGOUDOVA, Z., « Byl li Staline agentom Okhranki ? » *Rodina*, n° 5, 1989.
KERSHAW, Ian, *Hitler. 1889-1936 : hubris,* trad. de P.-E. Dauzat, Paris, Flammarion, 1999.
KENNAN, George, « Historiography of the Early Political Career of Stalin », *American Philosophical Society*, n° 3, 1971.
KHLEVNIUK, Oleg, *In Stalin's Shadow : The Career of Sergo Ordzhonikidze*, New York, 1993.
KING, Greg, *The Court of the Last Tsar*, Londres 2006.
KLIER, J. , et LAMBROZA, S., *Pogroms : Anti-Jewish Violence in Modern Russian History*, Cambridge, 1992.
KNIGHT, Amy, *Beria, Stalin's First Lieutenant, Princeton*, 1993.
KOLESNIK, A., *Khronika jizni semiï Stalina,* (« Staline : la chronique familiale »), Kharkov, 1990.
KUJALA, Antti, « Russian Revolutionary Movement and the Finnish Opposition 1905 », *Scandinavian Journal of History*, n° 5, 1980.
–, « Finnish Radicals and the Russian Revolutionary Movement 1899-1907 », *Revolutionary Russia*, vol. 5, décembre 1992.
KUJALA, Antti, et al., *Lenin Ja Suomi,* Helsinki, 1987.
LAKOBA, Stanislav, « Leguendarnoe natchalo veka » (« Ce légendaire début de siècle »), *Sovetskaïa Abkhazia*, n° 145, 28 juillet 1982.
–, *Boeviki Abkhazii v revolutsii 1905-7 godov* (« Le terrorisme en Abkhazie durant la révolution de 1905-1907 »), Soukhoumi, 1984.
–, *Otcherki polititcheskoi istorii Abkhazii* (« Essais d'histoire politique de l'Abkhazie »), Soukhoumi, 1990.
–, *Otvet istorikam iz Tbilissi* (« Tbilissi répond aux historiens »), Soukhoumi, 2001.
LAKOBA, Stanislav, et al. (dir.), *Istoria Abkhaziia* (« L'histoire de l'Abkhazie »), Gadauot, 1993.
LANG, D. M., *Modern History of Georgia*, Londres, 1962.

LAUCHLAN, Iain, *Russian Hide-and-Seek : The Tsarist Secret Police in St Petersburg 1906-1914*, Helsinki, 2002.

LEE, Eric, « Eremin Letter : Documentary Proof that Stalin was Okhrana spy ? », *Revolutionary Russia*, 6 juin 1993.

LEVINE, Isaac Don, *Stalin's Great Secret,* New York, 1956.

LIEVEN, D., *Russia's Rulers under the Old Regime*, Yale, 1989.

–, *Nicholas II : Emperor of all the Russias*, Londres, 1993.

LINCOLN, W. Bruce, *Passage Through Armaggedon : The Russians in War and Revolution 1914-18*, New York, 1986.

LOGUINOV, V., *Taïny Stalina* (« Les secrets de Staline »), Moscou, 1991.

London Landmarks : A Guide with Maps to Places where Marx, Engels and Lenin Lived and Worked, Londres, 1963.

LUDWIG, E., *Stalin,* New York, 1942.

MCNEAL, R., *Bride of the Revolution : Krupskaya and Lenin*, Londres, 1973.

–, *Stalin : Man and Ruler,* Londres, 1985.

MAISKY, Ivan, *Journey into the Past,* Londres, 1962.

MARCOU, Lily, *Staline : vie privée,* Paris, Calmann-Lévy, 1996.

MASKOULIA, A. V., *Mikhaïl Tskhakayïa* (« Mikhaïl Tskhakaïa »), Moscou, 1968.

MEDVEDEV, Roy A., *Let History Judge : The Origins and Consequences of Stalinism*, Londres, 1971.

MEDVEDEV, Zhores A., et MEDVEDEV, Roy A., *The Unknown Stalin,* Londres, 2003.

MERRIDALE, Catherine, « The Making of a Moderate Bolshevik : An Introduction to L. B. Kamenev's Political Biography », *in* Julian COOPER, Maureen, PERRIE, et REES, E. A. (dir.), *Soviet History 1917-1953*, Londres, 1995.

MONTEFIORE, Simon Sebag, *Staline : La cour du Tsar rouge*, trad. de F. La Bruyère et A. Roubichou-Stretz, Paris, Éditions des Syrtes, 2005.

MOORE, James, *Gurdjieff,* Shaftesbury, Dorset, 1991.

MOSKALEV, M. A., *Bolchevistskie organizatsii Zakavkazia v period pervoï russkoï revolioutsii* (« Les organisations bolcheviques de Transcaucasie durant la première révolution russe »), Moscou, 1940.

MURAVYOVA, L., et SIVOLAP-KAFTANOVA, I., *Lenin in London,* Moscou, 1981.

NIKOLAEVSKI, Boris, « Bolchevistski Tsentr » (« L'organisation bolchevique »), *Rodina*, n° 3/5, 1992.

NIKOLAYSEN, H., *SD Networks in Transcaucasia and Stalin : The Rise of a Regional Party Functionary 1887-1902*, Stanford, 1991.

NIKONOV, V., *Molotov. Molodost.* (« Molotov. Les jeunes années »), Moscou, 2005.

OBOLENSKAYA, R., *Kamo : The Life of a Great Revolutionist*, Londres, s.d.

OSTROVSKI, A., *Kto stoïal za spinoï Stalina ?* (« Qui était derrière Staline ? »), Saint-Pétersbourg, 2002.

OWEN, Frank, *Three Dictators,* Londres, 1940.

PALMER, Alan, *The East End : Centuries of London Life*, Londres, 1982.

PARES, Bernard, *The Fall of the Russian Monarchy*, Londres, 1939.

PEARSON, Michael, *Inessa – Lenin's Mistress*, Londres, 2001.

PHILLIPS, Hugh D., *Between East and West : A Political Biography of Maxim Litvinov*, Boulder, Colorado, 1992.

PIPES, Richard, *Formation of the Soviet Union : Communism and Nationalism, 1917-1923*, Harvard, 1964.

–, *Revolutionary Russia,* Cambridge, Massachusetts, 1968

–, *Russia under the Old Regime*, Londres, 1982

–, *The Russian Revolution 1899-1919*, Londres, 1990.

–, *The Unknown Lenin,* New York, 1996.

–, *The Degaev Affair,* New York, 2003.

POPE, Arthur Upham, *Maxim Litvinov,* Londres, 1943.

PORTER, Cathy, *Alexandra Kollontai,* Londres, 1980.

RABINOWITCH, A., *Prelude to Bolshevism : The Petrograd Bolsheviks and the July 1917 Uprising*, Bloomington, Indiana, 1968.

RABINOWITCH, A., *The Bolsheviks Come to Power : The Revolution of 1917 in Petrograd*, Chicago, 2004.

RADZINSKY, E., *Stalin,* Londres, 1996.

–, *Alexander II,* New York, 2005.

RAGUZA, Imam, *La Vie de Staline*, Paris, Fayard, 1938.

RAYFIELD, D., *Stalin and the Hangmen : An Authoritative Portrait of a Tyrant and Those who Served Him*, Londres, 2004.

–, « Stalin the Poet », *PN Review* 44, Manchester, 1984.

REISS, Tom, *The Orientalist,* New York, 2005.

RICHARDSON, R., *The Long Shadow,* Londres, 1993.

RIEBER, A., « Stalin : Man of the Borderlands », *American History Review*, n° 5, 2001.

ROBBINS, Richard G., *The Tsar's Viceroys,* Ithaca, 1987.

ROKHLINE, A., « Gde priatali nezakonnorojdennogo syna Stalina ? » (« Où cachait-on le fils naturel de Staline ? »), *Moskovski Komsomolets*, n° 114, 22 juin 1996.

ROOBOL, W. H., *Tsereteli : A Democrat in the Russian Revolution : A Political Biography*, La Haye, 1976.

ROTHSTEIN, Andrew, *Lenin in Britain,* Londres, 1970.

RUUD, Charles A., et STEPANEOV, Sergei A., *Fontanka 16 : The Tsar's Secret Police,* Québec, 1999.

SCHORSKE, Carl E., *Fin-De-Siecle, Vienna*, Londres, 1961 ; *Vienne, fin de siècle*, Paris, Seuil, 1983.

SERVICE, R., *The Bolshevik Party in Revolution : A Study in Organizational change*, Londres, 1979.

–, « Iossif Stalin : The Making of a Stalinist », in John CHANNON, (dir.), *Politics, Society and Stalinism in the USSR,* Londres, 1998.

–, *Lenin : A Biography,* Londres, 2000.

–, *A History of Modern Russia from Nicholas II to Putin*, Londres, 2003.

–, *Stalin : A Biography,* Londres, 2004.

SETON-WATSON, H., *The Russian Empire 1801-1917*, Oxford, 1967.

SHEINIS, Z., *Maxim Maximovich Litvinov*, Moscou, 1989.

SHUB, David, « Kamo : Legendary Old Bolshevik of the Caucasus », *Russian Review* 19, juillet 1960.

SLAVINE, B., « Stalin i Okhranka » (« Staline et l'Okhrana »), *Alternativy,* n° 1, 1990.

SLUSSER, R., *Stalin in October : The Man Who Missed the Revolution*, Baltimore, 1987.

SMITH, E. E., *The Young Stalin,* Londres, 1968.

STUGART, M. (questions des lecteurs), *Dagens Nyheter*, Stockholm, 22 mars 2004.

SOUKHODEEV, V., *Staline v jizni i leguenda* (« Staline dans la vie et la légende »), Moscou, 2003.

SOUKHOTINE, Ia., « Bastard krasnogo vojdia » (« Le bâtard du chef rouge »), *Tchas pik*, n° 189, 21 octobre 1995.

SULEYMANOV, Manaf, *Eskitdiklarim, Okhuduglarim, Gorduklarim* (Ce que j'ai vu, ce que j'ai lu, ce que j'ai entendu [titre en russe] Dni Minuvshie), Bakou, 1996.

SOULIACHVILI, D., *Outchenitcheskie gody* (« Les années d'études »), Tiflis, 1942.

SUNY, R. G., « A Journeyman for the Revolution : Stalin and the Labour Movement in Baku June 1907-May 1908 », *Soviet Studies*, n° 3, 1972.

–, *The Making of the Georgian Nation*, Londres, 1989.
–, « Beyond Psychohistory : The Young Stalin in Georgia », *Slavic Review* 50, printemps 1991.
THOMPSON, Bruce, *Hitler's Vienna,* Londres, 1983.
TOLF, Robert W., *The Russian Rockefellers : The Saga of the Nobel Family and the Russian Oil Industry*, Stanford, 1976.
TUCKER, R. C., *Stalin as Revolutionary 1879-1929 : A Study in History and Personality*, Londres, 1974.
–, *Staline révolutionnaire*, trad. d'Éric Diacon, Fayard, Paris, 1975.
ULAM, Adam, *Lenin and the Bolsheviks*, Londres, 1966.
VAKSBERG, Arkady, *Stalin's Prosecutor : The Life of Andrei Vyshinsky*, New York, 1990.
VAN REE, Erik, « Stalin and the National Question », *Revolutionary Russia* 7, décembre 1994.
–, « Stalin's Bolshevism : The First Decade », *International Review of Social History* 39, 1994.
–, « Stalin's Bolshevism : The Year of Revolution », *Revolutionary Russia* 13, juin 2000.
VASSILIEVA, L., *Kremlin Wives,* Londres, 1994.
–, *Deti Kremlia* (« Les enfants du Kremlin »), Moscou, 2001.
VITEBSKY, Piers, *Reindeer People,* Londres, 2005.
VOLKOGONOV, Dimitri, *Stalin : Triumph and Tragedy*, New York, 1988 ; *Staline*, trad. d'Yves Mignot, Paris, Flammarion, 1990.
–, *Lenin, Life and Legacy,* Londres, 1995 ; *Le Vrai Lénine*, trad. de Serge Quadruppani et Dimitri Seseman, Paris, Robert Laffont, 1995.
WILLIAMS, Robert C., *The Other Bolsheviks : Lenin and his Critics 1904-1914*, Bloomington, Indiana, 1986.
YERGIN, Daniel, *The Prize*, Londres, 1991.

INDEX

A

B

C

D

E

F

G

H

I

J

K

L

M

N

O

P

R

S

DROITS PHOTOGRAPHIQUES DES ILLUSTRATIONS

Premier cahier

1878-1904

David King Collection : p. 1 ; 3 (en haut et en bas à droite) et 5 (en bas).
Gori, Musée de la maison de Staline : p. 2.
Collection personnelle de l'auteur : p. 3 (en bas à gauche) ; p. 8 (en haut à droite et en bas à droite).
Collection personnelle de la famille Egnatachvili : p. 4 (en haut).
Collection personnelle de la famille Davrichewy : p. 4 (en bas).
RIA Novosti : p. 5 (en haut).
Batoumi, Musée national Khariton Akhvlediani : p. 6, 7 et 8 (en haut à gauche).

1904-1910

Collection personnelle de l'auteur : p. 1 ; 2 (en bas) ; 3 (en bas à gauche) et 4 (en bas).
Filiale géorgienne de l'Institut Marx-Engels-Lénine : p. 2 (en haut).
David King Collection : p. 3 (en haut à gauche et à droite et en bas à droite) ; 5 (en bas) ; 7 (en haut) et 8.
RIA Novosti : p. 3 (en haut au milieu) ; 6 (en haut à gauche).
Mirrorpix : p. 4 (en haut) ; 5 (en haut).
Getty : p. 6 (en haut à droite).
Roger-Viollet/Topfoto : p. 6 (en bas à gauche).
Azerbaijan International Magazine : p. 6 (en bas à droite) ; 7 (en bas à droite).
Batoumi, Musée national Khariton Akhvlediani : p. 7 (à gauche).
DR : p. 7 (en bas à droite).

Deuxième cahier

1910-1917

David King Collection : p. 1 ; 2 (en haut à droite) ; 3 (en haut et en bas à droite) ; 4 (en bas à gauche) ; 5 (en haut) et 6.
RGASPI : p. 2 (en haut à gauche) et 7 (en bas).
Collection personnelle de l'auteur : p. 2 (en bas) ; 4 (en haut) et 8.
Lisa Train : p. 3 (en bas à gauche).
Musée régional d'Atchinsk : p. 4 (en bas à droite) et 7 (en haut).
Professeur Piers Vitebsky : p. 5 (au milieu).
Sunday Times : p. 5 (en bas).

1917-1918

Collection personnelle de l'auteur : p. 1 ; 3 ; 5 et 6 (en bas).
David King Collection : p. 2 ; 4 et 7 (en bas).
Smolny Institute Museum : p. 6 (en haut).
RIA Novosti : p. 7 (en haut) et 8.

En dépit de tous ses efforts, l'éditeur n'a pu retrouver la trace de tous les propriétaires de ces photos. Si l'un d'entre eux venait à se manifester, il se ferait un plaisir de le remercier dans les éditions futures de ce livre.

TABLE DES MATIÈRES

Troisième partie

Quatrième partie

Cinquième partie

Composition
Nord Compo *(Villeneuve-d'Ascq)*

Impression réalisée sur CAMERON par

CPI
Brodard & Taupin

La Flèche
en août 2008

Édition exclusivement réservée aux adhérents du Club
Le Grand Livre du Mois
avec l'aimable autorisation des Éditions Calmann Levy

Imprimé en France
Dépôt légal : août 2008
N° d'impression : 48342

Édition exclusivement réservée aux adhérents du Club
Le Grand Livre du Mois
avec l'aimable autorisation des Éditions Calmann Levy

Imprimé en France
Dépôt légal : août 2008
N° d'impression : 48342